瑞昌市人大志

华全国

(1990~2011)

瑞昌市人大志编纂委员会　编

方志出版社
Publishing House of Local Records

图书在版编目(CIP)数据

瑞昌市人大志:1990～2011/瑞昌市人大志编纂委员会编.—北京:方志出版社,2014.12

ISBN 978－7－5144－1511－7

Ⅰ.①瑞…　Ⅱ.①瑞…　Ⅲ.①地方各级人民代表大会—工作概况—瑞昌市—1990～2011　Ⅳ.①D624.564

中国版本图书馆 CIP 数据核字(2014)第 313476 号

瑞昌市人大志(1990—2011)

编　　者:瑞昌市人大志编纂委员会
责任编辑:黄　彦

出 版 人:冀祥德
出 版 者:方志出版社
地址　北京市朝阳区潘家园东里 9 号(国家方志馆 4 层)
邮编　100021
网址　http://www.fzph.org
发　　行:方志出版社发行部
电话　(010) 67110500
经　　销:各地新华书店
印　　刷:九江华宸文化产业有限公司

开　　本:889×1194mm　1/16
印　　张:30
字　　数:586 千字
版　　次:2014 年 12 月第 1 版　2014 年 12 月第 1 次印刷
印　　数:0001～1500 册

ISBN 978－7－5144－1511－7/D·91　定价:180.00 元

一切权力属于人民

古小平 二〇一四年十一月

瑞昌市委书记古小平题字

维护人民民主

推进法制建设

罗文江

2014.10.31

瑞昌市委副书记、市长罗文江题字

市一届人大一次会议　　1990.4

市二届人大一次会议　　1993.1

市三届人大一次会议　　1998.2

市四届人大一次会议　　2003.1

市五届人大一次会议　2007.3

市六届人大一次会议　　2011.8

▲县人大常委会主任何仁先在市一届人大一次会议上作人大常委会工作报告 1990.4

▲市人大常委会主任张肇山在市三届人大一次会议上主持通过各项工作报告的决议草案 1998.2

▲市人大常委会主任陈世翔在市四届人大一次会议上致闭幕词 2003.1

▲2011 年 9 月 1 日，市六届人大常委会主任徐修武领取当选证书

▲市委书记余占祥在市一届人大一次会议上发表讲话
1990.4

▲代县长欧阳春在市一届人大一次会议上作政府工作报告
1990.4

▲市长艾宏盛在市二届人大三次会议上作政府工作报告
1995.2

▲代市长刘鹰在市三届人大一次会议上作政府工作报告
1998.2

▲市委书记石荣国在市三届人大四次会议各代表团负责人会上讲话 2000.1

▲市长郑羡银在市四届人大一次会议上作政府工作报告 2003.1

▲市委书记刘韵和在市五届人大二次会议上发表讲话 2008.1

▲市委书记熊起栋在市五届人大五次会议上发表讲话 2011.2

▲市长古小平在市五届人大五次会议上作政府工作报告
2011.2

▲代市长罗文江在市六届人大一次会议上作政府工作报告
2011.8

▲市五届人大常委会主任陈世翔(站立者左)祝贺徐修武(站立者右)当选为市六届人大常委会主任

▲市人大常委会副主任徐昌仁在市二届人大一次会议上致闭幕词
1993.1

▲市人大常委会副主任卢仕忠在市三届人大一次会议上作市人大常委会工作报告　1998.2

▲市人大常委会副主任曹祥水在市四届人大二次会议上作人大常委会工作报告　2004.1

▲市六届人大一次会议主席团常务主席、大会执行主席李庆生主持第二次全体会议

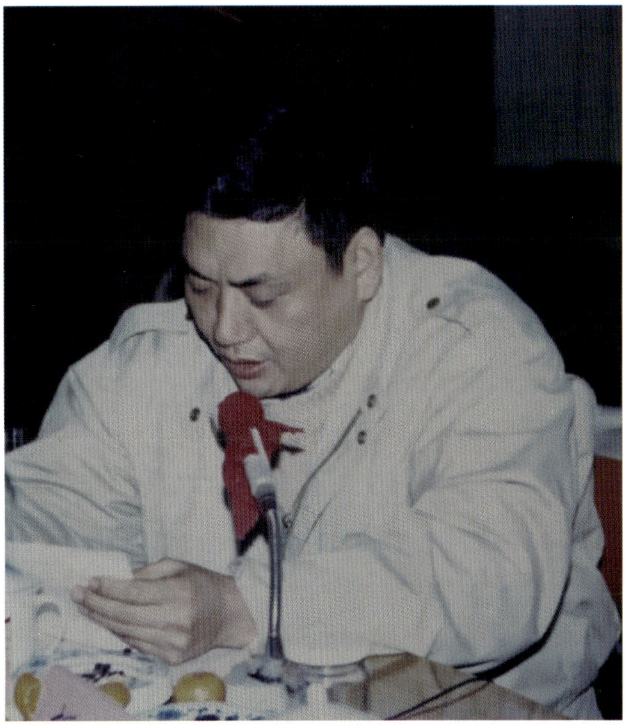

▲市法院院长董才银作法院工作报告　1992.4

▲市检察院检察长柯大忠在市一届人大二次会议上作检察院工作报告 1991.3

▲省人大常委会原主任、建国后瑞昌县第一任县长王书枫在瑞昌撤县设市大会上讲话 1990.5

►2000年9月2日，全国人大常委会副委员长邹家华（左一）视察亚东水泥厂

◄省委书记、省人大常委会主任舒惠国（中），省委副书记、省政府省长舒圣佑（右）为亚东水泥厂开工剪彩。

▲省委书记、省人大常委会主任孟建柱，省长黄智权看望“11.26”地震受灾群众。

▲2013 年 4 月 24 日，省委书记、省人大常委会主任强卫(中)在瑞昌视察。

▲2012 年 10 月 9 日，省人大常委会党组副书记、副主任陈达恒率省人大视察团来瑞昌视察沿江开放开发工作。

▲2013 年 11 月 19 日，省人大常委会副主任洪礼和(左三)、魏小琴(右三)、朱秉发(右四)、谢亦森(左二)在瑞昌视察。

▲2012 年 10 月 15 日，省人大常委会副主任魏小琴(右三)在瑞昌调研血防立法工作，九江市人大常委会主任华金国(左三)陪同。

▲2013 年 11 月 2 日，省人大常委会原党组书记、常务副主任彭宏松(右五)在瑞昌视察沿江开放开发工作。

▲九江市委书记殷美根在瑞昌考察人大代表创办企业情况

▲九江市人大常委会主任程金发在市三届人大一次会议上致贺词
1998.2

▲市一届人大一次会议在投票选举
1990.4

▲市六届人大一次会议在投票选举
2011.9

▲市六届人大一次会议预备会
2011.8

▲市人民代表大会举行主席团会议

▲代表们以举手的方式表决各项决议草案

1990.4

▲代表们审议政府工作报告

▲2013 年 12 月，全省人大农业和农村工作座谈会在瑞昌召开

▲2011 年 12 月，九江市人大常委会选举任免联络工作座谈会在瑞昌召开

▲2012 年 7 月，市人大常委会调研组对城区学校大班额情况进行调研

▲2000 年 8~9 月，市人大常委会对市经贸委、粮食局、环保局、水利局主要负责人进行述职评议

▲代表们参观市政建设情况　1998.2

◀常委会组织乡镇人大主席参观“代表之家”　2013.4

▲市人大常委会纪念瑞昌县人大常委会成立十周年座谈会　1990.12

▲市一届人大常委会第一次会议颁发市人大常委会各办事机构负责人任命书仪式　1990.5

◀市一届人大常委会第二次会议决定任命的市政府组成部门负责人合影 1990.6

▶市人大常委会机关服务企业奠基典礼仪式

▲1995 年 2 月 15 日，举行市人大常委会机关办公大楼落成庆典仪式

▲《瑞昌市人大志》编纂委员会成员及编写人员合影。
前排左起：丰耿、毕诗龙、陈世翔、张肇山、徐修武、何仁先、柯亭依、李庆生、刘振华、张恭良，后排左起：严茂林、范华、何尤君、陈洪地、何火炬、吴国锋、曹晓枫、范远清、柯于荣、曹继全、柯昌荣

《瑞昌市人大志》编纂机构和修志人员名单

瑞昌市人大志编纂委员会

（2011 年 12 月 12 日瑞昌市六届人大常委会第二次会议通过）

主　　任：徐修武

顾　　问：何仁先　张肇山　陈世翔

副 主 任：李庆生　毕诗龙　刘振华　丰　耿

　　　　　柯善富　张恭良

委　　员：何尤君　何火炬　陈洪地　罗　建

　　　　　徐尤闲　曹晓枫

瑞昌市人大志编纂委员会

（2014 年 8 月 8 日瑞昌市六届人大常委会主任会议决定）

主　　任：徐修武

顾　　问：何仁先　张肇山　陈世翔　柯亭依

副 主 任：李庆生　毕诗龙　刘振华　丰　耿

　　　　　柯善富　张恭良

委　　员：吴国锋　范　华　何火炬　曹晓枫

　　　　　何尤君　陈洪地　范远清　曹继全

瑞昌市人大志编修人员

主　　编： 李庆生

副 主 编： 曹继全

编　　辑： 柯昌荣　柯于荣

工作人员： 严茂林　冯军辉　饶　瑾　刘文娟

序

值人民代表大会制度建立60周年之际，《瑞昌市人大志》数易其稿，终于付梓。

编纂地方志是“承上启下，继往开来，服务当代，有益后世的千秋大业”。瑞昌市六届人大常委会正是秉承这一宗旨，高度重视修志工作。2011年12月12日，市六届人大常委会第二次会议作出了关于编纂瑞昌市人大志的决定，组织编写了《瑞昌市人大志》（1990—2011），详细真实地记述了瑞昌撤县设市以来瑞昌市人大走过的辉煌历程。

《瑞昌市人大志》力求以丰富的内容、翔实的史料，真实记录瑞昌市人民代表大会制度从20世纪90年代到21世纪前11年的历史轨迹，客观反映瑞昌市人大及其常委会实践人民代表大会制度的渐进历程，全面展示瑞昌市人民当家作主参与行使国家权力、推动社会主义民主法制建设和经济社会和谐发展的丰硕成果。

从1990年4月瑞昌市第一届人民代表大会第一次会议到2011年9月，瑞昌市的人民代表大会制度经历了22年的光辉历程。22年来，瑞昌市历届人民代表大会及其常务委员会，始终紧紧围绕全市工作大局，以加强民主法制建设为己任，在中共瑞昌市委的坚强领导下，求真务实、开拓创新，认真履行宪法和法律赋予的职责，为推动全市经济社会发展和民主法治建设作出了突出的贡献，显示了人民代表大会制度的无比优越性和强大生命力。

“修志之举，旨在资政”。《瑞昌市人大志》资料真实全面，史料广博厚重，体例严谨完善、纵述沿革、横陈现状，内容丰富，融资料性、思想性为一体，对总结和积累民主政治建设的历史经验，推动和发展社会主义民主、健全社会主义法制，坚持和完善人民代表大会制度，促进人大及其常委会的工作，都会大有裨益，将起到重要的启迪和借鉴作用。

在编纂过程中，编志人员以高度的工作责任心、历史使命感和严谨的科学态度，查阅史料、搜集资料、撰写志稿，期间深入多地走访和考察，调查化解历史疑问，召开评审会，经多方征求意见，不断修改完善，终于完成了《瑞昌市人大志》的编写工作。

在志书即将面世的时候，我们不会忘记，那些亲历瑞昌市人大工作探索与建设风雨历程的历届市人大代表；不会忘记，那些为推动瑞昌市民主法制和人大制度建设步伐而不懈努力的人大工作者；不会忘记，支持瑞昌市人大工作的各级领导和社会各界人士。在此，向他们表示崇高的敬意和衷心的感谢！

瑞昌市第六届人大常委会主任 徐修武

2014 年 9 月

凡　例

一、本志以马克思主义、毛泽东思想、邓小平理论、“三个代表”重要思想和科学发展观为指导，运用辩证唯物主义和历史唯物主义观点，客观真实地记述本行政区域内人民代表大会制度的历史与现状，反映其发展的基本特征和地方特色，为推进社会主义民主法制建设服务，以达到存史、资政、育人的目的。

二、本志属续编式断代志。记述时限上起1990年4月，下限2011年9月。此前，曾编纂出版了《瑞昌县人民代表大会志》，故个别特殊事件适当上溯或下延。

三、全志采用述、记、志、图、表、录等体裁，以志为主体，横排门类，纵写史实，以类系事，以事系人。除编首之序、凡例、概述、大事记及卷末的附录、编后记外，全志共七章二十八节。

四、本志采用记叙文体，寓观点于记述之中。文字使用国家规定的标准简化汉字，语言力求严谨、朴实、简洁、流畅，符合行文规范。

五、本志纪年，中华人民共和国成立前，保留历史纪年；中华人民共和国成立后，概用公元纪年。公元纪年和统计数字，均以阿拉伯数字记录，引文，惯用语数字则用汉字表述。

六、引用的法律法规名称用全称；引用的机构名称，除首用全称外，重复时用简称；各种称谓，以记事年代实际使用者为准。人名，皆直书其名。

七、“乡镇人民代表大会”章节涉及的行政区划方面的内容记述，一般按街道、镇、乡、场顺序，从北至南排列。部门、单位领导人名录，时间按先后为序，排名按职务为序，职务相同者按组织部门通知或姓氏笔画为序。

八、本志资料来源，绝大部分来自市档案馆和市人大常委会各办事工作机构、乡镇人大及街道办联络处。部分来自统计局、市志办、有关部门、报纸杂志及个人收藏（或回忆稿），编纂时概不注明出处。

目　　录

修志机构、人员名单
序
凡　例
概　述 …………………………………………………………………… (1)
大 事 记 …………………………………………………………………… (6)
第一章　市人大代表选举 ……………………………………………… (23)
第一节　选举机构 ……………………………………………… (23)
市选举委员会 ……………………………………………… (23)
基层选举工作机构 ………………………………………… (24)
第二节　选举工作 ……………………………………………… (26)
选区划分 …………………………………………………… (26)
选民登记 …………………………………………………… (27)
代表名额的确定和分配 …………………………………… (28)
代表候选人的提出和确定 ………………………………… (28)
投票选举 …………………………………………………… (29)
第三节　选举结果 ……………………………………………… (31)
市一届人大代表选举结果情况 …………………………… (31)
市二届人大代表选举结果情况 …………………………… (35)
市三届人大代表选举结果情况 …………………………… (39)
市四届人大代表选举结果情况 …………………………… (43)

市五届人大代表选举结果情况 ……………………………………………… (46)
市六届人大代表选举结果情况 ……………………………………………… (50)
第二章 市人民代表大会 ……………………………………………… (54)
第一节 市一届人民代表大会 ……………………………………………… (54)
第一次会议 ……………………………………………… (54)
第二次会议 ……………………………………………… (56)
第三次会议 ……………………………………………… (57)
第二节 市二届人民代表大会 ……………………………………………… (59)
第一次会议 ……………………………………………… (59)
第二次会议 ……………………………………………… (60)
第三次会议 ……………………………………………… (62)
第四次会议 ……………………………………………… (63)
第五次会议 ……………………………………………… (64)
第三节 市三届人民代表大会 ……………………………………………… (66)
第一次会议 ……………………………………………… (66)
第二次会议 ……………………………………………… (67)
第三次会议 ……………………………………………… (69)
第四次会议 ……………………………………………… (70)
第五次会议 ……………………………………………… (72)
第四节 市四届人民代表大会 ……………………………………………… (73)
第一次会议 ……………………………………………… (73)
第二次会议 ……………………………………………… (75)
第三次会议 ……………………………………………… (76)
第四次会议 ……………………………………………… (77)
第五次会议 ……………………………………………… (79)
第五节 市五届人民代表大会 ……………………………………………… (80)
第一次会议 ……………………………………………… (80)
第二次会议 ……………………………………………… (81)
第三次会议 ……………………………………………… (83)
第四次会议 ……………………………………………… (84)
第五次会议 ……………………………………………… (85)
第六节 市六届人民代表大会 ……………………………………………… (87)

第一次会议 …………………………………………………………………………………… (87)
第三章　市人大常委会 ……………………………………………………………………… (90)
第一节　组织机构 …………………………………………………………………………… (90)
领导机构 ………………………………………………………………………………… (90)
办事(工作)机构 ………………………………………………………………………… (93)
第二节　市人大常委会会议 ………………………………………………………………… (98)
市一届人大常委会会议 ………………………………………………………………… (98)
市二届人大常委会会议 ……………………………………………………………… (104)
市三届人大常委会会议 ……………………………………………………………… (113)
市四届人大常委会会议 ……………………………………………………………… (124)
市五届人大常委会会议 ……………………………………………………………… (132)
第三节　主任会议 ………………………………………………………………………… (145)
市一届人大常委会主任会议 ………………………………………………………… (145)
市二届人大常委会主任会议 ………………………………………………………… (148)
市三届人大常委会主任会议 ………………………………………………………… (153)
市四届人大常委会主任会议 ………………………………………………………… (157)
市五届人大常委会主任会议 ………………………………………………………… (160)
第四章　市人大常委会工作 ……………………………………………………………… (163)
第一节　监督工作 ………………………………………………………………………… (163)
听取和审议专项工作报告 …………………………………………………………… (163)
法律法规实施情况检查 ……………………………………………………………… (181)
开展专题视察调研 …………………………………………………………………… (190)
开展评议工作 ………………………………………………………………………… (200)
第二节　人事任免工作 …………………………………………………………………… (206)
权力机关工作人员任免 ……………………………………………………………… (206)
行政机关工作人员任免 ……………………………………………………………… (210)
审判机关工作人员任免 ……………………………………………………………… (216)
检察机关工作人员任免 ……………………………………………………………… (222)
第三节　代表工作 ………………………………………………………………………… (224)
学习培训 ……………………………………………………………………………… (224)
“创先争优”活动 ……………………………………………………………………… (226)
议案和代表建议办理工作 …………………………………………………………… (228)

组织省、九江市代表开展活动 …… (233)
第四节 宣传工作 …… (233)
刊物订阅和创办 …… (233)
对外宣传 …… (234)
宣传人大制度 …… (243)
第五章 市人大常委会机关工作 …… (245)
第一节 信访工作 …… (245)
工作机制 …… (245)
信访活动 …… (245)
重点信访件办理 …… (246)
第二节 对外交往 …… (249)
参加研讨会 …… (249)
外出考察学习 …… (252)
接待外地来访 …… (254)
第三节 机关建设 …… (255)
组织建设 …… (255)
队伍建设 …… (256)
基础设施建设 …… (262)
制度建设 …… (263)
第四节 参与市中心工作 …… (263)
第五节 老干部工作 …… (266)
成立管理机构 …… (266)
支持老干部工作 …… (267)
关心老干部生活 …… (269)
第六章 乡镇人民代表大会 …… (270)
第一节 机构设置 …… (270)
机构变迁 …… (270)
现有机构 …… (271)
第二节 换届选举 …… (271)
代表产生 …… (271)
乡镇人大历届一次会议 …… (273)
乡镇人大、政府班子成员异动 …… (292)

第三节　日常工作 …………………………………………………………（298）
视察活动 …………………………………………………………（298）
评议工作 …………………………………………………………（301）
代表建议办理工作 …………………………………………………（302）
第四节　制度建设 …………………………………………………………（307）
第七章　人　物 …………………………………………………………（309）
第一节　传　略 …………………………………………………………（309）
全国人大代表 …………………………………………………………（309）
人大常委会领导人 …………………………………………………（310）
第二节　简　介 …………………………………………………………（313）
全国人大代表 …………………………………………………………（313）
人大常委会主任 …………………………………………………………（314）
人大常委会副主任 …………………………………………………（317）
人大常委会副调研员、党组成员 ……………………………………（328）
市人大常委会委员 …………………………………………………（329）
第三节　名　录 …………………………………………………………（353）
出席全国人大代表名录 ……………………………………………（353）
出席江西省人大代表名录 …………………………………………（353）
出席九江市人大代表名录 …………………………………………（355）
瑞昌市第一届至第六届人大代表名录 ………………………………（360）
附　录 …………………………………………………………（410）
一、文件选编 …………………………………………………………（410）
中共瑞昌市委关于进一步加强人大工作的意见 ………………………（410）
瑞昌市第六届人民代表大会第一次会议关于进一步加强依法治市工作的决议 ………（414）
二、论文选编 …………………………………………………………（417）
浅谈在国家机关实行执法责任制的重要性 ……………………………（417）
浅谈领导干部的“官德”问题 ………………………………………（419）
以服务大局为着眼点　推动人大工作 …………………………………（422）
推进民主谋发展　保障民生建和谐 ……………………………………（423）
自觉接受人大监督　认真做好政府工作 ………………………………（426）
关于地方人大强化法律监督职能的思考 ………………………………（428）
三、制度汇编 …………………………………………………………（433）

瑞昌市人民代表大会常务委员会议事规则 …… (433)
瑞昌市人民代表大会常务委员会讨论决定重大事项的规定 …… (436)
瑞昌市人民代表大会常务委员会人事任免办法 …… (439)
瑞昌市人民代表大会常务委员会监督司法工作暂行办法 …… (443)
瑞昌市人民代表大会代表工作暂行办法 …… (446)
瑞昌市人民代表大会代表视察工作暂行办法 …… (449)
瑞昌市人民代表大会常务委员会监督市本级预算暂行办法 …… (451)
瑞昌市人民代表大会常务委员会信访工作办法 …… (452)
瑞昌市人民代表大会常务委员会组成人员守则 …… (454)
瑞昌市人大常委会办理代表议案和建议、批评、意见暂行规定 …… (455)
瑞昌市人民代表大会常务委员会工作机构对口工作联系办法 …… (456)
瑞昌市人民代表大会常务委员会主任会议议事规则 …… (457)
瑞昌市人民代表大会常务委员会规范性文件备案审查暂行办法 …… (458)
瑞昌市人民代表大会常务委员会审议意见督办办法 …… (460)
瑞昌市人民代表大会常务委员会关于行使监督职权向社会公开暂行办法 …… (462)
瑞昌市人民代表大会常务委员会关于进一步加强和改进人大代表工作的意见 …… (463)
编后记 …… (467)

概　述

人民代表大会制度是我国的根本政治制度，中华人民共和国的一切权力属于人民。人民行使国家权力的机关是全国人民代表大会和地方各级人民代表大会。1990 年 3 月，瑞昌撤县设市，1990 年 4 月 15 日瑞昌市第一届人民代表大会第一次会议胜利召开，宣告作为国家权力机关的瑞昌市人民代表大会正式成立，瑞昌市的民主政治建设翻开了历史新篇章。

《瑞昌市人大志》（1990—2011）上溯 1990 年 4 月召开的瑞昌市第一届人民代表大会第一次会议，下限 2011 年 9 月 1 日。瑞昌市人民代表大会同全国各级人民代表大会一样，经历了 20 世纪 90 年代以来由发展、健全到 21 世纪初日臻完善的历程。自 1990 年 4 月 15—18 日召开瑞昌市第一届人民代表大会第一次会议至 2011 年 8 月 30 日—9 月 1 日召开瑞昌市第六届人民代表大会第一次会议，瑞昌市人大走过了 22 年的光辉历程。22 年来，历届市人大及其常委会不断追求和探索，坚持不懈地努力工作，依法履行各项职责，为推进瑞昌的经济建设和社会各项事业发展，为瑞昌的民主法制建设作出了历史性贡献。

人大代表是人民代表大会的主体，是人民派往国家权力机关的光荣使者，是人民代表大会的组成人员，肩负着代表人民行使国家权力的神圣职责。依法选举人大代表是人民代表大会制度的重要内容，是广大选民自主行使民主权利的重要实践。22 年间，瑞昌市人民代表大会共进行 6 次市人大代表换届选举。市第一届人大任期为 3 年，第二届、第三届人大任期为 5 年，第四届人大任期为 4 年，第五届人大任期为 4 年半。市历届人大代表均依据《中华人民共和国全国人民代表大会和地方各级人民代表大会选举法》之规定，由选民直接选举产生，选民参选率都在 90% 以上。瑞昌市一届、二届人民代表大会代表名额由瑞昌市人大常委会自行确定，报江西省人大常委会备案。市一届人大代表名额为 255 名，换届选举产生253名,市一届人大一次会议后,报请江西省人大常委会同意,增加5名,核定为260名,任期内依法选举了6名,补选1名,调离4名,死亡1名,最终代表为255名;市二届人大代表名额为257名,换届选举产生256名,任期内有15名调离瑞昌,依法补选了10名,最终代表为251名;市三届、四届、五届、六届人大代表名额是依照1995年新修订的《中华人民共和国全国人民代表大会和地方各级人民代表大会选举法》和《江西省各级人民代表大会代表选举实施细则》的有关规定,由江西省人大常委会确定,均为199名。市三届人大换届选举代表199名,任期内有14名调离瑞昌,2名死亡,补选代表10名,最终代表为193名;市四届人大换届选举产生代表196名,任期内有10名代表调离瑞昌,1名死亡,补选代表1名,最终代表为186名;市五届人大换届选举产生代表198名,任期内调离瑞昌8名、辞去代表职务1名、死亡1名,依法补选6名,最终代表为194名;市六届人大换届选举产生代表199名。22年间,共产生市一届至六届人大代表1335名,代表成分构成、知识结构、年龄结构日趋合理,经严格审查,代表资格全部合法有效,充分表达和反映了人民意志。

讨论、决定本行政区域内的重大事项是瑞昌市人民代表大会的重要职责。在瑞昌市人民代表大会成立后的22年间,共举行24次人民代表大会会议,听取和审议市人大常委会、市人民政府、市人民法院和市人民检察院工作报告92项次,审查批准市本级上年度财政预算执行情况的报告和年度财政预算草案及年度国民经济和社会发展计划草案的报告44项次,审查批准了《瑞昌市国民经济和社会发展十年规划纲要(1991—2000)》《瑞昌市国民经济和社会发展"九五"计划和2010年远景目标纲要》《瑞昌市国民经济和社会发展计划第十一个五年规划纲要》和《瑞昌市国民经济和社会发展第十二个五年规划纲要》;依据《中华人民共和国地方各级人民代表大会和地方各级人民政府组织法》的规定,选举产生了市一届至六届人大常委会主任、副主任和委员,市人民政府市长、副市长,市人民法院院长和市人民检察院检察长,为瑞昌的经济发展、社会稳定和各项事业全面进步提供了强有力的组织保障;历届历次会议在认真审议人大常委会、人民政府、人民法院和人民检察院工作报告的基础上,通过了各项工作报告的决议,作出了《关于进一步加强依法治市工作的决议》等有关决议、决定。在举行的24次会议期间,代表共提出议案、代表建议、批评和意见1412件,认真履行了"人民选我当代表,我当代表为人民"的庄重承诺,彰显了人大代表的自身素质和履职能力,充分表达了人民群众的诉求和期盼,履行了人民代表大会代表人民管理国家事务的重要职责。

瑞昌市人民代表大会常务委员会是瑞昌市人民代表大会的常设机关。22年来,瑞昌市人大常委会始终坚持党的领导、人民当家作主和依法治国的有机统一,做了大量卓有成效的工作,取得了可喜的成果。历届市人大常委会高度重视建章立制工作,先后建立并不断健全常委会议事规则、讨论决定重大事项、人事任免、监督司法工作、代表工作、代表视察、监督市本级预算、信访工作、组成人员守则等制度,并根据地方人大特点和时代要求,对各项制度进行修订。尤其是《中华人民共和国各级人民代表大会常务委员会监督法》在2007年1月1日起施行后,市人大常委会的监督工作更加完善,修订了《瑞昌市人大常委会关于讨论决定重大事项的决定》,制订了《瑞昌市人大常委会关于审议意见监督办法》《瑞昌市人大常委会关于行使监督权面向社会公开暂行办法》《瑞昌市人大常委会关于规范性文件备案审查暂行办法》等一系列规范文件,做到了有法可依、有章可循。1990年4月至2011年9月,历届市人大常委会共召开159次会议,听取和审议"一府两院"专项工作报告152项件,就专项工作组织专题视察37次,专题调研34次,组织法律法规贯彻实施情况检查47次,形成专题与综合性视察、调研和执法检查报告150余篇;组织述职评议149人次,工作评议9次,被评单位部门35个;2007年后,每年根据全体代表的意愿选择3—4项"一府两院"人民群众普遍关心的热点、难点和焦点工作进行评议,按照《监督法》的有关规定,评议了市人民政府的林业、民政、建设、人事劳动和社会保障、人口和计生、物价、质监、环保、公安、房产、供电、水利、国土、矿产、公路等15项专项工作,涉评单位部门15个,有力地监督和支持了市政府的工作,体现了"寓监督于支持之中"的监督理念。依法作出了《关于规范瑞昌市区燃放烟花爆竹的决定》等一系列具有重大影响的决议、决定104项。人事任免方面,在1989年9月县人大常委会制订的基础上,两次修订了《瑞昌市人大常委会人事任免办法》,始终遵循党管干部的原则,把充分发扬民主与严格依法办事结合起来,严格任免标准,规范任免程序,坚持对拟任对象组织任前考核、离任审计、法律知识考试、任前表态发言和颁发任命书制度,要求任命对象向人大常委会提交任期目标责任书,22年间,共任免国家机关工作人953人次,较好地履行了宪法和法律赋予的职责。

市人大常委会党组是中共瑞昌市委的派出机构,其组成人员由中共瑞昌市委任命。党组会议不定期召开,22年间,共召开党组会议114次。市人大常委会主任会议由主任、副主任组成,市人大常委会党组成员、办公室主任列席主任会议,各办事机构和工作机构负责人根据主任会议审议和讨论的议题性质分别列席会议,22年来,共召开主任会议357次。1990年4月,市人大常委会内设"四办一室",即财经办、政法办、教科文卫办、选任联办和办公室,作为日常办事机构;1992年10月,在湓城和桂林2个街道分别设立了人大联络处,作为市人大常委会的派出机构;2003年3月,增设农业和农村工作办公室;2004年10月,根据第四次修正的《中华人民共和国地方各级人民代表大会和地方各级人民政府组织法》的有关规定,湓城和桂林2个街道人大联络处为市人大常委会的办事机构;2011年2月,因工作需要,名称进行了更改,形成“五委一室”,即财经工委、内司工委、教科文卫工委、选任联工委、农工委和办公室;市三届人大常委会第三十九次主任会议制定了《市人大常委会工作机构对口工作联系办法》,各工作办事机构分工明确、合理,职能不断完善,人员配置做到了专业化、知识化,为全体代表和市人大及其常委会提供了周到、细致的服务。

乡镇人民代表大会是人民代表大会制度的重要组成部分,是国家最基层的地方国家权力机关。22年来,经过撤乡设镇、撤乡并镇和城市街道的设立,乡镇建制和行政区域历经调整,每次调整后乡镇人大设置都作相应的调整,至2011年9月,全市乡镇人大由最初的24个缩小到16个,乡镇规模得到了扩大。全市乡镇人大共进行了7次换届选举,选举产生了乡镇人大代表7480人次。前4次任期为三年,后2次任期为五年。1990年至1995年9月,根据《江西省乡镇人民代表大会工作暂行条例》的规定,在乡镇人大会议上选举主席团,设常务主席一人,由乡镇人民代表大会主席团决定产生;1995年9月后,根据《江西省乡镇人民代表大会工作条例》的规定,乡镇人民代表大会设主席,个别乡镇设副主席1人,由乡镇人民代表大会从代表中选出。乡镇人民代表大会对巩固国家政权,推进基层民主,密切与人民群众的联系,促进乡镇经济发展和社会和谐稳定,发挥了重要作用。

22年来,历届中共瑞昌市委高度重视人大工作,2008年印发了《中共瑞昌市委关于进一步加强人大工作的意见》,就加强和完善党对人大工作的领导、积极支持和保证人大及其常委会依法履行职权、进一步发挥各级人大代表的作用、进一步加强人大及其常委会和人大机关建设等四个方面提出了指导性意见。市人大及其常委会和人大常委会机关始终将人大工作置于党的领导之下,紧扣发展第一要务,始终把人大工作融入瑞昌发展的大局,针对关系科学发展,影响社会和谐,涉及人民群众切身利益的重大问题,确定工作重点,开展各项工作。按照市委的要求,积极参与招商引资工作,认真落实重大项目建设责任制,主动参与抗洪抗震抢险救灾工作,积极向中共瑞昌市委建言献策,全面落实市委的总体工作目标。

实践证明,始终做到与党委的思路合拍、与“一府两院”的工作合力、与人民群众的愿望合心;始终保持人大工作正确的政治方向,致力促进中共瑞昌市委决策的贯彻落实;始终把保障和改善民生作为至上追求,致力维护人民群众的根本利益;始终把发挥代表作用作为活力源泉,致力改进代表工作,才能永葆人大工作的活力。

坚持和完善人民代表大会制度是社会主义现代化建设的必然要求,是社会主义民主政治的必由之路。要坚持和完善人民代表大会制度,做好新时期的人大工作,必须正确处理坚持党的领导与发挥人大作用的关系。坚持党的领导是做好人大工作的基本原则和根本保证，人大及其常委会要始终坚持党的领导、人民当家作主与依法治国的有机统一，认真贯彻党的路线方针政策，坚持重大事项向市委请示报告制度，积极参与全市中心工作，努力完成市委交办的任务，做到与市委步调一致、行动统一，把党的领导贯穿于人大依法履行职责的全过程。要紧紧围绕市委的战略部署开展工作，使市委的主张通过法定程序成为全市人民的共同意志，使市委推荐的人选经过法定程序成为国家机关的领导人员，使涉及瑞昌改革发展稳定的重大问题通过人大的审议决定成为全市人民的共识共为。

必须正确处理人大与人民的关系。人大由人民通过民主选举产生，受人民委托行使国家权力，对人民负责，受人民监督。人民呼声是人大的动力，人民福祉是人大的追求。人大及其常委会要时刻牢记人民的重托，认真履行宪法和法律赋予的职责，始终坚持人民主体地位，保持同人民群众的血肉联系，更加注重健全民主制度、丰富民主形式，保证人民依法实行民主选举、民主决策、民主管理、民主监督，保证人民当家作主。只有这样，人大工作才有坚实的基础和活的灵魂，才能保持蓬勃生机和旺盛活力。

必须正确处理人大与“一府两院”的关系。“一府两院”由人大选举产生，对人大负责，受人大监督。人大与“一府两院”虽然职责不同、分工不同，但目标一致，都是为了维护和实现人民的根本利益，共同建设中国特色社会主义。人大及其常委会要寓监督于支持之中，在支持中实施监督，做到到位不越位，解难不作难，支持不代替，监督不对立。要按照坚持依法治国、依法执政、依法行政共同推进的要求，积极推动“一府两院”依法行政、公正司法，努力形成办事依法、遇事找法、解决问题用法、化解矛盾靠法的良好法治环境。

站在新的历史起点，瞻望未来，任重道远。人大工作面临着新的挑战，我们要进一步统一思想，提高认识，增强做好新时期人大工作的责任感和使命感，始终保持开拓进取的精神状态，创新工作思路，完善工作机制，改进工作方法，创造性地开展工作，不断开创瑞昌市人大及其常委会工作的新局面。

大 事 记

1990 年

3 月 14 日,县九届人大常委会第二十次会议作出《关于改选举瑞昌县第十届人民代表大会代表为选举瑞昌市第一届人民代表大会代表的决定》。

4 月 15—18 日,市第一届人民代表大会第一次会议在人民剧院召开,选举产生市一届人大常委会主任、副主任、委员,市人民政府市长、副市长,市人民法院院长,市人民检察院检察长。

5 月 1 日,瑞昌举行建市庆典。上午在市人民政府大门前举行挂牌揭彩仪式,在人民剧院举行建市庆祝大会;晚上在人民礼堂内外分别举行"瑞昌颂"文艺晚会和焰火晚会;市人大常委会全体领导和机关有关人员参加上述各项活动。

6 月 19 日,市一届人大常委会第 4 次主任会议审议通过《市人大常委会主任会议议事规则》。

6 月 26 日,市一届人大常委会第二次会议就市一届人大常委会第一次会议未付表决的一名拟任市人民法院副院长的人选进行表决,拟任人选未获任命。

8 月 8—12 日,市人大常委会主任何仁先带队赴九江市人大和星子县、湖口县人大考察学习有关人大工作,市人大常委会副主任徐昌仁、曹中雪随同考察。

8 月 28—29 日,市一届人大常委会第三次会议审议通过《瑞昌市人民政府依法治市实施方案》。

9 月 19 日,市一届人大常委会第 10 次主任会议决定参加湘鄂赣毗邻县(市)人大工作研讨会。

10月，市人大常委会主任何仁先带队赴江西省南昌县、湖北省通城县考察人大工作。

11月，九江市人大常委会执法检查组就《中华人民共和国刑法》《中华人民共和国刑事诉讼法》和《中华人民共和国治安管理处罚条例》贯彻实施情况到瑞昌检查。

12月25日，市人大常委会在市政府招待所二楼会议室召开纪念瑞昌市(县)人大常委会成立十周年座谈会。

1991年

3月26—29日，市第一届人民代表大会第二次会议在市工人文化宫召开，补选彭经球为市人大常委会副主任、刘朝键为市人大常委会委员。

4月22—27日，市人大常委会主任何仁先带队赴安徽省无为县考察学习人大及其常委会决定重大事项方面经验，市人大常委会副主任朱亚愚随同考察。

5月16—17日，市一届人大常委会第九次会议通过《关于横港乡人民代表大会改为横港镇人民代表大会的决定》《"人民选我当代表，我当代表为人民"的竞赛活动的意见》《关于办理代表议案和建议、批评、意见的暂行规定》《市人大常委会组成人员守则》，决定任命薛江武为市人民政府副市长。

5月20—22日，市人大常委会副主任徐昌仁带队赴江西省丰城县考察学习人大财经管理工作经验，市财政局和市人大常委会财经办主要负责人随行。

5月26—29日，市人大常委会副主任曹中雪带队赴湖北省通城县参加湘鄂赣毗邻县市人大工作研讨会第一次会议，市人大常委会调研员柯亭依随同出席。

6月2—7日，市人大常委会副主任彭经球随同市长欧阳春、市纪委书记周振亚等率领的14个乡镇场及有关单位负责人组成的考察组，赴江西铜鼓、上高及湖北仙桃、潜江等地考察乡镇企业发展情况。

6月，原洋鸡山金矿矿长何某多次到市人大常委会上访申诉，对市人民检察院认定其受贿予以免予起诉处理的决定不服，认为是一起冤案。市人大常委会领导高度重视，认真听其陈述案情，并结合在随后开展的执法检查进行重点抽查，多次召开主任会议，听取汇报、研究案情，并对关键事实进行调查，常委会领导和有关工作机构人员先后三次赴省、九江市人大常委会汇报。经省检察院复查，1994年2月3日撤销对何某的原免诉决定。

7月20—27日，市人大常委会副主任徐昌仁，市人大常委会调研员柯亭依、罗喻圣分别带领部分市人大常委会机关干部和乡镇人大主席团常务主席，到陕西省西安市未央区、蓝田县，湖北省老河口市，山东省青岛市等地考察学习乡镇人大工作和人大常委会工作。

8月15—17日,市一届人大常委会第十次会议作出废止《瑞昌县城区规划建设管理暂行规定》的决定。

9月21日,根据九江市人大常委会的统一部署,市人大常委会开展《中华人民共和国森林法》贯彻实施情况检查。经过4个多月的自查、互查和重点检查,瑞昌共查处各类林业案件290起,依法处理259起,占80%。

10月10日,市一届人大常委会第十一次会议审议通过《市人大常委会信访工作办法》。

11月17—20日,市人大常委会主任何仁先带队赴湖南省平江县参加湘鄂赣三省毗邻县市人大工作研讨会第二次会议。

12月12日,市一届人大常委会第38次主任会议讨论决定兴建市人大常委会办公楼,由市人大常委会副主任曹中雪负总责。

1992年

3月25—29日,市第一届人民代表大会第三次会议在人民剧院召开,补选胡茂禄为市人大常委会委员。

4月14日,省人大常委会副主任胡东太就"二五"普法工作在瑞昌考察。市人大常委会主任何仁先、副主任曹中雪,市委副书记谢昶、市委宣传部部长王忠生陪同。

4月,市人大常委会主任何仁先参加北京政法学院广州政法研讨班学习。

5月11—14日,市人大常委会主任何仁先带队赴江西省修水县参加湘鄂赣三省毗邻县市人大工作研讨会第三次会议,市人大常委会副主任朱亚恩陪同参加。

5月,市人大常委会副主任曹中雪带队赴安徽省东至县考察学习执法监督工作。

6月15日,九江市人大常委会视察组就《中华人民共和国企业法》贯彻实施情况到瑞昌进行实地视察。

6月19日,九江市委副书记、市人大常委会主任程金发率视察组就乡镇企业和《中华人民共和国企业法》贯彻实施情况到瑞昌视察,九江市人大常委会委员熊汉川参加视察活动。市委副书记、市长欧阳春,市人大常委会副主任徐昌仁陪同视察。

7月23日,市一届人大常委会第十八次会议审议通过市人民政府《关于城市规划暂行办法》、市人大常委会关于编纂《瑞昌县人民代表大会志》的决定、《市人大常委会关于范镇乡、肇陈乡人民代表大会改为范镇、肇陈镇人民代表大会的决定》。

11月16—19日,市人大常委会主任何仁先带队赴湖北省阳新县参加湘鄂赣三省毗邻县市人大工作研讨会第四次会议,市人大常委会副主任曹中雪等陪同参加。

11月27日，市一届人大常委会第63次主任会议研究乡镇人大主席团常务主席由乡镇党委书记兼任问题事宜。

12月2日，市人大常委会召开纪念《中华人民共和国宪法》颁布十周年座谈会。

12月21日，市一届人大常委会第65次主任会议研究市人大常委会机关房改和合资建房问题。

12月23日，市一届人大常委会第二十次会议审议通过《关于设立瑞昌市人大常委会溢城联络处、桂林联络处的决定》；决定任命陈定荣为市人民政府副市长，代理市长职务。

1993年

1月6—9日，市第二届人民代表大会第一次会议在市电影院召开，选举产生市二届人大常委会主任、副主任、委员，市人民政府市长、副市长，市人民法院院长，市人民检察院检察长。

2月26日，市二届人大常委会第3次主任会议讨论决定市人大常委会机关内部改革工作方案。

4月24日，市二届人大常委会第二次会议决定任命王代明为市人民政府副市长。

5月17—20日，市人大常委会副主任徐昌仁带队赴湖南省岳阳市参加湘鄂赣三省毗邻县市人大工作研讨会第五次会议，市人大常委会调研员彭经球、党组成员何庆亮随行参加。

8月20日，市二届人大常委会第12次主任会议听取市人民检察院检察长柯大忠关于九江市检察工作会议精神和查处“6·20”骗税案的情况汇报。

10月14—17日，湘鄂赣三省毗邻县市人大工作研讨会第六次会议在瑞昌宾馆召开，会议的主题是“围绕经济建设中心，如何发挥人大职能作用”，应邀的15个毗邻县市人大常委会领导出席会议。

10月30日，市二届人大常委会第五次会议决定任命朱杰为市人民政府副市长。

12月30—31日，市二届人大常委会第六次会议决定任命艾宏盛为市人民政府副市长，代理市长职务。

1994年

1月10—13日，市第二届人民代表大会第二次会议在市电影院召开，选举刘强等38人为瑞昌市出席九江市第十届人大代表，补选何庆亮为市人大常委会副主任。

1月24—28日，朱才菊等代表在九江市十届人大一次会议提出了《1980年德安湖塘水库扩容加高后，导致南义幸福村民1200亩良田被淹，群众要求经济赔偿议案》。经过4年时间的办理，到1998年九江市政府责成德安县政府赔偿南义幸福村民160余万元经济损失，使这一历经近20年的纠纷得以圆满解决。

3月22日，市二届人大常委会第27次主任会议听取肇陈镇十届人大二次会议和峨嵋乡十届人大二次会议选举有关问题调查情况汇报。

4月24日，市二届人大常委会第28次主任会议修订《市人大常委会主任会议议事规则》。

4月28—29日，市二届人大常委会第八次会议修订《市人大常委会议事规则》《市人大常委会信访工作办法》《市人大常委会组成人员工作守则》《市人大常委会人事任免办法》《瑞昌市人大代表工作暂行办法》和《瑞昌市人大代表视察工作暂行办法》，决定废止《瑞昌县实施土地管理暂行规定》和《瑞昌县矿产资源管理实施办法》，通过《关于〈瑞昌市城市总体规划〉的决议》。

5月27—30日，市人大常委会主任何仁先带队赴湖北省通山县参加湘鄂赣三省毗邻县市人大工作研讨会第七次会议，市人大常委会副主任宋银春、调研员王全郊陪同参加。

6月29日，市二届人大常委会第九次会议审议通过《市人大常委会监督司法工作暂行办法》。

8月3日，市二届人大常委会第十次会议决定高丰乡、夏畈乡人民代表大会更名为高丰镇、夏畈镇人民代表大会。

9月，河南省信阳市人大常委会办公室主任胡民江等一行5人到瑞昌考察市人大工作和乡镇人大工作，市人大常委会主任何仁先、副主任徐昌仁陪同。

10月，黑龙江省阿城市人大常委会人事办公室主任孙凤久等一行5人到瑞昌考察市人大工作及乡镇人大工作，市人大常委会主任何仁先、副主任徐昌仁陪同。

11月10日，市人大常委会机关正式乔迁新办公楼办公。

11月21—24日，市人大常委会副主任徐昌仁带队赴湖南省临湘市参加湘鄂赣三省毗邻县市人大工作研讨会第八次会议。

12月27—28日，市二届人大常委会第十二次会议决定任命徐霞飞为市人民政府副市长。

1995年

2月12—14日，市第二届人民代表大会第三次会议在市电影院召开。

2月15日,新办公楼举行庆典活动。九江市人大常委会主任程金发,九江市各县(区)及湖北省武穴市、阳新县人大常委会领导,市委书记欧阳春、市长艾宏盛和其他领导班子主要领导、市直各单位主要负责人参加庆典仪式。庆典仪式由市人大常委会副主任徐昌仁主持,程金发、欧阳春、何仁先等领导先后讲话。

5月16—19日,市人大常委会副主任朱亚愚带队赴江西省铜鼓县参加湘鄂赣三省毗邻县市人大工作研讨会第九次会议。

6月29日,市二届人大常委会第十五次会议决定任命张思益为市人民政府副市长。

8月22日,在市二届人大常委会第十六次会议上,市长艾宏盛第二次提请任命张××职务的报告未获通过。

8月,《瑞昌县人民代表大会志》正式出版。

9月,福建省上杭县人大常委会主任王道荣等一行5人到瑞昌考察人大工作,市人大常委会副主任徐昌仁陪同。

10月9—11日,市人大常委会副主任何庆亮带队赴湖北省崇阳县参加湘鄂赣三省毗邻县市人大工作研讨会第十次会议。

10月30—31日,市二届人大常委会第十七次会议听取和审议市人民检察院关于提请批准逮捕市人大代表周××、李××的报告,作出关于批准逮捕李××的决定。

10月,四川省成都市青羊区人大常委会主任王懋等一行4人到瑞昌考察市人大常委会工作及乡镇人大工作,市人大常委会副主任徐昌仁陪同。

12月7日,九江市人大常委会主任程金发、副主任王文敬等一行到九江市人大常委会挂点单位瑞昌范镇陡岗村调研。

1996年

2月28日—3月2日,市第二届人民代表大会第四次会议在市电影院召开,补选卢仕忠为市人大常委会副主任,冯家相、柯长青等5人为市人大常委会委员。

3月21日,市二届人大常委会第67次主任会议决定与市"法检"两院建立联席会议制度。

5月14—16日,市人大常委会副主任徐昌仁带队赴江西省武宁县参加湘鄂赣三省毗邻县市人大工作研讨会第十一次会议,市人大常委会副主任卢仕忠随行参加。

5月,市人大常委会主任何仁先参加全国人大在北戴河举办的全国人大干部培训班。

同月,市人大常委会副主任宋银春带队赴河北省石家庄市、辛集市,山东省青岛市崂山区人大常委会考察学习执法责任制工作。

6月26—27日,市二届人大常委会第二十二次会议作出关于不予对市人大代表封××取保候审的决定,批准对市人大代表周××取保候审的决定。

7月15—19日,九江市人大常委会主任程金发先后到瑞昌长江大堤、赛湖大堤、幸福水库、横港水库、高泉水库等地指导防汛工作,九江市中级人民法院院长江民才陪同。

8月,市人大常委会副主任卢仕忠带领部分九江市人大代表赴湖北省襄樊市、宜昌市,四川省万县等地参观学习,交流人大工作经验。

10月11日,市二届人大常委会第二十四次会议决定任命陈南桥为市人民政府副市长。

11月11日,市人大常委会作出批复,同意将周××交付审判。

11月11—13日,市人大常委会副主任朱亚愚带队赴湖南省汨罗市参加湘鄂赣三省毗邻县市人大工作研讨会第十二次会议。

11月25日,市二届人大常委会第79次主任会议讨论审定市人大常委会机关改革"三定"(定职能、定机构、定人员编制)方案。

12月26日,市二届人大常委会第二十五次会议决定任命袁飞杰为市人民政府副市长,决定免去万文松副市长职务。

1997年

2月25—28日,市第二届人民代表大会第五次会议在市电影院召开。

4月28—30日,九江市人大常委会副主任于维忠率调研组就《中华人民共和国环境保护法》和《中华人民共和国矿产资源法》贯彻实施情况在瑞昌调研。

4月30日,市二届人大常委会第二十八次会议作出《关于在我市国家机关全面实行执法责任制的决定》。

5月14—18日,省人大常委会执法检查团九江分团团长、省人大常委会副秘书长罗光启率执法检查组就《中华人民共和国环境保护法》和《中华人民共和国矿产资源法》贯彻实施情况在瑞昌执法检查。

5月19日,九江市人大常委会副主任康晋益率执法检查组就《江西省计划生育条例》贯彻实施情况在瑞昌执法检查。

5月27—30日,市人大常委会副主任何庆亮带队赴湖北省蒲圻市参加湘鄂赣三省毗邻县市人大工作研讨会第十三次会议。

5月30日—6月30日,九江市人大常委会开展乡镇人大制度建设工作大检查。瑞昌市码头镇被评为九江市6个先进集体之一。

6月26日，市二届人大常委会第二十九次会议决定任命漆建宁为市人民政府副市长。

8月27日，市二届人大常委会第三十次会议决定任命刘鹰为市人民政府副市长，代理市长职务。

8月，市人大常委会主任何仁先随同九江市人大常委会副主任刘荣喜等一行，出席在锦州市召开的全国16城市人大工作研讨会第十一次会议。

10月6—8日，市人大常委会副主任徐昌仁带队赴湖南省湘阴县参加湘鄂赣三省毗邻县市人大工作研讨会第十四次会议。

10月31日，市二届人大常委会第三十一次会议审议通过《监督市本级预算暂行办法》。

10月，市人大常委会副主任何庆亮带领市人大常委会财经办和市直有关单位负责人到湖北阳新、河南商丘、河北等地考察预算外资金管理工作。

12月18日，九江市人大常委会副主任颜运策率检查组就《江西省消防条例》贯彻实施情况到瑞昌重点检查。九江市委政法委、九江市公安、消防等有关部门负责人随行。

1998年

2月5—8日，市第三届人民代表大会第一次会议在电影院召开，选举产生市三届人大常委会主任、副主任、委员，市人民政府市长、副市长，市人民法院院长，市人民检察院检察长。

3月30日，市三届人大常委会第一次会议决定任命袁飞杰、漆建宁为市人民政府副市长，审议通过《市人大常委会关于开展依法治市的决议》。

5月6日，九江市人大常委会调研组到瑞昌调研《中华人民共和国食品卫生法》贯彻实施情况。

5月18日，九江市人大常委会副主任康晋益率九江市人大教科文卫委就铜岭遗址保护问题到瑞昌现场办公。

5月21日，市三届人大常委会第5次主任会议制定下发《关于在我市部分乡镇（南义、码头）开展执法责任制工作试点的意见》。

5月28日，市三届人大常委会第二次会议审议通过《关于在市三届人大代表和乡镇人大主席团中开展“创先争优”竞赛活动的意见》。

6月2—4日，市人大常委会副主任卢仕忠带队赴江西省万载县参加湘鄂赣三省毗邻县市人大工作研讨会第十五次会议。

6月11日,九江市人大常委会主任程金发、副主任王文敬等一行到瑞昌范镇检查工作。

6月,瑞昌境内连降暴雨,山洪暴发,发生百年一遇的特大洪灾。

8月,省人大常委会副主任周懋平到瑞昌视察灾情,市人大常委会主任张肇山、副主任朱杰陪同。

10月26—28日,市人大常委会副主任彭正交带队参加在江西省宜丰县召开的湘鄂赣三省毗邻县市人大工作研讨会第十六次会议。

11月19日,市三届人大常委会第四次会议决定任命叶心林为市人民政府副市长。

12月,市人大常委会副主任彭正交带队赴湖北省武穴市、江西省武宁县人大常委会考察学习预算外资金管理工作经验。

1999年

1月12—14日,市第三届人民代表大会第二次会议在市电影院召开,选举史文斌等36人为瑞昌市出席九江市第十一届人大代表。

1月18日,香港粤仁达代表团到九江考察农村中小学水毁情况,决定援助瑞昌市、九江县、湖口县三所中小学复建,九江市人大常委会副主任曾民牛陪同代表团到瑞昌考察。

4月18日—5月3日,市人大常委会主任张肇山带队赴山东省章丘市、昌邑市、泰安市,辽宁省凌海市等地考察学习依法治市和执法责任制工作,市人大常委会副主任朱才菊随同。

5月25—26日,市三届人大常委会第七次会议决定任命石荣国为市人民政府副市长,代理市长职务。

7月8日,市人大常委会召开乡镇人大工作座谈会,与会者在会上分别就乡镇人大工作交流发言。会后,市人大常委会根据交流发言材料整理出《宣传工作篇》《执法监督篇》《视察工作篇》《评议工作篇》《代表工作篇》《制度建设篇》等六大类乡镇人大工作经验系列材料,以简报形式连续下发给各乡镇人大予以推广。

8月,市人大常委会被省人大常委会列为省人大立法联系点。

9月,香港粤仁达代表团到瑞昌验收农村学校援建工作,九江市人大常委会副主任曾民牛陪同。

12月22—23日,市三届人大常委会第十一次会议通过《关于市人大代表朱××涉嫌犯罪、限制其人身自由的提请报告》。

2000 年

1 月,市人大常委会主任张肇山随同省科委引进外国智力考察团,赴德国等地考察学习城镇建设方面经验。

2 月 16 日,市三届人大常委会第十三次会议决定任命郑羡银为市人民政府副市长,代理市长职务。

2 月 26—28 日,市第三届人民代表大会第三次会议在市电影院召开,补选郑羡银为市人民政府市长,增选李世秀为市人大常委会副主任。

5 月 16—18 日,省人大环资委领导到瑞昌视察码头镇梁公堤,九江市水电局、省长江堤岸指挥部相关人员陪同。

5 月 22 日,省人大常委会副主任周懋平率检查组就《中华人民共和国台湾同胞投资保护法》执行情况在瑞昌检查,省台办主任崔琳随行。

5 月 23—25 日,省人大常委会执法检查组就《中华人民共和国文物保护法》贯彻实施情况到瑞昌执法检查。

6 月,市人大常委会副主任李世秀带领机关干部 20 人赴江西省广丰县、贵溪县,福建省厦门市、蒲田县、沙县等地考察学习市县人大常委会工作经验。

7 月 4 日,市三届人大常委会第十七次会议第二次修订《人事任免办法》《监督司法工作暂行办法》《信访工作办法》《组成人员守则》《讨论决定重大事项的规定》,第一次修订《代表视察工作暂行办法》,通过对市人大代表陈×采取取保候审措施的许可决定的报告。

7 月,市人大常委会副主任朱才菊带领市人大常委会法律顾问,赴安徽省合肥市考察学习人大常委会法律监督和依法治市及法律顾问的职责等事项。

9 月 15 日,市三届人大常委会第十八次会议决定任命王坚为市人民政府副市长。

10 月 15 日,省人大常委会副主任全文甫率执法检查组就《中华人民共和国义务教育法》和《中华人民共和国统计法》执行情况到瑞昌检查,九江市人大常委会副主任张金林陪同检查。

12 月 12 日,省人大常委会执法检查组就《中华人民共和国文物保护法》贯彻执行的整改情况在瑞昌检查。

2001 年

1 月 10 日,市三届人大常委会第二十二次会议决定接受朱杰辞去市人大常委会副主任职务的请求,报市三届人大四次会议备案。

1月16—18日,市第三届人民代表大会第四次会议在市电影院召开,补选周立为市人民法院院长。

3月14日,九江市人大常委会执法检查组就《江西省档案管理条例》贯彻实施情况到瑞昌进行执法检查。

5月10日,市人大常委会副主任李世秀带队赴广东省深圳市,海南省海口市,广西壮族自治区北海市、桂林市等地考察学习人大工作经验。

5月23日,市人大常委会副主任朱才菊带队赴四川、陕西、云南等地考察学习乡镇人大工作及执法责任制等方面经验。

9月11日,市三届人大常委会第二十六次会议专题评议市人民政府5位副市长(叶心林、徐霞飞、戴丽梅、徐新安、王坚)履职情况。市委书记石荣国,市委副书记万文松、朱汉仁、万本庚和其他市委常委,市政协主席应邀参加会议。

9月20—21日,九江市人大常委会副主任刘云汉率检查组就"严打"整治专项斗争开展情况到瑞昌进行检查,九江市人大政法委负责人随行。

10月23日,市三届人大常委会第二十七次会议,决定任命王玢为市人民政府副市长。

2002年

2月21—23日,市第三届人民代表大会第五次会议在市电影院召开。

8月6日,市三届人大常委会第三十五次会议听取和审议市人民法院和市人民检察院评议整改情况汇报,听取和审议市"法检"两院对5位满意率未达到50%的评议对象处理意见的情况汇报,作出《关于撤销徐××告诉申诉庭庭长职务的决定》和《免去胡××行政庭庭长职务的决定》。

9月18—30日,市人大常委会主任张肇山参加由九江市人大常委会组织的考察团,赴西部地区考察学习文物保护及教科文卫方面工作。

11月5日,九江市人大常委会检查组就《中华人民共和国防洪法》贯彻实施情况到瑞昌进行检查。

11月,九江市人大常委会副主任胡春如就换届选举工作到瑞昌调研,市人大常委会主任张肇山陪同。

2003年

1月17日,市三届人大常委会第四十次会议决定撤销洪下瓜山选区1名当选人市人大代表资格，责成有关部门对违反选举纪律的相关责任人进行查处。

1月21—24日，市第四届人民代表大会第一次会议在市电影院召开，选举产生市四届人大常委会主任、副主任、委员，市人民政府市长、副市长，市人民法院院长，市人民检察院检察长。

5月27日，市四届人大常委会第二次会议决定设置市人大常委会农业和农村工作办公室。

7月7日，省人大常委会副主任孙用和率调研组就“两条保障线”（失业保险、城市居民最低生活保障）实施情况到瑞昌调研。

8月16—21日，市委书记石荣国率团赴安徽、浙江两地考察大水泥项目，市人大常委会主任陈世翔、市委副书记郎小军随团考察。

2004年

1月9日，九江市人大常委会副主任胡春如、余修炎到瑞昌走访慰问困难群众。

1月16—18日，市第四届人民代表大会第二次会议在皇家大酒店召开，选举张华等35人为瑞昌市出席九江市第十二届人大代表。

4月5日，九江市人大常委会调研组就农村专业合作经济组织发展和农业专业技术推广体系建设工作到瑞昌调研，市人大常委会副主任蔡金槐陪同调研。

4月14—16日，九江市人大教科文卫委组织相关人员就税费改革后农村义务教育投入情况到瑞昌进行调研，市人大常委会副主任吴拥军陪同调研。

6月，市人大常委会副主任曹祥水率人大常委会法律顾问赴广东省深圳和香港、澳门等地考察行政执法工作。

7月29日，九江市人大常委会副主任万吉光率调研组就近五年来法院执行工作情况到瑞昌调研，市人大常委会副主任曹祥水陪同调研。

9月23日，市人大常委会在苏亭宾馆召开纪念人民代表大会制度建立50周年座谈会。

10月，市人大常委会主任陈世翔随同九江市人大考察团赴西欧9国考察议会制度。

12月31日，市四届人大常委会第十三次会议决定任命郭豫章为市人民政府副市长。

2005年

1月11—13日，市第四届人民代表大会第三次会议在皇家大酒店召开。

5月27日，市四届人大常委会第十七次会议决定接受李广松辞去市人大常委会副主任职务的请求,报市四届人大四次会议备案。

8月4—5日,九江市人大常委会副主任谭毓清率执法调研组就《江西省发展中医条例》贯彻实施情况到瑞昌执法调研,市人大常委会副主任吴拥军陪同调研。

10月10—14日,九江市人大常委会调研组就用地管理情况到瑞昌调研,九江市人大城环委、国土局、发改委、经贸委、规划局、环保局等单位部门负责人参加。

11月26日,瑞昌发生里氏5.7级地震。

11月27日,省委书记、省人大常委会主任孟建柱,省委副书记、省长黄智权,副省长胡振鹏,副省长、九江市委书记赵智勇及中国地震局副局长李友博等先后到瑞昌灾区现场指挥抗震救灾工作。此后,省委副书记、常务副省长吴新雄,民政部副部长贾治邦,省军区副司令员吴品祥到瑞昌慰问灾民,视察灾情。

11月,市人大常委会副主任曹祥水随同九江市人大考察团赴澳大利亚、新西兰等国家考察议会制度。

12月1日,国务院副总理、国家抗震救灾指挥部总指挥回良玉到达瑞昌转达党中央、国务院对瑞昌受灾群众的亲切关怀,并视察灾情,指导生产自救。省有关领导和国家地震局局长陈建民等陪同视察。

12月3日,因“11·26”地震影响,市人大常委会机关搬至市建设局办公楼四楼办公。

12月26日,九江市人大常委会副主任万吉光带领九江市人大常委会机关有关人员,到瑞昌桂林街道胡家垅和胡家宕了解地震灾后重建工作,市人大常委会主任陈世翔,副主任周又新、蔡金槐陪同。

12月30日,中共中央政治局常委、国务院总理温家宝到瑞昌地震灾区,代表党中央、国务院看望和慰问灾区干部群众,检查灾后重建工作,并深入到学校、医院和灾区群众住房重建区及灾区群众家中考察灾情、慰问灾区群众。

2006年

1月20—22日,市第四届人民代表大会第四次会议在皇家大酒店召开。

2月6日,市四届人大常委会第二十二次会议决定任命熊起栋为市人民政府副市长,代理市长职务。

7月27日,市四届人大常委会第二十五次会议接受李世秀、李春滚辞去市人民政府副市长职务请求,报市四届人大五次会议备案,决定任命曾宪奎、田水平、卢瑜为市人民政府副市长。

9月12—13日，市第四届人民代表大会第五次会议在皇家大酒店召开，补选熊起栋为市人民政府市长，选举王永宏等36人为瑞昌市出席九江市第十三届人大代表。

9月，市人大常委会副主任蔡金槐随同九江市人大常委会访美考察团赴美国、加拿大等国考察议会制度。

10月16—17日，九江市人大系统第四届老年门球赛在瑞昌举行，瑞昌市人大机关代表队荣获第一名。

2007年

3月19—22日，市第五届人民代表大会第一次会议在皇家大酒店召开，选举产生市五届人大常委会主任、副主任、委员，市人民政府市长、副市长，市人民法院院长，市人民检察院检察长。

7月2日，市五届人大常委会第三次会议决定任命郭豫章为市人民政府副市长。

8月19日，省人大常委会检查组就《中华人民共和国台湾同胞投资保护法》贯彻实施情况在瑞昌开展执法检查，市人大常委会副主任吴拥军陪同检查。

10月20日，省人大常委会法工委主任沈亚平一行到瑞昌调研。

10月30日，市五届人大常委会第五次会议在表决永修县人民法院关于对市五届人大代表柯于利采取民事强制措施的议案时，未获通过，决定不予许可。

10月，市人大常委会副主任朱志强率领市人大法律顾问赴海南省海口市、三亚市考察法律监督工作。

11月20—21日，省人大常委会党组书记、副主任彭宏松率调研组就贯彻落实党的十七大精神，扎实稳妥推进社会主义新农村建设工作到瑞昌调研，九江市人大常委会主任张远秀随行调研。市领导熊起栋、陈世翔等陪同。

12月27日，市五届人大常委会第六次会议审查批准《瑞昌市城市总体规划(2006—2010)》。

2008年

1月16—18日，市第五届人民代表大会第二次会议在皇家大酒店召开。

4月，全国人大教科文卫委副主任委员徐荣凯率立法调研组就《中华人民共和国防震减灾法》修订工作到瑞昌进行立法调研。

5月7—9日，九江市人大教科文卫工作座谈会在瑞昌市召开，九江市各县市区人大常委会分管领导和教科文卫工作机构负责人约40人参加会议,九江市人大常委会副主任谭毓清到会并讲话。

5月8日,九江市人大常委会调研组就强农惠农政策落实情况到瑞昌调研,市人大常委会副主任周又新陪同。

5月10—17日,市人大常委会副主任周又新随九江市人大常委会考察团赴江苏、上海、浙江等地考察学习社会主义新农村建设工作。

6月,九江市人大常委会副主任谭毓清、彭群林、巡视员吴宣友一行到瑞昌视察九江市政府民生工程之一赛湖蔬菜示范基地生产建设情况。

9月2—5日,九江市人大常委会副主任余修炎、彭群林率执法检查组就《江西省森林条例》贯彻实施情况到瑞昌进行执法检查。

9月10日,市五届人大常委会第十次会议决定任命古小平为市人民政府副市长,代理市长职务。

12月11日,九江市人大常委会主任张远秀到瑞昌调研,并在人大常委会机关主持召开座谈会。市领导熊起栋、古小平、陈世翔等陪同调研或参加座谈会。

2009年

2月17—20日,市第五届人民代表大会第三次会议在皇家大酒店召开,补选古小平为市人民政府市长,彭中为市人民检察院检察长。

3月,市人大常委会主任陈世翔随同九江市人大常委会副主任曹林森率领的九江市人大常委会考察团,赴美国、加拿大等国考察议会制度。

8月,九江市人大常委会副主任彭群林率执法检查组就农产品质量安全问题到瑞昌检查。市领导雷高兴、周又新、徐新安陪同检查。

10月8日,九江市人大常委会副主任余修炎、彭群林率视察组就农业产业化项目建设情况到瑞昌视察,市人大常委会副主任周又新陪同视察。

10月23日,市五届人大常委会第十八次会议决定任命桂白丽、程厚红为市人民政府副市长。

10月28—30日,九江市人大常委会副主任余修炎、彭群林、周锦元、巡视员吴宣友一行就贯彻落实九江市人大工作会议精神情况到瑞昌进行专项督查。

11月20日,市五届人大常委会第十九次会议审议通过《市人大常委会关于审议意见监督办法》《市人大常委会关于行使监督权面向社会公开暂行办法》《市人大常委会关于进一步加强和改进人大代表工作的意见》《市人大常委会关于规范性文件备案审查暂行办法》等4个规范性文件。

2010年

2月3—5日，市第五届人民代表大会第四次会议在皇家大酒店召开，补选樊革新为市人民法院院长。

2月26日，市五届人大常委会第二十二次会议，决定任命范志斌为市人民政府副市长，作出《关于规范市区燃放烟花爆竹的决定》。

3月18—19日，九江市人大常委会农业和农村工作座谈会在瑞昌召开。九江市各县市区分管领导和有关办事机构负责人约40人参加会议，九江市人大常委会副主任彭群林到会并讲话。市领导古小平、陈世翔、周又新、徐新安参加会议或陪同视察。

7月13日，九江市人大常委会副主任祝先进率调研组就工业发展情况到瑞昌调研。市领导古小平、陈世翔、刘振华、郭少雄陪同调研或参加座谈会。

8月，市人大常委会主任陈世翔随同九江市人大常委会考察团赴陕西、新疆等地考察学习。

10月，九江市人大财经工作座谈会在瑞昌皇家大酒店召开，九江市人大常委会副主任祝先进主持会议并讲话，瑞昌市人大常委会副主任刘振华出席会议。

12月28日，市五届人大常委会第二十九次会议审议通过《瑞昌市绿地系统规划(2010—2020)》。

12月，市人大常委会副主任吴拥军随同九江市对外友好服务中心组织的考察团，赴阿根廷、智利、巴西等南美三国考察议会制度。

2011年

1月17日，省人大常委会副主任陈安众一行到瑞昌考察，九江市人大常委会主任张远秀、副主任曹林淼随行考察。市人大常委会主任陈世翔、副主任朱志强陪同。

2月19—20日，市第五届人民代表大会第五次会议在市艺术中心召开。

2月，市人大常委会财政经济办公室、内务司法办公室、教育科学文化卫生办公室、选举任免联络办公室、农业和农村工作办公室更名为工作委员会。

6月21日，市五届人大常委会第三十二次会议决定任命罗文江为市人民政府副市长，代理市长职务。

7月6—8日,九江市人大常委会党组成员谭毓清率专题调研组就深化医药卫生体制改革工作到瑞昌进行专题调研,市人大常委会副主任吴拥军陪同调研。

8月25日,市人大常委会第三十四次会议审议通过《瑞昌市人大常委会关于依法治市的决议》,提请市六届人大一次会议审议表决。

8月30日—9月1日,市第六届人民代表大会第一次会议在市艺术中心召开,选举产生市六届人大常委会主任、副主任、委员,市人民政府市长、副市长,市人民法院院长,市人民检察院检察长;选举马绍仁等35人为瑞昌市出席九江市第十四届人大代表;作出《关于进一步加强依法治市工作的决议》。

第一章　市人大代表选举

第一节　选举机构

市选举委员会

根据《中华人民共和国全国人民代表大会和地方各级人民代表大会选举法》和《江西省各级人民代表大会代表选举实施细则》的有关规定，瑞昌市选举委员会一般由市委、市人大常委会有关负责人，市委组织、宣传、统战部门负责人，市公安、民政、司法、财政部门负责人，市法院、检察院有关负责人，市人大常委会有关机构和有关人民团体负责人组成，人数通常为15—20人。

1989年12月设立的县选举委员会由15人组成，主任委员：何仁先，副主任委员：柯亭依、李汉龙、章秀文、余玉凡、曹中雪，委员：钟孝松、胡敦斌、舒明南、吴高英(女)、杨福喜、王贤柱、张远景、刘朝键、柯武山。

1992年10月设立的市选举委员会由17人组成，主任委员：何仁先，副主任委员：张肇山、徐昌仁、何庆亮、宋银春，委员：朱汉浩、朱志强、刘朝键、吴圻江、何祥林、陈菊梅(女)、张远景、郑枕亚、胡爱武(女)、胡敦斌、柯武山、董垂亮。因朱志强、陈菊梅、张远景3人工作变动，根据市一届人大常委会第二十次会议授权，经第59次主任会议研究，决定上述3人不再担任市选举委员会委员职务,陈伦国、邹菊花(女)、聂明柏为市选举委员会委员。

1997年11月设立的市选举委员会由21人组成,主任委员:何仁先,副主任委员:张肇山、卢仕忠,委员:徐昌仁、朱亚愚、宋银春、何庆亮、朱　杰、朱才菊、李广欣、刘俊华、何祥林、王卫军、赵达贵、鄢爱民、吴圻江、曹祥水、聂明柏、邓　辉、曾宪奎、周又新(女)。因鄢爱民、曾宪奎2人工作变动,根据市二届人大常委会第三十二次会议授权,经第99次主任会议研究:决定上述2人不再担任市选举委员会委员职务,吴学银、鲁卫东、柯向昌为市选举委员会委员,选举委员会成员共计22人。

2002年9月设立的市选举委员会由19人组成,主任委员:张肇山,副主任委员:万文松、郎小军、卢仕忠,委员:朱才菊、彭正交、李世秀(女)、丁瑞林、范新军、鄢爱民、赵达贵、王卫军、李庆生、吴学银、张木孝、曹祥水、周平海、刘明珍(女)、范志斌。

2006年11月设立的市选举委员会由17人组成,主任委员:陈世翔,副主任委员:曹光明、曹祥水,委员:徐　胜、刘明珍(女)、张友信、周又新(女)、蔡金槐、吴拥军、朱志强、刘道钰、刘振华、张友清、张木孝、李金国、柯善富、汪传功。

2011年3月设立的市选举委员会由16人组成,主任委员:陈世翔,副主任委员:曹祥水,委员:丰　耿、程世贵、冯　礼、沈爱文、何尤君、李金国、柯善富、刘道钰、刘　宁、王义树、钟向明、袁孝友、费伦杰、雷　莉(女)。根据2010年修订的《中华人民共和国全国人民代表大会和地方各级人民代表大会选举法》第九条和江西省人大常委会选任联工委(赣常任函〔2011〕15号)“关于选举委员会组成人员为代表候选人的应当辞去选举委员会的职务”的有关规定,2011年6月21日市五届人大常委会第三十二次会议,决定接受陈世翔、曹祥水、何尤君、雷莉4人辞去市选举委员会相应职务的请求,任命程世贵为市选举委员会副主任委员。

基层选举工作机构

县乡人大同时换届选举时,乡镇的选举工作由乡镇选举委员会承担,场街道的选举工作由选举领导小组或选举指导组承担。县级人大换届选举时,乡镇场街道的选举工作全部由选举领导小组或选举指导组承担。选举领导小组是2001年8月江西省选举实施细则修正前的市选举委员会的派出机构,选举指导组是修正后的派出机构,其组成人员均由市选举委员会提名,市人大常委会任命。

乡镇选举委员会　乡镇选举委员会设主任委员1人,副主任委员1至2人,委员若干人,由市选举委员会提名,市人大常委会任命。组成人员一般由现任的或拟任的乡镇人大主席、副主席，乡镇党委组织委员、纪检书记、宣传委员，乡镇人大秘书，综治办主任，民政所、财政所、派出所所长，妇联主任等组成。

1989 年 12 月，县乡人大同时换届，全县共有 2 镇 22 乡，设立乡镇选举委员会 24 个。期间，由于乡镇领导班子调整，部分乡镇选举委员会成员工作变动，1990 年 2 月 26 日，县九届人大常委会第二十三次会议决定，对九源、花园、范镇、流庄、横立山、桂林等 6 个乡的选举委员会主任委员、副主任委员作出人员调整。

1992 年 10 月，市乡人大同时换届，全市共有 6 镇 16 乡，设立乡镇选举委员会 22 个。期间，由于乡镇领导班子调整，部分乡镇选举委员会成员工作变动，根据市一届人大常委会第二十次会议授权，经第 59 次主任会议研究，决定对 21 个（南义镇除外）乡镇选举委员会主任委员、副主任委员作出人员调整。

2006 年 11 月，市乡人大同时换届，全市共有 8 镇 9 乡，设立乡镇选举委员会 17 个。

2011 年 3 月，市乡人大同时换届，全市共有 8 镇 8 乡，设立乡镇选举委员会 16 个。根据 2010 年修正后的《中华人民共和国全国人民代表大会和地方各级人民代表大会选举法》规定，选举委员会的组成人员为代表候选人的应当辞去其选举委员会的职务，经 2011 年 6 月 21 日市五届人大常委会第三十二次会议决定，接受 16 个乡镇选举委员会主任委员辞去职务的请求。

选举领导小组　领导小组通常设组长 1 人，副组长 1 至 2 人，成员 5 至 7 人。

1992 年 10 月，市乡同时换届选举期间，溢城、桂林街道设立选举领导小组。由于乡级领导班子人员调整，根据市一届人大常委会第二十次会议授权，经第 59 次主任会议研究，决定对 2 个街道选举领导小组组长作出调整。

1997 年 11 月，市人大换届选举期间，全市 8 镇 14 乡 2 街道 3 场，共设立 27 个选举领导小组。

选举指导组　通常设组长 1 人，副组长 1 至 3 人，成员 5 至 7 人。

2002 年 9 月，市人大换届选举期间，全市 8 镇 9 乡 2 街道 3 场，设立溢城、桂林、南义、横港、范镇、高丰、洪下、花园、肇陈、乐园、洪一、白杨、武蛟、流庄、码头、夏畈、黄金、南阳、横立山、青山、大德山、赛湖等 22 个选举指导组。

2006 年 11 月，市乡同时换届选举期间，2 街道 3 场，设立溢城、桂林、青山、大德山、赛湖等 5 个街道场选举指导组。

2011 年 3 月，市乡同时换届选举期间，2 街道 3 场，设立溢城、桂林、青山、大德山、赛湖等 5 个街道场选举指导组。

市直属选区办事组 根据市人大换届选举工作的需要,市一届至市六届人大代表的选举,均划定直属选区,设立直属选区办事组,具体负责该选区的选举事务。直属选区受市选举委员会领导,选区办事组设组长1人,副组长1至2人,成员3至8人。

市一届人大换届选举,14个市直单位成立13个直属选区办事组。市二届人大换届选举,14个市直单位成立12个直属选区办事组。市三届人大换届选举,12个市直单位成立10个直属选区办事组。市四届人大换届选举,13个市直单位成立10个直属选区办事组。市五届人大换届选举,13个市直单位成立8个直属选区办事组。市六届人大换届选举,7个市直单位成立5个直属选区办事组。

第二节 选举工作

选区划分

市一届至六届人大代表选举的选区划分,以便于选举的组织工作和选民参加选举活动,便于选民了解代表和代表联系选民为目的,按居住状况,也按生产单位、事业单位、工作单位进行划分。选区的大小,按照每一选区选1至3名代表划分,农村以一个村民委员会为单位划分选区,人口较少的村也可以联合划分选区;城镇以若干个居民委员会为单位联合划分选区,人口总数足以产生1名代表的居民委员会也可以单独划分选区;本行政区域内的机关、团体、企业事业单位人口总数足以产生1至3名代表的,可以单独划分选区,人口总数不足以产生1名代表的,也可以若干个单位或者和所在地的居民委员会联合划分选区;驻市单位大多数可单独划分1个选区;已多年停产或破产重组一分为几的驻市企业或已全面完成改制的驻市企业,或因划分选区不足以产生1名代表的驻市单位,按照就近的原则,由所在地的乡镇场街道负责组织选区划分;地质队、庐山水泥采石场、火车站、变电站、劳教所、地方海事处等单位按行业划分选区;驻军按系统划为1个选区。

市乡两级代表同步换届选举时,划分选区做到使每个市人大代表选区包含若干个乡镇人大代表选区。

选举市一届人大代表时全县划分148个选区,其中直属选区13个。选举市二届人大代表时全市划分150个选区,其中直属选区12个。选举市三届人大代表时,因代表名额减少,全市划分112个选区，其中直属选区10个。选举市四届人大代表时全市划分117个选区，其中直属选区10个。选举市五届人大代表时全市划分107个选区，其中直属选区8个。选举市六届人大代表时，因实行城乡按相同人口比例选举人大代表，全市划分84个选区，其中直属选区5个。

选民登记

选民登记按选区进行，经登记确认的选民资格长期有效。每次选举前只对上次选举以后新满十八周岁的选民和被剥夺政治权利期满后恢复政治权利的选民进行登记。对从其他选区迁入的选民列入选民名单；对迁出选区的、死亡的或者依照法律被剥夺政治权利的人，从选民名单上除名。每一个选民只能在一个选区进行登记。没有工作单位的农村村民、城镇居民在户口所在地的选区登记。党政机关、人民团体、企业事业单位的在职人员和属于原单位统一管理的离退休人员，在其工作单位所在地的选区登记。驻地在瑞昌市的中央、省、九江市属企业单位和驻军机关的选民在各直属选区登记。对换届选举期间寄居在瑞昌市境内的外来流动人口，所在地选区设立选民登记站，动员他们携带原住地的选民资格证明登记。

选民登记分阶段进行：挑选登记员，做好登记前的准备工作；深入调查，摸清选民人数；组织选民申报登记，搞好选民资格审查；张榜公布选民名单和选举日期、地点，颁发选民证；做好选民登记资料的整理归档。登记时凭户口簿或身份证申报登记；属无法行使选举权利的人一律凭市级以上医院证明；被剥夺和暂停行使选举权利的公民在公布选民名单时，由"法检"两院把关。在此阶段严格把好"年龄关，户籍关，病情关，政策关"。在具体操作中，本着力争主动，方便选民的原则，认真细致地搞好普查登记及核查补登。选民名单公布后，各选区还采取"回头看"的办法，对个别漏登、错登的选民进行补登或纠正。选民登记后，均由县市选举委员会颁发选民证，以示对选民资格的确认。

市一届人大代表换届选举时，登记总人口数336599人，18周岁以上人口总数216221人。市二届人大代表换届选举时，登记总人口数364052人，18周岁以上人口总数233859人。市三届人大代表换届选举时，登记总人口数396865人，18周岁以上人口总数264297人。市四届人大代表换届选举时，登记总人口数407598人，18周岁以上人口总数277166人。市五届人大代表换届选举时，登记总人口数421979人，18周岁以上人口总数308045人。市六届人大代表换届选举时，登记总人口数445168人，18周岁以上人口总数326658人。

代表名额的确定和分配

名额确定 市一届、二届人大代表名额,依照1995年前颁布的《中华人民共和国全国人民代表大会和地方各级人民代表大会选举法》和《江西省各级人民代表大会代表选举实施细则》的有关规定,由市人大常委会自行确定,报江西省人大常委会备案。市一届人大代表名额为255名。市一届人大一次会议后,市人大常委会报请江西省人大常委会同意,增加5名,核定为260名。市二届人大代表名额为257名。

市三届、四届、五届、六届人大代表名额,依照1995年新修订的《中华人民共和国全国人民代表大会和地方各级人民代表大会选举法》和《江西省各级人民代表大会代表选举实施细则》的有关规定,由江西省人大常委会予以确定,同时规定代表名额一经确定,不再变动。市三届、四届、五届、六届人大代表名额均为199名。

名额分配 市一届、二届、三届、四届、五届人大代表名额分配,由市选举委员会按照农村每1代表所代表的人口数4倍于城镇每1代表所代表的人口数的原则分配到全市各乡镇、街道、场,直属选区的代表名额单独协商安排。各乡镇按市选举委员会分配的名额数具体分配到各选区。镇和街道在分配名额时要将农业人口和非农业人口分开计算,不互相占用名额。

市六届人大代表名额分配,是依据2010年修订的《中华人民共和国全国人民代表大会和地方各级人民代表大会选举法》和《江西省各级人民代表大会代表选举实施细则》的有关规定,按照每一代表所代表的城乡人口数相同的原则,分配到全市各乡镇、街道、场和各直属选区。

代表候选人的提出和确定

提名推荐代表候选人,依据《中华人民共和国全国人民代表大会和地方各级人民代表大会选举法》的规定,各政党、各人民团体,可以联合或者单独推荐代表候选人。选民10人以上联名,也可以推荐代表候选人。所提名推荐的代表候选人必须是模范地遵守宪法和法律,密切联系群众,不搞特权,坚持原则,办事公道,全心全意为人民服务;并且具有一定的文化素养和比较丰富的政治经验,有一定的社会活动能力和履职能力;既要考虑到一些富有实践经验,德高望重的老同志,也要尽可能推荐年富力强,有专业知识的人员,使选出的代表年龄呈梯次结构。代表候选人由各选区选民和政党、人民团体提名推荐，选举委员会汇总后，连同代表候选人基本情况在选举日的15日以前公布。

提名代表候选人时，注重提名的形式、时间、资格、程序每一过程是否合法，对不符合法律规定提出的候选人不予认定。在提名市四届人大代表候选人时，高丰镇第3选区一名候选人经市选举委员会审查后，不予认定。溢城街道22选区代表人数所代表人口数明显少于其他选区代表所代表的人口数，市选举委员会未予认可，及时查明原因并予以纠正。代表正式候选人的确定，坚持差额选举和民主集中制原则。政党、人民团体或选民10人以上联名提出的代表候选人名额，没有超过应选代表名额1倍时，都列入正式代表候选人名单。所提的代表候选人名额超过应选代表名额的1倍时，由选举委员会将全部候选人名单交该选区全体选民分选民小组酝酿、讨论、协商，最后根据较多数选民的意见，按多于应选名额1/3至1倍的差额数确定正式候选人名单，在选举日的7日以前公布。

市一届提名推荐代表候选人为681名，确定正式代表候选人459名。市二届提名推荐代表候选人为625名，确定正式代表候选人417名。市三届提名推荐代表候选人为503名，确定正式代表候选人314名。市四届提名推荐代表候选人为413名，确定正式代表候选人321名。市五届提名推荐代表候选人为398名，确定正式代表候选人319名。市六届提名推荐代表候选人为290名，确定正式代表候选人288名。

投票选举

准备工作　市一届至六届人大代表的选举工作，县市、乡镇选举委员会都制定了投票阶段的工作安排，选区选举办事组依照选举委员会的工作部署，结合本选区的实际，制定了选举日投票实施方案。对选举办法的制定，票箱的制作，选票的印刷和宣传发动选民，组织选民参加投票以及会场的布置，投票站的设置，秘密写票处的设置，流动票箱的管理，委托投票的手续问题都进行了部署。

为确保选民集中精力和时间在选举日投好票，市委、市人大常委会、市政府三家办公室联合发文，要求全市各单位部门在选举日不召开各类会议，投票工作在选举日内完成，个别规模较大，居住分散的选区，不超过3日时间。

选举市一届人大代表时，全县公布选民215421人，参加投票选举的选民194956人，占选民人数的90.5%。选举市二届人大代表时，全市公布选民248059人，参加投票选举的选民227000人，占91.5%。选举市三届人大代表时，全市公布选民263400人，参加投票选举的选民242171人,占91.9%。选举市四届人大代表时,全市公布选民275624人,参加投票选举的选民206718人,占75%。选举市五届人大代表时,全市公布选民307886人,参加投票选举的选民276356人,占89.76%。选举市六届人大代表时,全市公布选民326251人,参加投票选举的选民291582人,占89.6%。

选举程序 投票的方式首选是召开选举大会,统一组织选民投票;选举委员会派人主持,担任大会执行主席,大会工作人员佩戴工作证,听从大会执行主席的统一指挥,选民凭选民证入场,工作人员凭选民证统计到会人数,推选监票人、计票人,检查票箱,清点到会人数,宣布应选代表人数和正式代表候选人名单,大会执行主席宣读选举办法,发票、写票和投票,清点选票和计票,确定选举结果,公布当选代表名单。

为了保证选民的权利,确保参选率,还采取了其他方式组织选民投票:根据选民生产、工作和居住状况在选举大会外设立若干个选民投票站投票,投票站选举活动由选举委员会主持,由投票站所在的选民小组推荐2人为监票人,并配备有关登记、发票、验票、解说、代写的工作人员,协助监票人工作;为患有疾病等原因行动不便,因公不能离开职守或者居住分散并且交通不便,不能到选举大会和投票站投票的选民设立流动票箱,并在选举大会的头一天上门投票;对在选举日时被关押的选民,或因事外出和在外务工远离家乡的选民,为保证他们能够行使选举权,均采取书面委托其它选民代投的办法。凡接受委托的选民允许接受不超过3人的委托,并事先征得选举委员会认可,出具委托书。

市一、二、五、六届市乡人大代表选举是同时进行,县市选举委员会委托乡镇选举委员会主持选举,以选区为单位投票。乡镇选举委员会所辖的选区,为方便选民,节省人力和时间,市乡两级代表同日、同时、同场分别投票,市乡人大代表候选人选票分别以大红、粉红或玫瑰红等不同底色予以区别。每个市人大代表选区包含若干个乡人大代表选区,大选区套小选区,选举乡人大代表的选区作为选举市人大代表的投票站,一次投票,分别计票。市人大代表选票,集中到选举市人大代表选区的中心会场开箱,各投票站派1至2名选民参加,共同监督计票并听候选举结果。街道场及县市直属选区只选举市代表,无乡级代表选举任务,计票过程相对简便。

市三、四届人大代表选举期间,由市选举委员会的派出机构乡镇场街道选举领导小组或选举指导组主持选举,各选区选举投票采取中心会场投票,投票站投票,流动票箱投票,委托投票等方式进行。

市一至六届人大代表选举时,县市选举委员会统一印制了选举办法,发到各选区,交选民讨论通过。其内容依法规定:选区全体选民的过半数参加投票,选举有效;被选人获得参加选举的选民过半数的选票时，始得当选；获得过半数选票的被选人超过应选人数时，以得票多的当选。如果票数相等不能确定当选人时，应就票数相等的人重新投票，以得票多的当选；获得过半数选票的当选人少于应选名额时，不足的名额应当在没有当选的被选人中另行选举，以得票多的当选，但是得票数不得少于选票的1/3；选票上的候选人名单以姓氏笔画为序；选民对代表候选人可以投赞成票，可以投反对票，可以另选本市其他选民，也可以弃权。选举大会后，选区选举办事组将选举结果报经选举委员会确认有效后公布代表名单。

代表资格确认　市一届至六届的人大代表资格都经过认真审查，对发现的问题进行了及时纠正处理。在确认市四届人大代表资格时，市三届人大常委会第三十九次会议，依据代表资格审查委员会的报告，确认当选的196名市代表资格有效。公告后，有群众举报，洪下乡瓜山选区在选举1名市代表时，严重违反选举程序。市选举委员会立即组织市人大常委会选任联办公室、政法办公室，市监察局，市检察院组成联合调查组，深入实地调查。发现该选区由6个村民小组组成，共有选民730多名，投票时，未设立中心会场投票，却发出选票730多张，参加投票选举的不足50人，选举办法未在选民大会上通过，部分村组全部实行流动票箱投票，存在1人投数十张选票现象，严重剥夺了大多数选民的选举权利。市三届人大常委会第四十次会议决定，撤销该选区1名当选人的代表资格，并责成有关部门对相关责任人依法进行查处，纠正这一严重违法选举事件。

第三节　选举结果

市一届人大代表选举结果情况

市一届人大代表名额为255名。1990年3月16日为市一届人大代表选举日，3月16日至18日，在全县确定的459名正式代表候选人中选举产生市一届人大代表253名，缺额2名。其中：女性代表28人，占11.5%；非中共党员代表36人，占14.2%；工农一线代表118人，占46.6%；高中以上文化程度代表145名，占57.3%；35岁以下代表70人，占27.7%，36～55岁代表167人，占66%，56岁以上代表16人，占6.3%。

按乡镇场和直属选区为单位划分，当选代表名单如下：

湓城镇40名：

丁立明	丁显松	王永和	王忠荣	田宗莲(女)	田绍林
朱　杰	朱垂刚	刘惠珍(女)	何仁造	邵志华	
李世秀(女)	李瑛明(女)	余占祥	余志军	陈洪兴	陈洪权
陈洪敏	陈南桥	宋银春	邱菊生	张友清	张吉龙
张赛华(女)	周升阳	周庆鼎	罗雪琴(女)	柯愈谱	钟孝松
胡勇强	殷兴建	唐蒙恩	黄　新	曹　征	曹祥水
彭经球	谢昶	董圣金	蒋家文	戴莲菁(女)	

范镇乡13名：

王忠生	冯祥大	冯祥锋	何仁胜	何菊萍(女)	
李晓红(女)	吴作林	陈济承	张木孝	张友梅	欧阳春
范芳明	范魁芳				

九源乡5名：

王全郊	文怡生	陈洪塔	肖德圣	胡家芳

横港乡9名：

王义国	田忠诚	余来清	周平起	柯亭依	曹善信
温瑞基	雷在柏	樊宣育			

南义镇12名：

邓孟溪	田宗昌	但金水	陈希林	陈菊梅(女)	李洪星
余来禄	杨世俊	易发诗	熊木英(女)	蔡金科	黎端信

和平乡4名：

邬乾悌	李广欣	周谷平	周桂元

乐山乡4名：

江昌乾	张肇山	柯昌胜	彭学源

青山林场3名：

肖仁水	李元武	张炳根

峨嵋乡4名：

余金牛	张恭也	周振亚	樊宣教

洪岭乡5名：

吴圻木　严茂宜　罗喻圣　蔡金华　詹远俊

桂林乡 10 **名：**

邓见长　王松枝(女)　田绍裕　何仁先　余来稳　张友全
胡齐荣　赵达贵　雷在义　傅圣金

白杨镇 8 **名：**

王义发　王细生　王贤新　邹余秀(女)　周江涛　胡映权
徐昌仁　黄孟群

高丰乡 10 **名：**

王能桂(女)　孙其银　陈洪源　何祥池　周小平　周世亮
范泽清　黄龙启　彭义汉　蔡金槐

洪下乡 8 **名：**

王美玉(女)　方乾深　沈贤海　何秀凤(女)　何景玉　姜必大
徐世沂　漆后欢

花园乡 9 **名：**

余锦荣　周经平　张根树　徐济友　徐政新　徐维庶
徐新火　徐新国　徐新柳

大德山林场 3 **名：**

丁瑞林　何祥兴　何福清(女)

乐园乡 7 **名：**

邹庆国　张竹青(女)　柯大建　柯向昌　柯昌珠　柯武山
黄群虎

洪一乡 9 **名：**

王朗香(女)　何映玉(女)　周木林　柯愈林　谈太明　徐勋炳
曹中雪　曹树祯　曹祥佳

肇陈乡 8 **名：**

何中隆　周福莲(女)　柯亨社　柯美义　柯愈礼　徐明德
徐新安　黄治泽

码头镇 17 **名：**

王瑞珍(女)　朱汉武　朱汉浩　朱巨禄　李美凤　陈孝林

杜炳杞　邵志强　陈德胜　张连训　张桂松　柯大成
胡华南　封泽明　梁光全　涂香仁　戴和旺

流庄乡 8 名：

王能球　陈先国　严茂林　严忠竹　张友艳　张绪长
柯昌国　潘熙志

武蛟乡 8 名：

朱汉贤　刘诗歌　陈前信　陈前胜　陈新发　胡映民
赵兴旺　蒋广生

南阳乡 10 名：

卢仕忠　吴远林　宋茂奖　陈茂球　邹展明　张舫洲
胡金霞(女)　胡贵平　谈宝枝(女)　徐新枢

横立山乡 6 名：

王定进　田宗洪　吴高海　胡敦斌　袁宇飞
聂训姣(女)

夏畈乡 8 名：

王义全　朱亚愚　陈亚玲(女)　陈洪敏　陈绪枝(女)　张泽远
柯亨发　梁光球

黄金乡 6 名：

王世良　王佐贤　王忠文　王桂凤(女)　陈仲吹　柯昌春

人民机械厂 1 名：

王文明

江州造船厂 3 名：

冯子刚　江才伸　邵明章

九江船用机械厂 1 名：

傅正瑶。

武山铜矿 2 名：

刘国良　赵　升

505、507 地质队 1 名：

陶义武

油嘴油泵厂2名：

朱美勇　　　邹圣锡

铜岭钢铁厂1名：

周明节

新民机械厂1名：

张龙德

瑞昌石油站1名：

严传河

驻军、武警中队2名：

尹德超　　　徐家干

江西航海仪表厂1名：

陈汉泉。

赛湖农场3名：

金　暾　　　胡民新　　　柯于友

市一届人大一次会议闭会后，经报请江西省人大常委会同意，新增代表名额5名，市一届人大代表名额实为260名，实际缺额7名。1991年3月11日市一届人大常委会第七次会议决定，将其中缺额的6名代表名额全部分配到相应选区进行依法选举，溢城镇刘朝键、张绪发、南义镇柯昌贵、峨嵋乡聂成珍、花园乡柯愈明、横立山乡聂志平等6人当选为市一届人大代表。市一届人大二次会议以后溢城镇余志军、新民机械厂张龙德、九江船用机械厂傅正瑶、驻军尹德超调离瑞昌，其代表资格终止，南义镇邓孟溪代表去世。1992年3月16日在溢城镇依法补选胡茂禄为市一届人大代表。

市二届人大代表选举结果情况

市二届人大代表名额为257名。1992年12月18日为市二届人大代表选举日，12月18日至22日在全市确定的417名正式代表候选人中选举产生市二届人大代表256名，其中：女性代表23人，占9.8%；工农一线代表108人，占42.2%；非中共党员代表37人，占14.5%；高中以上文化程度代表173人，占67.6%；35岁以下代表66人，占25.8%，36岁～55岁代表182人，占71.1%，56岁以上代表8人，占3.1%。

按乡镇场街道和直属选区为单位划分，当选代表名单如下：

洪岭乡 5 **名：**

王卫军　　万长生　　丰文裕　　柯于友　　詹建杨。

范镇 13 **名：**

冯国成　　冯祥大　　吴作林　　李广新　　何仁胜　　何剑桥

余荷花（女）　郑慧怡（女）　徐明德　　徐荣枝（女）　詹春林　　蔡泽虞

熊仁刚

横港镇 11 **名**

万秀江　　王忠生　　苏贤训　　余传为　　张　欣　　张利平

范木松　　周庆增　　聂武鉴　　鄢爱民　　雷存爱

九源乡 5 **名：**

文怡生　　朱汉浩　　肖德圣　　陈洪塔　　罗新发

峨嵋乡 3 **名：**

张继南　　骆国兴　　樊宣育

乐山乡 3 **名：**

杨能聪　　周庆昌　　周经平

和平乡 3 **名：**

王水木　　汪松河　　范任生

南义镇 12 **名：**

王兴朴　　田绍英　　田忠桂（女）　朱志强　　刘显荣　　阮明美

但应生　　余泽群　　陈希琳　　易本友　　徐昌仁　　蔡金科

高丰乡 11 **名：**

杜炳贵　　李汉富　　吴高友　　何仁先　　幸元香（女）　周小平

周庆忠　　柯昌荣　　黄龙启　　曹远凤　　谢绍俊

洪下乡 8 **名：**

何中雄　　何秀波　　张肇山　　周宇枝　　柯向昌　　姜必大

徐世沂　　漆后欢

花园乡 9 **名：**

卢仕忠　　田绍兴　　徐政新　　徐济友　　徐勋学　　徐勋炳

徐新火　徐新国　蔡金槐

肇陈镇9名：

宋银春　陈荷香（女）　柯美义　柯美睦　柯愈扬　徐勋世
徐维柏　黄龙茂　黄朝选

乐园乡8名：

邹玉梅（女）　陈孝洪　胡敦斌　柯于模　柯长清　柯传发
柯美玲　徐新安

洪一乡9名：

王贤河　何秀龙　何深铝　周木林　周振亚　徐勋炳
谈际茂　谈荣友　曹木青（女）

白杨镇8名：

李小捷　李炳刚　李炳誉　何庆亮　周江涛　胡映权
黄群启　熊贻炎

武蛟乡7名：

朱汉贤　刘礼荣　李广西　张绪根　赵兴旺　胡茂禄
桂贤发

流庄乡8名：

严茂林　李屏艳　何育仁　张友恩　张松季　陈先国
陈迪柱　陈新正

码头镇17名：

王瑞珍（女）　朱汉武　朱汉盛　朱巨渤　朱江汉　朱求兴
朱亚愚　朱清波　刘诗征　杜炳杞　张连训　张贵松
封泽明　章新炽　曹继恩　舒明南　黎洪旺

夏畈乡8名：

王义全　朱模水　杜炳汪　邹金宝　陈新明　陈新禄
周锦荣　柯武山

南阳乡10名：

王忠辉　王美玉（女）　刘维龙　刘朝键　张木孝　张舫洲
周庆新　周荷春（女）　胡金霞（女）　徐新根

黄金乡 6 名:

王佐贤　吴高海　邹菊花(女)　陈洪敏　陈绪文　黄从龙

横立山乡 6 名:

王忠文　李金国　柯美明　袁观光　聂训姣(女)　曹中雪。

桂林街道 11 名:

王松枝(女)　邓见长　邓仁宽　傅义星　余来稳　陈孝林
陈定荣　金仕光　周庆鼎　赵达贵　程木水(女)

湓城街道 40 名:

丁立明　丁早生　丁显松　万文松　王永和　王忠灯
王忠荣　田绍林　田绍虞　刘惠珍(女)　李西奇　李洪星
邱菊生　陈　刚　陈南桥　吴广峰　吴若琪　欧阳春
罗雪琴(女)　钟孝松　张友清　张远景　张赛华(女)　张肇柏
封泽涛　胡勇强　胡家连　贺中式　柯愈灿　董垂亮
殷兴建　曹　征　曹树高　曹祥水　蒋家文
黄　丽(女)　黄建平　彭经球　雷在义　戴莲青(女)

青山林场 3 名:

王忠信　冯德明　李鹏飞

大德山林场 3 名:

柯长华　徐建华　徐秋萍(女)

赛湖农场 3 名:

朱洪炎　张秀珍(女)　章海根

江西油嘴油泵厂 2 名:

朱美勇　邹圣锡

瑞昌石油站 1 名:

严传河

九江船用机械厂 2 名:

刘章华　樊友桥

人民机械厂 2 名:

孙中逵　吴善定

江西航海仪表厂 1 名：

杨国盛。

武山铜矿 2 名：

刘国良　　张胜义

505、507 地质队 1 名：

陶义武。

铜岭钢铁厂 1 名：

蔡茂东

江州造船厂 3 名：

江才伸　　李新民　　邵明章

驻军 2 名：

支好年　　徐家干

市二届人大一次会议闭会后，范镇郑慧怡、武山铜矿刘国良、湓城街道李西奇、人民机械厂孙中逵等 4 人调离瑞昌；二次会议闭会后，高丰乡谢绍俊、湓城街道胡勇强、人民机械厂吴善定等 3 人调离瑞昌；三次会议闭会后，九江船用机械厂刘章华、铜岭钢铁厂蔡茂东、湓城街道黄建平等 3 人调离瑞昌，以上 10 人其代表资格自调离之日起自行终止。市二届人大常委会第十八次会议决定，其中 9 名出缺名额由原选区进行依法补选，南阳乡冯家相、乐园乡柯善富、洪一乡柯愈明、高丰镇胡爱武（女）、流庄乡潘熙志、夏畈镇王义树、横港镇郭少雄、峨嵋乡田忠诚、范镇吴茂丰等 9 人当选为市二届人大代表。四次会议闭会后，湓城街道吴若琪、九源乡朱汉浩、江州造船厂李新民、邵明章，38564 部队支好年、武山铜矿张胜义等 6 人调离瑞昌，其代表资格终止。市二届人大常委会第二十五次会议决定，湓城街道第二选区依法补选 1 名，王定忠当选为市二届人大代表。

市三届人大代表选举结果情况

市三届人大代表名额为 199 名。1997 年 12 月 28 日为市三届人大代表选举日，12 月 28 日至 30 日在全市确定的 314 名正式代表候选人中选举产生市三届人大代表 199 名，其中：女性代表 33 名，占 16.6%；工农一线代表 83 名，占 41.7%；非中共党员代表 41 名，占 20.6%；高中以上文化程度代表 176 名，占 88.4%；40 岁以下代表 100 名，占 50.3%，41～50

岁代表74名,占37.2%,51岁以上代表25名,占12.5%。

按乡镇场街道和直属选区为单位划分,当选代表名单如下:

湓城街道39名:

万文松　王玉玲(女)　王定忠　邓必荣(女)　傅义传　傅行早
朱汉仁　朱汉盛　许礼和　刘礼强　刘振华　李飞钧
陈　钢　陈世翔　张友清　张远益　张理宏　吴自强
吴学银　余锦荣　邹慧英(女)　周　冰　周升姣(女)　周庆增
罗雪琴(女)　贺巧云(女)　郤海波　高　青(女)　高奉圣
郭玉珍(女)　徐勋金　梅昌华　董才银　董水安(女)　温景芬
雷　莉(女)　雷新保　鄢爱民　潘贵珍(女)

桂林街道11名

丁达喜　叶祥耀　朱志强　余来稳　张玲玲(女)　周庆鼎
赵达贵　胡冬生　胡家真　徐新民　董圣旭

赛湖农场3名

刘萍桃(女)　张钦先　章海根

横立山乡4名:

刘维龙　李金国　柯雪花(女)　谈华众

夏畈镇6名:

王卫军　王义树　王能秋　何金送　陈洪波　李绪红

黄金乡5名:

陈洪敏　陈前权　段元柱　柯学清(女)　郭武光

南阳乡7名:

王武伟　邹圣洋　何衍南　周又新(女)　桂玲花(女)　徐森林
彭正交

码头镇13名:

朱江波　朱亚愚　朱汉福　朱钜锋　何庆亮　张远忠
张赛英(女)　张恭良　张肇山　章水宝　曹国锋　董柏良
曾宪奎

流庄乡5名:

王义祥　朱才菊　李炳艳　柯碧桃（女）　高奉青

武蛟乡5名：

刘　鹰　周世进　周宇钼　梁海松　蔡灿勇

白杨镇5名：

王水木　刘继清　严茴花（女）　项相柱　宋银春

乐园乡5名：

卢仕忠　柯贤才　柯美宏　柯柏忠　柯善富

肇陈镇6名：

陈明菊（女）　柯共和　柯尊忠　柯愈灿　徐新华　漆后欢

洪一乡6名：

王贤河　刘献国　周　诚　柯愈明　谈荣友

曹玉华（女）

花园乡7名：

刘征骅　陈　明　何育海　徐尤闲　徐勋杰　徐新水

徐新利

大德山林场3名：

王　欣　刘礼柱　徐秋萍（女）

洪下乡6名：

冯小敏（女）　何深利　周才宽　周起校　柯向昌　徐德淮

高丰镇7名：

朱纯健　刘桂花（女）　刘朝东　何仁先　张远水

胡爱武（女）　谢继锋

南义镇8名：

邓　辉　艾宏盛　杜冬桂（女）　邹圣玉　邹圣定　余传滨

杨开前　范初芳

峨嵋乡3名：

田忠诚　邹木兰（女）　袁革新

和平乡3名：

田绍兴　周会成　柯腊梅（女）

青山林场3名:

吴著胜　范友芳　张新阳

乐山乡3名:

余欣红(女)　姜佳桂　彭利平

横港镇8名:

万启汉　江长兴　陈新娅(女)　范传星　杨能聪　徐昌仁
夏万坤　蔡泽明

九源乡4名:

肖　敏　李广欣　李木林　陶勇明

范镇8名:

王定琦　李广新　邹庆柏　陈　茂　张炳福
范靖民(女)　郭庆安　徐水清

洪岭乡4名:

王启春　朱　杰　孙金星　蔡泽锋

宝钢人民机械厂1名:

周洪涛

九江冶金总厂1名:

魏洪曙

瑞昌石化公司1名:

邵长清

武山铜矿1名:

易延贤

江洲造船厂2名:

张朝聘　季　勇

九江船用机械厂1名:

倪　志

江西航海仪表厂1名:

孙志斌

江西油嘴油泵厂1名:

张国香

赣西北地质队 1 名：

章中玲

市人民武装部 1 名：

颉安国

38564 部队 1 名：

苏发星

市三届人大一、二次会议之后，武山铜矿易延贤、38564 部队苏发星、武蛟乡刘鹰、花园乡刘征骅、南义镇艾宏盛、湓城街道梅昌华、九源乡李广欣等 7 人调离瑞昌，其代表资格终止。市人大常委会决定在其中的 4 个选区依法补选 4 名代表，武蛟乡石荣国、武山铜矿蒋柏良、83665 部队庄凤鹏、花园乡李世秀等 4 人当选为市三届人大代表。三次会议闭会后，周冰、孙志斌 2 人调离瑞昌，代表资格终止，许礼和代表去世。市人大常委会决定，将出缺的 6 名代表全部交由原选区依法补选，湓城街道饶思汉、蔡卫宁、李庆生，江西航海仪表厂李军锋、南义镇郑羡银、九源乡郎小军等 6 人当选为市三届人大代表。四次会议闭会后，武山铜矿蒋柏良、江西航海仪表厂李军锋、南义镇孙金星、赛湖农场陈前权、湓城街道董才银等 5 人调离瑞昌，其代表资格终止，洪一乡谈荣友去世。

市四届人大代表选举结果情况

市四届人大代表名额为 199 名。2002 年 12 月 29 日为市四届人大代表选举日，12 月 29 日至 30 日在全市确定的 321 名正式代表候选人中选举产生市四届人大代表 196 名，其中：女性代表 30 名，占 15.3%；工农一线代表 71 名，占 36.2%；非中共党员代表 25 名，占 12.7%；外资企业和民营企业代表 13 名，占 6%；高中以上文化程度的代表 179 名，占 91.4%；40 岁以下代表 111 名，占 56.6%，41～50 岁代表 75 名，占 38.3%；51 岁以上代表 10 名，占 5.1%。

按乡镇场街道和直属选区为单位划分，当选代表名单如下：

湓城街道 34 名：

丁文莉（女）	万文松	万本庚	王玉玲（女）	田玉华（女）	卢仕忠
朱林霞（女）	刘礼兴	李庆生	李金林	李建林	李晓明
吴自强	吴高友	吴高英（女）	余爱菊（女）	余锦荣	

邹元桂(女)	邹金宝	况　杰	张友清	陈茂	陈伦国
范友芳	柯善富	胡亦茂	胡忠祥	桂贤红	
徐玉玲(女)	徐勋金	徐新民	黄新花(女)	龚恩钧	雷　俊

桂林街道 19 名:

王全良	王启春	邓先枝(女)	朱志强	李金国	
李金桃(女)	李美送	范　琳(女)	柯于利	胡家真	饶思汉
徐尤闲	黄良元	董圣旭	董洪荣	曾新发	雷新保
蔡泽成	蔡金槐				

赛湖农场 3 名:

邓见胜	刘萍桃(女)	徐　卫

南义镇 10 名:

李广松	余传生	邹庆大	周又新(女)	周甸水	郑羡银
柯卫彬	曾细球	雷国荣	蔡茂彬		

横港镇 13 名:

王晓宁	丰　耿	汪　敏	陈新娅(女)	肖春鸣	范木松
罗教育	邹国松	周平海	柯昌财	夏万华	曹　华
蔡茂英(女)					

青山林场 3 名:

张水姣(女)	周　明	喻小明

范镇 12 名:

丁达宏	丁瑞林	文庚新	冯俊广	吴茂生	李广新
何金送	陈　明	郎小军	郭庆安	曹集林	彭正交

高丰镇 7 名:

朱淳健	刘桂花(女)	吴拥军	周佐福	周起俊	桂火周
黄爱进					

洪下乡 5 名:

何火仙(女)	何中雄	邹庆柏	易炳根	彭义球

大德山林场 3 名:

叶心林	周爱民	徐玉霞(女)

花园乡7名：

石荣国　何　涛　张绪玛　陈新完　徐勋炎　徐勋海
徐维元

肇陈镇6名：

陈　东　柯大财　柯昌炫　柯愈灿　黄　平　黄元胜

乐园乡5名：

邹圣文　张肇国　柯贤财　徐　胜　涂香仁

洪一乡6名：

王清贤　刘遵柱　何秀朗　柯贤盛　谈运玉　曹祥水

黄金乡5名：

王效贤　陈世金　陈世翔　陈德春　周平义

南阳乡7名：

王武伟　李俊福　吴永国　吴高洪　邹焕章
陈小英（女）　胡金霞（女）

横立山乡4名：

吴普强　胡桂珠（女）　祝国金　谈华众

夏畈镇6名：

王　欣　王时峰　叶晓艳（女）　汪传功　范远清　范荣春

码头镇14名：

朱　杰　朱巨锋　朱汉福　朱兴模　朱志干　朱晚垂
刘继清　吴雪花（女）　张肇山　曹国锋　章水宝　董坚兴
程南忠　曾宪奎

流庄乡5名：

朱汉国　邹宝华　张金花（女）　程世贵　程厚红

武蛟乡5名：

王德湖　朱才菊　刘礼刚　刘礼萍（女）　周　诚

白杨镇5名：

刘明珍（女）　汪汉东　张肇林　桂白丽（女）　程厚志

江西航海仪表厂1名：

潘建平(女)

九江船用机械厂1名:

倪　志

江洲造船厂2名:

吕火坤　季　勇

九江冶金总厂1名:

魏洪曙

瑞昌石化公司1名:

邵长青

江西油嘴油泵厂1名:

傅永华

人民机械厂1名:

周洪涛

武山铜矿1名:

吴　飞

瑞昌驻军2名:

庄凤鹏　　张建新

九江劳教所1名:

宋　琪

市四届人大一次会议闭会后,江州造船厂季勇调离瑞昌,二次会议闭会后,石荣国、庄凤鹏、汪敏、喻小明等4人调离瑞昌,上述5人代表资格自调离之日起终止。2004年12月22日在花园乡依法补选刘韵和为市四届人大代表。三次会议闭会后,万本庚、王德湖、叶心林、李广松、吴飞等5人调离瑞昌,其代表资格终止,邹宝华病故。

市五届人大代表选举结果情况

市五届人大代表名额为199名。2007年2月8日为市五届人大代表选举日,2月8日在全市确定的319名正式代表候选人中选举产生市五届人大代表198名,其中:女性代表49名,占24.7%;工农一线代表104名,占52.5%;非中共党员代表50名,占25.3%;民营企业和外资企业代表17名,占8.5%;大专以上文化程度代表117名,占59.1%;35岁以下代表48名,占24.4%;36~55岁代表142名,占72.1%;56岁以上代表7名,占3.5%。

按乡镇场街道和直属选区为单位划分,当选代表名单如下:

溢城街道36名:

丁小红(女)	万凤玲(女)	王　石	王金仙(女)	冯兰芳(女)	田先锋
刘　成	刘礼兴	李金林	吴风安	吴自强	吴学银
何金送	余丽萍(女)	张恭良	陈小英(女)	陈亚珍(女)	陈治华
陈迪尧	陈思明	陈新娅(女)	范友芳	范新军	幸珍祥
周　诚	周佐林	柯美茂	胡贵平	徐瑞华(女)	
高朝晖(女)	谈太君	黄晓林	黄新花(女)	董肇丽(女)	詹建杨
蔡小兵					

桂林街道20名:

丁小平	万初霞(女)	王全良	王晓声	邓先枝(女)	刘建民
刘遵柱	江　华	李　叶	李美送	吴风雷	
张亚静(女)	陈世翔	范小红(女)	胡家真	贺绪峰	曹裕金
董圣旭	詹国庆	蔡金槐			

南义镇10名:

田宗文	朱志强	邹素金(女)	范任生	易德英(女)	周　贲
周会芹	顾开生	涂香仁	熊起栋		

横港镇13名:

刘堂泽	杨能聪	余来英(女)	余新荣(女)	邹凤英(女)	张友利
范光日	郎小军	袁革新	黄水荣(女)	彭易尧	温柱先
雷　火					

青山林场2名:

李凤玲(女)	何毓轩

范镇12名:

刘振华	李丽萍(女)	李霞珍(女)	何忠利	汪泽权	
张　虹(女)	张颖峰	陈明霞(女)	陶四梅(女)	曹　华	雷高兴
熊金玖					

高丰镇7名:

朱秀琴(女) 朱黎明 杜龙军 周庆楷 周庆溪 柯景坤
曹光明

洪下乡6名:

艾向荣 许守刚 何小红(女) 何尤君 何爱桥(女) 张绪圣

大德山林场2名:

文松林 何银清(女)

花园乡7名:

刘诗征 何育海 罗小红(女) 徐尤闲 徐尤弼 徐建斌
徐勋炳

肇陈镇6名:

周宇洋 柯亨富 柯美亮 柯愈兴 胡 丽(女) 程世贵

乐园乡5名:

肖 薇(女) 何忠贝 张友艳 柯贤财 柯善富

洪一乡6名:

王海华 傅义彬 朱红华(女) 柯必桃(女) 曹爱军 曹祥水

白杨镇5名:

王翠霞(女) 周江涛 周明山 周明喜 徐尤寿

武蛟乡5名:

李俊旺 何清秀(女) 陈国胜 谈太山 曾宪奎

流庄乡5名:

卢爱梅(女) 朱汉国 刘全利 罗革星 徐 胜

码头镇15名:

王忠兰(女) 朱巨锋 朱志模 朱晓明(女) 刘韵和
吴碧红(女) 汪三龙 宋 巍 张友清 祝国金 黄新华
曹国锋 曹雪芳(女) 章水宝 董向阳

夏畈镇7名:

王 斌 王时峰 汪传功 陈洪义 林海霞(女) 周友兴
徐 成

黄金乡5名：

王　震　吴拥军　吴国锋　柯传钟　曹水珍(女)

南阳乡7名：

宋燕林　张绪鹏　周又新(女)　周升让　饶思汉　徐勋林

熊建军

横立山乡4名：

朱槐荣　杜龙炳　罗永林　梁小乔(女)

赛湖农场5名：

王蓉蓉(女)　邓见红　吴瑞平　柯于利　柯茂大

江西汇尔油泵公司1名：

傅永华

武山铜矿1名：

廖　华

九江船用机械厂1名：

倪　志

江西航海仪表厂1名：

董　兵

瑞昌一中1名：

柯瑞坤

九江市劳教所1名：

宋　琪

瑞昌石化公司1名：

段晓虹

驻军1名：

萧智君

市五届人大一次会议召开前，驻军选区代表萧智君调离瑞昌，一次会议闭会后，瑞昌石化公司段晓红调离瑞昌，上述2人代表资格自调离之日起终止，市人大常委会决定，在其原选区各补选一名代表，驻军选区李有望、瑞昌石化公司万江文当选为市五届人大代表。二次会议闭会后，码头镇刘韵和调离瑞昌，代表资格终止，2008年12月12日，码头镇第一选区补选古小平为市五届人大代表。三次会议闭会后,王石、李有望、曹光明、徐胜、刘建民等5人调离瑞昌,其代表资格终止。田先锋辞去代表职务,汪泽权病故。2009年12月16日、17日、23日,分别在码头镇流庄第二选区、范镇第二选区、驻军选区补选徐修武、易呈禄、杜才军为市五届人大代表。

市六届人大代表选举结果情况

市六届人大代表名额为199名。根据江西省委、九江市委的人事调整工作安排,瑞昌市部分领导调整没有到位,不能如期推荐代表候选人,经请示九江市人大常委会同意,市选举委员会决定,市六届人大代表换届选举工作分两批次进行,第一批次在全市16个乡镇和大德山、青山林场及5个直属选区进行,2011年7月5日为第一批次人大代表选举日;第二批次在湓城、桂林2个街道和赛湖农场进行,2011年7月30日为第二批次人大代表选举日。2次共选举产生市六届人大代表199名,其中:女性代表45名,占22.8%;非中共党员代表46名,占23.1%;外资企业和民营企业代表19名,占9.5%;大专以上文化程度代表121名,占60.8%;35岁以下代表51名,占25%,36~55岁代表168名,占84.4%,56岁以上代表6名,占3%。

按乡镇场街道和直属选区为单位划分,当选代表如下:

湓城街道31名:

冯兰芳(女)	朱巨才	朱海英(女)	刘明珍(女)	刘继清	李　珺
李庆生	毕诗龙	肖翠萍(女)	余丽萍(女)	邹时军	张恭良
张绪玛	陈迪尧	幸珍祥	罗　建	周　诚	柯卫彬
胡珍烝(女)	胡桂珠(女)	郭少雄	桂寿生	徐文生	
高　健(女)	舒明南	温柱先	曾宪奎	谢荣荣(女)	雷新国
蔺　红(女)	魏恒山				

桂林街道21名:

丰　耿	文经先	方水林	叶亚玲(女)	李文瑞	
陈小英(女)	汪桂花(女)	汪晓英(女)	幸建臻	柯美辉	柯善富
胡家真	胡娟娟(女)	郭小云	徐　成	徐伟红	徐修武
龚　林	黄梦江	章珍学	蔡金华		

南义镇10名:

文松林　刘礼兴　朱志强　朱昱颖(女)　但丽芳(女)
汪良秀(女)　罗文江　周升友　周绍林　徐维德

青山林场2名：

李凤玲(女)　张鸣高

横港镇11名：

刘　成　杨玉琴(女)　何尤君　汪新锋　张友利　张绪勇
陈小林　易国强　温爱红(女)　温瑞基　蔡菊英(女)

范镇14名：

王贤明　文庚新　尹诗学　刘振华　李良生　张吉雄
张功伙　陈世翔　桂良罡　周　明　周庆兴　柯昌琦
徐增军　蔡莉莉(女)

高丰镇9名：

王友臣　古小平　肖广俊　吴远璋　周庆宏　陈洪明
周宇文　徐尤闲　徐达春

洪下乡6名：

丰贵新　沈志启　柯　丹(女)　姜金安　彭义球　熊孝金

大德山林场2名：

范　华　徐玉霞(女)

花园乡8名：

向　娟(女)　何火炬　张吉奎　徐中林　徐火明　徐勋栋
徐新庆　傅义彬

乐园乡6人：

肖　薇(女)　何辉中　陈世旺　陈新进　周庆楷　柯松林

肇陈镇7名：

艾玉清　刘全利　陈燕平(女)　柯希华　黄元胜　黄龙脉
董向阳

洪一乡7名：

王林飞　邓泽举　江金星　何祥兵　柯　芬(女)　曹祥水
熊晓月(女)

白杨镇 5 名：

王义宋	王蓉蓉(女)	朱槐荣	李洪柱	张友贵	

武蛟乡 6 名：

刘　薇(女)	刘遵志	何雪平(女)	谈荣雄	梁先勇	
雷　莉(女)					

码头镇 19 名：

朱巨宝	朱汉国	朱尽梅(女)	朱志模	李常春	
何小燕(女)	陈　杰	陈洪地	张友能	张友清	幸义甫
周升斌	姚喜贵	谈太君	曹国峰	曹晓枫	章水宝
蒋义明	董耀志				

夏畈镇 7 名：

王时峰	陈长生	周佐强	徐新丰	夏金民	
温军荣(女)	蔡小兵				

黄金乡 5 名：

王皎洁(女)	李伯阳	杜炳文	胡贵平	曹祥辉	

横立山乡 5 名：

王能进	聂训湛	黄龙泉	曹毓祥	詹国庆	

南阳乡 7 名：

王晓声	叶祥水	刘火金(女)	李建豪	吴永新	宋燕林
谭湘萍(女)					

赛湖农场 6 名：

王秋华(女)	吴高洪	余欣荣(女)	林　敏	周　赍	周洪文

九江海天公司 1 名：

余　平

武山铜矿 1 名：

江文波

瑞昌石化公司 1 名：

万江文

江西汇尔油泵公司 1 名：

傅永华

驻军1名：

龙　立

市六届人大一次会议后，瑞昌石化公司万江文调离瑞昌，其代表资格终止，补选张心礼为市六届人大代表；溢城曾宪奎、桂林龙立、瑞昌石化公司张心礼等3人调离瑞昌，其代表资格终止；溢城舒明南、南阳宋燕林等2人因违法辞去代表职务，黄金胡贵平代表因病去世。经主任会议研究，决定在相应选区依法补选，溢城邵九思、郑庆华，黄金吴国锋等3人当选为市六届人大代表。

第二章　市人民代表大会

第一节　市一届人民代表大会

第一次会议

瑞昌市第一届人民代表大会第一次会议于 1990 年 4 月 15—18 日在市人民礼堂举行。会议应到代表 253 名,实到代表 247 名,符合法定人数。法定、决定和邀请列席人员 90 人及出席市政协一届一次会议的全体委员列席会议。

会议议程:听取和审议瑞昌县人民政府工作报告;听取和审议瑞昌县 1989 年国民经济和社会发展计划执行情况与 1990 年计划草案的报告,审查和批准瑞昌市 1990 年国民经济和社会发展计划;听取和审议瑞昌县 1989 年财政预算执行情况和 1990 年财政预算草案的报告,审查和批准瑞昌市 1990 年财政预算;听取和审议瑞昌县人大常委会工作报告;听取和审议瑞昌县人民法院工作报告;听取和审议瑞昌县人民检察院工作报告;选举事项。

4 月 14 日下午举行预备会议,通过会议议程,选举会议主席团和秘书长。随后召开第一次主席团会议,推定主席团常务主席,通过会议日程,决定副秘书长,决定代表提交议案截止时间,通过议案、财政预算审查委员会成员名单,通过会议选举办法草案等事项。

市一届人大一次会议主席团、秘书长、主席团常务主席、副秘书长、议案审查委员会和财政预算审查委员会成员名单

表2－1

<table>
<tr><th colspan="2">名称及职务</th><th>姓　　名</th></tr>
<tr><td colspan="2">主席团成员</td><td>王全郊、王忠生、王瑞珍（女）、卢仕忠、朱亚愚、何仁先、何祥池、余占祥、余志军、邹圣锡、吴圻木、陈孝林、陈洪敏、陈洪源、张根树、张肇山、周庆鼎、周振亚、罗喻圣、柯向昌、柯亭依、胡映民、徐昌仁、徐明德、曹中雪、谢袒、蔡金科、欧阳春、樊宣育</td></tr>
<tr><td colspan="2">秘书长</td><td>柯亭依（兼）</td></tr>
<tr><td colspan="2">主席团常务主席</td><td>余占祥、何仁先、欧阳春、谢　袒、柯亭依、罗喻圣、周振亚、张肇山、徐昌仁、曹中雪、朱亚愚、王全郊</td></tr>
<tr><td colspan="2">副秘书长</td><td>刘朝键</td></tr>
<tr><td rowspan="3">议案审查委员会</td><td>主任委员</td><td>罗喻圣</td></tr>
<tr><td>副主任委员</td><td>严茂林</td></tr>
<tr><td>委　员</td><td>王瑞珍（女）、周庆鼎、胡敦斌</td></tr>
<tr><td rowspan="3">财政预算审查委员会</td><td>主任委员</td><td>徐昌仁</td></tr>
<tr><td>副主任委员</td><td>邓孟溪</td></tr>
<tr><td>委　员</td><td>何祥池、彭经球、樊宣育</td></tr>
</table>

会议成立中共临时党委，9个代表团成立临时党支部。4月13日下午2时，召开各代表团召集人，临时党支部书记、副书记和会议秘书处各组负责人会议。

根据会议日程，会议于4月15日开幕，18日闭幕，共举行4次全体会议和4次主席团会议，何仁先、徐昌仁、谢袒、罗喻圣分别主持各次全体会议，各次主席团会议由何仁先、张肇山、徐昌仁、谢袒分别主持。九江市人大常委会副主任李军在开幕式上致贺词。会议闭幕时，徐昌仁致闭幕词。

会议审议通过6个工作报告决议。截至4月16日下午5时，会议共收到议案85件，根据议案审查委员会的意见，主席团提请大会表决，对其中的3件按同类合并为2件作为议案办理，其余82件全部转作代表建议、批评、意见（以下简称代表建议）处理，连同会议收到的82件代表建议，一并交付“一府两院”办理。

会议以无记名投票方式选举产生瑞昌市第一届人民代表大会常务委员会，主任：何仁先，副主任：徐昌仁、曹中雪、朱亚愚，委员：张根树、朱汉浩、邓孟溪、胡映民、严茂林、陈菊梅（女）、柯武山、胡敦斌、李世秀（女）、王美玉（女）、徐明德、曹祥水、邬乾悌；选举欧阳春为瑞昌市人民政府市长，陈洪源、丁显松、郑慧怡（女）、朱杰、朱汉仁为瑞昌市人民政府副市长；选举董才银为瑞昌市人民法院院长；选举柯大忠为瑞昌市人民检察院检察长。

第二次会议

第二次会议于1991年3月27—29日在市工人文化宫举行。会议应到代表258名,实到代表238名,符合法定人数。法定、决定和邀请列席人员共100人及出席市政协一届二次会议的全体委员列席会议。

会议议程:听取和审议瑞昌市人民政府工作报告;审查批准瑞昌市国民经济和社会发展"八五"计划;听取和审议瑞昌市1990年国民经济和社会发展计划执行情况与1991年计划草案的报告,审查批准瑞昌市1991年国民经济和社会发展计划;听取和审议瑞昌市1990年财政预算执行情况和1991年财政预算草案的报告,审查批准瑞昌市1991年财政预算;听取和审议瑞昌市人大常委会工作报告;听取和审议瑞昌市人民法院工作报告;听取和审议瑞昌市人民检察院工作报告;选举事项。

3月26日下午举行预备会议,通过会议议程,选举会议主席团和秘书长。随后召开第一次主席团会议,推定主席团常务主席,决定会议日程,决定副秘书长,决定代表提交议案截止时间,通过议案、财政预算审查委员会成员名单,通过会议选举办法草案等事项。

市一届人大二次会议主席团、秘书长、主席团常务主席、副秘书长、议案审查委员会和财政预算审查委员会成员名单

表2-2

名称及职务		姓 名
主席团成员		王美玉(女)、王瑞珍(女)、邓孟溪、卢仕忠、朱汉浩、朱亚愚、邬乾悌、何仁先、何祥池、余占祥、李世秀(女)、邹圣锡、吴圻木、陈孝林、陈洪敏、陈菊梅(女)、严茂林、周庆鼎、周振亚、张根树、张肇山、罗喻圣、柯向昌、柯武山、柯亭依、胡映民、胡敦斌、徐昌仁、徐明德、曹中雪、曹祥水、谢昶、蔡金科、樊宜育
秘书长		曹中雪(兼)
主席团常务主席		余占祥、何仁先、谢昶、张肇山、徐昌仁、曹中雪、朱亚愚
副秘书长		刘朝键、董垂亮
议案审查委员会	主任委员	朱亚愚
	副主任委员	柯武山
	委 员	王瑞珍(女)、周庆鼎、胡敦斌、曹征、樊宜育
财政预算审查委员会	主任委员	徐昌仁
	副主任委员	邓孟溪
	委 员	朱垂刚、邵志华、何祥池、柯向昌、彭经球

会议成立中共临时党委，9 个代表团成立临时党支部。预备会议前，召开各代表团召集人，临时党支部书记、副书记和会议秘书处各组负责人会议。

根据会议日程，会议于 3 月 27 日开幕，29 日闭幕，共举行 3 次全体会议和 3 次主席团会议，何仁先、朱亚愚、曹中雪分别主持全体会议，主席团会议由何仁先、张肇山、曹中雪分别主持。

会议审议通过 6 个工作报告决议。截至 3 月 28 日 14 时，会议共收到议案 32 件，根据议案审查委员会的意见，主席团决定全部转作代表建议处理，连同会议收到的 66 件代表建议一并交付“一府两院”办理。

会议以无记名投票方式补选彭经球为市人大常委会副主任，刘朝键为市人大常委会委员。

第三次会议

第三次会议于 1992 年 3 月 26—29 日在市人民剧院举行。会议应到代表 255 名，实到代表 225 名，符合法定人数。法定、决定和邀请列席人员 114 人及出席市政协一届三次会议的全体委员列席会议。

会议议程：听取和审议瑞昌市人民政府工作报告；审查批准《瑞昌市国民经济和社会发展十年规划纲要（1991—2000）》；听取和审议瑞昌市 1991 年国民经济和社会发展计划执行情况与 1992 年计划草案的报告，审查批准 1992 年国民经济和社会发展计划；听取和审议瑞昌市 1991 年财政预算执行情况和 1992 年财政预算草案的报告，审查批准 1992 年财政预算；听取和审议瑞昌市人大常委会工作报告；听取和审议瑞昌市人民法院工作报告；听取和审议瑞昌市人民检察院工作报告；选举事项。

3 月 25 日下午 4 时举行预备会议，通过会议议程，选举会议主席团和秘书长。随后召开第一次主席团会议，推定主席团常务主席，通过会议日程，决定副秘书长，决定代表提交议案截止时间，通过议案、财政预算审查委员会成员名单，通过会议选举办法草案等事项。

市一届人大三次会议主席团、秘书长、主席团常务主席、副秘书长、议案审查委员会和财政预算审查委员会成员名单

表2-3

<table>
<tr><th colspan="2">名称及职务</th><th>姓　名</th></tr>
<tr><td colspan="2">主席团成员</td><td>王忠生、王美玉(女)、王瑞珍(女)、卢仕忠、刘朝键、朱汉浩、朱亚愚、邬乾悌、何仁先、何祥池、余占祥、李世秀(女)、邹圣锡、吴圻木、陈孝林、陈洪敏、陈菊梅(女)、严茂林、周振亚、张根树、张肇山、罗喻圣、柯向昌、柯武山、柯亭依、柯愈谱、胡映民、胡敦斌、徐昌仁、徐明德、聂成珍、曹中雪、谢昶、彭经球、蔡金科、樊宣育</td></tr>
<tr><td colspan="2">秘书长</td><td>曹中雪(兼)</td></tr>
<tr><td colspan="2">主席团常务主席</td><td>余占祥、何仁先、谢昶、徐昌仁、曹中雪、朱亚愚、彭经球、张肇山</td></tr>
<tr><td colspan="2">副秘书长</td><td>刘朝键、胡映民、周起翔</td></tr>
<tr><td rowspan="3">议案审查委员会</td><td>主任委员</td><td>朱亚愚</td></tr>
<tr><td>副主任委员</td><td>柯武山</td></tr>
<tr><td>委　员</td><td>王瑞珍(女)、胡敦斌、曹征、樊宣育</td></tr>
<tr><td rowspan="3">财政预算审查委员会</td><td>主任委员</td><td>彭经球</td></tr>
<tr><td>副主任委员</td><td>胡茂禄</td></tr>
<tr><td>委　员</td><td>田绍林、邵志华、何祥池、宋银春、柯向昌</td></tr>
</table>

会议成立中共临时党委,9个代表团成立临时党支部。预备会议前,召开各代表团召集人,临时党支部书记、副书记和会议秘书处各组负责人会议。

根据会议日程安排,会议于3月26日开幕,29日闭幕,共举行3次全体会议和4次主席团会议,何仁先、朱亚愚、曹中雪分别主持全体会议,主席团会议由何仁先、张肇山、曹中雪分别主持。

会议审议通过6个工作报告决议,审查、批准《瑞昌市国民经济和社会发展十年规划纲要(1991—2000)》。会议截至3月27日18时,共收到议案30件,根据议案审查委员会的意见,主席团决定全部转作代表建议处理,连同会议收到的35件代表建议一并交付"一府两院"办理。

会议以无记名投票方式补选胡茂禄为市人大常委会委员。

第二节　市二届人民代表大会

第一次会议

市二届人民代表大会第一次会议于1993年1月6—9日在市电影院举行。会议应到代表256名，实到代表249名，符合法定人数。法定、决定和邀请列席人员127人及出席市政协二届一次会议的全体委员列席会议。

会议议程：听取和审议瑞昌市人民政府工作报告；听取和审议瑞昌市1992年国民经济和社会发展计划执行情况与1993年计划草案的报告，审查批准1993年国民经济和社会发展计划；听取和审议瑞昌市1992年财政预算执行情况和1993年财政预算草案的报告，审查批准1993年财政预算；听取和审议瑞昌市人大常委会工作报告；听取和审议瑞昌市人民法院工作报告；听取和审议瑞昌市人民检察院工作报告；选举事项。

1月5日下午4时举行预备会议，通过会议议程，选举会议主席团和秘书长。随后召开第一次主席团会议，推定主席团常务主席，通过会议日程安排，决定副秘书长，决定代表提交议案截止时间，通过议案、财政预算审查委员会成员名单，通过会议选举办法草案等事项。

市二届人大一次会议主席团、秘书长、主席团常务主席、副秘书长、议案审查委员会和财政预算审查委员会成员名单

表2-4

名称及职务		姓　名
主席团成员		万文松、王忠生、王美玉（女）、朱汉浩、朱汉盛、朱亚愚、朱志强、刘朝键、何仁先、何庆亮、邹圣锡、邹金宝、陈孝林、陈定荣、严茂林、吴若琪、宋银春、张肇山、周庆增、周庆鼎、周振亚、欧阳春、柯向昌、柯武山、柯美睦、胡茂禄、胡敦斌、徐昌仁、徐明德、曹中雪、曹征、舒明南、彭经球、雷在义、蔡金科
秘书长		曹中雪（兼）
主席团常务主席		欧阳春、何仁先、陈定荣、吴若琪、张肇山、周振亚、徐昌仁、曹中雪、朱亚愚、彭经球、何庆亮、宋银春
副秘书长		刘朝键、董垂亮
议案审查委员会	主任委员	朱亚愚
	副主任委员	宋银春、曹　征
	委　员	邹金宝、邹菊花（女）、柯向昌、胡敦斌、谢绍俊、樊宣育
财政预算审查委员会	主任委员	彭经球
	副主任委员	何庆亮、胡茂禄
	委　员	王忠灯、王瑞珍（女）、吴广峰、张　欣、封泽涛、柯愈友

会议成立中共临时党委,9个代表团成立临时党支部。1月5日10时,召开各代表团召集人,临时党支部书记、副书记和会议秘书处各组负责人会议。

根据会议日程安排,会议于1月6日开幕,9日闭幕,共举行3次全体会议和5次主席团会议。何仁先、徐昌仁、张肇山分别主持全体会议,主席团会议分别由何仁先、徐昌仁、欧阳春、张肇山主持。会议开幕时,吴若琪致开幕词,九江市人大常委会副主任江会森致贺词。会议闭幕时,朱亚愚致闭幕词。

会议审议通过6个工作报告决议。截至1月7日14时,共收到议案45件,根据议案审查委员会的意见,主席团决定全部转作代表建议处理,连同会议收到的39件代表建议一并交付"一府两院"办理。

大会以无记名投票方式选举产生市二届人大常委会,主任:何仁先,副主任:徐昌仁、朱亚愚、宋银春,委员:王美玉(女)、王瑞珍(女)、朱汉浩、刘朝键、严茂林、邹菊花(女)、周庆鼎、胡茂禄、胡敦斌、柯于友、柯武山、徐明德、曹征、雷在义;选举陈定荣为市人民政府市长,万文松、朱汉仁、姚秦珍(女)、陈世翔、郎小军为市人民政府副市长;选举董才银为市人民法院院长;选举柯大忠为市人民检察院检察长。

第二次会议

第二次会议于1994年1月10—13日在市电影院举行。会议应到代表252名,实到代表242名,符合法定人数。法定、决定和邀请列席人员117人及出席市政协二届二次会议的全体委员列席会议。

会议议程:听取和审议瑞昌市人民政府工作报告;听取和审议瑞昌市1993年国民经济和社会发展计划执行情况与1994年计划草案的报告,审查批准1994年国民经济和社会发展计划;听取和审议瑞昌市1993年财政预算执行情况和1994年财政预算草案的报告;听取和审议瑞昌市人大常委会工作报告;听取和审议瑞昌市人民法院工作报告;听取和审议瑞昌市人民检察院工作报告;选举事项。

1月9日下午3时30分举行预备会议,通过会议议程,选举会议主席团和秘书长。随后召开第一次主席团会议,推定主席团常务主席,通过会议日程,决定副秘书长,决定代表提交议案截止时间,通过议案、财政预算审查委员会成员名单,通过会议选举办法草案。

市二届人大二次会议主席团、秘书长、主席团常务主席、副秘书长、议案审查委员会和财政预算审查委员会成员名单

表 2－5

<table>
<tr><th colspan="2">名称及职务</th><th>姓　名</th></tr>
<tr><td colspan="2">主席团成员</td><td>王忠生、王美玉(女)、王瑞珍(女)、卢仕忠、朱汉浩、朱汉盛、朱亚愚、朱志强、刘朝键、何仁先、何庆亮、邹圣锡、邹金宝、邹菊花(女)、陈孝林、严茂林、吴若琪、吴高海、宋银春、张肇山、周庆增、周庆鼎、周振亚、欧阳春、柯于友、柯向昌、柯武山、柯美睦、胡茂禄、胡敦斌、徐昌仁、徐明德、曹中雪、曹征、彭经球、雷在义、蔡金科</td></tr>
<tr><td colspan="2">秘书长</td><td>徐昌仁(兼)</td></tr>
<tr><td colspan="2">主席团常务主席</td><td>欧阳春、何仁先、吴若琪、张肇山、周振亚、徐昌仁、曹中雪、朱亚愚、彭经球、宋银春、何庆亮</td></tr>
<tr><td colspan="2">副秘书长</td><td>刘朝键、董垂亮、胡茂禄</td></tr>
<tr><td rowspan="3">议案审查委员会</td><td>主任委员</td><td>朱亚愚</td></tr>
<tr><td>副主任委员</td><td>柯武山</td></tr>
<tr><td>委　员</td><td>邹金宝、邹菊花(女)、柯向昌、胡敦斌、樊宣育</td></tr>
<tr><td rowspan="3">财政预算审查委员会</td><td>主任委员</td><td>宋银春</td></tr>
<tr><td>副主任委员</td><td>胡茂禄</td></tr>
<tr><td>委　员</td><td>王忠灯、王瑞珍(女)、吴广峰、封泽涛、柯于友</td></tr>
</table>

会议成立中共临时党委，9 个代表团成立临时党支部。1 月 9 日下午 2 时，召开各代表团召集人，临时党支部书记、副书记和会议秘书处各组负责人会议。

根据会议日程安排，会议于 1 月 10 日开幕，13 日闭幕，共举行 3 次全体会议和 5 次主席团会议。何仁先、徐昌仁、张肇山分别主持全体会议，主席团会议由何仁先、徐昌仁、吴若琪、欧阳春、张肇山分别主持。

会议审议通过 6 个工作报告决议，在表决财政预算工作决议草案时，有 1 名代表弃权。截至 1 月 11 日 14 时，大会共收到议案 23 件，根据议案审查委员会的意见，主席团决定全部转作代表建议处理，连同会议收到的 5 件代表建议一并交付市政府办理。

会议以无记名投票方式选举刘强、许杰夫、余秉绶、姚洪瑞、谢昶、熊超荣、瞿兰香(女)、艾宏盛、冯子刚、冯家相、朱才菊、朱汉宋、刘献国、李广西、李世秀(女)、李瑛明(女)、吴自强、何仁先、邹圣锡、张远炎、张理宏、张肇山、陈洪权、范方能、欧阳春、金淑雯(女)、周木林、周庆增、封寒英(女)、姚秦珍(女)、袁芬娣(女)、高潮(女)、郭武光、章荣生、彭义汉、董柏良、谢朝晖、雷在新等 38 人为瑞昌市出席九江市第十届人大代表，其代表资格报请九江市人大常委会代表资格审查委员会确认，由九江市人大常委会予以公告；补选艾宏盛为市人民政府市长；补选何庆亮为市人大常委会副主任。

第三次会议

第三次会议于1995年2月13—14日在市电影院举行。会议应到代表249名,实到代表231名,符合法定人数。法定、决定和邀请列席人员140人及出席市政协二届三次会议的全体委员列席会议。

会议议程:听取和审议瑞昌市人民政府工作报告;听取和审议瑞昌市1994年国民经济和社会发展计划执行情况与1995年计划草案的报告,审查批准1995年国民经济和社会发展计划;听取和审议瑞昌市1994年财政预算执行情况和1995年财政预算草案的报告,审查批准1995年财政预算;听取和审议瑞昌市人大常委会工作报告;听取和审议瑞昌市人民法院工作报告;听取和审议瑞昌市人民检察院工作报告。

2月12日下午4时举行预备会议,通过会议议程,选举会议主席团和秘书长。随后召开第一次主席团会议,推定主席团常务主席,通过会议日程,决定副秘书长,决定代表提交议案截止时间,通过议案、财政预算审查委员会成员名单等事项。

市二届人大三次会议主席团、秘书长、主席团常务主席、副秘书长、议案审查委员会和财政预算审查委员会成员名单

表2-6

名称及职务		姓　名
主席团成员		王忠生、王美玉(女)、王瑞珍(女)、卢仕忠、朱汉浩、朱汉盛、朱亚愚、朱志强、刘朝键、何仁先、何庆亮、邹圣锡、邹金宝、邹菊花(女)、陈孝林、严茂林、吴若琪、吴高海、宋银春、张肇山、周木林、周庆增、周庆鼎、周振亚、欧阳春、柯于友、柯向昌、柯武山、胡茂禄、徐昌仁、徐明德、曹征、彭经球、雷在义、蔡金科
秘书长		徐昌仁(兼)
主席团常务主席		欧阳春、何仁先、吴若琪、张肇山、周振亚、徐昌仁、朱亚愚、宋银春、何庆亮
副秘书长		刘朝键、董垂亮、胡茂禄
议案审查委员会	主任委员	宋银春
	副主任委员	柯武山、董垂亮
	委　员	王瑞珍(女)、邹菊花(女)、柯向昌、雷在义
财政预算审查委员会	主任委员	何庆亮
	副主任委员	胡茂禄
	委　员	王忠灯、田绍虞、吴广峰、封泽涛、殷兴建

会议成立中共临时党委,9个代表团成立临时党支部。2月12日下午2时,召开各代表团召集人,临时党支部书记、副书记和会议秘书处各组负责人会议。

根据会议日程安排，会议于 2 月 13 日开幕，14 日闭幕，共举行 3 次全体会议和 3 次主席团会议。何仁先、徐昌仁、朱亚愚分别主持全体会议，主席团会议分别由何仁先、徐昌仁、朱亚愚主持。

会议审议通过 6 个工作报告决议。截至 2 月 14 日 18 时，会议共收到议案 14 件，根据议案审查委员会的意见，主席团决定全部转作代表建议处理，连同会议收到的 6 件代表建议一并交付市政府办理。

第四次会议

第四次会议于 1996 年 2 月 29 日—3 月 2 日在市电影院举行。会议应到代表 255 名，实到代表 231 名，符合法定人数。法定、决定和邀请列席人员 163 人及出席市政协二届四次会议的全体委员列席会议。

会议议程：听取和审议瑞昌市人民政府工作报告，审查批准瑞昌市“九五”计划和 2010 年远景目标纲要；听取和审议瑞昌市 1995 年国民经济和社会发展计划执行情况与 1996 年计划草案的报告，审查批准 1996 年国民经济和社会发展计划；听取和审议瑞昌市 1995 年财政预算执行情况和 1996 年财政预算草案的报告，审查批准 1996 年财政预算；听取和审议瑞昌市人大常委会工作报告；听取和审议瑞昌市人民法院工作报告；听取和审议瑞昌市人民检察院工作报告；选举事项。

2 月 28 日下午 4 时举行预备会议，通过会议议程，选举会议主席团和秘书长。随后召开第一次主席团会议，推定主席团常务主席，通过会议日程，决定副秘书长，决定代表提交议案截止时间，通过议案、财政预算审查委员会成员名单，通过会议选举办法草案。

市二届人大四次会议主席团、秘书长、主席团常务主席、副秘书长、议案审查委员会和财政预算审查委员会成员名单

表 2 -7

名称及职务	姓　名
主席团成员	王忠生、王美玉（女）、王瑞珍（女）、卢仕忠、朱汉浩、朱汉盛、朱亚愚、何仁先、何庆亮、邹圣锡、陈孝林、严茂林、吴茂丰、吴若琪、宋银春、张友清、张舫洲、张肇山、欧阳春、周庆鼎、柯于友、柯向昌、柯武山、柯愈明、徐昌仁、徐明德、徐新安、彭经球、潘熙志、蔡金科
秘书长	徐昌仁（兼）
主席团常务主席	欧阳春、何仁先、吴若琪、张肇山、王忠生、朱汉盛、徐昌仁、卢仕忠、朱亚愚、宋银春、何庆亮
副秘书长	柯武山、鄢爱民

续表 2-7

名称及职务		姓　名
议案审查委员会	主任委员	宋银春
	副主任委员	赵达贵、鄢爱民
	委　员	王瑞珍(女)、邹菊花(女)、柯向昌、雷在义
财政预算审查委员会	主任委员	何庆亮
	副主任委员	柯长青
	委　员	田绍虞、朱清波、吴广峰、陈纲、胡茂禄

会议成立中共临时党委,9个代表团成立临时党支部。2月28日下午2时,召开各代表团召集人,临时党支部书记、副书记和会议秘书处各组负责人会议。

根据会议日程安排,会议于2月29日开幕,3月2日闭幕,共举行4次全体会议和5次主席团会议。何仁先、张肇山分别主持开幕会和闭幕会,徐昌仁主持第二、三次全体会议,主席团会议分别由何仁先、朱亚愚、徐昌仁、张肇山主持。

会议审议通过6个工作报告和《关于瑞昌市国民经济和社会发展"九五"计划和2010年远景目标纲要》等7项决议。截至2月29日17时,大会共收到议案15件,根据议案审查委员会的意见,主席团决定全部转作代表建议处理,连同会议收到的3件代表建议一并交付市政府办理。

会议以无记名投票方式补选卢仕忠为市人大常委会副主任,冯家相、柯长青、赵达贵、张友清、王水木等5人为市人大常委会委员。

第五次会议

第五次会议于1997年2月26—28日在市电影院举行。会议应到代表248名,实到代表210名,符合法定人数。法定、决定和邀请列席人员173人及出席市政协二届五次会议的全体委员列席会议。

会议议程:听取和审议瑞昌市人民政府工作报告;听取和审议瑞昌市1996年国民经济和社会发展计划执行情况与1997年计划草案的报告,审查和批准瑞昌市1997年国民经济和社会发展计划;听取和审议瑞昌市1996年财政预算执行情况和1997年财政预算草案的报告,审查和批准瑞昌市1997年财政预算;听取和审议瑞昌市人大常委会工作报告;听取和审议瑞昌市人民法院工作报告;听取和审议瑞昌市人民检察院工作报告。

2月25日下午4时举行预备会议,通过会议议程,选举大会主席团和秘书长。随后召开第一次主席团会议，推定主席团常务主席，通过会议日程，决定副秘书长，决定代表提交议案截止时间，通过议案、财政预算审查委员会成员名单等事项。

市二届人大五次会议主席团、秘书长、主席团常务主席、副秘书长、议案审查委员会和财政预算审查委员会成员名单

表2－8

<table>
<tr><th colspan="2">名称及职务</th><th>姓　名</th></tr>
<tr><td colspan="2">主席团成员</td><td>万文松、王水木、王忠生、王定忠、王美玉（女）、王瑞珍（女）、卢仕忠、冯家相、朱汉盛、朱亚愚、何仁先、何庆亮、邹圣锡、陈孝林、严茂林、李广西、宋银春、张友清、张舫洲、张肇山、欧阳春、周庆鼎、柯于友、柯长青、柯向昌、柯武山、柯愈明、赵达贵、徐昌仁、徐明德、徐新安、潘熙志、蔡金科</td></tr>
<tr><td colspan="2">秘书长</td><td>卢仕忠（兼）</td></tr>
<tr><td colspan="2">主席团常务主席</td><td>欧阳春、何仁先、张肇山、万文松、王忠生、朱汉盛、徐昌仁、卢仕忠、朱亚愚、宋银春、何庆亮</td></tr>
<tr><td colspan="2">副秘书长</td><td>冯家相、鄢爱民</td></tr>
<tr><td rowspan="3">议案审查委员会</td><td>主任委员</td><td>卢仕忠</td></tr>
<tr><td>副主任委员</td><td>赵达贵、鄢爱民</td></tr>
<tr><td>委　员</td><td>王瑞珍（女）、邹菊花（女）、柯向昌、雷在义</td></tr>
<tr><td rowspan="3">财政预算审查委员会</td><td>主任委员</td><td>何庆亮</td></tr>
<tr><td>副主任委员</td><td>柯长青</td></tr>
<tr><td>委　员</td><td>田绍虞、朱清波、吴广峰、陈钢、胡茂禄</td></tr>
</table>

会议成立中共临时党委，9个代表团成立临时党支部。2月25日下午2时，召开各代表团召集人，临时党支部书记、副书记和会议秘书处各组负责人会议。

根据会议日程安排，会议于2月26日开幕，28日闭幕，共举行3次全体会议和3次主席团会议。何仁先主持开幕会和闭幕会，徐昌仁主持第二次全体会议，主席团会议分别由何仁先、徐昌仁、朱亚愚主持。

会议审议通过6个工作报告决议。截至2月27日17时，共收到议案14件，根据议案审查委员会的意见，主席团决定全部转作代表建议处理，连同会议收到的18件代表建议一并交付市政府办理。

第三节 市三届人民代表大会

第一次会议

市三届人民代表大会第一次会议于1998年2月5—8日在市电影院举行。会议应到代表199名,实到代表193名,符合法定人数。法定、决定邀请列席人员143人及出席市政协三届一次会议的全体委员列席会议。

会议议程:听取和审议瑞昌市人民政府工作报告;听取和审议瑞昌市1997年国民经济和社会发展计划执行情况与1998年计划草案的报告,审查和批准瑞昌市1998年国民经济和社会发展计划;听取和审议瑞昌市1997年财政预算执行情况和1998年财政预算草案的报告,审查和批准瑞昌市1998年财政预算;听取和审议瑞昌市人大常委会工作报告;听取和审议瑞昌市人民法院工作报告;听取和审议瑞昌市人民检察院工作报告;选举事项。

2月4日下午4时举行预备会议,通过会议议程,选举会议主席团和秘书长。随后召开第一次主席团会议,推定主席团常务主席,通过会议日程,决定副秘书长,决定代表提交议案截止时间,通过议案、财政预算审查委员会成员名单,通过会议选举办法草案等事项。

市三届人大一次会议主席团、秘书长、主席团常务主席、副秘书长、议案审查委员会和财政预算审查委员会成员名单

表2-9

名称及职务		姓 名
主席团成员		万文松、王义树、王定忠、卢仕忠、艾宏盛、田忠诚、刘征骅、刘鹰、朱才菊、朱汉仁、朱汉盛、朱亚愚、朱杰、李广欣、何仁先、何庆亮、陈世翔、陈洪敏、宋银春、张肇山、周庆鼎、杨能聪、胡爱武(女)、柯愈明、徐昌仁、梅昌华
秘书长		卢仕忠(兼)
主席团常务主席		艾宏盛、张肇山、刘鹰、梅昌华、万文松、何仁先、陈世翔、李广欣、卢仕忠、朱杰、朱亚愚、朱才菊
副秘书长		王卫军、赵达贵、吴学银、郭少雄
议案审查委员会	主任委员	宋银春
	副主任委员	朱才菊、赵达贵
	委 员	王义树、张友清、周又新(女)、柯向昌、柯愈明、郭武光

续表2－9

名称及职务		姓　名
财政预算审查委员会	主任委员	何庆亮
	副主任委员	朱杰、徐尤闲
	委　员	张理宏、张恭良、周庆增、柯愈灿、徐勋金、鄢爱民

会议成立中共临时党委，7个代表团成立临时党支部。2月4日下午2时，召开各代表团召集人，临时党支部书记、副书记和会议秘书处各组负责人会议。

根据会议日程安排，会议于2月5日开幕，8日闭幕，共举行3次全体会议和6次主席团会议。张肇山、朱亚愚、梅昌华分别主持全体会议，主席团会议分别由何仁先、卢仕忠、梅昌华、张肇山主持。九江市人大常委会主任程金发在开幕式上致贺词。大会选举后，新当选的市长刘鹰讲话。

会议审议通过6个工作报告决议。截至2月6日16时，共收到议案41件，根据议案审查委员会的意见，主席团决定全部转作代表建议处理，连同会议收到的35件代表建议一并交付市政府、市法院办理。

会议以无记名投票的方式选举产生市三届人大常委会，主任：张肇山，副主任：卢仕忠、朱杰、朱才菊、彭正交，委员：王卫军、王定忠、邓辉、吴自强、陈茂、陈新娅（女）、周又新（女）、周庆鼎、赵达贵、柯向昌、柯愈灿、徐尤闲、郭武光、谈华众；选举刘鹰为市人民政府市长，朱汉仁、郎小军、徐霞飞、戴丽梅（女）、徐新安为市人民政府副市长；选举董才银为市人民法院院长；选举朱志强为市人民检察院检察长。在此次选举过程中，2名市人大常委会副主任候选人在第一次选举投票中，因得票相等，根据会议选举办法，再次组织投票确定当选人，彭正交依法当选市三届人大常委会副主任。

第二次会议

第二次会议于1999年1月12—14日在市电影院举行。会议应到代表196名，实到代表185名，符合法定人数。法定、决定和邀请列席人员135人及参加市政协三届二次会议的全体委员列席会议。

会议议程：听取和审议瑞昌市人民政府工作报告；听取和审议瑞昌市1998年国民经济和社会发展计划执行情况与1999年计划草案的报告，审查和批准瑞昌市1999年国民经济和社会发展计划；听取和审议瑞昌市1998年财政预算执行情况和1999年财政预算草案的报告,审查和批准瑞昌市1999年财政预算;听取和审议瑞昌市人大常委会工作报告;听取和审议瑞昌市人民法院工作报告;听取和审议瑞昌市人民检察院工作报告;选举瑞昌市出席九江市第十一届人大代表。

1月12日10时30分举行预备会议,通过会议议程,选举会议主席团和秘书长。随后召开第一次主席团会议,推定主席团常务主席,通过会议日程,决定副秘书长,决定代表提交议案截止时间,通过议案、财政预算审查委员会成员名单,通过会议选举办法草案等事项。

市三届人大二次会议主席团、秘书长、主席团常务主席、副秘书长、议案审查委员会和财政预算审查委员会成员名单

表2-10

名称及职务		姓　名
主席团成员		万文松、王卫军、王定忠、王武伟、邓辉、卢仕忠、艾宏盛、朱杰、朱才菊、朱汉仁、朱汉盛、刘征骅、李广欣、杨能聪、吴自强、邹圣玉、张远忠、张肇山、陈茂、陈新娅(女)、陈世翔、周冰、周又新(女)、周庆鼎、柯向昌、柯愈灿、柯愈明、胡爱武(女)、赵达贵、徐尤闲、谈华众、郭武光、梅昌华、彭正交
秘书长		卢仕忠(兼)
主席团常务主席		艾宏盛、张肇山、梅昌华、万文松、陈世翔、李广欣、卢仕忠、朱杰、朱才菊、彭正交
副秘书长		王卫军、赵达贵、吴学银、郭少雄
议案审查委员会	主任委员	朱才菊
	副主任委员	宋银春、谈华众
	委　员	王义树、张友清、陈茂、周庆鼎、柯愈明、郭武光
财政预算审查委员会	主任委员	朱　杰
	副主任委员	何庆亮、徐尤闲
	委　员	张恭良、周庆增、柯向昌、柯愈灿、徐勋金、鄢爱民

会议成立中共临时党委,7个代表团成立临时党支部。1月12日9时,召开各代表团召集人,临时党支部书记、副书记和会议秘书处各组负责人会议。

根据会议日程安排,会议于1月12日下午2时开幕,14日闭幕,共举行3次全体会议和5次主席团会议。张肇山、卢仕忠、梅昌华分别主持全体会议,主席团会议分别由张肇山、卢仕忠、梅昌华主持。

会议审议通过6个工作报告决议。截至1月13日17时,共收到议案28件,经议案审查委员会审查,建议主席团将刘萍桃等16名代表提出的关于补选瑞昌市人民政府市长的议案提请大会表决,经主席团会议审议,鉴于经全体代表通过的会议议程中没有补选市长事项,决定不作议案处理,与其他27件议案全部转作代表建议,连同会议收到的15件代表建议一并交市政府和市法院办理。

会议以无记名投票的方式选举史文斌、余秉绥、张匡任、陈红(女)、程金发、谢昶、瞿兰香(女)、方力、艾宏盛、朱汉仁、朱汉宋、朱爱莲(女)、朱晚垂、李广西、吴自强、吴拥军、邹圣玉、邹金宝、邹菊花(女)、张恭良、张理宏、张肇山、陈公权、陈洪权、陈新娅(女)、周又新(女)、赵达贵、柯遐伟、高先香(女)、郭武光、徐新民、梁秀梅(女)、梅昌华、曹祥水、傅永华、戴丽梅(女)等36人为瑞昌市出席九江市第十一届人大代表。

第三次会议

第三次会议于2000年2月26—28日在市电影院举行。会议应到代表196名,实到代表185名,符合法定人数。法定、决定和邀请列席人员158人及参加市政协三届三次会议的全体委员列席会议。

会议议程:听取和审议瑞昌市人民政府工作报告;听取和审议瑞昌市1999年国民经济和社会发展计划执行情况与2000年计划草案的报告,审查和批准瑞昌市2000年国民经济和社会发展计划;听取和审议瑞昌市1999年财政预算执行情况和2000年财政预算草案的报告,审查和批准瑞昌市2000年财政预算;听取和审议瑞昌市人大常委会工作报告;听取和审议瑞昌市人民法院工作报告;听取和审议瑞昌市人民检察院工作报告;选举事项。

2月26日10时30分举行预备会议,通过会议议程,选举会议主席团和秘书长。随后召开第一次主席团会议,推定主席团常务主席,通过会议日程,决定副秘书长,决定代表提交议案截止时间,通过议案、财政预算审查委员会成员名单,通过会议选举办法草案等事项。

市三届人大三次会议主席团、秘书长、主席团常务主席、副秘书长、议案审查委员会和财政预算审查委员会成员名单

表2－11

名称及职务	姓　名
主席团成员	万文松、王卫军、王定忠、王武伟、邓辉、石荣国、卢仕忠、朱杰、朱才菊、朱汉仁、朱汉盛、刘维龙、李世秀(女)、吴自强、张肇山、陈世翔、陈新娅(女)、杨能聪、周冰、周庆鼎、柯向昌、柯愈灿、柯愈明、胡爱武(女)、赵达贵、徐尤闲、郭武光、谈华众、颉安国、彭正交、曾宪奎
秘书长	卢仕忠(兼)
主席团常务主席	石荣国、张肇山、万文松、朱汉仁、陈世翔、卢仕忠、朱杰、朱才菊、彭正交、李世秀(女)
副秘书长	王卫军、赵达贵、苏堂孝、郭少雄

续表 2－11

名称及职务		姓 名
议案审查委员会	主任委员	朱才菊
	副主任委员	赵达贵
	委 员	邹圣玉、张友清、陈茂、周庆鼎、柯愈明、郭武光
财政预算审查委员会	主任委员	朱杰
	副主任委员	徐尤闲
	委 员	张恭良、周庆增、柯向昌、柯愈灿、徐勋金、徐新民

会议成立中共临时党委,7 个代表团成立临时党支部。2 月 26 日 9 时,召开各代表团召集人,临时党支部书记、副书记和会议秘书处各组负责人会议。

根据会议日程安排,会议于 2 月 26 日下午 2 时开幕,28 日闭幕,共举行 3 次全体会议,5 次主席团会议。张肇山、卢仕忠、万文松分别主持全体会议,主席团会议分别由张肇山、卢仕忠、万文松主持。选举结束时,新当选的市长郑羡银讲话。

会议审议通过 6 个工作报告决议。截至 2 月 27 日 17 时,共收到议案 22 件,根据议案审查委员会的意见,主席团决定全部转作代表建议处理,连同会议收到的 14 件代表建议一并交付市政府办理。

会议以无记名投票方式,补选郑羡银为市人民政府市长;增选李世秀(女)为市人大常委会副主任;补选刘维龙为市人大常委会委员。

第四次会议

第四次会议于 2001 年 1 月 16—18 日在市电影院举行。会议应到代表 199 名,实到代表 166 名,符合法定人数。法定、决定和邀请列席人员 159 人及参加市政协三届四次会议的全体委员列席会议。

会议议程:听取和审议瑞昌市人民政府工作报告;审查批准瑞昌市国民经济和社会发展"十五"计划及 2015 年远景目标纲要;听取和审议瑞昌市 2000 年国民经济和社会发展计划执行情况与 2001 年计划草案的报告,审查和批准瑞昌市 2001 年国民经济和社会发展计划;听取和审议瑞昌市 2000 年财政预算执行情况和 2001 年财政预算草案的报告,审查和批准瑞昌市 2001 年财政预算;听取和审议瑞昌市人大常委会工作报告;听取和审议瑞昌市人民法院工作报告;听取和审议瑞昌市人民检察院工作报告;选举事项。

1 月 16 日 11 时举行预备会议,通过会议议程,选举会议主席团和秘书长。随后召开第一次主席团会议,推定主席团常务主席,通过会议日程,决定副秘书长,决定代表提交议案截止时间,通过议案、财政预算审查委员会成员名单,通过会议选举办法草案等事项。

市三届人大四次会议主席团、秘书长、主席团常务主席、副秘书长、议案审查委员会和财政预算审查委员会成员名单

表2-12

名称及职务		姓　名
主席团成员		万文松、王卫军、王定忠、王武伟、邓辉、石荣国、卢仕忠、朱才菊、朱汉仁、朱汉盛、刘维龙、李木林、李世秀(女)、吴自强、张肇山、陈世翔、陈新娅(女)、郎小军、周庆鼎、郑羡银、柯共和、柯向昌、柯愈灿、柯愈明、饶思汉、胡爱武(女)、赵达贵、徐尤闲、郭武光、谈华众、颉安国、彭正交、曾宪奎、蔡卫宁
秘书长		卢仕忠(兼)
主席团常务主席		石荣国、张肇山、郑羡银、万文松、朱汉仁、蔡卫宁、陈世翔、郎小军、卢仕忠、朱才菊、彭正交、李世秀(女)
副秘书长		王卫军、赵达贵、苏堂孝、郭少雄
议案审查委员会	主任委员	朱才菊
	副主任委员	赵达贵
	委　员	王定忠、邹圣玉、张友清、周宇钼、周庆鼎、柯愈明、郭武光
财政预算审查委员会	主任委员	李世秀(女)
	副主任委员	徐尤闲
	委　员	邓辉、刘维龙、吴自强、张恭良、柯向昌、柯愈灿、徐新民

会议成立中共临时党委,7个代表团成立临时党支部。1月16日10时,召开各代表团召集人,临时党支部书记、副书记和会议秘书处各组负责人会议。

根据会议日程,会议于1月16日下午2时开幕,18日闭幕,共举行3次全体会议,5次主席团会议。张肇山、李世秀、卢仕忠分别主持全体会议,主席团会议分别由张肇山、李世秀、卢仕忠主持。

会议审议通过6个工作报告决议,审查批准瑞昌市国民经济和社会发展"十五"计划及2015年远景目标纲要,并作出相应的决议。

截至1月17日17时,共收到议案24件,经议案审查委员会审查,认为王水木等13名代表提出的关于从快依法严惩"8·10"事件策划者、肇事者的议案和余来稳等11名代表提出的关于修好人民北路(鸡公岭至黄金路段连接)的议案,前一议案从维护国家法律尊严出发,反映了群众呼声;后一议案修好人民北路,方便600多群众的生产生活,有效解决城北"断头路",有利于火葬场正常工作开展,减轻五里桥转盘车流量,便于火车站进出道路畅通,有利于瑞昌经济发展。建议主席团将代表提出的以上2件议案作为大会议案形式处理。经主席团会议审议,提请全体会议审议表决,获得通过。其他22件议案全部转作代表建议,连同会议收到的4件代表建议一并交付市政府、市法院办理。

会议以无记名投票的方式补选周立为市人民法院院长。

第五次会议

第五次会议于2002年2月22—23日在市电影院举行。会议应到代表193名,实到代表175名,符合法定人数。法定、决定和邀请列席人员163人及参加市政协三届五次会议的全体委员列席会议。

会议议程:听取和审议瑞昌市人民政府工作报告;听取和审议瑞昌市2001年国民经济和社会发展计划执行情况与2002年计划草案的报告,审查和批准瑞昌市2002年国民经济和社会发展计划;听取和审议瑞昌市2001年财政预算执行情况和2002年财政预算草案的报告,审查和批准瑞昌市2002年财政预算;听取和审议瑞昌市人大常委会工作报告;听取和审议瑞昌市人民法院工作报告;听取和审议瑞昌市人民检察院工作报告。

2月21日下午4时举行预备会议,通过会议议程,选举会议主席团和秘书长。随后召开第一次主席团会议,推定主席团常务主席,通过会议日程,决定副秘书长,决定代表提交议案截止时间,通过议案、财政预算审查委员会成员名单等事项。

市三届人大五次会议主席团、秘书长、主席团常务主席、副秘书长、议案审查委员会和财政预算审查委员会成员名单

表2-13

名称及职务		姓　名
主席团成员		万文松、王卫军、王欣、王定忠、邓辉、石荣国、卢仕忠、朱才菊、朱汉仁、朱汉盛、刘维龙、李世秀(女)、吴自强、张恭良、张肇山、陈世翔、陈明、陈新娅(女)、邹庆柏、郎小军、周庆鼎、周诚、郑羡银、柯向昌、柯愈灿、饶思汉、胡爱武(女)、赵达贵、徐尤闲、郭武光、谈华众、颉安国、彭正交、曾宪奎、蔡卫宁
秘书长		卢仕忠(兼)
主席团常务主席		石荣国、张肇山、郑羡银、万文松、朱汉仁、蔡卫宁、陈世翔、郎小军、卢仕忠、朱才菊、彭正交、李世秀(女)
副秘书长		王卫军、赵达贵、李庆生、郭少雄
议案审查委员会	主任委员	朱才菊
	副主任委员	赵达贵
	委　员	王义树、王定忠、张友清、周庆鼎、周诚、郭武光、徐新民

续表 2－13

名称及职务		姓　名
财政预算审查委员会	主任委员	李世秀(女)
	副主任委员	徐尤闲
	委　员	邓辉、刘维龙、吴自强、张恭良、柯向昌、柯愈灿、徐勋金

会议成立中共临时党委,7 个代表团成立临时党支部。2 月 21 日下午 3 时 30 分,召开各代表团召集人,临时党支部书记、副书记和会议秘书处各组负责人会议。

根据会议日程,会议于 2 月 22 日开幕,23 日闭幕,共举行 3 次全体会议和 4 次主席团会议。张肇山、卢仕忠、朱才菊分别主持全体会议,主席团会议分别由张肇山、卢仕忠主持。

会议审议通过 6 个工作报告决议。截至 2 月 22 日 18 时,共收到议案 20 件,经议案审查委员会审查,认为徐勋杰等 13 名代表提出的关于要求严格整治交通环境、打击民运客车垄断的非法行为的议案,反映了个体客运车辆管理混乱,擅自抬高票价,欺行霸市,限制乘客乘车自由,严重违反国家反不正当竞争法的有关规定,严重扰乱了交通、治安、经济秩序,有损瑞昌市对外形象,全市人民对此反应强烈,建议主席团将此议案作为大会议案处理。经主席团会议审议,提请全体会议表决,决定该案以议案的形式办理。其他 19 件议案全部转作代表建议处理,连同会议收到的 22 件代表建议一并交付“一府两院”办理。

第四节　市四届人民代表大会

第一次会议

市四届人民代表大会第一次会议于 2003 年 1 月 22—24 日在市电影院举行。会议应到代表 196 名,实到代表 193 名,符合法定人数。法定、决定和邀请列席人员 157 人及出席市政协四届一次会议的全体委员列席会议。

会议议程:听取和审议瑞昌市人民政府工作报告;审议瑞昌市 2002 年国民经济和社会发展计划执行情况与 2003 年计划草案的报告(书面),审查批准瑞昌市 2003 年国民经济和社会发展计划;审议瑞昌市 2002 年财政预算执行情况和 2003 年财政预算草案的报告(书面),审查批准瑞昌市 2003 年财政预算;听取和审议瑞昌市人大常委会工作报告;听取和审议瑞昌市人民法院工作报告;听取和审议瑞昌市人民检察院工作报告;选举事项。

1月21日下午2时半举行预备会议,通过会议议程,选举会议主席团和秘书长。随后召开第一次主席团会议,推定主席团常务主席,通过会议日程,决定副秘书长,决定代表提交议案截止时间,通过议案、财政预算审查委员会成员名单,通过会议选举办法草案等事项。

市四届人大一次会议主席团、秘书长、主席团常务主席、副秘书长、议案审查委员会和财政预算审查委员会成员名单

表2-14

名称及职务		姓名
主席团成员		万文松、万本庚、王欣、王效贤、丰耿、石荣国、叶心林、卢仕忠、朱才菊、刘明珍(女)、李广松、李金国、吴拥军、汪敏、张建新、张肇山、陈明、陈世翔、易炳根、周诚、周又新(女)、郑羡银、郎小军、柯卫彬、柯善富、饶思汉、徐卫、徐胜、曹祥水、彭正交、喻小明、曾宪奎、蔡金槐
秘书长		卢仕忠(兼)
主席团常务主席		石荣国、陈世翔、郑羡银、万本庚、汪敏、郎小军、叶心林、张肇山、徐胜、卢仕忠、曹祥水、周又新(女)、李广松、蔡金槐、吴拥军
副秘书长		王卫军、赵达贵、程世贵、詹建杨
议案审查委员会	主任委员	朱才菊
	副主任委员	李广松、周起俊
	委 员	王武伟、吴高英(女)、余锦荣、汪传功、徐新民、曹华
财政预算审查委员会	主任委员	彭正交
	副主任委员	蔡金槐、徐尤闲
	委 员	李建材、张友清、柯愈灿、桂火周、徐勋金、蔡泽成

会议成立中共临时党委,10个代表团成立临时党支部。1月21日下午1时,召开各代表团召集人,临时党支部书记、副书记和会议秘书处各组负责人会议。

根据会议日程,会议于1月22日开幕,24日闭幕,共举行3次全体会议,7次主席团会议。陈世翔、曹祥水、万本庚分别主持全体会议,主席团会议分别由张肇山、陈世翔、郎小军、万本庚主持。李广松致开幕词,九江市人大常委会副主任胡春如致贺词。新当选的市长郑羡银讲话,新当选的市人大常委会主任陈世翔致闭幕词。

会议审议通过6项工作报告决议。截至1月23日17时,共收到议案26件,根据议案审查委员会的意见,主席团决定全部转作代表建议处理,连同会议收到的41件代表建议一并交付市政府办理。

会议以无记名投票方式选举产生市四届人大常委会,主任:陈世翔,副主任:曹祥水、周又新(女)、李广松、蔡金槐、吴拥军,委员:吴自强、汪传功、张建新、陈小英(女)、陈新娅

(女)、范友芳、周平海、周起俊、柯愈灿、徐尤闲、徐勋海、谈华众、曹华、董坚兴、董洪荣、程世贵;选举郑羡银为市人民政府市长,饶思汉、徐新安、李世秀(女)、李春滚、郭少雄为市人民政府副市长;选举况杰为市人民法院院长;选举朱志强为市人民检察院检察长。

第二次会议

第二次会议于2004年1月16—18日在皇家大酒店举行。会议应到代表195名,实到代表183名,符合法定人数。法定、决定和邀请列席人员113人及出席市政协四届二次会议的全体委员列席会议。

会议议程:听取和审议瑞昌市人民政府工作报告;审议瑞昌市2003年国民经济和社会发展计划执行情况与2004年计划草案的报告(书面),审查批准瑞昌市2004年国民经济和社会发展计划;审议瑞昌市2003年财政预算执行情况和2004年财政预算草案的报告(书面),审查批准瑞昌市2004年财政预算;听取和审议瑞昌市人大常委会工作报告;听取和审议瑞昌市人民法院工作报告;听取和审议瑞昌市人民检察院工作报告;选举事项。

1月16日11时举行预备会议,通过会议议程,选举会议主席团和秘书长。随后召开第一次主席团会议,推定主席团常务主席,通过会议日程,决定代表提交议案截止时间,决定副秘书长,通过议案、财政预算审查委员会成员名单,通过会议选举办法草案。

市四届人大二次会议主席团、秘书长、主席团常务主席、副秘书长、议案审查委员会和财政预算审查委员会成员名单

表2-15

<table>
<tr><th colspan="2">名称及职务</th><th>姓　名</th></tr>
<tr><td colspan="2">主席团成员</td><td>万文松、万本庚、丰耿、石荣国、叶心林、朱才菊、刘明珍(女)、刘继清、李广松、李金国、吴自强、吴拥军、何金送、汪敏、汪传功、张建新、张肇山、陈明、陈小英(女)陈世翔、陈新娅(女)、范友芳、易炳根、周又新(女)、周平海、周起俊、郑羡银、郎小军、柯愈灿、饶思汉、徐胜、徐尤闲、徐勋海、徐新民、谈华众、曹华、曹祥水、曹集林、彭正交、董坚兴、董洪荣、喻小明、程世贵、曾宪奎、蔡金槐</td></tr>
<tr><td colspan="2">秘书长</td><td>曹祥水(兼)</td></tr>
<tr><td colspan="2">主席团常务主席</td><td>石荣国、陈世翔、郑羡银、万本庚、汪敏、郎小军、叶心林、徐胜、曹祥水、周又新(女)、李广松、蔡金槐、吴拥军</td></tr>
<tr><td colspan="2">副秘书长</td><td>谈华众、汪传功、范初芳、王欣、程世贵</td></tr>
<tr><td rowspan="3">议案审查委员会</td><td>主任委员</td><td>李广松</td></tr>
<tr><td>副主任委员</td><td>朱才菊、周起俊</td></tr>
<tr><td>委　员</td><td>吴高英(女)、范友芳、柯善富、徐新民、曹华</td></tr>
</table>

续表 2-15

名称及职务		姓　名
财政预算审查委员会	主任委员	蔡金槐
	副主任委员	彭正交、徐尤闲
	委　员	吴自强、张友清、陈小英(女)、柯愈灿、徐勋金

会议成立中共临时党委,9 个代表团成立临时党支部。1 月 16 日 10 时,召开各代表团召集人,临时党支部书记、副书记和会议秘书处各组负责人会议。

根据会议日程,会议于 1 月 16 日下午 2 时半开幕,18 日闭幕,共举行 3 次全体会议,8 次主席团会议。陈世翔、曹祥水、万本庚分别主持全体会议,主席团会议分别由陈世翔、万本庚、曹祥水主持。

会议审议通过 6 个工作报告决议。截至 1 月 17 日 16 时 30 分,共收到议案 23 件,根据议案审查委员会意见,主席团决定全部转作代表建议处理,连同会议收到的 18 件代表建议一并交付市政府办理。

会议以无记名投票方式选举张华、张延芳、陈红(女)、林兴富、周保华、程金发、王蓉蓉(女)、方力、石荣国、刘成、李世秀(女)、李建林、肖德先、吴自强、吴瑞平、余弘、邹菊花(女)、汪传功、张友清、张牧香(女)、陈明、陈鹰、陈世翔、郑羡银、柯愫珺(女)、胡冬生、胡桂珠(女)、徐新民、曹华、梁小乔(女)、董肇丽(女)、蒋贤智(女)、程厚恩、詹立辉、蔡茂彬等 35 人为瑞昌市出席九江市第十二届人大代表。

第三次会议

第三次会议于 2005 年 1 月 11—13 日在皇家大酒店举行。会议应到代表 192 名,实到代表 187 名,符合法定人数。法定、决定和邀请列席人员 119 人及出席市政协四届三次会议的全体委员列席会议。

会议议程:听取和审议瑞昌市人民政府工作报告;审议瑞昌市 2004 年国民经济和社会发展计划执行情况与 2005 年计划草案的报告(书面),审查批准瑞昌市 2005 年国民经济和社会发展计划;审议瑞昌市 2004 年财政预算执行情况和 2005 年财政预算草案的报告(书面),审查批准瑞昌市 2005 年财政预算;听取和审议瑞昌市人大常委会工作报告;听取和审议瑞昌市人民法院工作报告;听取和审议瑞昌市人民检察院工作报告。

1 月 11 日 11 时举行预备会议,通过会议议程,选举会议主席团和秘书长。随后召开第一次主席团会议，推定主席团常务主席，通过会议日程，决定代表提交议案截止时间，决定副秘书长，通过议案、财政预算审查委员会成员名单等事项。

市四届人大三次会议主席团、秘书长、主席团常务主席、副秘书长、议案审查委员会和财政预算审查委员会成员名单

表 2－16

名称及职务		姓　名
主席团成员		万文松、万本庚、丰耿、叶心林、刘明珍（女）、刘继清、刘韵和、李广松、李金国、吴自强、吴拥军、何金送、汪传功、张建新、张肇山、陈明、陈小英（女）、陈世翔、陈新娅（女）、范友芳、易炳根、周又新（女）、周平海、周起俊、郑羡银、郎小军、柯愈灿、饶思汉、徐胜、徐尤闲、徐勋海、徐新民、谈华众、曹华、曹祥水、曹集林、彭正交、董坚兴、董洪荣、程世贵、曾宪奎、蔡金槐
秘书长		曹祥水（兼）
主席团常务主席		刘韵和、陈世翔、郑羡银、万本庚、郎小军、叶心林、徐胜、曹祥水、周又新（女）、李广松、蔡金槐、吴拥军
副秘书长		谈华众、汪传功、范初芳、王欣
议案审查委员会	主任委员	李广松
	副主任委员	周起俊
	委　员	吴高英（女）、范友芳、柯善富、徐新民、曹华
财政预算审查委员会	主任委员	蔡金槐
	副主任委员	彭正交、徐尤闲
	委　员	吴自强、张友清、陈小英（女）、柯愈灿、徐勋金

会议成立中共临时党委，9 个代表团成立临时党支部。1 月 11 日 10 时，召开各代表团召集人，临时党支部书记、副书记和会议秘书处各组负责人会议。

根据会议日程，会议于 1 月 11 日下午 2 时半开幕，13 日闭幕，共举行 3 次全体会议和 4 次主席团会议。陈世翔、曹祥水、万本庚分别主持全体会议，主席团会议分别由陈世翔、蔡金槐、周又新、曹祥水主持。

会议审议通过 6 个工作报告决议。截至 1 月 12 日 17 时，共收到议案 22 件，根据议案审查委员会意见，主席团提请大会表决同意朱汉国等 10 名代表提出的“要求恢复流庄乡建制”作为议案办理，其余的全部转作代表建议处理，连同会议收到的 42 件代表建议一并交付市政府办理。

第四次会议

第四次会议于 2006 年 1 月 20—22 日在皇家大酒店举行。会议应到代表 186 名，实到代表175名,符合法定人数。法定、决定和邀请列席人员186人及出席市政协四届四次会议的全体委员列席会议。

会议议程:听取和审议瑞昌市人民政府工作报告,审查批准瑞昌市国民经济和社会发展第十一个五年规划纲要;审议瑞昌市2005年国民经济和社会发展计划执行情况与瑞昌市2006年计划草案及“十一五”规划编制情况草案的报告(书面),审查批准瑞昌市2006年国民经济和社会发展计划;审议瑞昌市2005年财政预算执行情况和2006年财政预算草案的报告(书面),审查批准瑞昌市2006年财政预算;听取和审议瑞昌市人大常委会工作报告;听取和审议瑞昌市人民法院工作报告;听取和审议瑞昌市人民检察院工作报告。

1月20日11时举行预备会议,通过会议议程,选举会议主席团和秘书长。随后召开第一次主席团会议,推定主席团常务主席,通过会议日程,决定代表提交议案截止时间,决定副秘书长,通过议案、财政预算审查委员会成员名单等事项。

市四届人大四次会议主席团、秘书长、主席团常务主席、副秘书长、议案审查委员会和财政预算审查委员会成员名单

表2-17

名称及职务		姓　　名
主席团成员		万文松、王效贤、丰耿、刘明珍(女)、刘继清、刘韵和、李金国、吴自强、吴拥军、何金送、汪传功、张建新、陈明、陈世翔、陈新娅(女)、范友芳、易炳根、周又新(女)、周平海、周起俊、郑羡银、郎小军、柯愈灿、饶思汉、徐胜、徐尤闲、徐勋海、徐新民、谈华众、曹华、曹祥水、曹集林、董坚兴、董洪荣、程世贵、曾宪奎、蔡金槐
秘书长		曹祥水(兼)
主席团常务主席		刘韵和、陈世翔、郑羡银、郎小军、徐胜、曹祥水、周又新(女)、蔡金槐、吴拥军
副秘书长		谈华众、汪传功、范初芳、王欣
议案审查委员会	主任委员	周又新(女)
	副主任委员	周起俊
	委　员	吴高英(女)、范友芳、柯善富、徐新民、曹华
财政预算审查委员会	主任委员	蔡金槐
	副主任委员	徐尤闲
	委　员	吴自强、张友清、陈小英(女)、柯愈灿、徐勋金

会议成立中共临时党委,9个代表团成立临时党支部。1月20日10时,召开各代表团召集人,临时党支部书记、副书记和会议秘书处各组负责人会议。

根据会议日程,会议于1月20日下午2时半开幕,22日闭幕,共举行3次全体会议,4次主席团会议。陈世翔、曹祥水、郎小军分别主持全体会议,主席团会议分别由陈世翔、曹祥水、郎小军主持。

会议审议通过6个工作报告决议，审查批准瑞昌市国民经济和社会发展计划第十一个五年规划纲要，并通过相应的决议。截至1月21日17时，共收到议案20件，根据议案审查委员会意见，主席团决定全部转作代表建议处理，连同会议收到的19件代表建议一并交付市政府办理。

第五次会议

第五次会议于2006年9月12—13日在皇家大酒店举行。会议应到代表182名，实到代表163名，符合法定人数。市委、市政府部分领导，市检察院主要负责人，市人大常委会各办事机构负责人共计15人列席会议。

会议议程：补选瑞昌市人民政府市长；选举瑞昌市出席九江市第十三届人大代表。

9月12日9时举行预备会议，通过会议议程，选举会议主席团和秘书长。随后召开第一次主席团会议，推定主席团常务主席，通过会议日程安排，决定副秘书长，通过会议选举办法草案等事项。

市四届人大五次会议主席团、秘书长、主席团常务主席、副秘书长名单

表2-18

名称及职务	姓　名
主席团成员	万文松、王晓宁、刘明珍(女)、刘韵和、吴自强、吴拥军、何　涛、何金送、汪传功、张建新、陈明、陈世翔、陈新娅(女)、陈德春、范友芳、易炳根、周又新(女)、周平海、周起俊、郎小军、柯善富、柯愈灿、饶思汉、徐胜、徐尤闲、徐勋海、曹华、曹祥水、曹集林、董坚兴、董洪荣、程世贵、曾细球、曾宪奎、蔡金槐
秘书长	曹祥水(兼)
主席团常务主席	刘韵和、陈世翔、徐胜、曹祥水、周又新(女)、蔡金槐、吴拥军
副秘书长	汪传功、程世贵

会议成立中共临时党委，9个代表团成立临时党支部。9月12日8时半，召开各代表团召集人，临时党支部书记、副书记和会议秘书处各组负责人会议。

根据会议日程，会议于9月12日开幕，13日闭幕，共举行2次全体会议，6次主席团会议。陈世翔主持全体会议，主席团会议分别由陈世翔、徐胜、曹祥水主持。选举结束时，新当选的市长熊起栋讲话。

会议以无记名投票方式补选熊起栋为市人民政府市长；选举王永宏、王际民、余松生、张延芳、林兴富、周保华、陶春元、王建新、王蓉蓉(女)、方力、卢瑜(女)、刘成、刘韵和、刘遵柱、李洪新、张友清、张牧香(女)、陈世翔、陈明、陈新娅(女)、周佐福、周诚、周青标、周赉、周勇、周奕年、周洪涛、柯丽华(女)、柯善富、胡军、胡桂珠(女)、倪志、徐鹤喜、郭庆安、高健(女)、熊起栋等36人为瑞昌市出席九江市第十三届人大代表。

第五节 市五届人民代表大会

第一次会议

市五届人民代表大会第一次会议于2007年3月19—22日在皇家大酒店举行。会议应到代表197名,实到代表190名,符合法定人数。法定、决定和邀请列席人员174人及出席市政协五届一次会议的全体委员列席会议。

会议议程:听取和审议瑞昌市人民政府工作报告;审议瑞昌市2006年国民经济和社会发展计划执行情况与2007年计划草案的报告(书面),审查批准瑞昌市2007年国民经济和社会发展计划;审议瑞昌市2006年财政预算执行情况和2007年财政预算草案的报告(书面),审查批准瑞昌市2007年财政预算;听取和审议瑞昌市人大常委会工作报告;听取和审议瑞昌市人民法院工作报告;听取和审议瑞昌市人民检察院工作报告;选举事项。

3月19日11时举行预备会议,通过会议议程,选举会议主席团和秘书长。随后召开第一次主席团会议,推定主席团常务主席,通过会议日程,决定代表提交议案截止时间,决定副秘书长,通过议案、财政预算审查委员会成员名单,通过会议选举办法草案等事项。

市五届人大一次会议主席团、秘书长、主席团常务主席、副秘书长、议案审查委员会和财政预算审查委员会成员名单

表2-19

名称及职务	姓　　名
主席团成员	朱志强、刘振华、刘堂泽、刘韵和、刘遵柱、吴自强、吴拥军、吴瑞平、张友清、陈世翔、陈国胜、陈新娅(女)、范友芳、周又新(女)、郎小军、饶思汉、徐胜、涂香仁、谈太君、黄新华、曹华、曹光明、曹祥水、董肇丽(女)、曾宪奎、雷高兴、蔡金槐、熊建军、熊起栋
秘书长	曹祥水(兼)
主席团常务主席	刘韵和、陈世翔、熊起栋、曹光明、雷高兴、徐胜、曹祥水、周又新(女)、蔡金槐、朱志强、吴拥军、刘振华、张友清

续表 2-19

名称及职务		姓　名
副秘书长		汪传功、邹庆柏、程世贵
议案审查委员会	主任委员	蔡金槐
	副主任委员	张友清、何尤君
	委　员	田先锋、张恭良、何金送、幸珍祥、周诚、范友芳
财政预算审查委员会	主任委员	蔡金槐
	副主任委员	刘振华、徐尤闲
	委　员	吴学银、宋巍、陈迪尧、陈新娅（女）、曹华、温柱先

会议成立中共临时党委，10个代表团成立临时党支部。3月19日10时，召开各代表团召集人，临时党支部书记、副书记和会议秘书处各组负责人会议。

根据会议日程安排，会议于3月19日开幕，22日闭幕，共举行4次全体会议，7次主席团会议。陈世翔、曹光明分别主持全体会议，主席团会议分别由陈世翔、曹光明、曹祥水主持。九江市人大常委会副主任王际民在开幕式上致贺词。选举结束时，新当选的市长熊起栋讲话。

会议审议通过6个工作报告决议。截至3月21日12时，共收到议案47件，根据议案审查委员会意见，主席团决定全部转作代表建议处理，连同会议收到的49件代表建议一并交付市政府办理。

会议以无记名投票方式选举产生市五届人大常委会，主任：陈世翔，副主任：曹祥水、周又新（女）、朱志强、吴拥军、刘振华、张友清，委员：王时峰、王晓声、王蓉蓉（女）、刘成、杨能聪、吴风雷、吴碧红（女）、何尤君、汪传功、张虹（女）、范友芳、胡贵平、徐尤寿、徐尤闲、徐勋炳、曹华、程世贵、温柱先；选举熊起栋为市人民政府市长，饶思汉、曾宪奎、徐新安、郭少雄、田水平、卢瑜（女）为市人民政府副市长；选举况杰为市人民法院院长；选举范海鹏为市人民检察院检察长。

第二次会议

第二次会议于2008年1月16—18日在皇家大酒店举行。会议应到代表198名，实到代表186名，符合法定人数。法定、决定和邀请列席人员148人及出席市政协五届二次会议的全体委员列席会议。

会议议程：听取和审议瑞昌市人民政府工作报告；审议瑞昌市2007年国民经济和社会

发展计划执行情况与2008年计划草案的报告(书面),审查批准瑞昌市2008年国民经济和社会发展计划;审议瑞昌市2007年财政预算执行情况和2008年财政预算草案的报告(书面),审查批准瑞昌市2008年财政预算;听取和审议瑞昌市人大常委会工作报告;听取和审议瑞昌市人民法院工作报告;听取和审议瑞昌市人民检察院工作报告。

1月16日10时30分举行预备会议,通过会议议程,选举会议主席团和秘书长。随后召开第一次主席团会议,推定主席团常务主席,通过会议日程,决定代表提交议案截止时间,决定副秘书长,通过议案、财政预算审查委员会成员名单等事项。

市五届人大二次会议主席团、秘书长、主席团常务主席、副秘书长、议案审查委员会和财政预算审查委员会成员名单

表2-20

名称及职务		姓　名
主席团成员		王时峰、王晓声、王蓉蓉(女)、朱志强、刘成、刘振华、刘堂泽、刘韵和、刘遵柱、李叶、杨能聪、吴风雷、吴碧红(女)、吴拥军、吴瑞平、何尤君、汪传功、张虹(女)、张友清、陈世翔、陈国胜、范友芳、周又新(女)、郎小军、胡贵平、饶思汉、徐胜、徐尤寿、徐尤闲、徐勋炳、涂香仁、谈太君、黄新华、曹华、曹光明、曹祥水、程世贵、温柱先、曾宪奎、雷高兴、蔡金槐、熊起栋
秘书长		曹祥水(兼)
主席团常务主席		刘韵和、陈世翔、熊起栋、曹光明、雷高兴、饶思汉、曾宪奎、徐胜、曹祥水、周又新(女)、朱志强、吴拥军、刘振华、张友清
副秘书长		杨能聪、何尤君、程世贵、孙卫东
议案审查委员会	主任委员	张友清
	副主任委员	汪传功
	委　员	田先锋、张恭良、何金送、幸珍祥、周诚、范友芳
财政预算审查委员会	主任委员	刘振华
	副主任委员	徐尤闲
	委　员	吴学银、宋巍、陈迪尧、陈新娅(女)、曹华、温柱先

会议成立中共临时党委,10个代表团成立临时党支部。1月16日9时半,召开各代表团召集人,临时党支部书记、副书记和会议秘书处各组负责人会议。

根据会议日程安排,会议于1月16日开幕,18日闭幕,共举行3次全体会议,4次主席团会议。陈世翔、曹祥水分别主持全体会议,主席团会议分别由陈世翔、曹祥水、周又新、朱志强主持。

会议审议通过6个工作报告决议。截至1月17日16时,共收到议案27件,根据议案审查委员会意见,主席团决定全部转作代表建议处理,连同会议收到的44件代表建议一并交付市政府和市法院分别办理。

第三次会议

第三次会议于2009年2月17—20日在皇家大酒店举行。会议应到代表198名,实到代表188名,符合法定人数。法定、决定和邀请列席人员157人及出席市政协五届三次会议的全体委员列席会议。

会议议程:听取和审议瑞昌市人民政府工作报告;审议瑞昌市2008年国民经济和社会发展计划执行情况与2009年计划草案的报告(书面),审查批准瑞昌市2009年国民经济和社会发展计划;审议瑞昌市2008年财政预算执行情况和2009年财政预算草案的报告(书面),审查批准瑞昌市2009年财政预算;听取和审议瑞昌市人大常委会工作报告;听取和审议瑞昌市人民法院工作报告;听取和审议瑞昌市人民检察院工作报告;选举事项。

2月17日11时举行预备会议,通过会议议程,选举会议主席团和秘书长。随后召开第一次主席团会议,推定主席团常务主席,通过会议日程,决定副秘书长,决定代表提交议案截止时间,通过议案、财政预算审查委员会成员名单,通过会议选举办法草案等事项。

市五届人大三次会议主席团、秘书长、主席团常务主席、副秘书长、议案审查委员会和财政预算审查委员会成员名单

表2-21

名称及职务		姓 名
主席团成员		王时峰、王晓声、王蓉蓉(女)、古小平、朱志强、刘成、刘振华、刘堂泽、刘遵柱、李叶、李有望、杨能聪、吴风雷、吴碧红(女)、吴拥军、吴瑞平、何尤君、汪传功、张虹(女)、张友清、陈世翔、范友芳、周又新(女)、郎小军、胡贵平、涂香仁、饶思汉、徐胜、徐尤寿、徐尤闲、徐勋炳、罗革新、黄新华、曹华、曹光明、曹祥水、程世贵、温柱先、曾宪奎、傅义彬、雷高兴、熊起栋
秘书长		曹祥水(兼)
主席团常务主席		熊起栋、陈世翔、古小平、曹光明、雷高兴、饶思汉、曾宪奎、徐胜、曹祥水、周又新(女)、朱志强、吴拥军、刘振华、张友清
副秘书长		杨能聪、何尤君、程世贵、孙卫东
议案审查委员会	主任委员	张友清
	副主任委员	汪传功
	委 员	田先锋、张恭良、何金送、幸珍祥、周诚、范友芳
财政预算审查委员会	主任委员	刘振华
	副主任委员	徐尤闲
	委 员	吴学银、刘全利、陈迪尧、陈新娅(女)、曹华、温柱先

会议成立中共临时党委,10个代表团成立临时党支部。2月17日10时,召开各代表团召集人,临时党支部书记、副书记和会议秘书处各组负责人会议。

根据会议日程安排,会议于2月17日开幕,20日闭幕,共举行3次全体会议,7次主席团会议。陈世翔、曹祥水分别主持全体会议,主席团会议分别由陈世翔、曹光明、曹祥水主持。选举结束后,新当选的市长古小平讲话。

会议审议通过6个工作报告决议。截至2月18日18时,共收到议案21件,根据议案审查委员会意见,主席团决定全部转作代表建议处理,连同会议收到的40件代表建议一并交付市政府和市法院分别办理。

会议以无记名投票方式补选古小平为市人民政府市长;补选彭中为市人民检察院检察长。

第四次会议

第四次会议于2010年2月3—5日在皇家大酒店举行。会议应到代表193名,实到代表188名,符合法定人数。法定、决定和邀请列席人员156人及出席市政协五届四次会议的全体委员列席会议。

会议议程:听取和审议瑞昌市人民政府工作报告;审议瑞昌市2009年国民经济和社会发展计划执行情况与2010年计划草案的报告(书面),审查批准瑞昌市2010年国民经济和社会发展计划;审议瑞昌市2009年财政预算执行情况和2010年财政预算草案的报告(书面),审查批准瑞昌市2010年财政预算;听取和审议瑞昌市人大常委会工作报告;听取和审议瑞昌市人民法院工作报告;听取和审议瑞昌市人民检察院工作报告;选举事项。

2月2日下午4时半举行预备会议,通过会议议程,选举会议主席团和秘书长。随后召开第一次主席团会议,推定主席团常务主席,通过会议日程,决定代表提交议案截止时间,决定副秘书长,通过议案、财政预算审查委员会成员名单,通过会议选举办法草案等事项。

市五届人大四次会议主席团、秘书长、主席团常务主席、副秘书长、议案审查委员会和财政预算审查委员会成员名单

表2-22

名称及职务	姓名
主席团成员	王时峰、王晓声、王蓉蓉(女)、古小平、朱志强、刘成、刘振华、刘堂泽、刘遵柱、李叶、杨能聪、吴风雷、吴碧红(女)、吴拥军、何尤君、汪传功、杜才军、张虹(女)、张友清、张友利、陈世翔、范友芳、周又新(女)、郎小军、胡贵平、涂香仁、饶思汉、罗小红(女)、徐成、徐尤闲、徐尤寿、徐修武、徐勋炳、谈太君、黄新华、曹华、曹祥水、程世贵、温柱先、曾宪奎、傅义彬、雷高兴、熊起栋

续表 2 -22

名称及职务		姓　　名
秘书长		曹祥水(兼)
主席团常务主席		熊起栋、陈世翔、古小平、饶思汉、雷高兴、曾宪奎、徐修武、曹祥水、周又新(女)、朱志强、吴拥军、刘振华、张友清
副秘书长		杨能聪、何尤君、程世贵、孙卫东、华永国
议案审查委员会	主任委员	张友清
	副主任委员	汪传功
	委　员	张恭良、何金送、幸珍祥、周诚、范友芳、范新军
财政预算审查委员会	主任委员	刘振华
	副主任委员	徐尤闲
	委　员	吴学银、刘全利、陈迪尧、陈新娅(女)、曹华、温柱先

会议成立中共临时党委,10 个代表团成立临时党支部。2 月 2 日下午 4 时,召开各代表团召集人,临时党支部书记、副书记和会议秘书处各组负责人会议。

根据会议日程安排,会议于 2 月 3 日开幕,5 日闭幕,共举行 3 次全体会议,5 次主席团会议。陈世翔、曹祥水分别主持全体会议,主席团会议分别由陈世翔、饶思汉、周又新、张友清主持。

会议审议通过 6 个工作报告决议。截至 2 月 3 日 17 时,共收到议案 32 件,根据议案审查委员会意见,主席团决定全部转作代表建议处理,连同会议收到的 30 件代表建议一并交付市政府和市法院分别办理。

会议以无记名投票方式补选樊革新为市人民法院院长。

第五次会议

第五次会议于 2011 年 2 月 19—20 日在市艺术中心举行。会议应到代表 194 人,实到代表 189 人,符合法定人数。法定、决定和邀请列席人员 170 人及出席市政协五届五次会议的全体委员列席会议。

会议议程:听取和审议瑞昌市人民政府工作报告;审议瑞昌市 2010 年国民经济和社会发展计划执行情况与 2011 年计划草案及第十二个五年规划纲要(草案)的报告(书面),审查批准瑞昌市 2011 年国民经济和社会发展计划及第十二个五年规划纲要;审议瑞昌市 2010 年财政预算执行情况和 2011 年预算草案的报告(书面),审查批准瑞昌市 2011 年财政预算;听取和审议瑞昌市人大常委会工作报告;听取和审议瑞昌市人民法院工作报告;听取和审议瑞昌市人民检察院工作报告。

2月18日下午4时30分举行预备会议,通过会议议程,选举会议主席团和秘书长。随后召开第一次主席团会议,推定主席团常务主席,通过会议日程,决定代表提交议案截止时间,决定副秘书长,通过议案、财政预算审查委员会成员名单等事项。

市五届人大五次会议主席团、秘书长、主席团常务主席、副秘书长、议案审查委员会和财政预算审查委员会成员名单

表2-23

名称及职务		姓　名
主席团成员		王时峰、王晓声、王蓉蓉(女)、古小平、朱志强、刘成、刘振华、刘堂泽、刘遵柱、李叶、杨能聪、吴风雷、吴碧红(女)、吴拥军、何尤君、汪传功、杜才军、张虹(女)、张友清、陈世翔、陈国胜、柯景坤、范友芳、周又新(女)、郎小军、胡贵平、涂香仁、饶思汉、徐成、徐尤闲、徐尤寿、徐修武、徐勋炳、谈太君、黄新华、曹华、曹祥水、程世贵、温柱先、曾宪奎、傅义彬、雷高兴、熊起栋
秘书长		曹祥水(兼)
主席团常务主席		熊起栋、陈世翔、古小平、饶思汉、雷高兴、曾宪奎、徐修武、曹祥水、周又新(女)、朱志强、吴拥军、刘振华、张友清
副秘书长		杨能聪、何尤君、程世贵、孙卫东、程用新
议案审查委员会	主任委员	张友清
	副主任委员	汪传功
	委　员	张恭良、何金送、幸珍祥、周诚、范友芳、范新军
财政预算审查委员会	主任委员	刘振华
	副主任委员	徐尤闲
	委　员	吴学银、刘全利、陈迪尧、陈新娅(女)、曹华、温柱先

会议成立中共临时党委,10个代表团成立临时党支部。2月18日16时召开各代表团召集人,临时党支部书记、副书记和会议秘书处各组负责人会议。

根据会议日程安排,会议于2月19日开幕,20日闭幕,共举行2次全体会议,2次主席团会议,陈世翔主持全体会议和主席团会议。

会议审议通过6个工作报告决议,审查批准《瑞昌市国民经济和社会发展第十二个五年规划纲要》,并作出相应决议。截至2月19日17时,共收到议案29件,根据议案审查委员会意见,主席团决定全部转作代表建议处理,连同会议收到的29件代表建议一并交付市政府办理。

第六节　市六届人民代表大会

第一次会议

市六届人民代表大会第一次会议于2011年8月30日—9月1日在市艺术中心举行。会议应到代表199名,实到代表196名,符合法定人数。法定、决定和邀请列席人员207人及参加市政协六届一次会议的全体委员列席会议。

会议议程:听取和审议瑞昌市人民政府工作报告;听取和审议瑞昌市人大常委会工作报告;听取和审议瑞昌市人民法院工作报告;听取和审议瑞昌市人民检察院工作报告;审议关于进一步加强依法治市工作的决议草案;选举事项。计划、财政报告(书面)已于当年2月市五届人大五次会议审议通过,此次会议不再列入议程。

8月29日15时20分举行预备会议,通过会议议程,选举会议主席团和秘书长。随后召开第一次主席团会议,推定主席团常务主席,通过会议日程,决定代表提交议案截止时间,决定副秘书长,通过议案审查委员会成员名单,通过会议选举办法草案等事项。

市六届人大一次会议主席团、秘书长、主席团常务主席、副秘书长和议案审查委员会成员名单

表2-24

<table>
<tr><th colspan="2">名称及职务</th><th>姓　　名</th></tr>
<tr><td colspan="2">主席团成员</td><td>丰耿、文松林、古小平、龙立、刘明珍(女)、刘振华、朱志强、毕诗龙、李珺、李庆生、李常春、吴高洪、汪新锋、张友清、张恭良、陈小英(女)、陈世翔、何雪平(女)、肖广俊、罗文江、周明、周佐强、周洪文、柯善富、郭小云、郭少雄、徐成、徐修武、谈太君、曹祥水、曾宪奎、董向阳、傅义彬、雷莉(女)、魏恒山</td></tr>
<tr><td colspan="2">秘书长</td><td>曹祥水(兼)</td></tr>
<tr><td colspan="2">主席团常务主席</td><td>古小平、徐修武、罗文江、曾宪奎、陈世翔、刘明珍(女)、郭小云、郭少雄、周洪文、曹祥水、朱志强、刘振华、张友清、李庆生、毕诗龙、丰耿、柯善富、张恭良、陈小英(女)</td></tr>
<tr><td colspan="2">副秘书长</td><td>罗建、何尤君、周华文、费重林、曹华、冯礼、周会军</td></tr>
<tr><td rowspan="3">议案审查委员会</td><td>主任委员</td><td>张友清</td></tr>
<tr><td>副主任委员</td><td>张恭良、何尤君</td></tr>
<tr><td>委　员</td><td>张绪玛、周诚、幸珍祥、柯卫彬、桂良罡、魏恒山</td></tr>
</table>

会议成立中共临时党委,10 个代表团成立临时党支部。会议期间,先后召开各代表团召集人、临时党支部书记、副书记和会议秘书处各组负责人会议,党员代表会议,临时党委扩大会议。

根据会议日程安排,会议于 8 月 30 日开幕,9 月 1 日闭幕,共举行 4 次全体会议,7 次主席团会议。徐修武主持开、闭幕式,李庆生、曾宪奎分别主持第二、三次全体会议,主席团会议分别由古小平、徐修武、陈世翔、曾宪奎主持。九江市人大常委会副主任祝先进在开幕式上致贺词。选举结束时,新当选的市长罗文江讲话。

会议审议通过 4 个工作报告决议,作出《关于进一步加强依法治市工作的决议》。截至 8 月 31 日 9 时,共收到议案 53 件,根据议案审查委员会意见,主席团决定全部转作建议处理,连同会议收到的 51 件代表建议一并交付市政府和市法院分别办理。

会议以无记名投票方式选举产生市六届人大常委会,主任:徐修武,副主任:李庆生、毕诗龙、刘振华、丰耿、柯善富、张恭良,委员:王时峰、王蓉蓉(女)、艾玉清、刘成、何尤君、何火炬、陈洪地、罗建、胡桂珠(女)、柯丹(女)、桂良罡、徐尤闲、曹晓枫、董向阳、傅义彬、温柱先、雷莉(女)、詹国庆;选举罗文江为市人民政府市长,郭少雄、范志斌、王欣、蒋贤智(女)、潘雄、余平为市人民政府副市长;选举樊革新为市人民法院院长;选举彭中为市人民检察院检察长;选举马绍仁、古小平、冯静(女)、毕延柏、朱志模、刘成、何金送、汪三龙、沈泽民、张虹(女)、张绪平、陈光明、陈迪尧、陈思明、罗文江、周明、周贲、周勇、周庆楷、周宇洋、周佐林、郑平、胡卫东、胡春如(女)、胡爱武(女)、柯丹(女)、柯瑞坤、祝先进、徐成、徐修武、蒋贤智(女)、傅永华、傅安康、舒明南、楼建栋等 35 人为瑞昌市出席九江市第十四届人大代表。

市历届历次人大会议工作报告人员一览

表2－25

届	次	年度	政府报告	计划报告	财政报告	人大报告	法院报告	检察院报告	市委书记讲话
市一届	一	1990.4	欧阳春	彭经球	郑枕亚	何仁先	何钟理	柯大忠	余占祥
	二	1991.3	欧阳春	彭经球	郑枕亚	徐昌仁	董才银	柯大忠	
	三	1992.4	欧阳春	范方能	郑枕亚	徐昌仁	董才银	柯大忠	
市二届	一	1993.1	陈定荣	范方能	郑枕亚	何仁先	董才银	柯大忠	欧阳春
	二	1994.1	艾宏盛	范方能	郑枕亚	宋银春	董才银	柯大忠	
	三	1995.2	艾宏盛	范方能	郑枕亚	何庆亮	董才银	柯大忠	
	四	1996.3	艾宏盛	范方能	周理森	朱亚愚	董才银	柯大忠	
	五	1997.2	艾宏盛	范方能	曹祥水	卢仕忠	董才银	柯大忠	艾宏盛
市三届	一	1998.2	刘　鹰	范方能	曹祥水	卢仕忠	董才银	朱志强	
	二	1999.2	朱汉仁	范方能	曹祥水	张肇山	董才银	朱志强	
	三	2000.2	郑羡银	张友清	曹祥水	朱　杰	董才银	朱志强	
	四	2001.1	郑羡银	张友清	曹祥水	朱才菊	周　立	朱志强	
	五	2002.2	郑羡银	张友清	曹祥水	彭正交	周　立	朱志强	
市四届	一	2003.1	郑羡银	张友清	曹祥水	李世秀(女)	况　杰	朱志强	
	二	2004.1	郑羡银	张友清	刘振华	陈世翔	况　杰	朱志强	
	三	2005.1	郑羡银	张友清	刘振华	曹祥水	况　杰	朱志强	
	四	2006.1	郑羡银	张友清	刘振华	蔡金槐	况　杰	朱志强	刘韵和
	五	2006.9	－	－	－	－	－	－	刘韵和
市五届	一	2007.3	熊起栋	陈迪尧	柯善富	陈世翔	况　杰	范海鹏	刘韵和
	二	2008.1	熊起栋	陈迪尧	柯善富	吴拥军	况　杰	范海鹏	刘韵和
	三	2009.1	古小平	陈迪尧	柯善富	朱志强	况　杰	彭　中	熊起栋
	四	2010.2	古小平	陈迪尧	柯善富	刘振华	樊革新	彭　中	熊起栋
	五	2011.2	古小平	陈迪尧	柯善富	张友清	樊革新	彭　中	熊起栋
市六届	一	2011.9	罗文江	－	－	刘振华	樊革新	彭　中	古小平

注：市四届人大一次会议以后的每次人大会议上，计划、财政工作报告均以书面的形式向大会提请审议

第三章 市人大常委会

第一节 组织机构

领导机构

市一届人大常委会 1990年4月18日选举产生市一届人大常委会,主任:何仁先,副主任:徐昌仁、曹中雪、朱亚愚,委员:张根树、朱汉浩、邓孟溪、胡映民、严茂林、陈菊梅(女)、柯武山、胡敦斌、李世秀(女)、王美玉(女)、徐明德、曹祥水、邬乾悌。

1991年3月29日补选彭经球为市人大常委会副主任,刘朝键为委员;1992年2月29日曹祥水辞去委员职务,补选胡茂禄为委员。

市二届人大常委会 1993年1月9日选举产生市二届人大常委会,主任:何仁先,副主任:徐昌仁、朱亚愚、宋银春,委员:王美玉(女)、王瑞珍(女)、朱汉浩、刘朝键、严茂林、邹菊花(女)、周庆鼎、胡茂禄、胡敦斌、柯于友、柯武山、徐明德、曹征、雷在义。

1994年1月13日补选何庆亮为市人大常委会副主任;1995年2月胡敦斌辞去委员职务;1995年12月邹菊花、刘朝键、曹征、胡茂禄、雷在义辞去委员职务;1996年3月2日补选卢仕忠为市人大常委会副主任;补选冯家相、柯长清、赵达贵、张友清、王水木为委员。

市三届人大常委会 1998年2月8日选举产生市三届人大常委会,主任:张肇山,副主任:卢仕忠、朱杰、朱才菊、彭正交,委员:王卫军、王定忠、邓辉、吴自强、陈茂、陈新娅(女)、周又新(女)、周庆鼎、赵达贵、柯向昌、柯愈灿、徐尤闲、郭武光、谈华众。

2000年2月28日增选李世秀为市人大常委会副主任;1999年5月陈茂辞去委员职务;2000年1月周又新辞去委员职务;2000年2月补选刘维龙为委员;2001年1月10日朱杰辞去市人大常委会副主任职务。

市四届人大常委会　2003年1月24日选举产生市四届人大常委会,主任:陈世翔,副主任:曹祥水、周又新(女)、李广松、蔡金槐、吴拥军,委员:吴自强、汪传功、张建新、陈小英(女)、陈新娅(女)、范友芳、周平海、周起俊、柯愈灿、徐尤闲、徐勋海、谈华众、曹华、董坚兴、董洪荣、程世贵。

2005年5月27日李广松辞去市人大常委会副主任职务,陈小英辞去委员职务;2006年3月谈华众辞去委员职务。

市五届人大常委会　2007年3月22日选举产生市五届人大常委会,主任:陈世翔,副主任:曹祥水、周又新(女)、朱志强、吴拥军、刘振华、张友清,委员:王时峰、王晓声、王蓉蓉(女)、刘成、杨能聪、吴风雷、吴碧红(女)、何尤君、汪传功、张虹(女)、范友芳、胡贵平、徐尤寿、徐尤闲、徐勋炳、曹华、程世贵、温柱先。

市六届人大常委会　2011年9月1日选举产生市六届人大常委会,主任:徐修武,副主任:李庆生、毕诗龙、刘振华、丰耿、柯善富、张恭良,委员:王时峰、王蓉蓉(女)、艾玉清、刘成、何尤君、何火炬、陈洪地、罗建、胡桂珠(女)、柯丹(女)、桂良罡、徐尤闲、曹晓枫、董向阳、傅义彬、温柱先、雷莉(女)、詹国庆。

市人大常委会党组　市人大常委会党组是市委的派出机构,党组书记、副书记和党组成员由中共瑞昌市委任命。党组会议不定期召开,市一届人大常委会履职期间召开24次,市二届人大常委会履职期间召开32次,市三届人大常委会履职期间召开30次,市四届人大常委会履职期间召开15次,市五届人大常委会履职期间召开13次。(名单见表3-1)

中共瑞昌市人大常委会党组1990—2011年组成人员名单

表3－1

届 别	职 务	姓 名	任职时间
一、二届	书记	何仁先	1990年2月—1998年2月
三届	书记	张肇山	1998年2月—2003年1月
四、五届	书记	陈世翔	2003年1月—2011年9月
六届	书记	徐修武	2011年9月—
一、二届	副书记	徐昌仁	1990年2月—1998年2月
三届	副书记	卢仕忠	1998年2月—2003年1月
四、五届	副书记	曹祥水	2003年1月—2011年9月
六届	副书记	李庆生	2011年9月—
一届	成员	曹中雪	1990年2月—1994年11月
一届	成员	柯亭依	1990年2月—1991年12月
一届	成员	罗喻圣	1990年2月—1992年4月
一、二届	成员	刘朝键	1990年2月—1995年8月
一、二届	成员	彭经球	1991年3月—1996年12月
一、二届	成员	宋银春	1992年10月—1998年2月
一、二届	成员	何庆亮	1992年10月—1998年2月
二届	成员	柯武山	1995年12月—1998年2月
三届	成员	朱杰	1998年2月—2001年1月
三届	成员	朱才菊	1998年2月—2003年1月
三届	成员	彭正交	1998年2月—2003年1月
三届	成员	王卫军	1998年2月—2003年1月
四、五届	成员	周又新	2003年1月—2011年9月
四届	成员	李广松	2003年1月—2005年5月
四届	成员	蔡金槐	2003年1月—2007年3月
四届	成员	谈华众	2003年1月—2006年3月
四届	成员	邹庆柏	2006年3月—2006年7月
五届	成员	朱志强	2007年3月—2011年9月
五、六届	成员	刘振华	2007年3月—
五届	成员	张友清	2007年3月—2011年9月
五届	成员	杨能聪	2008年3月—2011年9月
六届	成员	丰耿	2011年9月—
六届	成员	柯善富	2011年9月—
六届	成员	张恭良	2011年9月—
六届	成员	陈小英	2011年9月—
六届	成员	罗建	2011年9月—

办事(工作)机构

办公室　市人大常委会办公室是1990年4月市一届人大常委会产生后设立的,是常委会的办事机构,负责常委会文书、会务、信访、行政、接待等项工作。

1990—2011年市人大常委会办公室负责人名单

表3-2

职务	姓　名	任职时间	届　　别
主　任	刘朝键	1990年5月—1995年4月	一、二届
	柯武山	1995年4月—1997年3月	二届
	王卫军	1997年4月—2003年3月	三、四届
	谈华众	2003年3月—2006年3月	四届
	邹庆柏	2006年3月—2006年7月	四届
	杨能聪	2007年5月—2011年9月	五届
	罗　建	2011年9月—	六届
副主任	李世秀	1990年5月—1995年4月	一、二届
	柯传生	1991年5月—1991年8月	一届
	黄财群	1993年2月—1995年12月	二届
	田信国	1993年2月—1995年4月	二届
	谈华众	1995年12月—1998年3月	二届
	朱巨潭	1995年12月—2000年2月	二、三届
	王建新	1998年3月—2002年2月	三届
	王银霞	2000年2月—2003年9月	三届
	周会松	2002年2月—2005年5月	三、四届
	陈洪地	2003年3月—2008年3月	四、五届
	陈　飞	2005年3月—2012年1月	四、五届
	曹继全	2008年3月—	五、六届

财政经济工作委员会　1990年4月市一届人大常委会产生后,设立市人大常委会财政经济办公室(简称财经办),作为市人大常委会的办事机构。2011年2月,根据瑞编发〔2011〕04号文件精神,更名为市人大常委会财政经济工作委员会(简称财经工委),作为常委会的工作机构。

1990—2011 年市人大常委会财政经济工作委员会负责人名单

表3-3

职务	姓　名	任职时间	届　别
主任	邓孟溪	1990 年 5 月—1991 年 5 月	一届
	胡茂禄	1992 年 2 月—1995 年 12 月	一、二届
	柯长清	1995 年 12 月—1998 年 3 月	二届
	徐尤闲	1998 年 3 月—	三、四、五、六届
副主任	陈世承	1990 年 5 月—1994 年 6 月	一、二届
	徐尤闲	1995 年 12 月—1998 年 3 月	二届
	周建国	1998 年 3 月—2006 年 3 月	三、四届
	邹晓梅	2006 年 3 月—2007 年 3 月	四届
	陶志萍	2007 年 3 月—	五、六届

内务司法工作委员会 1990 年 4 月市一届人大常委会产生后，设立市人大常委会政法办公室（简称政法办），作为市人大常委会办事机构。2007 年 5 月，根据市人大常委会决定，更名为市人大常委会内务司法办公室，2011 年 2 月，根据瑞编发〔2011〕04 号文件精神，更名为市人大常委会内务司法工作委员会，作为常委会工作机构（简称内司工委）。

1990—2011 年市人大常委会内务司法工作委员会负责人名单

表3-4

职务	姓　名	任职时间	届　别
主任	严茂林	1990 年 2 月—1996 年 9 月	一、二届
	柯于友	1997 年 3 月—1998 年 3 月	二届
	谈华众	1998 年 3 月—2003 年 3 月	三届
	周起俊	2003 年 3 月—2006 年 3 月	四届
	周平海	2006 年 4 月—2007 年 4 月	四届
	吴风雷	2007 年 5 月—2010 年 7 月	五届
	何火炬	2011 年 9 月—	六届
副主任	柯传大	1990 年 5 月—1995 年 12 月	一、二届
	王卫军	1995 年 12 月—1997 年 4 月	二届
	陈小英	1997 年 4 月—2000 年 2 月	二、三届
	周起俊	2000 年 2 月—2003 年 3 月	三届
	江昌尧	2003 年 3 月—2006 年 3 月	四届
	何火炬	2007 年 5 月—2011 年 9 月	五届
	曹　骥	2008 年 3 月—2011 年 12 月	五、六届

教育科学文化卫生工作委员会 1990 年 4 月市一届人大常委会产生后，设立市人大常委会教育科学文化卫生办公室（简称教科文卫办），作为市人大常委会办事机构。2011

年2月,根据瑞编发〔2011〕04号文件精神,更名为市人大常委会教育科学文化卫生工作委员会(简称教科文卫工委),作为常委会的工作机构。

1990—2011年市人大常委会教育科学文化卫生工作委员会负责人名单

表3-5

职务	姓　名	任职时间	届　　别
主任	胡映民	1990年5月—1993年2月	一届
	曹　征	1993年2月—1995年12月	二届
	冯家相	1995年12月—1998年3月	二届
	邓　辉	1998年3月—2002年3月	三届
	柯昌荣	2002年3月—2003年3月	三届
	徐勋海	2003年3月—2006年3月	四届
	王银霞	2006年3月—2007年4月	四届
	汪传功	2007年5月—2010年7月	五届
	曹晓枫	2010年7月—	五、六届
副主任	王国喜	1993年2月—1994年3月	二届
	詹春林	1994年3月—1995年12月	二届
	范远清	1995年12月—1999年4月	二、三届
	汪传功	1999年4月—2002年8月	三届
	余泽河	2002年3月—2003年9月	四届
	柯爱珍	2003年9月—	四、五、六届

选举任免联络工作委员会　1990年4月市一届人大常委会产生后,设立市人大常委会选举任免联络办公室(简称选任联办),作为市人大常委会的办事机构。2011年2月,根据瑞编发〔2011〕04号文件精神,更名为市人大常委会选举任免联络工作委员会(简称选任联工委),作为常委会工作机构。

1990—2011年市人大常委会选举任免联络工作委员会负责人名单

表3-6

职务	姓　名	任职时间	届　　别
主任	柯武山	1990年5月—1995年4月	一、二届
	赵达贵	1995年4月—2003年3月	二、三届
	汪传功	2003年3月—2007年5月	四届
	何尤君	2007年5月—	五、六届

续表3-6

职务	姓　名	任职时间	届　别
副主任	王国喜	1994年3月—1999年3月	二、三届
	周彩霞	1998年3月—2003年9月	三届
	谢继锋	2002年2月—2002年8月	三届
	汪传功	2002年8月—2003年3月	三届
	王银霞	2003年9月—2006年2月	四届
	桂良罡	2006年3月—2010年3月	四、五届
	何庆华	2010年4月—	五、六届

农业和农村工作委员会 2003年3月,根据瑞昌市编制委员会的文件精神,经市四届人大常委会第二次会议审议,决定设置市人大常委会农业和农村工作办公室(简称农办),作为市人大常委会的办事机构。2011年2月,根据瑞编发〔2011〕04号文件精神,更名为市人大常委会农业和农村工作委员会(简称农工委),作为常委会工作机构。

2003—2011年市人大常委会农业和农村工作委员会负责人名单

表3-7

职务	姓　名	任职时间	届　别
主任	何尤君	2003年9月—2007年4月	四、五届
	徐勋炳	2007年5月—2008年4月	五届
	陈洪地	2008年4月—	五、六届
副主任	张肇林	2003年9月—2008年4月	四、五届
	张绪鹏	2008年3月—2011年12月	五、六届

代表资格审查委员会 1991年3月11日市一届人大常委会第七次会议决定,市一届人大常委会代表资格审查委员会组成人员为,主任委员:曹中雪,副主任委员:柯武山,委员:朱汉浩、陈菊梅、胡映民。

1993年4月24日市二届人大常委会第二次会议决定,市二届人大常委会代表资格审查委员会组成人员为,主任委员:徐昌仁,副主任委员:柯武山,委员:刘朝键、朱汉浩、严茂林。1997年11月27日市二届人大常委会第三十二次会议决定,增补赵达贵为副主任委员,冯家相、柯于友为委员。

1998年12月28日市三届人大常委会第五次会议决定,市三届人大常委会代表资格审查委员会组成人员为,主任委员:卢仕忠,副主任委员:彭正交、赵达贵,委员:王卫军、王定忠、陈新娅(女)、周又新(女)。

2003年3月20日市四届人大常委会第一次会议决定,市四届人大常委会代表资格审查委员会组成人员为，主任委员：曹祥水，副主任委员：汪传功，委员：程世贵、董坚兴、周起俊、陈新娅（女）、范友芳。

2007年4月21日市五届人大常委会第一次会议决定，市五届人大常委会代表资格审查委员会组成人员为，主任委员：曹祥水，副主任委员：何尤君，委员：程世贵、范友芳、杨能聪、王时峰、张虹。

湓城、桂林街道人大联络处　1992年10月23日市一届人大常委会第二十次会议决定，设立市人大常委会湓城、桂林街道人大联络处，作为市人大常委会的派出机构，负责联络2个街道的代表工作。根据2004年10月27日第四次修正的《中华人民共和国地方各级人民代表大会和地方各级人民政府组织法》的有关规定，2个街道人大联络处为市人大常委会办事机构。

市人大常委会湓城街道人大联络处负责人名单

表3－8

职务	姓　名	任职时间	届　别
主任	雷在义	1993年2月—1995年12月	二届
	王定忠	1995年12月—2000年2月	二、三届
	范友芳	2000年2月—2010年3月	三、四、五届
	桂良罡	2010年3月—2011年9月	五、六届
副主任	吴高发	1994年4月—2002年3月	二、三届

市人大常委会桂林街道人大联络处负责人名单

表3－9

职务	姓　名	任职时间	届　别
主任	周庆鼎	1993年2月—2000年2月	二、三届
	余泽河	2000年2月—2002年3月	三届
	董洪荣	2002年4月—2005年3月	三、四届
	李　叶	2005年3月—2011年3月	四、五届
副主任	徐新锁	2000年9月—2002年3月	三届

第二节 市人大常委会会议

市一届人大常委会会议

第一次会议 1990年5月10—11日，在市总工会机关会议室召开。主任何仁先，副主任徐昌仁、曹中雪、朱亚愚和12名委员出席会议，会议由何仁先主持。市人大常委会调研员柯亭依、罗喻圣，副市长陈洪源，市法院院长董才银，市检察院检察长柯大忠和常委会各办负责人列席会议。

会议学习《中共中央关于加强同人民群众联系的决定》；传达七届全国人大三次会议精神；审议通过常委会1990年工作要点；听取市乡换届选举工作情况汇报；决定人事任免事项。

第二次会议 1990年6月26日，在市人大常委会会议室召开。主任何仁先，副主任徐昌仁、曹中雪、朱亚愚和11名委员出席会议，会议由何仁先主持。市人大常委会调研员柯亭依、罗喻圣，副市长陈洪源，市法院院长董才银和常委会各办负责人列席会议。

会议学习江西省人大常委会主任许勤在全省市县区人大常委会主任会议上的讲话；决定人事任免事项，对第一次会议未付表决的一名市法院副院长的人选进行表决，未获通过。

第三次会议 1990年8月28—29日，在市劳动服务公司二楼会议室举行。主任何仁先，副主任徐昌仁、曹中雪、朱亚愚和11名委员出席会议，会议由徐昌仁、曹忠雪、朱亚愚分别主持。市人大常委会调研员柯亭依、罗喻圣，副市长朱杰、郑慧怡，市法院院长董才银，市检察院副检察长胡映柏和常委会各办负责人、部分乡镇人大主席团常务主席及市政府有关部门负责人列席会议。

会议听取和审议市政府关于开展《中华人民共和国土地管理法》执法情况大检查的汇报，并通过相应的决议；听取人大常委会视察组关于视察市直部门和所属单位为农业服务情况、关于视察科技兴农情况、关于视察部分乡镇水利工程修复情况、关于视察老区、贫困区经济建设情况的汇报，并作出相应的审议意见；听取市监察局关于查处国家机关工作人员违纪建私房情况的汇报、物价局关于清理行政、事业单位收费情况的汇报；审议瑞昌市人民政府依法治市实施方案(草案)。

第四次会议 1990年9月27—28日，在市总工会机关会议室举行。主任何仁先，副主任徐昌仁、曹中雪、朱亚愚和12名委员出席会议，会议由何仁先主持。市人大常委会调研员柯亭依、罗喻圣，市长欧阳春，副市长朱汉仁、郑慧怡，市法院院长董才银，市检察院检察长柯大忠和常委会各办负责人、市政府有关部门负责人及部分乡镇人大主席团常务主席列席会议。

会议听取和审议人大常委会视察组关于视察工业企业重点建设项目建设、生产经营和工业企业执行《中华人民共和国环境保护法》情况汇报，通过相应的审议意见；听取市人民政府关于实施《中华人民共和国行政诉讼法》准备工作情况、市人民法院关于实施《中华人民共和国行政诉讼法》准备工作情况、市档案局关于贯彻实施《中华人民共和国档案法》情况、市商业局关于国营商业治理整顿、深化改革情况汇报、市供销社关于供销系统治理整顿、深化改革情况汇报、市财政局关于1990年财政预算执行情况汇报；审查调整瑞昌市1990年全市财政预算的决定。

第五次会议 1990年10月28—30日，在市政府招待所举行。主任何仁先，副主任徐昌仁、曹中雪、朱亚愚和12名委员出席会议，会议由何仁先主持。市人大常委会调研员柯亭依、罗喻圣，副市长陈洪源、朱杰、朱汉仁，市法院院长董才银，市检察院检察长柯大忠，市人大常委会各办负责人和各乡镇人大主席团常务主席及市政府有关部门负责人列席会议。

会议听取和审议关于早稻杂优种子质量问题议案办理情况、农村纯女户养老保险议案办理情况汇报；关于市一届人大一次会议期间代表批评、意见、建议办理情况、关于《中华人民共和国土地管理法》执法检查中查处违法占地用地情况、关于公检法司执法检查工作情况、关于全市公路路卡撤除情况、关于财政、税收、物价大检查工作情况汇报，通过关于两项议案办理情况和公检法司检查情况等三个审议意见；决定人事任免事项。

第六次会议 1991年1月27—28日，在市政府招待所会议室举行。主任何仁先，副主任徐昌仁、曹中雪、朱亚愚和12名委员出席会议，会议由何仁先主持。市人大常委会调研员柯亭依、罗喻圣，市长欧阳春，副市长陈洪源，市法院副院长张肇富，市检察院检察长柯大忠列席会议。

会议听取和审议市人民政府关于1990年经济形势的报告、市人民政府关于《中华人民共和国村民委员会组织法》《中华人民共和国居民委员会组织法》贯彻执行情况汇报；有关部门关于市一届人大常委会第三、第四、第五次会议审议意见办理情况汇报；市人大常委会教科文卫办公室关于检查《中华人民共和国婚姻法》、《江西省计划生育条例》贯彻执行情况汇报；审议并通过市人大常委会1991年工作要点；审议通过关于举行市一届人大二次会议的决定(草案)。

第七次会议 1991年3月11日,在市人大常委会会议室举行。副主任徐昌仁、曹中雪、朱亚愚和11名委员出席会议,会议由徐昌仁主持。市人大常委会调研员罗喻圣和市人大常委会各办负责人列席会议。

会议决定市人大常委会代表资格审查委员会组成人员;决定增补和分配市一届人大代表名额方案。

第八次会议 1991年3月28日,在市人大常委会会议室举行。主任何仁先,副主任徐昌仁、曹中雪、朱亚愚和12名委员出席会议,会议由曹中雪主持。市人大常委会调研员柯亭依、罗喻圣,市法院院长董才银,市检察院检察长柯大忠和市人大常委会各办负责人列席会议。

会议审议通过市一届人大二次会议各代表团组成和团长、副团长名单的决定(草案);主席团和秘书长名单(草案);副秘书长名单(草案);议案审查委员会名单(草案);财政预算审查委员会名单(草案);议案截止时间的决定(草案);代表资格审查委员会审查报告;瑞昌市人民代表大会关于增加人大常委会组成人员名额的决定(草案);审议人大常委会工作报告(审议稿);同意将上述草案提请市人大二次会议预备会议和主席团会议审议。

第九次会议 1991年5月16—17日,在市检察院会议室举行。副主任徐昌仁、曹中雪、朱亚愚、彭经球和13名委员出席会议,会议由四位副主任分别主持。市政府有关领导,市法院院长董才银,市检察院检察长柯大忠,市人大常委会各办负责人和市政府有关部门负责人及部分乡镇人大主席团常务主席列席会议。

会议传达学习七届全国人大四次会议精神;听取和审议市司法局关于第二个五年普法工作规划、市教育局关于市区集资办学情况、市文化广播电视局关于筹建"两台两馆"情况、市城建局关于市政建设重点项目进展情况汇报,并对以上汇报提出审议意见。审议通过《市人大常委会办理代表议案和建议批评意见的暂行规定》(草案)、《常务委员会组成人员工作守则》(草案)、开展"人民选我当代表、我当代表为人民"竞赛活动的意见(草案);决定人事任免事项;通过关于横港乡人民代表大会改为横港镇人民代表大会的决定。

第十次会议 1991年8月15—17日,在市政府招待所举行。副主任徐昌仁、曹中雪、朱亚愚、彭经球出席并分别主持会议,13名委员出席会议。市长欧阳春,副市长郑慧怡、薛江武,市法院院长董才银,市检察院检察长柯大忠,市人大常委会各办负责人和部分乡镇人大主席团常务主席及部分市人大代表列席会议。

会议听取和审议市政府关于1991年1—7月财政预算执行情况,关于工业企业调整提高情况,关于农资供应情况,关于治理"三乱"工作情况,关于《中华人民共和国义务教育法》执法检查自查情况,关于宣传贯彻全国人大常委会《关于打击走私、制作、贩卖、传播淫秽物品的犯罪分子的决定》情况;市人大常委会执法检查组关于《中华人民共和国义务教育法》执法检查抽查情况汇报;对上述汇报形成书面审议意见分发有关部门处理。审议通过市政府关于要求废止《瑞昌县城规划建设管理暂行规定》的议案;决定人事任免事项。

第十一次会议　1991 年 10 月 9—10 日,在市交通局会议室举行。主任何仁先,副主任徐昌仁、朱亚愚、彭经球和 12 名委员出席会议,会议由何仁先主持。市人大常委会调研员柯亭依、罗喻圣,副市长朱汉仁、薛江武,市法院副院长张肇富,市检察院检察长柯大忠,市人大常委会财经办负责人,市政府有关部门负责人,部分乡镇人大主席团常务主席和部分市人大代表列席会议。

会议听取和审议 1991 年国民经济和社会发展计划执行情况、商业系统深化改革、搞活流通情况、棉花收购准备工作情况、代表建议、批评和意见办理情况汇报,并对以上汇报形成书面审议意见;审议通过《瑞昌市人民代表大会常务委员会信访办法》。

第十二次会议　1991 年 12 月 6—7 日,在市总工会会议室举行。主任何仁先,副主任徐昌仁、彭经球和 10 名委员出席会议,会议由何仁先主持。市人大常委会调研员柯亭依、罗喻圣,副市长薛江武,市法院院长董才银,市检察院副检察长胡映柏,市人大常委会财经办负责人,市政府有关部门负责人,部分乡镇人大主席团常务主席和一名市人大代表列席会议。

会议听取和审议市检察院全年以来打击经济犯罪情况,市政府关于全市农田基本建设、关于《中华人民共和国森林法》贯彻实施情况,市人大常委会关于抽查《中华人民共和国森林法》执法情况汇报,并对以上汇报形成书面审议意见;审查批准 1990 年财政决算;审议通过市法院关于提请对市一届人大代表詹××进行刑事审判的报告。

第十三次会议　1991 年 12 月 30 日下午,在市人大常委会会议室举行。主任何仁先,副主任徐昌仁、彭经球和 11 名委员出席会议,会议由何仁先主持。市长欧阳春,市法院副院长邹建文,市检察院副检察长王仿贤,市人大常委会财经办负责人,市政府有关部门负责人列席会议。

会议审议市人民政府关于调整 1991 年财政预算的报告,决定予以批准。

第十四次会议　1992 年 2 月 21—22 日,在市人大常委会会议室举行。主任何仁先,副主任曹中雪、朱亚愚、彭经球和 11 名委员出席会议,会议由何仁先主持。市长欧阳春,市法院院长董才银,市检察院副检察长王仿贤,市人大常委会各办和市政府有关部门负责人列席会议。

会议通过关于接受曹祥水辞去市一届人大常委会委员职务的决定,报请市一届人大三次会议备案;听取和审议市人民政府关于1991年全市经济形势和1992年经济工作初步设想汇报;学习党的十三届八中全会会议文件;听取和审议民主评议部分政府组成人员情况的汇报;讨论举行市一届人大三次会议决定(草案);审议通过市人大常委会1992年工作要点;决定人事任免事项。

第十五次会议 1992年3月19日,在市人大常委会会议室举行。主任何仁先,副主任徐昌仁、曹中雪、朱亚愚、彭经球和10名委员出席会议,会议由何仁先主持。市人大常委会调研员罗喻圣,市法院院长董才银,市检察院检察长柯大忠,市人大常委会各办负责人列席会议。

会议审查通过市人大常委会工作报告;审议决定召开市一届人大三次会议有关事项;审议通过表彰优秀代表和先进代表小组议案及名单;决定人事任免事项。

第十六次会议 1992年5月28—29日,在市劳动培训中心会议室召开。主任何仁先,副主任徐昌仁、曹中雪、朱亚愚、彭经球和7名委员出席会议,会议由何仁先主持。市法院院长董才银,市检察院检察长柯大忠,市人大常委会各办部分负责人,市政府有关部门负责人和部分乡镇人大主席团常务主席及部分市人大代表列席会议。

会议听取和审议市房改办公室关于房改工作情况、商业局关于商贸系统推行“四放开”工作情况、市矿产资源管理局关于《中华人民共和国矿产资源法》执行情况、市农经委关于果业工程开发情况汇报,并对以上汇报形成书面审议意见。

第十七次会议 1992年6月13日,在市人大常委会会议室召开。主任何仁先,副主任徐昌仁、曹中雪、朱亚愚、彭经球和9名委员出席会议,会议由何仁先主持。副市长薛江武,市法院院长董才银,市检察院副检察长胡映柏和市人大常委会政法办负责人列席会议。

会议学习经济建设、改革开放方面的有关文件文章;审议市人民检察院检察长报请决定的有关人员涉嫌犯罪案件;决定人事任免事项。

第十八次会议 1992年7月23日,在市总工会会议室举行。主任何仁先,副主任徐昌仁、曹中雪、朱亚愚、彭经球和9名委员出席会议,会议由何仁先主持。市长欧阳春,市法院院长董才银,市检察院检察长柯大忠,市人大常委会各办和市政府有关部门负责人及部分市人大代表列席会议。

会议听取和审议市政府关于上半年经济工作形势、关于《中华人民共和国环境保护法》执行情况、关于检查《中华人民共和国企业法》执行情况、关于贯彻实施《中华人民共和国城市规划法》情况、关于社会治安综合治理情况、人大常委会关于视察《中华人民共和国企业法》执行情况检查工作的情况汇报。通过《中华人民共和国企业法》执行情况、《中华人民共和国城市规划法》贯彻实施情况、社会治安综合治理情况三项汇报的审议意见；审议通过关于编纂《瑞昌县人民代表大会志》的决定，关于范镇乡、肇陈乡人民代表大会改为范镇、肇陈镇人民代表大会的决定；听取市土管、监察、体改委、档案四个部门负责人的述职报告。

第十九次会议　1992年9月18—19日，在市土管局会议室举行。副主任徐昌仁、曹中雪、朱亚愚、彭经球和12名委员出席会议，会议由徐昌仁主持。副市长朱杰、薛江武，市法院院长董才银，市检察院检察长柯大忠，市人大常委会有关办公室负责人和部分乡镇人大主席团常务主席及部分市人大代表列席会议。

会议听取和审议市人民政府关于工业企业“三项制度”改革情况，关于1—8月财政预算执行情况，关于计划生育工作情况，关于代表建议、批评、意见办理情况的汇报；市人大常委会视察组关于视察乡镇企业情况汇报；市政府办、体改委、环保局等部门负责人述职报告。

第二十次会议　1992年10月23日，在市人大常委会会议室举行。主任何仁先，副主任徐昌仁、曹中雪、朱亚愚、彭经球和13名委员出席会议，会议由何仁先主持。市人大常委会党组成员何庆亮、宋银春，副市长朱汉仁，市法院院长董才银，市检察院检察长柯大忠和市人大常委会有关办公室负责人列席会议。

会议学习党的十四大会议精神；通过设立市乡选举委员会、街道选举领导小组的决定，通过选举委员会组成人员名单、关于瑞昌市第二届人民代表大会代表名额的决定、关于举行瑞昌市第二届人民代表大会第一次会议的决定、关于设立瑞昌市人大常委会湓城联络处、桂林联络处的决定，决定接受欧阳春辞去市人民政府市长职务的请求，报请市二届人大一次会议备案，决定任命陈定荣为副市长、代理市长职务，通过其他人事任免事项。

第二十一次会议　1992年12月23日，在市乡镇企业局会议室召开。主任何仁先，副主任徐昌仁、曹中雪、朱亚愚、彭经球和9名委员出席会议，会议由何仁先主持。市人大常委会党组成员何庆亮、宋银春，副市长万文松，市法院院长董才银，市检察院检察长柯大忠，市财政局、司法局负责人和市人大常委会有关办公室负责人列席会议。

会议审查市人大常委会工作报告（审议稿）；决定市二届人大一次会议有关事项；听取和审议市代表资格审查委员会关于市二届人大代表资格审查报告；市政府关于“二五”普法工作情况汇报；市政府关于企业法执法情况汇报、人大常委会会议审议意见办理情况汇报；审议批准1991年财政决算。

市二届人大常委会会议

第一次会议　1993年2月18日,在市法院会议室举行。主任何仁先,副主任徐昌仁、朱亚愚、宋银春和13名委员出席会议,会议由何仁先主持。九江市人大代表柯亭依,市人大常委会调研员曹中雪、彭经球,党组成员何庆亮,市长陈定荣,市法院院长董才银,市检察院检察长柯大忠和市人大常委会各办负责人列席会议。

会议传达省八届人大一次会议、九江市九届人大六次会议精神;讨论通过市人大常委会1993年工作要点;决定人事任免事项。

第二次会议　1993年4月23—24日,在市林业局会议室举行。主任何仁先,副主任徐昌仁、朱亚愚、宋银春和13名委员出席会议,会议由何仁先主持。市人大常委会调研员曹中雪、彭经球,党组成员何庆亮,副市长万文松,市检察院检察长柯大忠,市人大常委会各办负责人和市政府有关部门负责人及部分乡镇人大主席团常务主席列席会议。

会议学习八届全国人大一次会议精神;听取和审议市财政局关于1992年预算外资金管理及机动财力使用情况、市公安局关于整顿社会治安秩序、打击刑事犯罪活动情况汇报,并通过相应的审议意见;讨论通过《开展“人民选我当代表,我当代表为人民”创先争优活动的实施意见》;决定人事任免事项;审议决定第二届人大常委会代表资格审查委员会组成人员;通过关于同意对盗窃犯罪嫌疑人阮××予以起诉的决定。

第三次会议　1993年6月25日,在市苏亭宾馆会议室举行。主任何仁先,副主任徐昌仁、朱亚愚和11名委员出席会议,会议由何仁先主持。市人大常委会调研员曹中雪、彭经球、王全郊,副市长万文松,市法院院长董才银,市检察院副检察长王仿贤,市人大常委会各办和市政府有关部门负责人列席会议。

会议听取和审议市人民政府关于代表建议、批评和意见办理情况,粮食、商业、供销体制改革情况,城建规划与管理情况,视察码头开放区、赛湖开发区建设与运行情况汇报,并通过后两个汇报的审议意见。

第四次会议　1993年8月25—26日,在市人事劳动局会议室举行。主任何仁先,副主任徐昌仁、朱亚愚、宋银春和10名委员出席会议,会议由何仁先主持。市人大常委会调研员曹中雪、彭经球、王全郊,党组成员何庆亮,副市长万文松,市法院院长董才银,市检察院检察长柯大忠,市人大常委会各办和市政府有关部门负责人及部分乡镇人大主席团常务主席列席会议。

会议学习中央领导讲话和有关文件精神；听取市人民政府关于治理“三乱”情况汇报，关于减轻农民负担情况汇报，并通过相应的审议意见；听取关于第二次常委会会议《审议意见和第三次常委会会议抄告事项》办理情况汇报；决定人事任免事项。

第五次会议　1993 年 10 月 29—30 日，在市人民检察院会议室召开。主任何仁先，副主任徐昌仁、朱亚愚、宋银春和 12 名委员出席会议，会议由何仁先主持。市人大常委会调研员曹中雪、彭经球、王全郊，党组成员何庆亮，副市长郎小军，市法院院长董才银，市检察院检察长柯大忠，市人大常委会各办和市政府有关部门负责人及部分乡镇人大主席团常务主席列席会议。

会议听取市人民政府关于 1—9 月财政预算执行情况汇报；审查通过关于批准瑞昌市 1992 年财政决算的决定；听取市人民政府关于市二届人大常委会第四次会议《审议意见》办理情况汇报；听取市人民法院关于审判工作服务经济建设情况汇报；听取市人民检察院关于今年查处经济犯罪案件情况汇报。审议通过关于召开市二届人大二次会议决定；决定人事任免事项。

第六次会议　1993 年 12 月 30—31 日，在市交通局会议室举行。主任何仁先，副主任徐昌仁、朱亚愚、宋银春和 10 名委员出席会议，会议由何仁先主持。市人大常委会调研员曹中雪、彭经球、王全郊，党组成员何庆亮，副市长郎小军，市法院院长董才银，市检察院检察长柯大忠，市人大常委会各办和市政府有关部门负责人及部分乡镇人大主席团常务主席列席会议。

会议听取“一府两院”开展反腐斗争和廉政建设情况汇报；市人大常委会关于“减负”执法检查情况汇报；审查市人大常委会工作报告（审议稿）；通过关于表彰先进代表小组和优秀人大代表的决定；决定召开市二届人大二次会议有关事项；审议通过艾宏盛为市人民政府副市长、代理市长的决定。

第七次会议　1994 年 3 月 4 日，在市环保局会议室举行。主任何仁先，副主任徐昌仁、朱亚愚、宋银春、何庆亮和 9 名委员出席会议，会议由何仁先主持。市人大常委会调研员曹中雪、彭经球、王全郊，副市长郎小军，市法院副院长张肇富，市检察院副检察长王仿贤，市人大常委会各办和市政府有关部门负责人列席会议。

会议传达江西省八届人大二次会议精神；学习《邓小平文选》、国家财税体制改革文件；讨论通过 1994 年市人大常委会工作要点；决定人事任免事项。

第八次会议　1994 年 4 月 28—29 日，在市供电局会议室召开。主任何仁先，副主任徐昌仁、朱亚愚、宋银春、何庆亮和 10 名委员出席会议，会议由何仁先主持。市人大常委会调研员曹中雪、彭经球、王全郊,副市长万文松,市法院副院长张肇富,市检察院副检察长胡映柏,市人大常委会各办和市政府有关部门负责人列席会议。

会议传达全国人大八届二次会议和省人大八届二次会议精神;听取和审议市人民政府关于当前物价工作汇报,通过相应的审议意见;金融工作情况汇报、科教发展情况汇报,并形成审议意见抄告有关部门;讨论修订市人大常委会《议事规则》《信访工作办法》《组成人员工作守则》《代表工作暂行办法》《人事任免办法》《代表视察工作暂行办法》。通过市政府关于废止《瑞昌县实施土地管理法暂行规定》《瑞昌县矿产资源管理实施办法》的决定;听取中国人民银行瑞昌支行关于金融工作情况汇报;决定人事任免事项。

第九次会议 1994年6月28—29日,在市防疫站会议室举行。主任何仁先,副主任徐昌仁、朱亚愚、宋银春、何庆亮和10名委员出席会议,会议由何仁先主持。市人大常委会调研员曹中雪、彭经球、王全郊,副市长万文松,市法院院长董才银,市检察院检察长柯大忠,市人大常委会各办和市政府有关部门负责人,2名九江市人大代表和部分乡镇人大主席团常务主席列席会议。

会议听取和审议市人民政府关于"二五"普法工作汇报、关于代表建议、批评、意见办理情况汇报、办理《市二届人大常委会第八次会议关于物价工作审议意见》情况汇报、关于《中华人民共和国教师法》《中华人民共和国产品质量法》《中华人民共和国工会法》执法检查情况汇报;审议瑞昌市人大常委会《监督司法工作暂行办法》。决定人事任免事项。

第十次会议 1994年8月3日,在市城建局会议室举行。主任何仁先,副主任徐昌仁、朱亚愚、宋银春、何庆亮和11名委员出席会议,会议由何仁先主持。市人大常委会调研员曹中雪、彭经球、王全郊,副市长万文松,市法院副院长邹建文,市检察院检察长柯大忠,市人大常委会各办和市政府有关部门负责人列席会议。

会议听取和审议市人民政府关于财政收支情况和罚没收入、规费收入实行预算外管理情况,《中华人民共和国统计法》执法检查情况,个体、私营企业发展情况,全市社会治安综合治理情况汇报,通过关于《中华人民共和国统计法》执法检查情况汇报的审议意见。听取副主任何庆亮关于麻纺总厂转换经营机制情况汇报;听取副主任徐昌仁关于视察重点项目建设情况汇报;审议通过关于高丰乡、夏畈乡人民代表大会改为高丰镇、夏畈镇人民代表大会的决定;决定人事任免事项。

第十一次会议 1994年10月27—28日,在市人大常委会会议室举行。主任何仁先,副主任徐昌仁、朱亚愚、宋银春、何庆亮和11名委员出席会议,会议由何仁先主持。市人大常委会调研员曹中雪、彭经球、王全郊,副市长万文松,市法院院长董才银,市检察院检察长柯大忠，市人大常委会各办和市政府有关部门负责人列席会议。

会议学习党的十四届四中全会精神；听取和审议《中华人民共和国消费者权益保护法》和《关于惩治生产、销售伪劣产品犯罪的决定》执行检查情况、国民经济和社会发展计划执行情况、关于棉花政策落实情况汇报；市“法检”两院、教育局、粮食局、乡企局等主要负责人工作自评报告；审议市二届人大常委会第十次会议“关于《中华人民共和国统计法》执法检查汇报审议意见”办理情况的报告；决定人事任免事项。

第十二次会议　1994年12月27—28日，在市人大常委会会议室举行。主任何仁先，副主任徐昌仁、朱亚愚、宋银春、何庆亮和13名委员出席会议，会议由何仁先主持。市人大常委会调研员彭经球、王全郊，副市长万文松，市法院院长董才银，市人大常委会各办和市政府有关部门负责人，部分乡镇人大主席团常务主席和一名市人大代表列席会议。

会议听取和审议《中华人民共和国未成年人保护法》《中华人民共和国土地管理法》《中华人民共和国环境保护法》执法检查的情况汇报；听取关于市个体私营经济发展情况汇报，并通过《关于大力发展个体私营经济》的决定；听取市财政局局长郑忱亚、商业局局长田绍林的述职报告；审议通过关于举行市二届人大三次会议的决定；审查通过关于批准瑞昌市1993年财政决算的决定；决定人事任免事项。

第十三次会议　1995年2月8日，在市人大常委会会议室举行。主任何仁先，副主任徐昌仁、朱亚愚、宋银春、何庆亮和12名委员出席会议，会议由何仁先主持。市人大常委会调研员彭经球、王全郊，副市长姚秦珍，市法院院长董才银，市检察院检察长柯大忠，市人大常委会各办负责人列席会议。

会议审议通过市二届人大三次会议有关事项（草案）；审查市人大常委会工作报告；审议通过市人大常委会1995年工作要点；审议关于表彰先进代表小组和优秀市人大代表的决定；通过接受胡敦斌辞去市二届人大常委会委员职务的决定，报请市二届人大三次会议备案。

第十四次会议　1995年4月6—7日，在市人大常委会会议室举行。主任何仁先，副主任徐昌仁、朱亚愚、宋银春、何庆亮和9名委员出席会议，会议由何仁先主持。市人大常委会调研员彭经球、王全郊，副市长万文松，市法院院长董才银，市检察院检察长柯大忠，市人大常委会各办和市政府有关部门负责人及部分九江市、瑞昌市人大代表列席会议。

会议传达学习八届全国人大三次会议和省八届人大三次会议精神；听取和审议市卫生局关于《中华人民共和国药品管理法》执行情况、市畜牧水产局关于发展畜牧水产及服务工作的情况汇报；决定人事任免事项。

第十五次会议 1995年6月28—29日,在市人大常委会会议室举行。主任何仁先,副主任徐昌仁、朱亚愚、宋银春、何庆亮和11名委员出席会议,会议由何仁先主持。市人大常委会调研员彭经球,副市长万文松,市法院副院长邹建文,市人大常委会各办和市政府有关部门负责人及2名九江市人大代表列席会议。

会议听取和审议《中华人民共和国城市规划法》《中华人民共和国房地产管理法》《中华人民共和国审计法》执法检查情况汇报;市人民政府关于人大代表建议、批评、意见办理情况汇报;市人民政府关于罗湖中药材市场整顿情况汇报;部分政府组成人员述职报告;通过关于增补宋银春等四人为《瑞昌县人民代表大会志》编纂委员会委员的决定。决定人事任免事项。

第十六次会议 1995年8月30—31日,在市人大常委会会议室举行。主任何仁先,副主任徐昌仁、朱亚愚、宋银春、何庆亮和11名委员出席会议,会议由何仁先主持。市人大常委会调研员彭经球,市长艾宏盛、副市长万文松,市法院院长董才银,市人大常委会各办和市政府有关部门负责人,部分乡镇人大主席、九江市、瑞昌市人大代表列席会议。

会议听取和审议视察《江西省个体工商户与私营企业条例》执行情况、《中华人民共和国水土保持法》执法检查情况、《中华人民共和国劳动法》执行情况、"三五"普法开展情况汇报;1995年财政预算执行情况汇报;市人民政府关于《中华人民共和国城市规划法》审议意见落实情况汇报;部分政府组成人员述职报告;接受刘朝键辞去市二届人大常委会委员职务,报请市二届人大四次会议备案;决定人事任免事项。

第十七次会议 1995年10月30—31日,在市人大常委会会议室举行。主任何仁先,副主任徐昌仁、朱亚愚、宋银春、何庆亮和11名委员出席会议,会议由何仁先主持。市人大常委会调研员彭经球,副市长万文松、姚秦珍、朱杰,市法院院长董才银,市检察院检察长柯大忠,市人大常委会各办和市政府有关部门负责人,部分乡镇人大主席和九江市、瑞昌市人大代表列席会议。

会议听取和审议市教委"两基"(九年义务教育、扫盲)工作情况、市计委1995年国民经济和社会发展计划执行情况、市法院关于《中华人民共和国国家赔偿法》执行情况、市财政局关于《中华人民共和国预算法》执行情况汇报和1994年财政决算的报告,并批准1994年财政决算,听取和审议市检察院关于提请批准逮捕市二届人大代表周××、李××的报告,审议确定各乡镇人民代表大会代表名额、各乡镇选举委员会组成人员名单;决定人事任免事项。

第十八次会议 1995年12月27—28日,在市人大常委会会议室举行。主任何仁先，副主任徐昌仁、朱亚愚、宋银春、何庆亮和8名委员出席会议，会议由何仁先主持。市人大常委会调研员彭经球，副市长姚秦珍，市法院院长董才银，市检察院检察长柯大忠，市人大常委会各办和市政府有关部门负责人，部分乡镇人大主席、九江市、瑞昌市人大代表列席会议。

会议听取和审议《中华人民共和国土地管理法》执法检查情况汇报，并通过相应的审议意见；听取和审议职工医疗保险制度改革运行情况汇报；审议通过关于接受邹菊花、胡茂禄、曹征、雷在义等四位委员提请辞职的报告，报请市二届人大四次会议备案：讨论和决定市二届人大四次会议召开日期、补选市二届人大代表名额的分配方案；决定人事任免事项。

第十九次会议　1996年2月6—7日，在市人大常委会会议室举行。主任何仁先，副主任徐昌仁、朱亚愚、宋银春、何庆亮和6名委员出席会议，会议由何仁先主持。市人大常委会调研员彭经球，副市长万文松，市法院副院长李复政，市检察院副检察长陈德荣，市人大常委会各办和市政府有关部门负责人列席会议。

会议听取和审议关于1995年市财政预算执行情况的审计报告；关于1996年财政预算编制情况汇报；审议市"九五"计划和2010年远景目标；审查市人大常委会工作报告（审议稿）；听取关于补选的市二届人大代表代表资格审查报告；审议市二届人大四次会议有关草案。

第二十次会议　1996年4月11—12日，在市人大常委会会议室举行。主任何仁先，副主任徐昌仁、卢仕忠、朱亚愚、宋银春、何庆亮和11名委员出席会议，会议由何仁先主持。市人大常委会调研员彭经球，副市长朱汉仁，市法院院长董才银，市检察院副检察长胡映柏，市人大常委会各办和市政府有关部门负责人及部分乡镇人大主席列席会议。

会议学习八届全国人大四次会议和省八届人大四次会议精神；审议通过市人大常委会1996年工作要点；决定人事任免事项。

第二十一次会议　1996年5月6日，在市人大常委会会议室举行。主任何仁先，副主任徐昌仁、卢仕忠、朱亚愚、宋银春、何庆亮和12名委员出席会议，会议由何仁先主持。副市长朱汉仁，市法院副院长李复政，市检察院检察长柯大忠，市人大常委会湓城、桂林联络处主任和各办负责人及市政府有关部门负责人列席会议。

会议听取和审议市1996年本级财政收支具体安排意见，通过关于批准1996年财政预算具体安排方案的决定；听取全市春耕生产备耕情况汇报。

第二十二次会议　1996年6月26—27日，在市人大常委会会议室举行。主任何仁先，副主任徐昌仁、卢仕忠、朱亚愚、宋银春、何庆亮和11名委员出席会议，会议由何仁先主持。副市长万文松、陈南桥,市法院副院长李复政,市检察院检察长柯大忠,市人大常委会各办和市政府有关部门负责人及部分乡镇人大主席列席会议。

会议听取和审议《中华人民共和国农业法》《中华人民共和国农业技术推广法》《中华人民共和国矿产资源法》《中华人民共和国村民委员会组织法》《江西省建设项目环境保护条例》执行检查情况汇报;市人大代表建议、批评、意见办理情况汇报;审议通过市城市总体规划(湓城城区)的报告;审议市检察院关于提请逮捕周××的报告,决定不予批准逮捕,依法取保候审(市法院后提交《关于要求将被告人周××交付审判的报告》,市人大常委会于1996年11月11日作了批复,同意将市人大代表周××交付审判)。未通过对市人大代表封××取保候审的报告。

第二十三次会议 1996年8月28—29日,在市人大常委会会议室举行。主任何仁先,副主任徐昌仁、卢仕忠、朱亚愚、宋银春、何庆亮和11名委员出席会议,会议由何仁先主持。副市长郎小军、徐霞飞,市法院副院长张肇富,市人大常委会各办和市政府有关部门负责人列席会议。

会议听取和审议1996年1—7月国民经济和社会发展计划执行情况汇报、市招商引资工作情况汇报;1995年度市本级财政决算和1996年1—7月市财政预算执行情况汇报,并通过1995年财政决算的决定,听取1995年度土地管理执法大检查遗留案件处理情况汇报,关于严打工作情况汇报,关于山水开发工程实施情况汇报,《中华人民共和国食品卫生法》执行情况汇报,"三五"普法工作安排意见汇报。

第二十四次会议 1996年10月10—11日,在市人大常委会会议室举行。主任何仁先,副主任徐昌仁、卢仕忠、朱亚愚、宋银春、何庆亮和10名委员出席会议,会议由何仁先主持。副市长朱汉仁、姚秦珍,市法院副院长邹建文,市检察院检察长柯大忠,市人大常委会各办和市政府有关部门负责人及部分乡镇人大主席列席会议。

会议听取和审议市人民政府关于《中华人民共和国教育法》和《江西省义务教育经费筹措和使用管理办法》执行情况汇报;市人大常委会关于开展《中华人民共和国教育法》和《江西省义务教育经费筹措和使用管理办法》执法检查情况汇报;《中华人民共和国矿山安全法》《中华人民共和国烟草专卖法》执行情况汇报;关于平抑市场物价工作情况汇报;关于"三五"普法工作安排意见的报告;关于农业"两法"执法检查情况及审议意见落实情况汇报;瑞昌市城市总体规划审议意见落实情况汇报;通过关于接受朱汉浩辞去市二届人大常委会委员职务的决定,报请市二届人大五次会议备案;听取市审计局、统计局、地税局局长述职报告;决定人事任免事项。

第二十五次会议　1996年12月25—26日，在市人大常委会会议室举行。主任何仁先，副主任徐昌仁、卢仕忠、朱亚愚、宋银春、何庆亮和13名委员出席会议，会议由何仁先主持。副市长朱汉仁、陈世翔，市法院副院长邹建文，市检察院检察长柯大忠，市人大常委会各办和市政府有关部门负责人及部分乡镇人大主席列席会议。

会议听取《中华人民共和国森林法》《中华人民共和国税收征管法》执行情况汇报；市人大常委会关于视察菜篮子工程建设情况报告；党政机关机构改革情况汇报；关于调整今年财政收支的报告，通过批准市1996年财政部分预算调整的决定；听取市检察院关于查处贪污贿赂犯罪情况汇报；审议通过关于《瑞昌市城市总体规划》，审议通过关于补选市二届人大代表、关于举行市二届人大五次会议的决定；决定人事任免事项。

第二十六次会议　1997年1月20日，在市人大常委会会议室举行。主任何仁先，副主任徐昌仁、卢仕忠、朱亚愚、宋银春、何庆亮和11名委员出席会议，会议由何仁先主持。市法院副院长张肇富，市检察院检察长柯大忠，湓城、桂林人大联络处主任和市人大常委会各办负责人列席会议。

会议研究决定举行市二届人大五次会议有关事项；听取和审议代表资格审查委员会关于补选市二届人大代表的代表资格审查报告；关于补选九江市十届人大代表的报告（补选杜万安为九江市十届人大代表）；审查市人大常委会工作报告（审议稿）、关于表彰1996年度先进代表小组和优秀代表的决定。

第二十七次会议　1997年3月20—21日，在市人大常委会会议室举行。主任何仁先，副主任徐昌仁、卢仕忠、朱亚愚、何庆亮和7名委员出席会议，会议由何仁先主持。副市长朱汉仁，市检察院副检察长王仿贤，市人大常委会各办负责人列席会议。

会议学习八届全国人大五次会议和省八届人大五次会议精神及有关法律；听取和审议关于《中华人民共和国邮政法》执行情况汇报；市人大常委会关于执法责任制试点情况汇报；审议通过市人大常委会1997年工作要点；决定人事任免事项。

第二十八次会议　1997年4月29—30日，在市人大常委会会议室举行。主任何仁先，副主任卢仕忠、朱亚愚、宋银春、何庆亮和9名委员出席会议，会议由何仁先主持。副市长朱汉仁，市检察院检察长柯大忠，市人大常委会各办和市政府有关部门负责人及部分九江市人大代表列席会议。

会议听取和审议关于农业春耕生产情况汇报；听取《中华人民共和国未成年人保护法》执行情况汇报；听取《中华人民共和国银行法》执行情况汇报；市人民法院关于执行工作情况汇报；审查通过关于批准瑞昌市1997年财政收支计划具体安排、关于在市国家机关全面实行执法责任制的决定;决定人事任免事项。

第二十九次会议 1997年6月25—26日,在市人大常委会会议室举行。主任何仁先,副主任徐昌仁、卢仕忠、朱亚愚、宋银春和11名委员出席会议,会议由何仁先主持。副市长徐霞飞,市法院院长董才银,市检察院检察长柯大忠,市人大常委会各办和市政府有关部门负责人及2名九江市人大代表列席会议。

会议听取和审议市政府关于发展特色农业情况汇报;关于《江西省生猪屠宰条例》贯彻实施情况汇报;《中华人民共和国电力法》执行情况汇报;市执法检查小组关于《中华人民共和国环境保护法》《中华人民共和国矿产资源法》执法检查情况汇报;听取和评议市府办、计委、人劳局主要负责人述职报告、市审计局关于1996年财政预算审计结果汇报;决定人事任免事项。

第三十次会议 1997年8月26—27日,在市人大常委会会议室举行。副主任徐昌仁、卢仕忠、朱亚愚、宋银春、何庆亮和10名委员出席会议,会议由徐昌仁主持。市检察院副检察长曹衍良,市人大常委会各办负责人和1名九江市人大代表、1名乡人大主席列席会议。

会议学习江泽民在中央党校省部级干部进修班上的讲话和有关文件文章;听取和审议市政府关于1997年1—7月国民经济计划、财政预算执行情况汇报;关于《中华人民共和国行政处罚法》执行情况汇报,关于《中华人民共和国矿产资源法》《中华人民共和国环境保护法》执法检查审议意见的落实情况汇报;关于城市市容管理情况汇报;市政府、市法院关于代表批评、意见和建议办理情况汇报;通过市人大常委会视察全市工业企业改制情况的审议意见,并决定将市二届人大五次会议代表建议办理情况结果抄告有关部门;决定人事任免事项。

第三十一次会议 1997年10月30—31日,在市人大常委会会议室举行。主任何仁先,副主任徐昌仁、卢仕忠、朱亚愚、宋银春、何庆亮和10名委员出席会议,会议由何仁先主持。副市长陈南桥、袁飞杰,湓城、桂林人大联络处主任,市人大常委会各办和市政府有关部门负责人和部分九江市、瑞昌市人大代表列席会议。

会议听取和审议关于《中华人民共和国乡镇企业法》执行情况汇报;市法院、检察院、公安局关于《中华人民共和国刑事诉讼法》执行情况汇报;关于《深化供销改革,努力做好为农服务》工作汇报;关于市国有资产管理情况汇报;市政府关于视察全市工业企业改革落实情况汇报;市减负办关于减轻农民负担工作情况汇报;市检察院关于打击经济犯罪情况汇报;决定人事任免事项。

第三十二次会议　1997 年 11 月 27 日，在市人大常委会会议室举行。主任何仁先，副主任徐昌仁、卢仕忠、朱亚愚、宋银春、何庆亮和 11 名委员出席会议，会议由何仁先主持。副市长朱汉仁、朱杰，市法院副院长邹建文，市检察院副检察长王仿贤，市人大常委会各办和市政府有关部门负责人列席会议。

会议审议换届选举有关事宜：决定设立瑞昌市选举委员会；设立乡镇场街道选举领导小组；通过第三届市人大代表名额分配决定；增补赵达贵为第二届人大常委会代表资格审查委员会副主任委员，冯家相、柯于友为委员。通过关于召开瑞昌市第三届人民代表大会第一次会议的决定；决定人事任免事项。

第三十三次会议　1998 年 1 月 9 日，在市人大常委会会议室举行。主任何仁先，副主任徐昌仁、卢仕忠、朱亚愚、宋银春、何庆亮和 11 名委员出席会议，会议由何仁先主持。"一府两院"负责人和市人大常委会各办及市政府有关部门负责人列席会议。

会议听取和审议市卫生局关于卫生体制改革情况汇报；市政府、法院、检察院关于实行执法责任制情况汇报；市人大常委会关于市三届人大一次会议筹备情况汇报；市选举委员会关于市三届人大代表选举结果的报告、市人大常委会关于代表资格审查的报告；审查市二届人大常委会工作报告（讨论稿）；审议市财政局关于市本级财政 1996 年决算情况的报告并通过相应的决定；听取市人大常委会关于审议呈报瑞昌市 1997 年市本级财政预算调整方案备案的说明；听取市教委关于市二届人大常委会第 31 次会议抄告意见落实情况的汇报。

市三届人大常委会会议

第一次会议　1998 年 3 月 30—31 日，在市人大常委会会议室举行。主任张肇山，副主任卢仕忠、朱杰、朱才菊、彭正交和 10 名委员出席会议，会议由张肇山主持。市人大常委会督导员宋银春、何庆亮，市长刘鹰，副市长朱汉仁、漆建宁、袁飞杰，市法院院长董才银，市检察院检察长朱志强，市人大常委会各办负责人和市政府有关部门负责人及部分市人大代表列席会议。

会议审议通过 1998 年市人大常委会工作要点；审议通过关于进一步开展依法治市的决议；审查批准 1998 年本级财政预算具体安排方案；决定人事任免事项；组织学习党的十四大报告及有关法律法规、守则。

第二次会议　1998 年 5 月 28 日，在市人大常委会会议室举行。主任张肇山，副主任卢仕忠、朱杰、朱才菊、彭正交和11名委员出席会议,会议由张肇山主持。副市长徐新安,市法院院长董才银,市检察院检察长朱志强,市人大常委会各办负责人,市政府有关部门负责人和部分九江市、瑞昌市人大代表列席会议。

会议听取和审议关于信用支农工作情况汇报;关于办理申诉、抗诉和上诉不息案件情况的汇报;关于《中华人民共和国文物保护法》执行情况的汇报;市人大常委会关于人大代表"创先争优"竞赛活动实施意见的汇报。通过《关于在市三届人大代表和乡镇人大主席团中开展"创先争优"竞赛活动的实施意见》。

第三次会议 1998年9月29—30日,在市人大常委会会议室举行。主任张肇山,副主任卢仕忠、朱杰、朱才菊、彭正交和13名委员出席会议,会议由张肇山主持。市人大常委会督导员宋银春,副市长郎小军,市法院副院长李复政,市检察院副检察长王仿贤,市人大常委会各办负责人,市政府有关部门负责人和部分市人大代表列席会议。

会议学习省委书记、省人大常委会主任舒惠国在省人大机关处级以上干部会议上的讲话及有关《条例》(江西省司法机关错案责任追究条例、代表工作暂行条例、关于监督市本级预算暂行办法)。听取和审议市人民政府抗洪救灾情况汇报;关于发展个体私营经济情况汇报;关于职工下岗和实施再就业工程情况汇报;关于《中华人民共和国森林法》执行情况汇报;市审计局关于本级1997年1—8月财政预算执行情况及其他财政收支情况的审计情况汇报;"一府两院"办理三届人大一次会议代表批评、意见、建议情况汇报;市人民政府关于《江西省计划生育条例》执行情况汇报;市人大常委会关于开展《中华人民共和国食品卫生法》和《江西省公共场所卫生管理条例》执行检查情况汇报;市人民政府关于调整码头工业小区规划的报告;通过关于原则同意市人民政府调整码头工业小区规划的决议。

第四次会议 1998年11月18—19日,在市人大常委会会议室举行。主任张肇山,副主任卢仕忠、朱杰、朱才菊、彭正交和13名委员出席会议,会议由张肇山主持。市人大常委会督导员宋银春,副市长朱汉仁、叶心林、戴丽梅,市法院副院长李复政,市检察院副检察长左会金,市人大常委会各办和市政府有关部门负责人,部分九江市、瑞昌市人大代表、乡镇人大主席列席会议。

会议听取和审议市人大常委会1998年工作若干调整报告;关于调整1998年1—10月我市国民经济和社会发展计划发展情况的报告;关于调整1998年财政收支预算的报告;关于"打假"工作情况的汇报;市人大常委会执法检查小组关于检查《中华人民共和国义务教育法》执行情况的报告;听取司法局、文广电局、物价局负责人的述职报告;决定人事任免事项。

第五次会议 1998年12月28—29日,在市人大常委会会议室举行。主任张肇山,副主任卢仕忠、朱杰、朱才菊、彭正交和13名委员出席会议,会议由张肇山主持。副市长徐新安,九江市人大代表姚秦珍,市法院院长董才银,市检察院检察长朱志强,市人大常委会各办和市政府有关部门负责人及部分乡镇人大主席列席会议。

会议通过关于接受刘鹰辞去市长职务的决定,报请市三届人大二次会议备案;听取和审议市人民政府关于《中华人民共和国律师法》《中华人民共和国公路法》《中华人民共和国电力法》《瑞昌市总体规划决议》执行情况和关于接收、发放救灾物资情况汇报;市人民检察院关于打击侵权、渎职犯罪情况的汇报;市人大常委会关于走访市代表和"创先争优"情况汇报,并通过关于表彰1998年度先进代表小组、优秀代表和先进乡镇人大主席团、优秀人大工作者的决定;审查批准市人民政府关于1997年财政收支决算的报告;听取和审议关于筹备市三届人大二次会议情况的汇报,并通过代表资格审查委员会、议案审查委员会、预算审查委员会名单;决定于1999年1月12—14日在市区举行第三届人民代表大会第二次会议;审查市人大常委会工作报告(审议稿)。

第六次会议 1999年4月8日,在市人大常委会会议室举行。主任张肇山,副主任朱杰、朱才菊、彭正交和13名委员出席会议,会议由张肇山主持。副市长朱汉仁,市法院院长董才银,市检察院检察长朱志强,市人大常委会各办和市政府有关部门负责人列席会议。

会议听取市司法局副局长幸珍祥讲解《中华人民共和国宪法》和《中华人民共和国合同法》;传达九届全国人大二次会议精神和李鹏委员长讲话精神;审议通过市人大常委会1999年工作要点;审查批准《1999年本级财政预算具体安排方案》;听取和审议市农业局第二轮土地承包政策落实情况的汇报;决定人事任免事项。

第七次会议 1999年5月25—26日,在市人大常委会会议室举行。主任张肇山,副主任卢仕忠、朱才菊、彭正交和14名委员出席会议,会议由张肇山主持。市委副书记石荣国,市人大常委会督导员宋银春,副市长徐霞飞、叶心林,市法院院长董才银,市检察院检察长朱志强,市人大常委会各办和市政府有关部门负责人及部分市人大代表列席会议。

会议听取和审议市政府关于防汛准备情况、灾区群众建新村情况汇报,通过相应的审议意见;听取市人大常委会考察学习组赴外地考察学习情况的汇报;决定任命石荣国为副市长,代理市长;通过关于接受陈茂请求辞去市人大常委会委员、郎小军、漆建宁辞去副市长职务的决定,报请市三届人大三次会议备案。

第八次会议 1999年6月29日,在市人大常委会会议室举行。主任张肇山,副主任卢仕忠、朱才菊、彭正交和13名委员出席会议,会议由张肇山主持。副市长叶心林,市法院副院长涂宜早，市检察院副检察长王仿贤，市人大常委会各办和市政府有关部门负责人列席会议。

会议传达学习九江市人大常委会主任刘上洋在九江市十一届人大二次会议上的讲话；举行第4期法制学习班，市建设局局长鄢爱民讲解《中华人民共和国建筑法》；听取和审议关于《中华人民共和国建筑法》《中华人民共和国保险法》执行情况的汇报；市政府关于市人大常委会《关于灾后建新村情况汇报的审议意见》落实情况的汇报；审议通过《关于组织市人大代表评议市政府部分组成部门和法检两院工作方案》。

第九次会议 1999年9月2日，在市人大常委会会议室举行。主任张肇山，副主任卢仕忠、朱杰、朱才菊、彭正交和12名委员出席会议，会议由张肇山主持。市委书记艾宏盛，市委副书记、代市长石荣国，市委副书记梅昌华、万文松、陈世翔，市委常委胡爱武、李广欣、郎小军应邀参加会议，副市长朱汉仁、叶心林、徐霞飞、戴丽梅、徐新安、袁飞杰，市法院院长董才银，市检察院检察长朱志强，市人大常委会各办和市政府组成部门主要负责人，市"法检"两院和市土管局、林业局、交通局、卫生局副职领导列席会议。

会议听取市人大代表评议市"法检"两院、土管局、林业局、交通局、卫生局工作；市评议办通报代表对6个被评单位测评情况；市委书记艾宏盛、代市长石荣国、市人大常委会主任张肇山分别讲话。

第十次会议 1999年10月12日，在市人大常委会会议室举行。主任张肇山，副主任卢仕忠、朱杰、朱才菊、彭正交和12名委员出席会议，会议由张肇山主持。副市长朱汉仁，市法院院长董才银，市检察院检察长朱志强，市人大常委会各办和市政府有关部门负责人，部分九江市、瑞昌市人大代表和乡镇人大主席列席会议。

会议听取和审议关于1999年1—9月国民经济和社会发展计划执行情况、1999年1—9月财政预算执行情况的汇报；"三五"普法工作情况，《中华人民共和国老年人权益保障法》执行情况，市政府、市法院关于办理市三届人大二次会议代表批评、意见、建议情况，乡镇换届选举有关事项的汇报，通过相应的审议意见；审议决定乡镇换届选举有关事项；举行第6期法律知识讲座，学习修改后的《中华人民共和国土地管理法》。

第十一次会议 1999年12月22—23日，在市人大常委会会议室举行。主任张肇山，副主任卢仕忠、朱杰、朱才菊、彭正交和13名委员出席会议，会议由张肇山主持。副市长叶心林、徐新安，市法院院长董才银，市检察院检察长朱志强，市人大常委会各办和市政府有关部门负责人及部分乡镇人大主席列席会议。

会议举行第7期法律知识讲座，市财政局长曹祥水讲解《中华人民共和国预算法》；听取和审议市政府关于预算外资金管理情况、1998年财政预算执行审计情况、农电“两改一同价”执行情况、法检两院和四局关于办理市人大代表评议意见整改情况的汇报；审查通过关于批准瑞昌市1998年财政决算的决定；通过关于调整市人大常委会1999年工作要点的审议意见和补选出缺的三届人大代表的决定；通过关于市人大代表朱××涉嫌犯罪，限制其人身自由的提请报告。

第十二次会议 2000年1月24日，在市人大常委会会议室举行。副主任卢仕忠、朱才菊、彭正交和11名委员出席会议，会议由卢仕忠主持。副市长袁飞杰，市法院副院长李复政，市人大常委会各办和市政府有关部门负责人列席会议。

会议审查同意市三届人大常委会工作报告(审议稿)；通过市三届人大三次会议有关事项的决定；通过市三届人大常委会代表资格审查委员会关于补选蒋伯良、庄凤鹏、石荣国、李世秀(女)为市三届人大代表的代表资格审查报告；审议接受周又新(女)辞去市三届人大常委会委员职务的请求，报请市三届人大三次会议备案。

第十三次会议 2000年2月16日，在市人大常委会会议室举行。主任张肇山，副主任卢仕忠、朱杰、朱才菊、彭正交和12名委员出席会议，会议由张肇山主持。市委副书记郑羡银，副市长朱汉仁，市法院院长董才银，市检察院检察长朱志强，市人大常委会各办和市政府有关部门负责人列席会议。

会议决定人事任免报告：决定接受石荣国辞去副市长、代理市长职务，朱汉仁辞去副市长职务的请求，报请市三届人大三次会议备案；决定任命郑羡银为副市长、代理市长职务；听取和审议市三届人大三次会议代表出缺情况报告；市三届人大三次会议日程安排(草案)、代表团划分及正副团长建议名单(草案)、主席团成员和秘书长建议名单(草案)、副秘书长建议名单(草案)、主席团常务主席和执行主席建议名单(草案)、议案审查委员会和财政预算审查委员会成员建议名单(草案)。

第十四次会议 2000年3月15日，在市人大常委会会议室举行。主任张肇山，副主任卢仕忠、朱杰、朱才菊、李世秀和12名委员出席会议，会议由张肇山主持。市人大常委会各办负责人列席会议。

会议审议通过市人大常委会2000年工作要点。

第十五次会议 2000年4月26日，在市人大常委会会议室召开。主任张肇山，副主任卢仕忠、朱杰、朱才菊、彭正交、李世秀和13名委员出席会议。市长郑羡银、副市长叶心林、法院副院长邹建文、周升汉及市人大常委会各办、市政府有关部门负责人列席会议。

会议审议批准2000年度财政预算具体安排方案；听取和审议市政府关于农电“两改一

同价”工作审议意见办理情况的汇报;关于《中华人民共和国村民委员会组织法》实施情况的汇报;决定人事任免事项;传达学习九届全国人大三次会议精神;举行第9期法律知识讲座,市法院副院长邹建文讲解《中华人民共和国民法通则》。

第十六次会议 2000年5月9日,在市人大常委会会议室举行。主任张肇山,副主任卢仕忠、朱杰、彭正交和12名委员出席会议,会议由张肇山主持。市人大常委会各办负责人列席会议。

会议听取和审议《市人大常委会领导班子和领导干部“三讲”教育整改方案》。

第十七次会议 2000年7月4日,在市人大常委会会议室举行。主任张肇山,副主任卢仕忠、朱杰、朱才菊、彭正交、李世秀和11名委员出席会议,会议由张肇山主持。副市长叶心林,市法院副院长涂宜早,市检察院检察长朱志强,市人大常委会各办和市政府有关部门负责人,部分九江市、瑞昌市人大代表列席会议。

会议听取和审议市三届人大常委会第十一次会议关于加强预算外资金管理的审议意见落实情况的汇报;关于落实实施《中华人民共和国村民委员会组织法》审议意见的情况汇报,并通过相应的审议意见;审议通过关于组织市人大常委会组成人员评议部分政府组成部门主要领导的实施意见;关于设立人大常委会法律顾问、聘请法律顾问的议案,《市人大常委会讨论决定重大事项的规定》;对市人大常委会有关《规则》《办法》进行修订;听取对市人大代表陈×采取取保候审措施的报告,决定予以许可;决定人事任免事项。

第十八次会议 2000年9月14—15日,在市人大常委会会议室举行。主任张肇山,副主任卢仕忠、朱杰、朱才菊、彭正交、李世秀和13名委员出席会议,会议由张肇山主持。市法院院长董才银,市检察院检察长朱志强,市人大常委会各办和市政府有关部门负责人列席会议。

会议安排市经贸委主任周庆增、环保局局长柯昌荣、水电局局长陈伦国、粮食局局长傅行早等向人大常委会述职并进行评议;听取和审议市人大常委会执法检查组关于《中华人民共和国城市规划法》执法检查情况汇报;市政府关于《中华人民共和国台湾同胞投资保护法》执法情况和财政预算执行情况汇报;市政府关于三届人大三次会议代表批评、意见、建议办理情况汇报,并通过相应的审议意见;决定人事任免事项。

第十九次会议 2000年11月9—10日,在市人大常委会会议室举行。主任张肇山,副主任卢仕忠、朱杰、朱才菊、彭正交、李世秀和11名委员出席会议,会议由张肇山主持。市长郑羡银、副市长徐新安,市法院院长董才银,市检察院检察长朱志强,市人大常委会各办和市政府有关部门负责人列席会议。

会议举行第13期法律知识讲座，市消防大队大队长余秋合讲解《中华人民共和国消防法》；听取和审议“一委三局”（经贸委、环保局、水电局、粮食局）主要负责人关于述职评议整改情况汇报，并通过相应的审议意见；市人民政府关于计划执行情况、乡镇执法责任制落实情况、1999年度市人大常委会视察组预算执行审议意见的落实情况、结核病防治工作情况、《中华人民共和国消防法》和《中华人民共和国烟草专卖法》执行情况汇报，并通过相应的审议意见；审查批准1999年市本级财政决算；听取和审议市人大常委会代表资格审查委员会关于补选出缺的市三届人大代表的报告。

第二十次会议　2000年12月25日，在市人大常委会会议室举行。主任张肇山，副主任卢仕忠、朱才菊、彭正交、李世秀和11名委员出席会议，会议由张肇山主持。市长郑羡银、副市长徐新安，市法院院长董才银，市检察院检察长朱志强，市人大常委会各办和市政府有关部门负责人列席会议。

会议举行第14期法律知识讲座，市审计局副局长陈洪智讲解《中华人民共和国审计法》；听取和审议市政府关于调整2000年财政预算的报告和调整国民经济和社会发展“九五”计划的报告，通过相应的决议；听取关于补选市人大代表的代表资格审查情况的报告，确认李庆生、李军锋、郑羡银、郎小军、饶思汉、蔡卫宁六位补选的市三届人大代表的资格有效；决定人事任免事项。

第二十一次会议　2001年1月2日晚，在市人大常委会会议室举行。主任张肇山，副主任卢仕忠、朱才菊、彭正交、李世秀和13名委员出席会议，会议由张肇山主持。副市长王坚，市法院副院长周升汉，市人大常委会各办和市政府有关部门负责人及部分市人大代表列席会议。

会议听取市三届人大四次会议筹备情况汇报，并通过有关草案；通报年终考评、表彰先进代表小组、优秀代表情况；通报2000年市财政预算调整情况；通过举行市三届人大四次会议的决定。

第二十二次会议　2001年1月10日，在市人大常委会会议室举行。主任张肇山，副主任卢仕忠、彭正交、李世秀和12名委员出席会议，会议由张肇山主持。副市长王坚，市法院院长董才银，市检察院检察长朱志强，市人大常委会各办和市政府有关部门负责人列席会议。

会议审查通过2000年市人大常委会工作报告（审议稿）、关于接受朱杰辞去市人大常委会副主任职务的决定，报请市三届人大四次会议备案；审议通过市三届人大四次会议议程（草案）、代表团划分及团长、副团长名单（草案）、主席团成员、秘书长名单（草案）、预算审查委员会、议案审查委员会名单(草案);听取和审议关于2000年计划执行和“十五”计划及2015年远景目标纲要的报告(草案)的说明;决定人事任免事项。

第二十三次会议 2001年3月19日,在市人大常委会会议室举行。主任张肇山,副主任卢仕忠、朱才菊、彭正交、李世秀和12名委员出席会议,会议由张肇山主持。市长郑羡银,市法院院长周立,市检察院检察长朱志强,市人大常委会各办和市政府有关部门负责人列席会议。

会议审议通过市人大常委会2001年工作要点;审议批准市财政2001年财政预算具体安排方案及收支计划;决定人事任免事项。

第二十四次会议 2001年5月22日,在市人大常委会会议室举行。主任张肇山,副主任卢仕忠、朱才菊、彭正交和12名委员出席会议,会议由张肇山主持。副市长叶心林、徐霞飞,市法院副院长涂宜早,市检察院副检察长曹衍良,市人大常委会各办和市政府有关部门负责人及部分市人大代表列席会议。

会议举行第15期法律知识讲座,市人劳局局长李宗连讲解《中华人民共和国劳动法》;听取和审议《中华人民共和国劳动法》执行情况、预算外资金管理及政府调控资金使用情况、“三路”改造情况、农业产业结构调整情况、防汛抗旱准备工作情况的汇报;听取和审议市政府关于要求变更杨林湖鱼池用地规划的报告;市法院、监察局等单位对三届人大四次会议关于“从快、从速、依法严惩‘8·10事件’的策划者、肇事者”议案的办理情况汇报;市三届人大四次会议要求改造人民北路人民厂至檀山坳路段议案的办理情况汇报,并通过相应的审议意见。

第二十五次会议 2001年8月2日,在市人大常委会会议室举行。主任张肇山,副主任卢仕忠、朱才菊、彭正交、李世秀和11名委员出席会议,会议由张肇山主持。市委副书记蔡卫宁应邀参加会议,副市长叶心林、徐霞飞,市法院院长周立,市检察院副检察长左会金,市人大常委会各办和市政府有关部门负责人及部分乡镇人大主席列席会议。

会议听取和审议市公检法三家关于《中华人民共和国刑事诉讼法》执行情况的汇报,并通过相应的审议意见;听取和审议市财政预算执行情况的汇报;市人民政府、市法院关于市三届人大四次会议代表建议、批评、意见办理情况的汇报;市人大常委会关于组织开展述职评议的实施意见的汇报;举行第16期法律知识讲座,市司法局陶磊讲解《中华人民共和国婚姻法》。

第二十六次会议 2001年9月11日,在市公安局礼堂举行。主任张肇山,副主任卢仕忠、朱才菊、彭正交、李世秀和12名委员出席会议,会议由张肇山主持。市委书记石荣国,市委副书记万文松、朱汉仁、万本庚,市政协主席朱汉盛,市委常委颉安国应邀参加会议,市长郑羡银,副市长叶心林、徐霞飞、戴丽梅、徐新安、王坚,省下派干部王玢,部分乡镇人大主席及部分九江市、瑞昌市人大代表列席会议。

会议评议市人民政府五位副市长。

第二十七次会议　2001年10月23日,在市人大常委会会议室举行。主任张肇山,副主任卢仕忠、朱才菊、彭正交、李世秀和13名委员出席会议,会议由张肇山主持。市人大常委会有关办公室负责人列席会议。

会议审议决定任命省下派干部王玢为市人民政府副市长。

第二十八次会议　2001年11月30日下午,在市公安局礼堂举行。主任张肇山,副主任卢仕忠、朱才菊、彭正交、李世秀和10名委员出席会议,会议由张肇山主持。市委副书记万文松、陈世翔应邀参加会议,副市长叶心林、徐霞飞、戴丽梅、徐新安、王坚、王玢,市法院副院长邹建文,市检察院检察长朱志强,市人大常委会各办和市政府有关部门负责人列席会议。

会议听取和审议市政府五位副市长评议整改情况及市政府综合整改情况汇报;市政府关于2001年1月至10月国民经济和社会发展计划执行情况、2000年财政决算情况、市公检法关于《中华人民共和国刑事诉讼法》执行情况审议意见落实情况汇报;市政府关于黄金工业园用地性质调整的报告;审议乡镇换届选举有关事项,通过相应的决议。

第二十九次会议　2001年12月27日,在市人大常委会会议室举行。主任张肇山,副主任卢仕忠、朱才菊、彭正交、李世秀和10名委员出席会议,会议由张肇山主持。副市长叶心林,市人大常委会各办和市政府有关部门负责人及部分乡镇人大主席列席会议。

会议听取和审议市政府2001年财政预算调整的报告,并通过关于批准调整2001年市财政预算的决定。

第三十次会议　2002年1月7日,在市人大常委会会议室举行。主任张肇山,副主任卢仕忠、朱才菊、彭正交、李世秀和12名委员出席会议,会议由张肇山主持。副市长徐新安,市法院院长周立,市检察院检察长朱志强,市人大常委会各办和市政府有关部门负责人列席会议。

会议审议关于全市乡镇人民代表大会代表名额的决定(草案);关于调整部分乡镇选举委员会组成人员建议名单。

第三十一次会议　2002年2月7日,在市人大常委会会议室举行。主任张肇山,副主任卢仕忠、朱才菊、彭正交、李世秀和11名委员出席会议,会议由张肇山主持。副市长徐霞飞，市法院院长周立，市检察院副检察长左会金，市人大常委会各办和溢城、桂林人大联络处负责人列席会议。

会议讨论决定市三届人大五次会议日期，审议通过各项相关草案（主要建议议程、日程安排、各次主席团会议安排、代表划分及团长副团长建议名单、列席人员建议名单、主席团成员及秘书长建议名单、副秘书长建议名单、主席团常务主席建议名单、议案审查委员会、财政预算审查委员会成员建议名单）；听取和审议关于议案截止时间的决定（草案）；听取关于代表出缺情况汇报；两个“议案”办理情况报告（草案）；审查市人大常委会工作报告（讨论稿）。

第三十二次会议 2002 年 3 月 14 日，在市人大常委会会议室举行。主任张肇山，副主任卢仕忠、朱才菊、彭正交、李世秀和 13 名委员出席会议，会议由张肇山主持。市委副书记万文松应邀参加会议，市长郑羡银，副市长叶心林、王玢，市法院院长周立，市检察院检察长朱志强，市人大常委会各办和市政府有关部门负责人列席会议。

会议审议通过 2002 年市人大常委会工作要点、关于 2002 年市财政预算具体安排方案及收支计划；听取和审议整顿与规范市客运市场秩序议案的审议意见办理情况汇报；决定人事任免事项。

第三十三次会议 2002 年 4 月 28 日，在市人大常委会会议室举行。主任张肇山，副主任卢仕忠、朱才菊、彭正交和 12 名委员出席会议，会议由张肇山主持。市人大常委会各办（联络处）负责人列席会议。

会议研究 4 月 29 日评议“法检”两院大会的工作（听取调查组汇报，通报代表测评结果、审计结果、纪检监察调查报告）。

第三十四次会议 2002 年 4 月 29 日，在市政府 7 楼会议室举行。主任张肇山，副主任卢仕忠、朱才菊、彭正交、李世秀和 12 名委员出席会议，会议由张肇山主持。市委书记石荣国，副书记万文松、蔡卫宁、陈世翔，市政协主席朱汉盛，市委常委喻小明、郎小军、曾宪奎、饶思汉应邀参加会议；市长郑羡银、副市长徐霞飞，市人大常委会各办和市政府有关部门负责人，全市乡镇人大主席，21 个乡镇场市人大代表各一名，市法院全体审判员，市检察院全体检察员共 200 余人列席会议。

评议 34 名“法检”两院述职对象。

第三十五次会议 2002 年 8 月 6—7 日，分别在市工人文化宫会议室和市人大常委会会议室举行。主任张肇山，副主任卢仕忠、朱才菊、彭正交、李世秀和 12 名委员出席会议，会议由张肇山主持。市委书记石荣国，副书记万文松、蔡卫宁、陈世翔，市委常委叶心林、郎小军应邀参加会议,副市长徐霞飞,市法院院长周立,市检察院检察长朱志强,九江市人大代表小组组长,乡镇人大主席,市人大常委会各办和湓城、桂林人大联络处负责人及市政府有关部门负责人列席会议。

会议举行第17期法律知识讲座,市公安局副局长陈敬凤、卫生局副局长张贵生分别讲解《中华人民共和国人民警察法》《中华人民共和国食品卫生法》;听取和审议"法检"两院评议整改情况综合汇报及对5位满意率未达到50%的对象提出的处理意见(撤销徐××告诉申诉庭庭长职务,免去胡××行政庭庭长职务,建议市委组织部门对市法院3名工作人员进行诫勉谈话)、关于"整顿与规范客运市场秩序议案"的办理情况,市三届人大五次会议代表建议、批评、意见办理情况,关于2002年1—6月市财政预算执行情况、预算外资金管理及政府调控资金使用情况、关于《中华人民共和国人民警察法》执法检查情况、市人大常委会关于《中华人民共和国食品卫生法》执法检查情况汇报;决定人事任免事项。

第三十六次会议 2002年10月15日,在市人大常委会会议室举行。主任张肇山、副主任朱才菊、彭正交、李世秀和12名委员出席会议,会议由张肇山主持。副市长徐新安,市法院副院长邹建文,市检察院检察长朱志强,市人大常委会各办和市政府有关部门负责人列席会议。

会议审议并通过关于设立市四届人大代表选举委员会和代表名额分配及换届选举时间的决定;听取和审议市人大常委会关于贯彻实施《中华人民共和国档案法》《江西省档案管理条例》情况的调查汇报,并通过相应的审议意见。

第三十七次会议 2002年11月21日,在市人大常委会会议室举行。主任张肇山,副主任卢仕忠、朱才菊、彭正交、李世秀和11名委员出席会议,会议由张肇山主持。副市长叶心林,市法院院长周立,市检察院检察长朱志强,市人大常委会各办和市政府有关部门负责人,部分九江市、瑞昌市人大代表、乡镇人大主席列席会议。

会议举行第18期法律知识讲座,九江市人大常委会选任联工委副主任曹应发讲授《中华人民共和国全国人民代表大会和地方各级人民代表大会选举法》《中华人民共和国地方各级人民代表大会和地方各级人民政府组织法》;听取和审议市政府关于招商引资情况汇报;关于计划执行情况、关于财政同级审计情况、关于2001年市财政决算情况报告;通过市人大常委会关于批准2001年市本级财政决算的决定;决定人事任免事项。

第三十八次会议 2002年12月25日,在市人大常委会会议室举行。主任张肇山,副主任卢仕忠、朱才菊、彭正交、李世秀和12名委员出席会议,会议由张肇山主持。副市长叶心林,市法院副院长涂宜早,市检察院检察长朱志强,市人大常委会各办和市政府有关部门负责人列席会议。

会议审议通过关于举行市四届人大第一次会议时间的决定;听取和审议市政府关于调整2002年财政预算的报告;通过市人大常委会关于批准调整2002年市财政预算的决定。

第三十九次会议 2003年1月11日,在市人大常委会会议室举行。主任张肇山,副主任卢仕忠、朱才菊、彭正交、李世秀和11名委员出席会议,会议由张肇山主持。副市长叶心林,市法院代院长况杰,市检察院检察长朱志强,市人大常委会各办和市政府有关部门负责人列席会议。

会议听取和审议关于市三届人大五次会议议案办理情况、关于市四届人大一次会议筹备情况的汇报;市四届人大代表资格的审查报告;关于市人民法院行政庭庭长胡××犯错误处理意见的汇报,通过相应的审议意见;决定人事任免事项。

第四十次会议 2003年1月17日,在市人大常委会会议室举行。主任张肇山,副主任卢仕忠、朱才菊、彭正交、李世秀和12名委员出席会议,会议由张肇山主持。市人大常委会各办负责人和部分市人大代表列席会议。

会议针对关于洪下乡瓜山村选举市人大代表出现程序违法问题(涉及代表资格的认定)给予重新认定。

市四届人大常委会会议

第一次会议 2003年3月27—28日,在市人大常委会会议室举行。主任陈世翔,副主任曹祥水、周又新、李广松、蔡金槐、吴拥军和15名委员出席会议,会议由陈世翔主持。市委书记石荣国,市委副书记万本庚应邀参加会议,市长郑羡银,副市长饶思汉、徐新安,市法院院长况杰,市检察院检察长朱志强,市人大常委会各办负责人和市政府组成部门负责人,部分市人大代表和市法院任命对象列席会议。

会议举行第1期法制讲座,市人大常委会选任联办主任赵达贵讲解《市人大常委会议事规则》和《市人大常委会组成人员守则》,九江市人大常委会选任联工委副主任曹应发讲解《中华人民共和国地方各级人民代表大会和地方各级人民政府组织法》;审议通过市2003年财政预算具体安排方案及收支计划、市人大常委会2003年工作要点、市四届人大常委会代表资格审查委员会名单、市四届人大常委会法律顾问名单;决定人事任免事项。

第二次会议 2003年5月27日,在市人大常委会会议室举行。主任陈世翔,副主任曹祥水、周又新、李广松、蔡金槐、吴拥军和16名委员出席会议,会议由陈世翔主持。副市长饶思汉、李世秀,市长助理丁瑞林,市法院院长况杰,市检察院检察长朱志强,市人大常委会各办和市政府有关部门负责人列席会议。

会议举行第2期法制讲座,学习《中华人民共和国传染病防治法》《中华人民共和国律师法》;听取和审议市政府关于防治"非典"工作情况、关于预算外资金管理及市政府调控资金使用情况、关于《中华人民共和国律师法》执行情况汇报;审议并通过关于在市四届人大代表和乡镇人大主席团中继续开展创先争优竞赛活动的实施意见。

第三次会议　2003年7月29—30日,在市人大常委会会议室举行。主任陈世翔,副主任曹祥水、周又新、李广松、蔡金槐、吴拥军和14名委员出席会议,会议由陈世翔主持。市长郑羡银,副市长饶思汉、徐新安、李世秀,市法院院长况杰,市检察院检察长朱志强,市人大常委会各办和市政府有关部门负责人及部分市人大代表列席会议。

会议举行第3期法制讲座,市财政局张炳刚讲解《中华人民共和国预算法》、市政府办罗海东讲解《中华人民共和国政府采购法》。听取和审议市政府关于移民建镇工作情况,关于1—6月份市本级财政预算执行情况,关于政府转移支付资金管理情况,市政府、市法院关于四届人大一次会议代表建议、批评、意见办理情况,政府采购运行情况,户籍管理工作情况汇报;决定人事任免事项。

第四次会议　2003年9月25—26日,在市人大常委会会议室举行。主任陈世翔,副主任曹祥水、周又新、李广松、蔡金槐、吴拥军和16名委员出席会议,会议由陈世翔主持。市人大常委会调研员张肇山,副调研员朱才菊、彭正交,市法院院长况杰,市检察院检察长朱志强,市人大常委会各办和市政府有关部门负责人,部分市人大代表和乡镇人大主席列席会议。

会议举行第4期法制讲座,学习《中华人民共和国行政复议法》;听取和审议市政府关于《中华人民共和国行政复议法》执行情况、1—8月份计划执行情况、财政同级审计情况、关于退耕还林项目进展情况汇报,通过关于退耕还林项目进展情况的审议意见;决定人事任免事项。

第五次会议　2003年11月27日,在市人大常委会会议室举行。主任陈世翔,副主任曹祥水、周又新、李广松、蔡金槐、吴拥军和15名委员出席会议,会议由陈世翔主持。市人大常委会调研员张肇山,副调研员朱才菊、彭正交,副市长李春滚,市法院院长况杰,市检察院检察长朱志强,市人大常委会各办和市政府有关部门负责人列席会议。

会议举行第5期法制讲座,学习《中华人民共和国人口与计划生育法》;听取和审议市政府《中华人民共和国人口与计划生育法》实施一周年情况、招商引资工作情况、部分市人大代表视察看守所情况、市法院关于刑事审判工作情况、市检察院关于打击职务犯罪情况汇报,并通过关于视察看守所情况的审议意见。

第六次会议 2003年12月18日下午,在市人大常委会会议室举行。主任陈世翔,副主任曹祥水、周又新、李广松、蔡金槐、吴拥军和16名委员出席会议,会议由陈世翔主持。市人大常委会调研员张肇山,副调研员朱才菊、彭正交,市法院院长况杰,市检察院检察长朱志强,市人大常委会各办负责人列席会议。

会议传达九江市人大常委会关于召开县(市区)人大例会及选举产生九江市新一届人大代表的通知;听取和审议市四届人大二次会议有关建议议程,通过关于举行市四届人大二次会议的决定。

第七次会议 2003年12月25日,在市人大常委会会议室举行。主任陈世翔,副主任曹祥水、周又新、李广松、蔡金槐、吴拥军和15名委员出席会议,会议由陈世翔主持。市委副书记万本庚,市委常委、组织部部长徐胜应邀参加会议,市人大常委会调研员张肇山,副调研员朱才菊、彭正交,市长郑羡银,市法院院长况杰,市检察院检察长朱志强,市人大常委会各办和市政府组成部门负责人列席会议。

会议听取市人民政府12个组成部门负责人述职;对政府组成部门负责人进行评议;听取和审议市人民政府关于2003年市本级财政预算调整报告、2002年市本级财政决算报告,并通过相应的决定。

第八次会议 2004年1月8日,在市人大常委会会议室举行。主任陈世翔,副主任曹祥水、周又新、李广松、蔡金槐、吴拥军和15名委员出席会议,会议由陈世翔主持。市法院院长况杰,市检察院检察长朱志强,市人大常委会各办和市政府有关部门负责人列席会议。

会议听取和审议市四届人大二次会议筹备工作和有关情况汇报;“创先争优”表彰决定情况汇报,并通过关于“创先争优”表彰决定。

第九次会议 2004年3月26日,在市人大常委会会议室举行。主任陈世翔,副主任曹祥水、周又新、李广松、蔡金槐、吴拥军和14名委员出席会议,会议由陈世翔主持。市人大常委会副调研员朱才菊、彭正交,市法院副院长王义树,市检察院副检察长余晓青,市人大常委会各办和市政府有关部门负责人列席会议。

会议举行第6期法制讲座,选任联办主任汪传功讲解《中华人民共和国全国人民代表大会和地方各级人民代表大会代表法》;听取和审议市人民政府关于全市教育收费情况汇报;审查批准市政府2004年财政预算具体安排;审议通过市人大常委会2004年工作要点。

第十次会议 2004年5月27—28日,在市人大常委会会议室举行。主任陈世翔,副主任曹祥水、周又新、李广松、蔡金槐、吴拥军和15名委员出席会议，会议由陈世翔主持。副市长徐霞飞，市长助理丁瑞林，市法院院长况杰，市检察院检察长朱志强，市人大常委会各办和市政府有关部门负责人列席会议。

会议举行第7期法制讲座，听取畜牧水产局副局长吴远兴讲解《中华人民共和国动物防疫法》；听取和审议市政府关于《中华人民共和国动物防疫法》执行情况、全市粮食生产情况、行政执法情况汇报；听取和审议市人大常委会主任会议关于对政府部分组成部门进行评议的议案。

第十一次会议　2004年7月28—29日，在市人大常委会会议室举行。主任陈世翔，副主任曹祥水、周又新、李广松、蔡金槐、吴拥军和14名委员出席会议，会议由陈世翔主持。市人大常委会调研员张肇山，副调研员朱才菊、彭正交，副市长饶思汉、李世秀、市长助理丁瑞林，市法院院长况杰，市检察院检察长朱志强，市人大常委会各办和市政府有关部门负责人列席会议。

会议举行第8期法制讲座，市政府法制局局长蔡小江讲解《中华人民共和国行政许可法》、市药监局副局长陈卫国讲解《中华人民共和国药品管理法》；听取和审议市政府关于《中华人民共和国药品管理法》执行情况、《中华人民共和国行政许可法》实施前准备情况、2004年1—6月份市财政预算执行情况、预算外资金收支管理情况、市政府关于市四届人大二次会议代表建议、批评和意见办理情况、2003年全市扶贫工作情况、市法院关于《民事诉讼法》执行情况、市检察院关于民事、行政检察工作情况的汇报；审议通过市人大常委会《关于对部分政府组成部门进行工作评议的决定》。

第十二次会议　2004年10月26日，在市人大常委会会议室举行。主任陈世翔，副主任曹祥水、周又新、李广松、蔡金槐、吴拥军和15名委员出席会议，会议由陈世翔主持。副市长饶思汉，市法院院长况杰，市检察院检察长朱志强，市人大常委会各办和市政府有关部门负责人列席会议。

会议听取和审议市政府关于会计集中核算运行情况、财政同级审计情况汇报；听取和审议市人大常委会关于2004年度任免对象述职评议的意见，并通过相应的决定。

第十三次会议　2004年12月2—3日，在市人大常委会会议室举行。主任陈世翔，副主任曹祥水、周又新、李广松、蔡金槐、吴拥军和14名委员出席会议，会议由陈世翔主持。副市长饶思汉，市法院院长况杰，市检察院检察长朱志强，市人大常委会各办和市政府有关部门负责人列席会议。

会议举行第10期法制讲座，市司法局陶磊讲解《中华人民共和国行政处罚法》；听取和审议市政府关于《中华人民共和国行政处罚法》执行情况,“836”工程建设情况、殡葬改革工作情况、2003 年市财政决算情况汇报;听取和审议市人大常委会检查组关于《中华人民共和国行政处罚法》执法检查情况汇报;听取和审议市人大常委会视察组关于组织部分人大代表视察“836”工程建设情况、殡葬改革工作情况汇报;审查批准 2003 年市财政决算;决定任命郭豫章为副市长;通过关于接受副市长王玢辞职决定,报请市四届人大三次会议备案。

第十四次会议　2004 年 12 月 14 日,在市人大常委会会议室举行。主任陈世翔,副主任曹祥水、周又新、李广松、蔡金槐、吴拥军和 15 名委员出席会议,会议由陈世翔主持。市法院院长况杰,市检察院检察长朱志强,市人大常委会各办负责人列席会议。

会议审议通过市人大常委会关于举行市四届人大三次会议的决定。

第十五次会议　2004 年 12 月 28—29 日,在市人大常委会会议室举行。主任陈世翔,副主任曹祥水、周又新、李广松、蔡金槐和 14 名委员出席会议,会议由陈世翔主持。市人大常委会副调研员彭正交,市长郑羡银、副市长饶思汉,市法院院长况杰,市检察院检察长朱志强,市人大常委会各办和市政府有关部门负责人列席会议。

会议述职评议市发改委主任张友清、司法局局长张木孝、监察局局长徐新佳、人劳局局长刘维龙、林业局局长柯善富、水电局局长陈伦国、交通局局长邹金宝、建设局局长徐新民、卫生局局长陈茂,市法院副院长王义树、民一庭庭长王国山、民二庭庭长刘克明,市检察院副检察长左会金、侦监科科长何火炬、检察员程丽夏;听取和审议一委三局(计生委、财政局、教育局、环保局)关于工作评议整改落实情况汇报;审查批准市政府关于市本级财政预算调整情况报告;听取和审议市人大常委会筹备组关于举行市四届人大三次会议有关筹备工作情况汇报;市人大常委会代表资格审查报告,确认补选的人大代表资格;审议通过市人大常委会关于“创先争优”表彰决定。

第十六次会议　2005 年 3 月 29 日,在市人大常委会会议室举行。主任陈世翔,副主任曹祥水、周又新、蔡金槐、吴拥军和 15 名委员出席会议,会议由陈世翔主持。副市长饶思汉、市长助理丁瑞林,市法院院长况杰,市检察院检察长朱志强,市人大常委会各办和市政府有关部门负责人列席会议。

会议审议批准市人民政府关于 2005 年市本级财政预算具体安排意见;审议通过市人大常委会 2005 年工作要点;决定人事任免事项。

第十七次会议　2005 年 5 月 26—27 日,在市人大常委会会议室举行。主任陈世翔,副主任曹祥水、周又新、蔡金槐、吴拥军和 16 名委员出席会议,会议由陈世翔主持。副市长饶思汉、徐新安、李世秀,市长助理丁瑞林,市人大常委会各办和市政府有关部门负责人列席会议。

会议举行第11期法制讲座，市环保局黄太山讲解《中华人民共和国环境保护法》、市血防站站长丁香讲解《江西省血吸虫病防治条例》；通过关于接受李广松辞去市人大常委会副主任、陈小英辞去市人大常委会委员职务的决定，报请市四届人大四次会议备案；听取和审议市政府关于《中华人民共和国环境保护法》执行情况、血吸虫病防治工作、退耕还林工作、预算外资金管理情况汇报；听取和审议"一府两院"关于2004年度市人大常委会审议意见落实情况和2004年度"一府两院"述职评议对象关于市人大常委会评议意见整改情况汇报；审议市人大常委会主任会议《关于确定2005年度"一府两院"工作评议单位的建议》，通过相关决定；决定人事任免事项。

第十八次会议　2005年7月29日，在市人大常委会会议室举行。主任陈世翔，副主任曹祥水、周又新、吴拥军和13名委员出席会议，会议由陈世翔主持。副市长李世秀，市法院院长况杰，市检察院检察长朱志强，市人大常委会各办和市政府有关部门负责人列席会议。

会议听取和审议市政府和市法院关于市四届人大三次会议代表批评、意见和建议办理情况、《中华人民共和国文物保护法》执行情况、2005年1—6月份市本级财政预算执行情况、市检察院关于监所检察工作及市人大代表视察组视察监所检察工作情况汇报。

第十九次会议　2005年9月29日，在市人大常委会会议室举行。主任陈世翔，副主任曹祥水、周又新、蔡金槐、吴拥军和14名委员出席会议，会议由陈世翔主持。市长郑羡银，市法院院长况杰，市检察院副检察长余晓青，市人大常委会各办和市政府有关部门负责人列席会议。

会议听取和审议市水利局关于城区排涝工程运行情况、市政府关于2005年1—8月份国民经济和社会发展计划执行情况、市政府关于市本级同级审计情况汇报；决定人事任免事项。

第二十次会议　2005年12月28日和2006年1月4日，在市人大常委会会议室举行（中途休会6天）。主任陈世翔，副主任曹祥水、周又新、蔡金槐、吴拥军和15名委员出席会议，会议由陈世翔主持。副市长饶思汉、市长助理丁瑞林，市法院院长况杰，市检察院检察长朱志强，市人大常委会各办和市政府有关部门负责人列席会议。

会议审议通过市人大常委会关于举行市四届人大四次会议的决定；听取和审议关于市2004年财政决算情况、关于调整2005年财政预算的报告。2006年1月4日会议，举行第12期法制讲座，学习《江西省征集防洪保安资金暂行决定》；听取和审议市政府关于防洪资金管理使用情况、《中华人民共和国行政许可法》执行情况、全市血吸虫病防治工作情况、全市旅游开发情况汇报;听取和审议市法院、水利局、交通局、文广局关于市人大代表评议整改意见办理情况的汇报;决定人事任免事项。

第二十一次会议 2006年1月13日,在市人大常委会会议室举行。主任陈世翔,副主任曹祥水、周又新、蔡金槐、吴拥军和12名委员出席会议,会议由陈世翔主持。副市长饶思汉,市法院副院长王义树,市检察院检察长朱志强,市人大常委会各办和市政府有关部门负责人列席会议。

会议审议通过市四届人大四次会议日程安排(草案)、主席团成员及秘书长建议名单、主席团常务主席建议名单、主席团执行主席分组建议名单、副秘书长建议名单、议案审查委员会建议名单、财政预算委员会建议名单、代表出缺情况报告、列席人员建议名单、市人大常委会工作报告(讨论稿)。

第二十二次会议 2006年2月6日,在市移动公司会议室举行。主任陈世翔,副主任曹祥水、周又新、蔡金槐、吴拥军和15名委员出席会议,会议由陈世翔主持。市委书记刘韵和、副书记熊起栋应邀参加会议,副市长饶思汉,市法院院长况杰,市检察院检察长朱志强,市人大常委会各办负责人列席会议。

会议决定任命熊起栋为市人民政府副市长、代理市长职务;接受郑羡银辞去市长职务,报请市四届人大五次会议备案。

第二十三次会议 2006年3月30日,在市移动公司会议室举行。主任陈世翔,副主任曹祥水、周又新、蔡金槐、吴拥军和13名委员出席会议,会议由陈世翔主持。副市长饶思汉,市法院院长况杰,市检察院检察长朱志强,市人大常委会各办和市政府有关部门负责人列席会议。

会议听取和审议关于2006年市本级财政预算方案具体安排情况、关于恒信漂染有限公司等五家污染企业落实市四届人大常委会第十七次会议审议意见的情况汇报,并提出相应的审议意见;审议通过市人大常委会2006年工作要点;决定人事任免事项。

第二十四次会议 2006年6月15日,在市法院会议室举行。主任陈世翔,副主任曹祥水、周又新、蔡金槐、吴拥军和15名委员出席会议,会议由陈世翔主持。副市长徐新安,市法院院长况杰,市检察院副检察长钟向明,市人大常委会各办和市政府有关部门负责人列席会议。

会议举行第13期法制讲座,学习《预防职务犯罪工作条例》;听取和审议市检察院关于《预防职务犯罪工作条例》执行情况、市人大代表视察组关于视察城区防洪工作情况、“一院三局”(法院、交通局、水利局、文广局)工作评议整改意见落实情况、全市旅游开发工作情况、市人大常委会调研组关于全市旅游开发工作调研情况汇报;决定人事任免事项。

第二十五次会议 2006年7月27日,在市法院会议室举行。主任陈世翔,副主任曹祥水、周又新、蔡金槐、吴拥军和10名委员出席会议,会议由陈世翔主持。副市长饶思汉,副市长拟任对象曾宪奎、田水平、卢瑜,市法院院长况杰,市检察院代理检察长拟任对象范海鹏,市人大常委会各办和市政府有关部门负责人列席会议。

会议举行第14期法制讲座,学习《社会保险费征缴暂行条例》;听取和审议市政府关于《社会保险费征缴暂行条例》执行情况、市人大常委会调研组关于《社会保险费征缴暂行条例》执行工作调研情况,市政府、市检察院关于2005年度市四届人大常委会审议意见落实情况,市政府关于2006年1—6月市财政预算执行情况、市政府关于全市山药和翠冠梨生产情况、市人大常委会调研组关于调研全市山药和翠冠梨生产情况、市政府关于全市灾后重建工作及物资接收和发放情况汇报;决定人事任免事项:同意接受李世秀、李春滚辞去副市长职务,朱志强辞去检察长职务,报请市四届人大五次会议备案。任命曾宪奎、田水平、卢瑜为副市长,任命范海鹏为副检察长、代理检察长职务。

第二十六次会议 2006年9月1日,在东方瑞都二楼会议室举行。主任陈世翔,副主任曹祥水、周又新、蔡金槐、吴拥军及10名委员出席会议,会议由陈世翔主持。市人大常委会各办负责人列席会议。

会议审议通过市人大常委会关于举行市四届人大五次会议的决定;听取和审议市四届人大五次会议议程(草案)、会议日程(草案)、市人大常委会代表资格审查委员会关于代表出缺情况的报告、各代表团划分(草案)、各代表团团长、副团长建议名单(草案)、列席人员建议名单(草案)、主席团成员和秘书长建议名单(草案)。

第二十七次会议 2006年9月29日,在市法院会议室举行。主任陈世翔,副主任曹祥水、周又新、蔡金槐、吴拥军和14名委员出席会议,会议由陈世翔主持。代市长熊起栋,副市长饶思汉,市法院院长况杰,市检察院代检察长范海鹏,市人大常委会各办和市政府有关部门负责人列席会议。

会议听取和审议市政府关于市四届人大四次会议代表建议、批评和意见办理情况、“一府两院”关于收取各项保证金情况、2006年1—8月份国民经济计划执行情况、全市中小学危房改造情况、开展“五五”普法工作情况汇报,并作出相应的审议意见;审议通过市人大常委会《关于加强法制宣传教育的决议》;决定人事任免事项。

第二十八次会议 2006年11月28日,在市人民法院会议室举行。主任陈世翔,副主任曹祥水、周又新、蔡金槐、吴拥军和9名委员出席会议,会议由陈世翔主持。副市长曾宪奎,市法院院长况杰,市检察院代理检察长范海鹏,市人大常委会各办和市政府有关部门负责人列席会议。

会议听取和审议市政府关于开展农村合作医疗工作情况、《中华人民共和国矿产资源法》执行情况、2005年财政预算执行同级审计情况、2005年市本级财政决算情况汇报;审查批准2005年市本级财政决算;听取和审议"一府两院"关于落实2006年度市人大常委会会议审议意见情况汇报;审议通过市人大常委会《关于市、乡两级人民代表大会换届有关问题的决议》(草案)《关于设立市乡两级选举委员会和街道场选举指导组的决定》《关于市第五届人民代表大会代表名额分配的决定》《关于乡镇人民代表大会代表名额的决定》;审议接受陶春元辞去九江市人大代表职务,报请市四届人大五次会议备案;举行第15期法制讲座,组织学习《中华人民共和国各级人民代表大会常务委员会监督法》。

第二十九次会议 2006年12月28日,在市建设局会议室举行。主任陈世翔,副主任曹祥水、周又新、蔡金槐、吴拥军和15名委员出席会议,会议由陈世翔主持。副市长曾宪奎,市法院院长况杰,市检察院代理检察长范海鹏,市人大常委会各办和市政府有关部门负责人列席会议。

会议审议通过市政府关于调整2006年度财政预算的汇报。

第三十次会议 2007年2月14日,在市建设局会议室举行。主任陈世翔,副主任曹祥水、周又新、蔡金槐、吴拥军和16名委员出席会议,会议由陈世翔主持。市人大常委会各办负责人列席会议。

会议审议决定关于召开市五届人大一次会议的议案。

第三十一次会议 2007年3月13日,在市建设局会议室举行。主任陈世翔,副主任曹祥水、周又新、蔡金槐、吴拥军和16名委员出席会议,会议由陈世翔主持。市人大常委会各办负责人列席会议。

会议听取和审议市五届人大一次会议筹备工作情况报告;市人大常委会工作报告(讨论稿)。

市五届人大常委会会议

第一次会议 2007年4月21日,在市法院会议室举行。主任陈世翔,副主任曹祥水、周又新、朱志强、吴拥军、刘振华、张友清和18名委员出席会议,会议由陈世翔主持。市人大常委会副调研员蔡金槐,市人大常委会各办负责人,各乡镇人大主席和湓城、桂林人大联络处主任列席会议。

会议组织学习《市人大常委会组成人员守则》、人大基本知识;审议通过市五届人大常委会代表资格审查委员会名单(草案)、市人大常委会2007年工作要点。

第二次会议 2007年5月21日,在市法院会议室举行。主任陈世翔,副主任曹祥水、周又新、朱志强、吴拥军、刘振华、张友清和18名委员出席会议,会议由陈世翔主持。市人大常委会副调研员蔡金槐,副市长饶思汉,市法院院长况杰,市检察院检察长范海鹏,市人大常委会各办和市政府有关部门负责人列席会议。

会议听取和审议市2007年财政预算具体安排,并作出相应的审议意见;决定人事任免事项。

第三次会议 2007年7月2日,在市法院会议室举行。主任陈世翔,副主任曹祥水、周又新、朱志强、吴拥军、刘振华、张友清和18名委员出席会议,会议由陈世翔主持。副市长曾宪奎,副市长拟任对象郭豫章(省下派干部),市人大常委会各办和市政府有关部门负责人列席会议。

会议补选瑞昌市出席九江市第十三届人大代表;表决通过关于市公安局提请对市五届人大代表李××采取限制人身自由的议案;决定任命郭豫章为市政府副市长。

第四次会议 2007年7月30—31日,在市法院会议室举行。主任陈世翔,副主任曹祥水、周又新、朱志强、吴拥军、刘振华、张友清和15名委员出席会议,会议由陈世翔主持。市人大常委会副调研员蔡金槐,副市长饶思汉、田水平,市法院院长况杰,市检察院检察长范海鹏,市人大常委会各办和市政府有关部门负责人及部分乡镇人大主席列席会议。

会议举行第1期法制学习班,组织学习《江西省预算监督审查条例》;听取和审议市政府关于2007年上半年市本级财政预算执行情况,市五届人大一次会议代表批评、建议和意见办理情况,市人大常委会执法检查组关于《中华人民共和国治安管理处罚法》实施情况、《中华人民共和国种子法》《江西省农作物种子管理条例》《江西省林木种子管理条例》实施情况《中华人民共和国食品卫生法》实施情况的报告,并作出相应的审议意见;审议通过市人大常委会主任会议关于对市林业局、民政局、建设局开展工作评议的议案;决定人事任免事项。

第五次会议 2007年10月30日,在市法院会议室举行。主任陈世翔,副主任曹祥水、周又新、朱志强、吴拥军、刘振华、张友清和15名委员出席会议,会议由陈世翔主持。市人大常委会副调研员蔡金槐,副市长曾宪奎,市法院院长况杰,市检察院检察长范海鹏,市人大常委会各办和市政府有关部门负责人及部分乡镇人大主席列席会议。

会议听取和评议市林业局、民政局、建设局主要负责人的工作述职;听取和审议市人民政府关于市2006年财政决算情况、市2006年财政同级审计情况的汇报;审议通过关于变更湓城东路1宗地使用性质的报告;审议关于对市五届人大代表柯××采取民事强制措施的议案,未获通过,不予许可。

第六次会议 2007年12月27日,在市法院会议室举行。主任陈世翔,副主任曹祥水、周又新、朱志强、吴拥军、刘振华、张友清和18名委员出席会议,会议由陈世翔主持。市人大常委会副调研员蔡金槐,副市长饶思汉、田水平,市法院院长况杰,市检察院检察长范海鹏,市人大常委会各办和市政府有关部门负责人及部分乡镇人大主席列席会议。

会议听取和审议市政府关于市五届人大一次会议代表建议、批评、意见办理情况的专题审议意见的办理情况报告;审查和批准市政府关于《瑞昌市城市总体规划(2006—2020)的报告》;听取和审议市人大常委会调研组关于土地收益金管理情况的调研报告、关于社会主义新农村建设的调研报告;市人大常委会关于公检法办理刑事案件贯彻宽严相济刑事政策的调研报告;审议通过人大常委会主任会议关于码头镇选举委员会组成人员名单的议案;常委会关于重新确认码头镇人民代表大会代表名额的议案;常委会关于举行市五届人大二次会议的议案;审查和批准市政府关于2007年度财政预算调整的报告;审议通过关于表彰2007年度"创先争优"先进代表小组、优秀代表的议案;审议通过关于举行市五届人大二次会议的有关事项。

第七次会议 2008年2月29日,在市法院会议室举行。主任陈世翔,副主任曹祥水、周又新、朱志强、刘振华、张友清和16名委员出席会议,会议由陈世翔主持。市人大常委会副调研员蔡金槐,副市长饶思汉,市法院院长况杰,市检察院检察长范海鹏,市人大常委会各办和市政府有关部门负责人列席会议。

会议举行第2期法制讲座,组织学习《中华人民共和国劳动合同法》;审议通过市人大常委会2008年工作要点。

第八次会议 2008年4月29日,在市法院会议室举行。主任陈世翔,副主任曹祥水、周又新、朱志强、吴拥军、刘振华、张友清和17名委员出席会议,会议由陈世翔主持。市人大常委会副调研员蔡金槐,副市长饶思汉、田水平,市法院院长况杰,市检察院检察长范海鹏,市人大常委会各办和市政府有关部门负责人,部分乡镇人大主席和部分市人大代表列席会议。

会议听取和审议关于市2008年财政预算具体编制情况、《中华人民共和国义务教育法》实施情况、关于市人大常委会评议市林业、民政、建设工作审议意见整改落实情况报告，并作出相应的审议意见。决定人事任免事项。

说明：在此之前的4月24日，召开了一次专题常委会，就缓解码头工业城建设资金困难和清除棉麻公司2000万元债务问题进行审议，最后表决同意市政府向农发行贷款2000万元。

第九次会议　2008年6月30日，在市法院会议室举行。主任陈世翔，副主任曹祥水、周又新、朱志强、吴拥军、刘振华、张友清和16名委员出席会议，会议由陈世翔主持。市人大常委会副调研员蔡金槐，副市长徐新安，市法院院长况杰，市检察院副检察长左会金，市人大常委会各办和市政府有关部门负责人列席会议。

会议听取和审议市政府关于《中华人民共和国道路交通安全法》贯彻实施情况、关于《中华人民共和国公路法》实施情况、市人大常委会执法检查组关于《中华人民共和国公路法》执法检查情况报告；听取和审议市人民政府关于市五届人大二次会议代表建议、批评、意见办理情况的报告；市政府关于全市强农、惠农政策落实情况汇报，并作出相应的审议意见。

第十次会议　2008年9月10日，在市法院会议室举行。主任陈世翔，副主任曹祥水、周又新、朱志强、吴拥军、刘振华、张友清和15名委员出席会议，会议由陈世翔主持。市委书记熊起栋、副书记古小平应邀参加会议。市人大常委会副调研员蔡金槐，副市长饶思汉，市法院院长况杰，市检察院检察长范海鹏，市人大常委会各办和市政府有关部门负责人列席会议。

会议听取和审议市2008年上半年国民经济和社会发展计划执行情况、2008年1—6月份本级财政预算执行情况、2007年至2008年1—6月份非税收支情况的报告，并作出相应的审议意见；决定人事任免事项，根据市长熊起栋提请，决定任命古小平为市政府副市长；根据市人大常委会主任会议提请，决定古小平代理市长职务；同意接受熊起栋辞去市长职务，报请市五届人大三次会议备案。

第十一次会议　2008年10月29—30日，分别在市公安局会议室和市法院会议室举行。主任陈世翔，副主任曹祥水、周又新、朱志强、吴拥军、刘振华、张友清和18名委员出席会议，会议由陈世翔主持。市委书记、副书记，市政协主席，市纪委书记，市委组织部长、宣传部长、办公室主任应邀参加会议。市人大常委会副调研员蔡金槐，市政府代市长、副市长，市法院院长，市检察院检察长，市人大常委会各办和市政府各部门负责人，市人劳、计生、质监、物价四个部门副科级以上干部和所属基层站所负责人，各乡镇人大主席，溢城、桂林人大联络处主任和九江市人大代表瑞昌代表小组组长列席会议。

会议评议市人劳局、计生委、质监局、物价局四个部门工作；听取和审议市政府关于2007年财政同级审计情况报告；听取和审议市政府关于2007年财政决算情况的报告，并通过相应的审议意见。审议市人大常委会调研组关于《中华人民共和国传染病防治法》的调研报告。

第十二次会议 2008年12月15日，在市法院会议室举行。主任陈世翔，副主任曹祥水、周又新、朱志强、吴拥军、张友清和14名委员出席会议，会议由陈世翔主持。市人大常委会副调研员蔡金槐，副市长郭少雄，市法院院长况杰，市检察院副检察长左会金，市人大常委会各办和市政府有关部门负责人列席会议。

会议听取和审议市人大常委会关于市法院执行工作的调研报告、关于举行市五届人大三次会议的议案；决定人事任免事项。

第十三次会议 2008年12月26日，在市法院会议室举行。主任陈世翔，副主任曹祥水、周又新、朱志强、吴拥军、刘振华、张友清和15名委员出席会议，会议由陈世翔主持。市人大常委会副调研员蔡金槐，副市长饶思汉，市法院院长况杰，市检察院代检察长彭中，市人大常委会各办和市政府有关部门负责人列席会议。

会议听取和审议市政府关于2008年财政预算调整和土地收益金收支管理情况、2008年各类资金转移支付情况的报告，并作出相应的审议意见。

第十四次会议 2009年1月9日，在市法院会议室举行。主任陈世翔，副主任曹祥水、周又新、朱志强、刘振华、张友清和15名委员出席会议，会议由陈世翔主持。市人大常委会各办负责人列席会议。

会议听取和审议市人大五届三次会议各项议程(草案)、“创先争优”表彰建议名单。

第十五次会议 2009年4月28日，在市法院会议室举行。主任陈世翔，副主任曹祥水、周又新、朱志强、刘振华、张友清和18名委员出席会议，会议由陈世翔主持。市人大常委会副调研员蔡金槐，副市长饶思汉，市法院院长况杰，市检察院检察长彭中，市人大常委会各办和市政府有关部门负责人列席会议。

会议听取和审议市政府关于2009年财政预算的具体安排和关于2009年财政预算具体编制情况、《江西省司法鉴定条例》实施情况、落实市人大常委会评议市政府四项工作的审议意见研究处理结果情况、森林防火阻隔带建设情况的报告，并作出相应的审议意见；审议通过市人大常委会主任会议关于评议市政府环保、公安、房产管理、供电四项工作的议案；决定人事任免事项。

第十六次会议　2009年6月26日，在市人大常委会新办公楼会议室举行。主任陈世翔，副主任曹祥水、周又新、朱志强、吴拥军、刘振华、张友清和18名委员出席会议，会议由陈世翔主持。市人大常委会副调研员蔡金槐，副市长饶思汉，市法院院长况杰，市检察院检察长彭中，市人大常委会各办和市政府有关部门负责人列席会议。

会议听取和审议《中华人民共和国合同法》执行情况、《中华人民共和国农产品质量安全法》执行情况、基层文化工作情况、市人大常委会调研组关于全市基层文化工作调研情况的报告；听取和审议市政府关于市五届人大三次会议代表建议、批评和意见办理情况的报告，并作出相应的审议意见；审议通过关于田先锋请求辞去市五届人大代表职务的报告，报请市五届人大四次会议备案；决定任命时炼波为市政府副市长。

第十七次会议　2009年8月27—28日，在市人大常委会会议室举行。主任陈世翔，副主任曹祥水、周又新、朱志强、吴拥军、刘振华、张友清和17名委员出席会议，会议由陈世翔主持。市人大常委会副调研员蔡金槐，市长古小平，副市长饶思汉，拟任市法院副院长、代理院长人选樊革新，市检察院检察长彭中，市人大常委会各办和市政府有关部门负责人列席会议。

会议听取和审议市政府2009年上半年财政预算执行情况、2009年上半年国民经济和社会发展计划执行情况、全市重点工程建设情况、市政府有关研究处理市人大常委会2008至2009年1—6月份有关审议意见情况、市法院关于刑事审判工作和市检察院关于刑事审判监督工作情况的报告，并作出相应的审议意见。通过市政府关于提请将瑞昌市第一中学所借九江银行贷款本息偿还资金纳入同级财政资金预算的议案。决定人事任免事项：接受况杰辞去市法院院长职务，报请市五届人大四次会议备案，任命樊革新为市人民法院副院长、代理院长职务。

第十八次会议　2009年10月23日，在市人大常委会会议室举行。主任陈世翔，副主任曹祥水、周又新、朱志强、吴拥军、刘振华、张友清和17名委员出席会议，会议由陈世翔主持。副市长曾宪奎，拟任副市长人选桂白丽（女）、程厚红，市法院代院长樊革新，市检察院检察长彭中，市人大常委会各办和市政府有关部门负责人列席会议。

会议决定接受饶思汉辞去副市长职务，报请市五届人大四次会议备案，决定任命桂白丽、程厚红为副市长。

第十九次会议　2009年11月10—11日，在皇家大酒店三楼会议室举行。主任陈世翔，副主任曹祥水、周又新、朱志强、吴拥军、刘振华、张友清和17名委员出席会议，会议由陈世翔主持。副市长曾宪奎、程厚红，市法院代院长樊革新，市检察院副检察长左会金，市人大常委会各办和市政府有关部门负责人列席会议。

会议听取和审议2008年财政决算情况的报告,并通过2008年财政决算。听取和审议2008年财政同级审计情况、森林防护带建设情况的报告,并作出相应的审议意见。表决通过市政府关于安定湖项目向金融机构融资的报告。

第二十次会议　2009年12月28日,在市人大常委会会议室举行。主任陈世翔,副主任曹祥水、周又新、朱志强、吴拥军、刘振华、张友清和16名委员出席会议,会议由陈世翔主持。副市长曾宪奎、市法院代院长樊革新、市检察院检察长彭中、市人大常委会各办和市政府有关部门负责人列席会议。

会议听取和审议市监察局关于全市效能建设工作情况的报告;财政局关于2009年财政预算调整情况的报告、市人大常委会调研组关于市政府收回市一中有关情况的调研报告,并作出相应的审议意见。审议通过关于举行市五届人大四次会议的议案、五届人大代表资格审查委员会关于确认有关代表资格的报告、《市人大常委会讨论决定重大事项的规定》(修订稿)的议案。

第二十一次会议　2010年1月18日,在市人大常委会会议室举行。主任陈世翔,副主任曹祥水、周又新、朱志强、吴拥军、刘振华、张友清和16名委员出席会议,会议由陈世翔主持。市法院代院长樊革新,市检察院检察长彭中,市人大常委会各办负责人列席会议。

会议听取和审议关于召开市人大五届四次会议各项议程。

第二十二次会议　2010年2月26日,在市人大常委会会议室举行。主任陈世翔,副主任曹祥水、周又新、朱志强、吴拥军、刘振华、张友清和15名委员出席会议,会议由陈世翔主持。副市长曾宪奎、市法院院长樊革新、市检察院检察长彭中、市人大常委会各办和市政府有关部门负责人列席会议。

会议听取和审议市政府关于2010年城市规划建设工程项目计划和2010年园区基础设施建设计划报告,并作出相应的审议意见;审议通过主任会议关于规范市区燃放烟花爆竹的议案;决定人事任免事项,决定任命范志斌为市人民政府副市长。

第二十三次会议　2010年3月15日,在市人大常委会会议室举行。主任陈世翔,副主任曹祥水、周又新、朱志强、吴拥军、刘振华、张友清和15名委员出席会议,会议由陈世翔主持。副市长程厚红、市法院院长樊革新、市检察院检察长彭中、市人大常委会各办和市政府有关部门负责人列席会议。

会议听取和审议市政府关于杭瑞高速公路连接线工程建设资金有关问题、要求调整土地使用性质的两项报告。

第二十四次会议 2010年4月28—29日,在市人大常委会会议室举行。主任陈世翔,副主任曹祥水、周又新、朱志强、吴拥军、刘振华、张友清和17名委员出席会议,会议由陈世翔主持。副市长曾宪奎、市法院院长樊革新、市人大常委会各办和溢城、桂林人大联络处及市政府有关部门负责人,部分乡镇人大主席和部分市人大代表列席会议。

会议听取和审议关于评议市环保、公安、房产、供电工作和2009年7—12月常委会会议审议意见的研究处理情况报告;听取和审议关于"一大四小"工程、生物防火隔离带建设情况报告;听取和审议关于殡仪馆尸体火化收费工作的报告,并作出相应的审议意见;决定人事任免事项。

第二十五次会议 2010年5月20日,在市人大常委会会议室举行。主任陈世翔,副主任曹祥水、周又新、朱志强、吴拥军、刘振华、张友清和15名委员出席会议,会议由陈世翔主持。市人大常委会副调研员蔡金槐、副市长曾宪奎、市检察院检察长彭中、市人大常委会各办和市政府有关部门负责人列席会议。

会议审查批准2010年市财政预算具体安排方案的报告。

第二十六次会议 2010年7月2日,在市人大常委会会议室举行。主任陈世翔、副主任曹祥水、周又新、朱志强、吴拥军、刘振华、张友清和16名委员出席会议,会议由陈世翔主持。副市长郭少雄、卢瑜,市法院院长樊革新,市检察院检察长彭中,市人大常委会各办和市政府有关部门负责人列席会议。

会议听取和审议气象工作报告;《中华人民共和国税收征管法》执行情况报告;《加强法制宣传教育的决议》落实情况报告;市政府关于市五届人大四次会议代表建议、批评、意见办理情况的报告;《江西省物业管理条例》执行情况报告,并作出相应的审议意见。决定人事任免事项。

第二十七次会议 2010年8月27日,在市人大常委会会议室举行。主任陈世翔,副主任曹祥水、周又新、朱志强、吴拥军、刘振华、张友清和18名委员出席会议,会议由陈世翔主持。副市长曾宪奎,市法院院长樊革新,市检察院检察长彭中,市人大常委会各办和市政府有关部门负责人列席会议。

会议听取和审议市2010年上半年国民经济和社会发展计划执行情况、2010年上半年财政预算执行情况、《江西省就业促进条例》执行情况、市政府关于市人大常委会主要审议意见研究处理情况报告,并作出相应的审议意见;决定人事任免事项。

第二十八次会议 2010年11月2—3日,在市人大常委会会议室举行。主任陈世翔,副主任曹祥水、周又新、朱志强、吴拥军、刘振华、张友清和16名委员出席会议,会议由陈世翔主持。副市长郭少雄、程厚红,市法院院长樊革新,市人大常委会各办和市政府有关部门负责人列席会议。

会议听取和审议关于2009年财政决算和财政同级审计情况的报告;《中华人民共和国互联网管理条例》执行情况报告;关于城西客运站建设抄告意见落实情况的报告;关于调整"十一五"规划部分经济指标的议案及说明,并作出相应的审议意见;决定人事任免事项,决定接受徐新安辞去副市长的请求,报请市人大五届五次会议备案。

第二十九次会议 2010年12月28日,在市人大常委会会议室举行。主任陈世翔,副主任曹祥水、周又新、朱志强、吴拥军、刘振华、张友清和15名委员出席会议,会议由陈世翔主持。副市长曾宪奎,市法院院长樊革新,市检察院检察长彭中,市人大常委会各办和市政府有关部门负责人列席会议。

会议听取和审议关于2010年财政预算调整情况说明;关于森林防火阻隔带建设情况报告;市政府关于市人大常委会2010年8—11月主要审议意见和评议水利、国土、公路、地矿四项工作审议意见研究处理情况报告,并作出相应的审议意见。

第三十次会议 2011年2月16日,在市人大常委会会议室举行。主任陈世翔,副主任曹祥水、周又新、朱志强、吴拥军、刘振华、张友清和18名委员出席会议,会议由陈世翔主持。市法院院长樊革新,市检察院检察长彭中,市人大常委会各委办负责人列席会议。

会议听取和审议市五届人大五次会议各项工作安排(草案);市人大常委会工作报告(征求意见稿)。

第三十一次会议 2011年4月22日,在市人大常委会会议室举行。主任陈世翔,副主任曹祥水、周又新、朱志强、吴拥军、刘振华、张友清和15名委员出席会议,会议由陈世翔主持。副市长曾宪奎,市法院院长樊革新,市检察院检察长彭中,市人大常委会各委办和市政府有关部门负责人列席会议。

会议听取和审议市政府关于提请审议2011年城市规划建设工程项目计划和2011年园区基础设施建设计划的报告;关于要求调整公园路以北等3宗土地使用性质的报告,并作出相应的审议意见;审议通过市人大常委会主任会议《关于设立市、乡(镇)选举委员会、街道(场)选举指导小组的决定》(草案)、《关于市、乡(镇)人大代表名额的决定》(草案)和《关于市乡两级人民代表大会换届选举时间的决定》(草案)。

第三十二次会议 2011年6月21日,在市人大常委会会议室举行。主任陈世翔,副主任曹祥水、周又新、朱志强、吴拥军、刘振华、张友清和18名委员出席会议,会议由陈世翔主持。市委书记古小平、副书记罗文江应邀参加会议,市法院院长樊革新,市检察院检察长彭中，市人大常委会各委办和市政府有关部门负责人列席会议。

会议审议通过市人大常委会主任会议关于调整市乡两级人民代表大会代表换届选举时间的决定的议案；审议人事任免事项，决定接受古小平辞去市人民政府市长职务的请求，报请市六届人大一次会议备案，决定任命罗文江为副市长、代理市长职务；审议通过关于调整市乡两级选举委员会人员的议案。

第三十三次会议　2011年8月5日，在市人大常委会会议室举行。主任陈世翔，副主任曹祥水、周又新、朱志强、吴拥军、刘振华、张友清和18名委员出席会议，会议由陈世翔主持。副市长曾宪奎，市法院院长樊革新，市检察院检察长彭中，市人大常委会各委办和市政府有关部门负责人列席会议。

会议听取和审议市政府关于提请批准2011年财政预算具体安排方案的报告；关于要求调整赤乌中路以南3宗土地使用性质的报告；市人大常委会《关于召开市六届人大一次会议决定》（草案）；代表资格审查报告（草案）；市六届人大一次会议各项工作安排（草案）；市人大常委会工作报告（征求意见稿）。

第三十四次会议　2011年8月25日，在市人大常委会会议室举行。主任陈世翔，副主任曹祥水、周又新、朱志强、吴拥军、刘振华、张友清和18名委员出席会议，会议由陈世翔主持。副市长曾宪奎，市法院院长樊革新，市检察院检察长彭中，市人大常委会各委办和市政府有关部门负责人列席会议。

会议听取和审议市六届人大一次会议筹备情况报告；《关于进一步加强依法治市的决议》（草案），决定提请市六届人大一次会议审议。

1990年4月—2011年9月瑞昌市人大常委会通过的决议决定部分目录

表3-9

名　　称	会议通过的时间及届次
关于土地管理法执行情况大检查工作有关问题的决议	1990年8月29日市一届人大常委会第三次会议
关于批准调整1990年全市财政收入预算的决定	1990年9月28日市一届人大常委会第四次会议
关于举行瑞昌市第一届人民代表大会第二次会议的决定	1991年1月28日市一届人大常委会第六次会议
关于增补和分配市一届人民代表大会代表名额的决定	1991年3月11日市一届人大常委会第七次会议
关于设立代表资格审查委员会的决定	1991年3月11日市一届人大常委会第七次会议
关于在公民中开展第二个五年法律宣传教育的决议	1991年5月17日市一届人大常委会第九次会议
关于横港乡人民代表大会更名为横港镇人民代表大会的决定	1991年5月17日市一届人大常委会第九次会议
关于废止《瑞昌县县城规划建设管理暂行规定》的决定	1991年8月17日市一届人大常委会第十次会议
关于批准瑞昌市1990年财政决算的决定	1991年12月7日市一届人大常委会第十二次会议

续表 3－9

名 称	会议通过的时间及届次
关于批准调整1991年财政预算的决定	1991年12月30日市一届人大常委会第十三次会议
关于接受曹祥水辞去市一届人大常委会委员职务的请求决定	1992年2月22日市一届人大常委会第十四次会议
关于表彰优秀代表和先进代表小组的决定	1992年3月19日市一届人大常委会第十五次会议
关于编纂《瑞昌县人民代表大会志》的决定	1992年7月25日市一届人大常委会第十八次会议
关于设立市乡选举委员会、街道选举领导小组的决定	1992年10月23日市一届人大常委会第二十次会议
关于瑞昌市第二届人民代表大会代表名额的决定	1992年10月23日市一届人大常委会第二十次会议
关于举行瑞昌市第二届人民代表大会第一次会议的决定	1992年10月23日市一届人大常委会第二十次会议
关于同意接受欧阳春辞去市人民政府市长的请求决定	1992年10月23日市一届人大常委会第二十次会议
关于设立瑞昌市人大常委会湓城联络处、桂林联络处的决定	1992年10月23日市一届人大常委会第二十次会议
关于批准瑞昌市1991年财政决算的决定	1992年12月23日市一届人大常委会第二十一次会议
关于设立瑞昌市第二届人大常委会代表资格审查委员会的决定	1993年4月24日市二届人大常委会第二次会议
关于同意对盗窃犯阮××作起诉处理的决定	1993年4月24日市二届人大常委会第二次会议
关于修订常务委员会《议事规则》的决定	1994年4月29日市二届人大常委会第八次会议
关于修订常务委员会《组成人员守则》的决定	1994年4月29日市二届人大常委会第八次会议
关于修订常务委员会《信访工作办法》的决定	1994年4月29日市二届人大常委会第八次会议
关于修订常务委员会《代表工作暂行办法》的决定	1994年4月29日市二届人大常委会第八次会议
关于修订常务委员会《人事任免办法》的决定	1994年4月29日市二届人大常委会第八次会议
关于修订常务委员会《代表视察工作暂行办法》的决定	1994年4月29日市二届人大常委会第八次会议
关于废止《瑞昌县矿产资源管理实施办法》的决定	1994年4月29日市二届人大常委会第八次会议
关于废止《瑞昌县实施土地管理法暂行规定》的决定	1994年4月29日市二届人大常委会第八次会议
关于高丰乡、夏畈乡人民代表大会改为高丰镇、夏畈镇人民代表大会的决定	1994年8月31日市二届人大常委会第十次会议
关于大力发展个体私营经济的决定	1994年12月28日市二届人大常委会第十二次会议
关于增补宋银春等四位同志为《瑞昌县人民代表大会志》编纂委员会委员的决定	1995年6月29日市二届人大常委会第十五次会议
关于批准逮捕被告人李××的决定	1995年10月31日市二届人大常委会第十七次会议
关于批准瑞昌市1994年财政决算的决定	1995年10月31日市二届人大常委会第十七次会议
关于批准瑞昌市1996年财政预算具体安排方案的决定	1996年5月6日市二届人大常委会第二十一次会议
关于批准对周××取保候审的决定	1996年6月27日市二届人大常委会第二十二次会议
关于不批准对封××取保候审的决定	1996年6月27日市二届人大常委会第二十二次会议
关于批准瑞昌市1995年财政决算的决定	1996年8月29日市二届人大常委会第二十三次会议
关于继续开展法制宣传教育的决议	1996年10月11日市二届人大常委会第二十四次会议
关于批准瑞昌市1996年财政部分预算调整的决定	1996年12月26日市二届人大常委会第二十五次会议

续表3－9

名　　称	会议通过的时间及届次
关于《瑞昌市城市总体规划》的决议	1996年12月26日市二届人大常委会第二十五次会议
关于在瑞昌市国家机关全面实行执法责任制的决定	1997年4月30日市二届人大常委会第二十八次会议
关于接受艾宏盛辞去市人民政府市长职务的请求决定	1997年8月27日市二届人大常委会第三十次会议
关于分配瑞昌市第三届人民代表大会代表名额的决定	1997年11月27日市二届人大常委会第三十二次会议
关于召开瑞昌市第三届人民代表大会第一次会议的决定	1997年11月27日市二届人大常委会第三十二次会议
关于增补瑞昌市第二届人民代表大会常务委员会代表资格审查委员会副主任委员、委员的决定	1997年11月27日市二届人大常委会第三十二次会议
关于批准瑞昌市1996年本级财政决算的决定	1998年1月9日市二届人大常委会第三十三次会议
关于开展依法治市的决议	1998年3月30日市三届人大常委会第一次会议
关于原则同意市人民政府调整码头工业小区规划的决议	1998年9月30日市三届人大常委会第三次会议
关于批准瑞昌市1997年本级财政决算的决定	1998年12月29日市三届人大常委会第五次会议
关于表彰1998年度先进代表小组、优秀代表和先进乡镇人大主席团、优秀人大工作者的决定	1998年12月29日市三届人大常委会第五次会议
关于接受刘鹰辞去市人民政府市长职务的请求决定	1998年12月29日市三届人大常委会第五次会议
关于批准瑞昌市1998年财政决算的决定	1999年12月23日市三届人大常委会第十一次会议
关于接受石荣国辞去市人民政府副市长、代理市长职务的请求决定	2000年2月16日市三届人大常委会第十三次会议
关于批准瑞昌市2000年预算调整的决定	2000年12月25日市三届人大常委会第二十次会议
关于批准调整“九五”计划几项主要经济指标的决定	2000年12月25日市三届人大常委会第二十次会议
关于接受朱杰辞去市第三届人大常委会副主任职务的决定	2001年1月10日市三届人大常委会第二十二次会议
关于接受董才银辞去市人民法院院长职务的决定	2001年1月10日市三届人大常委会第二十二次会议
关于批准瑞昌市2001年财政收支计划具体安排的决定	2001年3月19日市三届人大常委会第二十三次会议
关于调整黄金工业园用地性质的决议	2001年11月30日市三届人大常委会第二十八次会议
关于批准调整2001年瑞昌市财政预算的决定	2001年12月27日市三届人大常委会第二十九次会议
关于撤销徐××市法院告诉庭庭长职务的决定	2002年8月6日市三届人大常委会第三十五次会议
关于批准瑞昌市2001年本级财政决算的决定	2002年11月21日市三届人大常委会第三十七次会议
关于批准调整2002年瑞昌市财政预算的决定	2002年12月25日市三届人大常委会第三十八次会议
关于举行瑞昌市第四届人民代表大会第一次会议的决定	2003年1月11日市三届人大常委会第三十九次会议
关于接受周立辞去市人民法院院长职务的决定	2003年1月11日市三届人大常委会第三十九次会议
关于批准瑞昌市2003年预算调整的决定	2003年12月26日市四届人大常委会第七次会议
关于批准瑞昌市2002年财政决算的决定	2003年12月26日市四届人大常委会第七次会议
关于表彰2003年度“创先争优”先进单位和先进个人的决定	2004年1月28日市四届人大常委会第八次会议
关于开展2004年度述职评议的决定	2004年9月29日市四届人大常委会第十三次会议
关于批准瑞昌市2004年预算调整的决定	2004年12月29日市四届人大常委会第十五次会议
关于对“一院三局”进行工作评议的决定	2005年5月27日市四届人大常委会第十七次会议
关于接受李广松辞去市人大常委会副主任、陈小英辞去市人大常委会委员职务的请求决定	2005年5月27日市四届人大常委会第十七次会议

续表3-9

名　称	会议通过的时间及届次
关于批准瑞昌市2005年预算调整的决定	2005年12月28日市四届人大常委会第二十次会议
关于接受郑羡银辞去市人民政府市长职务的请求决定	2006年2月6日市四届人大常委会第二十三次会议
关于接受朱志强辞去市人民检察院检察长职务的请求决定	2006年7月25日市四届人大常委会第二十五次会议
关于加强法制宣传教育的决议	2006年9月29日市四届人大常委会第二十七次会议
关于接受陶春元辞去九江市人大代表的请求决定	2006年11月28日市四届人大常委会第二十八次会议
关于举行瑞昌市第五届人民代表大会第一次会议的决定	2007年2月14日市四届人大常委会第三十次会议
关于对市林业局、民政局、建设局进行工作评议的决定	2007年7月31日市五届人大常委会第四次会议
关于批准瑞昌市2006年财政决算的决定	2007年10月30日市五届人大常委会第五次会议
关于《瑞昌市城市总体规划(2006—2020)》的决议	2007年12月28日市五届人大常委会第六次会议
关于同意将偿还对码头镇梁公路农村道路工程项目建设资金列入财政专项预算的决议	2008年4月29日市五届人大常委会第八次会议
关于接受熊起栋辞去市人民政府市长职务的请求决定	2008年9月10日市五届人大常委会第十次会议
关于接受范海鹏辞去市人民检察院检察长职务的请求决定	2008年12月15日市五届人大常委会第十二次会议
关于撤销田××市文广局局长职务的决定	2009年6月26日市五届人大常委会第十六次会议
关于同意将瑞昌市第一中学所借九江银行贷款本息偿还资金纳入同期年度财政预算的决议	2009年8月28日市五届人大常委会第十七次会议
关于贯彻落实科学发展观、提升人大常委会工作四项制度的决定	2009年8月28日市五届人大常委会第十七次会议
关于接受况杰辞去市人民法院院长职务的请求决定	2009年8月28日市五届人大常委会第十七次会议
关于批准瑞昌市2008年财政决算的决定	2009年11月11日市五届人大常委会第十九次会议
关于同意将偿还安定湖改造(一期)工程项目建设资金列入财政专项预算的决议	2009年11月11日市五届人大常委会第十九次会议
关于规范市区燃放烟花爆竹的决定	2010年2月26日市五届人大常委会第二十二次会议
关于同意市人民政府关于2010年城市规划建设工程项目计划和2010年园区基础设施建设计划的决定	2010年2月26日市五届人大常委会第二十二次会议
关于同意将偿还杭瑞高速公路瑞昌连接线工程项目建设资金财政专项预算的决议	2010年3月15日市五届人大常委会第二十三次会议
关于《市人民政府关于要求调整土地使用性质的报告》的决定	2010年3月15日市五届人大常委会第二十三次会议
关于同意对瑞码大道建设红线进行调整的决议	2010年7月2日市五届人大常委会第二十六次会议
关于《瑞昌市绿地系统规划2010—2020》的决定	2010年12月28日市五届人大常委会第二十九次会议
关于表彰优秀人大代表建议的决定	2011年2月16日市五届人大常委会第三十次会议
关于同意市人民政府关于2011年城市规划建设工程项目计划和2011年园区基础设施建设计划的决定	2011年4月22日市五届人大常委会第三十一次会议
关于《关于要求调整公园以北等三宗地使用性质的报告》的决定	2011年4月22日市五届人大常委会第三十一次会议
关于接受古小平辞去市人民政府市长职务的请求决定	2011年6月21日市五届人大常委会第三十二次会议
关于调整赤乌中路以南等三宗土地使用性质的决定	2011年8月5日市五届人大常委会第三十三次会议
关于举行瑞昌市第六届人民代表大会第一次会议的决定	2011年8月5日市五届人大常委会第三十三次会议
关于依法治市的决议	2011年8月25日市五届人大常委会第三十四次会议

第三节　主任会议

市一届人大常委会主任会议

1990年4月18日，市一届人大常委会选举产生后，何仁先、徐昌仁、曹忠雪、朱亚愚等4人组成市一届人大常委会主任会议，1991年3月29日增补彭经球后由5人组成。任期内，共召开主任会议67次，主任何仁先主持56次会议，副主任徐昌仁、曹忠雪受主任何仁先委托分别主持10次和1次会议，党组成员、办公室主任刘朝键列席各次会议，常委会各办事机构负责人列席会议。

市一届人大常委会主任会议审议和讨论议题一览表

表3－10

会议序号	时　间	会议议程
01	1990.4.18	常委会领导分工；安排近期工作（主要内容有常委会第一次会议筹备，新老交替座谈会，办公室调整，执法检查等8项工作）
02	1990.5.7	研究召开常委会第一次会议有关事项；讨论常委会年度工作要点；讨论市政府罚没款问题；听取《中华人民共和国土地管理法》执法检查汇报；听取关于早稻杂优种子问题议案调查情况汇报
03	1990.5.23	修改年度工作要点；年度逐月工作安排；听取早稻杂优种子问题议案调查汇报；罚没款收入情况汇报
04	1990.6.19－20	审议主任会议议事规则（草案）；听取早杂种子问题调查和罚没款情况汇报；研究视察农业和老区建设工作安排意见；研究筹备召开纪念县人大常委会成立十周年座谈会；审议市政府30个局办负责人任免案
05	1990.6.25	传达九江市《中华人民共和国土地管理法》执行情况检查汇报会精神；研究饶阳森同志的问题；研究关于"三乱"整顿问题
06	1990.7.16－17	确定常委会第三次会议有关事项；听取各视察组情况汇报；听取各办开展调查的安排汇报；听取纪念县人大常委会成立十周年座谈会筹备工作汇报；听取《中华人民共和国土地管理法》执法检查汇报
07	1990.8.17－22	听取"三乱"检查情况汇报；听取曹中雪、徐昌仁赴外县调研情况汇报；汇报杂优种子问题调查情况
08	1990.9.3	主任何仁先布置9月份主要工作，提出安排意见；研究9月份视察工作安排；研究召开常委会第四次会议有关问题；审查常委会第三次会议一项决议和两项审议意见
09	1990.9.19	研究常委会第四次会议具体日程、议程、时间安排；听取工业企业视察及政府执法情况汇报；听取供销治理整顿、财政预算调整情况汇报
10	1990.9.19	听取审议视察重点建设项目、亏损企业及其执行《中华人民共和国环保法》情况汇报；讨论参加湘鄂赣毗邻县（市）人大常委会研讨会问题；审议市人民政府调整预算的建议
11	1990.10.16	部署10月份工作安排；研究政法工作有关事项；传达九江市全市执法检查工作会议精神

续表 3－10

会议序号	时间	会议议程
12	1990.10.30	研究政法四家执法检查有关事项
13	1990.11.5－6	听取执法检查抽查情况汇报(主要是法检两院六个案子的情况);讨论旱杂种子调查情况汇报;讨论订阅报刊问题
续13	1990.11.19－20	通报执法检查工作情况;研究纯女户养老保险议案办理情况;研究办公室几项具体工作;讨论人事任免等事项
14	1990.11.10	研究省人大关于开展《江西省计划生育条例》《中华人民共和国婚姻法》贯彻情况检查问题;研究第五次常委会议程(草案)
续14	1990.12.17	审定纪念县人大常委会成立十周年座谈会召开时间;赴南昌、通城有关事项商讨;研究评议一府两院部分领导工作问题、代表走访工作安排;听取《中华人民共和国婚姻法》执法检查抽查情况汇报
15	1991.1.8	听取五个局(委)局长、主任民主评议情况汇报;研究代表走访安排
16	1991.1.19－21	研究增补市代表名额问题;研究常委会第六次会议事宜;讨论1991年常委会工作要点;汇报走访两市代表及座谈会情况
17	1991.2.23	审定常委会1991年工作要点;研究市一届人大二次会议筹备工作;研究召开市常委会第七次会议议题;讨论各办工作;讨论乡镇人大主席团指导工作
18	1991.2.25	讨论市人大常委会工作报告(草稿)
19	1991.3.4	听取和审议人大常委会工作报告(草稿);研究一届人大二次会议筹备工作;研究落实九江市人大常委会布置的有关工作;继续审议常委会第七次会议议程草案
20	1991.3.11	继续研究市一届人大二次会议筹备工作
21	1991.3.16	研究人大常委会例会有关事项
22	1991.4.17	研究1991年工作要点分月安排意见、常委会委员工作责任制、各办职责划分等项工作;审议办理议案、建议和批评意见的暂行规定;研究代表竞赛活动意见及常委会领导分工;赴安徽考察工作安排、横港撤乡建镇人大主席团变更等事项
23	1991.5.4－6	研究市人大常委会1991年4月－1992年3月工作安排;研究制订《市人大常委会组成人员工作守则》(草案);进一步明确各办工作职责;审议市人大常委会办理代表议案及建议、批评、意见的暂行规定(草案);审议开展"人民选我当代表,我当代表为人民"的竞赛活动安排意见;审议关于举行常委会第九次会议议题;审议关于宣传贯彻全国人大常委会《关于惩治走私、制作、贩卖、传播淫秽物品的犯罪分子的决定》的意见
24	1991.5.17	审议"二五"普法宣传决议;审议关于检查《中华人民共和国义务教育法》贯彻实施情况的决定
25	1991.5.25	近期工作安排;审定《市人大常委会组成人员工作守则》(草案)
26	1991.6.21	研究乡镇人大工作座谈会有关事宜;审议代表议案和建议、批评意见办理办法;研究棉花生产视察工作安排意见
27	1991.7.1	讨论七月份工作安排;研究常委会第十次会议召开的有关议题;研究组织乡镇人大干部赴外地参观学习问题
28	1991.7.13	听取市检察院检察长柯大忠汇报上级会议精神和我市反贪贿情况汇报;听取审议检查组关于《中华人民共和国义务教育法》实施情况汇报
29	1991.8.8－9	研究召开常委会第十次会议问题;讨论《森林法》执法检查有关事项;审议政府要求废止《瑞昌县城区规划建设管理暂行规定》的报告;听取九江市人大常委会办公室会议精神汇报
30	1991.8.21	讨论棉花生产视察工作安排意见;听取胡映民传达省人大和教科文卫工委及办公室主任会议精神;讨论召开全市人大工作宣传报道会议事项
31	1991.8.30	听取棉花生产视察情况汇报

续表 3－10

会议序号	时　间	会议议程
32	1991.9.5	研究抽调人员参加全市社教工作;研究当前督办工作;审议市财政预决算(草案);审议司法监督暂行规定(草案);部署司法系统开展执法检查工作
33	1991.9.13	听取何仁甫案调查情况汇报,并研究上报意见
34	1991.9.29	研究确定常委会第十一次会议召开时间;讨论信访工作办法;讨论何仁甫案重新复查的报告
35	1991.10.30	研究常委会第十二次会议有关事项;部署民主评议工作;研究公检法司执法检查的抽查工作;研究参加研讨会材料等问题
36	1991.11.4	审议市人大代表张远俊因滥伐林木而被起诉案
37	1991.11.13－15	审议当事人申诉案;听取司法系统执法检查情况汇报;研究乡镇人大工作经验交流会事项;研究研讨会材料;审查政府实施《中华人民共和国城市规划法》暂行办法;复议何仁甫申诉案
38	1991.12.2	研究确定常委会第十二次会议召开时间、代表经验交流会时间;讨论代表经验交流会领导讲话材料;讨论评议市政府组成部门主要领导工作安排意见
39	1991.12.12	讨论市人大办公楼筹建有关问题
40	1992.1.3	研究代表活动组织安排;传达九江市有关会议精神;听取司法系统执法检查情况汇报;研究机关工作
41	1992.1.22	讨论常委会1991年工作总结,1992年工作构想;讨论民主评议工作总结;讨论走访代表意见反馈方法;讨论表彰先进问题;审议举行市一届人大三次会议有关事项;研究召开常委会第十四次会议有关事项;布置机关总结工作
42	1992.2.10	听取各办1991年工作总结汇报
43	1992.2.19	复议常委会十四次会议议程等;研究落实市一届人大三次会议有关事宜;审议常委会1992年工作要点
44	1992.2.29	讨论人大常委会1991年工作报告;1992年工作要点定稿;听取市计委十年规划和今年编制有关问题汇报;研究一届人大三次会议筹备工作
45	1992.3.6	研究先进评选办法和先进表彰会议问题;听取1992年市财政预算安排打算汇报;审查优秀代表名单;通过常委会1992年工作分月安排意见
46	1992.3.18	研究市一届人大三次会议有关事项;研究常委会第十五次会议议程
47	1992.4.13	审议市人大机关四月份工作安排意见;研究赴咸宁考察发生车祸有关问题的处理意见
48	1992.5.3	研究参加修水研讨会的准备工作;研究《中华人民共和国企业法》贯彻实施情况检查安排意见;听取市人大常委会视察《企业法》执行情况的汇报
49	1992.5.21	研究常委会第十六次会议有关问题;听取市人大常委会视察《中华人民共和国企业法》执行情况的汇报
50	1992.6.8－9	传达市委第41次常委会纪要;审议6月份工作安排意见;研究召开宣传报道会议问题;部署《宪法》颁布十周年宣传活动;研究部分局长述职评议工作
51	1992.7.10	研究举行常委会第十八次会议有关事项
52	1992.7.20	听取柯大忠检察长关于九江市检察院工作会议精神和两个案子情况汇报;研究成立《人大志》领导机构;落实三乡撤乡建镇有关工作;研究视察、信访及办公楼筹建问题
53	1992.8.13	研究如何贯彻省人大常委会关于检查《江西省农民负担管理条例》执行情况的决定
54	1992.8.20	讨论人大常委会办公楼选址问题、农村社教抽干部下乡问题、选人参加九江市宪法知识竞赛问题;研究何仁先主任参加北京政法学院广州政法研讨班问题
55	1992.9.1	研究常委会9月份工作安排意见;研究县乡换届选举事项;审查视察乡镇企业情况汇报材料;研究北京城建学习班问题、宪法颁布十周年竞赛问题

续表 3 – 10

会议序号	时 间	会议议程
56	1992.9.23	审查关于视察乡镇企业情况汇报的审议意见;讨论司法执法检查工作安排意见
57	1992.9.28	传达九江市人大常委会换届工作会议精神;研究贯彻九江市人大常委会会议精神的意见
58	1992.10.16	再次传达九江市人大常委会换届工作会议精神及程金发主任讲话精神;研究我市换届选举实施方案
59	1992.10.20	研究召开常委会第二十次会议事项;研究关于召开选举工作会议、召开选举委员会会议等事项
60	1992.10.22	研究讨论常委会第二十次会议上任命代理市长问题;讨论桂林、湓城办事处设立代表机构问题;决定参加在阳新县召开的人大工作研讨会人选;讨论换届选举工作有关问题;讨论机关办经济实体问题
61	1992.11.5	讨论选举委员会人事变动问题;讨论乡镇人大主席团常务主席、选举委员会成员调整问题;讨论换届选举有关代表名额分配、推荐人员名单等问题
62	1992.11.12	研究赴阳新研讨会材料;研究常委会工作报告提纲;讨论乡镇人大主席团常务主席退位及人大常委会组成人员候选人推荐问题;讨论高胜珊申诉案问题
63	1992.11.25	研究换届选举工作;研究召开常委会第二十一次会议事项;讨论人大二届一次会议经费问题;研究发放市一届人大代表纪念品问题
64	1992.11.27	传达九江市县级四套班子主要领导会议精神;研究乡镇人大主席团常务主席由乡镇书记兼任问题
65	1992.11.28	听取市人大常委会向市委推荐人大代表的意见和向省人大常委会副主任胡东太汇报答复的意见;研究机关工作有关事项
66	1992.12.11	审查人大常委会工作报告(草案);审议市法院关于选举人民陪审员的报告
67	1992.12.21	机关办公楼图纸审定;讨论房改事宜;讨论人大常委会办经济实体有关问题;市二届人大会筹备工作情况汇报

市二届人大常委会主任会议

1993 年 1 月 9 日,市二届人大常委会选举产生后,何仁先、徐昌仁、朱亚愚、宋银春等 4 人组成市二届人大常委会主任会议,1994 年 1 月 13 日增补何庆亮后由 5 人组成,1996 年 3 月 2 日增补卢仕忠后由 6 人组成。任期内,共召开主任会议 101 次,主任何仁先主持 87 次会议,副主任徐昌仁受主任何仁先委托主持 13 次会议,主任何仁先、副主任徐昌仁共同主持 1 次会议,党组成员、办公室主任刘朝键、柯武山、王卫军列席各自任期内的各次会议,常委会各办事机构负责人列席会议。

市二届人大常委会主任会议审议和讨论议题一览表

表3－11

会议序号	时间	会议议程
01	1993.1.30	研究市二届人大一次会议代表议案建议交办事项；走访代表年前未完成的补访；研究召开二届人大常委会第一次会议；审议人事任免事项；举办《中华人民共和国宪法》《中华人民共和国地方各级人民代表大会和地方各级人民政府组织法》学习班
02	1993.2.11	讨论常委会1993年工作要点；常委会组成人员及党组成员、调研员分工；机关工作（经济实体组建、建房、买车等）
03	1993.2.26	讨论机关内部改革工作
04	1993.3.11	研究全年工作分月安排问题、参加五月岳阳研讨会材料、武蛟乡大兴村挂点工作；审查合作建房图纸；讨论更新小轿车等事项
续04	1993.3.13	审议各办今年工作任务；研究召开乡镇人大主席团常务主席会议事宜
05	1993.3.25	听取柯大忠检察长关于1993年检察工作任务及上级会议精神汇报；听取土管局关于执行国务院《关于严格制止乱占滥用耕地的紧急通知》的情况汇报；落实乡镇人大主席团常务主席会议筹备工作
06	1993.4.7	研究办公楼合作建房施工队问题；确定常委会第一次会议时间及议程；三省十六县人大工作研讨会事宜
07	1993.4.21	传达全国人大一次会议精神；综治调查问题研讨
8	1993.5.26	讨论安排五月份视察开发区工作；通报研讨会精神；审议乡镇人大主席团常务主席外出考察问题；传达本市计生工作会议精神；通报市人大常委会办公经费问题
9	1993.6.15	通报党组成员王全郊分工问题；研究常委会第三次会议事宜；听取视察开发区情况汇报；听取执法检查工作汇报；通报人大常委会党组上半年工作总结
10	1993.7.5	听取各办上半年工作汇报；听取市人大常委会机关经费收支情况汇报
11	1993.7.27	审议关于评议政府工作安排意见；听取和审议关于1993年财政预算安排意见；关于劳动就业工作安置意见；关于开展法制宣传教育工作安排意见；审议常委会第四次会议议程；研究在我市召开三省十六县人大研讨会工作
12	1993.8.20	审议常委会第四次会议具体事宜；研究评议政府工作落实负责人问题；研讨会研讨文章组织问题；听取检察长柯大忠关于九江市会议精神和查处“6·20”骗税案情况汇报
13	1993.9.6	进一步讨论目前几项工作（研讨会问题、评议意见、机关工作）
14	1993.10.5	议定研讨会发言人；研究研讨会材料修改及其他事项；研究评议意见抄告事项
15	1993.10.19	研究常委会第五次会议议程等事宜；研究召开市人大二届二次代表大会问题；研究关于常委会有关工作制度修订和制定问题；研究关于毗邻县人大研讨会材料发纪要问题
16	1993.10.26	审议提名朱杰任副市长的议案；研究关于加强廉政监督问题；研究关于代表创先活动和走访活动安排意见
17	1993.11.9	听取评议单位对评议意见办理情况汇报
18	1993.12.9	听取市农经委、农业局关于减轻农民负担情况汇报
19	1993.12.20－21	研究第六次常委会有关事项、关于市二届人大二次会议筹备工作、关于表彰先进问题、关于宣传报道问题、市人大常委会机关工作总结评比问题；审议常委会工作报告（草案）；研究省人大代表视察工作；研究走访代表反映的问题、信访件落实问题、机关老干部工作问题
20	1993.12.27	讨论任命艾宏盛为副市长、代理市长的议案
21	1994.1.15	听取各办年终工作总结汇报
22	1994.2.2	讨论常委会1994年工作要点；审定各办评出的机关先进工作者；确定合作建房后补的5户名单
23	1994.2.15	进一步讨论常委会1994年工作要点；审议建立机关工作汇报制度

续表 3－11

会议序号	时　间	会议议程
24	1994.2.22	审定常委会 1994 年工作要点；确定常委会第七次会议议程、时间等
25	1994.3.3	审议关于人事任命问题的意见；何仁先主任传达省人大八届二次会议精神；学习有关领导人员讲话
26	1994.3.9	审议常委会会议通过后的 1994 年工作要点，审定后予以印发实行；确定办公经费由办公室统一管理；听取机关运大股份有限公司董事长彭经球汇报公司运作情况
27	1994.3.22	讨论常委会 1994 年工作具体安排意见；审查各办提出的全年工作计划；通报党组关于调整领导成员分工问题；听取肇陈、峨嵋人大例会补选中的有关问题调查情况汇报
28	1994.4.15	讨论第八次常委会召开日期及议程；部署八届全国人大二次会议精神传达贯彻工作意见；讨论召开乡镇人大工作会议事项；研究宣传报道工作表彰事项
29	1994.5.10	研究开展《中华人民共和国工会法》和《中华人民共和国产品质量法》执法检查工作；讨论赴通山参加研讨会发言文章
30	1994.5.24	研究《中华人民共和国教师法》执法检查工作安排；讨论人大常委会办公大楼装修问题
31	1994.5.26	研究《中华人民共和国统计法》执法检查实施意见
32	1994.6.9	研究常委会第九次会议有关议程等事项
33	1994.6.24	听取《中华人民共和国工会法》《中华人民共和国教师法》《中华人民共和国产品质量法》执法检查情况汇报；研究检察院检察长提请的人事任免；研究办公楼设备订购事项
34	1994.7.3	研究视察市重点企业工作；研究开展人民代表大会制度建立四十周年纪念活动工作
35	1994.8.10－12	审议常委会第十次会议议程和日程(草案)；审议"一府两院"的人事任免；研究民主评议工作；听取《中华人民共和国统计法》执法检查情况汇报
36	1994.8.25	听取国营企业转换经营机制情况汇报；讨论检查《中华人民共和国消费者权益保护法》执法检查安排意见；讨论高丰、夏畈撤乡建镇人民代表大会有关问题；听取对商业局五交化公司执法情况的调查报告
37	1994.10.10	研究办公大楼落成庆典事宜、举行纪念人民代表大会成立四十周年座谈会、举行第十一次常委会等项工作
38	1994.10.26	讨论对《中华人民共和国未成年人保护法》执法情况进行检查的意见；讨论市政府提请的地税局局长任命议案；讨论领导成员指导评议工作问题
39	1994.11.16	研究评议两院四局工作汇报会的问题、关于参加人大研讨会出席人员的问题、关于参加九江市人大会工作人员问题、关于地税工作问题；听取柯大忠检察长关于 10 月 24 日逼供案情况汇报；研究合作建房有关问题
40	1994.12.2	审议常委会第十二次会议议程、日程(草案)；讨论代表视察工作；讨论代表创先争优评比检查工作；讨论召开市二届人大三次会议有关问题；讨论机关搬迁等问题
41	1995.1.9	审议艾宏盛市长提请徐霞飞为副市长的议案
42	1995.1.9	研究举行市二届人大三次会议有关事项；研究 1995 年常委会工作初步意见；审查大力发展个体私营经济的决定；讨论新办公楼管理规章；讨论年前几项主要工作安排；审定先进名单；听取人大代表民主评议意见办理情况汇报
43	1995.2.6	审议市二届人大三次会议筹备事项；讨论常委会 1995 年工作要点；讨论新办公楼庆典事宜
44	1995.3.7	讨论常委会第十四次会议有关事宜；讨论常委会 1995 年工作安排；研究农村挂点工作；研究常委会机关工作
45	1995.3.20	审定常委会 1995 年工作分月安排意见；审议通过常委会机关各项规章制度；研究 1994 年常委会机关公务员考核工作。
46	1995.3.30	确定常委会第十四次会议召开日期；审议市长和法院院长提请的人事任免事项

续表 3－11

会议序号	时　间	会议议程
47	1995.4.20	研究八届全国人大三次会议精神的传达贯彻意见;《中华人民共和国环保法》等执法检查工作;召开乡镇人大主席团秘书专干会议
48	1995.5.18	讨论开展《中华人民共和国城市规划法》执法检查工作;讨论南义镇村民柯清旺的信访件
49	1995.6.14	确定常委会第十五次会议召开日期;听取关于当前市场物价情况汇报;审议《关于在城区开展中小学生家长集资办学的报告》;审议创先争优评比条件;研究常委会 1995 年述职评议工作
50	1995.6.26	审议人事任免事项;研究《中华人民共和国城市规划法》执法检查工作
51	1995.7.12	讨论视察工作安排;讨论 1995 年度评议工作;审定常委会第十五次会议作出的审议意见;审定物价工作若干意见抄告事项;讨论《中华人民共和国水土保持法》执法检查安排意见
52	1995.8.10	听取和审议 1995 年财政预算执行情况汇报;听取和审议《中华人民共和国水土保持法》《中华人民共和国劳动法》等法律法规的执行情况汇报;听取和审议“二五”普法工作开展情况汇报;审议政府部门的述职报告;审议人事任免事项。
53	1995.8.24	听取和审议《江西省个体工商户与私营企业条例》等执行情况汇报;听取和审议职工医疗保险制度改革运行情况汇报;听取信访工作和经费使用情况汇报;听取柯芳芬申诉案调查情况汇报;审议人事任免事项
54	1995.9.22	讨论开展《中华人民共和国土地管理法》执法检查工作;听取办公楼工程结算及有关情况通报;听取柯大忠检察长传达九江市检察长会议精神和上半年工作汇报
55	1995.10.11	研究召开常委会第十七次会议事宜;听取林业公安分局关于高丰小源村滥伐林木一案汇报;研究评议的整改工作;研究乡镇换届选举工作
56	1995.10.20	传达九江市乡镇换届选举工作会议精神;研究部署我市乡镇换届选举工作安排意见
57	1995.10.24	审议乡镇换届选举工作实施意见;听取审议市检察院关于批准逮捕市人大代表周××的请示报告;审议市法院提请的人事任免事项
58	1995.10.31	讨论市检察院关于提请批准逮捕市人大代表李××的议案
59	1995.11.14	研究人大四套门面的处置问题;研究合作建房造价的计算范围方法问题、合作建房楼层价格及其他问题
60	1995.11.17	听取市政府办关于南义镇柯××投诉强奸案的调查汇报
61	1995.12.5	根据常委会第十七次会议的授权,研究调整洪岭、九源等 20 个乡镇选举委员会领导成员事项
62	1995.12.11	审议举行常委会第十八次会议事宜;审议二届人大四次会议召开的时间地点;研究二届市人大代表缺额补选问题;讨论创先争优评比工作;传达九江市人大信访工作会议精神
63	1995.12.25	听取《中华人民共和国土地管理法》执法情况汇报;研究二届人大四次会议主席团人选初步意见、补选代表问题、市二届人大四次会议筹备问题、市人大代表周××涉嫌犯罪问题的处理意见;听取《中华人民共和国税务征管法》《中华人民共和国银行法》《中华人民共和国对外贸易法》执行情况汇报
64	1996.1.23	讨论举行二届人大四次会议和举行常委会第十九次会议有关事宜
65	1996.2.5	研究代表创先争优评比问题、先进表彰问题、春节前的几项工作
66	1996.3.13	讨论乡镇换届选举工作材料、常委会 1996 年工作要点;研究四月份常委会有关事项;通过常委会领导分工意见
67	1996.3.21	讨论乡镇人大主席会议的两个材料和人大常委会与两院联席会议制度等问题
68	1996.4.9	研究提请常委会审议的人事任免事项;讨论常委会议程;研究几项具体工作
69	1996.4.12	传达全国人大会议精神;听取干部住房清理工作情况汇报;研究执法责任制和视察工作

续表 3－11

会议序号	时　间	会议议程
70	1996.4.25	讨论常委会 1996 年工作分月安排意见;研究执法责任制人员确定问题;讨论常委会有关事项;讨论参加人大工作研讨会问题
71	1996.5.8	研究《中华人民共和国农业法》和《中华人民共和国农业技术推广法》执法检查方案
72	1996.6.11	讨论确定常委会第二十二次会议议程等事项;听取和审议执法责任制视察情况汇报;听取农业局两法执法情况汇报;传达九江市人大常委会评议工作会议精神
73	1996.7.9	研究七月份代表评议工作安排;审议《城市总体规划》、"农业两法"执法检查的审议意见
74	1996.8.8	讨论举行常委会第二十三次会议有关事宜、《中华人民共和国教育法》执法检查工作、代表评议工作、执法责任制试点工作
75	1996.9.16	讨论"菜篮子工程"视察问题、常委会第二十四次会议有关事宜、评议汇报会、人大机关内部机构设置等问题
76	1996.10.9	讨论审议人事任免案、退伍军人安置问题、十月份人大研讨会材料问题
77	1996.10.23	研究组织人员外出考察问题;参加汨罗市主办的人大工作研讨会有关问题
78	1996.11.6	讨论关于周××交付审判问题、几件代表意见建议办理问题
79	1996.11.25	讨论市人大常委会机关机构改革"三定"方案;研究开展《环境资源保护法》执法检查问题
80	1996.12.10	听取市财政局关于清理预算外资金情况汇报;听取市人大政法办关于司法监督办法执行情况汇报;听取市人大常委会外出考察情况汇报;听取民主评议整改情况汇报;研究组织代表视察问题、召开常委会第二十五次会议事宜
81	1997.1.15	研究召开常委会第二十六次会议有关事宜;讨论市二届人大五次会议筹备工作;讨论市人大常委会工作报告
82	1997.2.18	初审 1997 年市财政预算(草案)
83	1997.3.4	讨论常委会 1997 年工作要点和常委会第二十七次会议议题
84	1997.3.12	进一步讨论常委会 1997 年工作要点;听取和审议执法责任制试点情况汇报
85	1997.4.8	讨论《中华人民共和国矿产资源法》和《中华人民共和国环境保护法》执法检查的有关事项
86	1997.4.15	讨论常委会第二十八次会议事宜;讨论《预算法》执行情况检查实施意见;研究召开乡镇人大主席会议事宜;讨论人大常委会组成人员调研、机关财务管理制度修改意见
87	1997.4.28	研究有关人事任免报告
88	1997.5.8	审议常委会第二十八次会议作出的关于执法责任制的决定;审议执法责任制动员大会的主题报告;研究"创建文明城动员会精神有关工作落实问题";通报《中华人民共和国矿产资源法》《中华人民共和国环境保护法》执法情况;讨论三省人大工作研讨会论文
89	1997.6.11	研究召开常委会第二十九次会议有关事宜、宣传工作奖励办法;听取"农业两法"执法检查工作汇报;研究财政预算监督办法、信访件处理意见
90	1997.7.8	听取审议代表视察安排意见
91	1997.8.6	听取和审议检察长柯大忠关于群众举报市人大代表万××经济问题的情况汇报
92	1997.8.8	讨论举行常委会第三十次会议有关事宜;听取执法责任制有关情况汇报
93	1997.8.19	审定视察报告;审议预算监督办法(草案);研究市人大常委会组成人员发放纪念品问题
94	1997.9.10	传达党中央文件精神(对陈希同的处理决定;党的十五大期间保持社会稳定等)
95	1997.9.24	审议参加毗邻县人大工作研讨会发言材料(主题是常委会内设机构的作用)

续表 3－11

会议序号	时　间	会议议程
96	1997.10.15	研究常委会第三十一次会议有关事宜；听取教科文卫办关于血防工作、农村合作医疗及中小学收费等情况调查汇报；传达九江市人大常委会信访工作会议精神；听取推荐到九江市人大常委会表彰的争先创优先进事迹情况汇报；研究机关有关问题
97	1997.10.22	审议市法检两院的人事任免案；审议市财政预算监督办法（草案）；听取市二届人大五次会议经费开支情况汇报
98	1997.11.5	研究换届选举有关工作和召开常委会第三十二次会议有关事项
99	1997.12.8	组织学习；研究调整选举委员会部分成员、调整各乡镇选举领导小组；听取市选举委员会办公室前段工作汇报；研究落实推荐代表候选人问题
100	1997.12.17	研究召开市三届人大一次会议筹备工作事宜
101	1997.12.29	审议常委会第三十三次会议议程；进一步研究市三届人大一次会议筹备工作；审议关于公款安装电话情况报告；审查1997年市本级财政预算调整方案；研究办公楼资金空缺问题

市三届人大常委会主任会议

1998年2月8日，市三届人大常委会产生后，张肇山、卢仕忠、朱杰、朱才菊、彭正交等5人组成市三届人大常委会主任会议，2000年2月28日增补副主任李世秀后由6人组成，2001年1月10日朱杰辞去市人大常委会副主任职务，仍由5人组成。任期内，共召开主任会议79次，主任张肇山主持77次会议，副主任卢仕忠受主任张肇山委托主持2次会议，党组成员、办公室主任王卫军列席各次会议，常委会各办事机构负责人列席会议。

市三届人大常委会主任会议审议和讨论的议题一览表

表 3－12

会议序号	时　间	会议议程
1	1998.2.11	新老交替座谈；部署当前工作
2	1998.3.11	研究1998年常委会工作要点和常委会第一次会议有关事宜；讨论依法治市决议（草案）；研究任命对象的法律培训考试事项
3	1998.3.27	审议人事任免事项
4	1998.4.20	听取和审议《农作物种子条例》执行情况汇报；研究召开颁发任命书大会有关事宜；听取和审议创先争优活动方案、完善执法责任制情况汇报及乡镇试点工作、乡村财务管理调查方案（草案）的汇报及调整浔阳路宽度和码头工业小区规划的汇报；研究参加万载县人大工作研讨会的有关事宜；机关内部管理制度及举办乡镇人大主席学习班事宜
5	1998.5.21	听取和审议预算外资金管理情况汇报，1997年人大常委会宣传报道奖励情况汇报，万载研讨会情况汇报；研究第二次常委会有关事宜；听取近期重点信访案件情况汇报；研究关于参加全市宣传报道学习班事宜
6	1998.6.25	传达省人大关于开展《计划生育条例》执法检查和评议计生工作会议精神；研究本会开展《计划生育条例》执法检查工作方案；研究开展《中华人民共和国食品卫生法》执法检查方案

续表3－12

会议序号	时 间	会议议程
7	1998.9.6	审议召开常委会第三次会议有关事项;听取和审议减轻农民负担情况的汇报;审议防汛救灾调查情况、环境治理及设施运转情况、两个信访件情况汇报;听取灾害情况通报
8	1998.10.9	讨论出席宜丰人大工作研讨会人员事宜和重阳节老同志活动事宜
9	1998.10.19	审议企业改制情况汇报、宜丰研讨会事宜、常委会第四次会议有关事宜、组织乡镇人大主席团组织市乡两级代表评议乡镇工作情况汇报;乡镇推行执法责任制试点工作情况汇报
10	1998.11.10	近期工作安排;审议检察院《关于王××、柯××非法拘禁案》报告
11	1998.11.30	审议关于调整国民经济和社会发展计划重要指标的报告、重点部门落实执法责任制情况汇报、"一帮一"和下拨救灾款的情况说明、重建家园、恢复生产的汇报、创先争优参评方案汇报
12	1998.12.18	研究近期工作安排
13	1998.12.23	审议1997年市财政收支决算报告、增补下岗职工基本生活补助支出和增加农业综合开发支出的报告、考评情况汇报、三级代表视察情况汇报、常委会工作报告和常委会第五次会议议程、横港评议遗留问题和乐园信访件情况汇报;讨论三届人大二次会议筹备工作
14	1999.1.19	研究年度考评工作和春节的几件具体事项
15	1999.3.2	审议常委会1999年工作要点(草案);安排执法责任制工作
16	1999.3.25	审议常委会第六次会议有关事项,指导乡镇人大例会工作,人事任免事项,讨论常委会法制讲座安排意见,常委会工作制度修改问题
17	1999.4.7	审议提请常委会审议的人事任免事项;听取关于第二轮土地承包调查情况汇报;听取办公室筹备常委会工作汇报。
18	1999.4.16	研究外出考察工作及机关工作安排。
19	1999.5.10	审议代理市长的任命和接受郎小军辞去副市长职务等事项;研究考察汇报工作、常委会第七次会议前的调研工作、其他几项工作的人员分工
20	1999.5.21	审议人事任免事项;听取外出考察工作、防汛准备工作、灾后重建工作汇报;研究创建文明卫生城有关事项
21	1999.6.22－23	审议1999年市本级财政预算方案;研究常委会第八次会议有关事项;听取和审议市政府实施《江西省按比例安排残疾人就业办法》细则、三个重要信访件办理情况、"一府两院"评议工作准备情况、举行乡镇人大工作座谈会的准备情况、常委会工作制度汇编情况汇报;研究关于购置空调等事项
22	1999.6.28	听取《中华人民共和国建筑法》《中华人民共和国保险法》实施情况调查汇报;审议评议"一府两院"工作实施方案;研究建办公楼顶隔热层问题
23	1999.8.24	审议评议工作进展情况、代表批评、意见、建议办理情况汇报;研究机关开展"公仆形象回头看"活动安排;审议常委会第九次会议有关事宜及常委会工作制度修改情况汇报;研究办公室工作
24	1999.8.30	通报测评工作;报告评议发言修改意见建议;研究评议大会筹备工作和下步如何抓好整改工作
25	1999.9.8	审议评议办公室关于对"两院四局"所提意见、建议如何搞好整改问题
26	1999.9.28	审议评议"两院四局"整改工作进展情况、召开乡镇换届选举市人大例会准备情况汇报,审议常委会第十次会议有关事宜;研究国庆休假值班安排问题
27	1999.11.7	研究常委会授权决定任免各乡镇选举委员会名单、对乡镇人大主席团进行年终考评及走访人大代表问题;审议省地市三级代表视察安排意见;研究成立乡镇换届督导组问题、有关人事任免准备工作、召开离任的乡镇人大主席座谈会问题;审议执法机关执法责任制补充目录、部门执法责任制检查方案;听取评议"两院四局"批评、意见、建议办理情况汇报;审议关于调整常委会1999年工作要点的意见;研究市三届人大三次会议筹备工作、报刊征订工作

续表 3－12

会议序号	时 间	会议议程
28	1999.12.9	审议召开常委会第十一次会议有关事宜、执法机关执法责任制补充目录的说明；研究对市法院行政庭庭长胡××信访件的处理意见；审议赴外地学习预算外资金管理情况、农用电"两改一同价"的调查情况汇报
29	2000.1.7	研究召开常委会第十二次会议有关事宜；审议市三届人大三次会议上的人大常委会工作报告；听取和审议关于补选出缺的市三届人大代表资格审查报告；审议人事任免事项
30	2000.2.12	研究召开常委会第十三次会议事宜和第三十一次主任会议事宜
31	2000.2.14	听取和审议2000年市财政预算安排、常委会工作报告(草案)、补选出缺代表资格审查报告；审议人事任免事项；研究常委会近期工作安排
32	2000.3.2	部署常委会当前的工作和全年工作安排；传达市几个会议精神；听取关于创办企业事项情况汇报
33	2000.3.10	研究成立常委会和常委会机关“三讲”秘书组事宜
34	2000.3.13	讨论《在人大机关“三讲”教育动员会上的讲话》(草稿)和“三讲”教育方案
35	2000.4.11	传达市直单位班子和机关思想作风建设汇报会精神；听取关于评议“两院四局”有关工作汇报；讨论常委会工作分月安排；研究常委会第十五次会议有关事宜；研究村建办抽调包乡挂村工作队员事项
36	2000.4.24	审议《瑞昌市征用地管理暂行办法》、对预算外资金管理较差单位进行整顿的意见、关于免去市畜牧水产局余传先局长职务的报告；听取野兽侵害调查报告；研究机关事务有关问题
37	2000.5.7	审议常委会第十六次会议议程
38	2000.5.15	研究“三讲”整顿落实措施
39	2000. 6. 15－16	听取关于九江市人大常委会政法工作会议精神汇报；审议人大常委会有关制度；听取市预算外资金管理事项的调查情况汇报；审议述职评议对象；审查1999年执法责任制目录；听取看守所、拘留所经费等有关情况汇报；研究关于督促市政府对婚姻登记集中管理问题进行整改的意见；审议常委会第十七次会议的建议事项；审议关于组织机关干部赴广丰、延安考察学习的报告；讨论机关工作事项
40	2000.6.20	研究去广丰、延安学习考察有关问题
41	2000.6.30	审议浔阳路镶边工程建设情况的报告；讨论市预算外资金管理的审议意见；研究调整述职评议的受评单位；听取关于市委常委会对《讨论决定重大事项的规定》修改意见的汇报；审议常委会第十七次会议议程
42	2000.8.2	审议市政府关于调整财政预算的报告；听取陈志平、邹庆炎房屋纠纷情况汇报、《中华人民共和国村民委员会组织法》实施存在有关问题的调查报告、《中华人民共和国城市规划法》执法情况汇报、“三讲”教育整改方案落实情况汇报、述职评议准备工作情况汇报、非公有制经济发展和环境整治情况汇报、赴广丰、延安考察情况的汇报
43	2000.9.4	研究召开评议“一委三局”会议；审议常委会第十八次会议有关事项、人事任免事项；研究网改及办公室其他问题
44	2000.9.21	讨论常委会评议“一委三局”意见汇总情况
45	2000.10.13	研究评议整改汇报工作；讨论个案监督问题；听取信访工作汇报；研究“心中有群众”活动开展工作
46	2000.10.31	听取评议整改工作汇报；讨论常委会第十九次会议有关事项；听取市三届人大代表缺额情况汇报、九江市个案监督会议精神汇报；研究外出考察工作安排；审议《中华人民共和国城市规划法》执法检查工作；研究年终工作安排
47	2000.11.3	审议市法院人事任免案；听取“三讲”教育回头看工作汇报；审议码头装潢公司申诉案问题；听取华东交大专家对瑞昌“十五”规划情况反馈

续表 3－12

会议序号	时　间	会议议程
48	2000.11.27	听取码头装潢公司申诉案情况汇报；研究开展创先争优考评工作安排；讨论立肇路集资款问题
49	2000.12.4	讨论瑞昌市“十五”规划思路初步意见；研究“千人下乡抓发展”活动工作开展及推荐代表问题
50	2000.12.12	听取市农业产业化发展情况汇报、血防工作调查汇报、邹庆炎房屋纠纷信访件汇报；研究《文物保护法》迎检工作安排；审议人事任免案；讨论考评走访事项；讨论召开常委会第二十次会议事宜
51	2000.12.29	听取审议市财政收支调整情况汇报
52	2001.1.2	研究市三届人大四次会议筹备工作
53	2001.1.9	讨论人大会筹备工作；研究年终考评表彰等事项；审议人事任免事项；研究法律顾问补贴问题、报刊征订和精神文明奖等事项
54	2001.2.12	研究赴龙南招商引资考察工作；讨论常委会2001年工作要点；研究落实“议案”办理措施
55	2001.2.26	讨论市人大常委会机关2001年度招商引资方案和常委会2001年工作要点
56	2001.4.26	讨论进一步加强招商引资工作；听取市政府贯彻市委第24次常委会关于农业产业化结构调整情况汇报；研究南义镇选举问题督促工作；听取“三路改造”情况汇报；研究几项具体工作落实问题
57	2001.5.14	审议常委会第二十四次会议有关事项；研究组织部分乡镇人大主席外出考察工作；听取招商引资工作、“三个代表”重要思想教育工作汇报
58	2001.5.21	听取关于赛湖城建事件的调查情况汇报；审议关于人民北路改造的议案
59	2001.6.13	审议调整洪一等乡镇1997年农民人均收入数据的报告
60	2001.7.11	研究评议工作；听取代表批评意见建议办理情况汇报；研究外出考察学习工作；听取《刑事诉讼法》执法检查情况、市财政预算执行情况汇报；研究召开常委会有关事项及常委会机关管理办法
61	2001.7.31	讨论评议方案；听取关于《刑事诉讼法》检查情况审议意见、代表建议批评意见建议办理情况汇报；研究帮扶企业服务问题；研究对市法院进行个案监督工作、南义镇人大主席、镇长候选人问题、人代会上发放纪念品问题
62	2001.9.25	讨论五位副市长评议意见修改问题；听取调查组对于法检两院调查座谈情况汇报
63	2001.10.22	审议王玢副市长任命案；研究组织法律顾问外出考察事项；学习党的十五届六中全会文件及江泽民“七一”讲话；安排常委会近期工作。
64	2001.11.15	讨论机关开展“三帮一上”活动实施方案；传达九江市乡镇换届选举工作会议精神；审议2000年执法责任制目录；讨论废止《市人大常委会关于加快个体私营经济的决定》；讨论召开常委会第二十八次会议有关事项
65	2002.2.8	安排乡镇换届工作；研究年终走访代表及考评工作、人大例会及自身工作；听取邹庆炎房屋宅基地行政复议决定情况汇报和上年工作总结及今年打算的情况汇报
66	2002.2.21	听取市财政预算调整情况、市人大例会筹备情况汇报；讨论人大常委会工作报告(草案)
67	2002.2.27	研究近期工作安排，初步确定常委会年度工作要点；审议常委会第三十二次会议有关事项；讨论市三届人大五次会议提出的议案如何组织落实；讨论对市法检两院述职对象的评议工作；审议人事任免事项
68	2002.3.13	审议人大常委会2002年工作要点、市三届人大五次会议议案办理审议意见、人事任免事项；制定关于“千人连千户”活动实施意见；研究招商引资工作
69	2002.4.15	讨论对市法检两院评议工作安排、工作要点分月安排意见、去年宣传报道先进的奖励、中层以上干部优化环境知识考试等问题；研究向市老协活动中心捐款事项

续表 3－12

会议序号	时 间	会议议程
70	2002.4.19	研究在全市三级干部大会荣获优胜单位、精神文明进步单位、招商引资等奖金兑现办法
71	2002.5.9	审定评议法检两院34名述职对象意见建议；研究述职对象测评满意度不到50%的5人处理意见
72	2002.6.4	研究法检两院评议工作整改意见、招商引资服务单位协调服务工作、招商引资奖励问题；听取工业园居民用地问题调查汇报；研究配合市委市政府税费改革工作
73	2002.7.19	听取评议工作进展情况汇报；审议常委会第三十五次会议有关事项、招商引资任务分解及奖励办法、机关“升温提速”活动初步意见；听取关于个案情况及1－6月经费开支情况汇报
74	2002.8.2	审议召开常委会第三十五次会议筹备情况和人事任免案；传达市委对五个满意度不到50%的人员处理意见的批复
75	2002.9.5	研究市(村)换届方案、加强招商引资工作、落实九江组织人大常委会主任外出考察有关事项
76	2002.10.11	进一步研究市(村)换届选举工作；安排常委会主任外出考察期间的工作
77	2002.11.7	研究按常委会工作要点分月安排要完成的工作；审议有关人事任免案；研究几个具体事项
78	2002.11.28	学习党的十六大会议文件；研究抽调人员参加税收改革视察工作、招商引资服务工作、换届选举工作；研究油泵厂未向个别选民发选民证导致未参加选举事件要形成抄告单事宜
79	2002.12.18	研究换届选举指导工作、市四届人大一次会议筹备工作、党的十六大会议精神贯彻落实方案、扶贫帮困工作、招商引资工作

市四届人大常委会主任会议

2003年1月24日，市四届人大常委会选举产生后，陈世翔、曹祥水、周又新、李广松、蔡金槐、吴拥军等6人组成市四届人大常委会主任会议，2005年5月27日李广松辞去市人大常委会副主任职务后由5人组成。任期内，共召开主任会议73次，主任陈世翔主持73次会议，党组成员、办公室主任王卫军、谈华众、邹庆柏在各自任期内列席会议，常委会各办事机构负责人根据会议审议和讨论的议题性质分别列席会议。

市四届人大常委会主任会议审议和讨论的议题一览表

表 3－13

会议序号	时 间	会议议程
1	2003.2.25	研究机关几项具体工作(黄晓光请长假打工一事、九江市委党校初级干部班学习一事)；听取各办关于常委会工作要点的汇报
2	2003.3.7	决定常委会第一次会议建议议程；研究新一届政府组成部门负责人任前培训问题、四届人大一次会议代表建议、批评和意见办理的重点、聘请法律顾问问题、招商引资奖励办法、宣传报道工作奖励办法
3	2003.3.19	决定常委会第一次会议有关事宜；研究人大常委会党组成员摸底上报工作；审议常委会议事规则和守则(草案)
4	2003.3.26	审议人事任免事项

续表 3－13

会议序号	时　间	会议议程
5	2003.4.22	审议市人大常委会机构改革方案;讨论目标考评先进单位、招商引资如何配套发放奖金问题;研究“一帮一”文件落实工作;传达市防治“非典”疫情会议精神
6	2003.5.14	审议常委会第二次会议有关事项;听取和审议政法办关于公检法部门有关工作情况汇报;听取办公室关于电话管理有关事项情况汇报
7	2003.7.4	审议筹备常委会第三次会议有关议程
8	2003.7.23－24	研究人大机关进两名工作人员问题;听取各调研组调研情况、办公室关于常委会第三次会议筹备情况汇报
9	2003.9.5.8	5日研究常委会第四次会议议程及有关事项、开展《中华人民共和国税收征管法》执行情况检查工作、离岗人员有关问题处理工作。 8日续会,研究常委会会议议程、常委会内设机构与对口联系部门单位落实
10	2003.9.22	听取和审议关于《中华人民共和国税收征管法》执法自查情况汇报;审议常委会第四次会议人事任免事项。
11	2003.9.26	研究几项具体工作任务分工。
12	2003.11.11	讨论机关吉普车问题;审议常委会第五次会议事宜;讨论任命对象述职报告、为地州集团定一名服务人员
续12	2003.11.13	研究第五次法制讲座(学习《中华人民共和国人口与计划生育法》);听取和审议《中华人民共和国人口与计划生育法》实施一周年情况汇报、市政府招商引资工作汇报、法检两院工作汇报
13	2003.11.22	研究常委会第五次会议增加议程问题和年前的几项工作
14	2003.12.1	近期工作进一步明确,改评议组为考核组;研究创先争优活动考核工作
15	2003.12.18	研究召开市四届人大二次会议事宜和九江市人大代表候选人拟选原则
16	2003.12.31	听取人大例会筹备工作情况汇报,各次各类会议的安排和报告初稿情况汇报
17	2004.1.5	讨论人大常委会工作报告、工作表彰有关事项;审议常委会第八次会议议程
18	2004.2.6	讨论常委会2004年工作要点;研究去年评议工作如何抄告问题
19	2004.2.20	听取2003年述职评议意见抄告情况汇报;讨论常委会2004年工作要点;研究四届人大二次会议批评意见建议办理工作及代表联系选民制度
20	2004.3.12	进一步对2004年工作要点讨论稿进行审议;审定建立代表联系卡制度;审议常委会第九次会议建议议程
21	2004.5.11.13	11日,审议常委会第十次会议建议议程和选任联提议的几项工作; 13日,审议常委会第十次会议建议议程;听取车辆行驶在二小校园情况汇报;审议市四届人大代表分组调整情况汇报;讨论举办乡镇人大干部培训班事项、安排各办对口乡镇名单及工作任务
22	2004.5.26	研究机关小车使用管理问题、参加秦皇岛学习班问题;审议评议政府组成部门工作
23	2004.6.8	研究常委会第十次会议纪要;审议代表建议批评意见办理情况汇报;研究法律顾问外出考察事宜和《中华人民共和国药品监督法》执法检查事宜
24	2004.7.9	研究常委会第十一次会议有关事宜
25	2004.8.9	听取和审议对一委三局进行评议、《中华人民共和国行政处罚法》执法检查等的实施方案;审议常委会第十一次会议纪要
26	2004.8.31	研究评议第二阶段工作
27	2004.9.17	审议常委会第十二次会议建议议程;讨论召开纪念人民代表大会制度建立50周年座谈会方案
28	2004.9.21	听取和审议评议调查督导情况汇报。

续表3－13

会议序号	时　间	会议议程
29	2004.10.9	研究召开一委三局评议工作大会事宜;听取28次主任会提出的问题进行核实的情况汇报;研究常委会第十二次会议要准备的几项工作
30	2004.10.19	传达市委《关于进一步加强人大工作的补充意见》精神;传达九江市人大常委会工作会议精神
31	2004.10.21	审议代表评议“一委三局”的评议意见
32	2004.11.16	审议常委会第十三次会议建议议程;研究几项具体工作
33	2004.12.6	研究召开市四届人大三次会议筹备工作、述职评议、创优争先考评及代表走访工作;研究省、九江市代表视察活动、评议工作的整改意见等事宜
34	2004.12.22	听取和审议召开市四届人大三次会议有关筹备工作汇报;研究开展述职评议工作、召开常委会第十五次会议的准备工作
35	2004.12.24	审议提请常委会审议的关于召开市四届人大三次会议的有关事项和“创先争优”表彰决定
36	2004.12.27	审议市四届人大三次会议有关材料、创先争优表彰推荐名单
37	2005.1.21	听取常委会各办2005年工作安排汇报;审议常委会2004年对9个单位、3名法官和3名检察官的述职评议意见抄告等事宜
38	2005.2.2	听取述职评议抄告意见整改情况汇报;审议市四届人大三次会议建议、批评和意见整改意见、常委会2005年工作要点(草案)、2004年常委会审议意见跟踪督查等事项
39	2005.2.24	审定常委会2005年工作要点;研究2004年度常委会审议意见跟踪督查;审议常委会第十六次会议建议议程
40	2005.3.31	安排《中华人民共和国环境保护法》执法检查事项
41	2005.5.13	研究常委会第十七次会议有关事宜;安排《中华人民共和国血吸虫防治法》执法情况调研工作;讨论决定常委会2005年度工作评议单位
42	2005.6.3	讨论常委会第十七次会议纪要
43	2005.6.24	讨论文物保护工作调研活动;研究对一院三局的评议工作;决定对全市土地收益金进行审计;研究《中华人民共和国农业法》执法检查工作
44	2005.7.18	讨论“一委三局”评议工作实施方案、贯彻市委扩大会议精神等
45	2005.8.5	讨论组织部分九江市人大代表及市人大常委会组成人员赴港考察事宜
46	2005.9.2	部署评议第二阶段的有关工作
47	2005.9.8	讨论常委会第十九次会议建议议程
48	2005.9.27	听取和审议评议第二阶段工作的汇报;研究下步评议工作打算,决定2005年10月10日左右召开评议大会
49	2005.10.14	听取和审议一院三局评议批评、意见和建议的综合汇报
50	2005.11.7	审议常委会第二十次会议建议议程
51	2005.12.5	研究地震后不能入住的机关干部住宿问题;向九江市人大常委会报告灾情事项
52	2005.12.14	审议市四届人大四次会议有关事宜;研究工作评议跟踪和述职评议工作及常委会第二十次会议有关事项
53	2005.12.31(上)	决定市四届人大四次会议的机关具体事项;确定召开常委会会议具体时间
54	2005.12.31(下)	落实市四届人大四次会议分组工作任务;安排春节前的工作及元旦假期有关工作
55	2006	审议市四届人大四次会议列席人员名单;审议人大常委会工作报告(审议稿)
56	2006.2.6	审议提名熊起栋为副市长、代理市长的议案

续表3-13

会议序号	时 间	会议议程
57	2006.2.24	研究常委会2006年工作要点;安排代表建议、批评和意见交办工作
58	2006.3.3	适当调整经市委常委会原则同意后的常委会2006年工作要点
59	2006.3.8	研究关于指导乡镇人大例会有关事项的建议;审议人事任免有关事项
60	2006.6.1	审议常委会第二十四次会议建议议程;研究2005年度常委会审议意见进行跟踪督查工作、招商引资和灾后重建工作等事项
61	2006.6.9	审议市法院提请的人事任免事项;研究灾后重建工作
62	2006.6.14	审议市法院提请的人事任免事项
63	2006.7.7	审议常委会第二十五次会议建议议程、人事任免建议名单
64	2006.7.27	审议范海鹏为代理检察长的议案
65	2006.8.28	传达九江市人大会议精神;安排召开市四届人大五次会议的有关事项
66	2006.9.5	研究选举九江市人大代表推荐名单;审议常委会第二十七次会议建议议程和有关人事任免事项
67	2006.9.28	审议人事任免建议名单
68	2006.11.10	审议常委会第二十八次会议建议议程;研究换届选举准备工作
69	2006.11.30	审议市政府关于贷款2000万元用于地震救灾工作的议案
70	2007.2.12	审议召开市五届人大一次会议的议案;研究走访市四届人大代表有关事项
71	2007	安排市五届人大一次会议具体工作
72	2007.3.5	部署市五届人大一次会议各项准备工作;讨论人大常委会工作报告(讨论稿)
73	2007.3.8	审议人大常委会工作报告(审议稿)

市五届人大常委会主任会议

2007年3月22日,市五届人大常委会选举产生后,陈世翔、曹祥水、周又新、朱志强、吴拥军、刘振华、张友清等7人组成主任会议。任期内,共召开主任会议37次,主任陈世翔主持37次会议,党组成员、办公室主任杨能聪列席各次会议,常委会各工作机构负责人根据会议审议和讨论的议题分别列席会议。

市五届人大常委会主任会议审议和讨论的议题一览表

表3－14

会议序号	时　间	会议议程
01	2007.4.16	研究常委会领导分工；决定市五届人大常委会第一次会议建议议程
02	2007.4.23	安排办理代表建议、批评和意见；审议市五届人大常委会代表资格审查委员会名单（草案）；研究调进人员工作关系问题
03	2007.5.10	审议人事任免有关事项；听取2007年市财政预算具体安排意见汇报
04	2007.5.17	听取常委会考察新任命对象情况汇报
05	2007.6.12	审议市公安局提请的关于市人大代表××灾后重建违反政策法规，对其采取强制措施的报告
06	2007.7.11	审议常委会第四次会议建议议程、人事任免事项；审议有关评议工作、代表活动经费安排等事项
07	2007.8.21	审议工作评议方案；研究老年门球赛工作、机关工作制度、洪源村挂点工作等事项
08	2007.10.9	审议常委会第五次会议建议议程；研究近期几项具体工作
09	2007.11.3	审议常委会第六次会议建议议程；安排码头工业城视察工作；安排市五届人大二次会议筹备工作；研究代表创先争优工作
10	2008.2.21	审议常委会2008年工作要点
11	2008.4.22	审议国有资产投资公司筹集码头工业城建设资金贷款的报告
12	2008.8.12	审议常委会第七次会议建议议程；审议年度评议方案
13	2008.9.9	统一对任命对象的思想认识；研究评议工作动员会有关事项
14	2008.12.2	研究对雷细春违反计划生育的处理意见；安排年前各项工作
15	2009.3.6	安排代表建议、批评和意见交办工作；确定常委会2009年评议对象；部署乡镇人大会指导工作
16	2009.4.27	听取关于溢城一名市人大代表被采取强制措施的调查情况汇报
17	2009.4.29	听取市人大代表吴××涉嫌犯罪的情况汇报；研究机关内部管理等几项工作
18	2009.6.12	听取和审议《中华人民共和国合同法》《中华人民共和国农产品质量安全法》贯彻实施情况的检查、基层文化工作情况、代表建议、批评和意见办理情况汇报；审议人事任免事项；研究乡镇人大主席外出考察学习事项
19	2009.6.19	听取市纪委关于市文化局局长田××受贿案处理意见，罢免其市人大代表的处理意见
20	2009.8.7	决定常委会第十七次会议建议议程
21	2009.8.26	决定原定的两个议题一并纳入常委会1次会议的问题；审议吴××被判管制，对其市人大代表职务处理的报告；听取市一中移交管理债务处置问题的汇报
22	2009.11.30	审议对评议市公安、环保、房产、供电工作的审议意见；初步确定市五届人大四次会议召开时间
23	2009.12.22	研究常委会会议安排及年终考评工作
24	2010.2.22	审议常委会第二十二次会议建议议程、常委会2010年工作要点；研究评议市政府专项工作的涉及对象；审议市政府关于规范燃放烟花爆竹议案
25	2010.2.25	审议确定评议工作对象；安排代表建议、批评和意见办理工作
26	2010.4.7	审议常委会第二十四次会议建议议程

续表 3-14

会议序号	时 间	会议议程
27	2010.5.10	听取和审议开展“服务创业当模范、带头创业当先锋”主体实践活动的实施意见；研究制定代表走访选民听取人民群众意见，解决信访问题的暂行办法，优秀代表建议、批评和意见评选表彰办法等三个文件
28	2010.5.27	听取和审议市政府关于建城西客运站议案
29	2010.6.12	审议常委会第二十六次会议建议议程
30	2010.6.28	审议常委会机关人员调整后的人事任免事项
31	2010.8.3	审议常委会第二十七次会议建议议程；研究评议工作的有关问题
32	2010.10.9	研究陈世翔主任到省学习期间的常委会工作安排
33	2010.	研究召开市五届人大五次会议有关事项；审议市政府关于两宗土地改变用地性质议案；研究代表走访、评选优秀代表建议、批评和意见等事项
34	2011.4.21	研究市乡两级换届选举工作
35	2011.7.8	进一步研究市乡换届选举工作
36	2011.7.15	市委副书记曾宪奎送人大常委会新党组成员与主任会议成员见面；部署市六届人大一次会议有关工作
37	2011.7.19	与新一届党组成员一起研究市六届人大一次会议具体事宜

第四章　市人大常委会工作

第一节　监督工作

听取和审议专项工作报告

1990年8月28—29日，市一届人大常委会第三次会议，听取和审议市政府关于市直部门和所属单位为农业服务，科技兴农，部分乡镇场水利工程修复，老区、贫困区经济建设，清理行政事业性收费等4项工作情况汇报。针对4项专项工作中存在的问题，市人大常委会提出要加强农田基本建设，搞好为农服务；抓好科技兴农；抓好乡镇场水利工程修复；扶助老区贫困区发展经济；政府物价部门要切实履行职责，按照《瑞昌市乡镇收费管理目录及标准》和《瑞昌市乡镇收费管理办法》继续做好清理工作，加强检查督促，克服困难和阻力，严肃处理一批乱收费的问题，选择典型案例予以公布，挽回负面影响，市政府就严格禁止乱收费问题发出通告，明确收费原则、项目、标准和方法，鼓励群众监督等审议意见。听取和审议市政府关于查处国家机关工作人员违纪建私房情况汇报。

9月27—28日，市一届人大常委会第四次会议，听取和审议市政府关于国营商业和供销工作治理整顿、深化改革情况汇报，提出搞活流通、减少商品积压、减少亏损等建议。听取和审议市政府关于工业企业重点项目建设及其生产经营情况汇报，提出要加强工业企业内部管理、依靠科技进步、提高产品质量、扩大产品销路、抓好工程配套和扫尾等方面的审议意见。

1991 年 1 月 27—28 日,市一届人大常委会第六次会议,听取和审议市政府关于市一届人大常委会第三、第四、第五次会议审议意见办理情况汇报,市人大常委会要求市“法检”两院和市公安、土管、农经、农业、物价等部门对市人大常委会组成人员不满意办理结果的审议意见要在市一届人大二次会议前办理完毕。

5 月 16—17 日,市一届人大常委会第九次会议,听取和审议市政府关于第二个五年普法工作规划的汇报,审议通过《关于在公民中开展第二个五年法制宣传教育的决议》。会议指出“二五”普法比“一五”普法要求更严更高,市政府要突出以宣传为核心、以专业法律为重点内容,加强组织领导工作,有计划有步骤地实施“二五”普法方案,如期完成普法工作任务。听取和审议市政府关于市区集资办学,瑞昌市“两台”(电视台、广播电台)“两馆”(图书馆、博物馆)建设,瑞昌市重点市政工程建设等 3 项工作情况汇报。针对经费不足、项目建设上遇到困难等问题,提出放慢一些步伐,采取积极态度和积极措施,分清轻重缓急,逐项分期把在建项目完成好的审议意见。

8 月 15—17 日,市一届人大常委会第十次会议,听取和审议市政府关于全市工业企业调整提高情况汇报,提出市政府及其工业主管部门要“举全市之力抓技改”,从加强内部管理中增效益,克服面临的困难,搞活骨干企业,使调整提高发挥更大效果的审议意见。听取和审议市政府关于治理乱收费、乱罚款、乱摊派工作情况汇报,要求市政府加强领导、抓好重点、突破难点,把建章立制作为大事来抓,一切未经权力机关批准的收费项目和标准必须取消。

10 月 9—10 日,市一届人大常委会第十一次会议,听取和审议市政府关于棉花收购工作情况汇报,提出市政府要以抓棉花生产的力度抓好收购工作,集中力量和时间解决好收购工作中的问题,使售购双方满意的建议。听取和审议市政府关于 1991 年 1—9 月份商业工作情况汇报。

1992 年 5 月 28—29 日,市一届人大常委会第十六次会议,听取和审议市政府关于全市房改工作、商业系统“四放开”(即经营、价格、分配、用工)工作、果业工程开发等 3 项工作情况汇报。针对房改资金难到位、配套措施不完善、宣传力度不够、群众不理解等问题,提出要在实施中把原则性同灵活性结合起来,推动工作进程的建议;针对有少数单位求稳定,没有行动,建议商贸系统实行经营、价格、分配、用工“四放开”的力度加大;果业工程开发要从实际出发,开发一片成一片,注重效果。

9月28—29日，市一届人大常委会第十九次会议，听取和审议市政府关于全市工业企业“三项制度”改革、计划生育等2项工作情况汇报。会议认为，市工业企业“三项制度”改革需要进一步深化，企业内部要加快改革步伐，政府部门要转变职能、配套改革措施要及时跟上，使企业真正在劳动、人事、分配上享有实实在在的自主权；市计生工作要注意做好思想政治工作，讲究方式方法，认真执行有关的政策法规。

12月23—24日，市一届人大常委会第二十一次会议，听取和审议市政府关于“二五”普法工作情况汇报，针对“二五”普法开展两年来，普法形式、声势、效果不如“一五”普法的问题，提出要把普法经费列入财政预算，处理好普法与经济建设、综合治理之间的关系，力求在未来3年把“二五”普法工作开展得更深入更广泛的审议意见。

1993年4月23—24日，市二届人大常委会第二次会议，听取和审议市政府关于整顿社会治安秩序、打击刑事犯罪活动情况汇报。针对当前社会治安形势仍较严峻，尤其是青少年违法犯罪问题令人忧虑，综合治理的各项措施有的还没有完全落实，存在许多薄弱环节等问题，会议要求全市各级组织、各部门和全社会要高度重视，加倍努力做好各方面工作。

6月25—26日，市二届人大常委会第三次会议，听取和审议市政府关于粮食、商业、供销体制改革，城建规划与管理，视察码头开放区、赛湖开发区建设与运行等3项工作情况汇报。会议重点审议城建规划与管理和码头开放区、赛湖开发区建设与运行情况2个报告，针对开放开发区的发展规划和发展方向、宣传力度、改善硬环境及引进项目和资金等方面存在的问题，要求市政府进一步解放思想，统一认识，举全市之力予以配合支持，进一步落实管理权限，制订更优惠的政策，从实际出发，优化软硬环境，选准发展路子，形成自己的特色。

8月25—26日，市二届人大常委会第四次会议，听取和审议市政府关于治理“三乱”、减轻农民负担情况汇报。会议对部分单位部门不同程度存在“乱收费、乱罚款、乱摊派”问题进行严肃批评，提出切实治理“三乱”，减轻农民负担的意见和建议，要求市政府在市人大常委会第五次会议上报告处理结果。会议听取市政府关于市人大常委会第二次会议《审议意见》和市人大常委会第三次会议抄告事项办理情况汇报。

10月29—30日，市二届人大常委会第五次会议，听取和审议市政府关于市二届人大常委会第四次会议《审议意见》办理情况汇报。针对部分代表和群众反映强烈的农村义务兵家属优待金的“以市统筹”问题，提出要按照中办、国办7月22日通知和江西省政府〔1993〕7号通知精神，取消“以市统筹”的建议。听取和审议市法院关于审判工作服务经济建设情况，市检察院关于查处经济犯罪案件情况汇报，会议要求“两院”依法行使职权，为经济建设提供法律保障和法律服务。

12 月 30—31 日,市二届人大常委会第六次会议,听取和审议市“一府两院”关于开展反腐败斗争和廉政建设情况汇报。会议认为,“一府两院”按照上级部署,虽然查处了一些案件,但震动不大,社会反响也不强烈,要求“一府两院”进一步巩固前期查处成果,抓出成效。

1994 年 4 月 28—29 日,市二届人大常委会第八次会议,听取和审议市政府关于物价工作情况汇报,针对当年 1—3 月份物价涨幅较大,远远超过省政府下达的控制指数,尤其是粮油、日用品和重要的农用资料价格涨幅过大,大大超过了人民群众的承受能力,已成为当前普遍关心的社会热点问题。会议提出要采取最高限价的办法,建立提价申报审批、粮食专项调节基金制度,整顿市场物价秩序,实行明码标价,切实稳定物价,遏制继续上涨的势头的审议意见。听取和审议市政府关于全市农科教事业发展情况汇报,提出切实可行的建议,并抄告市政府。听取市政府关于金融工作情况汇报。

6 月 28—29 日,市二届人大常委会第九次会议,听取和审议市政府关于“二五”普法工作情况汇报,要求市政府在最后一年多的时间里,进一步抓好依法治理工作,做到有规划、有目标、有检查、有监督。听取和审议市政府关于办理市二届人大常委会第八次会议关于物价工作《审议意见》情况汇报,提出对粮、油、猪肉实行最高限价,使一度猛涨的猪肉、粮价得到有效控制的建议。

8 月 30—31 日,市二届人大常委会第十次会议,听取和审议市政府关于全市社会治安综合治理情况汇报,要求继续抓好法制宣传教育工作,增强全民的法律意识,增强执法人员的法制观念,形成懂法、守法、依法办事的良好风气。听取和审议市政府关于国有企业转移经营机制和重点项目建设情况汇报,建议市政府对企业转制工作要简政放权,挖掘潜力,大胆改革,对一些资不抵债的小型国有企业,实行破产,千方百计地解决企业出路。听取和审议市政府关于个体和私营企业发展工作情况汇报,组成人员围绕支持、促进个体私营经济的发展提出积极的意见和建议。

10 月 27—28 日,市二届人大常委会第十一次会议,听取和审议市政府关于棉花政策落实情况汇报,提出要进一步加强棉花收购市场管理工作的意见。

12 月 27—28 日,市二届人大常委会第十二次会议,听取和审议市政府关于瑞昌市个体私营经济发展情况汇报,作出《大力发展个体私营经济的决定》。

1995 年 4 月 6 日,市二届人大常委会第十四次会议,听取和审议市政府关于发展畜牧水产及服务工作情况汇报,建议市政府进一步加大宣传力度,提高广大群众养殖的积极性,加强服务指导工作,走科学规模养殖的路子。

6月28—29日，市二届人大常委会第十五次会议，听取和审议市政府关于罗湖药材市场整顿情况汇报，要求市政府对药材市场整顿工作抓紧抓实，对不符合条件的经营户实行取缔的政策。听取和审议市政府关于物价情况汇报，提出要进一步强化物价调控管理手段，加强“菜篮子”工程建设，努力控制市场物价总水平的建议。

8月30—31日，市二届人大常委会第十六次会议，听取和审议市政府关于“二五”普法开展情况工作汇报，针对普法工作重视不够，依法治理工作没有大的突破，执法不严，执法违法等存在的问题，提出要加大宣传力度，加快推进依法治市进程的意见。

10月30—31日，市二届人大常委会第十七次会议，听取和审议市政府关于“两基”工作情况汇报，要求市政府要进一步加大经费投入，加强教师队伍的建设，加强检查、督促，使“基本普及九年义务教育和基本扫除青壮年文盲”的两基工作取得更大的成效。

12月27—28日，市二届人大常委会第十八次会议，听取和审议市政府关于职工医疗保险制度改革运行情况汇报，针对困难企业为职工缴费、医疗部门服务质量、患者选择医院就诊、大病转院等问题提出意见和建议。

1996年4月11—12日，市二届人大常委会第二十次会议，听取和审议市政府关于全市春耕生产备耕情况汇报，针对部分乡镇农技推广站擅自采购种子、不利于市种子公司统一管理、农贷资金不足、农村水利设施老化落后、部分乡镇农资市场混乱等问题，要求市政府进一步加强对农业工作的领导。

6月26—27日，市二届人大常委会第二十二次会议，听取和审议市政府关于瑞昌市城市总体规划的报告，会议决定对瑞昌市湓城区总体规划先行审议，待码头区总体规划出台后，一并形成决议。针对码头区规划编制问题，提出要提高规划意识，尽早编制详细城市总体规划，抓好实施规划措施落实，进行宏观控制的审议意见。

8月28—29日，市二届人大常委会第二十三次会议，听取和审议市政府关于山水开发等10大工程实施情况汇报，针对农业、棉麻高产、高山蔬菜，节粮型动物养殖、规模养猪、规模养鸡、水面养殖、特种水产、果业、高效经济等山水开发10大工程中规模养猪工程存在规模大量下滑和定点屠宰问题，向市政府及其主管部门提出建议和要求。听取和审议市政府关于重点项目建设情况汇报，针对洋鸡山金矿、水泥厂、华东刀剪厂、麻纺总厂等4家企业没有被列入市政府1996年重点项目工程行列等问题，要求市政府将其列入重点项目，实行定领导负责、定资金到位、定完成时间、包达产达标的“三定一包”责任制，确保项目顺利实施。听取和审议市政府关于招商引资情况汇报，针对引进的三资企业开工的不多，开了工但营业的不多，营业获利的不多等“三不多”现象和部门配合支持不够等问题，提出要制定更加优惠的政策,吸引更多的外资到瑞昌投资的意见。听取和审议市政府关于严打工作情况汇报,要求“一府两院”及其相关部门要继续抓好社会治安综合治理工作,解决好办案经费,继续坚持严打方针,巩固严打成果。

10月10—11日,市二届人大常委会第二十四次会议,听取和审议市政府关于“三五”普法规划安排情况汇报,作出《关于继续开展法制宣传教育的决议》。听取和审议市政府关于平抑市场物价情况汇报,针对副食品调节资金不能及时到位和部分食品价格偏高等问题,提出相应的意见和建议。听取和审议市政府关于落实市人大常委会关于瑞昌市城镇体系规划和城市总体规划溢城区的审议意见情况汇报,提出要成立将管理、开发、维护等工作纳入一体的协调机构的意见。

12月25—26日,市二届人大常委会第二十五次会议,听取和审议市政府关于瑞昌市城市总体规划码头部分编制情况汇报。会议认为,1984年编制的《瑞昌县县城规划》,随着社会主义市场经济体系的建立,尤其是瑞昌撤县建市后的发展需要,对原总体规划进行修编,是非常必要的。修编后的溢城区和码头区的城市格局符合瑞昌市情,是瑞昌发展的必然趋势。会议决定通过《瑞昌市城市总体规划》,作出《关于〈瑞昌市城市总体规划〉的决议》。听取和审议市政府关于机构改革工作情况汇报,会议对党政机关机构的设置、职能、职数、编制等问题提出建设性的意见。听取和审议市政府关于“菜篮子”工程建设情况汇报,针对存在商品蔬菜生产基础设施差、蔬菜种植技术落后、生猪生产滑坡、生产者利益无保障等突出问题,提出要抓好蔬菜、生猪生产,加强资金、技术扶持,加强市场管理和蔬菜生产办事机构建设,建立巩固蔬菜基地等审议意见。听取和审议市检察院关于查处贪污贿赂犯罪情况汇报,会议认为,1996年立案23起,20起发生在企业,说明企业监督机制不健全,为防止国有资产流失,国资局要加大监督力度,组织力量对亏损企业进行审计,检察机关要加大办案查处力度。

1997年3月20—21日,市二届人大常委会第二十七次会议,听取和审议市政府和市法院实行执法责任制试点情况汇报。会议认为,执法责任制在市土管局、工商局和市法院的试点工作,说明推行执法责任制进一步明确了执法主体、执法范围和执法依据,规范了执法文书和执法程序,建立和完善以错案和执法过错追究制为主要内容的执法监督机制,增强执法机关和执法人员依法行政、公正司法的自觉性,在一定程度上改善了执法部门的形象。

4月29—30日,市二届人大常委会第二十八次会议,听取和审议市政府关于农村春耕生产工作情况汇报,针对1996年农副产品收购部门缺乏服务观念,有些惠农政策没有落实到位,影响粮农和棉农的生产积极性,导致大量青壮劳力外去,对春耕生产产生影响的问题,建议市政府要落实好党的农村政策,切实保护农民的合法利益,逐年加大对农业的投入,充分调动广大农民的生产积极性。听取和审议市法院关于执行工作情况汇报,针对存在许多多年审结的案件未执行的问题,要求市法院要坚持审执分离的原则,进一步增强执行工作力度,切实保护当事人的合法权益。

6月25—26日,市二届人大常委会第二十九次会议,听取和审议市政府关于发展特色农业情况汇报,针对农贷资金、专业人员、科研、深加工、服务保障体系等问题,提出市政府要更好地发挥行政指导和监督管理的职能作用的意见。

8月26—27日,市二届人大常委会第三十次会议,听取和审议市政府关于城市市容管理情况汇报,针对城市交通、装潢、绿化管理工作没有理顺,出现的多头收费,工作相互扯皮等问题,建议市政府及其相关部门要加强检查督促,理顺好部门之间关系,为市民营造一个舒适卫生安全的城市环境。听取和审议市政府关于全市工业企业改制情况汇报,针对银行贷款挂账停息无法兑现,债权债务落实不到位,企业职工养老保险和医疗保险核减与拨付工作滞后,下岗职工从事个体经营享受不到优惠政策,缺少再就业工程,部分企业停产界定工作未完成,有的企业改制半途而废等问题,提出市政府要高度重视,切实加以解决的审议意见。

10月30—31日,市二届人大常委会第三十一次会议,听取和审议市政府关于落实市人大常委会关于全市工业企业改制情况汇报的审议意见情况汇报,会议认为市政府措施得力,成效明显,要求市政府及其主管部门要克服甩包袱、重收费、轻服务的思想意识,做好债权债务和股权配债工作,使其产权明晰;继续做好服务、引导和监督工作,认真贯彻中共中央、国务院《关于治理向企业乱收费、乱罚款和各种摊派等问题的决定》精神,切实减轻企业负担,为企业发展创造宽松环境。听取和审议市政府关于深化供销社改革、努力做好为农服务工作情况汇报,针对政策性亏损制约了供销事业的发展,市政府调用供销系统的资金较多,供销社的供销合作性质没有充分体现,为农业服务的职责没有充分发挥等问题,建议市政府及其主管部门要发挥主渠道作用,认真做好清股、扩股工作,真正把供销社办成农民合作经济组织。听取和审议市政府关于国有资产管理情况汇报,针对国有资产营运效率低、投资决策失误、管理失控而导致国有资产严重流失以及少数单位国有资产管理意识淡漠等问题,建议加大宣传国有资产意识的力度,建立监督机制。听取和审议市政府关于减轻农民负担工作情况汇报,针对农民的隐性负担依然存在,尤其是中小学乱收费问题比较突出,对制止中小学乱收费问题提出意见。听取和审议市检察院关于打击经济犯罪情况汇报,针对立案数量比往年下降,案件侦查手段、装备落后,对案件检举揭发人员缺乏有力的法律保障问题,要求检察机关加大侦查力度,严厉打击经济犯罪。

1998 年 1 月 9 日,市二届人大常委会第三十三次会议,听取和审议市政府关于卫生制度改革情况汇报,建议市政府要加大农村合作医疗改革的力度,协调好药品购销渠道,加大查处违法违纪医护人员的力度,确保医疗改革顺利进行。听取和审议市"一府两院"关于实行执法责任制情况汇报,建议"一府两院"要加强完善和落实工作,加大监督力度,确保法律法规的贯彻实施。听取和审议市政府关于落实市二届人大常委会第三十一次会议抄告意见情况汇报,要求市教委对课本多收的部分如数退回,不能代扣其他开支,保险费不能强行收缴,不能搞统一代办。

5 月 28 日,市三届人大常委会第二次会议,听取和审议市政府关于信用支农工作情况汇报,要求市政府及其供销系统要提高认识,改进作风,处理好经济效益与社会效益的关系,加强信用农贷管理,确保支援农业生产工作顺利进行。听取和审议市法院关于办理申诉、抗诉和久诉不息案件情况汇报,会议要求市法院切实维护当事人的诉讼权利和合法权益,慎重处理久诉不息案件,积极化解矛盾,竭力维护社会稳定,健全各项制度,努力实现审判工作科学化,规范化。

9 月 29—30 日,市三届人大常委会第三次会议,听取和审议市政府关于抗洪救灾情况汇报,针对生产自救方面没有具体计划,农作物种植、水利建设、房屋重建、企业财保、灾后防疫和安置等方面存在的问题,提出一手抓重建,一手抓经济发展,力争完成全年经济发展任务的意见和建议。听取和审议市政府关于个体私营经济工作情况汇报,针对至当年 9 月底,有个体户 8200 户,私营企业 145 家,从业人员 25013 人,个体数量增长,私营企业发展迅速的现状,存在收费多、项目杂、伸缩性大,乱收费、乱检查、乱罚款,个体户和私营企业的合法权益得不到保障,资金短缺贷款难,严重制约个体和私营经济的发展等问题,要求市政府及其主管部门要强化领导,优化发展环境,做好鼓励、引导、扶持工作,在发展数量和质量上实现新突破。听取和审议市政府关于职工下岗基本生活保障和实施再就业工程情况汇报,要求市政府认真贯彻执行中央有关实施再就业工程的政策,搞好再就业服务中心,解决下岗职工基本生活保障问题,教育职工转变择业观念,适应国有企业改革的需要。听取和审议市政府关于调整码头工业小区规划的报告,同意将码头中心西路、通江路、腾飞路、交通路围成的地块由原规划的居住用地调整为工业用地。建议将梁公路、通江路、镇南路、三合路所围成的地块由原工业用地暂时调整为居住用地。会议要求城建主管部门要做好码头城市总体规划的相应调整工作,使之与两地的开发利用相配套,做到经济建设、城乡建设、环境建设相统一,促进城市总体规划的落实。

11月18—19日,市三届人大常委会第四次会议,听取和审议市政府关于“打假”工作情况汇报,会议认为,要多形式多渠道宣传“打击假冒伪劣商品”知识,增强识假辨假能力,强化技术鉴定力量,建立“打假”责任制,明确“打假”牵头部门。针对组成人员提出的农村储金会整顿规范问题,建议市政府责成市工商局、人民银行联合向市政府提出具体解决方案,由市政府研究处理。

12月28—29日,市三届人大常委会第五次会议,听取和审议市政府关于接收和发放救灾物资情况汇报,针对接收和发放工作中的不足,要求市政府和市赈灾领导小组要准确掌握全市救灾物资的接收和发放情况,接收的款物要归口统计,不能各行其是;物资发放要突出重点,要加强对物资发放的监管力度;建议市政府要对一些如药品等有时效性的救灾物资认真研究处理办法,避免造成浪费,处理后的所得仍然要全部用于救灾。听取和审议市检察院关于打击侵权、渎职犯罪情况汇报,会议要求全市执法部门进一步增强落实执法责任制意识,加强对执法人员的法制教育,增强其法制观念,预防执法犯法现象;要明确执法责任,规范执法行为,清理非法配备、购置的手铐、警械;要加大对侵权、渎职犯罪的打击力度;检察机关要积极争取各级组织对打击侵权、渎职行为的理解和支持;要扎扎实实地进行全民普法教育,促进全体市民法律素质的整体提高。

1999年4月8日,市三届人大常委会第六次会议,听取和审议市政府关于第二轮土地承包政策落实情况汇报,针对部分乡镇由于费用难收或土地纠纷未能及时解决,承包证、底册登记、材料管理不规范等问题,要求市政府及其有关部门在全市范围内进行一次验收检查,下大力气做好扫尾工作,善始善终,要高度重视有关材料、底册的保管工作,要以乡镇为单位统一建档或直接交市档案局保管;要以第二轮土地承包工作的开展和《中华人民共和国土地管理法》的施行为契机,大力宣传有关政策,解决好土地抛荒、流失问题。

5月25—26日,市三届人大常委会第七次会议,听取和审议市政府关于防汛准备工作情况汇报,会议针对市政府对全市510多处险工险段及隐患普遍进行处理(圩堤修复加固14座,山塘水库除险加固11座,渠道修复32.6公里,河坝修复加固37.3公里等)工作予以充分肯定。针对存在的问题,提出要继续做好赛湖大堤除险加固工作,以确保堤内几万亩良田和瑞昌市城区的安全;要积极努力向上级争取把幸福、横港、高泉三座中型水库的除险保安,列入省、九江市的除险加固工程计划;要尽快完成水毁工程的修复,加强各排涝站的管理,定人定职定责,做好养护与维修,确保汛期正常运行;要组织力量对南阳河、长河、横港河、花园高丰河进行护坝加固、河床清淤,作出规划,分步实施等审议意见。听取和审议市政府关于灾区群众建新村情况汇报,针对灾后重建工程进度、质量、配套设施及领导责任制落实等方面还存在许多不容忽视的问题,对新村规划、工程质量、配套设施、资金筹措、加强监督等方面提出意见和建议。

6月29日,市三届人大常委会第八次会议,听取和审议市政府关于落实市人大常委会灾区群众建新村审议意见情况汇报,建议市政府要持之以恒地抓好灾区群众建新村工作,对灾后重建资金要做到专款专用。

10月12日,市三届人大常委会第十次会议,听取和审议市政府关于"三五"普法工作情况汇报,会议要求,普法工作要坚持做到与依法治市相结合,与实行执法责任制相结合,与经济建设相结合,要抓住重点,坚持典型引路的方法,在各级各行各业都要树立学法、守法、用法的榜样,进一步把普法工作引向深入。

12月22—23日,市三届人大常委会第十一次会议,听取和审议市政府关于农电"两改一同价"执行情况汇报,针对确保如期实现农电体制改革、农网改造和城乡用电同网同价的目标,要求政府及其主管部门加大宣传力度,成立组织机构,提高作业人员素质,充实作业队伍力量,严格执行政策规定。

2000年4月26日,市三届人大常委会第十五次会议,听取和审议市政府关于落实市人大常委会农电"两改一同价"(即农电体制改革、农网改造、城乡用电同网同价)审议意见情况汇报,要求市政府及其主管部门要加强协调和处理好农电体制改革中出现的资产、财务及人员交接等工作问题。

11月9—10日,市三届人大常委会第十九次会议,听取和审议市政府关于1999年度乡镇执法责任制落实情况汇报,针对乡镇执法责任制工作还存在不平衡问题,会议要求要进一步抓落实、抓完善,把工作引向深入,推向新的阶段。听取和审议市政府关于结核病防治工作情况汇报,针对结防工作形势仍然严峻,尤其是耐药病例呈蔓延趋势,威胁广大群众的健康,甚至人的生命,发展下去将成为制约瑞昌经济发展的一个潜在因素等问题,要求市政府高度重视,对结防现状要有清醒认识,要采取切实可行的措施,认真做好结核病的防治工作。

2001年5月22日,市三届人大常委会第二十四次会议,听取和审议市政府关于"三路"(即立肇路、双瑞路、316国道)改造工作情况汇报,针对立肇路改造工程进度缓慢,工程质量存在一定问题,给中片群众的生产生活带来不便;双瑞路改造工程征地、招商未落实,未动工;316国道瑞昌段进展缓慢等问题。要求市政府要按照责任路段抓落实,尽快完成立肇路路基工程,在雨季来临之前铺上砂石,基本达到通车要求。对"三路"改造工作中存在的难点问题,要加大协调力度,拿出解决办法,市人大常委会将适时组织人大代表对"三路"改造情况进行视察。听取和审议市政府关于农业产业结构调整情况汇报，会议要求市政府要以市场为导向，抓住苎麻、高山蔬菜、香椿、特种水产、小山竹5大产业不放松，注重规模效益，讲究品牌效应，进一步推广科学技术，加快发展农产品加工业，实现农产品加工升值，加强农产品销售队伍建设，成立专门机构，壮大销售队伍，建立信息网络，拓宽销售渠道。听取和审议市政府关于防汛抗旱准备工作情况汇报，会议针对水利工程存在隐患、中型水库体制变更、水费征收难以落实等问题，要求市政府及其主管部门拿出具体方案和实施意见，能解决的要尽快解决，不能解决的要向上汇报，争取上级解决；水利工程维修要做到逐级分类，分期分批解决；城防大堤西段维护要确保万无一失；要加大资金投入力度，乡镇也要投入相应资金；资金要做到专款专用，专款善用。

2002年11月21日，市三届人大常委会第三十七次会议，听取和审议市政府关于招商引资情况汇报，针对管理部门职责、招商稳商政策、解决项目进园矛盾等问题提出意见和建议。

2003年5月27日，市四届人大常委会第二次会议，听取和审议市政府关于防治"非典"工作情况汇报，会议要求市政府及其相关部门要在预防、信息、措施上下功夫，进一步加大工作力度，确保一手抓非典、一手抓经济两不误。

7月29—30日，市四届人大常委会第三次会议，听取和审议市政府关于政府采购运行情况汇报，针对为了进一步规范政府采购行为，提出要加大宣传《中华人民共和国政府采购法》力度，不断完善采购办法，编制好采购预算，加大监督力度，加强机构建设的审议意见。听取和审议市政府关于转移支付资金管理情况汇报，会议针对减轻农民负担，确保乡镇村工作正常运转和各项事业发展，进一步规范和管理转移支付资金，从意义、管理办法和措施、自查总结等方面提出意见和建议。听取和审议市政府关于移民建镇工作情况汇报，针对加快落实各项具体措施、基础设施配套、资料整理归档等方面提出意见和建议。听取和审议市政府关于户籍管理情况汇报，要求市政府要认真分析户籍管理工作现状，有针对性制定解决突出问题的措施，要将户籍管理工作纳入综合治理工作的重要考核内容；户籍警要保持相对稳定，对其工作要制定相应的考核标准，全面落实责任。

9月25—26日，市四届人大常委会第四次会议，听取和审议市政府关于退耕还林项目进展情况汇报，针对存在的重造轻管、责任不落实，有关政策兑现不到位等问题，提出专门的审议意见。

11月27日，市四届人大常委会第五次会议，听取和审议市政府关于招商引资工作情况汇报，针对招商引资工作发展不平衡、项目进展不理想、配套服务不到位、好项目占项目总数比例不高等问题,提出要调整策略、扩大网络招商、完善优惠政策、严肃兑现工作、加强信息管理和调度工作等意见和建议。听取和审议市法院关于刑事审判工作情况汇报,会议提出要抓住重点,抓住一个时期带有倾向性的案件,避轻就重,真正体现审判工作的震慑力;要注重时效,依法从快判决。听取和审议市检察院关于打击职务犯罪情况汇报,针对存在案源少、移送少、取证难、处理难、经费缺、装备缺等问题,提出要从提高办案人员的自身素质和工作水平入手,克服目前困难,依法办案的意见。

2004 年 3 月 26 日,市四届人大常委会第九次会议,听取和审议市政府关于全市教育收费情况汇报,会议对市政府及有关部门前期工作进行充分肯定,并就如何进一步巩固治理学校乱收费成果和解决实行一费制学校教育经费紧张等问题提出审议意见。

5 月 27—28 日,市四届人大常委会第十次会议,听取和审议市政府关于全市粮食生产情况汇报,要求市政府进一步加大对粮食生产政策的宣传力度,严格督促有关乡镇及时兑现补贴款,决定增加 2 万元植保经费,做好病虫害防治工作,让群众吃上"定心丸"。

7 月 28—29 日,市四届人大常委会第十一次会议,听取和审议市政府关于全市扶贫工作情况汇报,针对扶贫项目零碎,资金使用不集中,效果不明显,集体经济薄弱,群众配套资金来源困难,部分扶贫项目不能产生很好的经济效益等问题,提出要规范资金使用管理,集中搞好 1—2 个项目,提高扶贫工作效率,不能用实物替代扶贫资金的审议意见。听取和审议市检察院关于民事行政检察工作情况汇报,会议肯定了市检察院的工作成绩,并就措施不完善、事后监督不理想等问题提出意见。

10 月 26 日,市四届人大常委会第十二次会议,听取和审议市政府关于会计集中核算运行情况汇报,针对工作中存在的问题,提出会计人员要加强业务学习,提高自身素质;财政部门要加强财务监督,提高管理和服务水平,加大政策宣传力度,加强财产管理,确保国有资产不流失等意见和建议。

12 月 2—3 日,市四届人大常委会第十三次会议,听取和审议市政府关于"836"工程建设情况汇报,会议认为,启动"836"工程(8 条路即 316 国道瑞昌段改造工程、立肇线公路改造工程、鸡公岭路、三中至桂林桥路、黄金南路、赤乌东路、市府东路、杨林大道。3 个园即黄金工业园湓城区、码头台资工业园、农业科技示范园。6 个重点项目即市民休闲广场、行政中心、星级宾馆、示范性中学、城东大市场、府东移民新区),对提升城市品位、改善对外形象、优化人居环境,促进招商引资工作必将起到有效的推动作用。针对公路建设存在安全隐患,后续工程与管理未跟上,城市建设存在工程质量问题,工程款缺口较大,日常管理有差距,黄金工业园工程部分欠标、配套服务、企业选址缺乏产业总体规划安排等问题,提出审议意见。听取和审议市政府关于殡葬改革工作情况汇报，针对基层干部群众对2005年火化费用提高，取消财政补贴等反映强烈的问题，要求市政府召开专题会议研究，重新作出规定，继续采取奖励措施，不得新增农民负担。

2005年5月26—27日，市四届人大常委会第十七次会议，听取和审议市政府关于血吸虫病防治工作情况汇报。由于遭受1998年、1999两年洪涝灾害，造成钉螺面积呈现扩散趋势，疫情出现反弹，瑞昌被定为全省11个重度流行血吸虫病县（市、区）之一。为控制血吸虫病传播，达到国家标准，会议要求市政府制定3年防治规划，加大《江西省血吸虫病防治条例》宣传力度、健全血防成员单位协调配合机制、建立灭螺工作责任制、提高血防工作人员防治工作水平。听取和审议市政府关于退耕还林工作情况汇报，针对少数退耕还林小班管护责任制没有落实，小班树种设计没有因地制宜，精品、特色小班不突出等问题，提出加强技术指导，构建市、乡、村、管护员四级责任制，统一规范管理转移支付资金，解决因农业税减负引起的新情况、新问题，加强森林防火管理，对属三类和验收不合格的16000亩退耕还林面积应采取补救措施和处理办法，适当增加林业部门经费等审议意见。会议决定，“一府两院”落实市人大常委会审议意见的汇报从2004年度开始，改由年度总汇报，一并审议。会议听取和审议市“一府两院”落实市人大常委会2004年度审议意见情况汇报，针对市政府的落实情况，提出要加大“网吧”整治力度，加大殡葬改革力度，及时公布已清理的行政审批项目，行政执法部门要督促将违规收费的处罚款及时退还给学生家长，大塘路口农民私建杂屋，收择校费、立肇线部分路段山体滑坡技术处理等问题要落实有关部门查处和解决的审议意见；针对市法院在民商案件审判工作中存在的问题，提出要关注社会弱势群体，做到既要注重法律效果，又要注意社会效果；对市检察院落实审议意见的态度和成效给予充分的肯定。

7月29日，市四届人大常委会第十八次会议，听取和审议市检察院关于监所检察工作情况汇报，针对监管场所硬件设施落后、收押人员分押两地等问题，提出要加强监管场所硬件设施建设，制定相关制度和强化措施的审议意见。

9月29日，市四届人大常委会第十九次会议，听取和审议市政府关于城区排涝工程运行情况汇报，针对“泰利”台风带来的特大暴雨暴露出城区防洪排涝存在的问题，提出更科学合理的规划城市防洪排涝工程，加强对排涝机组及长河闸阀供电线路维修和保养，建立完善应急预警机制、排涝工程专业管理机构的审议意见。

2006年1月4日，市四届人大常委会第二十次会议（2005年12月28日召开，中途休会），听取和审议市政府关于防洪保安资金管理使用审计情况汇报，针对防洪保安资金透支严重,开支不尽合理,人员开支费用过多的问题,提出要创新征缴方式方法,建立征缴奖惩机制,工商部门可先征收一半,对重点地震受灾个体工商户缓征或免征,土管部门在拍卖土地时按规定的比例提取防洪保安资金,不要统一作为土地出让金收取,要加大管理力度,确保专款专用。听取和审议市政府关于全市血吸虫病防治工作情况汇报,针对部门配合不尽协调,对破坏血防警示设施行为的处罚没有落到实处,血防人才缺乏等问题提出意见和建议。

6月15日,市四届人大常委会第二十四次会议,听取和审议市政府关于全市旅游开发工作情况汇报,针对宣传力度不大、部门之间合力不强、旅游开发氛围不浓、签约项目进展缓慢等问题,提出要组织专家对《瑞昌市旅游开发总体规划》进行评审,确定总的开发原则、指导思想、具体措施,要建立灵活、有力、有效的工作机制,确保开发项目快捷、顺利进行,旅游开发部门要按照总体规划策划出一批自然生态、休闲娱乐、文化古迹等旅游精品项目,要加大开发资金投入、资源保护力度,防止一些旅游资源在不具备条件的情况下盲目开发,遭到人为破坏的审议意见。听取和审议市政府关于城区防洪工作情况汇报,针对城区排涝能力不强,没有蓄洪区,城西排水管网不畅等问题,要求市政府水利部门做好规划,报市政府研究处理。

7月27日,市四届人大常委会第二十五次会议,听取和审议市政府关于全市山药和翠冠梨生产情况汇报,会议要求市政府要明确林业、农业部门和乡镇责任,增强地方与部门、部门与部门之间的合力,解决好销售和贮藏问题,发挥南阳、高丰及其周边乡镇种植山药的优势,扩大种植面积,通过招聘方式,解决技术力量不足问题。听取和审议市政府关于灾后重建及救灾物资接收和发放工作情况汇报,提出要做好重建扫尾工作,尽快落实安置点基础设施配套工程补助资金,加快水电路配套建设。对地震受损的二类房屋尚未公布的乡镇,督促尽快张榜公布,使二类户尽早加固维修,对确因地震受损的乡村办公用房,要研究切实可行的办法予以解决。要进一步健全和规范救灾物资接收和发放制度,严格按要求建好台账,经得起上级有关部门的检查和时间上的检验。要尽快制定现有库存救灾物资的发放方案,将库存物资尽早发到灾区群众手中等审议意见。听取和审议市政府和市检察院关于2005年度市四届人大常委会会议审议意见落实情况汇报,要求市政府要进一步规范预算外资金的管理和使用,调控资金数额较大的支出情况要定期向市人大常委会报告;对村级财务审计中暴露出来的违规违纪问题要加大查处力度,加强和规范村级财务管理工作;要进一步规范电能表与互感器的检测工作秩序,理顺检测资格职能部门关系;要加大血吸虫病防治工作力度,解决好血防专业队伍后继乏人的问题。要求市检察院要进一步加强督促监所硬件设施建设，消除监管场所安全隐患，对违规安排门卫的问题要整改到位。

9月29日，市四届人大常委会第二十七次会议，听取和审议市政府关于全市中小学灾后危房建设情况汇报，针对学校附属设施开工率不到13%，进展滞后，必要的安全设施没跟上，学校危房建设工程资金缺口大等问题，提出意见和建议。听取和审议市政府关于开展"五五"普法工作情况汇报，建议市政府要适当增加普法经费，决定通过《关于加强"五五"法制宣传教育的决议》。听取和审议市"一府两院"关于2003年以来收取保证金情况汇报，提出市政府要落实财政部门为政法系统设立收取保证金专门账户，单位内部要单独建账，便于管理监督；全市政法系统对到期未及时退还的保证金要作出妥善处理；要规范统一收取和退还保证金办理手续等审议意见。

11月28日，市四届人大常委会第二十八次会议，听取和审议市政府关于开展新型农村合作医疗工作情况汇报，针对宣传力度不够，农民受益面不大和受益程度不高，人员编制、办公经费紧张，医疗费用未得到有效控制等问题，提出要切实解决农民因病返贫、致贫的问题，使中央这项惠民政策真正让广大农民受益的审议意见。听取和审议市"一府两院"关于2006年度市人大常委会会议审议意见落实情况汇报，要求"一府两院"及其相关部门对难以落实和落实不到位的审议意见，要加大落实力度，继续抓紧抓好落实工作。对落实力度不够，市人大常委会组成人员仍不满意的单位，将根据《中华人民共和国各级人民代表大会常务委员会监督法》的有关规定，启动质询程序，确保审议意见落到实处。针对市法院民事案件执行结案率偏低问题，要求市法院要切实加大执行力度，维护社会的公平正义和法律的尊严。

2007年12月27日，市五届人大常委会第六次会议，听取和审议市政府关于土地收益金管理情况报告，提出要做好国有土地使用权"招拍挂"工作，编制好土地出让收支预算，加强土地出让收入征收与管理力度，加强支出管理，规范支出范围的审议意见。听取和审议市政府关于社会主义新农村建设情况报告，提出要用科学发展观解决好"三农"（农业、农村、农民）问题，遵循"生产发展、生活富裕、乡风文明、村容整洁、管理民主"20字方针，坚持"以农民为主体，政府为主导，量力而行，逐步推行"的原则，因地制宜，规划先行，分类指导，尊重群众意愿，严防强迫命令，不搞一刀切，不过分强求"统一模式"，要促进农村产业和各项事业全面协调发展的审议意见。听取和审议市法院关于办理刑事案件贯彻宽严相济刑事政策情况报告，提出司法机关注意把握好分寸，做到宽有节、严有度，尤其是对从宽处罚的案件，要有相对统一的尺度，对未成年人犯罪并非"一味从宽"，仍需坚持区别对待，要加大刑事附带民事案件中民事赔偿部分的调处和执行力度，尽量减少社会矛盾的审议意见。

2008年6月30日，市五届人大常委会第九次会议，听取和审议市政府关于全市强农惠农政策落实情况报告，针对少数村组没有按规定开展土地延包工作，部分乡村土地承包证发放不及时、不到位，土地流转不规范和抛荒现象严重，强农惠农资金管理不够规范和工程项目资金拨付不及时，农村部分计生家庭奖励扶助金标准偏低、激励作用不大等问题提出审议意见。

12月15日，市五届人大常委会第十二次会议，听取和审议市法院关于执行工作情况报告，针对执行工作中存在的问题，提出紧紧要依靠党委领导，把执行工作当作政治任务来抓，破解执行难题；政府机关要带头履行判决书载明的法律义务，作出表率；要充分调动执行工作联动协调机制成员单位的作用，走群众路线；执行法官要加强学习，增强执行工作的主动性；对“老赖”应采取刚性手段；非诉行政执行案件采取听证形式促进执行。判决生效后，要先将胜诉方预交的诉讼费退还，切实维护当事人合法权益；建立特困群体执行救助制度等审议意见。

2009年4月28日，市五届人大常委会第十五次会议，听取和审议市政府关于防火阻隔带建设情况的报告，针对存在发展不平衡的问题，要求市政府要根据工作进展情况，在工作开展好的乡镇及时召开现场会，要将防火阻隔带建设工作纳入综合目标管理考评项目；林业主管部门要对建设情况进行摸底，建立资料库，在政务网上公布，接受群众监督；要建立责任制，明确每条阻隔带的领导、管护人员、技术人员的责任，以便加强后续管理工作，并在资金的投入上要有保证。

6月26日，市五届人大常委会第十六次会议，听取和审议市政府关于全市基层文化工作情况报告，针对随着社会的发展，文化事业的发展难以满足人民群众日益增长的文化需求，尤其是农村基层文化建设相对滞后，发展中存在经费不足、管理体制不顺、队伍老化、后备人员缺乏等诸多问题。提出要加大推进乡镇综合文化站建设力度，理顺乡镇文化广播站管理体制，解决乡镇工作人员职责不明，在编不在岗的问题，积极引导、动员社会力量参与，发展瑞昌特色文化；继续抓好瑞昌剪纸、瑞昌竹编等国家级“非遗”发掘传承保护工作，做好瑞昌采茶戏申报国家级非物质文化遗产工作，完成好瑞昌秧号申报江西省非物质文化遗产保护名录及传承人申报工作；加大保护铜岭铜矿遗址力度，用好遗址这张世界级的名片；加强基层文化人才队伍建设，加强文化市场的监管等审议意见。

8月27—28日，市五届人大常委会第十七次会议，听取和审议市政府关于全市重点工程建设情况报告，针对全市17个在建重点项目，总投资额将达12亿元，市财政直接投入不下10亿元，大多数要在本届内完成，债务沉重，还款压力大，财政风险大等问题，要求市政府要积极融资，千方百计抓项目，增加新的经济增长点，增加财政收入；要确保工程质量，防止建成“豆腐渣”工程；要加大工作力度，长江地表水厂、体育中心两个重点工程，要加快促其开工，防火阻隔带建设要任务到人，责任到人；对资金缺口大的工程，应有一个统筹安排方案；要适当控制基础设施建设规模，量力而行；需由市财政垫底和市人大常委会批准的贷款项目，都要把资金预算计划编制好，报告市人大常委会。听取和审议市政府关于研究处理市人大常委会2008年至2009年1—6月份审议意见情况报告。会议认为，有的对审议意见答复不明确，存在回避问题、绕弯子现象，如答复落实阳光工资，加大园区企业税收征管等审议意见，只有做法，没有结果。容易落实的就落实，难落实的就回避，影响了审议意见整体办理效果。会议要求对没有落实到位的要进行梳理，有条件解决的，一定要落实到位；对有具体审议意见的要有结果，如渡口桥的改造、“两非”案件查处落实情况。听取和审议市法院关于刑事审判工作和市检察院关于刑事审判监督工作的报告，针对法官量刑不均衡、市检察院抗诉少、“两院”工作人员严重匮乏、经费短缺等问题，提出要建立公、检、法之间协调机制，适度增加人民陪审员出庭补助等审议意见。

11月10—11日，市五届人大常委会第十九次会议，听取和审议市政府关于全市防火带建设情况报告，针对部分林带造林主体、管护责任主体未落实到位，所栽苗木成活率不高、抚育不到位等问题，要求市政府再次召开现场会，好的予以表扬奖励，工作不到位的责任人要予以通报批评，对面貌依旧的要追究相关人员责任。市林业主管部门要按照因地制宜，适地适树的原则，加强技术指导，确保苗木质量，提高营林成活率。

12月28日，市五届人大常委会第二十次会议，听取和审议市政府关于全市效能建设工作情况报告，会议要求要通过全市开展机关效能建设，使各级机关更加廉洁、勤政、务实、高效，实现机关管理有明显改善，向制度化、规范化迈进；为人民服务宗旨在具体工作中得到体现，作风明显好转，“三乱”及“三难”现象明显减少；机关中的“中梗阻”现象得以清除，工作效率明显提高；依法治国、以德治国的基本方略得到贯彻；党风廉政建设责任制和从源头上预防、治理腐败的各项措施得到落实。听取和审议市政府关于收回市一中的情况报告，决定同意市政府收回瑞昌一中，以便化解一中债务问题。

2010年2月26日，市五届人大常委会第二十二次会议，听取和审议市政府关于2010年城市规划建设工程项目计划和2010年园区基础设施建设的报告，针对项目建设存在的问题，提出要尽快研究推进项目建设的实施方案，在资金筹措上破解难题，要制定切实可行的拆迁办法，对“5路1河”（龙泉路、公园路、北环路、湓城西路、市府西路、护城河）要重新规划和设计，要注重工程质量，编制好资金预算等审议意见。

4月28—29日,市五届人大常委会第二十四次会议,听取和审议市政府关于尸体火化收费情况报告,针对新的殡葬风尚尚未形成,传统的"入土为安,隆丧厚葬"旧习俗仍然存在,"二次棺葬"依然如旧,无形中增加了群众负担,群众反映强烈的问题,要求市政府就殡葬收费不规范、不公开、不透明,殡仪服务项目繁多,巧立名目收费,强买强卖,搭车收费,诱导收费,强制收费等问题进行研究处理。听取和审议市政府关于防火隔离带建设和造林绿化"一大四小"(一大:确保2010年全省森林覆盖率达到63%。四小:县城和市府所在地的绿化;乡镇政府所在地的绿化;农村自然村的绿化;基础设施工业园区和矿山裸露地的绿化)工作开展情况的报告,会议要求市政府及其相关部门要继续加大资金投入,进一步落实工作责任制,加强后续长效管护工作,要集中财力、精力抓出先进典型,确保前期工程成林见效。市林业主管部门要严把工程质量关,对在推进工程建设中出现的具体问题如道路绿化造成沟渠排水不畅,影响农田灌溉和绿化苗木成活率不高的问题要制定具体解决方案和措施,提高绿化率。

7月2日,市五届人大常委会第二十六次会议,听取和审议市政府关于《加强法制宣传教育的决议》落实情况的报告,会议要求要进一步加大宣传工作力度,提高公民法律意识,推进民主法制进程;加大普法考试督查力度,避免考试流于形式;加强青少年普法宣传教育,多利用宣传栏,从正反两方面加强教育,提高青少年法制观念。

8月27日,市五届人大常委会第二十七次会议,听取和审议市政府关于市人大常委会2010年1—7月主要审议意见处理情况的报告,针对原码头工业城陶瓷基地土地遗留、白杨镇檀山村220亩土地出租合同纠纷、南阳至市区道路路面安全隐患、殡仪馆火化收费、村居委会副职干部养老保险等问题,要求市政府制定措施,切实加以解决。要求市公安机关保持对聚众赌博的高压态势,严厉打击,切实维护社会稳定。

11月2—3日,市五届人大常委会第二十八次会议,听取和审议市政府关于落实市人大常委会城西客运站建设抄告意见情况报告,建议市政府要参照建设其他公益性市政工程的政策,扶持安顺公司在保证质量的前提下,将其建成城西标志性的建筑;针对安顺公司原土地的取得,城西客运站规划设计的修改,建设资金大大超过其预期等问题,建议市政府要考虑其老公司地块的变更土地性质挂牌出让,所得收益部分上缴外,余下返还安顺公司用于城西客运站建设;对城西客运站相关的配套设施要尽早规划,做到同开工、同建成、同时使用。

12月28日,市五届人大常委会第二十九次会议,听取和审议市政府关于防火阻隔带建设情况报告,针对存在的问题,建议市政府以以奖代补的方式加大财政投入,作出具体规定，要求各乡镇按相应比例增加投入，确保造一条、活一条、成一条；对建设工程要加强督查，明确责任，对现有防火阻隔带要制定标准，分类指导，科学管理；要坚持标准，因地制宜，科学规划，提高工程建设质量。听取和审议市政府关于研究处理市人大常委会 2010 年 8—11 月主要审议意见情况汇报，要求市政府对尚未处理好的白杨镇檀山村 220 亩土地出租合同纠纷，城西客运站建设地块由商业用地变更为商住用地，村居委会副职干部养老保险等 3 个问题抓紧研究落实。

2011 年 4 月 22 日，市五届人大常委会第三十一次会议，听取和审议市政府关于 2011 年城市规划建设工程项目计划和 2011 年园区基础设施建设计划的报告。针对 2011 年城建及园区基础项目多、任务重，要求市政府加强项目规划论证，加强质量监管，力求科学施工，创造条件，多渠道筹措资金，调度好项目建设资金。根据城区交通状况，建议修通湓城西路，拉通城区主干道路交通网，缓解赤乌中路、人民北路、人民南路的交通压力。

法律法规实施情况检查

1990 年 4 月 21 日—5 月 20 日，由市人大常委会副主任徐昌仁任组长，市人大常委会调研员罗喻圣、市政府副市长陈洪源任副组长的执法检查组，对《中华人民共和国土地管理法》颁布以来的实施情况进行检查，共发现违法用地案件 3037 件（不含杨林湖商品房用地）。市一届人大常委会第三次会议、第五次会议分别听取市政府关于自查情况和实施《中华人民共和国土地管理法》情况检查处理情况汇报。

9 月下旬—11 月中旬，由市人大常委会主任何仁先，副主任曹中雪，调研员罗喻圣等 11 人组成的执法检查组分 2 个小组在市公安、司法机关开展执法检查工作。检查组先后到 9 个乡镇场，6 个派出所和看守所，4 个乡镇法律服务所调查了解情况，召开各类座谈会 9 次，重点抽查刑事案卷 9 件，查看治安案卷 100 余件。11 月 19 日市人大常委会主任会议邀请"公检法司四长"列席会议，通报执法检查情况，讨论落实有关案件的复查纠正问题，研究进一步搞好整改工作的有关事项。市一届人大常委会第五次会议听取执法检查组检查情况汇报。在此次执法检查中，对县人民检察院 1990 年 3 月 2 日决定对本市当事人何××在任洋鸡山金矿矿长期间收受贿赂一案进行重点抽查，认为事实不清，需要复查，市人大常委会正式发文市检察院，要求对该案"依照法律程序进行复查，依法作出正确处理"。市检察院认为该案事实清楚，并报请九江市检察院处理，九江市检察院认为该案"事实清楚，证据充分"，同意瑞昌市检察院的免予起诉决定。市人大常委会本着维护法律的正确实施和对当事人负责的认真态度,继续组织有关人员内查外调,先后两次到武汉、武穴等地找有关当事人核实事实证据,形成翔实有力的材料,向九江市人大常委会和省人大内司委汇报。在省人大内司委的督促下,1994 年 2 月 3 日省检察院检委会决定,撤销瑞昌县检察院瑞检刑免字〔1990〕第 6 号免予起诉的决定,这起历经 4 年的错案终于得到纠正。在此次执法检查过程中,还发现并督促市法院依法纠正了对沈××、张××错判有期徒刑的 2 起刑事案件。

11—12 月,由市人大常委会副主任徐昌仁、朱亚愚等 14 人组成的执法检查组分 3 个小组,分赴 27 个乡镇场,对《江西省计划生育条例》和《中华人民共和国婚姻法》实施情况进行检查。其中对范镇、和平、高丰、南阳、花园等 5 个乡镇进行重点检查。市一届人大常委会第六次会议听取和审议执法检查组关于检查《江西省计划生育条例》《中华人民共和国婚姻法》实施情况的报告。

1991 年 6 月 14—18 日,由市人大常委会副主任徐昌仁、曹中雪、朱亚愚,调研员柯亭依,市政府副市长郑慧怡,市政协副主席易绍舜等 36 人组成的执法检查组分 6 个小组,赴范镇、横港、肇陈、高丰、码头、横立山等 12 个乡镇对《中华人民共和国义务教育法》《江西省九年制义务教育条例》贯彻实施情况进行检查。重点检查 12 所中学、3 所民办初中、12 所乡镇中心完小、12 所村完小。市一届人大常委会第十次会议分别听取市政府贯彻实施情况、执法检查组执法检查情况汇报。

8—11 月,由市人大常委会牵头、市政府组织实施、市政法部门参加、有关部门配合组成的《中华人民共和国森林法》实施情况检查领导小组,市政府副市长陈洪源任组长,市人大常委会副主任彭经球任副组长和其他 16 人为成员,深入部分乡镇场、市直单位对《中华人民共和国森林法》实施情况进行检查。通过检查、督促有关执法部门查出 290 起林政案件,依法处理 259 起,没收木材 22 立方米,补交林业费金 21 万元,追究刑事责任 2 起 2 人,治安处罚 10 起,拘留 10 人,罚款 8 人,查处积案 67 起。市一届人大常委会第十二次会议听取执法检查组关于检查工作情况和市政府关于实施情况汇报。

10 月上旬—11 月中旬,市人大常委会从有关部门抽调 17 人组成内务司法系统执法检查组,分成 3 个小组,由市人大常委会主任、副主任、调研员分别带队到公、检、法、劳动人事部门和 10 个厂矿,对市法院关于《中华人民共和国行政诉讼法》的贯彻实施情况、省人大常委会《关于加强全省各级人民法院执行工作的决定》的执行情况;市检察院查处“侵权”“渎职”案件情况;市公安局执行《中华人民共和国刑事诉讼法》中有关“保外就医”情况;市公、检、法机关关于《江西省保护妇女儿童合法权益的若干规定》的执行情况;市劳动人事局实施《江西省劳动保护暂行条例》情况进行检查。

1992年5月21日，市人大常委会第48次主任会议，根据省、九江市检查《中华人民共和国企业法》精神，结合瑞昌实际，制订《瑞昌市开展〈企业法〉执行情况检查实施意见》，市一届人大常委会第十八次会议分别听取市政府关于实施情况自查工作汇报和执法检查组工作汇报。

8月，市人大常委会组织部分市人大代表和相关部门负责人组成执法检查组，深入部分乡镇场对《江西省农民负担管理条例》实施情况进行检查。市一届人大常委会第十九次会议听取和审议执法检查组的工作汇报。

1993年11月24日，根据省人大常委会《关于在全省开展减轻农民负担执法检查的通知》精神，市二届人大常委会主任会议决定，由市人大常委会牵头组织，邀请市委、市政府领导参与，有关部门参加的执法检查组，对全市减轻农民负担情况进行检查。检查中发现，农民的隐性负担依然严重，主要表现在：部分中小学乱收费，农民难以承受，一些部门的盖章收费屡禁不止，部分乡镇收费、收税方法简单，强行摊派，报纸杂志征订任务繁重等。根据检查情况，主任会议建议市政府及时召集13个部门单位负责人通报检查结果，提出自查自纠和整改要求。市监察部门责令有关部门取消乱收费项目5个，退款1380余元，强制上缴财政6900多元，给予党纪、行政处分2人；市物价部门查处50个单位的乱收费问题，金额达34万余元；“减负”管理部门制止了部分乡镇的集资行为，金额达12.8万元。

1994年5—6月，市人大常委会组成执法检查组，分4个小组，市人大常委会副主任徐昌仁、朱亚愚、宋银春、何庆亮分别任组长，市政府副市长姚秦珍、郎小军等任副组长，在全市范围内对《中华人民共和国教师法》《中华人民共和国工会法》《中华人民共和国产品质量法》《中华人民共和国统计法》实施情况进行检查。市二届人大常委会第九次、第十次会议分别听取和审议执法检查组执法检查工作汇报，针对代课教师工资偏低，乡村中小学工资难以兑现和教师合格率等问题，以文件形式抄告市政府要求研究处理。针对《中华人民共和国产品质量法》实施中存在的问题，与市政府联合召开国有企业、乡镇企业、个体私营企业负责人参加的通报会，对依法办事的单位和个人给予表彰，对22家企业，14种不合格的水泥、化肥、酒、酱油、汽水等产品分别处以责令停止生产、销售和罚款、没收，其中罚款2000余元，没收啤酒13000瓶。

9—10月，由市人大常委会副主任徐昌仁任组长，市人大常委会副主任何庆亮、市政府副市长朱汉仁任副组长和相关部门负责人为成员组成的执法检查组，在全市开展《中华人民共和国消费者权益保护法》和《全国人民代表大会常务委员会关于惩治生产、销售伪劣商品犯罪的决定》的执法检查。检查中共抽查64家企业，查处8类过期变质食品，5类化妆品,19 种过期失效劣质药品,46 吨无质检报告化肥和 900 吨包装不合格化肥等。根据检查结果,责成主管部门进行公开处理,电视台曝光,此举受到省人大常委会执法检查组的通报表扬。

10—11 月,由市人大常委会副主任宋银春任组长,相关部门负责人为成员组成的执法检查组,在全市范围内对《中华人民共和国未成年人保护法》实施情况进行检查。11 月至 12 月底,市人大常委会组织相关人员对《中华人民共和国环境保护法》实施情况进行检查。市二届人大常委会第十二次会议听取和审议《中华人民共和国未成年人保护法》《中华人民共和国环境保护法》执法检查情况汇报。

1995 年,市人大常委会部署,在全市开展《中华人民共和国城市规划法》《中华人民共和国水土保持法》《中华人民共和国土地管理法》等 3 部法律实施情况检查。5 月下旬,由市人大常委会副主任朱亚愚任组长,市政府副市长陈世翔任副组长组成的执法检查组,到市直有关单位和湓城、桂林街道及码头、南义镇等地对《中华人民共和国城市规划法》实施情况进行检查。针对存在的问题,市二届人大常委会第十五次会议提出 5 点审议意见。市政府根据审议意见,邀请了省、市有关领导和专家对《瑞昌市城市总体规划》进行评审,同时处理 66 宗违法违章建筑,市财政拿出 30 万元资金用于解决市民反映的“行路难、上厕所难、乱倒垃圾”等热点问题。8 月 10 日至 20 日,由市人大常委会副主任何庆亮任组长,市政府副市长徐霞飞任副组长和相关部门负责人为成员组成的执法检查组,对《中华人民共和国水土保持法》实施情况进行检查,重点抽查 15 个单位。市二届人大常委会第十六次会议听取和审议执法检查组工作汇报,建议市政府对存在的问题进行研究解决。9 月至 11 月上旬,由市人大常委会副主任何庆亮任组长,市政府副市长陈世翔任副组长和相关部门负责人为成员组成的《中华人民共和国土地管理法》执法检查组,对市区和南义等 6 个乡镇进行重点检查,发现各类违法用地案件 1186 宗,面积达 1803 亩,市二届人大常委会第十八次会议听取执法检查组检查情况汇报,提出 4 点审议意见。市政府对 638 宗违法用地案件进行了查处。

1996 年 5 月 10 日—6 月 10 日,由市人大常委会副主任何庆亮任组长,市政府副市长徐霞飞任副组长,相关部门负责人为成员组成的执法检查组,对《中华人民共和国农业法》《中华人民共和国农业技术推广法》的实施情况进行检查。执法检查组在各单位自查的基础上,重点抽查南义等 11 个乡镇场街道和市农业局等 3 个涉农部门。市二届人大常委会第二十二次会议听取和审议执法检查情况汇报,针对存在的基本农田保护不力、农业投入相对不足、农技服务体系不健全、农民隐性负担依然存在等突出问题,提出 5 点审议意见。市政府按照市人大常委会审议意见的要求，在1996年底财政增收部分安排一定资金，用于农业投入，并决定在1997年财政预算中，对农业投入实行倾斜政策；理顺农业技术推广站、农业经济管理站、农业机械化推广站、兽牧兽医站、水产站管理体制，逐步增强其服务功能；重新划定基本农田保护区23万亩，查处498起侵占农田保护区案件；组织调查组，对农民负担、中小学收费和个别部门揽储等问题进行专题调查，督促职能部门对有关违纪单位和个人作出严肃处理。

8—10月，由市人大常委会副主任朱亚愚任组长，市政府副市长姚秦珍任副组长和相关部门负责人为成员组成的执法检查组，对《中华人民共和国教育法》和《江西省义务教育经费筹措和使用管理办法》实施情况进行检查，检查组对市直有关部门和部分乡镇场街道进行重点抽查，市二届人大常委会第二十四次会议听取和审议执法检查情况汇报。

1997年4—6月，由市人大常委会副主任何庆亮任组长，市政府副市长朱汉仁任副组长和相关部门负责人为成员组成的执法检查组，对市直有关部门和部分乡镇场执行《中华人民共和国预算法》情况进行检查。针对检查中发现的问题，市人大常委会将检查组形成的4点建议抄告市政府予以整改。

4月21—25日，由市人大常委会副主任朱亚愚任组长，副主任何庆亮、市政府副市长陈世翔、陈南桥任副组长和相关部门负责人为成员组成的执法检查组，对《中华人民共和国环境保护法》和《中华人民共和国矿产资源法》实施情况进行检查，市二届人大常委会第二十九次会议审议检查情况汇报，提出相应的审议意见，对存在的问题要求市政府整改落实。

1998年6月24—30日，由市人大常委会副主任彭正交任组长，市政府副市长戴丽梅任副组长和相关单位负责人为成员组成的执法检查组，对《中华人民共和国食品卫生法》和《公共场所卫生管理条例》实施情况进行检查。重点检查城区、南义等3个乡镇和一个矿区，共160多个生产经营单位。市三届人大常委会第三次会议听取和审议执法检查情况汇报，提出建议和要求。市政府根据市人大常委会的建议和要求，增发卫生许可证199个，审查证件366个，抽查2024个生产经营单位，处罚违法违纪户92户，对农药、化肥等易污染食品的商品与食品混杂经营的单位，责令其搬迁，加强对学校食堂卫生及周边饮食摊点的管理。

10月26日—11月6日，由市人大常委会副主任彭正交任组长，督导员朱亚愚任副组长和相关人员为成员组成的执法检查组对《中华人民共和国义务教育法》实施情况进行检查。市三届人大常委会第四次会议听取和审议执法检查组关于检查工作情况汇报，提出市政府和有关部门在经费的投入、教师素质的提高、开展素质教育和进行法制宣传教育等方面下更大功夫的意见和建议。

11 月 9—12 日,根据市执法责任制领导小组的统一部署,市人大常委会和市执法责任制领导小组 6 位领导率 3 个小组分别对市法院、公安局、技术监督局、工商局、土管局、城建局、文化局等 7 个执法单位落实执法责任制情况进行检查。针对执法责任制工作发展不平衡、法制观念淡薄,严重影响执法责任制落实到位,执法单位人员超编、执法经费难以保障、执法主体资格人员素质差影响执法形象等问题,提出整改建议。

1999 年 6 月 2 日,由市人大常委会副主任彭正交任组长,市政府副市长戴丽梅任副组长和相关部门负责人为成员组成的执法检查组,在市区范围内对《中华人民共和国食品卫生法》实施情况进行检查。在被检查的 138 个单位中,针对食品卫生许可证和经营者健康证不到位,持证率达不到 60%,环境卫生存在"死角",劣质食品上柜现象严重,"三无"产品随处可见等 3 个方面的突出问题,要求有关单位加大整改力度。

7 月 5—9 日,市人大常委会组织部分组成人员和相关部门负责人组成执法检查组,由市人大常委会副主任朱杰带队对《中华人民共和国矿产资源法》实施情况进行检查。要求市政府对无证开采、超期采矿的矿山实行依法治理,使 1999 年国营矿山办证率达到 100%,乡镇矿山开发办证率达到 98%。

7 月下旬,由市人大常委会副主任彭正交任组长,部分市人大常委会委员为成员组成的执法检查组,对《中华人民共和国森林法》和《中华人民共和国水土保持法》实施情况进行检查。针对行业管理不规范、执法不严等问题,向有关部门提出具体建议,要求整改到位。

2000 年 5 月下旬,由市人大常委会副主任李世秀任组长,部分市人大常委会委员和相关部门负责人为成员组成执法检查组,对《江西省农业机械管理条例》和《江西省种畜种禽管理条例》实施情况进行检查。

7 月 25—27 日,由市人大常委会副主任彭正交任组长、李世秀任副组长和部分市人大常委会委员为成员组成的执法检查组,在市区开展《中华人民共和国城市规划法》实施情况检查。市三届人大常委会第十八次会议听取和审议执法检查工作汇报。市政府根据市人大常委会的审议意见,对规划区内各类建设项目进行全面清查,处理违法违章建筑行为,规范城市建设规划审批程序,加大规划监察力度,增加资金投入,对路面、路灯和下水道进行改造,市容市貌一新。

2001 年 5 月,由市人大常委会副主任朱才菊任组长,部分市人大常委会委员和有关部门负责人为成员组成的执法检查组,对《中华人民共和国劳动法》实施情况进行检查。市政府根据检查意见,加强对小煤窑、小矿山的检查治理,对安全生产不达标的采取强制措施,下发限期整改通知，有的责令停业整顿或关闭。

6月25日—7月10日，由市人大常委会副主任朱才菊任组长，部分市人大常委会委员和法律顾问为成员组成的执法检查组，到市法院、市检察院、市公安局及羁押场所，对《中华人民共和国刑事诉讼法》实施情况进行检查，对超期羁押、取保候审、保外就医等问题进行重点检查。市三届人大常委会第二十五次会议听取和审议执法检查情况汇报，市三届人大常委会第二十八次会议听取和审议市"一府两院"关于刑事诉讼法执法检查审议意见落实情况汇报。

2002年6月24—27日，由市人大常委会副主任彭正交任组长，部分市人大常委会委员和有关单位负责人为成员组成的执法检查组，对《中华人民共和国食品卫生法》实施情况进行检查。检查分2个小组进行，共检查208个单位，其中食品生产加工单位17户、副食品经营单位94户、餐饮业82户、纯净水生产企业4家、学校食堂17个，收缴劣质食品计14个品种，重达415余公斤。市三届人大常委会第三十五次会议听取和审议执法检查情况汇报。

2003年9月11—12日，由市人大常委会副主任曹祥水带队组成的执法检查组，在全市范围内对《中华人民共和国工会法》实施情况进行检查，重点检查学习贯彻落实工会法和各级工会组织建设及活动、维护职工合法权益、经费落实及财产保护、工会费专项落实、比例提取、上缴等情况。

9月23—28日，由市人大常委会副主任蔡金槐任组长，相关部门负责人为成员组成的执法检查组对《中华人民共和国税收征收管理法》和《税收征收管理法实施细则》实施情况进行检查，针对检查中发现的问题，提出整改意见。

2004年5月19—21日，由市人大常委会副主任蔡金槐任组长，部分市人大常委会委员和市人大代表为成员组成的执法检查组，对《中华人民共和国动物防疫法》实施情况进行检查，重点检查对动物防疫措施落实，主要是生猪、耕牛、家禽等防疫工作，出现病情采取的控制扑灭措施，畜禽产品检疫，禽流感防疫，防疫和检疫收费等情况，市四届人大常委会第十次会议听取和审议执法检查情况汇报。

7月7—8日，由市人大常委会副主任吴拥军任组长，部分市人大常委会委员和市人大代表为成员组成执法检查组，对全市贯彻实施《中华人民共和国药品管理法》情况进行检查。市四届人大常委会第十一次会议审议检查情况汇报，针对农村药品市场管理混乱，假药、劣药蒙骗百姓等问题，提出要加大执法力度，对查处的假药、劣药公开曝光和销毁，并依法对涉案人员进行经济处罚，追究相关责任的审议意见。

8月30日—9月24日，由市人大常委会副主任曹祥水任组长，副主任周又新、李广松、蔡金槐、吴拥军任副组长,部分市人大常委会委员和市人大代表为成员组成的《中华人民共和国行政处罚法》执法检查组,分4个小组,分别对20个行政执法单位进行检查。检查组对个别部门因程序不当、适用法律条文不准而形成错案的,提出纠正意见。市四届人大常委会第十三次会议听取和审议执法检查情况汇报。

2005年8—9月,市人大常委会在全市范围内开展《中华人民共和国会计法》实施情况暨2005年会计信息质量检查。检查组由市人大常委会副主任蔡金槐任组长,部分市人大常委会委员和市人大代表为成员组成,聘请有关专业技术人员参与,检查组分赴部分乡镇和市直有关单位进行重点抽查。

11月5—20日,由市人大常委会副主任曹祥水任组长,副主任周又新、蔡金槐、吴拥军任副组长,部分市人大常委会委员和市人大代表为成员组成的《中华人民共和国行政许可法》执法检查组,分4个小组在全市各行政执法机关开展执法检查。根据检查中发现的少数执法机关和执法人员,存在依法行政意识不强、执法随意性大、程序不到位、案卷不规范、不依法行政等问题,建议市政府认真清理不符合法律法规规定的行政许可项目,公开办事程序,增强工作透明度,接受群众监督。

2007年5—6月,由市人大常委会副主任朱志强任组长,副主任周又新、张友清任副组长和部分市人大常委会委员及市人大代表组成的执法检查组,在全市范围内开展《中华人民共和国治安管理处罚法》实施情况检查。市五届人大常委会第四次会议听取和审议执法检查情况报告。提出要进一步规范办案程序、大力增强执法人员依法办案意识的审议意见。

7月3—6日,由市人大常委会副主任吴拥军任组长,副主任周又新、朱志强为副组长和部分市人大常委会委员及部分市人大代表组成的执法检查组,对《中华人民共和国食品卫生法》实施情况进行检查。检查组分3个小组,分别对市区及部分乡镇场街道的食堂、加工业、销售业、集贸市场、餐饮业、养殖业进行检查。市五届人大常委会第四次会议听取和审议检查情况报告,针对群众普遍反映"七八个部门管不住一头猪",部门执法合力不强等问题,提出要积极协调各职能部门力量,形成合力,加强综合执法力度的审议意见。市政府成立瑞昌市食品监管领导小组,按照条块联动,密切配合的原则,统一协调畜牧水产、工商、物价、技监、卫生、食品药品等行政管理部门对生猪检疫、屠宰、销售等各个环节的监管,取得很好的效果。

8—9月,由市人大常委会副主任刘振华任组长,部分市人大常委会委员和市人大代表组成的《中华人民共和国城市规划法》执法检查组,对《中华人民共和国城市规划法》实施情况进行检查。市五届人大常委会第六次会议听取和审议执法检查情况报告,针对检查中发现的问题提出相应的审议意见和抄告意见。

2008 年 4 月 7—10 日，由市人大常委会副主任吴拥军任组长，部分市人大常委会委员和市人大代表组成的执法检查组，对《中华人民共和国义务教育法》实施情况进行检查，检查组分 3 个小组分别对溢城等 9 个乡镇街道和市区 4 所学校进行检查。市五届人大常委会第八次会议听取和审议执法检查组关于检查工作情况报告。针对《中华人民共和国义务教育法》实施中存在的农村中小学校债务繁重、教师队伍不够稳定、城乡教育发展不平衡、城市教育网点布局滞后于城市发展等问题，提出审议意见。

5 月 15—16 日，由市人大常委会副主任朱志强、刘振华、张友清分别任组长，部分市人大常委会委员和市人大代表组成的执法检查组，对溢城、南义、码头、洪下及市直相关部门《中华人民共和国道路交通安全法》实施情况进行检查。市五届人大常委会第九次会议听取和审议市政府关于贯彻实施情况和执法检查组执法检查情况报告。针对市人大常委会提出的问题，市政府投资近百万元，高标准建成 38 个公交站台，加强公交线路的管理，增设和更新多处交通信号标志，整治城区交通秩序，加强对“无证营运车辆、摩托车、电瓶车”的管理。

6 月 18—19 日，由市人大常委会领导和部分市人大常委会委员组成的执法检查组，对《中华人民共和国公路法》实施情况进行检查。检查组分 3 个小组，到南义、范镇、高丰、花园、夏畈、南阳及市直有关单位调查了解情况。市五届人大常委会第九次会议听取和审议市政府关于实施情况和执法检查组执法检查情况报告，针对部分村级公路设计标准低、质量不高、资金缺口大，省、县道的路产、路权侵占较严重等问题，要求市政府要适当提高乡村公路设计标准，全面加强乡村公路建设质量监管，组织公安、公路、交通、土地、房产等部门开展联合行动，打击侵占路产、路权行为。

2009 年 4 月下旬，由市人大常委会副主任朱志强带队组织部分市人大常委会委员和市人大代表组成的执法检查组，对《江西省司法鉴定条例》实施情况进行检查。市五届人大常委会第十五次会议听取和审议执法检查情况报告，针对宣传力度不够、司法鉴定业务单一、司法鉴定机构的检测设备难以满足工作需要、公安机关在治安案件的人体损伤鉴定中还存在违规收费等问题，提出相应的审议意见。

6 月 10—16 日，由市人大常委会副主任周又新带队，组织部分市人大常委会委员和市人大代表组成的执法检查组，到 10 个市直有关单位部门和部分乡镇，对《中华人民共和国产品质量安全法》实施情况进行检查。市五届人大常委会第十六次会议听取和审议市政府实施情况和执法检查组的检查情况报告，针对部分农产品生产者的质量安全意识不强，农产品质量安全体系建设滞后，无公害农产品、特色农产品地认定和认证工作有待提高，农产品质量安全工作投入严重不足等问题,提出审议意见。

2010年5月25—27日,由市人大常委会副主任刘振华带队,组织部分市人大常委会委员和市人大代表组成的执法检查组,对《中华人民共和国税收征管法》贯彻实施情况进行检查。检查组通过召开主管部门座谈会和纳税人座谈会的形式调查了解情况。市五届人大常委会第二十六次会议听取和审议市政府实施情况和执法检查情况报告,针对少数企业主纳税意识不强,存在逃税和拖欠税款现象等问题,提出要加大依法征税力度,国、地、财三部门要加强沟通,做到税务信息共享,防止税款"跑、冒、滴、漏",构建点、线、面相结合征税网络的建议。

6月17—18日,由市人大常委会副主任吴拥军任组长,部分市人大常委会委员和市人大代表组成的执法调研组,对《物业管理条例》实施情况进行执法调研。市五届人大常委会第二十六次会议听取和审议市政府实施情况和执法调研组执法调研情况报告。针对市人大常委会的审议意见,市政府及时召开会议研究,先后出台《瑞昌市物业质量保修金监管办法》《瑞昌市选聘和解聘物业企业程序》《进一步加强前期物业管理工作的通知》等新规定,完善业主委员会制度,使小区物业管理步入规范化轨道。

8月上旬,由市人大常委会副主任朱志强带队,组织部分市人大常委会委员和市人大代表组成的执法调研组,对《江西省就业促进条例》实施情况进行执法调研。市五届人大常委会第二十七次会议听取和审议市政府实施情况和执法调研组调研检查情况报告,针对创业促就业氛围不浓、园区劳动密集型企业招工难与劳动力富余的难题仍然存在,就业培训质量不高、秩序混乱等问题,提出审议意见。

10月27—28日,由市人大常委会副主任吴拥军带队,组织部分市人大常委会委员和市人大代表组成的执法调研组,对《中国互联网管理条例》实施情况进行执法调研。调研组深入市直有关单位听取情况汇报,到湓城街道、南义镇等地召开座谈会,抽查3家网吧。市五届人大常委会第二十八次会议听取和审议市政府实施情况和执法调研组调研情况报告。市政府根据市人大常委会的审议意见,加大查处违规经营网吧工作力度,取缔3家"黑网吧",检查网吧2552家次。

开展专题视察调研

专题视察 1990年6月27日—7月4日,市一届人大常委会组织4个视察组,由市人大常委会主任何仁先,副主任徐昌仁、曹中雪,调研员柯亭依分别带领,到市直有关部门和部分乡镇场对农业服务、水电工程修复和老区贫困区建设工作情况进行视察。

9月10—15日，市人大常委会副主任徐昌仁、曹中雪、朱亚愚，调研员柯亭依、罗喻圣带领视察组，到洋鸡山金矿、吴家金矿、麻纺总厂、造纸厂、水泥厂、第二砖瓦厂、林业化工厂、南田煤矿、通用机械厂、粮油加工厂、武山铜矿和船用机械厂12个厂矿就"工业重点建设项目、亏损企业及其执行环保法情况"进行视察。

1991年8月26—27日，由市人大常委会副主任徐昌仁、曹中雪和5名市人大常委会委员及相关部门负责人、技术人员组成的视察组，分3个小组，对老棉区码头镇、流庄乡、白杨镇、武蛟乡、桂林乡和新棉区高丰乡、范镇乡等7个乡镇就"调整农村产业结构、大力发展棉花生产"等问题进行视察。

10月18—19日，由市人大常委会副主任朱亚愚、彭经球，调研员罗喻圣和部分市人大常委会委员、市人大代表组成的视察组，分3个小组，就棉花收购工作到肇陈、洪下、高丰、横立山、范镇、桂林、码头、流庄、武蛟、白杨等10个乡镇进行视察。

1992年1—2月，市人大常委会组织部分市人大代表和有关乡镇的部分人大代表组成视察组，分成3个小组就"1991年国民经济和社会发展计划，财政预算的执行情况；国营工业及乡镇企业和农业生产情况；执行国家法律、法规和社会治安情况以及人民群众普遍关注的问题"，深入中、南、北片部分乡镇场，市直有关企事业单位进行视察。

5月18—22日，由市人大常委会副主任徐昌仁、曹中雪、朱亚愚和部分市人大常委会委员及市人大代表、相关部门负责人组成的视察组，对《中华人民共和国企业法》贯彻实施情况，到市粮食局、税务局、麻纺总厂、油脂化工厂、市经委、劳动人事局、洋鸡山金矿、水泥厂、水电局、工商银行、华东刀剪厂、水泥制品厂等部门单位进行视察。

7—8月上旬，市人大常委会主任何仁先，副主任朱亚愚、徐昌仁、曹中雪、彭经球分别带领由市人大常委会委员和部分市人大代表组成的视察组，到夏畈、码头、横立山、南义、和平、桂林、高丰、洪下等乡镇，对乡村集体所有制企业条例执行情况和省市有关优惠政策落实情况，技改项目达标情况和专项贷款专项储蓄使用情况，乡镇企业经济效益和负担情况，及其发展中的困难与问题进行视察。

1993年6月，市人大常委会主任何仁先带领由部分市人大常委会委员和市人大代表组成的视察组，视察码头开放区和赛湖开发区，向市委提出专题视察报告，并抄告市政府。

1994年7月25—28日，市人大常委会组织由部分市人大常委会委员和市人大代表组成的2个视察组，对企业转制、重点建设工程工作进行视察。第一视察组由市人大常委会副主任朱亚愚、何庆亮带领，视察市麻纺总厂、达昌公司、板鸭厂的转制情况，召开职工座谈会,走访部分工人,察看生产现场,重点到麻纺总厂下属5个分厂视察。视察结束后,提出视察报告,建议市政府对企业转制工作,要简政放权,挖掘潜力,大胆改革,对一些资不抵债的小型企业,可实行破产,实事求是地解决他们的出路。第二视察组由市人大常委会副主任徐昌仁、彭经球带领,对已建成投产、使用的鲁家湖开发工程、高丰棉塑袋厂、4000门程控电话和砂石总公司、水泥压力管生产线、码头水泥厂技改工程等6个重点项目进行视察。提出视察报告,向市政府提出要进一步加强对重点办的领导,充分发挥重点办的检查、督促、指导和协调的作用;对全市21个重点项目进行清理,做到建一个成一个;建立项目责任制,发挥项目主管部门的管理和指导作用;尽快组织协调、调度和筹集缺口资金,确保重点项目按期竣工投产等方面的建议。

1995年7月31日—8月4日,市人大常委会组织由部分组成人员和市人大代表组成的视察组,分2个小组,对各地贯彻执行《江西省个体工商户和私营企业条例》情况进行视察。第一小组由市人大常委会主任何仁先,副主任朱亚愚、宋银春带领,第二小组由市人大常委会副主任徐昌仁、何庆亮、调研员彭经球带领,2个小组分别到南义、高丰、白杨、码头、湓城等地和工商局等有关部门进行视察,提出专题视察报告。市政府召开个体私营经济领导小组成员及相关部门负责人会议,针对工作中存在的问题,研究改进措施和办法。确定从1996年起,每年增加200万元发展个体私营经济专项贷款指标,并责成工商行政管理部门对假集体企业进行清理,共清理假集体26户,其中,转私营企业11户。

1996年10月3—7日,市人大常委会组织由市人大常委会领导、驻会市人大常委会委员和部分市人大代表组成的视察组,由市人大常委会主任何仁先,副主任徐昌仁、卢仕忠、朱亚愚、宋银春、何庆亮分别带队,到码头、横立山、和平、乐山、赛湖、桂林等地和市直9个相关部门,针对"菜篮子"工程建设情况进行视察。

12月下旬,市人大常委会根据九江市人大常委会的要求,组织驻市省八届人大代表和九江市十届人大代表组成2个视察组,对年度国民经济和社会发展计划,财政预算执行情况;实施《关于加强社会治安综合治理的决定》开展严打斗争的情况;减轻农民负担情况;渔政管理情况等4个方面内容进行视察。

12月下旬—1997年1月上旬,市人大常委会组织部分市人大代表组成的视察组,针对国民经济和社会发展、财政预算执行情况;加强社会治安综合治理,开展严打情况;加强社会主义精神文明建设,开展依法治理活动情况;国有企业深化改革,增强活力,提高效益情况;乡镇企业发展和改革情况;减轻农民负担情况等问题进行视察。

1997年7月29—31日,市人大常委会组织视察组,在市人大常委会主任何仁先,副主任徐昌仁、朱亚愚、宋银春、卢仕忠、何庆亮分别带领下，到市麻纺总厂、水泥厂、瑞昌矿山机械有限公司、金城工业公司、通用机械制造总厂、金峰集团公司、油化厂、服装厂、铸造厂、水泥制管厂、赛湖工业企业、民政工业企业等单位和湓城、码头、南义、横港、夏畈等地，针对企业改制情况进行视察。

1998 年 8 月中旬，针对“1998”百年未遇的特大洪水的侵袭，市人大常委会主任张肇山，副主任卢仕忠、朱杰、朱才菊、彭正交，督导员朱亚愚、宋银春、何庆亮分别带领部分市人大常委会委员和市人大代表及本会有关机构负责人，到南义、和平等灾区和灾区群众安置点，视察了解受灾和灾区群众安置、灾区群众生活、防疫、看病、子女就学等情况，向市政府有关部门和有关乡镇提出做好工作的意见和建议。12 月中旬，市人大常委会组织 6 名驻市省、九江市人大代表和部分市人大代表，到赛湖、黄金、江洲造船厂、水泥厂等乡镇场和厂矿，视察了解重建家园、恢复生产、发展经济情况。

1999 年 4—5 月，市人大常委会组织视察组，先后到白杨、武蛟、流庄、码头、黄金、赛湖等乡镇场，针对滨湖地区和其他乡镇发生洪涝灾害情况进行灾情视察。对灾区群众建新村工作中存在的水、电、路及居民用厕和燕山坳新村山体滑坡等问题，向市政府提出建议。之后又多次赴灾区群众新村实地进行视察，及时指出存在的问题。市政府领导先后两次召开专题会议进行研究，制定整治方案，并多次到灾区群众新村了解情况，落实市地矿局对燕山坳灾区群众新村进行勘察论证，并抽调建设局技术人员对工程质量进行全面检查，实行全程监督，确保灾区群众新村建设顺利进行。

2001 年 11 月，市人大常委会组织视察组到市直有关单位及有关乡镇场，对市三届人大四次会议通过的决议执行情况；国民经济计划和财政预算执行情况；市三届人大四次会议代表提出的建议办理情况；优惠投资环境、招商引资情况；农业产业结构调整情况；国有企业改制情况；人民群众普遍关心、反映强烈的重大问题等方面内容进行视察。

2002 年 1 月 21—22 日，市人大常委会根据九常任发〔2001〕06 号文件通知精神，组织驻市的省九届人大代表和九江市十一届人大代表，针对加强农业基础地位，增加农民收入，优化投资环境，招商引资等方面情况，到南、中、北 3 片部分乡镇场和市直有关部门进行视察。

2003 年 6 月 19—20 日，根据市四届人大常委会统一安排，组织驻市的九江市人大代表组成 2 个视察小组，围绕招商引资及工业生产情况，农村税费改革情况，退耕还林工作落实情况等课题分别到市经贸委、林业局、财政局、民营经济服务局、招商协作局等相关部门进行视察。针对了解到的困难和问题，视察组就招商引资、税费改革、退耕还林等方面工作提出15条整改建议。

11月,市人大常委会副主任曹祥水带领部分市人大代表对看守所进行视察。针对存在的问题,提出要加强对看守所的管理,市财政要拨付专项资金维修看守所的建议。

2004年5月20—21日,市人大常委会根据九江市人大常委会的要求,组织驻市的九江市人大代表开展集中视察。35名九江市人大代表,分成2个视察小组,分别对市农业局、民营经济服务局、范镇、黄金乡、桂林街道、赛湖农场等部门单位就增加农民收入政策的落实情况,主攻民营经济、优化投资环境的情况为重点内容进行视察。

11月23—24日,市人大常委会组织视察组,分3个视察小组,在市人大常委会副主任曹祥水、周又新、蔡金槐分别带领下,对2004年5月1日以来殡葬改革工作落实情况,到南、中、北3片6个乡镇进行视察。

12月10日,市人大常委会组织驻市的省人大代表和九江市人大代表,组成2个视察小组,对血吸虫病防治和劳动社会保障等方面工作,到市卫生局、人劳局、夏畈镇、高丰镇等部门单位进行视察。

2005年4月26—27日,市人大常委会副主任曹祥水、周又新、蔡金槐带领部分市人大常委会委员和市人大代表及市人大常委会有关工作机构负责人,对横立山、夏畈、花园、高丰、南义、范镇等乡镇就退耕还林工作进行视察。

5月17—19日,市人大常委会组织驻市的36名九江市人大代表组成2个视察小组,对生猪和果业生产情况,到市畜牧水产局、农业局、南义镇、桂林街道、南阳乡、横立山乡、流庄乡、白杨镇等地进行视察。

7月中旬,市人大常委会副主任曹祥水带领部分市人大代表对市检察院监所工作进行视察。

11月23—24日,市人大常委会副主任曹祥水、蔡金槐、吴拥军分别带领部分市人大常委会委员和市人大代表,到桂林街道、高丰镇、范镇、洪岭乡、南阳乡、夏畈镇和市血防站等单位部门,对秋季血防灭螺工作进行视察。针对视察中发现的问题,市人大常委会向市政府提出意见和建议。市政府对当年的血防工作经费由往年的6万元增加到20万元,并与疫区乡、镇和血防责任单位签订责任状,落实部门工作职责,统一开展查螺灭螺、查病治病工作,疫情得到有效控制。

2006年1月5—6日,市人大常委会组织驻市的省、九江市人大代表对"100个重大项目,100个示范村庄建设,100件惠民实事"的"三百工程"进展情况和安全生产各项法律法规落实情况进行视察。

4月30日，市人大常委会副主任蔡金槐带领部分市人大代表，对城区防洪管理体制落实情况，长河闸工程运转情况，城东泵站工程运转情况，城区其他防洪工程运转情况进行视察，市政府副市长徐新安陪同视察。

2007年10月25日，市人大常委会副主任曹祥水带领部分市人大代表对码头工业城建设情况进行视察。视察组听取有关单位关于码头工业城规划与建设的情况汇报，实地察看码头工业城基础设施建设情况，形成专题视察报告。经主任会议研究，决定将视察报告抄告市政府，尽快解决存在的问题和困难，大力推进码头工业城建设。市政府根据视察建议，积极采取措施，通过各种渠道加大融资力度，成立领导小组，为码头工业城建设奠定了基础。

11月上旬，市人大常委会根据九江市人大常委会的要求，组织九江市人大代表瑞昌小组开展完善社会保障体系，加快推进合作医疗试点情况视察活动。

2008年6月23日，市人大常委会组织视察组，在市人大常委会副主任曹祥水、刘振华带领下，对柳湖景观升级改造一期工程、江瑞矿业项目和恒大石材项目进展情况进行视察，提出搞好在建项目，积极争取大项目，加强项目协调服务等建议。

6月25日，市人大常委会副主任曹祥水、周又新、刘振华分别带领部分市人大常委会委员和市人大代表，对市五届人大二次会议以来代表提出的建议办理情况进行视察，听取市水利局、教育局、建设局、市供电公司、交通局、国资局的办理情况报告，到湓城、桂林街道、高丰镇等地视察办理情况。

2009年6月22—23日，市人大常委会副主任曹祥水、周又新、朱志强、吴拥军、刘振华、张友清分别带领部分市人大代表，对市政府及相关部门办理市五届人大三次会议以来代表建议情况进行视察。

8月13日，市人大常委会副主任曹祥水、周又新、朱志强、吴拥军带领部分市人大常委会委员和市人大代表，分别对市人民公园、火车站广场、污水处理厂、造林绿化“一大四小”工程、码头工业城、码头江滩休闲广场、中医院、文化艺术中心等改造和建设项目的情况进行视察。

2010年6月，市人大常委会副主任朱志强带领部分市人大常委会委员和市人大代表，对市政府有关单位部门和乡、镇、场、街道的“五五”普法工作情况进行视察。

6月21—23日，市人大常委会副主任曹祥水、周又新、朱志强、吴拥军、刘振华、张友清带领部分市人大代表，分别对市五届人大四次会议以来代表建议办理情况进行视察。

专题调研　1990年4—5月，市人大常委会副主任曹中雪召集市政府20多个相关单位负责人召开座谈会,就《中华人民共和国地方各级人民代表大会和地方各级人民政府组织法》修订工作进行调研,收集意见。市人大常委会根据收集到的意见汇总后,派市人大常委会政法办负责人参加省人大常委会在鹰潭召开的收集意见汇报会,将修订意见作了汇报。

1992 年 6 月 16—19 日,市人大常委会副主任彭经球带领调研组,到桂林、横港、夏畈、花园等乡镇,对贯彻执行《江西省农民负担管理条例》情况和村级经济发展情况进行调研。

5—6 月,市人大常委会副主任曹中雪带领调研组,对社会治安综合治理,治安联防队建设情况进行调研,形成书面调研报告,有针对性地对治安联防队工作提出整改意见。

1993 年 4—8 月,市人大常委会副主任徐昌仁、朱亚愚、宋银春和部分市人大常委会委员及市人大代表组成的调研组,分别到各乡镇场和市直相关部门,针对农科教发展情况,粮食、商业、供销体制改革情况,审判工作为经济建设服务情况,整顿社会治安秩序,打击刑事犯罪情况进行调研。

1995 年 5 月下旬,市人大常委会副主任何庆亮带领由部分市人大代表和相关部门负责人组成的调研组,对土地使用制度改革的现状与前景情况进行调研。

6 月,市人大常委会组织调研组,到部分乡镇和市直有关单位,针对群众普遍关心的市场物价等热点问题进行调研,形成调研报告。市政府根据市人大常委会的建议,成立市场物价管理和"菜篮子"工程领导小组,在控制市场物价,确保人民生活水平方面采取一系列有效措施和办法,对粮食、猪肉等人民生活必需品实行凭证平价供应,制定最高限价,发放职工物价补贴,建立副食品价格调节基金,并决定 1996 年扩种蔬菜面积 13000 亩,在一定程度上起到平抑物价、稳定市场、安定民心的作用。

1996 年 8 月中旬,市人大常委会组织部分市人大常委会委员和市人大代表组成的调研组,在市纪委的参与下,到市粮食局、城建局、供销社、民政局、交通局、教育局、赛湖农场等 32 个部门单位的自办小型企业,对部门办工业情况进行调研。

1997 年 5 月 20—21 日,市人大常委会副主任何庆亮带领由部分市人大常委会委员和市人大代表及相关部门负责人组成的调研组,到码头、流庄、花园、南义、武山等地,针对《江西省生猪屠宰管理条例》贯彻实施情况进行调研。

9 月 18—23 日,市人大常委会副主任何庆亮带领市人大常委会财经办、市国资局负责人就国有资产管理问题进行调研。

1998 年 8 月 21 日—9 月初,市人大常委会组织部分组成人员和本会有关办事机构负责人,到"一府两院"及其有关部门,对防汛工作和实施《中华人民共和国防洪法》及赈灾救济情况进行专题调研,形成专题调研材料,为市委、市政府决策提供相应的依据。

1999年3月,市人大常委会组织调研组,在市人大常委会副主任卢仕忠、朱杰、朱才菊、彭正交分别带领下,到南、中、北3片和城区对农村第二轮土地承包政策落实情况和防汛准备情况进行调研。

2000年9—11月,市人大常委会根据《江西省人大常委会监督条例》《江西省人大常委会个案监督条例》的有关规定,对具体个案进行专题调查。经甄别筛选、主任会议反复审议,决定对市公安局办理的孙××涉嫌过失伤害被刑事拘留超期羁押,违反法律程序;市交警大队和市法院办理的聂××诉个体司机曹××交通事故赔偿案;翁××要求市法院依法执行回转上访件等3起个案,分别向有关单位下发个案监督通知书或主任会议抄告单,经有关单位复查,均已纠正。

11月中下旬,市人大常委会组织调研组,在市人大常委会副主任朱杰带领下,分别到市水产局、农业局、林业局、范镇、桂林、武蛟、码头等部门单位,对农业产业化发展情况进行专题调研。重点了解蔬菜、苎麻、小山竹、香椿、特种水产等5大农业产业的发展情况,形成调研报告,为市委市政府调整农业产业结构提供依据。

11月26日—12月5日,市人大常委会副主任彭正交带领部分市人大常委会委员、市人大代表和相关部门负责人到肇陈、洪下、南义、范镇、黄金、白杨等乡镇对血吸虫病、结核病防治工作进行调研。

2001年4月,市人大常委会组织调研组到立肇路、双瑞路、316国道瑞昌段沿路乡镇进行专题调研。针对道路改造中的房屋拆迁、补偿等矛盾,以及施工进展、工程质量等问题提出具体要求,对路面改造工作开展全程监督。

8月,市人大常委会组织部分组成人员、市人大代表及相关单位负责人到南义上林寺,肇陈古墩寺,洪一何老殿,市区龙源寺、文昌阁、城隍庙及码头、黄金等地的寺庙,对《国务院宗教事务管理条例》和《江西省宗教事务管理办法》贯彻实施情况进行专题调研,为依法规范管理宗教事务工作提出建议。

2002年8—9月,市人大常委会组织调研组,在市人大常委会副主任卢仕忠、朱才菊、彭正交、李世秀分别带领下,就关于省人大及其常委会2003—2007年5年立法规划暨2003年审议法规草案计划立法项目征求意见工作进行调研(瑞昌市属省人大立法工作联系点),市人大常委会有关工作机构负责做好对口联系部门催办督办工作,并汇总填写《立法建议项目表》,报送省人大常委会法工委。

9月,在市人大常委会副主任彭正交带领下,由部分市人大常委会委员和市人大代表及相关部门负责人组成的调研组,到有关乡镇场和市直单位,对贯彻实施《中华人民共和国档案法》和《江西省档案管理条例》情况进行调研。针对档案馆库设施落后,不能作为保管档案的场所等存在的问题,要求市政府落实3万元经费抢救档案。

2003年8月14日,市人大常委会副主任曹祥水召集市直有关部门负责人在市检察院召开征求《江西省预防职务犯罪工作条例(草案)》修改意见座谈会,对条例进行立法调研。

2004年7月,针对部分市民对市区有线电视线路升级,每个用户收110元的改造费反映十分强烈,多次到人大常委会上访的问题。经主任会议研究,决定成立专题调研组,由市人大常委会副主任吴拥军带队进行专题调研。经调研组了解,该项收费市政府曾作过研究,根据当时的政策,同意收费,有关部门印发了相关收费文件,2003年3月,省发计委清理收费项目时已明文取消,市人大常委会及时将这一情况通报市政府及有关部门。市政府责成有关部门撤销下发的文件,停止收费,对已收的全额退还给用户。针对采石场业主反映民爆炸药配送费过高,企业难以承受的问题,市人大常委会组织调查组对此进行调查,经初步了解和测算,市炸药配送费用与周边县市比,与实际成本比确实偏高,建议市政府合理定价。市政府及时召开听证会,征求意见,决定将配送费由原来的每箱50元降至35元。

2005年9月,"泰利"台风带来的特大暴雨造成城区被淹,人民财产遭受重大损失。对此,市人大常委会组织部分市人大常委会组成人员和市人大代表组成专题调研组,在市人大常委会副主任曹祥水、周又新、蔡金槐分别带领下,到城东泵站、长河闸和赛湖一、二排涝站进行实地察看,到市水利局、建设局、规划局召开座谈会,听取意见,形成专题调研报告,提出要切实解决城区排涝能力不足、部分设备老化、排水管网不畅、供电线路载荷不足、城东泵站管理体制不顺等问题的意见和建议。市政府责成相关部门进行整改,争取到了省水利厅、财政厅无偿提供价值200多万元的12台新排涝机组,增强城区排涝能力。

2006年9月,市人大常委会组织调研组,对全市政法系统收取保证金情况进行调研,提出规范手续,建立专门账户的意见,督促政法部门收取的保证金要做到手续齐全,管理规范,使用合法。

10月25—26日,市人大常委会副主任吴拥军带领由部分市人大常委会委员和有关工作机构负责人组成的调研组,到市农医局、信用联社、流庄乡、码头镇、横港镇、南义镇、市直定点医疗机构、大塘村卫生所,对新型农村合作医疗工作情况进行调研。

2007年8—9月,由市人大常委会副主任朱志强任组长,部分市人大常委会委员和市人大代表及有关人员组成的调研组,分2个调研小组,重点到湓城、桂林街道和赛湖农场等地,对《城市居民最低生活保障条例》实施情况、市政府关于城市居民低保对象的落实和低保金的发放规定等有关执行情况进行调研。

11 月上旬，由市人大常委会副主任朱志强任组长，部分市人大常委会委员和市人大代表及有关人员组成的调研组，分 2 个小组，到“公检法司”和溢城、桂林、赛湖、肇陈、洪下、码头、南阳、范镇、武蛟等部门单位，对司法机关办理刑事案件贯彻宽严相济刑事政策情况进行调研。

2008 年 6 月上旬，市人大常委会副主任周又新、朱志强、刘振华分别带领部分市人大常委会委员和本会有关工作机构及市直相关部门负责人，分别到 21 个乡、镇、场、街道对强农惠农政策落实情况进行专题调研。

10 月 14—15 日，由市人大常委会副主任吴拥军任组长，部分市人大常委会委员和相关部门负责人为成员组成的调研组，到市疾控中心、白杨、武山、范镇、洪下、桂林、妇幼保健院、协和医院、市中心幼儿园、范镇学区、洪下中学等有关单位部门，对贯彻实施《中华人民共和国传染病防治法》情况进行调研。市政府根据调研报告提出的意见，增加预防工作经费，招考 2 名专业技术人员，健全预防网络。

10 月上旬—11 月中旬，市人大常委会副主任周又新、朱志强、张友清带领部分市人大常委会委员和市人大代表及相关单位负责人，分别到中、南、北 3 片部分乡、镇、场对市法院执行工作情况进行调研。

2009 年 6 月 8—11 日，由市人大常委会副主任吴拥军任组长，部分市人大常委会委员和市人大代表及相关部门负责人为成员组成的调研组，到溢城、夏畈、南阳、码头、肇陈、花园等乡镇街道文化站和市电视台，对全市基层文化工作情况进行调研。

2010 年 4 月 14—27 日，市人大常委会副主任朱志强、张友清带领部分市人大常委会委员和本会有关工作机构负责人，到市直有关部门和部分乡镇场，对殡葬收费情况进行专题调研。

6 月中旬，市人大常委会副主任刘振华带领部分市人大常委会委员和相关人员，到市法院、工商局、建设局、房管局等单位对《中华人民共和国合同法》实施情况进行调研。

7—8 月，市人大常委会组织驻市的省、九江市人大代表就贯彻实施《中华人民共和国各级人民代表大会常务委员会监督法》，进一步做好市人大常委会监督工作，进一步优化经济发展环境，加强在校学生上网管理，农村土地流转，巩固和发展退耕还林成果等 5 个课题开展专题调研。

8 月 12—25 日，由市人大常委会副主任朱志强任组长，部分市人大常委会委员和本会有关工作机构负责人及市委政法委有关负责人组成的调研组，到市法院、检察院、司法局、公安局对刑事审判工作和刑事审判监督工作情况进行调研。

11月20—30日,市人大常委会副主任朱志强带领部分市人大常委会委员和市人大代表及有关人员,对市政府开展机关效能活动情况进行专题调研。

开展评议工作

述职评议 1991年1月3—4日,根据市一届人大常委会第14次主任会议决定,对市农业局、工商局、城建局、卫生局、经委5个单位的局长、主任进行评议。5位局长、主任的评议调查工作,分别由市人大常委会副主任徐昌仁、曹中雪、朱亚愚,调研员柯亭依、罗喻圣主持,评议采取各单位召开职工大会,中层以上干部、职工代表和部分市人大代表座谈会等背靠背的形式进行,无记名填写民主评议问卷调查表,召开评议结果反馈会,向评议对象公开反馈群众评议结果。

1991年12月下旬,根据市一届人大常委会第37次主任会议决定,组织部分市人大代表和本单位干部职工对市审计局、物价局、民政局、林业局、水电局、乡企局、粮食局、商业局、二轻局、教育局、司法局和计生委等12个局委的局长、主任进行评议。评议工作分别由市人大常委会主任何仁先,副主任徐昌仁、彭经球,调研员罗喻圣主持。评议工作采取本人述职、群众民主评议、无记名问卷测评的形式进行,着重针对被评议对象的政治思想、人大意识、遵纪守法、工作作风、工作实绩等5个方面的内容,公开评议结果。被评对象普遍反映受到一次生动的政治思想、民主法治和群众路线的教育。

1992年,根据市一届人大常委会第49次主任会议决定,对市政府办、监察局、土管局、档案局、环保局、财办、体委、体改委等8个单位的局长、主任开展述职评议工作,分别安排在市人大常委会第十八次和第十九次会议上进行。

1994年12月27日,市二届人大常委会第十二次会议听取市财政局局长、市商业局局长的述职报告。市人大常委会组成人员根据会前的调查了解和平时掌握的情况,结合述职报告,对2人进行评议。

1995年6—10月,经市二届人大常委会第49次主任会议决定,对市司法局、物价局、财办、交通局、科委、工商局、监察局等7个单位主要负责人进行述职评议。市二届人大常委会第十五次、第十六会议分别听取7个单位负责人的述职报告,市人大常委会组成人员对7人进行评议。

1996年10月11日,市二届人大常委会第二十四次会议听取和审议市统计局、审计局、地税局主要负责人的述职报告，市人大常委会组成人员对其任职依法行使职权情况、廉政建设情况和贯彻实施国家有关法律法规情况进行评议。述职评议前，市人大常委会组织3个调查组，到被评对象单位和其他相关部门，听取社会和单位职工对被评对象的意见，增强评议的针对性，提高评议效果。

1997年6月25日，市二届人大常委会第二十九次会议听取市政府办公室主任、计划委员会主任、人事劳动局局长的述职报告，市人大常委会组成人员对3人的工作进行评议。

1998年10—11月，根据市三届人大常委会第9次主任会议决定，对市文化广播电视局、物价局、司法局局长的工作进行评议。11月18日，市人大常委会第四次会议听取和审议3位负责人的述职报告，对其任职以来依法行政情况、完成任期目标责任情况、廉政建设情况、在抗洪抢险中的表现情况进行评议。在召开市人大常委会会议前，组织3个调查组，到被评议对象的单位及其干部职工中，通过无记名测评、集体座谈、个别走访等方式，了解社会及其单位对被评议对象的真实反映，增强评议的准确性、客观性和全面性。

2000年8—9月，根据市三届人大常委会第十七次会议决定，对市经贸委、粮食局、环保局、水利局的主要负责人进行述职评议。11月10日，市人大常委会第十九次会议听取"一委三局"主要负责人的述职评议整改情况汇报。此次评议共走访单位58个、选民6500多人，收集批评、意见和建议426条，经梳理分类，整理出50条意见和建议，分别抄告到被评对象或相关单位进行整改。市粮食局针对"花园和流庄无粮油销售门店"的问题，责成花园、流庄粮管所于当年10月份恢复门店销售，同时要求各地粮管所开拓经营、扩大销售。市经贸委针对"墙改办执法人员形象差、乱收费"的问题，组织力量对墙改办进行整顿，清退临时人员，加大墙改政策法规宣传力度，公开收费项目和标准。

2001年8—10月，根据市三届人大常委会第二十五次会议决定，对市政府5位副市长、市法院27名法官和市检察院8名检委会委员任期内履行职责的情况进行评议。11月30日，市人大常委会第二十八次会议听取和审议市政府五位副市长评议整改情况和市政府综合整改情况汇报。

针对2001年8月至10月评议市"法检"两院27名法官和8名检委会委员，在调查阶段发现市法院少数述职对象存在较为严重的问题，需要进一步调查核实，市人大常委会决定，评议时间延长，在下一年度4月份进行。2002年4月29日，市人大常委会在市政府7楼会议室召开评议大会，对市"法检"两院述职对象进行评议。8月6—7日，市人大常委会第三十五次会议听取和审议市法院院长周立、市检察院检察长朱志强关于评议整改情况汇报，市委书记石荣国、副书记蔡卫宁在会上分别作了讲话。市人大常委会根据主任会议提出的撤销职务议案,依法撤销市法院1名因有严重经济问题的法官的职务。电视台将评议大会实况公开播放,在社会上引起强烈反响。

市四届人大常委会第一次会议决定,从2003年起,由市人大常委会任命的"一府两院"国家机关工作人员须向市人大常委会年度述职。2003年11月11日—2004年1月10日,市人大常委会组织开展评议市政府部分组成部门负责人工作。其间,市人大常委会组织5个评议调查组,到市直有关部门单位、各代表小组、乡镇基层站所进行调查,召开部分市人大代表和政协委员、外商、居委会和有关局委办负责人3个座谈会,广泛征求意见。市人大常委会第七次会议听取市政府25个组成部门主要负责人述职,对12个市政府组成部门负责人2003年度履职情况进行面对面的评议。市"法检"两院的法官、检察官以书面形式向市人大常委会提交述职报告。

2004年12月,市人大常委会对市发计委、司法局、监察局、人劳和社保局、建设局、交通局、林业局、水利局、卫生局等9个局、委主要负责人和市法院3名法官及市检察院3名检察官进行年度述职评议。市人大常委会成立4个评议调查组,召开座谈会50多次,走访代表及选民1600余人次,收集意见、建议400多条。

2005年12月,市四届人大常委会第52次主任会议决定,市政府组成部门负责人(市交通局、水利局、文广局除外)、市人民法院审判员以上法官、市检察院检察员以上检察官以书面形式向市人大常委会报告2005年度工作情况。

工作评议 1993年9—11月,根据市二届人大常委会第11次主任会议通过的《关于组织市人大代表评议政府部门工作的实施方案》安排,市人大常委会组织市人大代表对市经委、农经委、公安局、城建局、供销社等5个部门的工作进行评议。本次评议的主要内容是部门转变职能,为经济建设服务情况,共收到代表提出的批评、意见和建议95条,市人大常委会分别转交5个被评部门,5个被评部门进行认真办理,其中28条意见被采纳或问题得到解决;4条因条件不具备,但作出规划安排,限期改正或解决;3条因政策和条件不允许,或代表对情况了解不完全,反映有出入,向代表作出解释说明。

1994年9—11月,根据市二届人大常委会第35次主任会议决定,组织市人大代表评议市教育局、粮食局、乡企局和市"法检"两院工作。10月27日,市人大常委会第十一次会议听取"两院三局"的自评工作报告。根据评议实施方案,各代表小组组织代表开展评议活动,市人大常委会全体组成人员参加各代表小组的评议活动,代表参评率达92.8%,代表走访选民30837人次,收集各种意见579条。11月中旬,市人大常委会召开评议"两院三局"工作会,面对面地向5个部门提出存在的突出问题,经梳理,共有54条意见转交相应单位进行整改,5个部门于1995年1月5日前全部办理完毕。

1995年7—10月,市二届人大常委会组织市人大代表对市农业局、林业局、水电局、畜牧水产局和土管局5个涉农部门进行工作评议。此次评议活动共有236名代表参与,参评率达94%,走访选民32571人,收集各类意见110多条。9月中旬,市人大常委会召开评议工作汇报会,各代表小组汇报代表提出的批评、意见和建议,并就如何发挥职能作用、进一步增强服务意识、提高服务质量、改进工作作风等问题提出具体要求。5个部门对代表提出的110多条意见进行整改,得到落实或基本落实。市农业局针对代表反映强烈的种子公司经销劣种、坏种造成农民歉收问题,抓好现金赔偿兑现工作,共计赔偿6万余元;市政府投入大量资金和人力、物力,做好水利冬修和病险堤坝的除险加固工作,全市共修复水毁工程132处,土石方达284万立方米。

1996年7—9月,根据市二届人大常委会第73次主任会议研究,并报请市委同意的评议方案,决定组织市人大代表对市卫生局、文化局、环保局、矿管局、民政局、计生委等6个政府组成部门工作进行评议。针对全市30个代表小组对6个部门共提出的298条意见和建议,市人大常委会经过梳理,整理出来的40条分别抄告到各被评部门,要求其落实整改,5个被评部门认真办理,40条意见和建议全部得到相应的落实。

1999年7—11月,根据市三届人大常委会第八次会议决定,组织市人大代表对市法院、检察院、林业局、土管局、交通局、卫生局等“两院四局”的工作进行评议。7月21日—8月10日,市人大常委会组织3个调查小组,到各代表小组和受评单位指导评议工作,及时了解和掌握评议工作进展情况,研究和处理有关问题,确保评议工作有序进行。此次评议共走访单位523个,走访选民18777人,收集选民批评、意见、建议776条。针对在评议大会上提出的142条批评、意见和建议,市人大常委会进行分类整理,及时转交相关单位。市检察院针对溢城代表小组反映邓××受贿案处理有疑问的问题,迅速查清案情,及时退回未给予认定的扣押款项;有关单位对夏畈土管所原所长私刻公章进行侦查,给予行政警告处分并罚款1000元。对范镇林业工作站原站长违规超批树木进行立案侦查、起诉。市法院针对干警违纪吃喝问题从严从快处理,对桂林代表小组反映的4名干警陪吃陪喝问题及时予以通报批评,并责令他们按每人20元的餐费标准如数退赔给请吃单位。土管局、交通局设立文明服务窗口,实行承诺服务。林业局结合实际,争取上级认可,降低木材运输过站收费标准。卫生局实行农村医疗一体化管理,整顿医药市场,公开收费项目标准等。审计局、监察局抽调精干力量,依法对森林公安分局和所属派出所近3年的账目进行审计。

2004年以后的工作评议,对被评单位的确定作了改进,由过去主任会议提出,改为由全体市人大代表民主推荐、市人大常委会决定。

2004 年 8—11 月，根据《关于组织市人大代表对“一委三局”进行工作评议的实施方案》，市人大常委会组织开展市人大代表对市计生委、财政局、教育局、环保局工作评议。在组织开展工作评议活动中，针对代表对个别医生非法进行性别鉴定，少数国家教师出现违规超生现象等反映强烈的问题，市人大常委会评议调查组先后到有关部门进行调查核实，将评议意见抄告市政府及有关部门，督促整改处理。市政府及时召开市长办公会和市政府常务会，进行研究，作出对市妇幼保健院 1 名医生开除公职的决定，成立联合调查组，对码头地区违规超生的教师进行立案调查，按照有关规定作出严肃处理。

2005 年 7—11 月，市四届人大常委会第十七次会议，决定组织市人大代表对市法院、交通局、水利局、文广局等“一院三局”任期内的工作进行评议。市人大常委会组织 4 个评议调查组，到各乡镇街道管理区、市直有关单位和被评单位进行调查，广泛听取意见。各代表小组和各乡镇人大组织市、乡代表走访选民，评议乡镇基层站所。共走访单位 496 个，召开各类座谈会 35 次，走访选民 15200 人次，收集批评、意见和建议 283 条。市人大常委会将整理出来的 34 条意见和建议分别抄告到“一院三局”，要求采取有效措施整改。市法院针对群众和代表反映强烈的判决不服的案件，进行复查，并将案件有关情况与代表进行沟通。针对代表反映案件执行难的问题，采取落实责任庭室和人员的方法加大案件执行力度，取得一定的效果。市交通局针对代表反映的城区“面的”管理不规范问题，开展为期 3 个月的出租车集中整治活动，加大对农村客运管理力度。市水利局针对代表反映强烈的城区排涝问题，抢时间，抢季节，对排涝机组进行更新改造。市文广局针对代表意见最大的网吧管理问题，加大稽查和处罚力度。

2006 年，市人大常委会对 2005 年度评议“一院三局”的评议意见，以主任会议形式分别抄告“一院三局”进行整改。整改工作自 2005 年 10 月底至 2006 年 6 月 30 日结束。市四届人大常委会第二十四次会议，决定组织市人大代表对“一院三局”评议落实情况进行满意度测评。7 月 6—15 日，测评工作以代表小组为单位，采取无记名投票方式，对照被评单位整改情况汇报材料和掌握的实际整改落实情况，分满意、基本满意、不满意 3 个档次进行评定。

评议政府工作　2007 年 7 月 30 日，市五届人大常委会第四次会议，根据 2007 年 1 月 1 日起实施的《中华人民共和国各级人民代表大会常务委员会监督法》有关规定，决定在 8 月至 12 月，对市政府林业、民政、建设等“三项”工作进行评议。此次评议既是《中华人民共和国各级人民代表大会常务委员会监督法》颁布后市人大常委会第一次开展评议工作，也是市本届人大常委会第一次开展评议工作。在历时近3个月的评议工作中，组织3个评议小组，6个评议调查组，到林业、民政、建设3个部门及22个乡镇场街道，共走访单位92个，召开座谈会124次，收集意见建议213条。评议的每一阶段，每一步骤都严格按照法定程序进行，依法评事，突出依法监督的特色。在评议活动中，结合年初制定的工作要点，对《中华人民共和国城市规划法》进行执法检查，对城镇居民低保工作进行专题调研。经主任会议研究，向市政府提出林业工作7条，民政工作5条，建设工作6条共18条审议意见，要求市政府认真研究处理。对评议中反映比较集中的52个具体问题，以主任会议形式抄告涉评单位。市政府召开常务会议，专题讨论和研究市人大常委会评议林业、民政、建设工作的审议意见，及时向市人大常委会报送研究处理方案和结果，并向相关代表小组作出认真答复。

2008年8—12月，根据2008年度工作要点安排，市人大常委会决定对市政府的人事劳动和社会保障、人口和计划生育、物价、质量技术监督等“四项”工作进行评议。评议采取召开动员会、调查摸底、收集意见、召开评议工作会、市人大常委会专题评议会和整改提高等方式进行。在历时3个月的工作评议中，市人大常委会组织4个评议组，6个评议调查组，深入市政府相关职能部门和21个乡镇场街道，共走访单位230个，召开座谈会96次，调阅案卷564份，收集意见和建议456条，提出26条审议意见。审议意见交付市政府后，市政府及时召开常务会议，专门研究和处理落实。整个评议活动，各涉评单位“一把手”亲自抓整改落实，并在规定时间内向市人大常委会报送整改方案和办理结果。针对失业保险金欠收较多问题，市政府要求人事劳动和社会保障部门采取措施，加大清收力度。2008年，全市共征缴失业保险金285.04万元，完成年度计划。市政府还决定启动村委会、居民委员会干部养老保险工作。针对代表提出民用爆破品“一体化服务”收费偏高，服务不到位的问题，进行专题调研，拟在进一步弄清情况基础上，向政府提出改进意见。针对社会抚养费征收管理使用存在的问题，市政府出台规范社会抚养费征收管理的相关规定。针对食品安全监管，确保食品安全问题，市政府及相关职能部门全面加强对生产和销售“无生产厂家、无生产日期、无生产地址”三无食品的监管，全年没有发生重大的食品安全事故。

2009年8—12月，根据市人大常委会决定，对市政府的环保、公安、房产管理、供电“四项”工作进行评议。评议工作从8月1日开始到12月25日结束。在整个评议工作中，市人大常委会领导各司其职，深入联系单位和乡镇精心指导，听取代表意见，各代表小组认真组织代表联系选民，听取选民的意见。在评议工作会上，有9名市人大代表受代表小组委托作评议发言。市人大常委会召开专题评议会议，对市政府的“四项”工作进行审议，形成审议意见和抄告意见，交付市政府和相关部门研究处理、整改落实。市长主持召开相关部门负责人会议,要求将审议意见逐条落实,对受条件限制,一时难以落实的要向代表作解释说明,并将研究处理情况向市人大常委会作书面报告。公安部门针对评议中提出城区交通秩序比较混乱问题,进行认真整改,在上下班高峰期,增加路面警力。投资近40万元,增设400多个停车位,交通秩序得到较大的改观。环保部门提高环评门槛,加大农业面源污染治理力度。房产部门积极组织协调解决少数小区没有发放房产证问题,加强房地产市场的监管,对开发商的违规行为进行查处,维护购房户的利益。供电部门在评议工作中,边接受评议,边进行整改,转变作风,改变形象,提高服务质量,受到市民好评。

2010年度的评议市政府工作从8月初开始到12月底结束,评议的内容是市政府水利、国土、矿产、公路四项工作。评议分四个阶段进行。市人大常委会组成4个评议小组,5个评议调查小组,分别到各乡镇场街道及相关单位进行专项工作评议调研。评议过程中,市、乡人大联动,全体市人大代表积极参与,共走访选民1265人次,召开各种座谈会132场次,收取人大代表和选民反映的意见和建议350多条,经过梳理,形成抄告意见80条、审议意见20条,市政府和相关部门对照抄告意见和审议意见,认真研究,制定措施,及时明确责任领导,扎实整改,使每条抄告意见和审议意见都得到较好落实和解决,办理结果满意率达85%。

第二节 人事任免工作

权力机关工作人员任免

1990年5月11日,市一届人大常委会第一次会议,决定任命:刘朝键为市人大常委会办公室主任,胡映民为市人大常委会教科文卫办公室主任,柯武山为市人大常委会选举任免联络办公室主任,严茂林为市人大常委会政法办公室主任,邓孟溪为市人大常委会财政经济办公室主任,陈世承为市人大常委会财政经济办公室副主任,柯传大为市人大常委会政法办公室副主任,李世秀为市人大常委会办公室副主任。

1991年5月17日,市一届人大常委会第九次会议,决定任命:柯传生为市人大常委会办公室副主任。

8月17日,市一届人大常委会第十次会议,决定免去:柯传生市人大常委会办公室副主任职务。

1992年2月22日,市一届人大常委会第十四次会议,决定任命:胡茂禄为市人大常委会财政经济办公室主任。

1993年2月19日,市二届人大常委会第一次会议,决定任命:曹征为市人大常委会教科文卫办公室主任,王国喜为市人大常委会教科文卫办公室副主任,黄财群为市人大常委会办公室副主任,田信国为市人大常委会办公室副主任,雷在义为市人大常委会溢城联络处主任,周庆鼎为市人大常委会桂林联络处主任。

1994年3月4日,市二届人大常委会第七次会议,决定任命:王国喜为市人大常委会选举任免联络办公室副主任,詹春林为市人大常委会教科文卫办公室副主任。决定免去:王国喜市人大常委会教科文卫办公室副主任职务。

1995年4月7日,市二届人大常委会第十四次会议,决定任命:柯武山为市人大常委会办公室主任,赵达贵为市人大常委会选举任免联络办公室主任。决定免去:刘朝键市人大常委会办公室主任职务,柯武山市人大常委会选举任免联络办公室主任职务,田信国市人大常委会办公室副主任职务。

12月28日,市二届人大常委会第十八次会议,决定任命:冯家相为市人大常委会教科文卫办公室主任,柯长青为市人大常委会财政经济办公室主任,王卫军为市人大常委会政法办公室副主任,王定忠为市人大常委会溢城联络处主任,谈华众为市人大常委会办公室副主任,朱巨潭为市人大常委会办公室副主任,徐尤闲为市人大常委会财政经济办公室副主任,范远清为市人大常委会教科文卫办公室副主任。决定免去:曹征市人大常委会教科文卫办公室主任职务,胡茂禄市人大常委会财政经济办公室主任职务,雷在义市人大常委会溢城联络处主任职务,柯传大市人大常委会政法办公室副主任职务,黄财群市人大常委会办公室副主任职务,詹春林市人大常委会教科文卫办公室副主任职务。

1996年10月11日,市二届人大常委会第二十四次会议,决定免去:严茂林市人大常委会政法办公室主任职务。

1997年3月21日,市二届人大常委会第二十七次会议,决定任命:柯于友为市人大常委会政法办公室主任。决定免去:柯武山市人大常委会办公室主任职务。

4月30日,市二届人大常委会第二十八次会议,决定任命:王卫军为市人大常委会办公室主任,陈小英为市人大常委会政法办公室副主任。决定免去:王卫军市人大常委会政法办公室副主任职务。

1998年3月31日,市三届人大常委会第一次会议,决定任命:邓辉为市人大常委会教科文卫办公室主任,谈华众为市人大常委会政法办公室主任,徐尤闲为市人大常委会财政经济办公室主任,王建新为市人大常委会办公室副主任,周彩霞为市人大常委会选举任免联络办公室副主任,周建国为市人大常委会财政经济办公室副主任。决定免去:冯家相市人大常委会教科文卫办公室主任职务,柯于友市人大常委会政法办公室主任职务,柯长青市人大常委会财政经济办公室主任职务,谈华众市人大常委会办公室副主任职务,徐尤闲市人大常委会财政经济办公室副主任职务。

1999 年 4 月 8 日,市三届人大常委会第六次会议,决定任命:汪传功为市人大常委会教科文卫办公室副主任,吴高发为市人大常委会湓城联络处副主任。决定免去:范远清市人大常委会教科文卫办公室副主任职务,王国喜市人大常委会选举任免联络办公室副主任职务。

2000 年 2 月 16 日,市三届人大常委会第十三次会议,决定任命:周会松为市人大常委会办公室副主任,王银霞为市人大常委会办公室副主任,周起俊为市人大常委会政法办公室副主任,谢继峰为市人大常委会选举任免联络办公室副主任,范友芳为市人大常委会湓城街道联络处主任,余泽河为市人大常委会桂林街道联络处主任。决定免去:朱巨谭市人大常委会办公室副主任职务,王建新市人大常委会办公室副主任职务,陈小英市人大常委会政法办公室副主任职务,王定忠市人大常委会湓城街道联络处主任职务,周庆鼎市人大常委会桂林街道联络处主任职务。

9 月 15 日,市三届人大常委会第十八次会议,决定任命:徐新锁为市人大常委会桂林街道联络处副主任。

2002 年 3 月 14 日,市三届人大常委会第三十二次会议,决定任命:柯昌荣为市人大常委会教科文卫办公室主任,余泽河为市人大常委会教科文卫办公室副主任,陈洪地为市人大常委会办公室副主任,董洪荣为市人大常委会桂林街道联络处主任。决定免去:邓辉市人大常委会教科文卫办公室主任职务,余泽河市人大常委会桂林街道联络处主任职务,徐新锁市人大常委会桂林街道联络处副主任职务,吴高发市人大常委会湓城街道联络处副主任职务。

8 月 7 日,市三届人大常委会第三十五次会议,决定任命:汪传功为市人大常委会选举任免联络办公室副主任。决定免去:谢继峰市人大常委会选举任免联络办公室副主任职务,汪传功市人大常委会教科文卫办公室副主任职务。

2003 年 3 月 28 日,市四届人大常委会第一次会议,决定任命:谈华众为市人大常委会办公室主任,徐勋海为市人大常委会教科文卫办公室主任,周起俊为市人大常委会政法办公室主任,汪传功为市人大常委会选举任免联络办公室主任,江昌尧为市人大常委会政法办公室副主任。决定免去:王卫军市人大常委会办公室主任职务,赵达贵市人大常委会选举任免联络办公室主任职务,柯昌荣市人大常委会教科文卫办公室主任职务,谈华众市人大常委会政法办公室主任职务,汪传功市人大常委会选举任免联络办公室副主任职务,周起俊市人大常委会政法办公室副主任职务。

9月26日,市四届人大常委会第四次会议,决定任命:何尤君为市人大常委会农业和农村工作办公室主任,张肇林为市人大常委会农业和农村工作办公室副主任,王银霞为市人大常委会选举任免联络办公室副主任,柯爱珍为市人大常委会教科文卫办公室副主任。决定免去:余泽河市人大常委会教科文卫办公室副主任职务,王银霞市人大常委会办公室副主任职务,周彩霞市人大常委会选举任免联络办公室副主任职务。

2005年5月27日,市四届人大常委会第十七次会议,决定免去:周会松市人大常委会办公室副主任职务。

2006年3月30日,市四届人大常委会第二十三次会议,决定任命:邹庆柏为市人大常委会办公室主任,周平海为市人大常委会政法办公室主任,王银霞为市人大常委会教科文卫办公室主任,陈飞为市人大常委会办公室副主任,邹晓梅为市人大常委会财政经济办公室副主任,桂良罡为市人大常委会选举任免联络办公室副主任,李叶为市人大常委会桂林街道联络处主任。决定免去:谈华众市人大常委会办公室主任职务,周起俊市人大常委会政法办公室主任职务,徐勋海市人大常委会教科文卫办公室主任职务,王银霞市人大常委会选举任免联络办公室副主任职务,江昌尧市人大常委会政法办公室副主任职务,周建国市人大常委会财政经济办公室副主任职务,董洪荣市人大常委会桂林街道联络处主任职务。

7月27日,市四届人大常委会第二十五次会议,决定免去:邹庆柏市人大常委会办公室主任职务。

2007年5月21日,市五届人大常委会第二次会议,决定任命:杨能聪为市人大常委会办公室主任,吴风雷为市人大常委会内务司法办公室主任,汪传功为市人大常委会教科文卫办公室主任,何尤君为市人大常委会选举任免联络办公室主任,徐勋炳为市人大常委会农业和农村工作办公室主任,陶志萍为市人大常委会财政经济办公室副主任,何火炬为市人大常委会内务司法办公室副主任。决定免去:周平海市人大常委会政法办公室主任职务,王银霞市人大常委会教科文卫办公室主任职务,汪传功市人大常委会选举任免联络办公室主任职务,何尤君市人大常委会农业和农村工作办公室主任职务,邹晓梅市人大常委会财政经济办公室副主任职务。

2008 年 4 月 29 日,市五届人大常委会第八次会议,决定任命:陈洪地为市人大常委会农业和农村工作办公室主任,曹继全为市人大常委会办公室副主任,曹骥为市人大常委会内务司法办公室副主任,董向阳为市人大常委会教科文卫办公室副主任,张绪鹏为市人大常委会农业和农村工作办公室副主任。决定免去:徐勋炳市人大常委会农业和农村工作办公室主任职务。

2010 年 7 月 2 日,市五届人大常委会第二十六次会议,决定任命:曹晓枫为市人大常委会教科文卫办公室主任。决定免去:汪传功市人大常委会教科文卫办公室主任职务,吴风雷市人大常委会内务司法办公室主任职务。

行政机关工作人员任免

1990 年 5 月 11 日,市一届人大常委会第一次会议,决定任命:董垂亮为市人民政府办公室主任,彭经球为市计划委员会主任,陶鼎金为市科学技术委员会主任,邵志华为市经济委员会主任,胡茂禄为市农村经济委员会主任,刘诗绪为市经济体制改革委员会主任,徐新敬为市计划生育委员会主任。

6 月 26 日,市一届人大常委会第二次会议,决定任命:丁显松为市公安局局长(兼),王武良为市财贸办公室主任,朱才菊为市监察局局长,吴圻江为市民政局局长,张远景为市司法局局长,郑枕亚为市财政局局长,范魁芳为市劳动人事局局长,曹征为市城乡建设局局长,张吉龙为市交通局局长,柯愈希为市水利电力局局长,陈洪敏为市农业局局长,唐蒙恩为市林业局局长,魏光霄为市畜牧水产局局长,田绍林为市商业局局长,柯昌隆为市物资局局长,朱汉盛为市教育局局长,钟孝松为市文化广播电视局局长,封泽涛为市审计局局长,曹继宋为市物价局局长,王汇川为市统计局局长,杨锡俚为市卫生局局长,王忠荣为市粮食局局长,宋银春为市工商行政管理局局长,张钦先为市乡镇企业管理局局长,陈南桥为市第二轻工业局局长,朱垂岗为市税务局局长,邓辉为市环境保护局局长,陈炳昌为市矿产资源管理局局长,陈元映为市体育运动委员会主任,曾广智为市档案局局长,冷绪鑫为市土地管理局局长。

1991 年 3 月 23 日,市一届人大常委会第八次会议,决定免去:陈炳昌市矿产资源管理局局长职务。

5 月 17 日,市一届人大常委会第九次会议,决定任命:薛江武为市人民政府副市长。决定免去:彭经球市计划委员会主任职务。

8月17日,市一届人大常委会第十次会议,决定任命:范方能为市计划委员会主任,王忠灯为市农业局局长,柯昌隆为市统计局局长,何仁造为市物资局局长,饶杨淼为市矿产资源管理局局长。决定免去:陈洪敏市农业局局长职务,柯昌隆市物资局局长职务。

1992年2月22日,市一届人大常委会第十四次会议,决定任命:曹祥水为市农村经济委员会主任。决定免去:胡茂禄市农村经济委员会主任职务。

10月23日,市一届人大常委会第二十次会议,决定任命:陈定荣为市人民政府副市长,决定代理市长职务。

1993年2月19日,市二届人大常委会第一次会议,决定任命:董垂亮为市人民政府办公室主任,范方能为市计划委员会主任,邓辉为市环境保护局局长,张钦先为市乡镇企业管理局局长,王忠灯为市农业局局长,丁显松为市公安局局长,陈元映为市体育运动委员会主任,郑枕亚为市财政局局长,范魁芳为市劳动人事局局长,魏光霄为市畜牧水产局局长,王忠荣为市粮食局局长,钟孝松为市文化广播电视局局长,田绍林为市商业局局长,曹继宋为市物价局局长,吴圻江为市民政局局长,何仁造为市物资局局长,朱才菊为市监察局局长,饶杨淼为市矿产资源管理局局长,冷绪鑫为市土地管理局局长,陈菊梅为市卫生局局长,吴广峰为市教育局局长,李洪星为市二轻局局长,张远景为市交通局局长,田绍虞为市城乡建设局局长,曹祥水为市水利电力局局长,柯昌隆为市林业局局长,封泽涛为市工商行政管理局局长,聂明柏为市司法局局长,刘诗绪为市财贸办公室主任,张远杰为市统计局局长,温景芬为市计划生育委员会主任,周起翔为市经济体制改革委员会主任,陈南桥为市经济委员会主任,唐蒙恩为市科学技术委员会主任,陈德荣为市农村经济委员会主任,周宇聪为市审计局局长。

4月24日,市二届人大常委会第二次会议,决定任命:王代明为市人民政府副市长。

10月30日,市二届人大常委会第五次会议,决定任命:朱杰为市人民政府副市长。

12月21日,市二届人大常委会第六次会议,决定任命:艾宏盛为市人民政府副市长,决定代理市长职务。

1994年3月4日,市二届人大常委会第七次会议,决定任命:胡敦斌为市环境保护局局长。决定免去:邓辉市环境保护局局长职务。

4月29日,市二届人大常委会第八次会议,决定任命:唐久根为市公安局局长。决定免去:丁显松市公安局局长职务。

10月28日,市二届人大常委会第十一次会议,决定任命:邓见广为市地方税务局局长。

12月28日,市二届人大常委会第十二次会议,决定任命:徐霞飞为市人民政府副市长。

1995年4月7日,市二届人大常委会第十四次会议,决定任命:郎小军为市公安局局长(兼),陈伦国为市农村经济委员会主任,邹菊花为市计划生育委员会主任,陈钢为市城乡建设局局长,温景芬为市商业局局长,吴明华为市乡镇企业管理局局长。决定免去:李洪星市第二轻工业局局长职务,董垂亮市人民政府办公室主任职务,陈德荣市农村经济委员会主任职务,田绍虞市城乡建设局局长职务,田绍林市商业局局长职务,唐久根市公安局局长职务,张钦先市乡镇企业管理局局长职务,温景芬市计划生育委员会主任职务。

6月29日,市二届人大常委会第十五次会议,决定任命:张思益为市人民政府副市长,田绍虞为市对外经济工作委员会主任。

1996年4月12日,市二届人大常委会第二十次会议,决定任命:鄢爱明为市人民政府办公室主任,雷在东为市农村经济委员会主任,朱清波为市农业局局长,张远炎为市工商行政管理局局长,陈伦国为市水利电力局局长,陈茂为市土地管理局局长,曹祥水为市财政局局长,李宗连为市劳动人事局局长,柯昌荣为市环境保护局局长,周起翔为市文化广播电视局局长。决定免去:王忠灯市农业局局长职务,封泽涛市工商行政管理局局长职务,冷绪鑫市土地管理局局长职务,郑杌亚市财政局局长职务,范魁芳市劳动人事局局长职务,胡敦斌市环境保护局局长职务,陈伦国市农村经济委员会主任职务,曹祥水市水利电力局局长职务,周起翔市经济体制改革委员会主任职务,钟孝松市文化广播电视局局长职务。

10月11日,市二届人大常委会第二十四次会议,决定任命:陈南桥为市人民政府副市长,周庆增为市经济委员会主任,黄喜林为市经济体制改革委员会主任。决定免去:陈南桥市经济委员会主任职务。

12月26日,市二届人大常委会第二十五次会议,决定任命:袁飞杰为市人民政府副市长。决定免去:万文松市人民政府副市长职务。

1997年3月21日,市二届人大常委会第二十七次会议,决定任命:黄宝龙为市物价局局长,柯武山为市审计局局长,李宗连为市人事劳动局局长,雷在东为市农村工作办公室主任,陈钢为市建设局局长,周庆增为市经济贸易委员会主任。决定免去:周宇聪市审计局局长职务,曹继宋市物价局局长职务。

4月30日,市二届人大常委会第二十八次会议,决定任命:陈公权为市公安局局长。决定免去:郎小军市公安局局长职务。

6月26日,市二届人大常委会第二十九次会议,决定任命:漆建宁为市人民政府副市长。

8月27日,市二届人大常委会第三十次会议,决定任命:刘鹰为市人民政府副市长,决定代理市长职务。

1998年3月31日,市三届人大常委会第一次会议,决定任命:袁飞杰、漆建宁为市人民政府副市长,吴学银为市人民政府办公室主任,范方能为市计划委员会主任,李宗连为市人事劳动局局长,曹祥水为市财政局局长,柯武山为市审计局局长,吴高英为市统计局局长,邓见广为市地方税务局局长,周庆增为市经济贸易委员会主任,邹金宝为市交通局局长,鄢爱明为市建设局局长,卢咸颂为市地质矿产局局长,唐蒙恩为市科学技术委员会主任,徐勋金为市教育委员会主任,陈钢为市文化广播电视局局长,陈菊梅为市卫生局局长,温景芬为市商业局局长,张远炎为市工商行政管理局局长,黄宝龙为市物价局局长,傅行早为市粮食局局长,舒明南为市农村工作办公室主任,朱清波为市农业局局长,余传先为市畜牧水产局局长,蔡金槐为市林业局局长,吴明华为市乡镇企业管理局局长,邹菊花为市计划生育委员会主任,聂明柏为市司法局局长,吴圻江为市民政局局长,柯昌荣为市环境保护局局长,陈公权为市公安局局长,吴高海为市土地管理局局长,丁瑞林为市监察局局长。

11月19日,市三届人大常委会第四次会议,决定任命:叶心林为市人民政府副市长。

1999年5月25日,市三届人大常委会第七次会议,决定任命:石荣国为市人民政府副市长,决定代理市长职务,陈茂为市卫生局局长。决定免去:陈菊梅市卫生局局长职务。

2000年2月16日,市三届人大常委会第十三次会议,决定任命:郑羡银为市人民政府副市长、决定代理市长职务,苏堂孝为市人民政府办公室主任,周又新为市科学技术委员会主任,周木林为市农村工作办公室主任,舒明南为市乡镇企业管理局局长,吴明华为市农业局局长,朱少龄为市民政局局长,徐勋炳为市物价局局长,张友清为市计划委员会主任,李晓明为市商业局局长,徐新民为市建设局局长,刘振华为市地方税务局局长。决定免去:吴学银市人民政府办公室主任职务,舒明南市农村工作办公室主任职务,吴明华市乡镇企业局局长职务,朱清波市农业局局长职务,聂明柏市司法局局长职务,吴圻江市民政局局长职务,唐蒙恩市科学技术委员会主任职务,范方能市计划委员会主任职务,黄宝龙市物价局局长职务,鄢爱明市建设局局长职务,温景芬市商业局局长职务,邓见广市地方税务局局长职务。

4月26日,市三届人大常委会第十五次会议,决定免去:余传先市畜牧水产局局长职务。

7月4日,市三届人大常委会第十七次会议,决定任命:张木孝为市司法局局长。

9月15日,市三届人大常委会第十八次会议,决定任命:王坚为市人民政府副市长,吴学银为市民政局局长。决定免去:朱少龄市民政局局长职务,陈钢市文化局局长职务。

2001 年 3 月 19 日,市三届人大常委会第二十三次会议,决定任命:朱毕峰为市审计局局长,胡亦茂为市文化广播电视局局长,徐新佳为市环境保护局局长,张桥林为市畜牧水产局局长。决定免去:柯武山市审计局局长职务,柯昌荣市环境保护局局长职务,周木林市农村经济工作办公室主任职务。

10 月 23 日,市三届人大常委会第二十七次会议,决定任命:王玢为市人民政府副市长。

2002 年 3 月 14 日,市三届人大常委会第三十二次会议,决定任命:李庆生为市人民政府办公室主任,余传先为市环境保护局局长,舒明南为市土地管理局局长,董乐建为市乡镇企业管理局局长,江文政为市农村工作办公室主任。决定免去:苏堂孝市人民政府办公室主任职务,徐新佳市环境保护局局长职务,吴高海市土地管理局局长职务,舒明南市乡镇企业管理局局长职务,傅行早市粮食局局长职务。

11 月 21 日,市三届人大常委会第三十七次会议,决定任命:易炳根为市公安局局长,吴高友为市粮食局局长。决定免去:陈公权市公安局局长职务。

2003 年 3 月 28 日,市四届人大常委会第一次会议,决定任命:王欣为市人民政府办公室主任,江文政为市农村工作办公室主任,张友清为市计划委员会主任,张恭良为市经济贸易委员会主任,李俊福为市科学技术委员会主任,邹菊花为市计划生育委员会主任,徐勋金为市教育委员会主任,刘振华为市财政局局长,吴学银为市民政局局长,徐新佳为市监察局局长,朱毕峰为市审计局局长,徐勋炳为市统计局局长,李广西为市物价局局长,董乐建为市水产局局长,舒明南为市土地管理局局长,徐新民为市建设局局长,余传先为市环境保护局局长,邹金宝为市交通局局长,周诚为市农业局局长,柯善富为市林业局局长,陈伦国为市水利电力局局长,胡冬生为市乡镇企业管理局局长,张远益为市安全生产监督管理局局长,黄朝星为市文化广播电视局局长,陈茂为市卫生局局长,李晓明为市商业局局长,吴高友为市粮食局局长,吴高英为市地质矿产局局长,易炳根为市公安局局长,张木孝为市司法局局长。

7 月 30 日,市四届人大常委会第三次会议,决定任命:刘维龙为市人事劳动和社会保障局局长。

9 月 26 日,市四届人大常委会第四次会议,决定任命:张友清为市发展计划委员会主任,舒明南为市国土资源局局长,董乐建为市畜牧水产局局长,陈伦国为市水利局局长,李俊福为市科学技术局局长,徐勋金为市教育局局长。

2004 年 12 月 3 日,市四届人大常委会第十三次会议,决定任命:郭豫章为市人民政府副市长。

2005年5月27日，市四届人大常委会第十七次会议，决定任命：陈小英为市计划生育委员会主任。决定免去：邹菊花市计划生育委员会主任职务。

2006年2月6日，市四届人大常委会第二十二次会议，决定任命：熊起栋为市人民政府副市长、决定代理市长职务。

3月30日，市四届人大常委会第二十三次会议，决定任命：陈迪尧为市发展改革委员会主任，李金国为市民政局局长，吴学银为市审计局局长，陈明为市交通局局长，胡冬生为市水利局局长，刘继清为市坏境保护局局长，王忠林为市科学技术局局长，田先锋为市文化广播电视局局长，何金送为市卫生局局长。决定免去：张友清市发展改革委员会主任职务，吴学银市民政局局长职务，朱毕锋市审计局局长职务，邹金宝市交通局局长职务，陈伦国市水利局局长职务，余传先市环境保护局局长职务，李俊福市科学技术局局长职务，黄朝星市文化广播电视局局长职务，陈茂市卫生局局长职务。

7月27日，市四届人大常委会第二十五次会议，决定任命：曾宪奎、田水平、卢瑜为市人民政府副市长，邹庆柏为市人民政府办公室主任，胡桂珠为市经济贸易委员会主任，柯善富为市财政局局长，幸珍祥为市农业局局长，周诚为市林业局局长。决定免去：王欣市人民政府办公室主任职务，张恭良市经济贸易委员会主任职务，刘维龙市人事劳动和社会保障局局长职务，刘振华市财政局局长职务，徐新民市建设局局长职务，周诚市农业局局长职务，柯善富市林业局局长职务。

9月29日，市四届人大常委会第二十七次会议，决定任命：丰耿为市监察局局长，陈思明为市人事劳动和社会保障局局长，张恭良为市建设局局长。决定免去：徐新佳市监察局局长职务。

2007年5月21日，市五届人大常委会第二次会议，决定任命：孙卫东为市人民政府办公室主任，张木孝为市司法局局长，丰耿为市监察局局长，陈迪尧为市发展和改革委员会主任，胡桂珠为市经济贸易委员会主任，陈思明为市人事劳动和社会保障局局长，柯善富为市财政局局长，吴学银为市审计局局长，夏丽芳为市统计局局长，李金国为市民政局局长，刘继清为市环境保护局局长，张恭良为市建设局局长，陈明为市交通局局长，幸珍祥为市农业局局长，周诚为市林业局局长，董乐建为市畜牧水产局局长，胡冬生为市水利局局长，周庆增为市教育局局长，王忠林为市科学技术局局长，田先锋为市文化广播电视局局长，何金送为市卫生局局长，张远益为市安全生产监督管理局局长，陈小英为市人口和计划生育委员会主任。

7月2日,市五届人大常委会第三次会议,决定任命:郭豫章为市人民政府副市长,贾治曾为市公安局局长。

2008年4月29日,市五届人大常委会第八次会议,决定任命:夏万华为市安全生产监督管理局局长。决定免去:张远益市安全生产监督管理局局长职务。

9月10日,市五届人大常委会第十次会议,决定任命:古小平为市人民政府副市长,决定代理市长职务。

2009年4月28日,市五届人大常委会第十五次会议,决定任命:刘宁为市司法局局长,桂贤红为市统计局局长。决定免去:张木孝市司法局局长职务,夏丽芳市统计局局长职务。

6月26日,市五届人大常委会第十六次会议,决定任命:时炼波为市人民政府副市长。

8月28日,市五届人大常委会第十七次会议,决定任命:李九萍为市公安局局长。决定免去:贾治曾市公安局局长职务。

10月23日,市五届人大常委会第十八次会议,决定任命:桂白丽、程厚红为市人民政府副市长,祝炳光为市文化广播电视局局长,刘堂泽为市安全生产监督管理局局长。决定免去:夏万华市安全生产监督管理局局长职务。

2010年2月26日,市五届人大常委会第二十二次会议,决定任命:范志斌为市人民政府副市长。

4月28日,市五届人大常委会第二十四次会议,决定任命:何涛为市水利局局长。决定免去:胡冬生市水利局局长职务。

7月2日,市五届人大常委会第二十六次会议,决定任命:胡桂珠为市工业和信息化委员会主任,陈明为市交通运输局局长,陈思明为市人力资源和社会保障局局长,周庆增为市教育体育局局长,祝炳光为市文化广播电影电视新闻出版局局长,蔡柏菁为市食品药品监督管理局局长。决定免去:胡桂珠市经济贸易委员会主任职务,陈明市交通局局长职务,陈思明市人事劳动和社会保障局局长职务,周庆增市教育局局长职务,祝炳光市文化广播电视局局长职务。

2011年6月21日,市五届人大常委会第三十二次会议,决定任命:罗文江为市人民政府副市长,决定代理市长职务。

审判机关工作人员任免

1990年5月11日,市一届人大常委会第一次会议,任命:邹建文为市人民法院副院长、审判委员会委员，张绍富为市人民法院刑事审判庭庭长、审判委员会委员，李复政为市人民法院经济审判庭庭长、审判委员会委员，柯昌洪为市人民法院民事审判庭庭长、审判委员会委员，周起校为市人民法院审判员、审判委员会委员，杨彩舟为市人民法院执行庭庭长，曹树高为市人民法院行政审判庭庭长，王信贤为市人民法院肇陈法庭庭长，朱忠华为市人民法院高丰法庭庭长，朱汉升为市人民法院三眼桥法庭庭长，雷春生为市人民法院南义法庭副庭长，雷心和为市人民法院横港法庭副庭长，黄盘龙为市人民法院码头法庭副庭长，李汉林为市人民法院武蛟法庭副庭长，何深旺为市人民法院花园法庭副庭长，涂宜早为市人民法院刑事审判庭副庭长，周升汉为市人民法院经济审判庭副庭长，朱才林、胡茂琪、张绍泽、田绍柏、胡金华、王义田、朱忠廓为市人民法院审判员。

11 月 29 日，市一届人大常委会第五次会议，任命：张绍富、李复政为市人民法院副院长，周升汉为市人民法院审判委员会委员、经济审判庭庭长，曹树高为市人民法院审判委员会委员，雷春生为市人民法院执行庭庭长，雷心和为市人民法院横港法庭庭长，朱才林为市人民法院行政审判庭副庭长，李汉林为市人民法院经济审判庭副庭长，王县枝为市人民法院刑事审判庭副庭长，胡茂琪为市人民法院民事审判庭副庭长，高奉金为市人民法院执行庭副庭长，詹瑞宏为市人民法院武蛟法庭副庭长。免去：张绍富市人民法院刑事审判庭庭长职务，李复政市人民法院经济审判庭庭长职务，杨彩舟市人民法院执行庭庭长职务，雷春生市人民法院南义法庭副庭长职务，李汉林市人民法院武蛟法庭副庭长职务。

1991 年 3 月 23 日，市一届人大常委会第八次会议，免去：朱忠廓市人民法院审判员职务。

8 月 17 日，市一届人大常委会第十次会议，任命：朱钟华为市人民法院溢城法庭庭长，何深旺为市人民法院张家铺法庭副庭长，余泽群为市人民法院南义法庭副庭长，沈贤达、王忠厚、熊高潮为市人民法院审判员。免去：朱钟华市人民法院高丰法庭庭长职务，何深旺市人民法院花园法庭副庭长职务。

1992 年 3 月 19 日，市一届人大常委会第十五次会议，任命：胡华干为市人民法院三眼桥法庭副庭长。免去：高奉金市人民法院执行庭副庭长职务。

6 月 13 日，市一届人大常委会第十七次会议，任命：涂宜早为市人民法院审判委员会委员、刑事审判庭庭长，胡映长为市人民法院告诉申诉庭庭长，朱汉升为市人民法院码头法庭庭长。免去：涂宜早市人民法院刑事审判庭副庭长职务，朱汉升市人民法院三眼桥法庭庭长职务。

1993 年 8 月 25 日，市二届人大常委会第四次会议，任命：胡映长为市人民法院审判委员会委员、民事审判庭庭长,柯昌洪为市人民法院告诉申诉庭庭长,何深旺为市人民法院行政审判庭副庭长,何仁兴为市人民法院张家铺法庭副庭长,曹运槐为市人民法院执行庭副庭长,李洪洲、周明群、田大粮、周明珍、程传贤为市人民法院审判员。免去:胡映长市人民法院告诉申诉庭庭长职务,柯昌洪市人民法院民事审判庭庭长职务,何深旺市人民法院张家铺法庭副庭长职务,朱才林市人民法院行政审判庭副庭长职务。

1994 年 4 月 29 日,市二届人大常委会第八次会议,任命:胡茂琪为市人民法院告诉申诉庭副庭长,李汉林为市人民法院民事审判庭副庭长,高奉金为市人民法院溢城法庭副庭长,曹运槐为市人民法院经济审判庭副庭长。免去:胡茂琪市人民法院民事审判庭副庭长职务,李汉林市人民法院经济审判庭副庭长职务,曹运槐市人民法院执行庭副庭长职务。

8 月 31 日,市二届人大常委会第十次会议,任命:周佐福、徐新友、李秀忠为市人民法院审判员。

1995 年 4 月 7 日,市二届人大常委会第十四次会议,任命:詹瑞宏为市人民法院城东法庭庭长,胡华干为市人民法院行政审判庭副庭长,范平为市人民法院审判员、南义法庭副庭长,何仁兴为市人民法院三眼桥法庭副庭长,徐新华为市人民法院审判员、张家铺法庭副庭长,程传贤为市人民法院码头法庭副庭长,万丽玲、余福生、吴风云为市人民法院审判员。免去:曹树高市人民法院行政审判庭庭长职务。

6 月 29 日,市二届人大常委会第十五次会议,任命:朱敏铭为市人民法院审判员。

10 月 31 日,市二届人大常委会第十七次会议,任命:徐冬香、田庆英、王国山、刘克明、张辉主为市人民法院审判员。

1996 年 4 月 12 日,市二届人大常委会第二十次会议,任命:程传贤为市人民法院三眼桥法庭副庭长,何仁兴为市人民法院码头法庭副庭长,徐新华为市人民法院南义法庭副庭长,范平为市人民法院横港法庭副庭长,何深旺为市人民法院溢城法庭副庭长,高奉金为市人民法院行政审判庭副庭长,周明群为市人民法院张家铺法庭副庭长。免去:程传贤市人民法院码头法庭副庭长职务,何仁兴市人民法院三眼桥法庭副庭长职务,徐新华市人民法院张家铺法庭副庭长职务,范平市人民法院南义法庭副庭长职务,何深旺市人民法院行政审判庭副庭长职务,高奉金市人民法院溢城法庭副庭长职务。

1997 年 3 月 21 日,市二届人大常委会第二十七次会议,任命:程传贤为市人民法院三眼桥法庭庭长,唐仁寿为市人民法院执行庭庭长,徐新华为市人民法院溢城法庭副庭长,余福生为市人民法院南义法庭副庭长,吴风云为市人民法院肇陈法庭副庭长。免去:徐新华市人民法院南义法庭副庭长职务,柯昌洪市人民法院告诉申诉庭庭长职务,雷春生市人民法院执行庭庭长职务，周佐福、徐新友、周明珍市人民法院审判员职务。

8月27日，市二届人大常委会第三十次会议，任命：李汉林为市人民法院审判委员会委员，胡华干为市人民法院审判委员会委员、行政审判庭庭长，胡茂琪为市人民法院告诉申诉庭庭长，徐新华为市人民法院溢城法庭庭长，周明群为市人民法院张家铺法庭庭长。

10月31日，市二届人大常委会第三十一次会议，任命：周庆富、高先波为市人民法院审判员。

1998年3月31日，市三届人大常委会第一次会议，任命：涂宜早为市人民法院副院长，周明群为市人民法院刑事审判庭庭长，詹瑞宏为市人民法院民事审判庭庭长，范平为市人民法院城东法庭庭长，雷心和为市人民法院张家铺法庭庭长，王瑞平为市人民法院审判员、横港法庭庭长，万丽玲为市人民法院溢城法庭副庭长，朱建功为市人民法院审判员、三眼桥法庭副庭长，邵立勋为市人民法院审判员、张家铺法庭副庭长，邹庆海为市人民法院横港法庭副庭长，何深旺为市人民法院城东法庭副庭长，雷勉力、高波、詹永国、王深林、邹瑞圣为市人民法院审判员。免去：涂宜早市人民法院刑事审判庭庭长职务，胡映长市人民法院民事审判庭庭长职务，朱才林市人民法院审判员职务，周明群市人民法院张家铺法庭庭长职务，詹瑞宏市人民法院城东法庭庭长职务，范平市人民法院横港法庭副庭长职务，雷心和市人民法院横港法庭庭长职务，何深旺市人民法院溢城法庭副庭长职务。

1999年5月25日，市三届人大常委会第七次会议，任命：徐新华为市人民法院告诉申诉庭庭长，余福生为市人民法院民事审判庭副庭长，万丽玲为市人民法院经济审判庭副庭长，周庆富、刘克明为市人民法院南义法庭副庭长，雷勉力为市人民法院三眼桥法庭副庭长，邹瑞圣为市人民法院张家铺法庭副庭长，高先波为市人民法院城东法庭副庭长，何晓舟、陈建平、何绍珍、罗立平、王贤荣、邵晓敏为市人民法院审判员。免去：张肇富市人民法院副院长、审判委员会委员职务，胡映长、曹树高、柯昌洪市人民法院审判委员会委员职务，王县枝市人民法院刑事审判庭副庭长职务，雷心和市人民法院张家铺法庭庭长职务，程传贤市人民法院三眼桥法庭庭长职务，王信贤市人民法院肇陈法庭庭长职务，徐新华市人民法院溢城法庭庭长职务，胡茂琪市人民法院告诉申诉庭庭长职务，万丽玲市人民法院溢城法庭副庭长职务，余福生、余泽群市人民法院南义法庭副庭长职务。

2000年2月16日，市三届人大常委会第十三次会议，任命：王义树为市人民法院副院长、审判委员会委员、审判员，周升汉为市人民法院副院长。免去：李复政市人民法院副院长、审判委员会委员职务。

9月15日，市三届人大常委会第十八次会议，任命：柯伟平为市人民法院审判委员会委员、审判员,周明群为市人民法院审判委员会委员,熊丽春为市人民法院审判员。

12月25日,市三届人大常委会第二十次会议,任命:詹瑞宏为市人民法院审判委员会委员。

2001年1月10日,市三届人大常委会第二十二次会议,任命:周立为市人民法院副院长,决定代理院长职务。

2003年3月11日,市三届人大常委会第三十九次会议,任命:况杰为市人民法院副院长,决定代理院长职务。

3月28日,市四届人大常委会第一次会议,任命:王国山为市人民法院民事审判庭庭长,章曙光为市人民法院审判员、码头法庭庭长,徐荣亮为市人民法院审判员、横港法庭庭长,柯瑞华为市人民法院审判员、肇陈法庭庭长,刘克明为市人民法院经济审判庭庭长,高先波为市人民法院行政审判庭庭长,朱建功为市人民法院告诉申诉庭庭长,雷勉力为市人民法院经济审判庭副庭长,曹运槐为市人民法院告诉申诉庭副庭长,余福生为市人民法院告诉申诉庭副庭长,邵立勋为市人民法院执行庭副庭长,罗立平为市人民法院横港法庭副庭长,陈立国为市人民法院审判员、肇陈法庭副庭长,张岚、谢添、李斌为市人民法院审判员。免去:周升汉市人民法院经济审判庭庭长职务,詹瑞宏市人民法院民事审判庭庭长职务,胡华干市人民法院行政审判庭庭长职务,朱汉升市人民法院码头法庭庭长职务,王瑞平市人民法院横港法庭庭长职务,刘克明市人民法院南义法庭副庭长职务,高先波市人民法院城东法庭副庭长职务,朱建功市人民法院三眼桥法庭副庭长职务,雷勉力市人民法院三眼桥法庭副庭长职务,曹运槐市人民法院经济审判庭副庭长职务,余福生市人民法院民事审判庭副庭长职务,邵立勋市人民法院张家铺法庭副庭长职务,熊高潮市人民法院刑事审判庭副庭长职务,周庆富市人民法院南义法庭副庭长职务,高奉金市人民法院行政审判庭副庭长职务,何深旺市人民法院城东法庭副庭长职务。

9月26日,市四届人大常委会第四次会议,任命:柯伟平、周明群为市人民法院副院长,王国山为市人民法院民事审判第一庭庭长,刘克明为市人民法院民事审判第二庭庭长,朱建功为市人民法院立案庭庭长,邹瑞圣为市人民法院审判监督庭庭长,唐人寿为市人民法院执行一庭庭长,何晓舟为市人民法院执行二庭庭长,雷勉力为市人民法院民事审判第二庭副庭长,曹运槐为市人民法院立案庭副庭长,余福生为市人民法院立案庭副庭长,邵立勋为市人民法院执行一庭副庭长,吴风云为市人民法院执行一庭副庭长,邵晓敏为市人民法院执行二庭副庭长,万丽玲为市人民法院行政审判庭副庭长,魏湘为市人民法院审判员。免去:邹建文市人民法院副院长、审判委员会委员、审判员职务,周升汉市人民法院副院长、审判委员会委员职务，吴风云市人民法院肇陈法庭副庭长职务，邹庆海市人民法院横港法庭副庭长职务，范平市人民法院城东法庭庭长职务，高先波市人民法院行政审判庭庭长职务。

2005 年 9 月 29 日，市四届人大常委会第十九次会议，免去：周明群市人民法院刑事审判庭庭长职务，王县枝、王忠厚、王信贤、朱钟华、朱敏铭、杨彩舟、李汉美、李秀忠、李鸿洲、沈贤达、张岚、张绍富、柯昌洪、胡映长、黄盘龙、曹树高市人民法院审判员职务。

2006 年 6 月 15 日，市四届人大常委会第二十四次会议，任命：张红雄为市人民法院副院长、审判委员会委员、审判员，邹瑞圣为市人民法院刑事审判庭庭长，徐荣亮为市人民法院民事审判庭第一庭庭长，唐人寿为市人民法院行政审判庭庭长，胡华干为市人民法院审判监督庭庭长，雷勉力、谢添为市人民法院刑事审判庭副庭长，陈立国为市人民法院民事审判第一庭副庭长，王深林、魏湘为市人民法院民事审判第二庭副庭长，田大粮为市人民法院行政审判庭副庭长，罗立平为市人民法院立案庭副庭长，王国山为市人民法院横港法庭副庭长，张辉主为市人民法院横港法庭副庭长，高波为市人民法院肇陈法庭副庭长，吴育松为市人民法院审判员、肇陈法庭副庭长，吴节新、杜豪、易小猛为市人民法院审判员。免去：涂宜早市人民法院副院长、审判委员会委员职务，徐荣亮市人民法院横港法庭庭长职务，柯瑞华市人民法院肇陈法庭庭长职务，王国山市人民法院民事审判第一庭庭长职务，刘克明市人民法院民事审判第二庭庭长职务，邹瑞圣市人民法院审判监督庭庭长职务，雷勉力市人民法院民事审判第二庭副庭长职务，万丽玲市人民法院行政审判庭副庭长职务，余福生市人民法院立案庭副庭长职务，罗立平市人民法院横港法庭副庭长职务，陈立国市人民法院肇陈法庭副庭长职务，胡茂琪、田绍柏市人民法院审判员职务。

9 月 29 日，市四届人大常委会第二十七次会议，任命：李斌为市人民法院民事审判第一庭副庭长。

2007 年 5 月 21 日，市五届人大常委会第二次会议，任命：王国山为市人民法院横港法庭庭长，高波为市人民法院肇陈法庭庭长。

2009 年 8 月 28 日，市五届人大常委会第十七次会议，任命：樊革新为市人民法院副院长、审判委员会委员、审判员，决定代理院长职务。免去：王深林市人民法院民事审判第二庭副庭长职务，李复政、高奉金、何绍珍、程传贤、雷心和、余泽群、王义田、熊丽春、朱汉升市人民法院审判员职务。

2010 年 7 月 2 日，市五届人大常委会第二十六次会议，任命：易小猛、魏湘为市人民法院审判委员会委员，高波为市人民法院码头法庭庭长，李斌为市人民法院肇陈法庭庭长，谢添为市人民法院横港法庭庭长。免去:章曙光市人民法院码头法庭庭长职务,高波市人民法院肇陈法庭庭长职务,李斌市人民法院民事审判第一庭副庭长职务,谢添市人民法院刑事审判庭副庭长职务,王国山市人民法院横港法庭庭长职务。

8月27日,市五届人大常委会第二十七次会议,任命:周庆富为市人民法院审判委员会委员,蔡智灵为市人民法院审判委员会委员、审判员,魏湘为市人民法院民事审判第二庭庭长,雷琴为市人民法院刑事审判庭副庭长、审判员,刘小伟为市人民法院肇陈法庭副庭长、审判员,朱勇淳为市人民法院码头法庭副庭长、审判员,刘选奎、徐芳为市人民法院审判员。免去:李汉林市人民法院审判委员会委员职务,章曙光、何深旺、田庆英市人民法院审判员职务。

检察机关工作人员任免

1990年5月11日,市一届人大常委会第一次会议,任命:胡映柏、王访贤为市人民检察院副检察长、检察委员会委员,李俊、陶金玲为市人民检察院检察员、检察委员会委员,傅诗春、朱汉水、简兴发、魏佳发、余晓青、罗家兴、胡茂林、陈新福、沈科旺、黄治安、陈前忠、徐竞文、陈飞虎为市人民检察院检察员。

11月29日,市一届人大常委会第五次会议,任命:陈飞虎为市人民检察院检察委员会委员,孙成元、周冬姣、王平、曹水平为市人民检察院检察员。

1991年8月17日,市一届人大常委会第十次会议,任命:梁先兴为市人民检察院检察员、检察委员会委员。免去:陈新福市人民检察院检察员职务。

1993年8月25日,市二届人大常委会第四次会议,任命:孙成元、黄治安、余晓青为市人民检察院检察委员会委员,王能富、王义权为市人民检察院检察员。免去:陶金玲市人民检察院检察委员会委员职务。

1994年6月29日,市二届人大常委会第九次会议,任命:左会金为市人民检察院检察员。

1995年8月31日,市二届人大常委会第十六次会议,任命:陈德荣为市人民检察院副检察长、检察委员会委员,陈洪义、邹焕雄、刘尊兴、邓亚利、周宇财、刘美枝、闵长泉、冯祖兴为市人民检察院检察员。免去:陈飞虎市人民检察院检察委员会委员、检察员职务。

1996年4月12日,市二届人大常委会第二十次会议,任命:左会金为市人民检察院检察委员会委员。免去:黄治安市人民检察院检察委员会委员、检察员职务,周宇财市人民检察院检察员职务。

1997 年 3 月 21 日,市二届人大常委会第二十七次会议,任命:凌亚东、何火炬、李美华、张红雄、程丽夏、詹大友、徐新美、柯红为市人民检察院检察员。

4 月 30 日,市二届人大常委会第二十八次会议,任命:曹衍良为市人民检察院副检察长、检察委员会委员,左会金为市人民检察院副检察长。免去:胡映柏市人民检察院副检察长职务。

10 月 31 日,市二届人大常委会第二十八次会议,任命:潘英、周庆祥为市人民检察院检察员。

11 月 27 日,市二届人大常委会第三十二次会议,任命:朱志强为市人民检察院副检察长、检察委员会委员。

1998 年 3 月 31 日,市三届人大常委会第一次会议,任命:徐子卿、童学斌、蔡智灵、丁立宏、胡雅敏为市人民检察院检察员。

1999 年 5 月 25 日,市三届人大常委会第七次会议,任命:王平为市人民检察院检察委员会委员,谈荣良为市人民检察院检察员。免去:胡映柏、李俊市人民检察院检察委员会委员职务。

2000 年 2 月 16 日,市三届人大常委会第十三次会议,任命:钟向明为市人民检察院副检察长、检察委员会委员、检察员,余晓青为市人民检察院副检察长。免去:王访贤市人民检察院副检察长、检察委员会委员职务,简兴发市人民检察院检察员职务。

9 月 15 日,市三届人大常委会第十八次会议,任命:潘英为市人民检察院检察委员会委员,王定喜、聂秀祥、张鹏跃为市人民检察院检察员。

2001 年 3 月 19 日,市三届人大常委会第二十三次会议,免去:李俊、陈前忠市人民检察院检察员职务。

2002 年 3 月 14 日,市三届人大常委会第三十二次会议,免去:陈德荣、曹衍良市人民检察院副检察长、检察委员会委员职务。

8 月 7 日,市三届人大常委会第三十五次会议,任命:刘尊兴、何火炬为市人民检察院检察委员会委员;梁群、王莉、范军军为市人民检察院检察员。

2003 年 9 月 26 日,市四届人大常委会第四次会议,任命:潘英为市人民检察院副检察长,凌亚东、刘美枝为市人民检察院检察委员会委员,徐智、徐漫红为市人民检察院检察员。免去:孙成元市人民检察院检察委员会委员职务,王平、冯祖兴市人民检察院检察员职务。

2006 年 6 月 15 日,市四届人大常委会第二十四次会议,任命:冯祖兴为市人民检察院检察员。免去:张红雄市人民检察院检察员职务,张鹏跃、罗家兴市人民检察院检察员职务。

7月27日,市四届人大常委会第二十五次会议,任命:范海鹏为市人民检察院副检察长、检察委员会委员、检察员,决定代理检察长职务。

2007年5月21日,市五届人大常委会第二次会议,任命:凌亚东为市人民检察院副检察长。

7月31日,市五届人大常委会第四次会议,任命:冯祖兴、胡雅敏、程丽夏为市人民检察院检察委员会委员。免去:何火炬市人民检察院检察委员会委员职务,沈科旺、周冬姣市人民检察院检察员职务。

2008年12月15日,市五届人大常委会第十二次会议,任命:彭中为市人民检察院副检察长,决定代理检察长职务。

2010年7月2日,市五届人大常委会第二十六次会议,任命:冯祖兴为市人民检察院副检察长,王定喜为市人民检察院检察委员会委员。免去:左会金、余晓青市人民检察院副检察长、检察委员会委员职务,陈德荣、曹衍良市人民检察院检察员职务。

8月27日,市五届人大常委会第二十七次会议,任命:李美华、徐新美为市人民检察院检察委员会委员,章曙光为市人民检察院检察委员会委员、检察员,殷芳保、张玲、王永红、傅准为市人民检察院检察员。免去:蔡智灵市人民检察院检察员职务。

第三节　代表工作

学习培训

上级举办的学习培训　1996年,市人大常委会组织22名市人大代表和乡镇人大主席团主席在6月和9月分二期,参加九江市人大常委会在九江市委党校举办的培训班,重点学习《中华人民共和国全国人民代表大会和地方各级人民代表大会代表法》《中华人民共和国地方各级人民代表大会和地方各级人民政府组织法》和《江西省关于〈中华人民共和国全国人民代表大会和地方各级人民代表大会代表法〉实施办法》及有关人大业务知识。

2001年,市人大常委会组织部分市人大代表和乡镇人大主席团主席,参加九江市人大常委会在九江市社保局培训中心举办的人大业务知识培训班,重点学习代表履行职责的人大相关业务知识。

2006年4月,在市人大常委会主任陈世翔、副主任曹祥水带领下,组织16名市人大代表参加全国人大常委会在秦皇岛举办的学习培训班,重点学习《中华人民共和国宪法》《中华人民共和国地方各级人民代表大会和地方各级人民政府组织法》和《中华人民共和国全国人民代表大会和地方各级人民代表大会代表法》等法律法规。

2009年,在市人大常委会副主任周又新、蔡金槐、吴拥军带领下,组织32名市人大代表,分别在5月和10月参加由全国人大常委会在秦皇岛举办的人大工作学习培训班,学习《中华人民共和国宪法》等有关法律法规和人民代表大会制度建设等内容。

自行举办的学习培训　市一届人大常委会举办各类学习培训班3期。1990年5月下旬,在码头镇召开乡镇人大工作座谈会期间,举办由部分市人大代表和各乡镇人大主席团常务主席参加的学习培训班,学习有关法律法规和人大业务知识,交流各自工作经验和学习体会。1991年4月,市人大常委会组织全体组成人员和乡镇人大主席团常务主席集中学习,进行人大业务知识培训。1991年12月9日,在高丰乡召开全市乡镇人大工作经验交流会期间,举办由部分市人大代表和各乡镇人大主席团常务主席参加的培训班,共有30余人参加,高丰、码头等6个乡镇人大主席团作了经验介绍。

市二届人大常委会举办各类学习培训班3期。1994年5月20—21日,在市人大常委会机关举办部分市人大代表、乡镇人大主席团常务主席和人大秘书学习班,学习有关法律法规和人大业务知识。1996年4月18—19日,在市区举办部分市人大代表和乡镇人大主席培训班,重点学习乡镇换届选举方面的知识。1997年4月举办乡镇人大干部学习班,学习有关法律法规和人大业务知识。

市三届人大常委会举办各类学习培训班4期。1998年5月21日,举办乡镇人大干部学习班,部分市人大代表、各乡镇人大主席、副主席和人大秘书参加培训,学习有关法律法规和人大业务知识。1999年7月,在召开乡镇人大工作座谈会期间举办乡镇人大主席培训班,学习有关人大业务知识。2000年7月18—19日,举办乡镇人大主席和人大秘书学习班,学习《中华人民共和国地方各级人民代表大会和地方各级人民政府组织法》《江西省乡镇人民代表大会工作条例》和《江西省县级以上人大常委会评议工作条例》。2001年,举办乡镇人大秘书学习班1期。

2004年5月31日,市四届人大常委会在机关五楼会议室举办人大业务知识学习培训班,部分市人大代表,各乡镇人大主席,湓城、桂林人大联络处主任、各农林场代表小组负责人和人大秘书参加学习培训,学习有关法律法规和人大业务知识,介绍交流工作经验。

2008 年 5 月 9 日,市五届人大常委会在市委党校举办学习培训班,全体市人大代表,不是市人大代表的乡镇人大主席和人大秘书,常委会机关全体干部参加学习培训,学习人大代表履职、代表小组开展活动和乡镇人大开展工作等方面的业务知识。

以会代训 自市一届人大常委会开始,邀请部分市人大代表和乡镇人大主席列席人大常委会会议成为联系代表的机制。市一届人大常委会先后邀请市人大代表 20 余人次列席了 9 次常委会会议。市二届人大常委会共邀请市人大代表 50 余人次列席了 7 次常委会会议。市三届人大常委会共邀请市人大代表 65 人次列席了 26 次常委会会议。市四届人大常委会共邀请市人大代表 57 人次列席了 8 次常委会会议。市五届人大常委会共邀请市人大代表 20 余人次列席了 6 次常委会会议。

“创先争优”活动

市一届人大常委会第九次会议决定,在全体市人大代表中开展“人民选我当代表,我当代表为人民”的创先争优竞赛活动。任期内组织评比一次,1991 年评选出桂林、高丰、码头、横港、乐园等 5 个先进代表小组,张赛华、彭义汉、王义国、王佐贤、梁光球、蔡金华、罗雪琴、王瑞珍、朱汉武、吴作林、姜必大、陈希林、严忠竹、柯向昌、徐维庶、陶义武、聂成珍、吴远林、徐新安、陈新发、胡齐荣、朱美勇、陈洪兴、曹祥佳、冯子刚、李广欣、周洪涛、肖德圣、彭学源、金敦、田宗洪等 31 名优秀代表。

市二届人大常委会第二次会议审议通过了《开展“人民选我当代表,我当代表为人民”创先争优活动的实施意见》。任期内组织评选 4 次,1993 年评选出桂林、肇陈、南义、湓城等 4 个先进代表小组,丰文裕、蔡泽虞、肖德圣、雷存爱、周庆昌、汪松河、刘显荣、曹远凤、何忠雄、徐勋学、黄龙茂、谈际茂、柯传法、熊贻炎、张绪根、陈新正、王瑞珍、朱求兴、陈新禄、王佐贤、徐新根、聂训蛟、金仕光、李洪星、丁立明、罗雪琴、田绍虞、王忠信、柯长华、章海根等 30 名优秀代表;1994 年评选出南义、洪下、武蛟、桂林等 4 个先进代表小组,柯愈灿、王忠灯、罗雪琴、田绍虞、余来稳、詹建杨、何仁胜、肖德胜、聂武鉴、刘显荣、王水木、周庆昌、周庆忠、柯向昌、徐济友、黄龙茂、徐新安、何深铝、周江涛、刘礼荣、陈新正、王瑞珍、朱江汉、王佐贤、周庆新、陈新禄、徐秋萍、冯德明、袁观光、章海根等 30 名优秀代表;1995 年评选出桂林、肇陈、南义、湓城等 4 个先进代表小组,丰文裕、蔡泽虞、肖德圣、雷存爱、周庆昌、汪松河、刘显荣、曹远凤、何忠雄、徐勋学、黄龙茂、谈际茂、柯传法、熊贻炎、张绪根、陈新正、王瑞珍、朱求兴、徐新禄、王佐贤、徐新根、聂训蛟、金仕先、李洪星、丁立明、罗雪琴、田绍虞、王忠信、柯长华、章海根等30名优秀代表;1996年评选出码头、南义、肇陈、溢城第四代表小组等4个先进代表小组,金仕光、柯愈灿、张赛华、田绍虞、罗雪琴、陈洪塔、王水木、赵兴旺、陈迪柱、王瑞珍、朱求兴、陈新禄、王佐贤、胡金霞、袁观光、黄龙启、柯向昌、徐建华、徐勋炳、柯愈杨、柯美宏、徐新安、汪松河、李继南、雷存爱、蔡泽虞、肖德圣、万长生、章海根、王贤河等30名优秀代表。

市三届人大常委会第二次会议审议通过了《关于在市三届人大代表和乡镇人大主席团中开展"创先争优"竞赛活动的实施意见》,把竞赛范围扩大到乡镇人大主席团和人大工作者,内容上注重发挥代表作用,把代表在两个文明建设中所作出的贡献作为重要评选条件。任期内组织评比两次,1998年评选出横港、夏畈、花园、溢城等4个先进代表小组,南义镇、码头镇、洪下乡等3个先进乡镇人大主席团,邹圣钰、万启汉、邹木兰、余欣红、周会成、郭庆安、柯贤才、柯共和、周才宽、谈荣友、王启春、朱纯健、徐森林、柯学清、蔡灿勇、李炳艳、项相柱、章海根、周庆鼎、章忠玲、朱巨锋、章水宝、傅义传、许礼和、罗雪琴等25名优秀代表,王定琦、柯愈明、王定忠、李金国、田宗信、李广真、宋增大、陈学贤、邓　辉、柯于荣等10名优秀人大工作者;2000年评选出范镇、花园、夏畈、桂林、溢城第三代表小组等5个先进代表小组,南义镇、洪岭乡、流庄乡、码头镇等4个先进人大主席团,余传滨、范传星、郭庆安、袁革新、李木林、余欣红、王启春、章海根、柯贤才、周才宽、柯善富、徐新利、柯学清、王武伟、朱汉福、邹长青、蔡泽勇、项相柱、董洪旭、周洪涛、徐勋金、王玉玲、郜海波、傅行早等24名优秀代表,范友芳、曹子轩、田宗信、邓水生、徐勋杰、谈际坚、邹保华、宋增大、柯于荣、张肇汉等10名优秀人大工作者。

市四届人大常委会第二次会议审议通过《关于在全体市人大代表和乡镇人大主席团中继续开展创先争优竞赛活动的实施意见》。任期内组织评比一次,2004年评选出溢城第三代表小组、桂林第一代表小组、横立山代表小组和洪一代表小组等4个先进代表小组,码头镇、南义镇、肇陈镇、黄金乡和流庄乡等5个先进人大主席团,曹国丰、程厚红、朱淳健、胡家真、吴普强、陈世金、余传生、朱林霞、雷俊、黄新花、冯俊广、柯贤财、徐玉霞、刘礼刚、程厚志、邹焕章、李金桃、彭义球、刘萍桃、倪志、黄元胜、罗教育、张水姣、谈运玉、徐勋炎等25名优秀代表,王跃红、陈晓敏、邓水生、周起兵、黄新华、王霁云、宋增大、邓红英、陈　飞、陶志萍等10名优秀人大工作者。

市五届人大常委会主任会议决定,继续在全体市人大代表中开展创先争优活动,任期内组织评比两次。2007年评选出南义、白杨、码头、横立山、花园和溢城第一代表小组等6个先进代表小组,吴风安、柯瑞坤、范新军、万凤玲、黄裕金、李美送、柯茂大、顾开生、余来英、袁革新、张颖锋、肖薇、傅义彬、柯美亮、何育海、许守刚、朱秀琴、周明山、何清秀、朱模军、朱汉国、周友兴、柯传钟、徐勋林、杜龙炳等25名优秀代表,周贲、张绪鹏、宋巍、周江涛、李叶、王跃红、张友艳、熊金玖、黄晓光、彭晨方等10名优秀人大工作者;2009年评选出桂林、南义、白杨、码头、横港和湓城第一代表小组等6个先进代表小组,王金仙、刘　成、徐瑞华、高朝晖、詹国庆、董圣旭、熊金玖、邹凤英、邹素金、周贲、许守刚、柯茂大、徐尤弼、柯美亮、朱红华、刘遵柱、廖华、何清秀、朱志模、曹国锋、何毓轩、柯传钟、宋燕林、罗永林、邓见红等25名优秀代表,周江涛、朱槐荣、蒋义明、王义宋、何辉中、王跃红、刘宇洁、周健、陶志萍、彭晨方等10名优秀人大工作者。

议案和代表建议办理工作

议案办理　市一届人大一次会议共收到议案85件,根据议案审查委员会的审查报告,主席团决定对关于要求规范早稻杂优种子和“纯女户”养老保险2件议案提请全体会议审议,经表决,决定以议案形式进行处理,由市人大常委会对口的两个工作机构牵头,会同市政府有关部门,组成专门机构进行办理。关于要求规范早稻杂优种子议案办理工作,由市人大常委会财经办牵头,组织相关单位人员分别到18个乡镇场进行多次调查,最终认定1989年早稻杂优种子确实存在问题,给农民造成了很大损失,责成有关部门赔偿经济损失6万余元。关于“纯女户”养老保险的议案办理工作,由市人大常委会教科文卫办牵头,有关部门配合,在调研工作的基础上,要求市政府制定“农村纯女户结扎养老保险补贴实施办法”。经市一届人大常委会第五次会议审议,形成抄告意见,告知市政府有关部门,工作得到进一步完善落实。

市三届人大四次会议共收到议案24件,根据议案审查委员会的审查报告,主席团决定将王水木等13名代表提出的要求从快严惩“8·10”事件的策划者、肇事者的议案和余来稳等11名代表提出的要求修建人民北路的2件议案提请全体会议审议,经表决,决定以议案形式办理。2001年2月12日,市人大常委会有关工作机构向市检察院提出了对“8·10”事件当事人张胜标应依法惩处的意见,随后市检察院将张胜标以涉嫌妨害公务罪向市法院提起公诉,随后,市法院对犯罪嫌疑人张胜标进行了公开审理,张胜标被判拘役五个月,并附带民事经济处罚。市纪委、市监察局对“8·10”事件的其他责任人进行了查处。关于要求修建人民北路的议案交由市政府处理,市政府共投资150万元,2001年8月15日正式开工修建。

市三届人大五次会议共收到议案20件，根据议案审查委员会的审查报告，主席团决定将徐勋杰等12名代表提出的要求整顿与规范市客运市场秩序的议案提请全体会议审议，经表决，决定作为议案处理。市人大常委会为此召开了专题会议，落实专人负责，定期督办。市政府高度重视，制订了所有客车进站候客，加大查处"黑车"、打击垄断经营的力度，农巴更新等多项措施，客运市场秩序步入良性轨道。

市四届人大三次会议共收到议案20件，根据议案审查委员会的报告，主席团决定将朱汉国等10名代表提出的要求恢复流庄乡级建制的议案提请全体会议审议，经表决，决定以议案形式办理。市人大常委会有关工作机构会同市有关部门做了大量调查研究后认为，根据赣办〔2001〕15号和九办〔2001〕11号文件精神，对市行政区进行了调整，撤销流庄乡的行政区域，划归码头镇管辖，并已报省、九江市批准备案。恢复流庄乡建制，不符合现行政策和上级文件精神，向代表作出情况说明。

代表建议办理　市一届人大一次会议共收到代表建议151件，其中农林水方面41件，工交方面16件，财贸方面41件，城建方面10件，教科文卫方面27件，政法方面7件，综合方面13件。已经解决或基本解决的38件，办理结果较好的有关于石山堰河道问题和解决青山林场300名职工定量油供应问题等建议；有待创造条件逐步解决的有44件，因条件限制或不符合政策的有71件，已向代表作了解释说明工作，得到了代表的理解。市一届人大二次会议共收到代表建议110件（包括闭会期间1件），其中农林水方面39件，工交城建方面35件，财贸方面5件，教科文卫方面12件，政法方面4件，综合方面14件。已经解决或基本解决的24件，办理结果较好的有关于加强赤湖管理和解决市毛纺厂生产噪音问题等建议；列入计划，逐步解决的38件，由于条件限制，一时难以解决的32件，属参考性质的意见16件。市一届人大三次会议共收到代表建议86件，其中农林水方面19件，工交城建方面22件，教科文卫方面9件，财贸方面5件，政法方面2件，综合方面29件。已经解决或基本解决的19件，代表较为满意的有解决乐山乡道客运班车的建议；列入规划逐步解决的有49件，由于条件和政策限制一时不能解决的有9件，属参考性质的有9件。

市二届人大一次会议共收到代表建议95件（包括闭会期间10件），其中农林水方面25件，工交城建方面24件，财贸方面7件，教科文卫方面14件，政法方面6件，综合方面17件。已经解决或基本解决的28件，办理较好的有解决公安部门乱收费、乱罚款，市区环境管理不善，侵害性钓鱼，部门办事推诿等问题的建议；已作安排、计划逐步解决的有34件，因政策和条件不允许或反映的情况有出入的有33件。市二届人大二次会议共收到代表建议28件，其中农林水方面4件，工交城建方面9件，财贸方面6件，教科文卫方面3件，司法方面2件,综合方面4件。已经解决或基本解决的有12件,办理较好的有解决中小学校乱收费问题等建议,已作出安排、计划逐步解决的有8件,因政策和条件不允许或反映的情况有出入的有8件。代表对办理结果不满意的有码头港建设迟迟不能实施,城区车辆乱停乱放,乱摆摊点,脏乱差现象仍然十分严重,黄金乡血吸虫病防治工作进展缓慢等问题,代表和群众意见很大,市人大常委会第九次会议要求市政府对此引起高度重视,重新督促落实,并要求形成书面材料,向人大常委会作出汇报。市二届人大三次会议共收到代表建议30件(包括闭会期间10件),其中农林水方面8件,工交方面6件,教科文卫方面4件,财贸方面4件,城建方面4件,司法方面2件,综合方面2件。已经解决或基本解决的10件,关于要求严厉打击高丰—花园沿线车匪路霸的建议,市公安部门高度重视,开展了多次重点整顿和专项严打活动,收审4人,治安处罚14人,交通秩序明显好转;列入规划逐步解决的11件,因政策条件限制一时难以解决的9件。市二届人大四次会议收到代表建议29件(包括闭会期间11件),其中农林水方面13件,工交城建方面7件,教科文卫方面5件,财贸方面4件。24件基本办结,办理较好,代表和群众比较满意的有关于立肇线交通秩序整顿,横港南干渠堵漏,横立山开设邮政代办所和南义镇道路桥梁建设等建议;办理不够理想的有5件,要求市政府重新办理。市二届人大五次会议收到代表建议34件(包括闭会期间2件),其中农林水方面10件,工交方面10件,教科文卫方面2件,司法方面3件,财贸方面5件,综合方面4件。已经解决或基本解决的有10件,代表和群众满意的有关于修建瓜山公路和解决九源报刊邮件投递问题等建议,列入规划逐步解决的有8件,由于条件限制一时难以解决的有13件,属参考性质的有3件。

市三届人大一次会议共收到代表建议83件(包括闭会期间8件),其中农林水方面17件,工交方面18件,财贸方面21件,城建方面6件,司法方面4件,教科文卫方面8件,综合方面11件。已经解决或基本解决的17件,办理结果较好的有要求解决桂林路53户商品房遗留问题等建议,市政府高度重视,在市长办公会上进行了专题研究,半个月就解决了"三通""两证"和各建房户收支决算问题。列入规划逐步解决的44件,因地方财政困难或不符合现行政策一时难以解决的19件,属参政性质的3件。市三届人大二次会议共收到代表建议46件(包括闭会期间3件),其中农林水方面15件,工交方面5件,财贸方面7件,城建土管方面5件,教科文卫方面3件,司法方面5件,综合方面6件。已经解决或基本解决的21件,办理结果较好的有加强对高丰河、横港河两河治理工作的建议,市政府及时组织人力、物力和财力进行了河床清理,修复了多处水毁工程,洪下乡周某容留计划生育对象一案,市法院对其执结了3000余元的罚款,对抗拒执行的周某依法进行了拘留。关于加强公厕等城市基础设施建设的建议,市政府加大了建设力度,完成了老公厕改造4个,新建公厕4个。列入规划或逐步解决的18件,因多种原因或政策限制一时难以解决的7件,市法院办理的5件,办结2件,正在调处1件,向代表作出解释说明的2件。市三届人大三次会议共收到代表建议36件,其中农林水方面8件,工交方面8件,财贸方面8件,教科文卫方面2件,政法方面3件,综合方面7件。已经解决或基本解决的12件,代表和群众较为满意的有关于要求尽快解决实施农网改造的建议办理工作,市供电部门实行了直供、直管、直抄到户,确保农村居民生活用电价格年底降至0.78元/千瓦时;列入规划逐步解决的8件,因政策和条件限制作出解释说明的16件。市三届人大四次会议共收到代表建议34件,其中农林水方面4件,工交方面5件,教科文卫方面4件,财贸方面4件,城建土管方面3件,政法方面2件,综合方面6件。已经解决或基本解决的17件,办理结果较好的有关于发动社会力量办学的建议,市政府制订了《瑞昌市民办学校设置暂行规定》,加快了民办学校的健康发展。关于加强乌石河、横港河治理的建议,市政府安排28万元资金,修好12座堰,增建了一座堰;列入规划,逐步解决的14件,暂时还无力解决已作出解释说明的3件。市三届人大五次会议共收到代表建议47件(包括闭会期间7件),其中农林水方面15件,工交方面11件,教科文卫方面2件,财贸方面6件,城建土管方面8件,政法方面2件,综合方面4件。已经解决或基本解决的16件,列入规划逐步解决的14件,暂时无力解决作出说明解释的17件。

市四届人大一次会议共收到代表建议66件(包括闭会期间4件),其中农林水方面15件,工交方面14件,财贸方面4件,教科文卫方面10件,城建方面10件,综合方面12件,政法方面1件。已经解决或基本解决的24件,办理较好的有关于尽快制订得力措施,促进内资企业发展壮大的建议,市政府及时制订了发展内资企业的各项优惠政策;列入规划逐步解决的24件,由于政策及其他条件限制不能解决作出解释说明的18件。市四届人大二次会议共收到代表建议42件(包括闭会期间1件),其中农林水方面5件,工交方面6件,财贸方面7件,教科文卫方面7件,城建土管方面7件,综合方面10件。已经解决或基本解决的19件,代表较为满意的有关于要求市政府给予政策,支持加快码头港和镇区基础建设的建议,8月4日的市长办公会议决定给予码头镇多项优惠政策;正在解决或列入规划逐步解决的15件,由于政策和条件限制作出说明解释的8件。市四届人大三次会议共收到代表建议70件(包括闭会期间5件),其中农林水方面13件,教科文卫方面6件,工交方面18件,城建土管方面7件,政法方面3件,环保方面2件,财贸方面5件,综合方面17件。已经解决的有25件,办理工作较好的有关于解决武山铜矿恒泰银锌矿污染武蛟、白杨环境,影响当地居民生产生活问题的建议,市环保局加大了执法力度,责成两矿进行污染治理——南河匝道进行清理,建两个沉淀池,定期监测,使污染问题得到有效的控制;正在解决或列入规划逐步解决的29件,暂时无力解决作出解释说明的16件。市四届人大四次会议共收到代表建议43件(包括闭会期间4件),其中农林水方面8件,教科文卫方面6件,工交方面4件,城建方面1件,环保方面3件,财贸方面6件,综合方面15件。已经解决的有12件,代表较为满意的有关于解决现、离任村干部后顾之忧的建议,市政府决定2005年以前按老政策全部给予补贴,2006年后离任补贴已按新标准列入年初预算;列入规划逐步解决的21件,因政策条件限制,一时难以解决的10件。

市五届人大一次会议共收到代表建议97件(包括闭会期间5件),其中农林水方面18件,教科文卫方面15件,财贸工交方面24件,城建土管方面16件,环保方面1件,政法方面3件,综合方面20件。已经解决或基本解决的36件,代表较为满意的有关于青山林场、赛湖农场、大德山林场要求享受与乡镇同等经济待遇的建议办理,市政府将三场副科级以上干部工资纳入财政预算,对离退休干部给予专项补贴和进社保,并给予三场补助资金200多万元。关于加大网吧整治力度的建议,有关部门采取了多项有力措施,加大了网吧的管理力度;正在解决或列入规划逐步解决的37件,因政策条件限制,一时难以解决的24件。市五届人大二次会议共收到代表建议89件(包括闭会期间18件),其中农林水方面20件,教科文卫方面18件,工交财贸方面28件,城建土管方面13件,环保方面1件,政法方面1件,综合方面8件。已经解决或基本解决的有24件,办理较好的有关于要求统筹解决教师医疗保险资金的建议,市政府决定承担义务教育阶段学校教师医疗保险单位负担部分的5%,解决了义务教育阶段51所学校3447名教师医疗保险金233.52万元;正在解决或列入规划逐步解决的43件,因政策和条件限制,一时难以解决的22件。市五届人大三次会议共收到代表建议79件(包括闭会期间18件),其中农林水方面16件,教科文卫方面20件,工交财贸方面16件,城建土管方面14件,环保方面4件,综合方面8件,政法方面1件。已经解决或基本解决的40件,办理较好的有关于尽快修好建设东路的建议,市政府投资221.9万元,于2009年11月18日正式开工,2010年3月下旬完工;正在解决或列入规划逐步解决的36件,因政策条件限制一时难以解决的13件。市五届人大四次会议共收到代表建议77件(包括闭会期间15件),其中农林水方面15件,教科文卫方面10件,财贸工交方面15件,城建土管方面10件,政法方面1件,综合方面26件。已经解决或基本解决的33件,代表和群众对《关于禁止市区夜间鸣放鞭炮的建议》办理结果非常满意,市政府2010年1月13日第40次常务会对此进行了专题研究,决定发布《瑞昌市人民政府关于限制燃放烟花爆竹的通告》,组织有关部门和相关乡镇场街道开展了“零点行动”,限放工作取得明显效果,切实维护了市民正常的生产生活秩序；正在解决或列入规划逐步解决的40件，因政策条件限制一时难以解决的14件。市五届人大五次会议共收到代表建议59件（包括闭会期间1件），其中农林水方面8件，教科文卫方面8件，财贸工交方面23件，城建土管方面6件，综合方面14件。已经解决或基本解决的26件，办理较好的有关于解决陶瓷基地遗留问题的建议，市政府采取了措施，建设排水沟、减低标高，遗留问题得到了较好的解决；正在解决或列入规划逐步解决的29件，因政策条件限制一时难以解决的有4件。

组织省、九江市代表开展活动

市一届至五届人大常委会始终把做好上级代表工作作为己任，根据上级人大常委会的要求，每年认真组织省、九江市人大代表开展学习、走访、视察、调研等活动2—3次。

1994年在九江市十届人大一次会议期间，九江市人大代表朱才菊（时任瑞昌市水电局局长）针对1980年德安荷塘水库扩容加高后，导致瑞昌市南义镇幸福村1200余亩农田和部分村民房屋被淹，少数房屋倒塌，农民损失非常严重，还要缴纳被淹农田的农业税，致使群众连年上访，严重影响社会稳定，在瑞昌市领导多次协调，仍然得不到妥善解决的情况下，以10人联名的形式领衔向九江市人民代表大会提出要求解决德安荷塘水库扩容遗留问题的议案，该议案大会主席团以代表建议处理，九江市政府没有圆满解决。1996年在九江市十届人大三次会议期间，瑞昌市的九江市人大代表又以议案的形式提出要求彻底解决荷塘水库扩容遗留问题，经市人大常委会主任何仁先多次向九江市人大常委会领导反映，大会决定作为议案交九江市政府办理，于1998年全面办结，赔偿瑞昌市南义镇幸福村民160余万元的损失，彻底解决了近20年的荷塘水库扩容遗留问题。

第四节　宣传工作

刊物订阅和创办

人大刊物订阅　市人大常委会机关在完成党报党刊征订任务的基础上，每年均征订了《九江人大工作》《江西人大》《时代主人》《全国人大工作通讯》《中国人大》和《人大代表报》等人大刊物，分发到全体代表和各代表小组。

市一届人大常委会任期内，常委会机关为 253 名市人大代表征订《九江人大工作》18 期 4554 份、《江西人大》36 期 9108 份，为代表小组征订《全国人大工作通讯》12 期 1140 份。

市二届人大常委会任期内，常委会机关为 256 名市人大代表征订《九江人大工作》30 期 7680 份、《江西人大》和《时代主人》60 期 15360 份，为代表小组征订《全国人大工作通讯》20 期 1080 份。

市三届人大常委会任期内，常委会机关为 199 名市人大代表征订《九江人大工作》30 期 5970 份、《时代主人》60 期 11940 份，为机关干部征订《中国人大》120 期 1140 份。

市四届人大常委会任期内，常委会机关为 198 名市人大代表征订《九江人大工作》30 期 5910 份、《时代主人》60 期 11820 份，为机关干部征订《中国人大》120 期 1320 份。

市五届人大常委会任期内，常委会机关为 198 名市人大代表征订《九江人大工作》30 期 5940 份、《时代主人》60 期 11880 份，为机关干部征订《中国人大》120 期 1500 份。

创办刊物 市一届、二届人大常委会创办的内部刊物有《主任会议纪要》《常委会会议公报》《工作简报》。市一届人大常委会办公室编办《主任会议纪要》6 期，《常委会会议公报》8 期，《工作简报》6 期；市二届人大常委会办公室编办《主任会议纪要》20 期，《常委会会议公报》26 期，《工作简报》25 期。

市三届、四届、五届人大常委会创办的内部刊物有《常委会会议纪要》《工作简报》《人大工作》。市三届人大常委会办公室编办《常委会会议纪要》20 期，《工作简报》20 期；市四届人大常委会办公室编办《常委会会议纪要》12 期，《工作简报》12 期；市五届人大常委会办公室编办《常委会会议纪要》16 期，《工作简报》1 期，《人大工作》2 期。

创办的刊物每期都分发到市政府及其部门单位、市“法检两院”、各乡镇人大、街道人大联络处，便于了解人大工作动态。

对外宣传

建立健全队伍 从市人大常委会机关及其联络机构、各乡镇人大和市直有关单位各选定 1—2 名政治素质好、工作热情高、文字功底深、年纪相对轻的同志担任人大工作宣传报道员或兼职特邀通讯员，建立一支骨干队伍，通过举办培训班，加强对人大宣传报道员或通讯员的人大业务知识、法律法规知识和新闻写作知识培训，促进人员自身素质的提高。

1992 年，聘请王义树、周佐福、李汉美、刘诗征、董加刚、蔡金林、左运国、王跃宏、朱必星、徐爱民、陈金玲、蔡茂洪、陈洪地、张绪宝、周华平、徐新桂、谈荣军、谈际坚、何仁高、邓水平、周连峰、王丽娟、邹永峰、余新来、余泽民、柯遐滋、刘礼兴等27人为人大工作宣传报道员。1998年,确定63名同志为人大工作通讯员,建立工作业绩档案;在市委宣传部和市新闻单位聘请夏教育等6人为特邀通讯员,并为6人颁发聘任书。

建立考核激励机制 明确目标任务:市人大常委会每年都以宣传工作会议或其他会议形式,部署人大宣传工作,明确乡镇场街道和市直有关单位年度上稿任务和投稿数量,并将目标任务纳入年终人大工作目标管理考评内容。

确定计稿范围:计稿分国家级、省级、地市级和县市区级,每级分两类,凡在中央主流新闻媒体和全国人大宣传刊物上用稿为国家级一类,其他新闻媒体和网上用稿为国家级二类;凡在省级主流新闻媒体和省人大宣传刊物上用稿为省级一类,其他省级政务网、省人大信息网上用稿为省级二类;在《九江日报》等九江主流新闻媒体和《九江人大工作》刊物上用稿为地市级一类,九江人大信息网上用稿为地市级二类;县级一类用稿主要是《瑞昌报》和瑞昌电视台,二类用稿是瑞昌政务网。

明确奖励标准:凡宣传人大工作的文稿在各级报刊发表后按等级给予奖励,国家级按稿酬的1:5,省级1:3,地市级1:1,县级每次10元的标准执行。

1994年4月,市人大常委会开展宣传人民代表大会制度好新闻和优秀报道员的评选活动,共评选出好新闻22篇,其中,何仁先的获九江市人大一等奖的《我们行使决定权的三点体会》、刘朝健的获九江市人大三等奖的《浅谈地方人大常委会监督职权》2篇文章被评为特等奖;田信国、黄晓光的《瑞昌市人大常委会变"议过即了"为议后问效》、何仁高的《南庆村人大代表减轻农民负担》2篇文章获一等奖;曹中雪、严茂林的《社会治安需进一步做好几项工作》、何祥池的《我是怎样当乡人大主席团常务主席的》、柯向昌的《早修水利》、朱必星的《夏畈乡人大代表为乡镇企业出谋划策》、鲁卫东的《在经济建设中找准位子发挥作用》等5篇文章获二等奖,柯美睦的《加强党委领导 支持人大工作》、周彩霞的《市人大常委会领导视察开放开发区》、田信国的《过去举手即了 如今作用不小》、范远清的《桂林乡人民政府注意发挥人大代表作用》、周建国的《立足于促 着眼于帮》、何忠贝的《杨林枝,乐山致富的开路人》、李汉美的《讲究执行艺术 提高执行效果》、熊爱民的《山镇,有这样一位代表》、夏教育的《个体户中第一人》、柯于荣的《俺们的好代表》、徐尤闲的《乐园设人大专职常务主席之后变化多》、陈建国的《一位人民代表的故事》和董才勇的《俯首甘为"老人牛"》等13篇文章获三等奖,朱必星、何仁高、陈建国、徐爱民、刘诗征、田信国、周建国等7名同志为优秀宣传报道员,选送田信国、周建国参加九江市人大常委会优秀通讯员的评选,对获奖人员进行了奖励,兑现了用稿奖金。

1999 年,组织年度人大宣传工作表彰评选活动,共评选出优秀稿件 3 篇,王义树的《力戒人大评议中的形式主义》获一等奖,江昌尧的《浅谈乡镇换届中干部的消极心理》获二等奖,曹继全的《关于开好乡镇人大主席团会议的思考》获三等奖,陈洪地、李广真、宋增大 3 人为优秀通讯员,对获奖人员进行了奖励,兑现了年度用稿奖金。

新闻用稿情况 根据收集到的资料统计,1991 年,《江西人大工作》用稿 7 篇;1992 年,《江西人大工作》用稿 3 篇、《九江人大工作》1 篇;1993 年,《江西人大工作》用稿 7 篇、《九江人大工作》2 篇;1994 年,《江西人大工作》用稿 1 篇、《九江人大工作》9 篇;1995 年,《时代主人》用稿 2 篇、《九江人大工作》7 篇;1996 年,《九江人大工作》用稿 4 篇;1997 年,《时代主人》用稿 2 篇、《九江人大工作》11 篇;1998 年,《时代主人》用稿 4 篇、《九江人大工作》12 篇;1999 年,《时代主人》用稿 1 篇、《九江人大工作》15 篇;2000 年,《时代主人》用稿 2 篇;2001 年,《时代主人》用稿 1 篇、《九江人大工作》10 篇;2002 年,《时代主人》用稿 1 篇、《九江人大工作》10 篇、《中国创新论坛》1 篇;2003 年,《九江人大工作》2 篇;2004 年,《时代主人》用稿 3 篇、《九江人大工作》13 篇;2005 年,《时代主人》用稿 2 篇、《九江人大工作》8 篇;2006 年《时代主人》3 篇、《九江人大工作》10 篇;2007 年,《九江人大工作》6 篇;2008 年,《江西人大工作》1 篇、《九江人大工作》4 篇;2009 年,《中国人大》2 篇、《时代主人》2 篇、《九江人大工作》4 篇;2010 年,《时代主人》1 篇、《九江人大工作》7 篇、《中国人大》1 篇。其他报刊发表的文章有《九江市委市政府门户网站》1 篇,《当代中国领导干部创新论坛》1 篇,《当代中国理论研究成果精选》1 篇,《中国人大新闻导刊》1 篇。

1990 年至 2010 年 6 月部分新闻稿件用稿一览表

表 4－1

作品名称	作者姓名	刊物名称	采用时间
监督政府工作的几点体会	何仁先	江西人大工作	1991.3
乐园乡设人大专职常务主席之后变化多	徐尤闲	江西人大工作	1991.5
办理一件赔偿案 农民减少损失 4 万元	财经办	江西人大工作	1991.8
瑞昌市人大常委会制定组成人员守则	田信国	江西人大工作	1991.10
我们重视和支持乡人大主席团工作的几点体会	柯美睦	江西人大工作	1991.11
高丰乡办理代表建议效果好	徐尤闲	江西人大工作	1991.12
响亮的名字(诗)	田信国	江西人大工作	1991.12
我们是怎样组织人大代表参政议政的	何祥池	江西人大工作	1992.7
监督不力的原因剖析	刘朝键	江西人大工作	1992.8

续表 4－1

作品名称	作者姓名	刊物名称	采用时间
夏畈乡人大代表为乡镇企业出谋划策	朱必星	江西人大工作	1992.9
俺们的好代表——记三级人大代表彭义汉同志的二、三事	柯于荣	九江人大工作	1992.12
也学学“以人为本”	何仁高	江西人大工作	1993.1
讲究执行艺术　提高执行功效	李汉美	江西人大工作	1993.2
社会治安需要进一步做好几项工作	曹中雪 严茂林	江西人大工作	1993.4
瑞昌市人大常委会召开全市乡镇人大工作会议	周建国	江西人大工作	1993.7
在经济建设中找准位置发挥作用	鲁卫东	江西人大工作	1993.9
瑞昌市人大常委会变“议过即了”为“议后问效”	田信国 黄晓光	江西人大工作	1993.11
明天的风景(诗)	田信国	江西人大工作	1994.1
稳定粮价是稳定社会的基础	封寒英	时代主人	1995.1
走出一线天,还来新天地	周建国	时代主人	1995.7
我们行使决定权的三点体会	何仁先	江西人大工作	1993
会上定任务,会后忙调整	黄晓光	时代主人	1997.7
浅谈国家机关实行执法责任制的重要性	何仁先	时代主人	1997.9
消息:任命政府组成人员有“三要”	徐尤闲	时代主人	1998.2
瑞昌市人大常委会通过《关于监督市本级预算的暂行办法》	徐尤闲	时代主人	1998.6
自觉接受人大监督　认真做好政府工作	朱汉仁	时代主人	1998.9
瑞昌市严肃查处一起违反《选举法》事件	市纪委	时代主人	1998.11
浅谈领导干部的官德问题	张肇山	时代主人	1999.2
瑞昌市推荐农村民主建设的有效途径	王义树	时代主人	2000.7
浅谈领导干部的“官德”问题	张肇山	时代主人 九江人大工作 《中国世纪论坛》	2001.6 2001.2 2002
与时俱进　务实求新　扎实做好人大信访工作	市人大常委会	时代主人	2002.4
悉心打造率先崛起的“热土”	郑羡银	时代主人	2004.2
浅谈述职评议工作中存在的问题及对策	陈　飞	时代主人	2004.7
以服务大局为着眼点,推动人大工作	陈世翔	时代主人	2004.12
依法监督,取消不当收费许可	陈洪地 陈　飞	时代主人	2005.2
人大代表“票决”评议对象	陈　飞	时代主人	2005.9
人大评议见实效	陈　飞	时代主人	2006.3
瑞昌市人大创新评议工作方法	陈　飞	时代主人	2006.4

续表4-1

作品名称	作者姓名	刊物名称	采用时间
瑞昌市乡镇人大干部实现年轻化	陈 飞	时代主人	2006.6
瑞昌市人大评议工作四个特点	陈 飞	时代主人	2008.9
瑞昌市人大出台建议、评议、意见办理办法	陈 飞	时代主人	2009.2
瑞昌市人大评议工作增加一项新内容	陈 飞	时代主人	2009.6
提高地方人大常委会监督实效的思考与心得	陈世翔	时代主人	2010.1
瑞昌市人大组织专题司法调研	陶志萍	时代主人	2009.9
我们行使决定权的三点体会	何仁先	九江人大工作	1993
瑞昌市人大常委会举行颁发任命书仪式	市人大办	九江人大工作	1993.4
一项新的举措		九江人大工作	1994.1
依法行使职权，增强服务意识——横港镇人大主席团工作的有效尝试	邹永峰	九江人大工作	1994.1
群雁高飞头雁领——记瑞昌市法院院长董才银	邹建文 李汉美	九江人大工作	1994.2
一事一议 赞“于心不忍”之精神	封寒英	九江人大工作	1994.5
一位珍惜土地的人大代表	柯向昌	九江人大工作	1994.5
注重会外活动，全面履行职能	邹永峰	九江人大工作	1994.5
代表反映立竿见影——高丰乡认真查处劣种坑农案	何仁高 蔡 敏	九江人大工作	1994.6
乡镇人大主席团为常设机构有利于发挥	柯向昌	九江人大工作	1994.6
稳定粮价是稳定社会的基础	封寒英	九江人大工作	1994.6
瑞昌市举行人大代表评议工作汇报会	市人大办公室	九江人大工作	1995.1
增强服务职能 促进村民自治	鲁卫东	九江人大工作	1995.2
增加资源投入是实现“两基”达标的关键	封寒英	九江人大工作	1995.2
中肯审议言析	徐尤闲	九江人大工作	1995.4
湓城联络处代表活动经常化制度化	市人大办	九江人大工作	1995.5
关于开展环境与资源保护执法检查的情况汇报	市人大教科文卫办	九江人大工作	1995.6
反价格暴力保人民利益	何庆亮 胡茂禄 徐尤闲	九江人大工作	1995.6
瑞昌市人民政府办理代表建议步入规范化、制度化	范远清	九江人大工作	1996第1期
行使代表职责 搞好会外执法监督——瑞昌市横港镇人大主席团记事	邹永锋	九江人大工作	1996第2期
浅谈地方国有工业企业面临的困扰及对策	范远清	九江人大工作	1996第3期
夏畈镇“农业两法”执法检查三过硬	宋增大	九江人大工作	1996第5期

续表 4－1

作品名称	作者姓名	刊物名称	采用时间
瑞昌市贯彻教育法措施得力	市人大教科文卫办	九江人大工作	1997.1
委员提意见 政府重办理	徐尤闲	九江人大工作	1997.1
瑞昌市人大机关积极开展学习《决议》活动	黄晓光	九江人大工作	1997.1
瑞昌市人大抓述职评议工作措施得力	邹永峰	九江人大工作	1997.1
夏畈镇人大主席着力抓好“减负”民心工程	宋增大	九江人大工作	1997.2
努力促进部门工业健步发展	徐尤闲	九江人大工作	1997.2
瑞昌市人大常委会重视加强调查研究工作	谈华众	九江人大工作	1997.3
一条特别规定	徐尤闲	九江人大工作	1997.4
浅谈在国家机关实行执法责任制的重要性	何仁先	九江人大工作	1997.5
地方人大加强行政执法监督之见	徐尤闲	九江人大工作	1997.5
认真履行法定职责，加强“双管”部门监督	黄晓光	九江人大工作	1997.6
努力探索适应市场经济发展的乡镇人大工作新路子	王义树	九江人大工作	1998.1
浅谈对县级人大常委会委员素质的要求	徐尤闲	九江人大工作	1998.2
自觉接受人大监督 认真做好政府工作	朱汉仁	九江人大工作	1998.3
瑞昌举办政府部门组成人员学法培训班	邹永峰	九江人大工作	1998.3
找准三个结合点，不断开展人大工作新局面	市人大常委会	九江人大工作	1998.3
做好换届选举工作的几点体会	范远清	九江人大工作	1998.4－5
力戒人大评议中的形式主义	王义树	九江人大工作	1998.4－5
人大评议催开幸福花	宋增大	九江人大工作	1998.4－5
强化三项功能，努力推进依法治市	张肇山	九江人大工作	1998.6
为我省县级人大常委会专门办事机构正名而谈	徐尤闲	九江人大工作	1998.6
乡镇创办示范服务基地的几大误区与对策	王义树	九江人大工作	1998.6
抗洪堤上的擎旗人	瑞昌码头镇 人大主席团	九江人大工作	1998.6
“三心”固连心	宋增大	九江人大工作	1999.1
修路书记的修路情——记市代表肇陈镇党委书记柯善富	谈荣雄	九江人大工作	1999.1
人大代表柯美宏关心农技推广侧记	李广真	九江人大工作	1999.3
乡村干部也要“三讲”	王义树	九江人大工作	1999.3
开展法制讲座，提高法律监督水平	黄晓光	九江人大工作	1999.3
瑞昌市人大常委会重视宣传贯彻《村民委员会组织法》	陈洪地	九江人大工作	1999.4
瑞昌市人大常委会组织全市人大代表评议法检两院和政府四个部门工作	王建新 陈洪地	九江人大工作	1999.5
对搞好乡镇人大工作评议的意见	陈洪地	九江人大工作	1999.5

续表 4－1

作品名称	作者姓名	刊物名称	采用时间
对搞好乡镇人大工作的几点想法	张肇山	九江人大工作	1999.5
认真落实人大代表评议意见	陈洪地 陈衍阳	九江人大工作	1999.5
浅谈现在换届中干部的消极心理	江昌尧	九江人大工作	1999.6
干部思想动态的剖析与思考	王义树	九江人大工作	1999.6
瑞昌市人大常委会举办乡镇换届选举骨干培训班	陈洪地	九江人大工作	1999.6
关于开好乡镇人大主席团会议的思考	曹继全	九江人大工作	1999.6
瑞昌市严肃乡镇换届选举纪律	陈洪地	九江人大工作	1999.6
浅论社会主义市场经济条件下人大及其常委会的监督权	王卫军	九江人大工作	2001.1
建设高素质的乡镇人大干部队伍	陈　飞	九江人大工作	2001.1
瑞昌市人大重视结核病防治工作	彭正交	九江人大工作	2001.1
浅谈乡政府如何接受乡人大监督	江昌尧	九江人大工作	2001.2
乡镇人大秘书必须强化“五种”意识	曹继全	九江人大工作	2001.2
人大监督 6000 元抵押扣款如数退还	陈洪地	九江人大工作	2001.2
依法行政是实现依法治国的迫切需要	王银霞	九江人大工作	2001.3
认真办理代表建议　切实为民排忧解难	徐勋杰	九江人大工作	2001.3
认真组织学习江泽民总书记“七一”讲话	陈洪地	九江人大工作	2001.3
西瓜乡里代表竟风流	宋增大	九江人大工作	2001.3
瑞昌市人大常委会今年评议又有新突破	赵达贵 陈洪地	九江人大工作	2001.4
瑞昌市人大常委会举行第 16 期法制讲座学习新《婚姻法》	陈洪地	九江人大工作	2001.4
坚持三位一体，强化人大职能	彭正交 陈洪地	九江人大工作	2001.5
瑞昌市人大机关干部结对帮扶解民忧	陈洪地	九江人大工作	2001.6
血肉联系骨肉亲	彭正交	九江人大工作	2001.6
坚持“四到位”积极做好人大老协工作	陈洪地	九江人大工作	2002.2
瑞昌市人大召开评议“法检”法官检察官大会	陈洪地	九江人大工作	2002.2
我们是如何开展评议政府副市长工作的	陈洪地	九江人大工作	2002.2
以三讲为动力，做好人大工作	张肇山	九江人大工作	2002.2
瑞昌市举办 2002 年度普法骨干培训班	陈洪地	九江人大工作	2002.3
乡镇人大如何抓好代表评议工作	彭正交	九江人大工作	2002.5
公正定价保市场　百姓称快颂人大	徐勋杰	九江人大工作	2002.5
实践“三个代表”发挥人大职能作用	卢仕忠	九江人大工作	2002.6
高丰镇人大主席团组织人民代表评议基层站所工作	桂火周	九江人大工作	2002.6

续表 4－1

作品名称	作者姓名	刊物名称	采用时间
瑞昌市公安局认真办理人大代表建议	周琪源	九江人大工作	2002.3
道道关口防非典 项项工作做在前	余泽河	九江人大工作	2003.2
瑞昌市人大常委会成立法律顾问组	江昌尧	九江人大工作	2003.5－6
实践“三个代表”维护人民根本利益	陈世翔	九江人大工作	2004.1
不平凡的人生情怀	桂火周	九江人大工作	2004.1
与时俱进创新审计工作	瑞昌市审计局	九江人大工作	2004.3
瑞昌市举办2004年度普法骨干培训班	陈洪地	九江人大工作	2004.3
把群众的担心化解于人大监督之中	陈　飞	九江人大工作	2004.4
瑞昌市人大评议工作在创新中强化	市人大办	九江人大工作	2004.5
人大依法监督不当收费许可取消	陈洪地 陈　飞	九江人大工作	2004.5
以促进经济社会发展为着眼点推动人大工作	陈世翔	九江人大工作	2004.6
瑞昌市人大建立代表联系选民“登记卡”制度	陈　飞	九江人大工作	2004.6
纪念全国人大成立五十周年	陈绪尧	九江人大工作	2004.6
浅谈如何搞好县级人大司法监督工作	江昌尧	九江人大工作	2004.6
还校园安静	陶志萍	九江人大工作	2004.6
整改如何监督看结果	陈洪地	九江人大工作	2004.6
瑞昌市选拔“陪审员”阳光操作	陈　飞	九江人大工作	2005.1
瑞昌市人大建议“过滤”网吧	周琪源	九江人大工作	2005.1
对搞好乡镇人大工作的几点看法	陈洪地	九江人大工作	2005.1
着力造就学习型人大代表	陈　飞	九江人大工作	2005.2
瑞昌市人大机关先进性教育扎实开展“五个一”活动	陈洪地	九江人大工作	2005.2
坚持“四到位”积极做好人大专项工作	陈洪地	九江人大工作	2005.3
开展述职评议，加强任后监督	陈　飞	九江人大工作	2005.3
市委决策 人大监督 政府执行	陈　飞	九江人大工作	2005.5
工作评议见实效	陈　飞	九江人大工作	2006.1
写稿的苦与乐	周琪源	九江人大工作	2006.1
乡镇人大主席要做到“五要”	陈洪地	九江人大工作	2006.2
履行代表职务 发挥代表作用	陈　飞	九江人大工作	2006.2
瑞昌市乡镇人大干部实现年轻化	陈　飞	九江人大工作	2006.2
办理人大代表建议的几点认识	王银霞	九江人大工作	2006.3
增强“三力”充分发挥办公室的桥梁纽带作用	陈洪地	九江人大工作	2006.3

续表 4－1

作品名称	作者姓名	刊物名称	采用时间
瑞昌市人大常委会组织市乡人大代表开展防洪工程视察	陈　飞	九江人大工作	2006.3
做好人大办公室工作必须具备的素质	陈洪地	九江人大工作	2006.3
为这样的政绩观叫好	陈新娅	九江人大工作	2006.4
围绕“三点”加强工作监督	陈　飞	九江人大工作	2007.1
瑞昌市交警大队重视人大代表建议意见和政协委员提案的办理工作	周琪源 吴国锋	九江人大工作	2007.3
关于加强地方人大监督工作的思考	陈　飞	九江人大工作	2007.4
抓好农村公路建设 服务经济社会发展	陈　明	九江人大工作	2007.4
认真履行交通职责 科学做好农村工作	市交通局	九江人大工作	2007.4
履行代表职责 保障人民安康	陈　飞	九江人大工作	2007.4
要大力培养人大代表行权履职的“六种”意识	陈　飞	九江人大工作	2008.2
公安战线上的标兵——记九江市人大代表李洪新	陈　飞	九江人大工作	2008.2
建立长效机制 创新养护模式	陈　飞	九江人大工作	2008.3
加强领导 加大投入 促进我市学前教育规范发展	陈新娅	九江人大工作	2008.5－6
四项举措提高代表议案办理效果	陈　飞	九江人大工作	2009.1
瑞昌市人大常委会视察代表建议办理工作	彭晨芳	九江人大工作	2009.3
扎实推进民主法治进程的三十年	陈世翔	九江人大工作	2009.4
瑞昌市政府主动邀请人大代表对专项工作进行视察	陈　飞	九江人大工作	2009.5－6
组织常委会委员代表视察地税工作	陈　飞	九江人大工作	2010.2
瑞昌市人大首次采用电子表决系统对审议意见研究处理进行满意度测评	冯军辉	九江人大工作	2010.3
春风一路看地税	陈　飞	九江人大工作	2010.4
瑞昌市人大开展《税收征管法》贯彻实施情况调研	饶　瑾	九江人大工作	2010.4
关于提高地方人大常委会监督实效的调研与思考	陈世翔	九江人大工作	2010.5
对政府水利、国土、矿产、公路四项工作进行评议	饶　瑾	九江人大工作	2010.5
瑞昌市人大创新评议工作新举措	陈　飞	九江人大工作	2010.6
瑞昌市人大代表议案建议办理工作卓有成效	胡蕊蕊	九江市委政府门户网站	
对搞好乡镇人大工作的几点看法	张肇山	当代中国领导 干部创新论坛	2002
让人大机关充满生机和活力	市人大办	当代中国理论 研究成果精选	2004.10
瑞昌市人大常委会开展多种形式活动纪念人民代表大会制度建立五十周年	陈洪地	中国人大新闻导刊	
瑞昌市一条代表建议解决 500 多名村(居)干部养老之忧	陈　飞	中国人大	2009 年 15 期
“代表真管用”	陈　飞	中国人大	2009 年 21 期

宣传人大制度

市人大常委会利用重大纪念活动和宣传阵地宣传人民代表大会制度。

1992年12月，为纪念《中华人民共和国宪法》颁布十周年，市人大常委会组织了《中华人民共和国宪法》《中华人民共和国地方各级人民代表大会和地方各级人民政府组织法》《中华人民共和国全国人民代表大会和地方各级人民代表大会选举法》的法制宣传活动，召开《纪念〈中华人民共和国宪法〉颁布十周年》座谈会，市委书记欧阳春、市长陈定荣、市委副书记张肇山、市人大常委会主任何仁先、市政协主席陈孝林、市法检两院和有关部门主要负责人共40余人出席会议，欧阳春、陈定荣、何仁先分别作了讲话。市电视台对《中华人民共和国宪法》《中华人民共和国地方各级人民代表大会和地方各级人民政府组织法》《中华人民共和国全国人民代表大会和地方各级人民代表大会选举法》进行专题宣传。

1994年7月，为纪念人民代表大会制度建立40周年，市人大常委会召开纪念座谈会，市委市政府主要领导欧阳春、艾宏盛到会讲话。组织开展了人大知识电视竞赛活动，组织《瑞昌报》连续登载有关人大知识问答，电台开办纪念专题节目，电视台进行专题访谈，在主要街口悬挂巨幅宣传标语，营造了浓厚宣传氛围。

1995年，针对《中华人民共和国地方各级人民代表大会和地方各级人民政府组织法》《中华人民共和国全国人民代表大会和地方各级人民代表大会选举法》作了修正，部分乡镇人大干部人大业务不熟的状况，在市人大换届选举前夕，常委会通过报纸、简报、举办业务培训班和召开会议等多种形式，大力宣传《中华人民共和国地方各级人民代表大会和地方各级人民政府组织法》《中华人民共和国全国人民代表大会和地方各级人民代表大会选举法》等有关法律法规和人大业务知识。

2004年9月23日，为纪念人民代表大会制度建立50周年，市人大常委会召开座谈会，常委会组成人员、市法检两长、市政府组成部门主要负责人、部分民主党派人士、有关人民团体负责人、部分乡镇人大主席，部分省、九江市、瑞昌市的人大代表、市人大常委会老同志共一百余人出席会议，市委副书记、市长郑羡银和市人大常委会主任陈世翔分别作了讲话，会上印发了胡锦涛总书记在全国纪念大会上的《讲话》。

市人大常委会每年在“12·4”法制宣传日期间与市司法局联合开展了各类法律法规的宣传咨询活动。

1990年3月至1998年1月，在市一届、二届人大常委会任期内，常委会办公室广泛利用各种阵地开展宣传,会同市广播站开办“人大工作广播专题节目”,每月播放两次,指导市、乡(镇)两级人大工作和代表开展活动,扩大人大工作影响。

自1993年起,市人大常委会在市电视台开办“人大工作专题节目”,常委会办公室专门发文,规定每月两期,每个乡镇人大主席团负责一期,每期播放时间为5—10分钟,后期增加到10—15分钟。常委会领导经常在市电视台发表电视讲话,大力宣传有关法律法规和人民代表大会制度,市一届至五届常委会任期内,常委会领导共发表电视讲话20余次。常委会办公室举办各类宣传专栏100期次以上,利用宣传栏宣传法律法规、党的方针政策、时事政治和人大业务知识,公布干部学习心得体会及民主法治建设重大信息。

第五章　市人大常委会机关工作

第一节　信访工作

工作机制

1991年10月10日，市一届人大常委会第十一次会议审议通过《瑞昌市人民代表大会常务委员会信访工作办法》，明确了信访受理范围、职责划分、办理程序、分级负责、督办措施。1994年4月29日，市二届人大常委会第八次会议对《信访工作办法》进行第一次修订。2000年7月4日，市三届人大常委会第十七次会议，根据工作需要和新形势下对信访工作的要求，作了第二次修订，对重点信访件的办理程序和方式方法作出详尽的规定，审议通过《主任接待日制度》《信访工作汇报制度》《信访回复制度》等信访工作制度，形成了一套完整的信访工作机制。

信访活动

1990年4月—1993年2月，市一届人大常委会任期内，共收到人民群众来信289件，接待群众来访390人次。所有信访件都进行登记分类，交由有关部门办理，其中作出处理的有210件,未作出处理的也作出了回复,或转有关部门参考。在接待群众来访中,信访工作人员做到了耐心倾听陈述,能当场答复的及时给予答复,不能答复的,登记在册后向分管领导作出汇报或转交有关部门处理。

1993年3月—1998年2月,市二届人大常委会任期内,共收到人民群众来信511件,接待群众来访446人次。针对信访件增加、任务重等特点,常委会及时修订了信访工作办法,主要领导做到亲自过问、亲自批阅、亲自督办,常委会机关通过自办、转办并及时督办,所有信访件都做到件件有着落,事事有回音。1996年,常委会办公室经常分析信访动态,为常委会工作决策提供信息依据。1997年,常委会主要领导亲自参与了一批重大信访件的办理工作,解决了许多重大问题,机关具体承办人员做了大量的具体工作,办公室信访科张肇汉荣获江西省人大常委会办公厅授予的"先进信访工作者"光荣称号。

1998年3月—2003年2月,市三届人大常委会任期内,共收到人民群众来信933件,接待群众来访2710人次。针对信访任务特别繁重,群众诉求特别多的严峻局面,常委会采取两项措施进行办理,一是由办公室统一梳理,提出办理意见,转交有关对口部门负责办理;二是针对重大信访问题,提请主任会议研究解决方案,由常委会主要领导或分管领导具体负责督办,抓好信访件的落实,绝大多数信访件得到较好的落实,解决了一批积案要案。

2003年3月—2007年2月,市四届人大常委会任期内,共收到人民群众来信808件,接待群众来访1057人次。常委会始终把为群众办好事、实事作为信访件的重点工作来抓,针对群众反映强烈的交通不畅问题,责成市政府修通了二小东侧的文武巷道路,修建了到桂林小学1.5公里的水泥路。

2007年3月—2011年8月,市五届人大常委会任期内,共收到人民群众来信266件,接待群众来访675人次。常委会针对群众来信来访的特点,将涉法涉诉的信访件作为重点来办理,督促市法院加大对生效民事法律文书的执行工作力度,执行案件12件,为群众追讨欠款20.1万元。督促有关部门解决群众反映的拖欠未结案件46件,使一批长期得不到解决的遗留问题得到有效解决;进一步健全规范信访接待、登记、拟办、督办、反馈、归档等信访制度,信访结访率达90%以上。

重点信访件办理

1990年上半年,原洋鸡山金矿矿长何某多次到市人大常委会上访。申诉对市检察院认定其受贿予以免予起诉处理的决定不服,认为是一起冤案。该信访件受理后,市人大常委会领导非常重视,认真听其陈述案情,并结合随后开展的执法检查进行重点抽查,多次召开主任会议,听取汇报、研究案情,并对关键事实派员进行调查,常委会领导和有关工作机构人员先后三次赴省、九江市人大常委会汇报。经省检察院复查,1994 年 2 月 3 日决定撤销对何某的原免诉决定,使这一历经多年的申诉案得到依法解决。

1991 年,白杨乡一位村民控告乡联防队员对其非法拘禁,常委会领导高度重视,批示由市检察院依法办理,检察院侦查后提起公诉,市法院依法判决被告人有期徒刑两年,保护了公民合法权益。

1992 年,黄金乡市人大代表反映林泉村部分农民严重缺粮问题,市人大常委会财经办会同市粮食局进行实地调查,确认情况属实后,由粮食部门给该村中价稻谷指标 5000 余公斤,满足了农民的急需。

1993 年,针对群众反映洪一乡中小学收费偏高,群众负担过重,致使 40% 的学生辍学问题的信访。常委会有关工作机构与市教育主管部门一道前往调查,作出了处理。同年 7 月,市棉麻公司一职工反映退伍军人返回原单位工作后,到公安和粮食部门办理户口和粮油关系,被分别收取 8 元和 20 元的手续费问题,常委会办公室及时将情况通报市物价部门,市物价局于当年 9 月进行了调查处理,公安与粮食部门将乱收费所得 500 元全部退还。

1994 年,和平乡杨段村 20 名青年联名反映的乱砍树木无人问的问题,常委会责成市林业部门进行了严肃的处理。

1995 年,九江市人大代表封寒英反映瑞昌城区学生玩电子游戏机问题非常突出,严重影响学生身心健康。常委会责成市文化局进行一次治理整顿,制订了各项规章制度,学生入游戏厅现象一度得到有效控制。同年,洪一乡一村民控告乡干部打人问题,常委会有关工作机构会同市委组织部前往调查核实后,市委组织部作出了严肃处理,给予当事人撤职处分。同年,洪一乡部分市人大代表反映该乡信用社强行将群众卖油菜籽的 40% 款项扣存,常委会立即派员前去调查核实后,与市信用联社一道制止了这一错误行为,并将扣款退还农民。

1997 年,九江市人大代表冯子刚来信反映码头镇金丝村附近村民私办土法炼油厂,造成周围环境污染问题。市人大常委会主要领导亲自批示,督促环保和消防等部门进行查处,该炼油厂于当年 12 月关闭,此举得到了当地群众的一致拥护。

1998 年,桂林街道何坂村民邹善穆反映,该村个别农户未经批准,擅自建房,主管部门查处不力不公问题,常委会组织有关人员调查核实,召开有关部门负责人进行协商处理,最终有关执法部门对违章建筑按照法律规定予以拆除。

1999年,花园乡一名教师来信反映有关单位对其在自留山上砍树进行罚款问题,领导阅批后,组织人员实地调查,并召集有关部门进行协调,较快地妥善处理了这一信访件。

2000年,针对在土地二轮承包时,范镇一个村民小组将所有田地打乱重分,违背了中央政策,群众意见很大,导致20余人集体上访。常委会领导十分重视,主要领导亲自到范镇调查了解,提出处理意见,责成有关部门尽快纠正,使这一问题得到妥善解决。

2001年,范镇一位群众反映其在营业所存款壹万元,未经本人同意,就被营业所职工为他人做抵押贷款。常委会领导及时批转市人行办理,人行及时作出处理,责成范镇营业所退回6000元抵押贷款,维护了群众合法权益。

2002年,在受理吴纪富与吴细妹宅基地继承纠纷信访件时,常委会领导带领有关部门负责人多次上门调研和协商调处,使这起历时17年的"老大难"信访件得以落实。横港镇雷桃枝反映在交通事故中致残、市法院判决难以执行问题,在常委会领导亲自督办后,市法院在三天内前往武宁县执行,使这起久拖未决的案件得以圆满执行。

2003年,桂林路53户居民反映其商品房配套设施遗留问题,常委会领导多次召集有关部门进行协调,半个月解决了居民反映的"三通""两证"和收支决算问题。

2005年,针对市民反映强烈的二小校园车辆进出危及师生安全问题,常委会领导高度重视,及时将情况通报市政府,市政府责成有关部门修通二小东侧的文武巷道路,消除了师生安全隐患;针对市民反映桂林小学1500多学生上学要走校园门口附近1.5公里长的泥泞道路问题,常委会及时将情况反馈到市政府,并与有关部门进行研究,拨出专款,将泥泞道路修成水泥道路,方便了学生上学。

2006年,市民董萍枝反映在湓城建筑公司购房"钱房两空",历时5年申请市法院都未能得到执行的问题。常委会领导多次召集市法院、财政、建设、房产、湓城街道等单位部门反复协调,使问题得到妥善解决。

2007年,桂林裕丰五组村民反映因外商选矿造成水源污染问题,常委会领导接访后亲自带队到实地察看,督促市政府及环保部门妥善处理。经协商,双方达成协议,污染问题得以圆满解决。

2008年,针对群众反映进城务工人员子女上学难的问题,常委会领导高度重视,经召集市政府分管领导和有关部门负责人多次研究,市政府作出进城务工人员子女与城镇居民子女享受同等待遇的规定。

第二节　对外交往

参加研讨会

为了加强湘鄂赣三省毗邻县(市)人大常委会的联系，由湖北省通城县人大常委会发起，于1990年12月成立了“湘鄂赣三省毗邻县(市)人大工作研讨会”。首批成员有湖南省的平江、岳阳、临湘、汨罗、湘阴，湖北省的通城、崇阳、通山、阳新、蒲圻，江西省的修水、武宁、铜鼓、瑞昌等十四个县(市)。1991年11月18日在平江县召开的第二次研讨会上又决定接收江西省的万载、宜丰两县，成员由14个增加到16个。从1991年5月26日至1998年10月28日，共召开16次会议，市人大常委会派员出席15次会议，主办1次会议。

出席研讨会　1991年5月26—29日，市人大常委会副主任曹中雪、常委会调研员柯亭依一行四人出席在湖北省通城县召开的第一次湘鄂赣三省毗邻县(市)人大工作研讨会，会议研讨的主题是“如何做好代表工作”，曹中雪在会上作了题为《在基层代表中开展创先争优工作新探》的发言。

1991年11月17—20日，市人大常委会主任何仁先一行四人出席在湖南省平江县召开的第二次研讨会，会议研讨的主题是“如何行使决定权”，何仁先在会上作了题为《关于地方人大常委会行使决定权》的发言。

1992年5月11—14日，市人大常委会主任何仁先、副主任朱亚愚等出席在江西省修水县召开的第三次研讨会，会议研讨的主题是“如何行使任免权”。

1992年11月16—19日，市人大常委会主任何仁先、副主任曹中雪等四人出席在湖北省阳新县召开的第四次研讨会，会议研讨的主题是“如何行使监督权”，市人大常委会在会上交流发言的材料题目是《谈县级人大常委会的司法监督》。

1993年5月17—20日，市人大常委会副主任徐昌仁、常委会调研员彭经球、党组成员何庆亮等出席在湖南省岳阳市召开的第五次研讨会，会议研讨的主题是“如何指导乡镇人大工作”，市人大常委会在会上交流发言的材料题目是《我们指导乡镇人大工作的基本做法》。

1994年5月27—30日，市人大常委会主任何仁先、副主任宋银春、常委会调研员王全郊一行四人出席在湖北省通山县召开的第七次研讨会,会议研讨的主题是“如何加强廉政监督”。

1994 年 11 月 21—24 日,市人大常委会副主任徐昌仁一行四人出席在湖南省临湘市召开的第八次研讨会,会议的研讨主题是“如何组织人大代表开展评议工作”,市人大常委会在会上交流的材料题目是《组织代表开展评议工作的几点体会》。

1995 年 5 月 16—19 日,市人大常委会副主任朱亚愚一行四人出席在江西省铜鼓县召开的第九次研讨会,会议的研讨主题是“如何坚持党的领导,强化监督职能”。

1995 年 10 月 9—11 日,市人大常委会副主任何庆亮一行四人出席在湖北省崇阳县召开的第十次研讨会,会议研讨的主题是“如何提高常委会会议质量”,市人大常委会在会上交流发言的材料题目是《着力抓好四个环节,致力提高会议质量》。

1996 年 5 月 14—16 日,市人大常委会副主任徐昌仁、卢仕忠等四人出席在江西省武宁县召开的第十一次研讨会,会议研讨的主题是“如何做好县、市人大及其常委会的信访工作”,市人大常委会在会上交流发言的材料题目是《我们如何做好人大信访工作》。

1996 年 11 月 11—13 日,市人大常委会副主任朱亚愚等四人出席在湖南省汨罗市召开的第十二次研讨会,会议研讨的主题是“如何做好对行政执法的监督”,朱亚遇在会上作了题为《强化地方人大行政执法监督职能,服务经济建设》的发言。

1997 年 5 月 27—30 日,何庆亮等四人出席在湖北省蒲圻市召开的第十三次研讨会,会议研讨的主题是“如何加强对直管单位的监督”,市人大常委会在会上交流发言的材料题目是《认真履行法定职责,加强“双管”部门监督》。

1997 年 10 月 6—8 日,市人大常委会副主任徐昌仁等四人出席在湖南省湘阴县召开的第十四次研讨会,会议研讨的主题是“如何发挥县级人大常委会内设机构的作用”,市人大常委会在会上交流发言材料的题目是《浅谈如何发挥人大常委会内设机构的作用》。

1998 年 6 月 2—4 日,市人大常委会副主任卢仕忠等四人出席在江西省万载县召开的第十五次研讨会,会议研讨的主题是“县(市)人大常委会十八年历程的启示”,市人大常委会在会上交流发言材料的题目是《找准三个结合点,不断开创人大工作新局面》。

1998 年 10 月 26—28 日,市人大常委会副主任彭正交一行四人出席了在江西省宜丰县召开的第十六次研讨会,会议研讨的主题是“跨世纪人大工作的思考”,市人大常委会在会上交流发言材料的题目是《强化三项功能,努力推进依法治市》。

主办研讨会　湘鄂赣三省毗邻县(市)人大工作第六次研讨会,于 1993 年 10 月 14—17 日在瑞昌市召开,三省毗邻 15 个县(市)人大常委会负责人和有关机构负责人,九江市人大常委会副主任余泽民和有关机构负责人，瑞昌市委书记欧阳春，市人大常委会主任何仁先，市政协主席陈孝林，市人大常委会副主任徐昌仁、朱亚愚、宋银春、何庆亮，市政府常务副市长万文松，市人武部政委卢仕忠，市纪委副书记彭正交和市人大常委会各工作机构负责人共90余人出席会议，市人大常委会主任何仁先致欢迎词，市委书记欧阳春作讲话。

第六次研讨会的主题是“围绕经济建设中心，如何发挥人大职能作用”，市人大常委会副主任朱亚愚代表瑞昌市人大常委会作了题为《依法履行职权，促进经济发展》的主旨发言，15个县市人大常委会负责人围绕本次会议主题作了发言，九江市人大常委会副主任余泽民在会议结束时作讲话。

附：湘鄂赣毗邻县（市）人大工作研讨会简章

第一条 为加强湖南、湖北、江西三省毗邻县（市）人大常委会的横向联系，相互学习，增进友谊，促进人大工作，经共同协商，由湖南省的平江、岳阳、临湘、汨罗、湘阴；湖北省的通城、崇阳、通山、阳新、蒲圻；江西省的修水、武宁、铜鼓、瑞昌等十四个县（市）人大常委会组成“湘鄂赣毗邻县（市）人大工作研讨会”。

第二条 研讨会以坚持和完善人民代表大会制度，发展社会主义民主和健全社会主义法制为宗旨。交流新经验，研究新情况，探讨新问题，以工作研讨为主，理论研讨为辅。

第三条 研讨会遵循批次平等、互相尊重、团结合作和民主集中制的原则。

第四条 研讨会每半年举行一次例会，分县轮流主办。会议由主办县（市）主持，并负担必要的会务经费。首次会议经与会成员县（市）协商推举在通城县召开，以后每次例会的主办县（市）次序依次排定，即：平江、修水、阳新、岳阳、瑞昌、通山、临湘、铜鼓、崇阳、武宁、汨罗、蒲圻、湘阴。

第五条 研讨会的例会举行时间一般为五、十一月份，会期三天。具体时间由主办县（市）决定并负责通知。出席例会的，为成员县（市）的人大常委会主任或副主任、常委会委员和常委会办事机构的副主任，一般每县三至四人。

第六条 研讨会例会有关筹备工作，由上一次会议确定。讨论专题由下次例会的主办县（市）提出方案，并征得其他县（市）的原则同意确定，一般安排一项。与会成员县（市）要围绕确定的议题，准备打印书面材料60份，交主办县（市）统一分发。会议研讨、研究和决定的有关问题，如有必要，由主办县（市）在会后整理纪要，寄发各县市。

第七条 研讨会成员县（市）应积极参加研讨活动，承担一定义务。本会以各成员县（市）轮流主办一次会议为一周期，在一周期内不得退出本会，也不接收新成员。

第八条 研讨会简章的修改，须经与会成员县（市）提出修改草案，并由例会决定通过。

本简章于一九九0年十二月十日在通城县召开的研讨会筹备会议上制定,一九九一年五月二十九日在通城县召开的研讨会第一次会议修改通过。

平江县人大常委会	湘阴县人大常委会	岳阳县人大常委会
通城县人大常委会	临湘县人大常委会	崇阳县人大常委会
汨罗市人大常委会	通山县人大常委会	阳新县人大常委会
铜鼓县人大常委会	蒲圻市人大常委会	瑞昌市人大常委会
修水县人大常委会	武宁县人大常委会	

外出考察学习

1990 年度 4月,市人大常委会派员出席省人大常委会在鹰潭市召开的《中华人民共和国地方各级人民代表大会和地方各级人民政府组织法》修订收集意见座谈会。8月,市人大常委会副主任徐昌仁、曹中雪和有关工作机构负责人一行到湖口县人大常委会考察学习人大常委会日常工作。8月8—12日,市人大常委会主任何仁先,副主任徐昌仁、曹中雪和有关工作机构负责人一行到九江市、星子县、湖口县考察学习人大有关工作。10月,市人大常委会主任何仁先和有关工作机构负责人一行到南昌县、通城县人大常委会商讨有关事宜。

1991 年度 4月22—27日,市人大常委会主任何仁先、副主任朱亚愚等四人赴安徽省无为县考察学习"决定重大事项"方面的经验。5月20—22日,市人大常委会副主任徐昌仁、彭经球和有关工作机构及市直有关部门负责人到丰城市考察学习财经管理方面的经验。7月20—27日,市人大常委会组织由部分工作机构负责人和乡镇人大主席团常务主席共26人组成的外出学习考察组,在市人大常委会副主任徐昌仁,常委会调研员柯亭依、罗喻圣分别带领下,分两个小组,分赴陕西省西安市、蓝田县和湖北省老河口市,山东省青岛市考察学习乡镇人大工作和常委会工作经验。

1992 年度 市人大常委会主任何仁先参加北京政法学院广州政法研讨班学习。6月,市人大常委会副主任曹中雪带领政法办负责人一行到安徽省东至县考察学习执法监督工作经验。

1993 年度 5月,组织乡镇人大主席团主席外出考察学习乡镇人大工作经验。

1996 年度 市人大常委会副主任卢仕忠带领驻市的九江市人大代表,赴湖北省襄樊市、宜昌市、四川省万县等地人大考察学习,交流人大工作经验。5月,市人大常委会主任何仁先参加第十一期全国人大干部培训班(北戴河),副主任宋银春带领有关工作机构和市直有关部门负责人到河北省石家庄市、辛集市、山东省青岛市崂山区等地人大学习考察执法责任制工作经验。12月,市人大常委会副主任何庆亮带领有关工作机构和市直有关部门负责人一行赴湖北省松滋市考察学习预算外资金管理工作经验。

1997年度　8月,市人大常委会主任何仁先出席在辽宁省锦州市召开的全国十六城市人大工作研讨会第十一次会议。

1998年度　市人大常委会副主任卢仕忠参加在玉山县召开的全省乡镇人大工作座谈会,代表九江市县级人大常委会在会上作了典型发言。12月,市人大常委会副主任彭正交带领有关工作机构和市直有关部门负责人一行到武穴市、武宁县人大常委会考察学习预算外资金管理工作经验。

1999年度　4月18日—5月3日,市人大常委会主任张肇山、副主任朱才菊带领部分市人大常委会组成人员、市政府有关部门负责人、部分乡镇人大主席和常委会有关工作机构负责人等16人,赴山东省章丘市、昌邑市、江苏省泰州市及辽宁省凌海市等地考察学习依法治市和执法责任制、人大监督及乡镇人大工作方面的经验。

2000年度　1月,市人大常委会主任张肇山随同省科委引进外国智力考察团赴德国等地考察学习城镇建设方面的经验。6月,市人大常委会副主任李世秀带领机关工作人员20人到江西省广丰县、资溪县、福建省厦门市、莆田县、沙县等地人大常委会考察学习县级人大常委会工作经验。7月,市人大常委会副主任朱才菊带领市人大常委会法律顾问和有关工作机构负责人一行赴安徽合肥市肥西区、浙江温岭市等地人大常委会考察法律监督、依法治市及人大常委会法律顾问的职责等事项。

2001年度　5月,市人大常委会副主任李世秀带领有关工作机构负责人和部分乡镇人大主席赴广东深圳、海南海口、广西北海、桂林等地考察人大常委会工作和学习执法责任制的经验。5月23日,市人大常委会副主任朱才菊带领有关工作机构负责人和部分乡镇人大主席赴四川绵阳市、三台县、陕西西安、云南锦洪市学习乡镇人大工作、执法责任制等经验。

2002年度　6月,市人大常委会选任联主任赵达贵参加九江市人大常委会组织的赴广西桂林市人大常委会执法责任制工作考察团进行考察学习。9月18—30日,市人大常委会主任张肇山随九江市人大常委会考察团,到西北地区(河南、陕西、甘肃、青海、新疆、宁夏、内蒙古、山西)进行考察学习《中华人民共和国文物保护法》执法和教科文卫方面的工作。

2004 年度 6月,市人大常委会副主任曹祥水带领有关工作机构负责人和市人大常委会法律顾问一行赴深圳、香港、澳门等地考察行政执法工作。10月,市人大常委会主任陈世翔随同九江市人大常委会考察团赴西欧9国考察议会制度。

2005 年度 9月,市人大常委会主任陈世翔、副主任蔡金槐等一行18人赴香港考察华亨皮塑有限公司港资公司情况。10月,市人大常委会副主任曹祥水、周又新、吴拥军等一行18人赴香港怡富工程贸易公司考察招商引资工作。11月,市人大常委会副主任曹祥水随同九江市人大常委会考察团赴澳大利亚、新西兰等国考察学习。

2006 年度 5月,市人大常委会副主任蔡金槐随同九江市人大常委会考察团赴西藏拉萨市考察人大工作。9月,市人大常委会副主任蔡金槐随同九江市人大常委会访美考察团,赴美国、加拿大等国考察议会制度建设工作。

2007 年度 10月,市人大常委会组织有关工作机构负责人和常委会法律顾问等16人赴海南省海口市、三亚市等地考察法律监督,依法治市等工作。

2008 年度 5月10—17日,市人大常委会副主任周又新和农办负责人随九江市人大常委会考察团赴江苏、上海、浙江等地学习考察社会主义新农村建设工作。5月,市人大常委会副主任吴拥军在参加九江市县处级干部培训班期间随团赴浙江等地学习考察。

2009 年度 3月,市人大常委会主任陈世翔参加九江市人大常委会副主任曹林森带队的考察团,赴美国、加拿大等地考察学习议会制度。7月,市人大常委会办公室副主任陈飞随同九江市人大常委会办公厅组织的考察组到北京、青岛、北戴河等地考察学习。

2010 年度 5月,市人大常委会副主任吴拥军带领机关工作人员到上海考察并参观世博会。7月,市人大常委会办公室副主任陈飞随同九江市人大组织的考察组到广西桂林市、湖南衡阳市和邹阳市考察学习人大宣传工作。8月,市人大常委会主任陈世翔随省人大常委会考察组赴陕西、新疆等地考察学习。12月20—30日,市人大常委会副主任吴拥军随同九江市对外友好服务中心组织的赴阿根廷、智利、巴西等南美三国议会考察团考察。

接待外地来访

1992 年度 4月14日,省人大常委会副主任胡东太一行到瑞昌考察“二五”普法工作。

1993 年度　9 月 12 日，省人大常委会选任联工委主任徐委一行 3 人到瑞昌了解指导市乡人大工作。

1995 年度　福建省上杭县人大常委会主任王道荣等一行 5 人到瑞昌考察县级人大及乡镇人大工作。同年，四川省成都市青羊区人大常委会主任王懋等一行 4 人到瑞昌考察市人大及乡镇人大工作。

1997 年度　5 月，湖南湘阴县人大常委会一行 18 人到瑞昌考察乡镇人大工作。

1998 年度　5 月，武宁县人大常委会副主任熊末喜一行到瑞昌考察执法责任制工作。

2003 年度　7 月 7 日，省人大常委会副主任孙用和一行 28 人到瑞昌进行两条保障线的调查研究。

2004 年度　湖南省湘阴县人大常委会主任一行到瑞昌考察人大常委会工作。

2008 年度　5 月，全国人大教科文卫委副主任委员徐荣凯到瑞昌进行《防震减灾法》立法调研。9 月，南昌县人大常委会一行 16 人到瑞昌考察人大工作和城市建设。

2009 年度　4 月，浔阳区人大常委会主任刘爱琴等一行到瑞昌考察人大常委会评议政府工作情况。7 月，德安县人大常委会选任联工委一行到瑞昌考察人大常委会评议政府工作情况。12 月，浙江省桐乡市人大常委会一行 12 人到瑞昌考察学习人大常委会监督工作。同年，修水、武宁、九江县等地人大常委会领导和有关工作机构负责人先后到瑞昌考察人大常委会重大事项决定制度实施工作。

2010 年度　4 月，省人大环资委副主任委员龚三堂一行到瑞昌进行立法调研。10 月，省人大常委会副主任胡振鹏一行到瑞昌进行《江西省防震减灾条例（修正案）》立法调研。

第三节　机关建设

组织建设

机关党组织　1990 年，市人大常委会机关党组织为中国共产党瑞昌市人大常委会机关支部委员会，刘朝键、柯武山、王卫军、谈华众先后任书记，胡映民、王银霞先后任副书记，邓孟溪、严茂林、冯家相、陈绪尧、柯长青、柯于友、柯于荣、赵达贵、邓辉、徐尤闲、王建新、汪传功先后担任委员。

随着机关干部队伍的扩大和离退休老同志的增多,2003 年 4 月,经中共瑞昌市委直属机关工作委员会批准,成立中共瑞昌市人大常委会机关总支委员会,周又新、李庆生先后任书记,谈华众、宋银春、杨能聪、陈小英、罗建先后任副书记,汪传功、徐尤闲、徐勋海、周起俊、曹晓枫、何尤君、陈洪地、柯昌荣先后担任委员。

机关总支委员会下设机关一支部(简称机关支部)和机关二支部(简称老干部支部)2 个支部。机关一支部由机关在职在岗的党员组成,谈华众、杨能聪、罗建先后任支部书记,徐尤闲、邓辉、柯于荣、王建新、汪传功、周起俊、何尤君、徐勋海、吴风雷、陈飞、何火炬、曹晓枫、陈洪地、曹继全先后任支部委员。机关二支部由离退休老同志和提前离岗人员的党员组成,宋银春任支部书记,陈绪尧、柯于荣、柯昌荣、邹晓梅、徐勋海、吴风雷先后任支部委员。

民主生活会 民主生活会有市人大常委会领导干部民主生活会、党组民主生活会、机关支部民主生活会。市一届人大常委会召开领导干部民主生活会 3 次,党组民主生活会 2 次,机关支部民主生活会 6 次;市二届人大常委会召开领导干部民主生活会 4 次,党组民主生活会 3 次,机关支部民主生活会 8 次;市三届人大常委会召开领导干部民主生活会 5 次,党组民主生活会 8 次,机关支部民主生活会 8 次;市四届人大常委会召开领导干部民主生活会 2 次,党组民主生活会 3 次,机关支部民主生活会 6 次;市五届人大常委会召开领导干部民主生活会 2 次,党组民主生活会 2 次,机关支部民主生活会 6 次。

发展党员 自 1990 年以来,机关支部共发展党员 7 名,其中,市一届人大常委会任期内培养发展对象 4 名,发展党员 1 名,市二届人大常委会任期内发展党员 5 名,市三届人大常委会任期内发展党员 1 名。

队伍建设

机关干部配备 市一届人大常委会领导职数 1 正 3 副,1991 年增选副主任 1 名,共 5 人;5 个办事机构领导职数原则上是 1 正 1 副,办公室为 1 正 2 副,应为 11 人;实际有时有的办事机构未配齐副主任,或主任中途缺位,大多数时候为 8—10 人;机关办事员 3—4 人,机关一般共有 18 人左右。市二届人大常委会领导职数 1 正 3 副,后增选副主任 2 名共 6 人;办事机构领导职数基本配齐 11 人,办事员 3—5 人,司机 2 人,共 20 人左右。市三届人大常委会领导职数 1 正 4 副,2000 年 2 月增选副主任 1 名,2001 年 1 月 1 人辞去副主任职务,办事机构领导职数已经配齐11人;办事员3—5人,司机3人,共25人左右。市四届常委会领导职数1正5副,共6人,各工作办事机构领导职数11人,2003年3月增设农业和农村工作办公室,领导职数为13人,办事员3—5人,司机6人,共30人左右。市五届人大常委会领导职数1正6副共7人,工作办事机构领导职数13人,办事员4—6人,司机7人,共33人,在编39人,在岗30人。市六届人大常委会领导职数1正6副,共7人,专职党组成员1人,工作办事机构领导职数13人,办事员4人,司机7人,在编44人,在岗31人。

文化进修

1990年以来,市人大常委会机关把干部的文化进修工作作为干部队伍建设的重要内容。为了激发机关干部学习积极性,制定了《机关干部学习暂行规定》,在时间、经费等方面给予保障。通过脱产进修、党校培训、函授学习等多种学习形式,共有15人获大专文凭,7人获大学本科文凭。

理论和业务知识学习

市人大常委会机关干部学习的主要内容是政治理论、法律法规、人大业务知识。学习主要形式有三种:

第一种形式是常委会组织研讨班和法律法规及人大业务知识讲座。市一届至五届人大常委会共举办各种研讨班、培训班120期,其中,市一届人大常委会举办28期、二届26期、三届24期、四届22期、五届20期;举办各类法律法规知识讲座38期,其中,市三届人大常委会举办18期、四届15期,五届5期。累计发放各种学习资料2000余册(份),创办各类知识宣传专栏120余期,开展知识竞赛和测验40余次。

第二种形式是开展党的教育实践活动和思想教育活动。参加党中央在全党开展的教育实践活动有:市一届人大常委会任期内的党的基本路线教育活动,二届人大常委会任期内的社会主义教育活动,三届人大常委会任期内的"三讲"教育活动,四届人大常委会任期内的"三个代表"重要思想和保持共产党员先进性教育活动,五届人大常委会任期内的"科学发展观"实践教育活动。参加上级组织开展的思想教育活动有:市二届人大常委会任期内的树人大干部良好形象的"职业道德"教育活动,三届人大常委会任期内的"双学"教育和争创"十面红旗"教育活动,三届至五届任期内的"廉政效能"教育活动,四届至五届任期内的"创建学习型机关"教育实践活动。在开展"创十面红旗"教育实践活动中,有机关干部10人次被评为先进人大工作者,其中3人两次荣获这一称号,1人荣获江西省优秀共产党员称号,3人荣获瑞昌市优秀共产党员称号。

第三种形式是常委会机关自行举办教育实践活动。市一届至五届人大常委会以"创先争优”活动为平台,采取理论与实践相结合、集中学习与个人自学相结合的方式,开展学习型、节约型、服务型机关建设,在每项活动开展过程中,要求每位机关干部作好一本读书笔记、撰写一篇心得体会和调研文章、交流一次学习心得。

市人大常委会机关 2011 年 9 月在职人员一览表

表 5 -1

姓 名	政治面貌	性别	学历	职务	调入人大工作时间	出生年月
徐修武	中共党员	男	大学	常委会主任	2011.09	1961.03
李庆生	中共党员	男	大学	常委会副主任	2011.09	1960.10.
毕诗龙		男	大学	常委会副主任	2011.09	1963.09
刘振华	中共党员	男	大学	常委会副主任	2007.03	1958.01
丰 耿	中共党员	男	大学	常委会副主任	2011.09	1966.11
柯善富	中共党员	男	大学	常委会副主任	2011.09	1961.02
张恭良	中共党员	男	大专	常委会副主任	2011.09	1959.02
陈世翔	中共党员	男	大专	常委会调研员	2003.01	1953.10
朱志强	中共党员	男	大学	常委会调研员	2007.03	1954.12
曹祥水	中共党员	男	大专	常委会副调研员	2003.01	1952.03
张友清	中共党员	男	大专	常委会副调研员	2007.03	1955.11
陈小英	中共党员	女	大专	常委会党组成员	2011.09	1962.03
罗 建	中共党员	男	大学	办公室主任	2011.09	1976.09
曹继全	中共党员	男	大学	办公室副主任	2006.03	1970.11
曾绯绯	中共党员	女	大学	办公室副主任	2012.03	1966.11
徐尤闲	中共党员	男	大学	财经工委主任	1985.04	1959.10
陶志萍	中共党员	女	大学	财经工委副主任	2007.04	1975.04
何火炬	中共党员	男	大专	内司工委主任	2007.05	1969.08
曹晓枫	中共党员	男	大学	教科文卫工委主任	2010.06	1967.10
柯爱珍	中共党员	女	大专	教科文卫工委副主任	2003.08	1960.03
何尤君	中共党员	男	大专	选任联工委主任	2003.08	1962.11
何庆华	中共党员	男	大学	选任联工委副主任	2010.03	1964.10
邓水生	中共党员	男	大学	选任联工委副主任科员	2011.03	1965.03
陈洪地	中共党员	男	大学	农工委主任	1999.04	1967.08
杜和平	中共党员	男	大学	农工委副主任	2010.03	1969.07
冯军辉	中共党员	男	大学	干部	2010.04	1984.08
饶 瑾		女	大学	干部	2010.04	1982.05

续表 5 –1

姓 名	政治面貌	性别	学历	职务	调入人大工作时间	出生年月
柯晓林	中共党员	男	大专	司机	1996.05	1973.11
徐　科		男	大专	司机	2008.04	1976.05
丁晓林		男	大专	司机	2009.11	1970.12
胡志武		男	大专	司机	2009.03	1978.01
王忠正		男	大专	司机	2010.10.	1981.12
黄明明		男	大专	司机	2010.12	1972.07
谈元平	中共党员	男	大专	司机	2011.09	1976.06
何志萍	中共党员	女	大专	会计	1991.05	1968.08
吴风雷	中共党员	男	大专	退养干部	2009.05	1957.12
汪传功	中共党员	男	大专	退养干部	1999.04	1957.06
徐勋炳	中共党员	男	大专	退养干部	2007.05	1956.03
周起俊	中共党员	男	大专	退养干部	2002.02	1953.06
徐勋海	中共党员	男	大专	退养干部	2003.03	1954.10
张肇林	中共党员	男	大专	退养干部	2003.09	1955.10
邹晓梅	中共党员	女	大专	退养干部	2006.03	1956.10
周会松	中共党员	男	大专	退养干部	2000.02	1953.11
游洪流		男	初中	退养司机	1983.07	1957.10

市人大常委会机关 1990 年至 2011 年 9 月退(离)休人员一览表

表 5 –2

姓 名	政治面貌	性别	学历	职务	调入人大工作时间	出生年月
罗喻圣	中共党员	男	初中	常委会副主任	1987.01 –1992.01	1931.11
秦玉璞	中共党员	男	小学	常委会副主任	1981.01 –1986.01	1924.12
柯亭依	中共党员	男	高中	常委会副主任	1984.05.1991	1931.06
詹安群	中共党员	男	高中	办公室主任	1984.07 –1987	1930.04
何仁先	中共党员	男	高中	常委会主任	1987.01 –2001.02	1941.01
张肇山	中共党员	男	中专	常委会主任	1998.01 –2005.04	1945.01
朱才菊	中共党员	男	大专	常委会副主任	1997.07 –2004.12	1944.10
彭正交	中共党员	男	大专	常委会副主任	1998.01 –2005.01	1944.12
朱　杰	中共党员	男	大学	常委会副主任	1998.01 –2005.11	1945.10
宋银春	中共党员	男	中专	常委会副主任	1992.10 –1999.02	1939.01

续表5－2

姓 名	政治面貌	性别	学历	职务	调入人大工作时间	出生年月
宋椿炎	中共党员	男	大学	常委会副主任	1981.6－1985	1924
曹中雪	中共党员	男	高中	常委会副主任	1990.04－1995	1933.11
何庆亮	中共党员	男	初中	常委会副主任	1994.01－1999.4	1939.3
章秀文	中共党员	男	初中	常委会副主任	1981－1989.02	1929.02
彭经球	中共党员	男	初中	常委会副主任	1991.03－1995.02	1935.01
周甸志	中共党员	男	高中	办公室主任	1981.4－1984.11	1924.1
徐昌仁	中共党员	男	大学	常委会副主任	1990.04－2001	1940.08
朱亚愚		男	大学	常委会副主任	1990.04－1998	1938
柯于友	中共党员	男	初中	政法办主任	1997.03－2004.01	1943
陈洪先	中共党员	男	中专	正科级	2002－2008	1948
冯家相	中共党员	男	中专	教科文卫办主任	1995.12－2002.10	1942
柯于荣	中共党员	男	大学	主任科员	1990.11－2009.01	1948.12
柯昌荣	中共党员	男	大专	教科文卫办主任	2001.03－2010.08	1950.07
胡映民	中共党员	男	初中	教科文卫办主任	1986.08－1993.08	1933.08
赵达贵	中共党员	男	初中	选任联办主任	1995.04－2006.04	1946.03
邓 辉	中共党员	男	大学	教科文卫办主任	1997.12－2006.01	1946.01
陈绪尧	中共党员	男	初中	办公室副主任	1984.01－1990.12	1929.10.
张肇汉		男	初中	会计	1989.4－2010	1950
周庆珠	中共党员	男	初中	会计	1980.4－1989.04	1929.03
蔡金槐	中共党员	男	大专	常委会副主任	1951－2011.10.	1951.10
李万生	中共党员	男	初中	常委会副主任	1981.06－1989.09	1927.12－2008.11
陈魁先	中共党员	男	初中	财经办主任	1984.07－1990.11	1930.11－2002.9
陈大林		男	初中	司机	1988.04－1998.01	1955.12－1998.1
陈世承	中共党员	男	初中	财经办副主任	1990－1994.06	1944－1994.6
王全郊	中共党员	男	高中	副县级调研员	1992.01－1994.11	1934.11－2006.06
卢仕忠	中共党员	男	高中	常委会副主任	1996.03－2004.08	1944－2010.9
周平海	中共党员	男	大专	政法办主任	2006.03－2007.12	1955.08－2007.12

市人大常委会机关1990年至2011年9月调出人员一览表

表5－3

姓 名	政治面貌	性别	学历	职务	调入人大工作时间	出生年月
刘朝键	中共党员	男	中专	办公室主任	1982.03－1996.01	市工商局
柯武山	中共党员	男	高中	办公室主任	1990.03－1997.03	市审计局
王卫军	中共党员	男	大学	办公室主任	1995.12－2003.03	市旅游局
谈华众	中共党员	男	大学	办公室主任	1998.03－2006.03	市教育局
杨能聪	中共党员	男	大专	办公室主任	2007.05－2011.11	市农业局
周又新	中共党员	女	大专	常委会副主任	2003.01－2011.9	市政协
吴拥军		男	大学	常委会副主任	2003.01－2011.9	市政协
柯传生	中共党员	男	初中	办公室副主任	1991.05－1991.08	市地税局
黄财群	中共党员	男	高中	办公室副主任	－1995.12	市档案局
田信国	中共党员	男	大专	办公室副主任	－1995.04	市电视台
朱巨潭	中共党员	男	大专	办公室副主任	－2000.02	市民政局
王建新	中共党员	男	大专	办公室副主任	1998.03－2002.02	峨嵋乡
陈 飞	中共党员	男	大专	办公室副主任	－2012.01	市农业局
李世秀		女	大学	常委会副主任	2000.02－2003.01	市政府
王银霞	中共党员	女	大专	教科文卫办主任	2000.02－2007.04	市台办
严茂林	中共党员	男	大专	政法办主任	1990.02－1996.09	市政法委
柯传大	中共党员	男	初中	政法办副主任	1990.05－1995.12	市林业局
江昌尧	中共党员	男	大专	政法办副主任	2003.03－2006.03	市环保局
曹 骥	中共党员	男	大专	内司办副主任	2008.03－2011.12	市绿化办
胡茂禄	中共党员	男	初中	财经办主任	1992.02－1995.12	市交通局
柯长青	中共党员	男	大专	财经办主任	1995.12－1998.03	市老龄委
周建国	中共党员	男	大专	财经办副主任	1998.03－2006.03	市卫生局
曹 征	中共党员	男	大学	教科文卫办主任	1993.02－1995.12	市建设局
王国喜	中共党员	男	高中	选任联办副主任	1993.02－1999.03	市统计局
詹春林	中共党员	男	大专	教科文卫办副主任	1994.03－1995.12	市司法局
范远清	中共党员	男	大专	教科文卫办副主任	1984.08－1999.04	湓城街道
余泽河	中共党员	男	大专	教科文卫办副主任	2003.03－2005.09	市地矿局
张绪鹏	中共党员	男	大专	农办副主任	2008.03－2011.12	市交通局
周彩霞	中共党员	女	大专	选任联办副主任	1989－2003.09	市物价局

续表5-3

姓 名	政治面貌	性别	学历	职务	调入人大工作时间	出生年月
谢继锋	中共党员	男	大专	选任联办副主任	2002.02-2002.08	市老干局
桂良罡	中共党员	男	大专	选任联办副主任	2006.03-2010.03	湓城街道
范建芳	中共党员	男	大专	办事员	1993.12-1998.02	市交警大队
陈艺坤	中共党员	男	大专	办事员	1995-2010.09	市信访局
黄晓光	中共党员	男	大专	办事员	1988-2008.03	市水利局
曹　华	中共党员	男	大专	副科级秘书	1984.04-1997.01	范镇
彭晨方	中共党员	男	大学	干部	-2010.03	夏畈镇

基础设施建设

建设办公大楼 1990年,市一届人大常委会产生后,针对自1979年设立瑞昌县人大常委会以来,一直租用县档案馆一层破旧的办公楼办公,不能满足机关办公需要的现状,1991年12月12日,经市一届人大常委会第38次主任会议决定,报请市委同意,在建设路16号原市委、市政府大楼后面建设一栋五层高的办公大楼。基建工作由常委会副主任曹中雪负总责,常委会办公室副主任朱巨谭和王国喜负责日常具体工作。针对当时市财政非常困难,无力完全承担建楼的全部费用,建设资金缺口很大等问题,常委会机关采取市财政拨付一点、向上(省、九江市人大常委会)争取一点、向社会募捐一点,在办公经费中挤一点等"四个一点"的办法筹措资金,共筹措到80万元基建经费,其中,市财政拨付10万元,省、九江市人大常委会各资助20万元,社会捐助和自身挤出30万元。经过近三年的努力,1994年,建起了一栋五层的办公大楼,大大改善了常委会机关办公条件。其间,常委会机关积极争取政策、创造条件,合资兴建了一栋职工宿舍,为24户无房户干部职工解决了住房困难问题。

2005年,瑞昌遭受"11·26"地震,市委、市政府根据震后专家关于市四套班子办公楼毁坏严重、不能继续使用的评估报告,2006年,市委决定在城东市民休闲广场北侧新建一处行政办公中心,具体建设工作由市政府组织实施。经近两年的紧张施工建设,为常委会机关建成了一栋宽敞明亮、设备齐全的办公大楼。

添置办公设备 办公逐步实现自动化。市三届人大常委会任期内,机关配置了2台电脑,分别分配给办公室和选任联办公室使用。市四届人大常委会任期内,为常委会领导和五个工作机构配备了电脑。市六届人大常委会产生后,机关每位干部都配备了电脑,现已共配备新型电脑26台,基本做到人手一台。办公室现有复印机2台,各工作机构都有固定电话。

工作用车得到保障。市一届人大常委会任期内,配备了小汽车和工具车各一台,此后,陆续进行更新添置,到市六届人大常委会产生后,有小汽车7台,基本保障常委会领导和办事工作机构及为机关老干部服务需要。

常委会会议室配备了电子表决器和电子显示屏,常委会组成人员的审议表决实现了现代化。

制度建设

1990年以来,市人大常委会机关高度重视机关管理工作,以建设"学习型、服务型、务实型、节约型"机关为目标,结合机关实际,制定了《市人大常委会机关学习制度》《市人大常委会机关财务管理制度》《市人大常委会机关公务接待制度》《市人大常委会机关车辆管理制度》《市人大常委会机关材料文印制度》《市人大常委会机关公文处理细则》等一系列机关管理制度。期间,根据不同时期的要求和形势的变化,对各项制度进行修订。2009年,根据《中办、国办关于党政机关厉行节约有关事项的通知》精神,结合瑞昌实际,制定了《市人大常委会机关关于内务管理若干问题的补充规定》,对小车费用支出和公务接待费用支出作出了严格、更为详细的规定。根据机关老干部逐年增多、年龄偏大,外出就医、就诊次数增多的情况,制定了《市人大常委会机关干部外出就医暂行办法》,规范了机关干部外出就医就诊行为。

第四节　参与市中心工作

建言献策　1990年以来,市委在作出重大决策部署时,市历届人大常委会根据市委的要求,开展调查研究,并形成书面材料,向市委建言献策。1991年,市委在作出调整农村产业结构,大力发展棉花生产的决定前夕,市一届人大常委会主动组织两次调研视察活动。8月26—27日,市人大常委会组织视察组,分3个小组,对码头、流庄、武蛟、白杨、桂林、高丰、范镇等7个新老棉区进行视察,针对视察中发现的部分乡村干部和部分棉农对种棉存在松劲情绪等问题,向市委提出要抓好以灭虫为中心的秋田管理措施等建议。10 月 18—19 日,市人大常委会组织棉花收购工作视察组,对全市 10 个重点棉花收购点进行视察,针对视察中发现的问题,向市委提出加强棉花收购工作的领导,促进供销部门改进工作作风等建议。1993 年 6 月,针对市委决定在码头设立开放区、赛湖搞开发区等重大决策,市人大常委会组织视察调研组,分别到两个区进行视察调研,形成专题报告,建议市委要进一步解放思想,统一认识,落实管理权限,制定更加优惠政策,优化软硬环境,选准发展路子,形成特色的建议。市委高度重视,及时进行认真研究部署,进一步制定优惠政策,完善了各项措施。1999 年,市人大常委会就加快瑞昌经济发展做了大量调查研究后,向市委提出《关于发展瑞昌经济工作思路的建议》书面报告,针对发展速度缓慢、农业产业化发展质量和力度不平衡、扶持政策不到位、农产品销售不通畅等问题,进行认真的分析,提出很多建议和意见,为市委对经济工作的决策起到一定参考作用。2003 年,针对市委五届二次扩大会议提出的瑞昌经济"东城、西农、南游、北港"的发展思路,市人大常委会组织三个调研组深入南北西三线乡镇,对东城的发展布局、西农的产业结构调整、南游的旅游发展方向、北港的产业园建设进行调研,广泛听取干部群众和市乡人大代表的意见,向市委提出《瑞昌市经济功能区发展规划的思考》调研报告,为市委的决策部署提供了建设性的意见。2009 年,市人大常委会围绕码头工业城建设工作进行两次专题调研。第一次是就码头工业城中长期发展规划、产业布局、发展方向及其政策措施等重大问题进行调研,常委会主要领导带领有关人员深入码头部分村组,组织镇村干部和群众座谈,听取干部群众和人大代表意见,形成专门调研报告,为市委决策提供建设性的意见;第二次是在码头工业城建设初期,针对征地拆迁缓慢、工作力度不够等问题,常委会主要领导实地调研,向市委提出加大领导力度、充实干部队伍、制定激励机制等建议。市委高度重视,采纳了意见和建议,及时调整领导人员,抽调一批工作经验丰富的乡镇人大主席参与征地拆迁工作,制定了干部任用激励机制,有力推进了各项工作,取得明显成效。

抗洪救灾 1998 年,在全市抗洪救灾工作中,常委会机关除安排一名工作人员留守办公室外,全体机关干部都赶赴抗洪一线,参加抗洪抢险工作,常委会领导亲赴长江梁公堤、横港水库、高泉水库现场,坐镇靠前指挥。常委会副主任朱才菊在长江梁公堤坚守 90 多天,与抗洪群众同吃同住同抢险,既当指挥员又当战斗员,深得群众好评。在赛湖堤抢险工作中,机关组织全体干部 5 次集中参与抢险。8 月 20 日以后,机关干部担负城防堤值班工作,时间长达5 个月。在灾后重建工作中,机关派出 3 名工作人员参与武蛟乡集兴村灾后恢复生产工作,在武蛟、夏畈、大德、峨嵋等乡镇场,联系 17 户重灾户开展"一帮一"活动,帮助他们恢复生产,重建家园。在全市组织的捐款捐物工作中,机关干部共捐资9010元,捐献各类衣物236件。2005年夏,“泰利”台风给瑞昌带来特大暴雨,常委会机关根据抗灾任务,动员全体机关干部投入服务工作,市人大常委会主任陈世翔在短短三个小时内,组织消防、自来水公司等部门与企业厂矿协商,通过用消防车送水到临时供水点、学校、企业的方法,确保了市民及住校师生的基本生活用水。同年11月26日,瑞昌发生5.7级地震,面对繁重的抗震救灾工作任务,常委会领导带领机关全体干部深入到桂林街道大塘村,走访灾民,了解灾情,做好灾情摸底和灾区群众思想稳定工作。在其后的灾后重建工作中,常委会主要领导在受灾严重的桂林街道挂点,领导和协调各单位做好灾后重建的各项工作,常委会其他领导各负责一个示范点和一个乡镇的重建工作,常委会机关负责桂林东关村重建和生产自救的指导工作。

招商引资　2000年4月,市人大常委会副主任卢仕忠带领招商引资小分队,远赴浙江,引进黄良元老板到瑞昌投资600万元,创办了浦江八仙蚊业有限公司,开创瑞昌首个外资企业大户落户瑞昌创业。此后,又多次赴浙江杭州招商,引进张培林老板到瑞昌投资300万元,创办“天天热”太阳能开发有限公司。2001年,市人大常委会机关组建招商小分队,引进江西新华房地产开发有限公司,开发“金三角”大市场,投资2300万元,建成商品房17600平方米。2002年,常委会副主任彭正交带领招商小分队赴浙江温州,引进周青林、周青标五兄弟到瑞昌投资1000万元,创办出口创汇企业—“九江华亨皮塑有限公司”,年产值在8000万元以上,不仅为瑞昌创造税收,提供400个就业岗位,还为江西省增加了外汇创收。2002年,在“华亨”的带动下,福建薛仁钦老板在瑞昌投资600万元,创办“瑞昌荣昌包装公司”,每年税收达200万元。市三届人大常委会任期内,常委会机关60%以上的工作人员,用60%以上的精力开展招商引资工作,走在全市最前列。2002年,常委会机关被市委、市政府评为目标考评先进单位和红旗单位。2003年,市四届人大常委会机关安排4名常委会领导直接参与招商引资工作。2004年,常委会多名领导多次赴浙江、广东、福建三省洽谈项目,引进深圳客商在黄金工业园开发标准厂房,浙江客商在码头兴办石业有限公司。2005年,常委会主任陈世翔亲赴南昌、深圳、福建等地,成功引进煤球矿机落户瑞昌工业园西园。2003年至2005年,机关动员在职干部和离岗同志外出招商,联络上海、浙江、深圳、南昌等地客商到瑞昌考察十多批次,为瑞昌引资工作作出贡献。

项目建设　1998年3月,第一个台资企业亚东水泥厂落户瑞昌,市委高度重视境外企业的协调服务工作,决定市人大常委会副主任朱杰负责组织领导亚东水泥厂的筹建协调服务工作,这期间,完成征用土地5000多亩,4个乡镇13个村民小组,500多户2000多人移民拆迁工作。由于朱杰及其一班工作人员工作认真细致,解决矛盾方式方法得当,至今没有上访现象发生,也没有历史遗留问题。同时,他还负责亚东水泥与周边群众和市政府相关部门及有关乡镇的协调工作,为亚东水泥顺利投产做了大量细致而繁杂的工作。2003 年,市委市政府成立亚东水泥厂二期工程服务工作领导小组,市人大常委会主任陈世翔任组长,带领一班人在码头工作近三年,负责征地拆迁等工作。2010 年,根据市委"两区驱动,强工兴城"的部署,市人大常委会主任陈世翔负责安定湖建设,副主任曹祥水负责创业中心建设,副主任朱志强负责杨林中路改造,副主任吴拥军负责市府西路北延工程,副主任刘振华负责联盛中心建设,副主任张友清负责龙泉路改造。由于各项工程项目按时保质完成,得到市委和市民的充分肯定,其中安定湖改造、创业中心、联盛中心等三个项目成为当年九江市县域经济巡回看变化的亮点工程。

此外,市人大常委会机关还参与了其他中心工作:积极参与"千人下乡抓发展""千人连千户""千人下乡促发展""836"工程建设、瑞南路改造等多项工作。在参与创建省级卫生文明城市工作中,常委会机关负责赤乌路中段创建工作,通过上下努力和有关单位的积极配合,路段面貌明显改观,是全市第一批基本达到创建标准转入长效管理的路段。在参与浔阳东路拆迁工作中,常委会机关根据市里要求,安排 15 名干部和一辆专车参与拆迁工作,在全市率先完成工作任务。2008 年,在参与帮助企业解困工作中,按市委的统一部署,机关干部深入到各困难企业帮扶解困,常委会每位领导负责一个企业,切实帮助企业解决了诸如融资、劳力、外部环境等一些实际问题,使帮扶企业在世界金融危机期间,都能做到不裁员、不停产,促进瑞昌经济平稳发展,为瑞昌保增长、保稳定、保民生作出了应有的努力。

第五节　老干部工作

成立管理机构

老龄工作办公室　1998 年 6 月前,常委会机关老干部工作由常委会办公室分管副主任和在老同志中指定一名热心从事老年工作的老干部负责。针对机关老干部人数逐年增多,至 2011 年 9 月,市人大常委会机关老干部(包括离岗休养人员)共有 43 名,占机关干部职工总数68%的现状，1998年6月成立市人大常委会机关老龄工作办公室，隶属市老龄委和市人大常委会办公室，其主要工作职责是传达上级会议及其文件精神，组织老干部学习，开展老干部活动，加强老干部思想工作。主要领导成员有彭经球(1998年—1999年)、宋银春(1999年—现在)、陈绪尧(1998年—现在)。

机关二支部(老干部支部)　2003年4月，常委会机关党总支决定成立机关二支部(简称老干部支部)，支部由离退休老同志和离岗休养人员的党员组成，其主要工作职责是负责老干部党员的思想政治工作、组织老干部党员开展活动和收缴党费等。宋银春任支部书记，陈绪尧、柯于荣、邹晓梅、柯昌荣任支部委员。

支持老干部工作

组织支持　根据机构改革“三定”方案，机关老干部工作由常委会办公室具体负责，在此基础上，常委会还明确一名副主任分管老干部工作。办公室把机关老干部工作纳入机关日常工作的一部分，进行常态化管理，做到年初有工作部署安排，年中有工作汇报，年终有工作总结。

经费支持　为保障老干部各项活动的正常开展，办公室每年都安排一定工作活动经费，列入市财政预算。随着老干部队伍的扩大，工作活动经费也在逐年增加，从2010年开始，市财政每年安排专项经费3万元，全部用于机关老干部工作，办公室根据年度工作活动情况，还在机关办公经费中挤出部分经费用于老干部开展活动，老干部活动经费每人每年在1000元以上。同时，根据老干部的意愿，采取老干部自己出一点，机关补一点，每年安排一次外出学习参观旅游活动。

活动支持　2005年前，常委会机关在办公用房十分紧张的情况下，安排老干部办公室和活动室各一间，室外门球场一处；新办公楼建成后，安排办公室一间，棋牌室二间，乒乓球室一间，会议室一间(与机关干部共用)。老同志外出学习交流(包括下乡)的交通工具由办公室负责落实。同时，组建了门球队、地掷球队、拳剑队、气排球队、乒乓球队等十三个活动队伍，做到队伍拉得出，比得赢。近年来，获得瑞昌市党群系统门球赛第一名2次、第二名2次，第三名3次，其他老年人比赛项目也都得到好名次。在九江市人大系统老年人门球赛中，瑞昌市人大常委会代表队成绩名列前茅，获第一名2次、第二名2次、第三名1次。

工作支持　积极支持老干部参与群团组织，发挥老干部余热作用。1990年以来，先后有柯亭依担任市老年体协主席(1986年至1997年)、顾问(1998年至现在)，曹中雪担任市关工委主任(1995 年至 2007 年),何仁先担任市关工委顾问(2009 年至现在),张肇山担任市老龄委名誉主任(2003 年至现在)、市老年体协科协顾问(2004 年至现在)、市志编纂委顾问(2004 年至现在)、市老年大学名誉校长(2008 年至现在)、市关工委顾问(2009 年至现在)、市党史编纂委顾问(2012 年至现在)、市天嗣塔建设理事长,陈绪尧担任市党政群系统门球协会秘书长等职务。

积极支持老干部组建群团组织,发挥老干部优势。1998 年 6 月,根据形势发展的需要,组建市人大常委会老年体协分会和老年科协分会,实行两块牌子一套人马的模式,隶属于市老年体协、老年科协,接受市人大常委会办公室领导,其主要职责是组织老干部开展各项体育活动和科研活动,组织老干部各个团队参加市老年体协、市老年科协各项比赛和其他活动。主要领导有彭经球、宋银春、陈绪尧。1999 年,成立市人大常委会关工委办公室,主要职责是做好关心下一代的宣传教育帮扶工作,完成市关工委下达的各项工作任务,主要领导有宋银春、陈绪尧、柯昌荣。1999 年,成立市人大常委会老龄办公室,具体负责机关老年人工作,宋银春、陈绪尧分别任主任、副主任。各项群团组织先后 13 次荣获市老年体协先进单位称号,6 次荣获市老干部先进党支部称号,承办 1 次市关工委党群系统现场会。

积极支持老干部参与机关工作,发挥老干部不可替代作用。常委会机关关心下一代工作,全部由退休老同志负责。陈绪尧退休 23 年来,一直从事机关关心下一代工作,担任市关工委的义务宣传员和网吧督导员,每年 10 余次深入到学校、社区给青少年宣传时事政策、法律法规、科学知识;午间、晚上放学后、甚至深夜,经常到各大网吧巡视,对进入网吧的未成年学生进行劝阻引导工作。由于成绩显著,多次被市有关部门表彰。2011 年底,市关工委安排市人大常委会机关扶助一名对象,机关关工委积极开展扶助卓有成效的工作,得到了九江市和瑞昌市关工委的充分肯定。《瑞昌县人大志》的编纂工作由机关离休老干部詹安群负责主修,在资料严重缺失且无样品的情况下,历经三年,圆满完成一部历经新中国成立前后七十余年的县人大志的编纂工作。《瑞昌市人大志》的编纂工作也是安排两名退休老干部柯昌荣、柯于荣主修,二人接受任务后,认真负责地查找资料,踏踏实实工作,预计两至三年编成。1993 年,根据市委关于各单位部门创办经济实体的有关规定,退休干部彭经球担任市人大常委会经济实体运大公司董事长,为机关创办经济实体做出了贡献。

积极支持老干部参与社会事务,发挥老干部丰富阅历优势。市委、市人大常委会、市政府在作出重大决策时,人大机关老干部都能根据自身的工作经验和群众基础,积极建言献策,提出意见和建议。机关退休干部陈绪尧利用在市人民医院工作过和对养生保健具有浓厚兴趣的优势,历经 20 余年,编写了《养生保健常识》1—3 册,总计 18 类 1000 余节 50 万字;编写《祖传秘方》一册6万余字,上述两书每册印刷200本,免费赠送有关人员;其还编印了《清风醉》———绪尧诗联集,收集本人历年所作的诗词514首,对联95条(幅),近28000字,印刷300本,免费赠送亲友和有关人员。以上书籍的编印传播,在瑞昌反响很好,很多中老年干部职工争相索要。

关心老干部生活

坚持老干部体检制度。针对机关老干部年龄偏大,身体较弱的现状,常委会机关每年都要组织1—2次老干部作身体检查,让老干部对自己的身体状况有个全面正确的了解,能够做到有病早治,无病早防,根据自己的身体状况变化调整医治方案和生活习惯。

建立一套看望和走访老干部机制。在老干部住院期间,常委会分管领导和办公室及有关工作机构负责人前往探视看望,对特殊病人或家庭困难的,安排一定的补助经费,需转院治疗除派专人护送外,还安排专车接送。2011年,市六届人大常委会产生后,实行了春节走访慰问制度,在春节前夕,机关分成若干个走访慰问小组,在常委会领导带领下,分别到老干部家进行走访,送去慰问金和慰问品,与老干部交流思想感情,深得老干部好评。

保障老干部的福利待遇。老干部的医疗费、降温费、保暖费、重要节日的慰问金、家属春节慰问金等各项福利,按国家政策按时足额发放,并随机关财力的增强,做到逐年增加。

第六章 乡镇人民代表大会

第一节 机构设置

机构变迁

1990年瑞昌市辖湓城镇、码头镇、流庄乡、武蛟乡、夏畈乡、黄金乡、南阳乡、白杨乡、横立山乡、桂林乡、高丰乡、洪下乡、花园乡、洪一乡、肇陈乡、乐园乡、洪岭乡、范镇乡、九源乡、横港乡、乐山乡、峨嵋乡、南义乡、和平乡、大德山林场、青山林场、赛湖农场等27个乡镇场,24个乡镇设立乡镇人大主席团,3个农林场不属政权单位,不设人大机构。

1990年5月,经省政府批准,南义、白杨二乡正式撤乡设镇。根据县九届人大常委会第二十一次会议的决定,5月22日,白杨乡人民代表大会更名为白杨镇人民代表大会,乡人大主席团更名为镇人大主席团;8月31日,南义乡人民代表大会更名为南义镇人民代表大会,乡人大主席团更名为镇人大主席团。

1991年3月,经省政府批准,横港乡撤乡设镇。根据市一届人大常委会第九次会议决定,5月17日,横港乡人民代表大会更名为横港镇人民代表大会,乡人大主席团更名为镇人大主席团。

1992年6月,根据省政府赣民字〔1992〕4号文件批复,撤销湓城镇、桂林乡、范镇乡、肇陈乡，分别设立溢城街道、桂林街道、范镇、肇陈镇。经市一届人大常委会第十八次会议决定，范镇乡、肇陈乡人民代表大会更名为范镇、肇陈镇人民代表大会，2 乡人大主席团更名为镇人大主席团，溢城镇、桂林乡的人大机构自行终止。

1994 年 8—9 月，经省政府批准，夏畈、高丰 2 乡撤乡设镇。根据市二届人大常委会第十次会议决定，夏畈乡、高丰乡人民代表大会更名为夏畈镇、高丰镇人民代表大会，2 乡人大主席团更名为镇人大主席团。

根据 1995 年 2 月 28 日修正的《中华人民共和国地方各级人民代表大会和地方各级人民政府组织法》和《江西省乡镇人民代表大会工作条例》的有关规定，乡镇人大主席团不属常设机构，主席团常务主席全部更名为乡镇人大主席。

2002 年初，和平、乐山、峨嵋、九源、洪岭五个乡改为管理区，不再属政权单位，分别并入南义、横港、范镇、桂林等镇和街道，五个乡的人大机构自行撤销。

2008 年底流庄乡并入码头镇，其人大机构自行撤销。

现有机构

全市现有 8 个镇、8 个乡、2 个街道和 3 个农林场，即码头镇、夏畈镇、白杨镇、高丰镇、肇陈镇、范镇、横港镇、南义镇、武蛟乡、黄金乡、南阳乡、横立山乡、洪下乡、花园乡、洪一乡、乐园乡、溢城街道、桂林街道、大德山林场、青山林场、赛湖农场，16 个乡镇设立乡镇人民代表大会，设乡镇人大主席，2 街道设立市人大常委会联络处，设人大联络处主任，3 个农林场不属政权单位，不设人大机构。

第二节　换届选举

代表产生

1990 年 3 月至 2011 年 10 月，乡镇人大共举行七次换届选举，选举产生七届乡镇人大代表。

1990 年市乡人大同步换届，3 月 16—18 日，全市 24 个乡镇选举产生乡镇人大代表

1421 名,缺额 7 名,其中乐园乡 59 名,肇陈乡 60 名,洪一乡 61 名,花园乡 60 名,洪下乡 59 名,高丰乡 63 名,南义乡 61 名,和平乡 54 名,横港乡 60 名,峨嵋乡 53 名,乐山乡 54 名,范镇乡 66 名,九源乡 55 名,湓城镇 65 名,桂林乡 63 名,洪岭乡 55 名,横立山乡 47 名,黄金乡 57 名,南阳乡 61 名,夏畈乡 60 名,码头镇 54 名,流庄乡 59 名,武蛟乡 60 名,白杨乡 57 名。代表中妇女代表 183 人,占 12.9%,非中共党员代表 584 人,占 41.1%,工农第一线代表 1007 人,占 70%。

1992 年市乡人大同步换届,10 月至 12 月,全市 22 个乡镇选举产生乡镇代表 1307 名,缺额 2 名,其中乐园乡 59 名,肇陈镇 50 名,洪一乡 52 名,花园乡 60 名,洪下乡 59 名,高丰镇 63 名,南义镇 59 名,和平乡 55 人,横港镇 47 人,峨嵋乡 53 人,乐山乡 54 名,范镇 66 名,九源乡 55 人,洪岭 54 人,横立山 57 名,南阳乡 61 名,夏畈乡 60 名,黄金乡 57 名,码头镇 64 名,流庄乡 59 名,武蛟乡 66 名,白杨镇 57 名。当选代表中工农第一线的 976 名,占 74.7%,妇女代表 146 人,占 11.2%,非中共党员的 398 人,占 30.5%,大专以上学历的 86 人,占 6.58%,35 岁以下的 436 人,占 33.35%。

1995 年乡镇人大换届选举,全市 22 个乡镇共有选民 182840 人,参加投票选举的有 173217 人,参选率 94.2%。10 月至 1996 年 1 月,全市共选举产生乡镇人大代表 1081 名,缺额 2 名,其中乐园乡 49 名,肇陈镇 50 名,洪一乡 52 名,花园乡 60 名,洪下乡 49 名,高丰镇 53 名,南义镇 51 名,和平乡 55 名,横港镇 58 名,峨嵋乡 40 名,乐山乡 44 名,范镇 56 名,九源乡 46 名,洪岭乡 54 名,横立山乡 47 名,黄金乡 57 名,南阳乡 51 名,夏畈镇 50 名,码头镇 54 名,流庄乡 49 名,武蛟乡 49 名,白杨镇 48 名。当选代表中高中以上文化程度的 530 名,占 48%,35 岁以下的 402 名,占 37%,妇女代表 130 名,工农第一线的 854 名,非中共党员的 449 名。

1999 年乡镇人大换届选举,全市 22 个乡镇共有选民 199505 人,参加投票选举的有 180282 人,参选率达 92.2%。10 月至 2000 年 1 月,全市在 1555 名正式代表候选人中选举产生乡镇代表 1080 名,缺额 3 名,其中乐园乡 49 名,肇陈镇 50 名,洪一乡 52 名,花园乡 52 名,洪下乡 49 名,高丰镇 53 名,南义镇 51 名,和平乡 44 名,横港镇 51 名,峨嵋乡 44 名,乐山乡 44 名,范镇 56 名,九源乡 46 名,洪岭乡 40 名,横立山乡 47 名,黄金乡 47 名,南阳乡 51 名,夏畈镇 50 名,码头镇 54 名,流庄乡 49 名,武蛟乡 50 名,白杨镇 48 名。当选代表中高中以上文化程度 523 名,占 50.2%,35 岁以下的 402 名,占 34.7%,妇女代表 125 名,工农一线代表 868 名,非中共党员代表 428 名。

2002 年乡镇人大换届选举,正值撤乡并镇期间。为使换届选举顺利进行,在撤并前,市人大常委会指导各乡镇以原有建制的村民小组为单位，做好选民的调查摸底工作，撤并后，又按新的建制指导选区划分和代表名额分配工作。此次选举，合并后的范镇（并入九源乡）代表名额由上一届的56名增加到62名，横港镇（并入乐山乡、峨嵋乡）由51名增加到58名，南义镇（并入和平乡）由51名增加到55名。全市17个乡镇共有选民191256人，参加投票选举的有184405人，参选率96.4%，在1348名正式代表候选人中选举产生乡镇人大代表876名，其中乐园乡49名，肇陈镇50名，洪一乡52名，花园乡52名，洪下乡49名，高丰镇53名，南义镇55名，横港镇58名，范镇62名，横立山乡47名，黄金乡47名，南阳乡51名，夏畈镇50名，码头镇54名，流庄乡49名，武蛟乡50名，白杨镇48名。当选代表中妇女代表145名，占17.7%，工农一线的726名，占84.4%，非中共党员的265名，占30%，民主党派1名，35岁以下的222名，占25.5%，高中以上文化程度518名，占59.2%。

2006年市乡同步换届。11月至2007年3月，全市17个乡镇选举产生乡镇人大代表875名，缺额1名，其中，乐园乡49名，肇陈镇50名，洪一乡52名，花园乡52名，洪下乡49名，高丰镇53名，南义镇55名，横港镇58名，范镇62名，横立山乡47名，黄金乡47名，南阳乡51名，夏畈镇50名，码头镇54名，流庄乡49名，武蛟乡50名，白杨镇48名。当选代表中妇女代表175名，占19%，工农一线的592名，占67.7%，中共党员代表595名，占68%，民主党派1名，35岁以下184名，占21%，大学本科学历77名，大专及高职102名。

2011年市乡同步换届，全市326254名选民参加投票选举人数292580人，参选率为89.6%。市人大代表选举分两批次进行，乡镇人大代表在第一批次进行。7月5日，全市16个乡镇在1243名正式候选人中选举产生乡镇人大代表840名，缺额1名，其中，乐园乡49名，肇陈镇50名，洪一乡52名，花园乡52名，洪下乡49名，高丰镇53名，南义镇55名，横港镇58名，范镇62名，横立山乡47名，黄金乡47名，南阳乡51名，夏畈乡50名，码头镇68名，武蛟乡50名，白杨镇48名。在当选的代表中妇女代表174人，占20.71%，中共党员代表601名，占75.5%，农民代表674人，占80.23%，研究生学历代表7名，大学本科学历106名，大专及高职学历78名，35岁以下代表112名。

乡镇人大历届一次会议

溢城镇　1990年3月30—31日，镇十届人大一次会议在市电影院召开，听取和审议徐尤才所作的《政府工作报告》，周庆鼎所作的《人大主席团工作报告》，李木荣所作的《财政预算执行情况和财政预算安排（草案）报告》，选举周庆鼎为镇人大主席团主席，张友清为镇长，徐尤才、邹晓梅(女)、邹治华为副镇长，通过各项决议，镇党委书记柯愈谱讲话。

桂林乡 1990年3月5—6日，乡十届人大一次会议在乡政府会议室召开，听取和审议赵达贵所作的《政府工作报告》，雷在义所作的《人大主席团工作报告》，高克强所作的《财政预算执行情况和财政预算安排(草案)报告》，选举雷在义为乡人大主席团主席，赵达贵为乡长，丁水金、王定臣、陈东金为副乡长，通过各项决议，乡党委书记陈世翔讲话。

码头镇 1990年3月30—31日，镇八届人大一次会议在镇政府礼堂召开，听取和审议邵志强所作的《政府工作报告》，王瑞珍所作的《人大主席团工作报告》，许礼进所作的《财政预算执行情况和财政预算安排(草案)报告》，选举王瑞珍(女)为镇人大主席团主席，邵志强为镇长，朱清波、胡家信、王全发为副镇长，通过各项决议，镇党委书记柯大成讲话。

1993年1月10—11日，镇九届人大一次会议在镇政府礼堂召开，听取和审议朱清波所作的《政府工作报告》，王瑞珍所作的《人大主席团工作报告》，刘礼兴所作的《财政预算执行情况和财政预算安排(草案)报告》，选举王瑞珍(女)为镇人大主席团主席，朱模水为镇长，柯美然、吴风雷、张远忠、王全发为副镇长，通过各项决议，镇党委书记舒明南讲话。

1996年1月18—19日，镇十届人大一次会议在镇政府礼堂召开，听取和审议朱模水所作的《政府工作报告》，邹金宝所作的《人大工作报告》，刘礼兴所作的《财政预算执行情况和财政预算安排(草案)报告》，选举邹金宝为镇人大主席、王忠良为副主席，朱模水为镇长，张远忠、涂香仁、戴丽梅(女)为副镇长，通过各项决议，镇党委书记邹金宝讲话。

1999年12月8—9日，镇十一届人大一次会议在镇政府礼堂召开，听取和审议吴瑞平所作的《政府工作报告》，张远忠所作的《人大工作报告》，刘礼兴所作的《财政预算执行情况和财政预算安排(草案)报告》，选举张远忠为镇人大主席、王忠良为副主席，吴瑞平为镇长，谈太山、宋巍、何黎黎(女)为副镇长，通过各项决议，镇党委书记曾宪奎讲话。

2002年2月2—3日，镇十二届人大一次会议在镇政府礼堂召开，听取和审议刘继清所作的《政府工作报告》，董坚兴所作的《人大工作报告》，刘礼兴所作的《财政预算执行情况和财政预算安排(草案)报告》，选举董坚兴为镇人大主席、梁先金为副主席，刘继清为镇长，刘俊、刘文明、陈少敏为副镇长，通过各项决议，镇党委书记文剑峰讲话。

2007年3月26—27日，镇十三届人大一次会议在镇政府礼堂召开，听取和审议黄新华所作的《政府工作报告》，宋巍所作的《人大工作报告》，刘琳桦所作的《财政预算执行情况和财政预算安排(草案)报告》，选举宋巍为镇人大主席，黄新华为镇长，邹辉平、蔡小兵、柯振东、余进发为副镇长，通过各项决议，镇党委书记王建新讲话。

2011年7月19—20日，镇十四届人大一次会议在镇政府礼堂召开，听取和审议蒋义明所作的《政府工作报告》，幸义甫所作的《人大工作报告》，陈立忠所作的《财政预算执行情况和财政预算安排（草案）报告》，选举幸义甫为镇人大主席，蒋义明为镇长，朱夔、邹淑珍（女）、高先生、蔡磊为副镇长，通过各项决议，镇党委书记谈太君讲话。

流庄乡　1990年3月27—28日，乡十届人大一次会议在乡政府礼堂召开，听取和审议陈先国所作的《政府工作报告》，潘熙志所作的《人大主席团工作报告》，汪世功所作的《财政预算执行情况和财政预算安排（草案）报告》，选举潘熙志为乡人大主席团主席，陈先国为乡长，张远清、雷在枝、魏金荣为副乡长，通过各项决议，乡党委书记黄群启讲话。

1993年1月10—11日，乡十一届人大一次会议在乡政府会议室召开，听取和审议陈先国所作的《政府工作报告》，潘熙志所作的《人大主席团工作报告》，汪世功所作的《财政预算执行情况和财政预算安排（草案）报告》，选举何育仁为乡人大主席团主席，陈先国为乡长，雷在枝、张肇林、桂良福为副乡长，通过各项决议，乡党委书记何育仁讲话。

1996年1月18—19日，乡十二届人大一次会议在乡政府会议室召开，听取和审议高奉青所作的《政府工作报告》，潘熙志所作的《人大工作报告》，汪世功所作的《财政预算执行情况和财政预算安排（草案）报告》，选举潘熙志为乡人大主席，高奉青为乡长，王义祥、王定荣、雷在枝为副乡长，通过各项决议，乡党委书记王坚讲话。

1999年3月11—12日，乡十三届人大一次会议在乡政府礼堂召开，听取和审议曾新发所作的《政府工作报告》，邹宝华所作的《人大工作报告》，胡又新所作的《财政预算执行情况和财政预算安排（草案）报告》，选举徐建华为乡人大主席、邹宝华为副主席，曾新发为乡长，董坚兴、张友艳、孙邦为副乡长，通过各项决议，乡党委书记徐建华讲话。

2002年3月14—15日，乡十四届人大一次会议在乡政府礼堂召开，听取和审议程厚红所作的《政府工作报告》，王忠林所作的《人大工作报告》，邓方华所作的《财政预算执行情况和财政预算安排（草案）报告》，选举徐勇为乡人大主席，邹宝华为副主席，程厚红为乡长，何丛玉（女）、钟金勇、王定荣为副乡长，通过各项决议，乡党委书记徐勇讲话，。

2007年3月26—27日，乡十五届人大一次会议在乡政府会议室召开，听取和审议罗革新所作的《政府工作报告》，刘全利所作的《人大工作报告》，邓方华所作的《财政预算执行情况和财政预算安排（草案）报告》，选举刘全利为乡人大主席，罗革新为乡长，蒋义明、梁先仁、徐锦花（女）为副乡长，通过各项决议，乡党委书记范远清讲话。

武蛟乡　1990年3月26—27日，乡十届人大一次会议在乡政府会议室召开，听取和审议陈新发所作的《政府工作报告》，陈德荣所作的《人大主席团工作报告》，刘诗伦所作的《财政预算执行情况和财政预算安排（草案）报告》，选举朱汉贤为乡人大主席团主席，陈新发为乡长,张远清、陈人民、王义祥为副乡长,通过各项决议,乡党委书记陈德荣讲话。

1993年1月14—15日,乡十一届人大一次会议在乡政府会议室召开,听取和审议李广西所作的《政府工作报告》,朱汉贤所作的《人大主席团工作报告》,刘诗伦所作的《财政预算执行情况和财政预算安排(草案)报告》,选举朱汉贤为乡人大主席团主席,李广西为乡长,陈人民、梁光全为副乡长,通过各项决议,乡党委书记朱汉贤讲话。

1996年1月22—23日,乡十二届人大一次会议在乡政府会议室召开,听取和审议周宇钼所作的《政府工作报告》,张远清所作的《人大工作报告》,刘诗伦所作的《财政预算执行情况和财政预算安排(草案)报告》,选举胡映权为乡人大主席、张远清为副主席,周宇钼为乡长,陈人民、梁光全、董坚兴为副乡长,通过各项决议,乡党委书记胡映权讲话。

2000年1月18—19日,乡十三届人大一次会议在乡政府会议室召开,听取和审议王能先所作的《政府工作报告》,张远清所作的《人大工作报告》,蔡灿新所作的《财政预算执行情况和财政预算安排(草案)报告》,选举周宇钼为乡人大主席、张远清为副主席,涂香仁为乡长,张绪仁、王能先(女)、陈老四为副乡长,通过各项决议,乡党委书记周宇钼讲话。

2002年2月4—5日,乡十四届人大一次会议在乡政府会议室召开,听取和审议王德湖所作的《政府工作报告》,张远清所作的《人大工作报告》,梁国先所作的《财政预算执行情况和财政预算安排(草案)报告》,选举周诚为乡人大主席、张远清为副主席,王德湖为乡长,丰贵新、王能学、罗小红(女)、柯振东为副乡长,通过各项决议,乡党委书记周诚讲话。

2007年3月26—27日,乡十五届人大一次会议在乡政府会议室召开,听取和审议陈国胜所作的《政府工作报告》,谈太山所作的《人大工作报告》,梁国先所作的《财政预算执行情况和财政预算安排(草案)报告》,选举谈太山为乡人大主席,陈国胜为乡长,丰贵新、聂军、严茂良为副乡长,通过各项决议,乡党委书记吴高洪讲话。

2011年7月18—19日,乡十六届人大一次会议在乡政府会议室召开,听取和审议刘薇所作的《政府工作报告》,谈荣雄所作的《人大工作报告》,梁国先所作的《财政预算执行情况和财政预算安排(草案)报告》,选举谈荣雄为乡人大主席,刘薇为乡长,曹贵喜、李年忠、王卫华为副乡长,通过各项决议,乡党委书记吴国锋讲话。

夏畈镇(乡) 1990年3月22—23日,乡十届人大一次会议在乡政府会议室召开,听取和审议张泽远所作的《政府工作报告》,陈洪敏所作的《人大主席团工作报告》,罗良全所作的《财政预算执行情况和财政预算安排(草案)报告》,选举陈洪敏为乡人大主席团主席,张泽远为乡长,宋加策、周世进、朱模水为副乡长,通过各项决议,乡党委书记邹金宝讲话。

1993年2月1—2日,乡十一届人大一次会议在乡政府会议室召开,听取和审议朱模水所作的《政府工作报告》，柯亨发所作的《人大主席团工作报告》，罗良全所作的《财政预算执行情况和财政预算安排（草案）报告》，选举邹金宝为乡人大主席团主席、柯亨发为副主席，朱模水为乡长，宋加策、陈德春、田世椿为副乡长，通过各项决议，乡党委书记邹金宝讲话。

1996年2月10—11日，镇十二届人大一次会议在镇政府会议室召开，听取和审议田世椿所作的《政府工作报告》，柯亨发所作的《人大工作报告》，邓立新所作的《财政预算执行情况和财政预算安排（草案）报告》，选举王义树为镇人大主席、柯亨发为副主席，田世椿为镇长，陈德春、张绪鹏、徐荣勋为副镇长，通过各项决议，镇党委书记王义树讲话。

2000年1月17—18日，镇十三届人大一次会议在镇政府会议室召开，听取和审议周佐福所作的《政府工作报告》，温圣远所作的《人大工作报告》，张绪勇所作的《财政预算执行情况和财政预算安排（草案）报告》，选举张恭良为镇人大主席、温圣远为副主席，周佐福为镇长，张绪鹏、徐成、黄梦江为副镇长，通过各项决议，镇党委书记张恭良讲话。

2002年2月4—5日，镇十四届人大一次会议在镇政府会议室召开，听取和审议范远清所作的《政府工作报告》，温圣远所作的《人大工作报告》，张绪汉所作的《财政预算执行情况和财政预算安排（草案）报告》，选举王欣为镇人大主席，温圣远为副主席，范远清为镇长，张绪鹏、黄梦江、肖少平、杨芳（女）为副镇长，通过各项决议，镇党委书记王欣讲话。

2007年3月17—18日，镇十五届人大一次会议在镇政府会议室召开，听取和审议徐成所作的《政府工作报告》，王斌所作的《人大工作报告》，陈绪宝所作的《财政预算执行情况和财政预算安排（草案）报告》，选举王斌为镇人大主席，徐成为镇长，张吉奎、杜玉胜、杨胜梅（女）为副镇长，通过各项决议，镇党委书记程厚红讲话。

2011年7月14—15日，镇十六届人大一次会议在镇政府会议室召开，听取和审议周佐强所作的《政府工作报告》，徐新丰所作的《人大工作报告》，陈绪宝所作的《财政预算执行情况和财政预算安排（草案）报告》，选举徐新丰为镇人大主席，周佐强为镇长，张军、张学国、马莉（女）为副镇长，通过各项决议，镇党委书

黄金乡　1990年3月20—21日，乡十届人大一次会议在乡政府会议室召开，听取和审议王忠文所作的《政府工作报告》，柯昌春所作的《人大主席团工作报告》，王义茂所作的《财政预算执行情况和财政预算安排（草案）报告》，选举柯昌春为乡人大主席团主席，王忠文为乡长，温圣远、陈敬全为副乡长，通过各项决议，乡党委书记倪隆尔讲话。

1993年1月27—28日，乡十一届人大一次会议在乡政府会议室召开，听取和审议陈洪敏所作的《政府工作报告》，柯昌春所作的《人大主席团工作报告》，王义茂所作的《财政预

算执行情况和财政预算安排(草案)报告》,选举柯昌春为乡人大主席团主席,陈洪敏为乡长,温圣远、陈建平、曾武君为副乡长,通过各项决议,乡党委书记吴高海讲话。

1996年2月8—9日,乡十二届人大一次会议在乡政府会议室召开,听取和审议陈洪敏所作的《政府工作报告》,柯昌春所作的《人大工作报告》,王义茂所作的《财政预算执行情况和财政预算安排(草案)报告》,选举柯昌春为乡人大主席,陈洪敏为乡长,温圣远、陈世明、王能先(女)为副乡长,通过各项决议,乡党委书记吴高海讲话。

2000年1月5—6日,乡十三届人大一次会议在乡政府会议室召开,听取和审议徐勇所作的《政府工作报告》,周会兴所作的《人大工作报告》,王义茂所作的《财政预算执行情况和财政预算安排(草案)报告》,选举孙金星为乡人大主席、周会兴为副主席,徐勇为乡长,陈世明、罗小红(女)、陈志峰为副乡长,通过各项决议,乡党委书记孙金星讲话。

2002年2月4—5日,乡十四届人大一次会议在乡政府会议室召开,听取和审议陈德春所作的《政府工作报告》,周会兴所作的《人大工作报告》,王义茂所作的《财政预算执行情况和财政预算安排(草案)报告》,选举王效贤为乡人大主席、周会兴为副主席,陈德春为乡长,李爱华(女)、陈志峰、崔玉伟为副乡长,通过各项决议,乡党委书记王效贤讲话。

2007年3月30—31日,乡十五届人大一次会议在乡政府会议室召开,听取和审议吴国锋所作的《政府工作报告》,王震所作的《人大工作报告》,雷存林所作的《财政预算执行情况和财政预算安排(草案)报告》,选举王震为乡人大主席,吴国峰为乡长,王定荣、陈志峰、冯宝华为副乡长,通过各项决议,乡党委书记李珺讲话。

2011年7月15—16日,乡十六届人大一次会议在乡政府会议室召开,听取和审议李伯阳所作的《政府工作报告》,曹祥辉所作的《人大工作报告》,雷存林所作的《财政预算执行情况和财政预算安排(草案)报告》,选举曹祥辉为乡人大主席,李伯阳为乡长,郭锡金、苏卫珍、江丽君(女)为副乡长,通过各项决议,乡党委书记陈国胜讲话。

南阳乡 1990年4月11—12日,乡十届人大一次会议在乡政府礼堂召开,听取和审议徐新枢所作的《政府工作报告》,张舫洲所作的《人大主席团工作报告》,柯传贵所作的《财政预算执行情况和财政预算安排(草案)报告》,选举张舫洲为乡人大主席团主席,徐新枢为乡长,陈新产、王忠和、刘维龙为副乡长,通过各项决议,乡党委书记张远杰讲话。

1993年1月21—22日,乡十一届人大一次会议在乡政府礼堂召开,听取和审议刘维龙所作的《政府工作报告》,张木孝所作的《人大主席团工作报告》,何深木所作的《财政预算执行情况和财政预算安排(草案)报告》,选举张木孝为乡人大主席团主席,刘维龙为乡长,王武伟、周会兴、张友案为副乡长,通过各项决议,乡党委书记张木孝讲话。

1996年2月15—16日，乡十二届人大一次会议在乡政府礼堂召开，听取和审议何衍南所作的《政府工作报告》，张舫洲所作的《人大工作报告》，汪洪林所作的《财政预算执行情况和财政预算安排（草案）报告》，选举张舫洲为乡人大主席，何衍南为乡长，王武伟、周会兴为副乡长，通过各项决议，乡党委书记张木孝讲话。

2000年1月17—18日，乡十三届人大一次会议在乡政府礼堂召开，听取和审议陈小英所作的《政府工作报告》，王武伟所作的《人大工作报告》，汪洪林所作的《财政预算执行情况和财政预算安排（草案）报告》，选举王武伟为乡人大主席，陈小英（女）为乡长，黄润、张远济、严茂良为副乡长，通过各项决议，乡党委书记李俊福讲话。

2002年2月4—5日，乡十四届人大一次会议在乡政府礼堂召开，听取和审议吴高洪所作的《政府工作报告》，陈小英所作的《人大工作报告》，汪洪林所作的《财政预算执行情况和财政预算安排（草案）报告》，选举陈小英（女）为乡人大主席，吴高洪为乡长，曹爱军、朱垂善、吴阳西、张绍良为副乡长，通过各项决议，乡党委书记陈小英讲话。

2007年3月17—18日，乡十五届人大一次会议在乡政府礼堂召开，听取和审议熊建军所作的《政府工作报告》，张绪鹏所作的《人大工作报告》，朱汉群所作的《财政预算执行情况和财政预算安排（草案）报告》，选举张绪鹏为乡人大主席，熊建军为乡长，徐干东、黄龙泉、刘剑舞为副乡长，通过各项决议，乡党委书记詹立松讲话。

2011年7月14—15日，乡十六届人大一次会议在乡政府礼堂召开，听取和审议李建豪所作的《政府工作报告》，叶祥水所作的《人大工作报告》，朱汉群所作的《财政预算执行情况和财政预算安排（草案）报告》，选举叶祥水为乡人大主席，李建豪为乡长，谈秀英（女）、柯愈璋、肖文岩为副乡长，通过各项决议，乡党委书记罗小红讲话。

白杨镇（乡）　1990年3月28—29日，乡十届人大一次会议在乡政府电影院召开，听取和审议胡映权所作的《政府工作报告》，黄孟群所作的《人大主席团工作报告》，张绪国所作的《财政预算执行情况和财政预算安排（草案）报告》，选举黄孟群为乡人大主席团主席，胡映权为乡长，柯美和、邓必椿为副乡长，通过各项决议，乡党委书记陈洪江讲话。

1993年1月12—13日，镇十一届人大一次会议在镇政府电影院召开，听取和审议胡映权所作的《政府工作报告》，黄孟群所作的《人大主席团工作报告》，王能文所作的《财政预算执行情况和财政预算安排（草案）报告》，选举黄群启为镇人大主席团主席，胡映权为镇长，柯美凤、周德宇、周江涛、熊金玖为副镇长，通过各项决议，镇党委书记黄群启讲话。

1996年1月16—17日，镇十二届人大一次会议在镇政府电影院召开，听取和审议王益波所作的《政府工作报告》，王水木所作的《人大工作报告》，汪世功所作的《财政预算执行情况和财政预算安排(草案)报告》,选举王水木为镇人大主席,王益波为镇长,熊金玖、杨世忠、周德林、李文瑞为副镇长,通过各项决议,镇党委书记吴学银讲话。

2000年1月15—16日,镇十三届人大一次会议在镇政府会议室召开,听取和审议刘继清所作的《政府工作报告》,左会柱所作的《人大工作报告》,周江涛所作的《财政预算执行情况和财政预算安排(草案)报告》,选举周起校为镇人大主席,刘继清为镇长,熊金玖、李文瑞、徐巍为副镇长,通过各项决议,镇党委书记文剑锋讲话。

2002年2月25—26日,镇十四届人大一次会议在镇政府会议室召开,听取和审议桂白丽所作的《政府工作报告》,张肇林所作的《人大工作报告》,汪卫军所作的《财政预算执行情况和财政预算安排(草案)报告》,选举张肇林为镇人大主席,桂白丽(女)为镇长,熊金玖、徐巍、杜炳强、杜和平为副镇长,通过各项决议,镇党委书记张恭良讲话。

2007年3月26—27日,镇十五届人大一次会议在镇政府会议室召开,听取和审议王翠霞所作的《政府工作报告》,周江涛所作的《人大工作报告》,汪卫军所作的《财政预算执行情况和财政预算安排(草案)报告》,选举周江涛为镇人大主席,王翠霞(女)为镇长,李建豪、杜和平、邓居良为副镇长,通过各项决议,镇党委书记何涛讲话。

2011年7月19—20日,镇十六届人大一次会议在镇政府会议室召开,听取和审议王义宋所作的《政府工作报告》,朱槐荣所作的《人大工作报告》,汪卫军所作的《财政预算执行情况和财政预算安排(草案)报告》,选举朱槐荣为镇人大主席,王义宋为镇长,郑远信、张晋、黄兰章(女)为副镇长,通过各项决议,镇党委书记夏丽芳讲话。

横立山乡 1990年5月7—8日,乡八届人大一次会议在乡政府礼堂召开,听取和审议吴高海所作的《政府工作报告》,聂志平所作的《人大主席团工作报告》,王益波所作的《财政预算执行情况和财政预算安排(草案)报告》,选举聂志平为乡人大主席团主席,吴高海为乡长,田绍福、何衍南为副乡长,通过各项决议,乡党委书记周宇聪讲话。

1993年2月8—9日,乡九届人大一次会议在乡政府礼堂召开,听取和审议李金国所作的《政府工作报告》,聂志平所作的《人大主席团工作报告》,吴小明所作的《财政预算执行情况和财政预算安排(草案)报告》,选举聂志平为乡人大主席团主席,李金国为乡长,吴瑞平、陈新产为副乡长,通过各项决议,乡党委书记王忠文讲话。

1996年2月7—8日,乡十届人大一次会议在乡政府礼堂召开,听取和审议李金国所作的《政府工作报告》,刘维龙所作的《人大工作报告》,朱汉群所作的《财政预算执行情况和财政预算安排(草案)报告》,选举刘维龙为乡人大主席,李金国为乡长,陈新产、陈世英、吴小明为副乡长,通过各项决议,乡党委书记刘维龙讲话。

2000 年 1 月 7—8 日，乡十一届人大一次会议在乡政府礼堂召开，听取和审议李广松所作的《政府工作报告》，李金国所作的《人大工作报告》，朱汉群所作的《财政预算执行情况和财政预算安排（草案）报告》，选举李金国为乡人大主席、聂时根为副主席，李广松为乡长，王斌、郝能贵、杜和平为副乡长，通过各项决议，乡党委书记李金国讲话。

2002 年 2 月 4—5 日，乡十二届人大一次会议在乡文化站礼堂召开，听取和审议胡桂珠所作的《政府工作报告》，祝国金所作的《人大工作报告》，朱汉群所作的《财政预算执行情况和财政预算安排（草案）报告》，选举祝国金为乡人大主席，胡桂珠（女）为乡长，郝能贵、李文瑞、杨胜梅（女）、朱志敏为副乡长，通过各项决议，乡党委书记祝国金讲话。

2007 年 3 月 1—2 日，乡十三届人大一次会议在乡政府礼堂召开，听取和审议罗永林所作的《政府工作报告》，朱槐荣所作的《人大工作报告》，龚丽荣所作的《财政预算执行情况和财政预算安排（草案）报告》，选举朱槐荣为乡人大主席，罗永林为乡长，范华、朱志敏、张绍良为副乡长，通过各项决议，乡党委书记谈际秀讲话。

2011 年 7 月 5—6 日，乡十四届人大一次会议在乡政府礼堂召开，听取和审议曹毓祥所作的《政府工作报告》，黄龙泉所作的《人大工作报告》，柯尊峰所作的《财政预算执行情况和财政预算安排（草案）报告》，选举黄龙泉为乡人大主席，曹毓祥为乡长，朱黎明、韦靖、胡明华为副乡长，通过各项决议，乡党委书记罗永林讲话。

高丰镇（乡）　1990 年 3 月 23—24 日，乡十届人大一次会议在乡政府礼堂召开，听取和审议蔡金槐所作的《政府工作报告》，何祥池所作的《人大主席团工作报告》，朱必志所作的《财政预算执行情况和财政预算安排（草案）报告》，选举何祥池为乡人大主席团主席，蔡金槐为乡长，周世明、柯长雄、陈洪大为副乡长，通过各项决议，乡党委书记柯昌荣讲话。

1993 年 1 月 11—12 日，乡十一届人大一次会议在乡政府礼堂召开，听取和审议吴高友所作的《政府工作报告》，周世明所作的《人大主席团工作报告》，朱必志所作的《财政预算执行情况和财政预算安排（草案）报告》，选举柯昌荣为乡人大主席团主席，吴高友为乡长，汪传功、胡茂灼、吴高洪为副乡长，通过各项决议，乡党委书记柯昌荣讲话。

1996 年 1 月 2—3 日，镇十二届人大一次会议在镇政府礼堂召开，听取和审议吴高洪所作的《政府工作报告》，周世明所作的《人大工作报告》，杨永锋所作的《财政预算执行情况和财政预算安排（草案）报告》，选举胡爱武（女）为镇人大主席，刘远贤为副主席，周世明为镇长，吴高洪、詹立松、熊晓峰为副镇长，通过各项决议，镇党委书记胡爱武讲话。

2000 年 1 月 13—14 日，镇十三届人大一次会议在镇政府礼堂召开，听取和审议蔡泽民所作的《政府工作报告》，桂火周所作的《人大工作报告》，杨永锋所作的《财政预算执行情况和财政预算安排(草案)报告》,选举桂火周为镇人大主席,蔡泽民为镇长,王义宋、冯龙兴、袁义灵为副镇长,通过各项决议。镇党委书记吴瑞平讲话。

2002年2月7—8日,镇十四届人大一次会议在镇政府礼堂召开,听取和审议周佐福所作的《政府工作报告》,桂火周所作的《人大工作报告》,吴智风所作的《财政预算执行情况和财政预算安排(草案)报告》,选举桂火周为镇人大主席,周佐福为镇长,王义宋、李建豪、徐新丰、张梦丹(女)为副镇长,通过各项决议,镇党委书记吴瑞平讲话。

2007年3月29—30日,镇十五届人大一次会议在镇政府礼堂召开,听取和审议柯景坤所作的《政府工作报告》,朱黎明所作的《人大工作报告》,吴智风所作的《财政预算执行情况和财政预算安排(草案)报告》,选举朱黎明为镇人大主席,柯景坤为镇长,曹祥辉、冯平风、王轶为副镇长,通过各项决议,镇党委书记范志斌讲话。

2011年7月15—16日,镇十六届人大一次会议在高丰学区礼堂召开,听取和审议肖广俊所作的《政府工作报告》,徐达春所作的《人大工作报告》,吴智风所作的《财政预算执行情况和财政预算安排(草案)报告》(书面),选举徐达春为镇人大主席,肖广俊为镇长,邓居良、范水晶(女)、程宇星为副镇长,通过各项决议,镇党委书记黄新华讲话。

洪下乡 1990年3月15—16日,乡十届人大一次会议在乡政府会议室召开,听取和审议漆后欢所作的《政府工作报告》,方乾深所作的《人大主席团工作报告》,柯胜坤所作的《财政预算执行情况和财政预算安排(草案)报告》,选举方乾深为乡人大主席团主席,漆后欢为乡长,徐新杰、柯亨福、徐济荣为副乡长,通过各项决议,乡党委书记柯美睦讲话。

1993年3月26—27日,乡十一届人大一次会议在乡政府会议室召开,听取和审议漆后欢所作的《政府工作报告》,郎小军所作的《人大主席团工作报告》,艾施坚所作的《财政预算执行情况和财政预算安排(草案)报告》,选举郎小军为乡人大主席团主席,漆后欢为乡长,周起校、徐济荣、龚恩钧为副乡长,通过各项决议,乡党委书记郎小军讲话。

1996年2月18—19日,乡十二届人大一次会议在乡政府会议室召开,听取和审议徐新美所作的《政府工作报告》,柯向昌所作的《人大工作报告》,刘琳华所作的《财政预算执行情况和财政预算安排(草案)报告》,选举柯向昌为乡人大主席,徐新美为乡长,徐济荣、周会贵、彭沉香(女)为副乡长,通过各项决议,乡党委书记柯向昌讲话。

2000年2月18—19日,乡十三届人大一次会议在乡政府会议室召开,听取和审议张敬德所作的《政府工作报告》,何祥国所作的《人大工作报告》,王军所作的《财政预算执行情况和财政预算安排(草案)报告》,选举刘朝东为乡人大主席、何祥国为副主席,张敬德为乡长,王震、蒋义明、周贲为副乡长,通过各项决议,乡党委书记刘朝东讲话。

2002年2月3—4日,乡十四届人大一次会议在乡政府会议室召开,听取和审议熊爱民所作的《政府工作报告》,何祥国所作的《人大工作报告》,王军所作的《财政预算执行情况和财政预算安排(草案)报告》,选举邹庆柏为乡人大主席、何祥国为副主席,熊爱民为乡长,张吉奎、陈学东、邓羽、曹淑华(女)为副乡长,通过各项决议,乡党委书记邹庆柏讲话。

2007年3月18—19日,乡十五届人大一次会议在乡政府会议室召开,听取和审议张绪圣所作的《政府工作报告》,艾向荣所作的《人大工作报告》,王军所作的《财政预算执行情况和财政预算安排(草案)报告》,选举艾向荣为乡人大主席,张绪圣为乡长,熊晓峰、陈学东、陶新花(女)为副乡长,通过各项决议,乡党委书记郝震林讲话。

2011年7月18—19日,乡十六届人大一次会议在乡政府会议室召开,听取和审议丰贵新所作的《政府工作报告》,熊孝金所作的《人大工作报告》,王军所作的《财政预算执行情况和财政预算安排(草案)报告》,选举熊孝金为乡人大主席,丰贵新为乡长,高兴柏、冯翳、彭易军为副乡长,通过各项决议,乡党委书记吴国良讲话。

花园乡 1990年3月13—14日,乡十届人大一次会议在乡政府会议室召开,听取和审议周经平所作的《政府工作报告》,余锦荣所作的《人大主席团工作报告》,徐勋忠所作的《财政预算执行情况和财政预算安排(草案)报告》,选举余锦荣为乡人大主席团主席,周经平为乡长,江文政、徐勋忠、徐勋杰为副乡长,通过各项决议,乡党委书记余锦荣讲话。

1993年2月25—26日,乡十一届人大一次会议在乡政府会议室召开,听取和审议田绍兴所作的《政府工作报告》,蔡金槐所作的《人大主席团工作报告》,陈新耀所作的《财政预算执行情况和财政预算安排(草案)报告》,选举蔡金槐为乡人大主席团主席,田绍兴为乡长,何祥国、何仁炎、邹庆旺为副乡长,通过各项决议,乡党委书记蔡金槐讲话。

1996年2月24—25日,乡十二届人大一次会议在乡政府会议室召开,听取和审议陈明所作的《政府工作报告》,徐勋杰所作的《人大工作报告》,陈新耀所作的《财政预算执行情况和财政预算安排(草案)报告》,选举徐勋杰为乡人大主席,陈明为乡长,何祥国、徐荷珍(女)、何仁炎为副乡长,通过各项决议,乡党委书记李庆生讲话。

2000年1月16—17日,乡十三届人大一次会议在乡政府会议室召开,听取和审议何涛所作的《政府工作报告》,徐勋杰所作的《人大工作报告》,温经先所作的《财政预算执行情况和财政预算案排(草案)报告》,选举徐勋杰为乡人大主席,何涛为乡长,方甫生、徐荷珍(女)、罗永林为副乡长,通过各项决议,乡党委书记陈明讲话。

2002年3月27—28日,乡十四届人大一次会议在乡政府会议室召开,听取和审议张绪玛所作的《政府工作报告》,何涛所作的《人大工作报告》,温经先所作的《财政预算执行情况和财政预算安排(草案)报告》,选举何涛为乡人大主席,张绪玛为乡长,方甫生、雷在盛、徐荷珍(女)、陈洪礼为副乡长,通过各项决议,乡党委书记何涛讲话。

2007年3月27—28日,乡十五届人大一次会议在乡政府会议室召开,听取和审议罗小红所作的《政府工作报告》,刘诗征所作的《人大工作报告》,温经先所作的《财政预算执行情况和财政预算安排(草案)报告》,选举刘诗征为乡人大主席,罗小红(女)为乡长,何辉中、谈荣军、徐小勇为副乡长,通过各项决议,乡党委书记王晓宁讲话。

2011年7月18—19日,乡十六届人大一次会议在乡政府会议室召开,听取和审议张吉奎所作的《政府工作报告》,徐勋栋所作的《人大工作报告》,邓方华所作的《财政预算执行情况和财政预算安排(草案)报告》,选举徐勋栋为乡人大主席,张吉奎为乡长,王轶、叶祥龙、何艳(女)为副乡长,通过各项决议,乡党委书记傅义彬讲话。

洪一乡 1990年3月12—14日,乡九届人大一次会议在乡财政所会议室召开,听取和审议周木林所作的《政府工作报告》,柯愈林所作的《人大主席团工作报告》,谈运盛所作的《财政预算执行情况和财政预算安排(草案)报告》,选举柯愈林为乡人大主席团主席,周木林为乡长,徐勋炳、王柏贤为副乡长,通过各项决议,乡党委书记郎小军讲话。

1993年1月12—13日,乡十届人大一次会议在乡政府礼堂召开,听取和审议徐勋炳所作的《政府工作报告》,周木林所作的《人大主席团工作报告》,谈运盛所作的《财政预算执行情况和财政预算安排(草案)报告》,选举周木林为乡人大席团主席,徐勋炳为乡长,华永华、柯大财为副乡长,通过各项决议,乡党委书记周木林讲话。

1996年1月16日,乡十一届人大一次会议在乡政府礼党召开,听取和审议徐勋炳所作的《政府工作报告》,柯愈明所作的《人大工作报告》,谈运盛所作的《财政预算执行情况和财政预算安排(草案)报告》,选举柯愈明为乡人大主席,徐勋炳为乡长,刘遵柱、柯大财、柯贤盛为副乡长,通过各项决议。乡党委书记周木林讲话。

2000年1月12—13日,乡十二届人大一次会议在乡政府礼堂召开,听取和审议周诚所作的《政府工作报告》,柯愈明所作的《人大工作报告》,汪卫军所作的《财政预算执行情况和财政预算安排(草案)报告》,选举柯愈明为乡人大主席,华永华为乡长,柯贤盛、高芸(女)、何振林为副乡长,通过各项决议。乡党委书记徐勋炳讲话。

2002年2月1—2日,乡十三届人大一次会议在乡政府礼堂召开,听取和审议刘遵柱所作的《政府工作报告》,柯愈明所作的《人大工作报告》,汪卫军所作的《财政预算执行情况和财政预算安排(草案)报告》,选举柯愈明为乡人大主席,刘遵柱为乡长,幸义甫、欧为中、柯愈辉为副乡长,通过各项决议。乡党委书记华永华讲话。

2007年3月27—28日,乡十四届人大一次会议在乡政府礼堂召开,听取和审议付义彬所作的《政府工作报告》,曹爱军所作的《人大工作报告》,柯尊锋所作的《财政预算执行情况和财政预算安排(草案)报告》,选举曹爱军为乡人大主席,付义彬为乡长,王友华、柯昌琦、柯丽华(女)为副乡长,通过各项决议。乡党委书记陈刚讲话。

2011年7月15—16日,乡十五届人大一次会议在乡政府礼堂召开,听取和审议邓泽举所作的《政府工作报告》,江金星所作的《人大工作报告》,何国周所作的《财政预算执行情况和财政预算安排(草案)报告》,选举江金星为乡人大主席,邓泽举为乡长,柯丽华(女)、陈奎为副乡长,通过各项决议。乡党委书记熊建军讲话。

肇陈镇(乡)　1990年3月23—24日,乡十届人大一次会议在乡政府会议室举行,听取和审议徐新安所作的《政府工作报告》,何忠隆所作的《人大主席团工作报告》,乡财政所提交的《财政预算执行情况和财政预算安排(草案)报告》,选举何忠隆为乡人大主席团主席,徐新安为乡长,柯愈明、柯贤盛、何仁永为副乡长,通过各项决议。乡党委书记陈伦国讲话。

1993年4月15—16日,镇十一届人大一次会议在镇政府会议室举行,听取和审议徐勋世所作的《政府工作报告》,柯美睦所作的《人大主席团工作报告》,镇财政所提交的《财政预算执行情况和财政预算安排(草案)报告》,选举柯美睦为镇人大主席团主席,徐勋世为镇长,陈东、何仁永、柯应昌为副镇长,通过各项决议。镇党委书记柯美睦讲话。

1996年1月22—23日,镇十二届人大一次会议在镇政府会议室举行,听取和审议漆后欢所作的《政府工作报告》,徐勋世所作的《人大主席团工作报告》,镇财政所提交的《财政预算执行情况和财政预算安排(草案)报告》,选举徐勋世为镇人大主席,漆后欢为镇长,陈东、陈洪拔、陈洪礼为副镇长,通过各项决议。镇党委书记徐勋世讲话。

2000年1月20—21日,镇十三届人大一次会议在镇政府会议室召开,听取和审议吴瑞平所作的《政府工作报告》,柯共和所作的《人大工作报告》,镇财政所提交的《财政预算执行情况和财政预算安排(草案)报告》,选举柯善富为镇人大主席、徐维良为副主席,柯卫斌为镇长,柯愈兴、周会彪、曹汉荣(女)为副镇长,通过各项决议。镇党委书记柯善富讲话。

2002年4月5—6日,镇十四届人大一次会议在镇政府会议室召开,听取和审议陈东所作的《政府工作报告》,柯大财所作的《人大工作报告》,镇财政所提交的《财政预算执行情况和财政预算安排(草案)报告》,选举柯大财为镇人大主席,陈东为镇长,刘海清、张友利、曹汉荣(女)为副镇长,通过各项决议,镇党委书记鲁卫东讲话。

2007年3月21—22日,镇十五届人大一次会议在镇政府会议室召开,听取和审议周宇洋所作的《政府工作报告》,柯愈兴所作的《人大工作报告》,李洪学所作的《财政预算执行情况和财政预算安排(草案)报告》,选举柯愈兴为镇人大主席,周宇洋为镇长,刘海清、邹红兵、柯元庆为副镇长,通过各项决议,镇党委书记郑建平讲话。

2011年7月14—15日,镇十六届人大一次会议在镇政府会议室召开,听取和审议刘全利所作的《政府工作报告》,黄龙脉所作的《人大工作报告》,李洪学所作的《财政预算执行情况和财政预算安排(草案)报告》,选举黄龙脉为镇人大主席,刘全利为镇长,陈小敏、田先斌、王俊为副镇长,通过各项决议,镇党委书记周宇洋讲话。

乐园乡 1990年3月1—2日,乡十届人大一次会议在乡政府礼堂举行,听取和审议黄群虎所作的《政府工作报告》,柯向昌所作的《人大主席团工作报告》,柯尊盛所作的《财政预算执行情况和财政预算安排(草案)报告》,选举柯向昌为乡人大主席团主席,黄群虎为乡长,柯共和、柯善富、柯和平为副乡长,通过各项决议。乡党委书记舒明南讲话。

1993年3月15—16日,乡十一届人大一次会议在乡政府礼党举行,听取和审议柯长青所作的《政府工作报告》,柯美宏所作的《人大主席团工作报告》,王柏贤所作的《财政预算执行情况和财政预算安排(草案)报告》,选举柯美宏为乡人大主席团主席,柯长青为乡长,柯善富、柯和平为副乡长,通过各项决议。乡党委书记徐新安讲话

1996年2月5—6日,乡十二届人大一次会议在乡政府礼堂举行,听取和审议柯和平所作的《政府工作报告》,张肇国所作的《人大工作报告》,刘国军所作的《财政预算执行情况和财政预算安排(草案)报告》,选举柯美宏为乡人大主席,柯和平为乡长,邹庆才、陈洪开为副乡长,通过各项决议。乡党委书记柯美宏讲话。

1999年12月18—19日,乡十三届人大一次会议在乡政府礼堂举行,听取和审议曹集林所作的《政府工作报告》,张肇国所作的《人大工作报告》,王军所作的《财政预算执行情况和财政预算安排(草案)报告》,选举柯和平为乡人大主席,曹集林为乡长,陈洪开、张火炉为副乡长,通过各项决议。乡党委书记柯和平讲话。

2002年2月3—4日,乡十四届人大一次会议在乡政府礼堂举行,听取和审议涂香仁所作的《政府工作报告》,张肇国所作的《人大工作报告》,柯昌瑶所作的《财政预算执行情况和财政预算安排(草案)报告》,选举张肇国为乡人大主席,涂香仁为乡长,邹红兵、张火炉、冯龙兴、彭海英(女)为副乡长,通过各项决议。乡党委书记蔡泽民讲话。

2007年4月7—8日,乡十五届人大一次会议在乡政府礼堂举行,听取和审议何忠贝所作的《政府工作报告》,张友艳所作的《人大工作报告》,吴亚军所作的《财政预算执行情况和财政预算安排(草案)报告》,选举张友艳为乡人大主席,何忠贝为乡长,谈荣雄、刘正军、

黄晓爱(女)为副乡长,通过各项决议。乡党委书记曹晓枫讲话。

2011年7月15—16日,乡十六届人大一次会议在乡政府会议室举行,听取和审议何辉中所作的《政府工作报告》,陈新进所作的《人大工作报告》,江龙懿所作的《财政预算执行情况和财政预算安排(草案)报告》,选举陈新进为乡人大主席,何辉中为乡长,胡文博、朱汉新、肖薇(女)为副乡长,通过各项决议。乡党委书记宋巍讲话。

洪岭乡 1990年3月8—9日,乡十届人大一次会议在乡政府礼堂召开,听取和审议严茂宜所作的《政府工作报告》,吴圻木所作的《人大主席团工作报告》,张炳新所作的《财政预算执行情况和财政预算安排(草案)报告》,选举吴圻木为乡人大主席团主席,严茂宜为乡长,温华周、熊晓生为副乡长,通过各项决议,乡党委书记朱少龄讲话。

1993年3月6—7日,乡十一届人大一次会议在乡政府礼堂召开,听取和审议王卫军所作的《政府工作报告》,万长生所作的《人大主席团工作报告》,曹跃进所作的《财政预算执行情况和财政预算安排(草案)报告》,选举万长生为乡人大主席团主席,王卫军为乡长,范友芳、桂贤龙为副乡长,通过各项决议,乡党委书记万长生讲话。

1996年3月5—6日,乡十二届人大一次会议在乡政府礼堂召开,听取和审议徐卫所作的《政府工作报告》,孙金星所作的《人大工作报告》,曹跃进所作的《财政预算执行情况和财政预算安排(草案)报告》,选举万长生为乡人大主席,徐卫为乡长,余泽河、王瑞丰、陈洪地为副乡长,通过各项决议,乡党委书记万长生讲话。

2000年3月8—9日,乡十三届人大一次会议在乡政府礼堂召开,听取和审议吴凤雷所作的《政府工作报告》,孙金星所作的《人大工作报告》,曹跃进所作的《财政预算执行情况和财政预算安排(草案)报告》,选举柯共和为乡人大主席,江昌尧为乡长,朱槐荣、李进龙、陈刚为副乡长,通过各项决议,乡党委书记孙金星讲话。

范镇(乡) 1990年3月22—23日,乡十届人大一次会议在乡政府会议室召开,听取和审议张木孝所作的《政府工作报告》,冯祥大所作的《人大主席团工作报告》,张炳新所作的《财政预算执行情况和财政预算安排(草案)报告》,选举冯祥大为乡人大主席团主席,张木孝为乡长,王定琦、汪泽周、江文政为副乡长,通过各项决议,乡党委书记詹永太讲话。

1993年2月21—22日,镇十一届人大一次会议在镇政府会议室召开,听取和审议王定琦所作的《政府工作报告》,冯国成所作的《人大主席团工作报告》,张炳新所作的《财政预算执行情况和财政预算安排(草案)报告》,选举冯国成为镇人大主席团主席,詹春林为镇长,王定琦、桂火周、沈兴科为副镇长,通过各项决议,镇党委书记冯国成讲话。

1996年2月20—21日,镇十二届人大一次会议在镇政府会议室召开,听取和审议沈兴科所作的《政府工作报告》,吴茂丰所作的《人大工作报告》,李洪明所作的《财政预算执行情况和财政预算安排(草案)报告》,选举吴茂丰为镇人大主席,柯美然为镇长,张肇林、沈兴科、彭玉龙为副镇长,通过各项决议,镇党委书记刘振华讲话。

2000年1月10—11日,镇十三届人大一次会议在镇政府会议室召开,听取和审议王忠林所作的《政府工作报告》,王定琦所作的《人大工作报告》,陈立忠所作的《财政预算执行情况和财政预算安排(草案)报告》,选举柯美然为镇人大主席、王定琦为副主席,王忠林为镇长,王瑞丰、王能学、徐荣勋为副镇长,通过各项决议,镇党委书记柯美然讲话。

2002年2月1—3日,镇十四届人大一次会议在镇政府会议室召开,听取和审议徐荣勋所作的《政府工作报告》,王小春所作的《人大工作报告》,陈立忠所作的《财政预算执行情况和财政预算安排(草案)报告》,选举何金送为镇人大主席,曹集林为镇长,刘诗征、徐荣勋、朱巨友、曹毓祥为副镇长,通过各项决议,镇党委书记陈明讲话。

2007年3月31日—4月1日,镇十五届人大一次会议在镇政府会议室召开,听取和审议汪泽权所作的《政府工作报告》,熊金玖所作的《人大工作报告》,陈立忠所作的《财政预算执行情况和财政预算安排(草案)报告》,选举熊金玖为镇人大主席,汪泽权为镇长,雷新国、曹毓祥、周会彪、刘烨为副镇长,通过各项决议,镇党委书记曹华讲话。

2011年7月19—20日,镇十六届人大一次会议在范镇学区阶梯教室召开,听取和审议尹诗学所作的《政府工作报告》,柯昌琦所作的《人大工作报告》,詹卫星所作的《财政预算执行情况和财政预算安排(草案)报告》,选举柯昌琦为镇人大主席,尹诗学为镇长,蒋魁、朱志敏、刘孟春、林青(女)为副镇长,通过各项决议,镇党委书记周明讲话。

九源乡 1990年3月23—24日,乡十届人大一次会议在乡政府会议室召开,听取和审议陈洪塔所作的《政府工作报告》,胡家芳所作的《人大主席团工作报告》,陈长姣所作的《财政预算执行情况和财政预算安排(草案)报告》,选举胡家芳为乡人大主席团主席,陈洪塔为乡长,徐美寿、吴高新为副乡长,通过各项决议,乡党委书记胡家芳讲话。

1993年2月19—20日,乡十一届人大一次会议在乡政府会议室召开,听取和审议罗新发所作的《政府工作报告》,陈洪塔所作的《人大主席团工作报告》,叶祥敏所作的《财政预算执行情况和财政预算安排(草案)报告》,选举陈洪塔为乡人大主席团主席,罗新发为乡长,徐美寿、罗常柱、张敬德为副乡长,通过各项决议,乡党委书记陈洪塔讲话。

1996年2月10—11日,乡十二届人大一次会议在乡政府会议室召开,听取和审议李俊福所作的《政府工作报告》,李广西所作的《人大工作报告》,张炳新所作的《财政预算执行情况和财政预算安排(草案)报告》,选举李广西为乡人大主席,李俊福为乡长,罗常柱、张敬德、王能学为副乡长,通过各项决议,乡党委书记李广西讲话。

2000 年 1 月 10—11 日,乡十三届人大一次会议在乡政府会议室召开,听取和审议李叶所作的《政府工作报告》,李木林所作的《人大工作报告》,汪诚所作的《财政预算执行情况和财政预算安排(草案)报告》,选举李木林为乡人大主席,桂白丽(女)为乡长,雷新国、李叶、李建豪为副乡长,通过各项决议,乡党委书记何金送讲话。

横港镇(乡)　1990 年 3 月 5—6 日,乡八届人大一次会议在乡政府礼堂召开,听取和审议田忠诚所作的《政府工作报告》,樊宣育所作的《人大主席团工作报告》,江龙光所作的《财政预算执行情况和财政预算安排(草案)报告》,选举樊宣育为乡人大主席团主席,田忠诚为乡长,周平海、蔡泽民、柯传喜为副乡长,通过各项决议,乡党委书记周庆增讲话。

1993 年 3 月 8—9 日,镇九届人大一次会议在镇政府礼堂召开,听取和审议鄢爱明所作的《政府工作报告》,周庆增所作的《人大主席团工作报告》,江龙光所作的《财政预算执行情况和财政预算安排(草案)报告》,选举周庆增为镇人大主席团主席,鄢爱明为镇长,蔡泽民、曾细球、熊爱民为副镇长,通过各项决议,镇党委书记周庆增讲话。

1996 年 3 月 5—6 日,镇十届人大一次会议在镇政府礼堂召开,听取和审议孙金星所作的《政府工作报告》,郭少雄所作的《人大工作报告》,镇财政所提交的《财政预算执行情况和财政预算安排(草案)报告》,选举郭少雄为镇人大主席,孙金星为镇长,蔡泽民、曾细球、熊爱民为副镇长,通过各项决议,镇党委书记郭少雄讲话。

2000 年 1 月 26—27 日,镇十一届人大一次会议在镇政府礼堂召开,听取和审议丰耿所作的《政府工作报告》,杨能聪所作的《人大工作报告》,镇财政所提交的《财政预算执行情况和财政预算安排(草案)报告》(书面),选举杨能聪为镇人大主席,丰耿为镇长,周宇洋、张友义、陈晓茹(女)为副镇长,通过各项决议,镇党委书记杨能聪讲话。

2002 年 3 月 11—12 日,镇十四届人大一次会议在镇政府礼堂召开,听取和审议王晓宁所作的《政府工作报告》,周庆昌所作的《人大工作报告》,柯华所作的《财政预算执行情况和财政预算安排(草案)报告》,选举曹华为镇人大主席、周庆昌为副主席,王晓宁为镇长,陈希琳、陈晓茹(女)、黄龙脉、谈华灿为副镇长,通过各项决议,镇党委书记丰耿讲话。

2007 年 3 月 14—15 日,镇十三届人大一次会议在镇政府礼堂召开,听取和审议刘堂泽所作的《政府工作报告》,张友利所作的《人大工作报告》,柯华所作的《财政预算执行情况和财政预算安排(草案)报告》,选举张友利为镇人大主席,刘堂泽为镇长,易呈禄、谈华灿、熊贻光为副镇长,通过各项决议。镇党委书记陈德春讲话。

2011 年 7 月 21—22 日,镇十四届人大一次会议在镇政府礼堂召开,听取和审议张友利所作的《政府工作报告》，张绪勇所作的《人大工作报告》，柯华所作的《财政预算执行情况和财政预算安排(草案)报告》，选举张绪勇为镇人大主席，张友利为镇长，陈超、徐金火、周华平为副镇长，通过各项决议。镇党委书记汪先锋讲话。

乐山乡 1990年3月20—21日，乡十届人大一次会议在乡政府礼堂召开，听取和审议柯昌胜所作的《政府工作报告》，彭学源所作的《人大主席团工作报告》，彭义煌所作的《财政预算执行情况和财政预算安排(草案)报告》，选举彭学源为乡人大主席团主席，柯昌胜为乡长，舒文义、易厚泽为副乡长，通过各项决议，乡党委书记丁早生讲话。

1993年3月10—11日，乡十一届人大一次会议在乡政府礼堂召开，听取和审议杨能聪所作的《政府工作报告》，周经平所作的《人大主席团工作报告》，彭义煌所作的《财政预算执行情况和财政预算安排(草案)报告》，选举周经平为乡人大主席团主席，杨能聪为乡长，刘堂泽、温新发为副乡长，通过各项决议，乡党委书记周经平讲话。

1996年3月18—19日，乡十二届人大一次会议在乡政府礼堂召开，听取和审议姜佳桂所作的《政府工作报告》，杨能聪所作的《人大工作报告》，易本友所作的《财政预算执行情况和财政预算安排(草案)报告》，选举杨能聪为乡人大主席，姜佳桂为乡长、舒文义、刘堂泽为副乡长，通过各项决议，乡党委书记杨能聪讲话。

2000年3月8—9日，乡十三届人大一次会议在乡政府礼堂召开，听取和审议曹华所作的《政府工作报告》，王效贤所作的《人大工作报告》，易本友所作的《财政预算执行情况和财政预算安排(草案)报告》，选举王效贤为乡人大主席，曹华为乡长，何忠贝、范华、方菊花(女)、张训金为副乡长，通过各项决议，乡党委书记王效贤讲话。

峨嵋乡 1990年3月14—15日，乡十届人大一次会议在乡政府会议室召开，听取和审议张恭也所作的《政府工作报告》，聂成珍所作的《人大主席团工作报告》，曹跃进所作的《财政预算执行情况和财政预算安排(草案)报告》，选举聂成珍为乡人大主席团主席，张恭也为乡长，刘朝东、余泽河为副乡长，通过各项决议，乡党委书记聂成珍讲话。

1993年3月10—11日，乡十一届人大一次会议在乡政府会议室召开，听取和审议骆国兴所作的《政府工作报告》，樊宣育所作的《人大主席团工作报告》，王义平所作的《财政预算执行情况和财政预算安排(草案)报告》，选举樊宣育为乡人大主席团主席，骆国兴为乡长，曾宪奎、袁喻宝为副乡长，通过各项决议，乡党委书记樊宣育讲话。

1996年3月19—20日，乡十二届人大一次会议在乡政府会议室召开，听取和审议周平海所作的《政府工作报告》，田忠诚所作的《人大工作报告》，王义平所作的《财政预算执行情况和财政预算安排(草案)报告》，选举田忠诚为乡人大主席，周平海为乡长，周爱民、柯美凤为副乡长。通过各项决议,乡党委书记田忠诚讲话。

2000年3月8—9日,乡十三届人大一次会议在乡政府会议室召开,听取和审议王建新所作的《政府工作报告》,周平海所作的《人大工作报告》,易祥敏所作的《财政预算执行情况和财政预算安排(草案)报告》,选举周平海为乡人大主席、袁喻宝为副主席,王建新为乡长,陈国胜、李峰、张炳远为副乡长,通过各项决议,乡党委书记周平海讲话。

南义镇(乡)　1990年3月23—24日,乡十届人大一次会议在镇政府礼堂召开,听取和审议李洪星所作的《政府工作报告》,蔡金科所作的《人大主席团工作报告》,杨世龙所作的《财政预算执行情况和财政预算安排(草案)报告》,选举蔡金科为乡人大主席团主席,李洪星为乡长,田绍英、万长生、邹圣玉为副乡长,通过各项决议,乡党委书记蔡金科讲话。

1993年1月10—11日,镇十一届人大一次会议在镇文化站礼堂召开,听取和审议田绍英所作的《政府工作报告》,朱志强所作的《人大主席团工作报告》,杨世龙所作的《财政预算执行情况和财政预算安排(草案)报告》,选举朱志强为镇人大主席团主席,田绍英为镇长,但汉国、邹圣玉、蔡泽成为副镇长,通过各项决议,镇党委书记朱志强讲话。

1996年1月18—19日,镇十二届人大一次会议在镇政府礼堂召开,听取和审议范初芳所作的《政府工作报告》,徐新安所作的《人大工作报告》,镇财政所提交的《财政预算执行情况和财政预算安排(草案)报告》,选举徐新安为镇人大主席、邹圣玉为副主席,范初芳为镇长,但汉国、王晓宁、陈希琳为副镇长,通过各项决议,镇党委书记徐新安讲话。

2000年1月10—11日,镇十三届人大一次会议在镇政府礼堂召开,听取和审议邹圣玉所作的《政府工作报告》,王坚所作的《人大工作报告》,镇财政所提交的《财政预算执行情况和财政预算安排(草案)报告》,选举王坚为镇人大主席、但汉国为副主席,邹圣玉为镇长,田贵生、陈希琳、丰贵新为副镇长,通过各项决议,镇党委书记王坚讲话。

2002年2月2—3日,镇十四届人大一次会议在镇文化站礼堂召开,听取和审议曾细球所作的《政府工作报告》,李广松所作的《人大工作报告》,镇财政所提交的《财政预算执行情况和财政预算安排(草案)报告》,选举柯卫彬为镇人大主席,曾细球为镇长,尹诗学、张炳远、杨世龙、徐勋照为副镇长,通过各项决议,镇党委书记李广松讲话。

2007年3月27—28日,镇十五届人大一次会议在镇政府五楼会议室召开,听取和审议涂香仁所作的《政府工作报告》,周赉所作的《人大工作报告》,镇财政所提交的《财政预算执行情况和财政预算安排(草案)报告》。选举周赉为镇人大主席,涂香仁为镇长,郑梦兰(女)、程广红、朱齐荣为副镇长,通过各项决议,镇党委书记曹集林讲话。

2011年7月19—20日,镇十六届人大一次会议在镇政府五楼会议室召开,听取和审议文松林所作的《政府工作报告》,徐维德所作的《人大工作报告》,镇财政所提交的《财政预算执行情况和财政预算安排(草案)报告》,选举徐维德为镇人大主席,文松林为镇长,沈承峰、徐勋照、朱振国为副镇长,通过各项决议,镇党委书记华永国讲话。

和平乡 1990年3月20—21日,乡十届人大一次会议在乡政府礼堂召开,听取和审议李广欣所作的《政府工作报告》,陈茂所作的《人大主席团工作报告》,汪松祯所作的《财政预算执行情况和财政预算安排(草案)报告》,选举陈茂为乡人大主席团主席,李广欣为乡长,熊爱民、汪欣为副乡长,通过各项决议,乡党委书记陈茂讲话。

1993年1月8—9日,乡十一届人大一次会议在乡政府礼堂召开,听取和审议王水木所作的《政府工作报告》,李广欣所作的《人大主席团工作报告》,李洪明所作的《财政预算执行情况和财政预算安排(草案)报告》,选举李广欣为乡人大主席团主席,王水木为乡长,柯遐清、汪欣为副乡长,通过各项决议,乡党委书记李广欣讲话

1996年1月20—21日,乡十二届人大一次会议在乡政府礼堂召开,听取和审议汪传功所作的《政府工作报告》,周谷平所作的《人大工作报告》,张华所作的《财政预算执行情况和财政预算安排(草案)报告》,选举田绍兴为乡人大主席,汪传功为乡长,汪欣为副乡长,通过各项决议,乡党委书记田绍兴讲话。

2000年1月16—17日,乡十三届人大一次会议在乡政府礼堂召开,听取和审议夏万华所作的《政府工作报告》,柯应昌所作的《人大工作报告》,柯华所作的《财政预算执行情况和财政预算安排(草案)报告》,选举柯应昌为乡人大主席,夏万华为乡长,何瑞忠、徐干东、刘诗龙为副乡长,通过各项决议,乡党委书记柯应昌讲话。

乡镇人大、政府班子成员异动

码头镇 1992年3月,邵志强辞去镇长,胡家信、朱清波辞去副镇长,补选朱清波为镇长,柯美然、吴风雷为副镇长。1994年2月,舒明南辞去人大主席团主席,补选邹金宝为主席;朱清波辞去镇长,补选朱模水为镇长,戴丽梅(女)为副镇长。1997年2月,朱模水辞去镇长,戴丽梅、柯美然辞去副镇长,补选张恭良为镇长,邓必椿、谈太山、张绪仁为副镇长。1998年2月,邹金宝辞去人大主席,补选张远忠为主席;涂香仁、张远忠、吴风雷辞去副镇长。2003年2月,刘继清辞去镇长,补选吴高洪为镇长。2006年4月,董坚兴辞去人大主席,补选宋魏为主席;吴高洪辞去镇长,刘俊、刘文明、陈少敏辞去副镇长,补选黄新华为镇长,邹辉平、蔡小兵、柯振东、余进发为副镇长。2008年3月,宋魏辞去人大主席,补选蒋义

明为主席。2009年3月，黄新华辞去镇长，补选张绪平为镇长。2010年3月，张绪平辞去镇长，柯振东、余进发辞去副镇长，补选傅义彬为镇长，朱夔、张绪勇为副镇长。

流庄乡　1991年3月，魏金荣辞去副乡长，补选张远忠为副乡长。1994年3月，陈先国辞去乡长，补选王益波为乡长。1997年2月，潘熙志辞去人大主席，补选王义祥为主席；雷在枝辞去副乡长，补选何学锋为副乡长。

武蛟乡　1994年2月，补选董坚兴为副乡长。1995年2月，朱汉贤辞去人大主席团主席，补选吴学银为主席。1997年2月，胡映权辞去人大主席，补选周世进为主席。1999年3月，董坚兴辞去副乡长、补选王能先(女)为副乡长。2003年2月，周诚辞去人大主席，补选桂贤红为人大主席。2006年3月，桂贤红辞去人大主席，补选谈太山为主席；王德湖辞去乡长，王能学、罗小红(女)、柯震东辞去副乡长，补选陈国胜为乡长，聂军、严茂良为副乡长。2008年3月，谈太山辞去人大主席，补选刘全利为主席。2010年2月，刘全利辞去人大主席，补选曹爱军为主席；陈国胜辞去乡长，补选吴国锋为乡长。

夏畈镇(乡)　1991年1月，周世进辞去副乡长。1992年2月，朱模水辞去副乡长，补选朱烈强、雷在新为副乡长。1994年2月，邹金宝辞去人大主席团主席，补选朱清波为主席；朱模水辞去乡长，补选徐新枢为乡长，陈德春、张绪鹏为副乡长。1998年3月，田世椿辞去镇长，补选何金送为镇长。2001年2月，补选杨芳(女)为副镇长。2003年2月，王欣辞去人大主席，补选刘继清为主席。2006年3月，刘继清辞去人大主席，补选王斌为主席；范远清辞去镇长，黄梦江、肖少平、杨芳辞去副镇长，补选徐成为镇长，张吉奎、杜玉胜、杨胜梅(女)为副镇长。2008年4月，王斌辞去人大主席，补选张吉奎为主席；张吉奎、杨胜梅辞去副镇长，补选曹毓祥、张军为副镇长。2010年3月，徐成辞去镇长，曹毓祥、张军辞去副镇长，补选何毓轩为镇长，彭晨方、马莉(女)为副镇长。

黄金乡　1998年3月，柯昌春辞去人大主席，补选陈洪敏为主席；陈洪敏辞去乡长，补选徐勇为乡长。2001年1月，孙金星辞去人大主席，补选徐勇为主席。2003年2月，陈德春辞去乡长，补选茅少燕为乡长。2006年3月，王效贤辞去人大主席，补选王震为主席；茅少燕辞去乡长，李爱华(女)、崔玉伟辞去副乡长，补选吴国锋为乡长，王定荣、冯宝华为副乡长。2008年4月，陈志锋、冯宝华辞去副乡长，补选徐新丰、张友清为副乡长。2009年3月，吴国锋辞去乡长，补选陈国胜为乡长。2010年3月，王震辞去人大主席，补选王定荣为主席；陈国胜辞去乡长，王定荣、张友清辞去副乡长，补选王震为乡长，曹祥辉、桂良兴为副乡长。

南阳乡　1991年3月，刘维龙辞去副乡长。1992年3月，徐新枢辞去乡长，补选张木孝为乡长。1995年3月,刘维龙辞去乡长,补选何衍南为乡长。1997年2月,张舫洲辞去人大主席,补选王武伟为主席;王武伟辞去副乡长,补选曹忠应为副乡长。2003年3月,吴高洪辞去乡长,曹爱军辞去副乡长,补选何学锋为乡长。2004年3月,曹爱军辞去副乡长。2005年4月,陈小英(女)辞去人大主席,补选夏万华为主席。2006年3月,夏万华辞去人大主席,补选张绪鹏为主席;朱垂善、吴阳西、张绍良辞去副乡长,补选徐干东、黄龙泉、刘剑舞为副乡长。2008年3月,刘剑舞辞去副乡长,补选叶祥龙为副乡长。2010年4月,张绪鹏辞去人大主席,补选李建豪为主席;徐干东辞去副乡长。

白杨镇 1992年3月,黄孟群辞去人大主席团主席,补选黄群启为主席;补选田世椿、黄涛为副镇长。1998年3月,王益波辞去镇长,杨世忠,周德春辞去副镇长,补选刘继清为镇长。1999年3月,王水木辞去人大主席,补选张远清为主席;补选徐巍为副镇长。2003年2月,桂白丽(女)辞去镇长,补选詹立松为镇长。2004年3月,张肇林辞去人大主席,补选桂白丽(女)为主席,2006年4月,桂白丽(女)辞去人大主席,补选周江涛为主席;詹立松辞去镇长,杜炳强、徐巍辞去副镇长,补选王翠霞(女)为镇长,李建豪、邓居良为副镇长。2008年3月,补选熊孝金为副镇长。2009年3月,王翠霞(女)辞去镇长,李建豪辞去副镇长,补选夏丽芳(女)为镇长。2010年2月,夏丽芳(女)辞去镇长,杜和平、邓居良辞去副镇长,补选王义宋为镇长,韦靖为副镇长。

横立山乡 1992年1月,田绍福、何衍南辞去副乡长,补选陈新产、陈新宝为副乡长。1997年3月,刘维龙辞去人大主席,补选李金国为主席;李金国辞去乡长,补选李广松为乡长。2001年2月,李金国辞去人大主席,补选李广松为主席;李广松辞去乡长,补选祝国金为乡长。2003年4月,胡桂珠(女)辞去乡长,补选曹晓枫为乡长。2006年4月,祝国金辞去人大主席,补选朱槐荣为主席。2010年4月,朱槐荣辞去人大主席,补选范华为主席;范华、张绍良辞去副乡长,补选幸义甫、黄春和为副乡长。

高丰镇(乡) 1994年2月,补选周会木为副乡长。1995年3月,吴高友辞去镇长,补选胡爱武(女)为镇长。1998年2月,胡爱武辞去人大主席,补选李广西为主席;周世明辞去镇长,补选刘朝东为镇长。2003年1月,周佐福辞去镇长,补选张桥林为镇长。2004年2月,桂火周辞去人大主席,补选柯卫彬为主席。2005年3月,张梦丹(女)辞去副镇长。2008年3月,朱黎明辞去人大主席,补选王义宋为主席;王义宋辞去副镇长,补选张远透为副镇长。2009年3月,柯景坤辞去镇长,补选周赉为镇长。2010年3月,王义宋辞去人大主席,补选邹辉平为主席;补选朱纯健为副镇长。

洪下乡 1994年3月,郎小军辞去人大主席团主席,补选柯向昌为主席;漆后欢辞去乡长，补选徐新美为乡长、周会贵为副乡长。1997 年 3 月，周会贵，彭沉香辞去副乡长，补选蔡元鹏为副乡长。1998 年 3 月，柯向昌辞去人大主席，补选徐新美为主席；徐新美辞去乡长，补选余泽河为乡长。2003 年 2 月，邹庆柏辞去人大主席，补选蔡泽成为主席。2004 年 2 月，蔡泽成辞去人大主席，补选周佐福为主席。2008 年 3 月，艾向荣辞去人大主席。2010 年 3 月，补选熊晓锋为人大主席；张绪圣辞去乡长，熊晓锋、陈学东、陶新花辞去副乡长，补选吴国良为乡长，曹林峰、周华平、刘旭东为副乡长。

花园乡　1991 年 2 月，余锦荣辞去人大主席团主席，补选柯愈明为主席；补选陈明为副乡长。2003 年 2 月，徐勋杰辞去人大主席，补选何涛为主席。2008 年 3 月，刘诗征辞去人大主席，补选何辉中为主席；何辉中辞去副乡长，补选徐巍为副乡长。2010 年 3 月，徐巍、谈荣军、徐小勇辞去副乡长，补选李进平、朱黎明为副乡长。

洪一乡　1991 年 7 月，周木林辞去乡长，补选徐勋炳为乡长。1992 年 3 月，王柏贤辞去副乡长。1997 年 2 月，徐勋炳辞去乡长，补选周诚为乡长。2003 年 10 月，柯贤盛辞去人大主席，补选华永华为主席。2006 年 3 月，华永华辞去人大主席，补选曹爱军为主席。2010 年 3 月，曹爱军辞去人大主席，补选王友华为主席；付义彬辞去乡长，补选刘全利为乡长。

肇陈镇（乡）　1991 年 4 月，柯愈明，柯贤盛辞去副乡长，补选柯应昌为副乡长。1992 年 11 月，何中隆辞去人大主席团主席，补选柯美睦为主席。1998 年 2 月，徐勋世辞去人大主席，补选柯共和为主席；陈东辞去副镇长。2003 年 8 月，柯大财辞去人大主席，补选曹华为主席；张友利辞去副镇长，补选陈小敏为副镇长。2006 年 4 月，曹华辞去人大主席，补选柯愈兴为主席；陈东辞去镇长，补选周宇洋为镇长。2008 年 3 月，柯愈兴辞去人大主席，补选邹红兵为主席；补选付承洪为副镇长。2010 年 3 月，邹红兵辞去人大主席，补选刘海清为主席；刘海清辞去副镇长，补选黄龙脉为副镇长。

乐园乡　1991 年 2 月，黄群虎辞去乡长，补选柯长青为乡长。1995 年 2 月，柯长青辞去乡长，柯善富辞去副乡长，补选柯善富为乡长，邹庆财为副乡长。1999 年 3 月，柯美宏辞去人大主席，补选柯共和为主席；柯和平辞去乡长，补选曹集林为乡长。2001 年 3 月，柯和平辞去人大主席，补选张肇国为主席；陈洪开辞去副乡长，补选邹红兵为副乡长。2003 年 2 月，涂香仁辞去乡长，补选谈际秀为乡长。2004 年 2 月，张肇国辞去人大主席，补选蔡泽民为主席。2006 年 3 月，蔡泽民辞去人大主席，补选张友艳为主席；谈际秀辞去乡长，邹红兵、张火炉、冯龙兴、彭海英（女）辞去副乡长，补选何忠贝为乡长，谈荣军、刘正军、黄晓爱（女）为副乡长。2008 年 3 月，张友艳辞去人大主席，补选谈荣军为主席；何忠贝辞去乡长，黄晓爱辞去副乡长，补选宋巍为乡长，柯凯为副乡长。2010 年 2 月，刘正军辞去副乡长，补选刘志强、张火炉为副乡长。

洪岭乡 1992 年 2 月,严茂宜辞去乡长,补选万长生为乡长。1994 年 3 月,桂贤龙辞去副乡长,补选王忠和、王义月为副乡长。1997 年 2 月,徐卫辞去乡长,余泽河辞去副乡长,补选余泽河为乡长,桂良福为副乡长。1998 年 3 月,余泽河辞去乡长,补选吴风雷为乡长。1999 年 3 月,陈洪地辞去副乡长,补选朱槐荣为副乡长。

范镇 1992 年 3 月,冯祥大辞去人大主席团主席,补选张远炎为主席;张木孝辞去乡长,汪泽周、江文政辞去副乡长,补选冯国成为乡长,温华周、周会木为副乡长。1994 年 2 月,冯国成辞去人大主席团主席,补选刘宁为主席;詹春林辞去乡长,桂火周、周会木辞去副乡长,补选周平海为乡长,龚恩钧为副乡长。1995 年 3 月,周平海辞去镇长,补选吴茂丰为镇长。1997 年 2 月,吴茂丰辞去人大主席,补选刘振华为主席。1998 年 3 月,刘振华辞去人大主席,补选王定琦为主席;柯美然辞去镇长,补选邹庆柏为镇长。2001 年 3 月,王定琦辞去人大主席;补选曹毓祥为副镇长。2003 年 2 月,何金送辞去人大主席,补选曹集林为主席;曹集林辞去镇长,补选王晓宁为镇长。2004 年 3 月,刘诗征辞去副镇长。2006 年 3 月,曹集林辞去人大主席,补选熊金玖为主席;王晓宁辞去镇长,刘诗征、徐荣勋、朱巨友辞去副镇长,补选汪泽权为镇长,雷新国、刘烨、周会彪为副镇长。2008 年 3 月,熊金玖辞去人大主席,补选郑梦兰(女)为主席;曹毓祥辞去副镇长,补选柯贤军为副镇长。2009 年 3 月,汪泽权辞去镇长,补选易呈禄为镇长。2010 年 3 月,雷新国辞去副镇长,补选范辉为副镇长。

九源乡 1998 年 2 月,李广西辞去人大主席,补选李木林为主席;李俊福辞去乡长,张敬德、罗常柱辞去副乡长,补选张敬德为乡长。1999 年 4 月,王能学辞去副乡长,补选李叶、王少平为副乡长。

横港镇 1994 年 3 月,鄢爱明辞去镇长,补选郭少雄为镇长,桂火周为副镇长。1998 年 3 月,郭少雄辞去人大主席,补选杨能聪为人大主席;孙金星辞去镇长,蔡泽民辞去副镇长,补选蔡泽民为镇长。1999 年 3 月,曾细球,熊爱民辞去副镇长,补选柯遐清,周宇洋为副镇长。2001 年 3 月,杨能聪辞去人大主席,补选丰耿为主席,雷圣华为副主席;丰耿辞去镇长,周宇洋辞去副镇长,补选鲁卫东为镇长,黄龙脉为副镇长。2003 年 3 月,丰耿辞去人大主席,补选曹华为主席;王晓宁辞去镇长,补选陈德春为镇长。2004 年 3 月,曹华辞去人大主席,补选丰耿为主席;陈希琳辞去副镇长。2006 年 4 月,丰耿辞去人大主席,补选张友利为主席;陈德春辞去镇长,陈晓茹辞去副镇长,补选刘堂泽为镇长,易呈禄、熊贻光为副镇长。2008 年 3 月,谈华灿、易呈禄辞去副镇长,补选艾宏明、曹名娥(女)为副镇长。2010 年 3 月,张友利辞去人大主席,补选朱槐荣为主席;刘堂泽辞去镇长,熊贻光辞去副镇长,补选张友利为镇长,徐勋栋为副镇长。

乐山乡　1991 年 3 月,易厚泽辞去副乡长,补选江昌尧为副乡长。1992 年 3 月,彭学源辞去人大主席团主席,补选周经平为主席;补选毕诗龙为副乡长。1995 年 3 月,周经平辞去人大主席,补选杨能聪为主席。1998 年 3 月,杨能聪辞去人大主席,补选姜佳桂为主席;姜佳桂辞去乡长,刘堂泽辞去副乡长,补选张平为乡长,何忠贝为副乡长。1999 年 3 月,姜佳桂辞去人大主席,补选王效贤为主席;补选范华为副乡长。

峨嵋乡　1995 年 3 月,樊宣育辞去人大主席,补选田忠诚为主席;骆国兴辞去乡长,补选周平海为乡长。2001 年 3 月,周平海辞去人大主席,补选王建新为主席,王建新辞去乡长,补选曹晓枫为乡长。

南义镇　1992 年 2 月,蔡金科辞去人大主席团主席,补选李洪星为主席;李洪星辞去镇长,田绍英、万长生辞去副镇长,补选田绍英为镇长,曾木林、蔡泽成为副镇长。1997 年 2 月,徐新安辞去人大主席,补选邹圣玉为主席。1998 年 2 月,邹圣玉辞去人大主席,补选刘维龙为主席;但汉国辞去副镇长。1999 年 2 月,范初芳辞去镇长,王晓宁辞去副镇长,补选蔡泽成为镇长,丰贵新为副镇长。2001 年 3 月,王坚辞去人大主席,补选孙金星为主席。2002 年 3 月,补选余传滨为副镇长。2003 年 3 月,柯卫彬辞去人大主席,补选李广松为主席,刘水忠为副主席;曾细球辞去镇长,补选范志斌为镇长。2005 年 4 月,李广松辞去人大主席。2006 年 3 月,补选周贲为人大主席;范志斌辞去镇长,尹诗学,张炳远,杨世龙,徐勋照辞去副镇长,补选涂香仁为镇长,郑梦兰(女)、程广红、朱齐荣为副镇长。2008 年 3 月,郑梦兰(女)辞去副镇长,补选张绪刚为副镇长。2009 年 3 月,周贲辞去人大主席,补选程广红为主席;涂香仁辞去镇长,程广红辞去副镇长,补选柯景坤为镇长。2010 年 3 月,柯景坤辞去镇长,朱齐荣,张绪刚辞去副镇长,补选华永国为镇长,陈新进、徐维德为副镇长。

和平乡　1999 年 2 月,田绍兴辞去人大主席,补选柯应昌为主席;汪传功辞去乡长,汪欣辞去副乡长,补选夏万华为乡长,周建华为副乡长。

第三节 日常工作

视察活动

1990 年以来,乡镇人大主席团针对人民群众普遍关心关注的热点、焦点问题,乡镇政府重大决策后实施运转情况,代表建议办理落实情况,重大的突发事件等情况,每年都组织市乡代表进行视察,向乡镇政府提出意见和建议,有效推动乡镇政府工作。各乡镇重大视察活动:

湓城镇 1990 年 8 月,组织市镇代表视察中学、医院、企业和公检法等单位。1991 年 7 月,组织代表视察林业工作。1993 年 6 月,组织代表视察"公检法"和农委、供销、城建、经委等部门工作。1994 年,视察"米袋子、菜篮子、油壶"工程,提出批评意见若干条,要求市、镇政府切实解决。

码头镇 1998 年 4 月,组织部分市镇代表视察镇自来水公司和镇停车场建设工作,针对镇区居民用水困难,建议自来水公司进行改造,镇政府通过与其主管部门协商,争取他们的支持,同时也从镇财政中拨付一部分资金,上下共同努力,融资 8 万元,对全镇镇区自来水管道进行了改造,用 50 厘米的大口径水管代替 30 厘米的小水管,居民用水得到改善。停车场的建设和管理纳入了镇政府当年的工作计划之内。2009 年 9 月,视察原码头中学和流庄中学,针对流庄乡已并入码头镇的现状,提出了将两所中学合并,建设一所完中的建议,此建议得到镇政府的认可,现正在制订实施方案。

流庄乡 1992 年 10 月,组织部分市乡代表视察信用社工作,针对群众多次反映的"信用社股金分红未兑现"的情况进行调查了解,得到确认后,及时向其上级主管部门做出反映,从 1993 年开始,股金分红每年农民都得到了兑现。

武蛟乡 1991 年 10 月,组织部分市乡代表视察中学,针对学生辍学外出打工现象非常严重的问题,向乡政府作出反映,提出意见建议,乡政府及时组织力量进行全面摸底,加大宣传力度,动员流生返校学习,使"流生"现象得到遏制。2000 年 3 月,视察上下脚湖,提出了乡政府要加大调整产业结构力度建议,乡政府高度重视,实施了上脚湖退耕还湖发展特种养殖,下脚湖 800 亩进行防洪种植的发展路子,为以后的湖区种养殖业起到了很好的示范作用。

夏畈镇(乡)　1991年9月,为做好长防林建设工作,选好林地垦山造林,组织部分市乡代表视察北联村尖山下和小桥村罗家冲等地,经过视察,向乡政府建议此地段可垦山造林,当年冬天,乡政府组织劳力垦荒,建起了小桥村林场。1996年10月,视察港南村和禁地村血防工作,向市卫生防疫站和乡卫生院提出加大血防工作力度的建议,乡政府高度重视,采取得力措施,在市有关部门的支持下,采取了三项措施:一是将南干渠部分地段茅草沟改建水泥沟,二是将部分钉螺寄生严重的田块实行水改旱,三是各村派专人洒药,使这项工作做到首战告捷。2011年,视察华冶、江瑞、苏瑞三家外资企业,为外资企业保驾护航,排忧解难。

黄金乡　2010年5月,组织部分市乡人大代表视察江州造船公司和下巢湖环山公路建设情况,针对在视察中发现许多农户未按市里统一规划建房等问题,向乡政府提出整改建议,乡政府随即派建设办抓好整改落实工作。2011年9月,视察全乡农业生产工作,针对部分村只种一茬庄稼,水田抛荒严重等问题,要求乡农技部门对这些问题提出解决方案。乡农技部门加大宣传力度,当年金岭村全部种上优质小麦,实现了水稻—小麦连作种植。

南阳乡　2002年,组织市乡代表视察学区、林业工作站和城建办工作,针对3个单位工作中存在的问题,分别提出建议意见若干条,经过整改,3个部门工作都有较大改进。

白杨镇　2006年,组织部分市镇代表调研视察新型农村合作医疗工作,针对政策宣传不到位,群众就医不方便等问题,向镇政府提出了很多合理化建议。2010年初,组织部分镇人大代表对集镇建设进行视察调研,一致认为集镇脏、乱、差,并且存在安全隐患,要求镇政府要把治理工作作为当年的一件大事来抓,抓出成效,镇政府通过财政贴补、社会捐助、向上争取资金多种渠道,用半年时间,对镇区基础设施进行硬化、绿化、美化,修建下水道3000米,路面硬化6000平方米,铺设人行道4000平方米,新增绿化面积5000平方米,美化沿街民居480栋。

横立山乡　1996年以来,连续几年组织代表对辣椒等反季节蔬菜和翠冠梨等水果种植工作进行视察,促进了当地农业产业结构调整。

桂林乡(洪岭乡)　1990年10月,组织市乡代表视察棉花收购工作,提出意见后,增强了乡政府对棉花收购工作的领导,维护了国家、集体、个人三者利益。1996年10月,视察流壁堰电站,针对电站年久失修等问题,向乡政府提出批评建议,乡政府高度重视,及时向有关部门汇报并落实水利经费50万元,进行了维修。

高丰镇(乡) 1992年秋冬,乡人大主席团组织市乡两级代表视察棉花收购工作,针对收花站存在收花压价等坑农现象,派出市人大代表彭义汉(常驻站代表)和高丰、乐丰、永丰、铺头4个村的村干(乡代表)共5人进驻收花站,监督收购工作,调处纠纷,保护了棉农的合法利益,保障了收花工作的顺利进行。2004年,组织代表视察大瀼水库干渠,提出6条建议意见,要求镇政府解决落实,镇政府高度重视,及时组织专门力量,拨付专项资金,对干渠进行专项治理,对发挥干渠的灌溉作用,起了很大作用。

花园乡 2009年,组织乡代表视察荣坑大桥和红花、南岭水泥路工程建设情况,代表们对乡政府融资110万元修建荣坑大桥、120万元修建红花公路、140万元修建南岭公路工作给予了充分肯定。

洪一乡 1996年,组织代表视察乡粮油收购工作,针对收购部门有打"白条"现象,及时向乡政府反映,乡政府高度重视,及时督促粮站兑现3000多元的"白条",维护了粮农利益。

肇陈镇 2011年组织市镇两级代表视察造地增粮工程,针对工程存在的问题,提出改进意见,并要求镇政府对造地增粮工程形成规范化管理机制。

乐园乡 针对边远山区群众出行极为不便的情况,2004年和2008年两次组织市乡代表视察乡村公路建设情况,建议乡政府要加大乡道建设力度,乡政府自2004年以来一方面积极向上争取资金,另一方面发动群众自筹资金,加快乡村公路建设步伐,近年来,山区公路建设迅速发展,共融资1000多万元,修建了乡道30公里,村道20余公里。

范镇 1991年8月,组织代表视察粮管所收粮工作,针对粮管所克扣斤两问题,提出了严肃批评,并令其限期整改。1995年8月,视察民兵水库、南干渠工程建设情况,针对视察中发现的边坡塌方、干渠未完工等问题,提出了镇政府要及时修补和加快工程进展的建议,为解决农民抗旱灌溉问题做好准备。

横港镇 2006年,镇人大主席团组织代表对土管所,城建办,学校,医院等部门收费情况进行视察,针对学校收取的补课费、辅导材料费和试卷费,医院自立项目、自定收费标准,土管城建收取测绘费、管理费等不合理现象,要求镇政府切实加以解决,镇政府根据代表的建议,利用广播等宣传媒体,加大了政策宣传力度,制定下发了《横港镇治理涉农乱收费专项实施方案》,对上级文件明令禁止和取消的收费项目一律全部取消,对擅自扩大收费范围和提高收费标准的要坚决予以纠正,并要求对乱收或多收的钱物如数退还给群众。

南义镇(乡) 1990年,组织代表视察王家铺村计划生育工作,在视察过程中,积极宣传党的计划生育政策,代表和群众受到了很好的生育政策教育。1991 年,视察南义竹编厂。1992 年,视察供销社运营和服务群众工作。1993 年,视察和平村森林防火工作。2000 年,视察王家铺村"迎新年、跨世纪"文艺晚会的筹备工作。2004 年,视察仙桥诗社。2008 年,视察落户在码头镇的"瑞昌市压力船有限公司"招商工作情况。2010 年,视察镇第六号煤矿安全生产工作。

评议工作

市一届、二届人大常委会任期内,乡镇人大主席团的评议工作采取市人大常委会集中组织与自行安排相结合的方式进行。市人大常委会集中组织的评议工作有 2 次:1992 年组织的码头、高丰等 10 乡镇 359 名市乡两级人大代表评议 34 个基层站所工作。此次评议共提出批评意见建议 192 条,经市人大常委会汇总,按部门分类逐条转发到各基层站所的主管单位,统一部署整改,向当地市乡人大代表反馈整改情况。在整改阶段,部分乡镇还组织了代表进行跟踪监督。此次评议对改进基层站所工作作风产生了积极影响。1996 年组织的全市 22 个乡镇人大和 2 个街道人大联络处民主评议 56 个基层站所工作。此次评议共提出批评意见建议 710 条,经综合归纳后,由其主管部门逐条送到被评基层站所进行整改。乡镇人大会同主管部门对整改情况进行检查验收,保证代表提出的批评意见建议落到实处。

期间,部分乡镇人大主席团根据自身的工作安排,自行开展了评议工作。武蛟乡:1991 年评议农技站、城建办、卫生院;1992 年评议财政所、土管所、粮站、林业站;1993 年评议乡企办、派出所、城建办、供销社;1994 年评议粮站、乡企办、码头法庭;1995 年评议农口站所。白杨镇:1993 年评议武山派出所、城建办、供销社、农技站;1994 年评议粮管所、乡企办、白杨中小学工作;1995 年评议农技站、林业站、水管站、畜医站、土管所工作。夏畈镇(乡):1990—1995 年先后评议了三眼派出所、农技站、供销社、林业站、通江岭交警分队、水管站、城建办、土管所、学区、中学。范镇:1992 年评议粮管所、供销社;1993 年评议乡医院、畜医站、中学、学区;1994 年评议营业所、派出所、工商所、农技站、信用社。桂林街道:1992 年评议城建土管所、财政所、经管站、农机站。湓城街道:1994 年评议教育、乡企、粮食等部门工作;1995 年评议农口各部门工作。

从市三届人大常委会履职起,乡镇的评议工作采取上下联动的方式进行,根据市人大常委会的评议工作安排,评议人大常委会年度评议对象相对应的基层站所工作,既配合了市人大常委会的评议工作,又推动了本地相应的工作。

1998 年 10—12 月,在市三届人大常委会组织代表评议文广局、物价局和司法局局长的工作期间,乡镇人大组织乡镇代表评议了乡镇文广站、司法所和有关涉农部门的物价工作。1999 年 7—11 月,在评议市法院、检察院、林业局、土管局、交通局、卫生局工作期间,乡镇人大组织乡镇代表评议了基层法庭、林业站、土管所、卫生院等部门工作。2000 年 8—9 月,在评议市经贸委、粮食局、环保局、水电局等 4 个单位主要负责人的时候,乡镇人大组织市乡(镇)代表评议了粮管所、水管站的工作。2004 年 1 月,在对市计生委、财政局、教育局、环保局进行工作评议期间,乡镇人大评议了乡镇计生办、财政所、中学、学区的工作;12 月,在市人大常委会对市发计委、司法局、监察局、人劳社保局、建设局、交通局、林业局、水利局、卫生局等 9 个部门负责人和"法检"两院 3 名法官及 3 名检察官进行年度述职评议期间,乡镇人大为配合市人大常委会的评议工作,组织代表进行了调研座谈工作,为市人大常委会评议提供了意见支持。2005 年 7—11 月,在对市法院、交通局、水利局、文广局等四个部门本届任期内的工作进行评议的时候,乡镇人大组织乡镇代表评议了基层法庭、水管站、文化站等单位工作。2007 年 7—8 月,在市人大常委会评议市政府林业、民政、建设"三项"工作期间,乡镇人大评议了乡镇林管站、民政所、建设办的工作。2008 年 8—12 月,在市人大常委会评议市政府人劳社保,人口计生、物价、技监"四项"工作期间,乡镇人大组织乡镇代表进行座谈,为市人大常委会评议工作提供资料,并且评议了乡镇相应的工作。2009 年 8—12 月,在市人大常委会评议市政府环保、公安、房管、供电"四项"工作时,乡镇人大在评议基层公安、供电、环保工作的基础上,为市人大常委会评议工作征询了大量资料。2010 年 9—12 月,在评议市政府水利、国土资源管理、矿产、公路等"四项"工作期间,乡镇人大组织乡镇代表评议了乡镇水管站、土管所等工作,并且召开座谈会,为市人大常委会的评议工作提供了大量意见建议。

代表建议办理工作

历届一次会议代表建议办理 1990 年,在全市 24 个乡镇人大一次会议上,共收到代表建议 386 件,其中农林水方面 115 件、教育卫生方面 83 件、城建环保方面 77 件、工交财贸方面 65 件、综合方面 46 件,乡镇人大主席团全部转交乡镇政府办理,当年绝大多数办理完结,少数由于条件和政策限制一时不能办理的也向代表作了解释说明。

1993 年,在全市 22 个乡镇人大一次会议上,共收到代表建议 348 件,其中农林水方面

106 件、教育卫生方面 84 件、城建环保方面 64 件、工交财贸方面 66 件、综合方面 28 件，各乡镇人大主席团已全部转交乡镇政府办理，当年已基本办理完结，少数不能办理的已向代表作了解释说明工作。

1996 年，在全市 22 个乡镇人大一次会议上，共收到代表建议 339 件，其中农林水方面 104 件、教育卫生方面 81 件、乡建环保方面 63 件、工交财贸方面 64 件、综合方面 27 件，全部转交乡镇政府办理，当年全部办理完结。

2000 年，在全市 22 个乡镇人大一次会议上，共收到代表建议 350 件，农林水方面 104 件、教育卫生方面 86 件、乡建环保方面 63 件、工交财贸方面 68 件、综合方面 29 件，全部转交各自乡镇政府予以办理，当年绝大多数办理完结，极少数由于条件限制不能办理的已向代表作了解释说明。

2002 年，在全市 17 个乡镇人大一次会议上，共收到代表建议 285 件，其中农林水方面 85 件、教育卫生方面 76 件、乡建环保方面 48 件、工交财贸方面 61 件、综合方面 15 件，乡镇政府当年已基本办理完结。

2007 年，在全市 17 个乡镇人大一次会议上，共收到代表建议 276 件，其中农林水方面 68 件、教育卫生方面 64 件、乡建环保方面 55 件、工交财贸方面 40 件、综合方面 49 件，当年已全部转交各自乡镇政府办理，大多数办理完结，少数未能办理的已向代表作了解释说明。

2011 年 9 月，在全市 16 个乡镇人大一次会议上，共收到代表建议 268 件，当年正在办理之中。

重点代表建议办理　码头镇　2011 年度关于加大推荐失地农民和下岗职工的就业力度的建议，镇政府指定专人对全镇失地农民和下岗职工及子女就业意愿进行全面摸底，积极与市就业局联系，组织市工业园企业到码头召开专场招聘会，当年新增就业人员 125 人。2011 年度关于失地农民享受预留地安置的建议，镇政府按照市政府相关安置政策，给予每人 20—40 平方米的预留地安置。

武蛟乡　1995 年度关于要求查明 1994 年的计生罚款去向的建议，乡政府责成乡计生办在一个月内对 1994 年的计生罚款收支情况进行公布。1995 年度关于解决透环发电设备的建议，乡政府及时为计生办配备一台小型发电机，以备透环停电能正常开展工作。1997 年度关于急需硬化乡道路面的建议，乡政府筹措资金 250 万元，于 1999 年完成了 12 公里乡道水泥路面硬化工程。2004 年度关于解决学校教育设施建设滞后问题的建议，乡政府积极向上争取资金 120 万元，自筹资金 30 万元，新建了小月小学校舍，完成了中学学生公寓楼建设，解决了学生住宿难问题。

夏畈镇(乡) 1991年度关于要求解决港南村群众照明问题的建议,乡政府经过调研后,决定港南村的大屋谈、细屋谈两村民小组利用南阳河分流的水,建立小型水力发电站发电供村民照明,建发电站资金由受益方自行解决,该电站于1992年建成,村民照明问题得以解决。1993年度关于要求解决铜岭钢铁厂红泥污染严重,导致沟渠阻塞,造成部分农田无法耕种的建议,镇政府高度重视,与该厂多次交涉,最终以污染程度的轻重进行不同数额的赔偿,解决了厂群纠纷,维护了社会稳定。2008年度关于镇计生办罚款应该公开的建议,镇政府督促计生办建立财务公开制度,向代表报告近年来的计生办收支情况,自觉接受代表和群众监督。

黄金乡 2010年度关于要求修通上影井水库下游的水渠的建议,乡政府投入资金2万元,于2010年12月维修了全长1500米的渠道,保证了水库下游的水田灌溉。关于要求修通前程村村道前水沟的建议,乡政府争取市扶贫帮扶资金和自筹配套资金15万元,修通了一条长达2000米的水泥沟渠,解决了村民生活用水和农田灌溉问题。

南阳乡 2005年度关于硬化南阳乡6.4公里路面的建议,乡政府争取到市交通局立项,共融资120万元,于2006年1月就完成了长达6.4公里的油路硬化。2009年度关于对石门水库的维修加固的建议,乡政府当年争取专项资金1600余万元,对石门水库进行了全面的除险加固维修。2011年度关于解决南阳山药销售渠道不畅问题的建议,乡政府及时向市政府反映销售情况,市政府高度重视,安排一名副市长带领乡政府有关人员进京推介"瑞昌山药",效果良好。

白杨镇(乡) 1993年度关于要求解决与九江县港口镇刘包村洪塘湖权属纠纷的建议,镇政府高度重视,组织工作组,多次深入沿湖双方调研,会同主管部门多次实地查看,经双方协商,最终达成湖面权属一致意见,解决了拖了10多年的湖面权属纠纷。2001年度关于搬迁黄桥农中的建议,镇政府针对农中位于武山铜矿塌陷区,每逢下大雨,教室就有倒塌可能的现状,经与市教育局进行协商,同意于2012年进行搬迁。

横立山乡 1996年度关于要求解决上麻塘吃水问题的建议,乡政府共筹集资金3.5万元,修建了一个近50立方米的蓄水池,解决了上麻塘群众吃水难问题。关于配合新农村建设、修建上山水泥公路的建议,乡政府积极向上争取,于1997年获得省交通厅"通达工程"立项,修建了8公里的上山柏油公路。2007年度关于加强早熟梨管理问题的建议,乡政府高度重视,专门聘请一名农技员到省林业厅学习培训,学成后回乡,指导早熟梨种植工作,并对村民进行早熟梨种植的技术培训,对全乡早熟梨的大面积种植和丰产起到了促进作用。

高丰镇(乡)　1990年度关于要求高丰卫生院配备妇科医生的建议,乡政府针对高丰卫生院没有妇科医生的现状,及时与市卫生局联系,为高丰卫生院调来了妇科医生,解决了妇女看妇科病的问题。2009年度关于加快乌石街集镇建设的建议,镇政府在2010年初,全面启动了集镇改造工程,整合各类资金2700万元,着力抓好“一路两街三改四楼”工程建设,组建了镇环卫所,聘请集镇保洁员3名,投入近20万元配备各种设备,集镇管理日益规范,集镇面貌焕然一新。

洪下乡　关于要求乡政府尽早解决瓜山群众出行难问题的建议,乡政府争取上级拨款1万元,政府投入5万元,共计投资6万元,于2010年修建了1公里的瓜山—立肇线路段砂石路。关于要求对瓜山细垅水库和洪下青坑水库进行维修的建议,乡政府投入资金5万元,于2011年对瓜山细垅水库进行了维修加固;争取到上级专项维修加固资金160万元对洪下青坑水库〔小(二)型水库〕进行维修加固,工程于2011年底动工,2012年7月份完工。

花园乡　2005年度关于要求建设集镇自来水饮水工程的建议,乡政府高度重视,争取上级资金43万元,自筹村级资金15万元,群众集资24万元,共筹资82万元,于2007年10月建成投入使用,解决了集镇及周边村民2000多人生活生产用水问题。2009年度关于要求加强红旗水库加固维修的建议,乡政府将加固维修工作纳入当年中心工作来抓,争取上级专项资金220万元,水库除险加固工程于2010年全面竣工。

洪一乡　2004年度关于要求尽快解决余家造村与花园红花村因退耕还林引起山林权属纠纷的建议,乡政府高度重视,及时与花园乡政府多次协商,经市林业局调解,于2005年达成协议,被红花村管过界的20多亩林地,划归余家造村所有。2008年度关于要求解决边山村人畜用水问题的建议,乡政府积极争取市水利局支持,共投入资金13万元,在东坑、芦塘、金盆3个自然村新建4个共1600立方米的蓄水池,受益人口达800人。

肇陈镇(乡)　2008年度关于加强外出务工人员培训的建议,镇政府针对本镇外出务工人员较多的现象,责成镇劳动事务保障所创建两个免费培训基地,共培训劳动力113人。针对代表反映大禾塘村三组退耕还林1万元补贴因个人违规,被市公安局经侦大队没收,村民对此意见很大一事,镇政府多次出面协商,征得市人大常委会领导支持,为村民追回了被没收的1万元补贴,维护了群众利益。

乐园乡　2001年度关于要求对肇陈八门至乐园桥棚道路进行维修的建议,乡政府高度重视,及时作出安排,根据总路段约40公里和自身财力实际情况,制定了维修硬化四年总体规划,当年完成 10 公里沥青硬化,至 2004 年完成余下的 30 公里的路面硬化工程。2008 年度关于增设护栏保障乐和公路交通安全的建议,针对建议中代表反映的乐和公路硬化四五年以来一直处于似通非通状态,交通局和乡政府多次进行封断管理,司机仍然强行拆除通行存在严重安全隐患的情况,乡政府采纳代表“封断不是办法,应加设护栏”的建议,筹措资金 20 万元,用 2 年时间,在乐和公路乐园 5 公里路段,用混凝土浇灌水泥墩 180 个,保证了车辆行驶安全。2010 年度关于要求对八门至庄岸道路维修的建议,乡政府争取上级专项资金 800 万元,自筹资金 200 万元,于 2011 年完成 10.5 公里路面硬化,并将路面由 5 米拓宽至 6.5 米。

洪岭乡 2000 年度关于要求重建洪岭中学教学楼的建议,乡政府及时向市教育局作出反应,争取上级专项资金 40 万元,自筹 20 万元,新建了一座 3000 平方米的新教学大楼。

范镇(乡) 1990 年度关于解决范镇中学危房改造问题的建议。乡政府采取“四个一点”的办法,即群众集一点(16 万元)、企业出一点(6 万元)、政府挤一点(10 万元)、向上争取一点(6 万元),共筹资 38 万元,利用暑期,对教学楼和学生宿舍楼的危房进行了改造,维修面积达 2000 平方米。1994 年度关于要求建立羊盛提灌站并延伸渠道的建议,镇政府筹措资金 20 万元,在范镇村和红岗村之间建起一座提灌站并延伸渠道 1500 米,满足两村农业生产所需。2003 年度关于搞好范家铺老街改造和集镇环卫管理的建议,镇政府作出整体规划,当年对范家铺的“空心房”和“闲杂房”进行有规划的拆迁,形成“三横四纵”集镇新格局;及时成立集镇环卫所和城区管理监察中队,配备环卫专车,落实专人将垃圾集中统一处理。

九源乡 关于要求解决九源邮政代办业务的建议,乡政府及时与市邮政局联系,三个月后,在九源设立了邮政代办点,方便了群众日常邮寄和包裹领取。

横港镇(乡) 1996 年度关于要求对损毁道路和桥梁进行修复的建议,镇政府在积极向上级有关部门争取资金的同时,发动群众出资出劳,组织劳力以村民小组为单位对损毁道路、桥梁进行修复。2009 年度关于加强农业基础设施建设、改善农业生产条件的建议,镇政府高度重视,投入资金达 3000 多万元,实施了农业综合开发、种粮大户标准农田建设、土地平整、小(二)型水库除险加固等 5 大农业基础设施项目建设,进一步夯实了农业发展基础,农业生产基础设施得到改善。2009 年度关于加大对农业合作社的扶持力度的建议,镇政府成立了农业合作社指导服务站,指导农业朝着产业化发展,相继组建了碧野农庄、浩园养殖等一批有影响力的合作社,目前,全镇共有合作社 15 家,带动农户近两千,农业产业化得到有效发展。2011 年度关于要发展和壮大镇域经济的建议,镇政府制定优惠政策,吸引外资进入,鼓励外出务工成功人士返乡创业,积极对外推介横港,组建招商小分队,常年在外招商引资,全面推进招商引资工作的开展,累计完成引资1.57亿元,招商引资工作取得新突破。

乐山乡　1995年度关于对全乡山塘水库进行检查维修的建议,乡政府及时组织力量对全乡山塘、水库进行全面的检查,对检查中发现的险库、淤塘进行除险加固和清淤,对溢洪道护坡采取防水、加固等措施。

峨嵋乡　1997年度关于对全乡有线电视网络进行修整的建议,乡政府及时争取维修资金,对全乡电视网络进行了全面的维修,加强对电视网络管理人员教育,增强了服务意识。1999年度关于要求解决村民饮水难问题的建议。乡政府采取政府补一点、社会筹一点、群众出一点的多渠道筹资方法,通过修水窖引山泉,建"小高抽"和打深井等措施建设饮水工程,解决了山区村民饮水和农田灌溉问题。

南义镇(乡)　2011年度关于加强南义集镇管理的建议,镇政府及时加大了对乱倒垃圾、乱停乱放、乱设摊点、黑面的的处罚力度,划定了车辆停放区域,取缔了店外店,对诸如"临街建筑、农贸市场、环卫设施"等重点区域实行重点监测;投资130多万元建设南义镇交通信号灯,投资1万多元建成两座公共卫生厕所,解决群众如厕问题。2009年度关于做好小山竹和养猪协会等产业的服务工作的建议,镇政府成立以镇长为组长的产业发展领导小组,利用当前好的强农惠农政策加强引导,签订农业及"三农"工作责任状,明确工作职责和任务,每年三级干部大会进行表彰,并配发奖金,做好跟踪服务,大项目采取领导包干负责制,做好服务支持小山竹种植产业发展。2010年度关于和平因地震灾害引发移民搬迁困难群众要妥善安置的建议,镇人大和镇政府高度重视,及时组织视察组,在人大主席带领下深入实地进行视察,根据实际情况,镇政府提出3套搬迁方案,供困难群众选择:一是在南义集镇镇村结合部规划18亩土地供移民安置;二是在搬迁补偿费确定后,有能力的可自主进城购房;三是就地避灾安置,选择地质条件好、安全性强的地方进行就地安置。

第四节　制度建设

1990年—1996年,在市人大常委会指导下,乡镇人大和人大主席团,统一制定了《召开乡镇人民代表大会制度》《召开乡镇人大主席团会议制度》《乡镇人大主席团接待群众来信来访制度》《组织乡镇人大代表视察制度》《办理代表批评、意见、建议和议案制度》《乡镇人大主席团成员守则》和《组织乡镇人大代表执法检查制度》等7项制度,对乡镇人大和主席团召开会议的次数、出席人员、列席人员、会议审议内容,对接待群众来信来访,乡镇人大代表集中视察和持证个人视察,办理代表建议和议案,主席团成员应具备的基本条件和应遵守的纪律,都作出了明确的规定。

1996年5月,根据乡镇人大工作的实际需要,在原有7项制度的基础上,又新制定了《评议乡镇人民政府及基层站所工作制度》和《乡镇人大代表联系选民制度》等2项制度,对乡镇人大和人大主席团评议的对象、形式、方法和要求及事后监督方式,乡镇人大代表每年走访选民次数、收集选民批评意见和建议的件数、联系选民人数、反映情况的程序作出了具体规定。

随着新形势下对乡镇人大工作的要求,1997年制定了《组织乡镇人大代表开展"创先争优"活动制度》,对评比条件、名额、方式作出了规定。将《组织乡镇人大代表执法检查制度》修改为《乡镇人大代表小组活动制度》,将执法检查只是作为活动内容之一,增加了新的活动内容,进一步拓宽了乡镇人大代表小组活动的内容和方式方法。至此,乡镇人大和人大主席团有关工作制度达到10项,基本上形成了一套较为完整的工作机制。

其后,根据形势的发展和法律法规的修正及乡镇人大工作的实际需要,对10项制度进行了不同程度的修订完善。

在建立健全工作机制的同时,乡镇人大和人大主席团还做到了"五有",即有牌子、有章子、有专职人大秘书、有办公场所、有活动经费,办公条件逐年得到改善,所有乡镇配备了电脑,乡镇人大工作实现办公自动化。

第七章　人　　物

第一节　传　略

全国人大代表

胡华先(1908—1984)

胡华先,男,汉族,江西瑞昌县(市)武蛟乡大桥下村人,青少年时靠当佣工度日。1949年5月瑞昌解放后,积极参加剿匪反霸和土地改革,并加入中国共产党。土改结束后,带头组织瑞昌码头第一个农业互助组。1951—1953年,先后被评为瑞昌县乙等、甲等、特等劳动模范。1953年被评为江西省劳动模范。同年冬,又带头组建全县第一个农业初级社大桥农业生产合作社,并担任社长。1954年,在丘陵红壤岗上试验种植改良棉,使亩产皮棉由原来20公斤提高到42公斤。1955年冬,大桥高级农业社成立,当选为农业社管委会主任。期间,带领社员垦荒1200亩,使耕地面积增加1/3。1957年,荣获全国植棉模范,受到中共中央和国家领导人毛泽东、刘少奇、周恩来、朱德等接见。人民公社化后,长期出任大桥大队党支部书记兼大队长。为改造红壤土,年复一年组织社员往棉地添加湖草湖泥以提高地力，并将棉花前作小麦由等行点播改为宽窄行条播，创造小麦生长期“四边”（边锄草、边追肥、边间苗、边防虫）和麦熟后“六抢”（抢割麦、抢锄草、抢定苗、抢追肥、抢防虫、抢犁麦兜）的耕作方式，解决了长期棉麦争时间、争劳力、争阳光、争肥料的矛盾，保证棉麦两熟、稳产高产。1963 年秋，中共中央华东局书记魏文伯、中共江西省委书记刘俊秀到大桥视察，肯定胡华先的成绩和经验。1964 年《解放日报》《江西日报》《九江日报》先后在第一版以《铁肩膀大桥》为题介绍其经验。同年，出席华东局劳模大会，并第二次进京受奖。1965 年，大桥大队被评为全国 51 个农业红旗单位之一，并在北京农业展览馆展出大桥人改造红壤土、夺取棉麦两作高产的事迹。是年，全国妇联主任康克清专程到大桥视察，英国一农业专家也到大桥参观，江西新闻单位将大桥棉花生产情况搬上银幕，胡华先第三次出席全国劳模大会。1966 年 10 月，作为特邀代表第四次进京，参加国庆观礼，并被国务院总理周恩来请到同桌就餐。胡华先先后当选为江西省一至三届人民代表大会代表、第三届全国人民代表大会代表。曾兼任大桥公社党委副书记，被选为瑞昌县革命委员会副主任，省、地革命委员会委员。1976 年 9 月，毛泽东主席逝世，胡华先作为江西人民的代表赴京向毛主席遗体告别。1984 年 11 月 26 日因病逝世，享年 78 岁。

人大常委会领导人

王全郊(1934—2006)

王全郊，男，汉族，江西瑞昌市南阳乡罗城村下畈王家人，民国 30 年至 37 年读私塾。1953 年 9 月参加工作，1955 年 6 月加入中国共产党。1953 年 9 月任罗城乡文书，南阳区干事。1956 年 6 月任瑞昌县委会干事、秘书。1970 年 9 月随县委副书记、长河治理总指挥治理长河，日日夜夜与民工同吃同住，了解第一手资料，写简报，发稿件，直到 1971 年 5 月竣工，得到县委领导的充分肯定。1974 年，县委召开知青大会，组织人员写工作报告，时任县委常委、县委办公室领导要求其帮忙修改，虽然不属于自己工作范围内的事，但还是欣然接受，加班加点，直到修改好为止。1975 年任县委办公室副主任。1978 年 4 月任码头公社书记，当年 8—12 月干旱百余天，农业遭受严重损失，他同党委政府一班人，组织民工围湖造田千余亩。1981 年 10 月任瑞昌县农林水办公室主任，农业委员会主任，瑞昌县农村经济委员会主任。1990 年 5 月任赛湖农场书记，带头深入田间地头调查研究，同党、政一班人作出“水改旱地、房地产开发”两大工作决策。水改旱地种植棉花千余亩。房地产开发采取两种形式：在瑞祥隔壁兴建赛湖农民小区住宅300余套,安排符合条件的农民进小区;划拨一定量土地建住宅,土地收费标准因地段而异,本场职工优惠25%,双职工优惠50%,外来人员收取增容费。既解决了本场部分职工和农民的住房困难、也吸引了外来人员到赛湖种田,在一定程度上缓解了赛湖农场的经济困难。此举程序上规范、合法,而其未利用职务之便为自己或亲友谋一寸土地和一套房子,当地群众称之为:有权不谋利的好干部。1992年1月任瑞昌市人大常委会调研员(副处)。瑞昌县第七、八届人大代表,第八届人大常委会委员。1994年12月退休,2006年6月病逝,享年72岁。

李万生(1927—2008)

李万生,男,汉族,黑龙江省克东县人,民国35年3月参加中国人民解放军,任黑龙江军区直属团三营二连一排战士、班长。民国37年9月入编东北野战军,10月加入中国共产党,参加辽沈战役,任排长,11月2日辽沈战役结束,随军南下,12月任瑞昌县公安干事。1949年1月任公安特派员,深入徐源乡、肇陈乡等地秘密开展工作。5月瑞昌解放,6月任徐源区政府区长,7、8月间发动群众开展剿匪反霸斗争,在洪一双溪洞、花园桥头两次与土匪相遇,后化险为夷。1950年组织群众开展减租减息、土地改革、镇压反革命运动。1953年8月任瑞昌县人民政府粮食局局长,因县无直属粮库,积极向省、地争取资金,兴建直属粮库一栋。1954年3月瑞昌县人民政府粮食局改称瑞昌县粮食局。7月,长江赤心堤港口段溃决,地处码头江边的第四、五粮库被淹倒塌,他带队指挥防洪抢险,一直吃、住在救灾第一线,肾脏受了重伤,县领导亲自打电话请省、地医院专家为其手术。1955年3月受江西省筑路委员会选调,组织民工参加鹰厦铁路江西段工程建设至11月结束,回县后继续担任县粮食局局长。1959年6月任瑞昌县商业局党总支书记。1959年11月任溢城人民公社党委书记。1961年10月至1965年9月任徐源区工委书记,其间在省委党校工农干部文化补习班学习3年。1965年9月至1966年4月任横港区工委书记,下乡到南义朝阳大队时,大队干部安排的床铺不睡,自己弄点草在大门边睡,一睡就是一个星期;派饭在田宗田家,不吃饭,专门吃粥,时刻保持部队艰苦朴素的本色。1966年4月任县供销合作社主任。1969年任县革委会生产指挥部负责人,县计划委员会主任。1981年6月任瑞昌县第七届人大常委会副主任、党组成员。1988年1月离休,正处级。离休后,自费订阅《求是》等报纸杂志。每当看到好消息、新消息,总肯与人分享。每月15日,总是自己拄着拐棍,到机关党支部交纳党费,十几年如一日,即使在病中,都不会忘记。瑞昌县第七届人大代表。2008

年 11 月因病逝世,享年 81 岁。

卢仕忠(1944—2010)

卢仕忠,男,汉族,高中文化,江西武宁县金口乡大坪村坪下人。1963 年 8 月入伍,先后任福州军区后勤部新兵连战士,司训队学员,汽车二团一连战士。1965 年 12 月加入中国共产党。1968 年 7 月历任汽车二团后勤处助理员,四连、六连政治指导员,第 18 分部教导队教导员,汽修所政治教导员。1980 年 3 月任 175 医院五官医疗队政治指导员。1982 年任 175 医院副院长。一步一个脚印,从一名普通战士,历练成为一名军队副团级干部。1986 年 3 月调任瑞昌县人武部政委。同年 6 月任瑞昌县委常委、人武部政委。1988 年组织民兵,参与地方建设,承担改造洋鸡山尾矿坝工程,在盈利的资金中,拿出 20 万元,捐献花园中学,兴建一栋教学大楼,当年 9 月 5 日,得到省军区司令员张传诗一行的高度评价。1989 年为改造办公营区,在瑞昌第二小学东侧新建武装部办公大楼,1991 年 10 月竣工投入使用,同年瑞昌市人武部荣获"江西省县市区人武部建设三年规划达标单位"。1990 年 4 月任瑞昌市委常委,人武部政委。1991 年 4 月 12 日出席军分区组织的全区民兵政治工作研讨会,撰写的论文荣获三等奖。1992 年 12 月任瑞昌市人武部政委。1993 年 8 月任瑞昌市委常委、人武部政委。1995 年 6 月下旬瑞昌市遭受特大洪灾,组织民兵抗洪,出动民兵 3 万人次,完成土方 46 万立方米,确保赛湖堤、梁公堤、赤心堤、高泉电站安全度汛。1996 年 2 月至 2003 年 1 月任瑞昌市第二、三届人大常委会副主任、党组副书记,分管办公室和选任联工作。2000 年 7 月 28 日出席省人大常委会在上饶玉山县召开的全省部分县、市、区人大常委会选任联分管领导座谈会,会上作题为"人大常委会选举任免工作如何体现党的意图"的典型发言,赢得与会者的好评。2001 年 4 月成功引来浙江省浦江县铁拐李蚊业有限公司,注册资金 1200 万元,是第一家落户瑞昌市工业园的外省企业,受到市委、市政府嘉奖,为瑞昌市招商引资工作开了个好头。2003 年 1 月任瑞昌市人大常委会调研员(正处)。瑞昌市第一、二、三、四届人大代表。2004 年退休,2010 年 10 月 11 日,因病逝世,享年 67 岁。

李汉龙(1932—2011)

李汉龙,男,汉族,江西瑞昌市南阳乡罗城村王家塘李家人,7 岁起就读九山、林下小学,毕业后考入武宁协和中学,高中文化。1949 年 8 月参加革命,1951 年 10 月加入中国共产

党。先后任瑞昌县财贸办公室主任助理，县政府科员，组织部干事。1953年10月任横港区委副书记、区长（主持工作），当时，县委、县政府给每区配备一匹马，作为交通工具，其婉言谢绝，让给其他更远更需要的区领导用。1957年8月任林干训审办公室主任，县委宣传部副部长。1958年3月任组织部副部长，干校副校长。任组织部副部长期间，下乡到高丰，时值兴建大瀼水库，库区内小源大队农民须安置到乐丰大队定居，其心系群众，带领一班人在乐丰与农民群众同吃同住，耐心倾听群众意见，帮助群众办实事，遇到问题及时与公社、大队商量解决，化解诸多矛盾，得到群众好评。1961年12月至1976年2月任横港区工委书记，县监委副书记，组织部副部长，党校校长，政治部负责人。1976年3月任瑞昌县委常委、组织部部长，纪检副书记。其忠心耿耿，事业至上；作风正派，为人公道，工作勤恳；选人用人，严格考察制度，不擅自做主，不开口子，坚持党的组织路线。1981年6月任瑞昌县政府副县长。1984年6月任瑞昌县政协副主席、党组成员。1987年6月任瑞昌县第九届人大常委会副主任、党组成员。1990年4月调任瑞昌市政协调研员（正处），1992年7月离休。瑞昌县第六、七、九届人大代表。2011年8月病逝，享年79岁。

第二节　简　介

全国人大代表

周俊军

周俊军，男，汉族，1972年5月出生，江西瑞昌市人，九江师专化学系专科毕业，大学文化，1995年7月参加工作，2003年7月加入中国共产党。1995年7月至2005年11月花园中学教师、政治处主任、教务处主任、副校长。2005年11月通过公务员考试入公安队伍，2005年11月至2006年8月张家铺派出所民警，其间，2006年7月九江学院化学系本科毕业。2006年8月至2010年7月肇陈派出所民警，在公安机关开展的“三基”建设热潮中，大胆地对传统的农村警务信息工作模式进行改革，于2007年创建了“图—房—人”三位一体警务室信息平台，为打击和预防犯罪，和谐警民关系发挥重要作用，2008年12月荣获江西省公安厅授予的全省公安机关“三基”工程建设先进个人称号。2009 年 1 月荣获人力资源和社会保障部、公安部授予全国特级优秀人民警察称号。4 月,荣获中华全国总工会授予的“全国五一劳动奖章”,荣获共青团中央、中华全国青年联合会授予的中国青年五四奖章,6 月荣获中共江西省委授予的江西省优秀共产党员称号。2010 年 3 月荣获公安部授予的全国公安机关爱民模范。2010 年 7 月至 2012 年 8 月任肇陈派出所副所长、教导员,其间 2010 年 10 月荣获江西省人民政府授予的江西省先进工作者称号,11 月荣获中共江西省委、江西省人民政府授予的“江西省人民满意的公务员”称号。2011 年 1 月荣获公安部授予的“全国公安机关二级英雄模范”称号,10 月荣获中央政法委授予的全国政法系统优秀党员干警称号。2013 年 1 月当选为十二届全国人大代表。

人大常委会主任

刘显枝

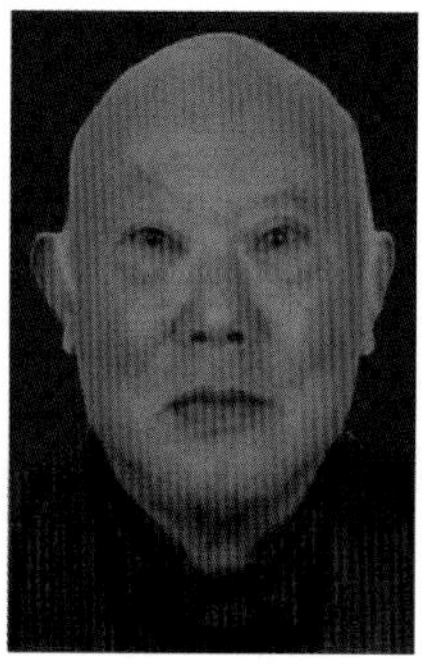

刘显枝,男,汉族,民国 21 年 9 月出生,江西瑞昌市人,高中文化,1950 年 2 月参加工作,1955 年 4 月加入中国共产党。1950 年 2 月至 1955 年 1 月湓城、朱湖、夏畈小学教师。1955 年 2 月至 1955 年 10 月徐源区文教助理,副区长。1955 年 11 月至 1963 年 3 月县监委秘书,县人委办公室主任,团县委书记。1963 年 4 月至 1972 年 7 月瑞昌县农业局局长,花园公社、高丰公社党委书记,县文教服务处革委会副主任,县人行副行长,县交通局局长,肇陈公社党委书记。1972 年 8 月至 1975 年 4 月大桥公社党委书记(其间 1972 年县委常委)。1975 年 5 月至 1977 年 7 月县委常委,县革委副主任。1977 年 8 月至 1981 年 6 月县委副书记。1981 年 6 月至 1984 年 6 月瑞昌县委副书记、县第七届人大常委会主任、党组书记。1984 年 7 月至 1986 年 7 月中共庐山区委常委、区人大常委会主任。1986 年 8 月至 1990 年 4 月瑞昌县政协主席。1990 年 5 月至 1992 年 9 月市政协调研员。县第七、九届人大代表,九江市第八届人大代表,江西省第六届人大代表。

黄问隆

黄问隆,男,汉族,民国 18 年 7 月出生,江西九江县人,高中文化,1951 年 8 月参加工作,1953 年 7 月加入中国共产党。1951 年 8 月至 1956 年 6 月小学教员,九江县第九区政府干部,县委宣传部干部,县训练班副主任、主任。1956 年 7 月至 1958 年 12 月九江县委组织

部副部长、部长，九江县江洲公社党委书记。1959 年 1 月至 1960 年 12 月九江地区九江市委监察委员会副书记，九江市委宣传部部长，九江市委副书记。1961 年 1 月至 1963 年 12 月下放到九江县，任县委副书记兼城门公社党委书记、九江县委副书记兼办公室主任。1964 年 1 月至 1965 年 3 月九江县委办公室主任。1965 年 4 月至 1968 年 10 月九江县委副书记。1968 年 11 月至 1969 年 5 月九江县岷山垦殖场革委会主任。1969 年 6 月至 1980 年 1 月九江县委常委抓促部指挥，中国驻理塔庄亚农水组副组长，九江县委书记。1980 年 2 月至 1984 年 2 月瑞昌县委书记。1984 年 2 月至 1984 年 6 月瑞昌县人大常委会党组副书记、主任候选人。1984 年 6 月至 1986 年 11 月瑞昌县人大常委会主任、党组书记。1986 年 11 月调任九江市人大常委会教科文卫委员会主任。1987 年 5 月九江市人民政府参事室主任。瑞昌县第七、八届人大代表，九江市第八届人大代表。1989 年 8 月退休。

熊汉川

熊汉川，男，汉族，民国 20 年 1 月出生，江西德安县人，大专文化，1949 年 7 月参加工作，1952 年 8 月加入中国共产党。1949 年 7 月至 1954 年土改工作组副组长、组长，德安县政府人事科副科长，德安民政科长兼人事科长。1954 年中共德安第二区委书记。1955 年中共江西省委党校教务处秘书（助研员）。1956 年选调中国人民解放军空军修建部干部处少校干事。1958 年转业任共青团德安县委书记。1959 年至 1972 年德安八里综合垦殖场书记，九江县沙城区委书记兼区长，九江县委农工部长、宣传部长，九江县革命委员会抓促部负责人。1973 年 10 月至 1981 年 5 月瑞昌县委副书记、革命委员会第一副主任。1981 年 6 月至 1984 年 2 月瑞昌县委副书记、县人民政府县长。1984 年 2 月至 1986 年 11 月瑞昌县政协党组副书记、书记、政协主席。1986 年 11 月瑞昌县第八届人民代表大会第四次会议补选为瑞昌县第八届人大常委会主任，并任党组书记。1987 年调任九江市浔阳区人大常委会主任。瑞昌县第七、八届人大代表，九江市第八届人大代表，江西省第五届人大代表。1994 年离休，副地级待遇。

何仁先

何仁先，男，汉族，民国 30 年 2 月出生，江西瑞昌市人，高中文化，1958 年 12 月参加工作，1960 年 11 月加入中国共产党。1958 年 12 月至 1964 年 8 月江西共大青山分校应征入

伍,先后任战士、副班长、连文书。1964年9月至1970年9月官田湖垦殖场、良田人民公社人武部部长,良田人民公社革委会副主任、人武部部长,范镇人民公社革委会副主任、人武部部长,范镇人民公社党委书记、革委会主任。1970年10月至1981年6月中共瑞昌县委常委兼保卫部负责人、政治部负责人,共青团瑞昌县十二届委员会书记,县委常委兼县公安局局长、党委书记、县委政法领导小组副组长。1981年7月至1987年5月县委常委兼组织部长,县委副书记兼县委政法委书记。1987年6月至1998年2月瑞昌县第九届人大常委会主任、党组书记,瑞昌市第一、二届人大常委会主任、党组书记。1998年3月至2001年3月市委督导员。江西省第七、八届人大代表,九江市第九、十届人大代表和第十届人大常委会委员,瑞昌县第七、八、九届和瑞昌市第一、二、三届人大代表。2001年3月退休。

张肇山

张肇山,男,汉族,民国34年1月出生,江西瑞昌市人,1963年1月入伍,1964年11月加入中国共产党,中国人民解放军测绘学院航测外专业毕业,中专文化。1963年1月至1971年7月福州军区炮兵仪器侦察营一连战士、副班长,北京测绘学院航测系四中队二班学员,福州军区政治部考察干部办公室干部,福州军区炮兵二团指挥排长。1971年8月至1981年12月福建前线广播电台编辑、正营职编辑(其间1977年3月至12月南昌军政干校学习)。1982年1月至1984年9月瑞昌县委宣传部干事,县委办公室副主任兼对台办主任。1984年10月至1989年9月瑞昌县委组织部副部长(其间,1989年兼直属机关党委书记)。1989年10月至1992年9月瑞昌县、市委常委,组织部部长。1992年10月至1995年4月瑞昌市委副书记兼组织部部长。1995年5月至1997年12月瑞昌市委副书记。1997年10月至1998年1月瑞昌市人大常委会党组副书记,主任候选人。1998年2月至2003年1月瑞昌市人大常委会主任、党组书记。2003年2月至2005年2月瑞昌市人大常委会调研员。瑞昌市第一、二、三、四届人大代表;九江市第十届、第十一届人大代表;江西省第九届人大代表。2005年2月退休。

陈世翔

陈世翔,男,汉族,1953年10月出生,湖北武穴市人,大专文化,1971年9月参加工作,1975年5月加入中国共产党。1971年9月至1984年3月瑞昌县中学教师,铁一师五团十

六连文书，瑞昌县委宣传部干部。1984 年 3 月至 1992 年 12 月码头镇党委副书记，黄金乡党委书记，桂林乡党委书记。1993 年 1 月至 1997 年 12 月瑞昌市政府副市长、党组成员。1997 年 12 月至 2002 年 12 月瑞昌市委常委、纪委书记，市委副书记兼纪委书记。2003 年 1 月至 2011 年 9 月瑞昌市人大常委会主任、党组书记。瑞昌市第三、四、五、六届人大代表，九江市第十二、十三届人大代表，江西省第十、十一届人大代表。

徐修武

徐修武，男，汉族，1961 年 3 月出生，江西武宁县人，江西省第二林校林学专业毕业，大学文化，1982 年 8 月参加工作，1983 年 8 月加入中国共产党。1982 年 8 月至 1986 年 11 月武宁县罗坪乡政府干部。1986 年 11 月至 1995 年 12 月武宁县新宁镇人武部长、副镇长、副书记（其间 1990 年 7 月至 1992 年 7 月江西电大法律专科学院学习）。1995 年 12 月至 1998 年 3 月武宁县官莲乡党委副书记、乡长，武宁县黄段镇党委副书记、镇长。1998 年 3 月至 2001 年 4 月武宁县官莲乡党委书记兼人大主席（其间 1999 年 9 月至 2001 年 12 月中央党校函授学院法律专业本科学员）。2001 年 4 月至 2002 年 12 月武宁县鲁溪镇党委书记。2002 年 12 月至 2006 年 5 月修水县政府党组成员、副县长，修水县委常委、宣传部长（其间 2005 年 7 月至 9 月北京市挂职锻炼）。2006 年 5 月至 2009 年 8 月修水县委常委、政法委书记。2009 年 8 月至 2011 年 7 月瑞昌市委常委、组织部长。2011 年 7 月至 9 月瑞昌市人大常委会党组副书记、主任候选人，9 月当选为瑞昌市第六届人大常委会主任，并任市人大常委会党组书记。瑞昌市第五、六届人大代表，九江市第十四届人大代表。

人大常委会副主任

秦玉璞

秦玉璞，男，汉族，民国 13 年 12 月出生，黑龙江克山县人，小学文化，民国 34 年 10 月参加工作，民国 34 年 12 月加入中国共产党。民国 34 年—民国 37 年 3 月黑龙江克山县西城区指导员。1949 年 4 月至 1953 年江西省瑞昌县湓城镇镇长兼民政局局长，县委会秘书，下西区指导员，县委宣传部部长。1953 年至 1978 年 11 月湖口县委宣传部部长，江西体育学院田径系主任,江西东乡钢铁厂(现江西磷肥厂)劳资科科长。1978 年 12 月至 1981 年瑞昌县民政局局长。1981 年 6 月至 1984 年 6 月瑞昌县人大常委会副主任、党组成员。瑞昌县第七、八届人大代表。1986 年 12 月离休,正处级。

章秀文

章秀文,男,汉族,民国 18 年 2 月出生,江西瑞昌市人,1949 年 7 月参加工作,1951 年 2 月加入中国共产党。1949 年 7 月至 1951 年 10 月横港区农民协会干事,九江县古塘乡土改工作组副组长,瑞昌县双石乡土改工作组组长。1951 年 11 月至 1954 年上南区区长,肇陈区区委书记,第二区区委书记,县委委员。1955 年至 1956 年县委组织部部长。1957 年至 1959 年县委常委、组织部部长。1959 年 7 月县委副书记、县政府县长。1960 年 6 月县政府干部。1962 年至 1978 年南义乡党委书记,洪一乡党委书记,农业局副局长,武山铜矿工会主席,县委办公室副主任。1981 年至 1987 年县人大常委会副主任、党组成员。瑞昌县第三、七、八、九届人大代表。1991 年 1 月退休。

宋椿炎

宋椿炎,男,汉族,民国 14 年 11 月出生,江西上饶市人,大专文化,1950 年 9 月参加工作,1984 年 2 月加入中国共产党。1950 年 7 月至 1951 年 9 月牡丹江森林工业管理局东北荣军委员会见习技术员。1951 年至 1962 年 12 月哈尔滨农业机械学校铁道农垦局农校教员。1963 年 1 月至 1983 年 2 月瑞昌县农业局农机站长。1982 年 8 月增选为瑞昌县第七届人大常委会副主任。1984 年 6 月至 1987 年 6 月瑞昌县第八届人大常委会副主任、党组成员。瑞昌县第七、八届人大代表,第七届人大常委会委员。九江市第八届人大代表。1991 年 1 月退休。

柯亭依

柯亭依,男,汉族,民国 20 年 6 月出生,江西瑞昌市人,高中文化,1949 年 7 月参加工作,1953 年 7 月加入中国共产党。1949 年 7 月至 1954 年 3 月瑞昌县上南区上南乡公所文书,上南区工委宣传干事,下南区政府区长,县人民政府人民监察委员会秘书。1954 年 4 月至 1974 年 4 月县文教科(局)、局长,瑞昌中学校长、党支部书记,县委宣传部副部长,瑞昌

中学革委会主任，高丰乡党委书记、革委会主任（其间1973年11月起任县委常委）。1974年5月至1981年7月瑞昌县委常委、县委办公室主任。1981年8月至1984年4月瑞昌县委常委、县政府副县长。1984年5月至1990年4月瑞昌县第八届、九届人大常委会副主任，党组副书记。1990年5月至1991年8月瑞昌市人大常委会调研员。瑞昌县第三、六、七、八、九届，瑞昌市第一届人大代表。九江市第九届人大代表。1991年8月离休，正处级。

罗喻圣

罗喻圣，男，汉族，民国20年11月出生，江西瑞昌市人，初中文化，1949年8月参加工作，1952年10月加入中国共产党。1949年8月至1970年2月瑞昌县干训班学员，三强工作队员，二强公安助理，县公安局干事、治安股副股长，九江公安处二科副科长，湖口县公安局副局长，湖口县政府办公室主任（湖口县第三届人大代表），江西省属劳改第一化工厂筹建办主任，主持生产厂长，抚州砖瓦厂副厂长，下放到瑞昌县煤矿当工人。1970年3月至1987年6月瑞昌县煤矿党组书记、革委会主任，工业局副局长，司法局局长，瑞昌县人民法院院长、党组书记。1987年6月至1990年4月瑞昌县第九届人大常委会副主任、党组成员。1990年5月至1991年11月瑞昌市人大常委会调研员（副处），瑞昌县第九届、瑞昌市第一届人大代表。1991年12月离休。

姚秦珍

姚秦珍，女，汉族，民国31年5月出生，江西玉山县人，江西省赣东北大学中文系毕业，大学文化，1962年7月参加工作。1962年7月至1987年4月江西省铅山县陈坊中学，永平中学，瑞昌县肇陈中学，高丰中学，瑞昌县第一中学教师。1987年5月至1990年4月瑞昌一中副校长、中学高级教师，瑞昌县第九届人大常委会副主任。1990年5月至1993年1月瑞昌市一中副校长，政协瑞昌市第一届委员会副主席。1993年2月至1998年1月瑞昌市人民政府副市长。1998年2月至2002年12月政协瑞昌市第三届委员会委员、副主席。瑞昌县第九届人大代表，九江市第八、九、十届人大代表，江西省第八、九届人大代表。2003年1月退休。

徐昌仁

徐昌仁,男,汉族,民国29年8月出生,江西赣县人,江西大学(现南昌大学)物理系毕业,大学文化,1965年7月参加工作,1980年1月加入中国共产党。1965年7月至1970年7月湖北省武汉钢铁公司钢铁研究所技术员。1970年7月至1984年4月瑞昌县矿山机械厂技术员,机械助理工程师、工程师、副厂长。1984年4月至1990年4月瑞昌县人民政府副县长、党组成员。1990年4月至1998年3月瑞昌市人大常委会副主任、党组副书记。1998年3月至1999年8月瑞昌市人民政府督导员。瑞昌县第八、九届,瑞昌市第一、二、三届人大代表。2000年9月退休。

曹中雪

曹中雪,男,汉族,民国22年11月出生,江西瑞昌市人,高中文化,1951年参加工作,1956年加入中国共产党。1951年至1965年6月小学教师、校长,县委组织部教员、干事。1965年7月至1975年12月瑞昌县委组织部副部长,文教服务处革委会主任,县革委政治部直正组、宣传组、组织组组长,政治部负责人兼组织部长。1976年1月至1990年5月瑞昌县委组织部副部长兼老干部局局长。1990年5月至1993年1月瑞昌市第一届人大常委会副主任、党组成员。1993年1月至12月瑞昌市人大常委会调研员。1993年2月至2007年瑞昌市关工委主任。1995年11月退休。瑞昌县第八、九届人大代表、县人大常委会委员,瑞昌市第一、二届人大代表。

朱亚愚

朱亚愚,男,汉族,民国27年6月出生,江西瑞昌市人,广州中山大学生物系毕业,大学文化,1962年2月参加工作。1962年2月至1971年3月辽宁大学生物系助教。1971年4月至1978年7月瑞昌县中学教师。1978年8月至1984年6月瑞昌一中教师。1984年7月至1990年4月瑞昌一中副校长。1990年4月至1998年2月瑞昌市第一届、二届人大常委会副主任。1998年2月至12月瑞昌市人大常委会督导员。瑞昌县第九届人大代表、人大常委会委员,瑞昌市第一、二、三届人大代表。1998年12月退休。

彭经球

彭经球,男,汉族,民国24年11月出生,江西瑞昌市人,高中文化,1954年9月参加工作,1955年9月加入中国共产党。1954年9月至1970年8月水陆乡文书,瑞昌县经济计划委员会干部,人民委员会办公室农业秘书,经计委秘书、副主任。1970年9月至1991年3月南阳公社、洪下公社党委书记兼主任,瑞昌县经济计划委员会副主任、主任。1991年3月补选为瑞昌市第一届人大常委会副主任、并任党组成员。瑞昌市第一、二届人大代表。1996年9月退休。

宋银春

宋银春,男,汉族,民国28年3月出生,湖北武穴市人,中专文化,1958年3月参加工作,1959年9月加入中国共产党。1958年3月至1968年9月九江市茅山头垦殖场团委干事,九江市人民法院助理审判员。1968年10月至1969年9月瑞昌县花园人民公社五七大军排长、副连长、中学校长。1969年10月至1972年12月瑞昌县化肥厂政工干部,县工业局政工组长,县保卫部审判组副组长。1973年1月至1984年3月瑞昌县人民法院刑事审判庭庭长、副院长、院长。1984年4月至1992年9月瑞昌县、市工商局局长。1992年10月至1998年2月瑞昌市人大常委会党组成员、副主任候选人、副主任兼市委政法委副书记。1998年3月至1999年3月瑞昌市人大常委会督导员。瑞昌县第七、八、九届,瑞昌市第一、二、三届人大代表。1999年4月退休。

何庆亮

何庆亮,男,汉族,民国27年10月出生,江西瑞昌市人,初中文化,1954年10月参加工作,1970年11月加入中国共产党。1954年10月至1980年12月长流乡信用社会计,瑞昌县采购局干部,横港供销社干部,瑞昌县商业局干部,知识青年黄桥连山大队排长,湓城公社干部,瑞昌县革委会干部、秘书。1981年1月至8月码头公社管委会主任。1981年9月至1989年4月码头镇党委书记,赛湖农场场长。1989年5月至1992年12月瑞昌县、市政府县、市长助理。1993 年 1 月至 12 月瑞昌市人大常委会党组成员，1994 年 1 月补选为瑞昌市第二届人大常委会副主任。1998 年 2 月至 1998 年 11 月瑞昌市人大常委会督导员。瑞昌市第二、三届人大代表，九江市第九届人大代表。1998 年 12 月退休。

朱　杰

朱　杰，男，汉族，民国 34 年 11 月出生，江西九江县人，江西工学院(现南昌大学)毕业，大学文化，1970 年 7 月参加工作，1972 年加入中国共产党。1970 年 7 月至 1984 年瑞昌县拖拉机厂技术员、工程师、调度员、车间副主任、主任、党支部书记、副厂长、厂长、党委副书记。1985 年县经委副主任。1987 年 7 月瑞昌苎麻纺织总厂厂长、党委副书记，1989 年获江西省劳动模范称号。1990 年 4 月至 1998 年 1 月瑞昌市人民政府副市长、党组成员。1998 年 2 月至 2001 年 1 月瑞昌市第三届人大常委会副主任、党组成员。后因出任其他职务辞去市三届人大常委会副主任职务。瑞昌县第八届人大代表，瑞昌市第一、二、三、四届人大代表，九江市第九届人大代表。2006 年 1 月退休。

朱才菊

朱才菊，男，汉族，民国 33 年 10 月出生，江西瑞昌市人，大专文化，1963 年 9 月参加工作，1966 年 7 月加入中国共产党。1963 年 9 月至 1970 年 7 月瑞昌县棉麻公司职员，永修社教工作队员，瑞昌县人事劳动局科员，县委党校教员。1970 年 7 月至 1998 年 1 月码头人民公社党委委员、人武部长，大桥公社党委副书记、管委会副主任、人武部长，洪岭公社党委书记，瑞昌县纪律检查委员会常委、纪检科长，瑞昌县水电局党总支书记、局长，瑞昌市监察局局长，入选江西监察学会理事，瑞昌市纪委副书记、监察局长(其间 1995 年 8 月辽宁经济管理学院函授大专毕业)。1998 年 2 月至 2003 年 1 月瑞昌市人大常委会副主任、党组成员，兼市委政法委副书记。2003 年 2 月至 2004 年 10 月瑞昌市人大常委会助理调研员。瑞昌市第三、四届人大代表，九江市第十届人大代表。2004 年 11 月退休。

彭正交

彭正交，男，汉族，民国 34 年 1 月出生，江西瑞昌市人，大专文化。1963 年 1 月参加工作，1973 年 11 月加入中国共产党。1963 年 1 月至 1970 年 10 月范镇源源小学、下南小学、

陡岗小学、源源中学任教(1970年10月转为国家公办教师),1970年11月至1984年4月瑞昌县革委会干部,瑞昌县保卫部(公安局)干部。1984年4月至1997年12月瑞昌县纪委常委、办公室主任,瑞昌县、市纪委副书记(其间1993年8月至1997年12月兼市廉政办公室主任,1996年8月中国逻辑与语言函授大学文秘专业毕业)。1998年2月至2003年1月瑞昌市人大常委会副主任、党组成员。2003年1月至2005年1月瑞昌市人大常委会助理调研员。瑞昌市第三、四届人大代表。2005年2月退休。

李世秀

李世秀,女,汉族,1960年6月出生,四川安县人,大专文化(中央党校函授经济管理专业),1976年7月参加工作,无党派。1976年7月至1979年6月范镇、横港粮管所职员,瑞昌县棉麻公司职员。1979年6月至1985年4月瑞昌县供销总社团委书记、妇联主任。1985年4月至1989年4月共青团瑞昌市委副书记。1989年4月至1992年11月瑞昌县、市人大常委会办公室副主任。1992年11月至1997年12月瑞昌市计生委副主任。1998年1月至2000年2月瑞昌市政协副主席兼残联理事长。2000年2月增选为瑞昌市第三届人大常委会副主任。2003年1月至2007年3月瑞昌市政府副市长。2007年3月起任瑞昌市政协副主席。

曹祥水

曹祥水,男,汉族,1952年3月出生,江西瑞昌市人,大专文化,1971年2月参加工作,1973年9月加入中国共产党。1971年2月至1978年5月洪一乡长坑小学教师,洪一中学教师,洪一公社干部。1978年6月至1982年3月洪一公社党委委员、管委会副主任、党委副书记、副主任、管委会主任。1982年3月至1990年2月溢城公社副书记、管委会副主任,桂林乡党委书记,高丰乡党委书记。1990年3月至2002年12月瑞昌市供销社主任,农委主任,水电局长,财政局局长。2003年1月至2011年9月瑞昌市第四届、五届人大常委会副主任、党组副书记(其间2003年1月至2007年2月人大常委会副主任兼市委政法委副书记)。2011年9月瑞昌市人大常委会副调研员。瑞昌市第一、二、四、五、六届人大代表,瑞昌市第一届人大常委会委员。九江市第十一届人大代表。

周又新

周又新,女,汉族,1957年5月出生,江西瑞昌市人,江西共大总校牧医系毕业,大专文化。1974年9月参加工作,1985年5月加入中国共产党。1974年9月至1986年7月高丰知青,高丰公社乐丰小学教师,南阳乡妇联主任。1986年8月至2002年12月瑞昌县妇联干部、瑞昌市妇联组宣部部长、妇联生产福利部部长、妇联副主任、主任,科委主任兼科协主席、科协党支部书记。2003年1月至2011年9月瑞昌市第四届、五届人大常委会副主任、党组成员。2011年9月瑞昌市政协副主席、党组副书记。瑞昌市第三、四、五届人大代表,第三届人大常委会委员。

李广松

李广松,男,汉族,1966年3月出生,江西瑞昌市人,江西农业大学农学专业毕业,研究生,农艺师职称。1985年8月参加工作,1986年11月加入中国共产党。1985年8月至1995年11月瑞昌县农业局干部,瑞昌县、市农经委科长。1995年12月至2001年6月流庄乡党委副书记、纪委书记,横立山乡党委副书记、乡长,党委书记兼人大主席。2001年6月至2003年1月南义镇党委书记兼人大主席。2003年1月至2005年3月瑞昌市第四届人大常委会党组成员、副主任兼南义镇党委书记(其间,2004年4月至2006年6月江西农大农业推广专业在职研究生,获硕士学位)。2005年3月调任修水县副县长,5月辞去瑞昌市人大常委会副主任职务。2006年5月至2011年7月修水县委常委、宣传部长,庐山区委常委、宣传部长,政府副区长,德安县委常委、组织部长。瑞昌市第四届人大代表。

蔡金槐

蔡金槐,男,汉族,1951年9月出生,江西瑞昌市人,大专文化。1976年参加工作,1977年加入中国共产党。1976年至1992年高丰公社团委副书记,副乡长,党委委员,乡长。1992年至2002年花园乡党委书记兼人大主席,桂林街道党委书记,瑞昌市林业局局长。2003年1月至2007年2月瑞昌市第四届人大常委会副主任、党组成员。2007年3月至2011年9月瑞昌市人大常委会副调研员。瑞昌县第八届人大代表,瑞昌市第一、二、

三、四、五届人大代表。2011年10月退休。

吴拥军

吴拥军，男，汉族，1963年1月出生，江西瑞昌市人，江西工学院毕业，大学文化，1983年8月参加工作。1983年8月至1998年10月瑞昌县（市）通用机械厂干部，瑞昌市科委干部。1998年10月至2002年12月瑞昌市通用机械厂董事长、总经理，瑞昌市经贸委副主任。2003年1月至2011年9月瑞昌市第四届、五届人大常委会副主任。2011年9月瑞昌市政协副主席。瑞昌市第四、五届人大代表。

朱志强

朱志强，男，汉族，1954年12月出生，安徽泾县人，江西大学哲学系毕业，大学文化，1973年7月参加工作，1976年10月加入中国共产党。1973年11月至1978年2月瑞昌县黄桥公社下放知青。1978年3月至1981年12月江西大学学生。1982年1月至1985年10月九江地（市）委党校教师，瑞昌县委组织部干部。1985年11月至1997年10月桂林乡党委副书记、纪委书记，瑞昌市委宣传部副部长，市委宣传部正科级宣传员，南义镇党委书记兼人大主席，瑞昌市委办公室主任。1997年11月至2006年6月瑞昌市检察院党组副书记、书记，副检察长、检察长。2006年7月至2007年2月瑞昌市人大常委会党组成员、副主任候选人。2007年3月至2011年9月瑞昌市第五届人大常委会副主任兼市委政法委副书记。2011年9月瑞昌市人大常委会调研员（正处级）。瑞昌县第九届，瑞昌市第三、五、六届人大代表。

刘振华

刘振华，男，汉族，1958年1月出生，大学文化，江西瑞昌市人，1984年5月参加工作，1979年11月加入中国共产党。1976年9月至1984年4月高丰严坪小学民办教师，大队会计、大队长、党支部书记。1984年5月至1995年1月高丰乡党委委员、纪委副书记，花园乡党委秘书、财政所长，瑞昌市财政局人秘股长、党支部委员，瑞昌市政府办公室副主任。1995年2月至2006年7月和平乡党委书记兼人大主席，范镇党委书记兼人大主席，溢城街道党委书记,瑞昌市地税局局长,市地税局正科级干部(待安排),瑞昌市财政局局长、农税局局长(其间1995年8月至1998年6月中央党校函授学院经济管理大专班学习,1998年8月至2000年12月中央党校函授学院政法专业本科班学习)。2006年7月至2007年2月瑞昌市人大常委会党组成员、副主任候选人。2007年3月至2011年9月瑞昌市第五届人大常委会副主任、党组成员,9月市六届人民代表大会第一次会议上继续当选为市第六届人大常委会副主任。瑞昌市第三、五、六届人大代表。

张友清

张友清,男,汉族,1955年11月出生,江西瑞昌市人,大学文化,1972年12月参加工作,1975年3月加入中国共产党。1972年12月至1983年4月人民解放军铁道兵一师二团战士、汽车二连司务长、财务股连职助理员。1983年5月至1984年4月瑞昌县供电所政工干事。1984年5月至1988年12月瑞昌县纪律检查委员会副科级纪检员、纪检科长。1989年1月至2006年3月瑞昌县洪岭乡副书记、乡长,湓城镇镇长、湓城街道办事处主任、湓城街道党委书记,供销社党委书记、理事会主任,瑞昌市发展改革委员会主任。2006年3月至2007年2月瑞昌市人大常委会党组成员、副主任候选人。2007年3月至2011年9月瑞昌市第五届人大常委会副主任兼市总工会主席。2011年9月瑞昌市人大常委会副调研员。瑞昌市第一至六届人大代表,第二届人大常委会委员。

李庆生

李庆生,男,汉族,1960年10月出生,浙江建德市人,大学文化,1978年3月参加工作,1986年3月加入中国共产党。1978年3月至1979年9月瑞昌县茶场知青。1979年9月至1981年7月修水师范普师专业学生。1981年8月至1988年6月瑞昌县实验小学教师,城镇小学教师,瑞昌县统计局干部、股长。1988年6月至1994年2月瑞昌市政府办公室秘书、调研科科长(副科级秘书),瑞昌市政府驻南昌办事处副主任、主任。1994年2月至2002年12月瑞昌市委办公室副主任(正科级),花园乡党委书记、党委书记兼人大主席、党委书记(其间1998年至2000年中央党校函授法律专业本科),湓城街道党委书记,瑞昌市政府党组成员、办公室主任。2003年1月至2010年7月瑞昌市政协党组成员、副主席,市政府党组成员、市长助理。2010年7月至2011年7月瑞昌市政协党组成员、副主席,市政府党组成员、工业园区党工委书记。2011年7月至9月瑞昌市人大常委会党组成员、副主任候选人，9月当选为瑞昌市第六届人大常委会副主任，并任市人大常委会党组副书记。瑞昌市第三、四、六届人大代表。

毕诗龙

毕诗龙，男，汉族，1963年9月出生，江西瑞昌市人，江西樟树农校农学专业毕业，大学文化，1982年7月参加工作。1982年7月至1991年12月瑞昌县农业局干部、瑞昌市农业开发办公室干部。1991年12月至2001年1月乐山乡副乡长，范镇镇长助理，瑞昌市高山蔬菜办公室副主任（副科级），瑞昌市农经委副主任。2001年2月至2002年12月瑞昌市工商联会长，瑞昌市政协常委。2003年1月至2011年9月瑞昌市政协副主席。2011年7—9月瑞昌市人大常委会副主任候选人，9月当选为瑞昌市第六届人大常委会副主任。瑞昌市第六届人大代表。

丰 耿

丰 耿，男，汉族，1966年11月出生，江西瑞昌市人，九江师专数学系毕业，后函授中央党校经济管理本科，大学文化，1987年8月参加工作，1994年11月加入中国共产党。1987年8月至1997年12月瑞昌县横港中心学校教师，瑞昌市监察局干部，纪委监察二室副主任、主任。1997年12月至2006年3月瑞昌市纪委常委、监察局副局长，横港镇党委副书记、镇长，横港镇党委书记兼人大主席，党委书记，党委书记兼人大主席。2006年3月至2011年7月瑞昌市政府党组成员，市纪委副书记、监察局局长，代理乐园乡党委书记，瑞昌市政府党组成员、市纪委副书记、监察局局长，行政服务中心党工委副书记、主任，瑞昌市政府党组成员、纪委副书记、监察局局长。2011年7月至9月瑞昌市人大常委会党组成员，副主任候选人，9月当选为瑞昌市第六届人大常委会副主任，并兼任市委政法委副书记。瑞昌市第四、六届人大代表。

柯善富

柯善富，男，汉族，1961年1月出生，江西瑞昌市人，大学文化，1984年12月参加工作，1980年12月加入中国共产党。1984年12月至1998年2月瑞昌县乐园乡干部，副乡长，乐

园乡党委委员、副乡长，党委副书记、乡长(其间1994年7月中央党校法律专业毕业)。1998年2月至2003年2月肇陈镇党委书记，党委书记兼人大主席，湓城街道党委书记。2003年2月至2011年7月瑞昌市林业局局长、防火办主任，财政局局长兼农税局局长，财政局局长。2011年7月至9月瑞昌市人大常委会党组成员，副主任候选人，9月当选为瑞昌市第六届人大常委会副主任，并兼任市总工会主席。瑞昌市第三、五、六届人大代表。

张恭良

张恭良，男，汉族，1959年10月出生，江西瑞昌市人，大专文化，1984年9月参加工作，1985年9月加入中国共产党。1984年9月至1989年6月瑞昌县九源乡团委书记，财政局范镇财政所所长。1989年6月至1990年11月江西财经学院学习。1990年12月至1995年12月瑞昌市财政局科长。1995年12月至2003年2月瑞昌市政府办公室副主任，码头镇党委副书记、镇长，夏畈镇党委书记兼人大主席，白杨镇党委书记(其间2000年8月至2002年7月中央党校函授经济管理专业毕业)。2003年2月至2011年6月瑞昌市经济贸易委员会党委书记、主任，瑞昌市建设局党委书记、局长。2011年7月至9月瑞昌市人大常委会党组成员，副主任候选人，9月当选为瑞昌市第六届人大常委会副主任。瑞昌市第三、五、六届人大代表。

人大常委会副调研员、党组成员

丁瑞林

丁瑞林，男，汉族，1957年8月出生，江西瑞昌市人，大专文化，1974年12月参加工作，1976年加入中国共产党。1974年12月至1976年11月湓城公社插队知青。1976年12月至1985年10月炮兵610团战士、政治干事，南京政治学院学员，炮兵610团一连副指导员。1985年11月至1986年11月部队整编待命。1986年12月至1989年2月瑞昌县委组织部干部。1989年3月至2003年3月湓城镇党委副书记，大德山林场党委副书记、场长，城建局副局长，瑞昌市监察局局长。2003年4月至2007年12月市政府党组成员、市长助理。2004年2月起市人大常委会副调研员。瑞昌市第一届人大代表。

陈小英

陈小英,女,汉族,1962年4月出生,江西瑞昌市人,大专文化,1982年8月参加工作,1993年12月加入中国共产党。1982年8月至1987年8月流庄乡妇联副主任。1987年9月至1989年7月中国妇女管理干部学院学习。1989年8月至1997年4月瑞昌市妇联干部。1997年5月至2005年4月瑞昌市人大常委会政法办公室副主任,南阳乡党委副书记、乡长,党委书记,党委书记兼人大主席。2005年5月至2011年7月瑞昌市政府党组成员、市长助理,计生委主任。2011年7月瑞昌市人大常委会党组成员。瑞昌市第四、五、六届人大代表、第四届人大常委会委员。

市人大常委会委员

张根树

张根树,男,汉族,1952年8月出生,湖北黄梅县人,高中文化,1968年10月参加工作,1970年3月加入中国共产党。历任中国人民解放军战士、排长、连长、副营长、营长、副团长。1986年3月至1992年12月瑞昌县、市人武部部长、党委副书记。1993年调任中共九江市河道管理局党委书记。瑞昌县第九届人大代表,人大常委会委员。瑞昌市第一届人大代表,人大常委会委员。2005年9月病逝,享年53岁。

朱汉浩

朱汉浩,男,汉族,1958年7月出生,江西瑞昌市人,研究生,1974年8月参加工作,1984年10月加入中国共产党。1974年8月至1986年11月朱湖学校初中教师,瑞昌县供销社业务股职员,县税务局税政股干部(其间1984年10月至1986年9月九江经济管理干部学院江西电大党政干部专修班学习)。1986年12月至1989年11月瑞昌县委组织部干部。1989年12月至1996年7月瑞昌市委组织部副部长、正科级组织员。1996年7月至2002年11月湖口县委常委、组织部部长,湖口县委副书记(其间1999年10月至2001年9月复旦大学哲学与经济管理研究生班学习。2001年4月至7月受省委指派赴上海宝山区泗塘街道挂任党工委副书记)。2002年12月至2011年8月庐山管理局党委委员、副局长

(正处),都昌县委书记,浔阳区委书记。2011年9月九江市政协党组成员、副主席兼九江市委政法委副书记。瑞昌市第一、二届人大代表,人大常委会委员。

邓孟溪

邓孟溪,男,汉族,民国23年10月出生,江西瑞昌市人,中专文化,1956年8月参加工作,中共党员。1956年8月至1981年6月瑞昌县湓城小学教师,县公交办公室、县科委、县委监委、县卫生局、县革委办公室干部。1981年7月至1990年4月瑞昌县人大常委会办公室、教科文卫、选任联办公室副主任。1990年5月瑞昌市人大常委会财政经济办公室主任。瑞昌县第八届人大代表,瑞昌市第一届人大代表、人大常委会委员。1991年5月病逝,享年57岁。

胡映民

胡映民,男,汉族,民国22年7月出生,江西瑞昌市人,初中文化,1952年参加工作,1953年3月加入中国共产党。1952年至1957年翠林乡团支部书记,码头区委宣传干事,瑞昌县肃反办公室干事。1957年至1958年江西省团校学习。1958年至1966年肇陈区委青年干部,共青团瑞昌县委副书记,罗城公社党委书记,南阳区工委青年干事,共青团瑞昌县委书记(1964年4月参加全国共青团第九次代表大会,毛泽东、刘少奇、周恩来、邓小平等党和国家领导人,接见全体代表并和代表合影留念)。1966年至1972年黄岭公社党委书记,县农业服务处党支部书记、革委会主任,范镇公社党委副书记、副主任,码头公社党委副书记、副主任(其间江西省委党校二部学习一年)。1973年至1986年瑞昌县革命委员会政治部宣传组组长,大桥人民公社党委书记,瑞昌县人事局局长后转任劳动人事局局长。1987年至1993年瑞昌县、市人大常委会教科文卫办公室主任。瑞昌县第九届人大代表,瑞昌市第一届人大代表、人大常委会委员。1993年11月退休。

严茂林

严茂林,男,汉族,1952年10月出生,江西瑞昌市人,大专文化,1971年11月参加工作,1975年8月加入中国共产党。1971年11月至1972年12月瑞昌县革委会机关农场职工。

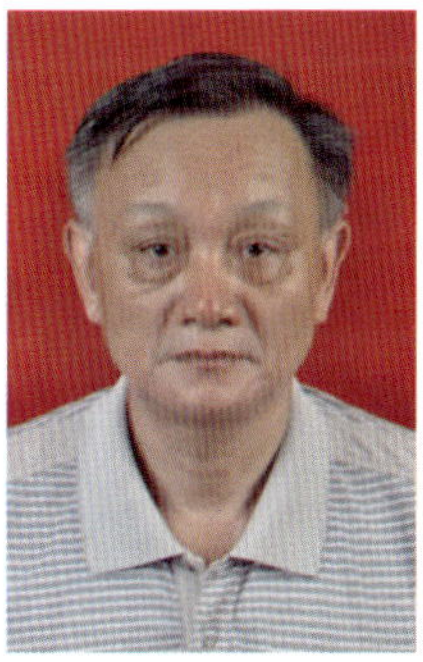

1972年12月至1977年3月铁道兵一师十二中队战士、班长。1977年4月至1990年2月瑞昌县人民法院干部、审判员(副科级)、秘书、办公室副主任(其间1985年9月至1988年8月全国法院干部业余法律大学学习,法律大专毕业)。1990年2月至1996年9月瑞昌县、市人大常委会政法办公室主任。1996年9月调任瑞昌市委政法委办公室副主任(正科级)。2005年起享受副处级待遇。瑞昌市第一、二届人大代表,人大常委会委员。

陈菊梅

陈菊梅,女,汉族,民国36年11月出生,江西樟树市人,中专文化,1963年12月参加工作,1976年加入中国共产党。1963年12月至1968年瑞昌县供销社、妇联干部。1968年10月至1969年10月高丰乡五七大军。1969年10月至1981年7月九江铜岭钢铁厂、江西油嘴油泵厂、瑞昌县知青办公室干部。1981年7月至1990年2月瑞昌县人大常委会办公室、瑞昌县委组织部、瑞昌县物价局干部。1990年2月至1992年12月瑞昌县、市妇联主任。1993年2月至1999年5月瑞昌市卫生局局长。瑞昌市第一届人大代表,人大常委会委员。2002年12月退休。

柯武山

柯武山,男,汉族,1953年11月出生,江西瑞昌市人,初中文化,1970年8月参加工作,1975年9月加入中国共产党。1970年8月至1979年6月南阳供销社营业员,夏畈供销社干事。1979年7月至11月三眼派出所民警。1979年12月至1980年12月瑞昌县公安局预审科工作,转为国家正式干部。1981年1月至1989年8月瑞昌县公安局干部,县委组织部干部、干事、组织员。1989年9月至1997年3月瑞昌市人大常委会选举任免联络办公室主任,瑞昌市人大常委会办公室主任、党组成员。1997年3月调任瑞昌市审计局局长,同时辞去瑞昌市第二届人大常委会委员职务。2003年起享受副处级待遇,瑞昌市第一、二届人大代表,人大常委会委员。

胡敦斌

胡敦斌,男,汉族,民国30年9月出生,江西赣州市人,中专文化,1965年3月参加工

作,1973 年 10 月加入中国共产党。1965 年 3 月至 1977 年 5 月上饶玉山血防站、瑞昌县人民医院、县体委、湓城公社供职。1977 年 5 月至 1989 年 3 月湓城公社党委委员、副主任,瑞昌县体委副主任,瑞昌县政府办公室副主任。1989 年 4 月至 1994 年 3 月瑞昌县、市总工会主席。1994 年 3 月调任瑞昌市环保局局长,同时辞去瑞昌市第二届人大常委会委员职务。瑞昌市第一、二届人大代表,人大常委会委员。2001 年 10 月退休。

王美玉

王美玉,女,汉族,江西龙南县人,民国 31 年 8 月出生,江西医学院毕业,大学文化,1965 年 7 月参加工作。1965 年 7 月至 1985 年 4 月国营永胜厂医院医师。1985 年 5 月至 1997 年 8 月瑞昌县、市人民医院妇产科医师、妇产科主任、主治医师、副主任医师。瑞昌市第一、二届人大代表,人大常委会委员。1997 年 9 月退休。

徐明德

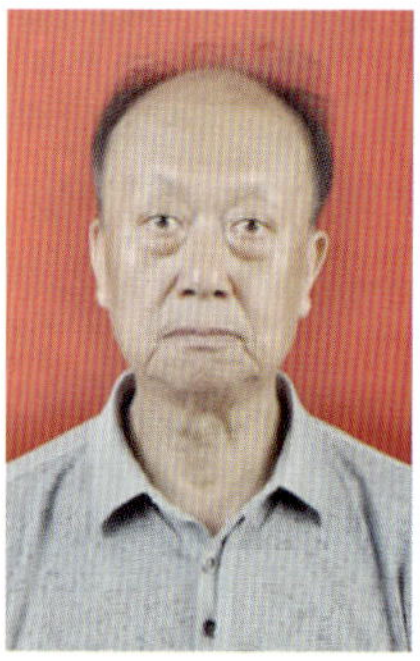

徐明德,男,汉族,民国 28 年 4 月出生,江西玉山县人,江西农学院农机系毕业,大学文化,1963 年 7 月参加工作,1998 年 11 月加入中国共产党。1963 年 7 月至 1984 年 3 月县农业局农机管理站、县机械局、农机局工作,时任农机技校负责人、校长。1984 年 4 月至 1986 年 6 月受联合国粮农组织选派到刚果(布)人民共和国从事援外工作。1986 年 7 月至 1999 年 6 月回国后又回到农业局农机局工作,续任农机技校负责人、校长。1981 年 2 月晋升为农机工程师,1997 年 2 月晋升为农机高级工程师(副高)。瑞昌县第九届人大代表,瑞昌市第一、二届人大代表,人大常委会委员。1999 年 5 月退休。

邬乾悌

邬乾悌,男,汉族,民国 28 年 2 月出生,江西南康市人,初中文化,1954 年 10 月参加工作,1960 年 6 月加入中国共产党。1954 年 10 月至 1966 年 12 月江西漂塘钨矿工人。1967 年 1 月至 1988 年 12 月武山铜矿区长、坑长、科长、副矿长。1989 年 1 月至 1992 年 12 月洋鸡山金矿矿长。1993 年 1 月至 1994 年 7 月瑞昌市经贸委党委书记、副主任。1994 年 8 月瑞昌市经贸委党委书记、副主任兼洋鸡山金矿党委书记。瑞昌市第一届人大代表，人大常委会委员。1999 年 3 月退休。

刘朝键

刘朝键，男，汉族，民国 28 年 3 月出生，江西瑞昌市人，初中文化，1956 年 4 月参加工作，1959 年 3 月加入中国共产党。1956 年 4 月至 1982 年 2 月瑞昌县畜牧兽医站、人民委员会办公室、南阳区公所、县委农工部、大桥公社、县农业局等单位供职。1982 年 3 月至 1990 年 4 月瑞昌县人大常委会办公室秘书、副主任、主任，党组成员。1990 年 5 月至 1995 年 2 月瑞昌市人大常委会办公室主任，党组成员（1991 年 3 月补选市一届人大代表，人大常委会委员。1993 年 1 月继续当选为市二届人大常委会委员）。1995 年 3 月调任市工商局正科级调研员，同时辞去市二届人大常委会委员职务。瑞昌县第九届人大代表，瑞昌市第一、二届人大代表，人大常委会委员。1999 年 4 月退休。

胡茂禄

胡茂禄，男，汉族，民国 27 年 1 月出生，江西瑞昌市人，初中文化，1958 年参加工作，1957 年 7 月加入中国共产党。1958 年至 1966 年大桥公社党委秘书、副书记。1967 年至 1982 年码头公社干部，瑞昌县革委办事组副组长，瑞昌县农业局副局长。1982 年至 1996 年 12 月湓城镇副书记、镇长，白杨乡党委书记，湓城镇党委书记，瑞昌市农经委主任。1992 年 2 月至 1995 年 12 月瑞昌市人大常委会财政经济办公室主任。1995 年 2 月调任瑞昌市交通局正科级调研员，同时辞去瑞昌市第二届人大常委会委员职务。瑞昌县第九届人大代表，瑞昌市第一、二届人大代表，人大常委会委员。1998 年 2 月退休。

王瑞珍

王瑞珍，女，汉族，民国 31 年 10 月出生，江西瑞昌市人，高中文化，1958 年 1 月参加工作，1965 年 4 月加入中国共产党。1958 年至 1975 年大桥、码头供销合作社统计员。1975 年至 1989 年码头公社妇联主任，码头镇党委副书记。1990 年 4 月至 1997 年 12 月码头镇人大主席团常务主席。瑞昌县第七届人大代表，瑞昌市第一、二届人大代表，第二届人大常委会委员,九江市第八、九届人大代表。1997年11月退休,2002年6月病逝,享年60岁。

邹菊花

邹菊花,女,汉族,1955年9月出生,江西瑞昌市人,高中文化,1975年12月参加工作,1976年8月加入中国共产党。1975年12月至1984年10月瑞昌县委路教工作队队员,肇陈公社妇联干部,黄金公社妇联主任。1984年11月至1992年10月瑞昌县妇联副主任,瑞昌市司法局副局长。1992年11月至1995年3月瑞昌市妇联主任。1995年4月调任瑞昌市计划生育委员会主任,同时辞去瑞昌市第二届人大常委会委员职务。2005年5月任瑞昌市民营经济服务局局长。瑞昌市第二届人大代表,人大常委会委员。2010年10月退休。

周庆鼎

周庆鼎,男,汉族,民国37年12月出生,江西瑞昌市人,初中文化,1962年11月参加工作,1969年12月加入中国共产党。1962年11月至1970年4月瑞昌县木器社木工,九江抚州军分区班长,瑞昌县拖拉机厂木模工。1970年5月至1992年12月溢城公社党委委员、副书记、副主任、人武部副部长、部长,峨嵋公社党委副书记、管委会主任,溢城镇党委副书记、人大主席团常务主席。1993年1月至2000年2月瑞昌市人大常委会桂林联络处主任。瑞昌市第二、三届人大代表,人大常委会委员。2009年1月退休,副处级待遇。

柯于友

柯于友,男,汉族,民国32年12月出生,江西瑞昌市人,初中文化,1962年7月参加工作,1966年9月加入中国共产党。1962年7月至1965年11月乐山公社信用社会计。1965年11月至1970年4月应征入伍,任警卫员、侦察班长。1970年4月至1997年2月瑞昌县工业局政工干事,高丰公社副主任、武装部副部长,洪岭公社党委副书记、主任、武装部长,码头公社副书记、武装部长,黄岭公社党委书记,赛湖农场副书记,市供销社主任。1997年3月至1998年3月瑞昌市人大常委会政法办公室主任。瑞昌市第二届人大代表,人大常委会委员。2004年1月退休,副处级待遇。

曹 征

曹征,男,汉族,民国29年9月出生,安徽绩溪县人,江西共大总校林学系毕业,大学文化,1967年9月参加工作,1980年12月加入中国共产党。1967年9月至1969年12月江西共大总校工作。1970年1月至1980年2月瑞昌县农科所、农业局农药厂、水电局工作。1980年3月至1986年4月瑞昌县委组织部干事,瑞昌县城建局副局长。1986年5月至1992年12月瑞昌县、市城建局局长。1993年3月至1995年12月瑞昌市人大常委会教科文卫办公室主任。1995年12月调任瑞昌市城乡建设局正科级调研员,同时辞去市二届人大常委会委员职务。瑞昌县第八、九届人大代表,瑞昌市第一、二届人大代表,第二届人大常委会委员。2000年10月退休。

雷在义

雷在义,男,汉族,民国34年1月出生,江西瑞昌市人,高中文化,1964年12月参加工作,1967年3月加入中国共产党。1964年12月至1969年4月福州军区炮兵6686部队战士。1969年5月至1984年3月县文工团领导小组成员、政工干事,南阳公社文书,黄金公社文书兼团委书记,湓城公社公安特派员。1984年4月至1995年12月桂林乡党委秘书、党委委员、副乡长,桂林乡人大主席团常务主席,瑞昌市人大常委会湓城联络处主任。1995年12月调任湓城街道正科级调研员,同时辞去瑞昌市第二届人大常委会委员职务。瑞昌市第一、二届人大代表,第二届人大常委会委员。2005年2月退休,副处级待遇。

冯家相

冯家相,男,汉族,民国31年10月出生,江西瑞昌市人,中专文化,1962年参加工作,1967年加入中国共产党。1964年至1976年部队团政治处书记员、宣传干事。1977年至1979年瑞昌县宣传部理论干事,县广播站第一副站长、支部书记。1980年至1995年码头公社党委副书记、管委会主任,赛湖农场党委委员、第一副场长兼劳动支队副队长,劳教所副所长,瑞昌市文联主席,报社社长总编。1995年12月至1998年3月瑞昌市人大常委会教科文卫办公室主任。瑞昌市第二届人大代表。1996年2月补选为瑞昌市第二届人大常委会委员。九江市第十届人大代表。2002年11月退休,副处级待遇。

柯长青

柯长青,男,汉族,民国36年10月出生,江西瑞昌市人,高中文化,1968年8月参加工作,1973年10月加入中国共产党。1968年8月至1984年6月洪一乡、肇陈乡中小学校教师。1984年7月至1995年12月乐园乡党委秘书、党委副书记、政府乡长、党委书记。1996年1月至1997年12月瑞昌市人大常委会财政经济办公室主任。市二届人大代表、1996年2月补选为瑞昌市第二届人大常委会委员。1998年1月瑞昌市老龄委、劳动人事局等部门任职。2007年11月退休,副处级待遇。

赵达贵

赵达贵,男,汉族,民国35年3月出生,江西瑞昌市人,高中文化,1963年7月参加工作,1972年9月加入中国共产党。1963年7月至1984年4月瑞昌县粮食局职工,县商业局、粮食局政工干事,文工团干事。1984年4月至1990年1月范镇乡党委委员、经联社主任、党委副书记、人大主席。1990年2月至1995年2月桂林乡党委副书记、政府乡长,桂林街道党委副书记、办事处主任。1995年3月至2003年3月瑞昌市人大常委会选举任免联络办公室主任。1996年补选为瑞昌市第二届人大常委会委员。瑞昌市第一、二、三届人大代表,瑞昌市第二、三届人大常委会委员,九江市第十一届人大代表。2006年4月退休,副处级待遇。

王水木

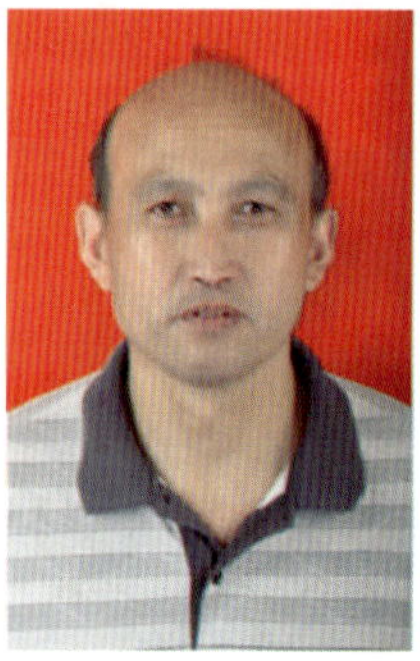

王水木,男,汉族,1957年7月出生,江西瑞昌市人,大专文化,1979年5月参加工作,1985年7月加入中国共产党。1979年5月至1984年南义乡共青团团委书记(其间九江市委党校大专班学习)。1984年至1995年和平乡政府副乡长,党委副书记、政府乡长。1996年1月至1999年3月白杨镇人大主席,1996年2月补选为瑞昌市第二届人大常委会委员。1999年4月调任瑞昌市建设局工委主任。瑞昌市第二、三届人大代表。

王卫军

王卫军，男，汉族，1965年4月出生，江西都昌县人，九江师专毕业，大专文化，1983年8月参加工作，1985年3月加入中国共产党。1983年8月至1990年1月瑞昌县团委干部、宣传部长。1990年2月至1995年12月共青团瑞昌市委副书记、书记，码头镇党委副书记，洪岭乡党委副书记、乡长。1995年12月至1997年3月瑞昌市人大常委会政法办公室副主任。1997年4月至2003年3月瑞昌市人大常委会办公室主任、党组成员。2003年4月调任瑞昌市报社社长。瑞昌市第二、三届人大代表，第三届人大常委会委员。

王定忠

王定忠，男，汉族，1949年8月出生，江西瑞昌市人，大专文化，1970年3月参加工作，1977年7月加入中国共产党。1970年3月至1981年2月范镇东山小学教师、校长，范镇公社团委副书记、司法员、宣传干部。1981年3月至1995年11月九源乡副乡长、党委委员，横港乡副乡长，溢城街道党委副书记，主任科员。1995年12月至1999年11月瑞昌市人大常委会溢城联络处主任。瑞昌市第三届人大代表，人大常委会委员。2009年9月退休。

邓 辉

邓辉，男，汉族，民国35年1月出生，江西瑞昌市人，南京市航空学院毕业，大学文化，1970年7月参加工作，1976年6月加入中国共产党。1970年7月至1984年5月南义中学、南义公社、瑞昌县化肥厂、赣北电子材料厂、通用机械厂工作。1984年6月至1997年12月通用机械厂党委副书记、厂长、党委书记，县环保办公室主任，县环保局局长，瑞昌市总工会主席。1998年1月至2002年2月瑞昌市人大常委会教科文卫办公室主任。2006年1月退休，副处级待遇。瑞昌市第三届人大代表，人大常委会委员。

吴自强

吴自强，男，汉族，1950年6月出生，江西南昌市人，高中文化，1965年5月参加工作，1991年11月加入中国共产党。1965年5月至1968年12月南昌市西湖车辆厂铸工。1968

年12月至1987年9月瑞昌县铸造厂,车间主任、生产科长、副厂长。1987年9月至1997年5月瑞昌铸造厂厂长(1992年荣获江西省“五一”劳动奖章)。1997年5月至1997年10月瑞昌市铸造厂董事长、厂长。1997年10月至2006年12月瑞昌市二轻工业总公司副总经理,铸造厂董事长、厂长。瑞昌市第三、四届人大代表,人大常委会委员。九江市第十、十一、十二届人大代表。

陈　茂

陈茂,男,汉族,1953年10月出生,江西瑞昌市人,大专文化,1973年8月参加工作,1977年12月加入中国共产党。1973年8月至1988年3月横港中学教师,瑞昌县委宣传部、组织部干部,省委党校一班学生,县委组织部干部、干事。1988年3月至1997年12月和平乡党委书记,瑞昌市劳动人事局副局长,土管局局长。1998年1月至1999年4月瑞昌市法院纪检组长。1999年5月调任瑞昌市卫生局局长,同时辞去瑞昌市第三届人大常委会委员职务。瑞昌市第三届人大代表,人大常委会委员。2005年起享受副处级待遇。

陈新娅

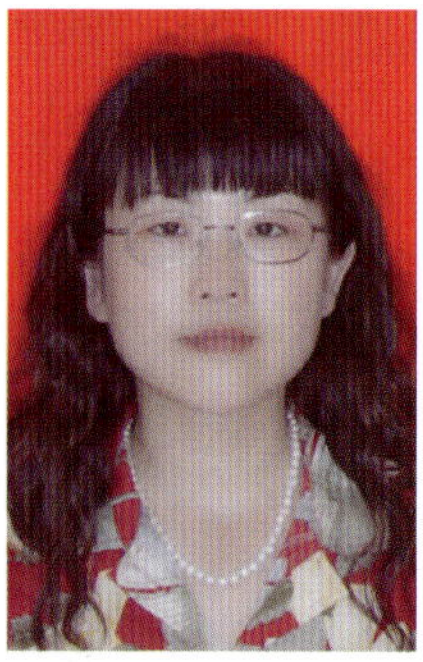

陈新娅,女,汉族,1968年5月出生,江西瑞昌市人,九江师范毕业,在职研究生,1985年8月参加工作,农工民主党党员。1985年8月至2006年6月瑞昌市实验小学教师,历任校辅导员、政教主任,德育副校长(其间1991年11月自修大学中文专科毕业,2000年12月党校政法本科毕业,2006年11月获高级教师任职资格)。2006年起调任瑞昌市教育局教育科副科长、幼教科科长(其间2008年7月获思想政治高级中学教师资格,9月受聘为高级教师职称,12月获江西师大教育硕士学位)。瑞昌市第三、四届人大代表,人大常委会委员。九江市第十一届、第十三届人大代表,江西省第十、十一届人大代表。

柯向昌

柯向昌,男,汉族,1949年11月出生,江西瑞昌市人,高中文化,1970年11月参加工作,1973年10月加入中国共产党。1970年11月至1975年3月中国人民解放军九江军分区都昌县中队战士、副班长。1975年4月至1989年2月瑞昌县乐园公社刑家水库采购员,港北

大队党支部书记，乐园公社党委委员、人武部长、管理委员会副主任，肇陈乡党委副书记、乡长，九江市罗坑煤矿党委书记，洪一乡党委副书记、纪委书记。1989 年 3 月至 1997 年 11 月乐园乡人大主席，洪下乡党委书记兼人大主席。1997 年 12 月至 2002 年 10 月瑞昌市总工会主席。瑞昌市第一、二、三届人大代表，第三届人大常委会委员。2009 年 12 月退休，副处级待遇。

柯愈灿

柯愈灿，男，汉族，民国 36 年 10 月出生，江西瑞昌市人，大专文化，1964 年 3 月参加工作，1969 年加入中国共产党。1964 年 3 月至 1965 年 12 月洪一卫生院工作。1966 年 1 月至 1971 年 2 月解放军 6711 部队战士。1971 年 3 月至 1975 年 10 月瑞昌县委组织部干部。1975 年 11 月至 1987 年 2 月肇陈公社人武部长，花园公社党委副书记，高丰公社党委副书记，洪岭公社管委会主任，桂林乡乡长，瑞昌县人民医院党支部书记。1987 年 3 月至 2007 年 10 月瑞昌人民银行副行长、行长，九江市人民银行助理调研员。瑞昌市第三、四届人大代表，人大常委会委员。2007 年 10 月退休，副处级待遇。

徐尤闲

徐尤闲，男，汉族，1959 年 10 月出生，江西瑞昌市人，江西大学自考法律专业毕业，大专文化，1976 年 8 月参加工作，1989 年 12 月加入中国共产党。1976 年 8 月至 1983 年 7 月瑞昌县花园乡南下小学民办教师（其间 1981 年 8 月至 1983 年 7 月九江师范读书）。1983 年 8 月至 1985 年 3 月流庄中学教师。1985 年 4 月至 1997 年 12 月瑞昌县、市人大常委会财经办干部、办公室秘书（1993 年 9 月任副主任科员，1994 年 1 月任主任科员），瑞昌市人大常委会财政经济办公室副主任。1998 年 1 月至 2011 年 9 月瑞昌市人大常委会财政经济办公室主任，后转任财政经济工委主任。瑞昌市第三、四、五、六届人大代表，人大常委会委员。

郭武光

郭武光,男,汉族,民国30年8月出生,江西吉水县人,大专文化,1963年8月参加工作。1963年8月至1982年10月瑞昌县人民医院医生、外科副主任、外科主任。1982年10月至1994年7月瑞昌县、市人民医院副院长(其间1987年晋升为副主任医师)。1994年7月至1997年2月瑞昌市人民医院院长。1997年2月起任瑞昌市人民医院名誉院长。瑞昌市第三届人大代表,人大常委会委员。九江市第九、十、十一届人大代表。2001年9月退休。

谈华众

谈华众,男,汉族,1963年4月出生,江西瑞昌市人,江西师院毕业,大学文化,1983年8月参加工作,1986年5月加入中国共产党。1983年8月至1992年6月瑞昌县委党史办公室、县委办公室干部,瑞昌市委办公室党总支干事,市委组织部秘书。1992年6月至1998年3月瑞昌市委组织部副科级组织员,瑞昌市档案局(馆)副局长、馆长,瑞昌市人大常委会办公室副主任。1998年3月至2006年3月瑞昌市人大常委会政法办公室主任,瑞昌市人大常委会办公室主任、党组成员。2006年3月调任瑞昌市教育局副局长,同时辞去瑞昌市第四届人大常委会委员职务。瑞昌市第三、四届人大代表、人大常委会委员。

刘维龙

刘维龙,男,汉族,1956年11月出生,江西瑞昌市人,大专文化。1976年5月参加工作,1979年3月加入中国共产党。1976年至1988年白杨公社茅坪大队党支部书记,黄桥乡干部,中央党校函授专科学习。1988年9月至1998年2月南阳乡党委副书记、乡长,横立山乡党委书记兼人大主席,1998年3月至2003年7月南义镇党委书记兼人大主席(其间2000年2月补选为瑞昌市第三届人大常委会委员)。2003年7月调任瑞昌市人事劳动局和社会保障局局长。瑞昌市第二、三届人大代表,第三届人大常委会委员。

汪传功

汪传功，男，汉族，1957年6月出生，江西瑞昌市人，大专文化，1976年3月参加工作，1977年9月加入中国共产党。1976年3月至1985年2月原福州军区守备第二师战士、副班长、班长，福州军区第29军军直警卫连班长、警卫排长，陆军第87师261团特务连副指导员、指导员，南昌陆军学院读书。1985年3月至1991年12月瑞昌市人武部政工科正连职干事。1991年12月至1999年3月高丰镇党委委员、副镇长，和平乡党委副书记、乡长。1999年4月至2010年7月瑞昌市人大常委会教科文卫办公室副主任，选举任免联络办公室副主任（正科级）、主任，教科文卫办公室主任。瑞昌市第四、五届人大代表，人大常委会委员。九江市第十一届人大代表。

张建新

张建新，男，汉族，1961年7月出生，江西修水县人，大学文化，1979年1月参加工作，中共党员。1979年11月至1996年5月陆军第31军92师274团1营战士、文书、班长，福州军区司令部作战部作战一处标图员、资料员、见习参谋，解放军石家庄高级步兵学校学员，陆军第31军司令部作训处参谋，江西省萍乡军分区司令部参谋，江西省九江军分区司令部参谋。1996年6月至2002年3月江西省瑞昌市人武部党委委员、军事科长（其间参加南京陆军指挥学院指挥系进修），江西省九江军分区作训科科长。2002年4月至2006年10月江西省瑞昌市人武部党委副书记、人武部长。2003年5月起任瑞昌市委常委。2006年11月调任九江市司法局党组成员、副局长。瑞昌市第四届人大代表，人大常委会委员。

范友芳

范友芳，男，汉族，1958年7月出生，江西瑞昌市人，大专文化，1987年7月参加工作，1979年10月加入中国共产党。1987年7月至1999年11月洪岭乡企业办主任，党委委员、副乡长，青山林场党委委员、副场长、副书记、场长。1999年12月至2011年9月湓城街道党委委员，瑞昌市人大常委会湓城联络处主任。瑞昌市第四、五届人大代表，人大常委会委员。

周平海

周平海,男,汉族,1955 年 8 月出生,江西瑞昌市人,大专文化,1984 年 5 月参加工作,1986 年 10 月加入中国共产党。1984 年 5 月至 1994 年 1 月横港镇武装部副部长、副镇长、党委委员、副书记。1994 年 2 月至 1995 年 2 月范镇党委副书记、镇长。1995 年 3 月至 2002 年 1 月峨嵋乡党委书记兼人大主席,高丰镇党委书记。2002 年 1 月至 2006 年 2 月瑞昌市总工会主席。2006 年 3 月瑞昌市人大常委会政法办公室主任。瑞昌市第四届人大代表,人大常委会委员。2007 年 12 月病逝,享年 53 岁。

周起俊

周起俊,男,汉族,1953 年 2 月出生,江西瑞昌市人,大专文化。1970 年 5 月参加工作,1977 年 5 月加入中国共产党。1970 年 5 月至 1972 年 12 月瑞昌县化肥厂学徒。1972 年 12 月至 1978 年 4 月铁道兵一师五团四营服役,战士、班长。1978 年 5 月至 1997 年 11 月瑞昌县公安局民警,县人民检察院检察员,瑞昌市监察局举报中心主任,瑞昌市纪委纪检室主任、监察局副局长、纪委常委。1997 年 11 月至 2003 年 3 月瑞昌市质量技术监督局副局长,瑞昌市房产管理局副局长,瑞昌市人大常委会政法办公室副主任。2003 年 3 月至 2006 年 3 月瑞昌市人大常委会政法办公室主任。瑞昌市第四届人大代表,人大常委会委员。

徐勋海

徐勋海,男,汉族,1954 年 10 月出生,江西瑞昌市人,大专文化。1977 年 7 月参加工作,1974 年 6 月加入中国共产党。1977 年 7 月至 1980 年 12 月江西省地质局第一物化探大队政治处干部、工区长。1980 年 12 月至 1991 年 5 月瑞昌县(市)纪委干部、纪检员、信访科副科长、科长。1991 年 5 月至 2003 年 2 月瑞昌市委信访办公室副主任、主任,瑞昌市财政局副局长,国有资产管理局局长,廉政办公室主任,市纪委常委。2003 年 3 月至 2006 年 3 月市人大常委会教科文卫办公室主任。第四届人大代表、人大常委会委员。

曹　华

曹华，男，汉族，1962年9月出生，江西瑞昌市人，江西农大毕业，大专文化，1985年8月参加工作，1985年5月加入中国共产党。1985年8月至1997年2月乐园乡、武蛟乡政府干部，瑞昌市人大常委会干部、秘书。1997年2月至2003年8月范镇党委副书记，乐山乡党委副书记、乡长，乐山管理区党委书记兼横港镇人大主席、横港镇党委副书记。2003年9月至2011年9月肇陈镇党委书记兼人大主席，范镇党委书记，市委组织部副部长。瑞昌市第四、五届人大代表，人大常委会委员。九江市第十二届人大代表。

董坚兴

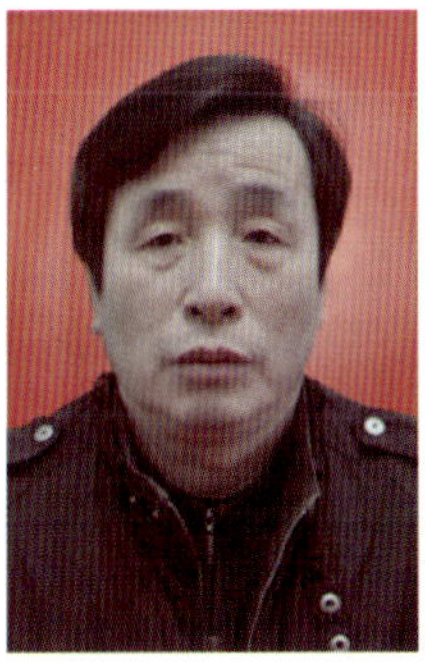

董坚兴，男，汉族，1962年11月出生，江西瑞昌市人，江西省农垦学校农学专业毕业，后中央党校函授，大专文化。1982年8月参加工作，1986年6月加入中国共产党。1982年8月至1984年8月江西恒丰垦殖场技术员。1984年8月至2002年1月瑞昌县、市洪下乡公安特派员，武蛟乡政府干部、副乡长，流庄乡党委委员、副乡长，党委副书记兼常务副乡长。2002年1月至2006年3月码头镇人大主席。2006年3月调任瑞昌市民族宗教事务办主任、局长（正科级）瑞昌市第四届人大代表，人大常委会委员。

董洪荣

董洪荣，男，汉族，1954年3月出生，江西瑞昌市人，大专文化，1969年9月参加工作，1985年加入中国共产党。1969年至1977年码头造船厂、矿山机械厂工作，以工代干。1977年至2002年夏畈公社民政干事，黄桥公社团委书记，县委党校中专班学员，白杨乡团委书记，桂林乡政府文书、党委委员、秘书、组织干事，桂林街道党委副书记，纪委书记。2002年3月至2006年3月瑞昌市人大常委会桂林联络处主任。瑞昌市第四届人大代表，人大常委会委员。

程世贵

程世贵,男,汉族,1970年2月出生,江西九江县人,江西师大毕业,大学文化,1994年9月参加工作,1998年7月加入中国共产党。1994年9月至2000年7月九江职业大学教师,九江市委组织部干部、正科级组织员。2000年8月至2011年9月瑞昌市委组织部副部长,村建办公室主任,瑞昌市工业园区党工委书记。瑞昌市第四、五届人大代表,人大常委会委员。

王时峰

王时峰,男,汉族,1970年11月出生,江西瑞昌市人,武汉商学院企业管理专业毕业,大专文化,1989年9月参加工作。1989年9月至1996年吴家金矿调度员。1996年至2011年9月瑞昌市矿业集团有限公司董事长(其间2003年瑞昌市工商联总商会副会长、瑞昌市个私协会副会长,2009年省返乡农民工先进典型,十三届九江市政协委员、瑞昌市企业家工业联合会副会长、九江市“十大创业先锋”)。瑞昌市第五、六届人大代表,人大常委会委员。

王晓声

王晓声,男,汉族,1967年9月出生,江西瑞昌市人,大专文化,1988年12月参加工作。1988年12月至1992年瑞昌县、市副食品公司职工。1992年至1995年湖北经济管理大学学生。1995年至1998年湖北威格集团北京办事处职员。1998年至2011年9月纪风实业有限公司经理,瑞昌市工商联总商会副会长,九江市个私协会常务理事。瑞昌市第五届人大代表,人大常委会委员。

王蓉蓉

王蓉蓉,女,汉族,1970年8月出生,上海市人,大学文化,1989年4月参加工作。1989年4月至2003年3月瑞昌市种子公司职员、副经理。2003年4月至2006年3月瑞昌市绿源山药产业开发中心主任兼种子公司副经理。2006年4月至2011年9月瑞昌市农科所所长兼绿源山药产业开发中心主任。瑞昌市第五、六届人大代表,人大常委会委员。九江市第十

二、十三届人大代表。

刘 成

刘成,男,汉族,1964年1月出生,江西修水县人,江西中医学院毕业,大学文化,1984年7月参加工作,1996年6月加入中国共产党。1984年7月至2001年3月江西油泵厂职工医院医师,瑞昌市中医院医师、内科主任、副院长(其间,1998年8月晋升为副主任医师)。2001年4月至2005年4月瑞昌市人民医院副院长(其间2004年11月晋升为主任医师)。2005年5月至2011年9月瑞昌市人民医院院长。瑞昌市第五、六届人大代表,人大常委会委员。九江市第十二届、十三届人大代表。

杨能聪

杨能聪,男,汉族,1962年11月出生,江西瑞昌市人,江西省农垦学校农学专业毕业,大专文化,1983年8月参加工作,1985年7月加入中国共产党。1983年8月至1988年7月横港乡政府干部(其间1986年9月至1988年7月江西行政管理干部学院读书)。1988年8月至2006年12月乐山乡副乡长、党委副书记、纪委书记、乡长、党委书记兼人大主席,横港镇党委书记,林业局副局长。2007年1月至2011年9月瑞昌市人大常委会办公室主任、党组成员。瑞昌市第二、五届人大代表,第五届人大常委会委员。

吴风雷

吴风雷,男,汉族,1957年12月出生,江西瑞昌市人,大专文化,1974年12月参加工作,1977年12月加入中国共产党。1974年12月至1978年4月32412部队89分队战士。1980年9月至1992年1月南林中学教师,城镇小学教师,瑞昌市工商局干部,城镇工商所所长,江西行政学院学员,市工商局股长。1992年2月至2007年4月码头镇党委委员、副镇长,湓城街道党委副书记,洪岭乡党委副书记、乡长,瑞昌市劳动就业局局长,人事劳动和社会保障局副书记、就业局局长。2007年5月至2010年7月瑞昌市人大常委会内务司法办公室主任。瑞昌市第五届人大代表,人大常委会委员。

吴碧红

吴碧红,女,汉族,1962年9月出生,湖北武穴市人,大专文化,1984年9月参加工作。1984年9月至1988年9月湖北龙坪镇幼儿园教师。1988年10月至1998年10月瑞昌县、市百货公司职工。1998年11月至2011年9月瑞昌市早教中心幼儿园园长。瑞昌市第五届人大代表,人大常委会委员。

何尤君

何尤君,男,汉族,1962年11月出生,江西九江县人,1984年江西农大园艺专业毕业,大学文化,1984年8月参加工作,1985年8月加入中国共产党。1984年8月至1986年8月高丰乡团委书记。1986年9月至1997年1月九源乡党委委员、副乡长,瑞昌市纪委信访科、纪教科科长,瑞昌市科协副主席(1993年9月主任科员)。1997年2月至2003年8月瑞昌市科协主席兼科委副主任,瑞昌市计生委副主任(正科级)。2003年9月至2011年9月瑞昌市人大常委会农业和农村工作办公室主任,瑞昌市人大常委会选举任免联络办公室主任,后转任选举任免联络工委主任。瑞昌市第五、六届人大代表,人大常委会委员。

张　虹

张虹,女,汉族,1972年3月出生,江西瑞昌市人,大专文化,1989年10月参加工作。1989年10月至2003年8月瑞昌市乡企局会计,瑞昌市民营局办公室主任。2003年9月至2011年9月瑞昌市房地产管理局工委主任、副局长。瑞昌市第五届人大代表,人大常委会委员。

胡贵平

胡贵平，男，汉族，1956年11月出生，湖北黄梅县人，大专文化，1996年5月加入民革，1980年8月参加工作。1980年8月至2011年9月瑞昌县、市电影院干部，瑞昌市文化馆干部、中国书法家协会会员。瑞昌市第五届人大代表，人大常委会委员。

徐尤寿

徐尤寿，男，汉族，1963年3月出生，江西瑞昌市人，江西农大农学专业毕业，大学文化，1983年8月参加工作。1983年8月至2003年8月瑞昌县农业局干部，瑞昌县、市科技局干部。2003年9月至2007年3月瑞昌市科技局副局长，瑞昌市地震局副局长。2007年3月至2011年9月瑞昌市地震局局长。瑞昌市第五届人大代表，人大常委会委员。

徐勋炳

徐勋炳，男，汉族，1956年3月出生，江西瑞昌市人，大专文化，1974年8月参加工作，1978年3月加入中国共产党。1974年8月至1984年4月花园乡南岭大队革委会副主任兼民兵连长，修水师范团委委员、学习部长，花园中学教导主任。1984年5月至2000年1月花园乡党委副书记、乡长，洪一乡党委委员、副乡长（正科）、党委副书记、纪委书记（正科）、党委副书记、乡长、党委书记。2000年2月至2008年4月瑞昌市物价局局长，统计局局长，瑞昌市人大常委会农业和农村工作办公室主任。瑞昌县第八届，瑞昌市第一、二、五届人大代表，瑞昌市第五届人大常委会委员。

温柱先

温柱先，男，汉族，1962年5月出生，江西瑞昌市人，大学文化，1980年12月参加工作，1991年6月加入中国共产党。1980年12月至1995年10月瑞昌县人民银行干部，县工商银行第二分理处副主任，县人民银行计划研究股副股长、股长。1995年10月至2005年5月瑞昌市人民银行党组成员、总稽核、纪检组长、副行长。2005年6月至2011年9月瑞昌市人民银行党组书记、副行长(主持工作)、行长。瑞昌市第五、六届人大代表,人大常委会委员。

艾玉清

艾玉清,男,汉族,1972 年 2 月出生,江西瑞昌市人,大专文化,1992 年 7 月参加工作。1992 年至 2001 年 4 月老艾副食批发部总经理。2001 年 4 月至 2011 年 9 月瑞昌市瑞客隆超市总经理(其间 2003 年 5 月至 2005 年 9 月瑞昌市珊瑚宾馆经理),瑞昌市盛达房地产开发有限公司阳光国际项目部经理,山水太阳城项目经理,九江顺发房地产有限公司瑞景苑项目经理,瑞昌市联成房地产开发有限公司经理,瑞昌市工商联常委、瑞昌市副食百货行业商会会长。瑞昌市第六届人大代表、人大常委会委员。

何火炬

何火炬,男,汉族,1969 年 8 月出生,江西瑞昌市人,大学文化,1986 年 12 月参加工作,1999 年 5 月加入中国共产党。1986 年 12 月至 1997 年 3 月花园乡茅竹小学教师,瑞昌县人大常委会机关干部,瑞昌县、市人民检察院干部、书记员、助理检察员、刑检科副科长。1997 年 3 月至 2002 年 2 月瑞昌市人民检察院检察员、起诉科副科长(其间南昌大学函授法律专业本科毕业)。2002 年 2 月至 2007 年 4 月瑞昌市人民检察院侦查监督科科长,检委会委员、侦查监督科科长、公诉科科长、监所劳教检察科科长。2007 年 5 月至 2011 年 8 月瑞昌市人大常委会内司办副主任。2011 年 8 月起瑞昌市人大常委会内司工委负责人、主任。瑞昌市第六届人大代表、人大常委会委员。

陈洪地

陈洪地,男,汉族,1967 年 8 月出生,江西瑞昌市人,九江农校农学专业毕业,大学文化,1989 年 7 月参加工作,1993 年 10 月加入中国共产党。1989 年 7 月至 1999 年 3 月洪岭乡政府干部、组织干事、政府副乡长(其间 1993 年至 1995 年中央党校经济管理大专)。1999 年 3 月至 2008 年 4 月瑞昌市人大常委会办公室副科级秘书、办公室副主任(其间 2001 年至 2005 年中央党校法律专业本科,2002 年 1 月主任科员)。2008 年 4 月至 2011

年9月瑞昌市人大常委会农业和农村工作办公室主任、后转任农业和农村工作委员会主任。瑞昌市第六届人大代表，人大常委会委员。

罗　建

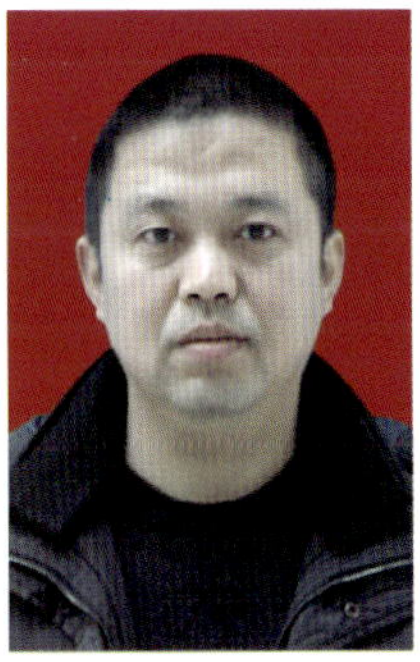

罗建，男，汉族，1976年9月出生，江西瑞昌市人，九江农校农学专业毕业，大专文化，1997年9月参加工作，2002年6月加入中国共产党。1997年9月至2010年7月夏畈镇政府干部，瑞昌市委组织部干部，瑞昌市委组织部秘书科副科长、市直工委委员，瑞昌市委组织部秘书科科长、市直工委委员。2010年7月至2011年8月瑞昌市委政法委副书记。2011年8月至9月瑞昌市人大常委会党组成员，办公室负责人、主任。瑞昌市第六届人大代表、人大常委会委员。

胡桂珠

胡桂珠，女，汉族，1965年10月出生，湖北黄梅县人，江西大学汉语言文学专业毕业，大学文化，1987年8月参加工作，1991年6月加入中国共产党。1987年7月至1999年8月瑞昌市环保局干部(其间1997年11月至1999年8月瑞昌市政府办公室借用)。1999年8月至2002年1月瑞昌市政府办公室干部、科长。2002年1月至2010年7月瑞昌市横立山乡党委副书记、政府乡长，瑞昌市妇联主席，瑞昌市经济贸易委员会主任。2010年7月至2011年9月瑞昌市工业和信息化委员会党委副书记、主任。瑞昌市第四、六届人大代表，第六届人大常委会委员。

柯　丹

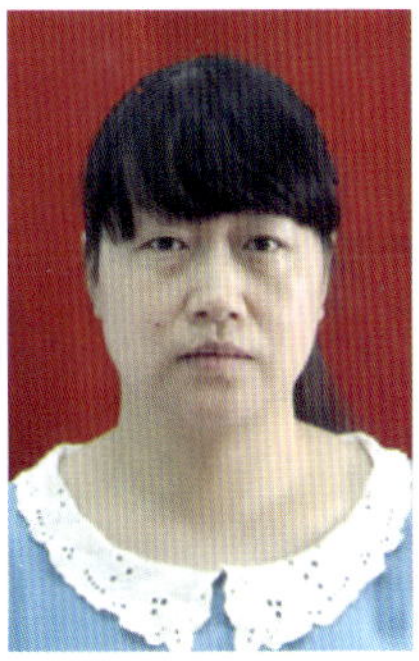

柯丹，女，汉族，1977年9月出生，江西瑞昌市人，九江电大财会专业毕业，大学文化，1999年2月参加工作。1999年2月至2011年4月瑞昌市工人文化宫干部。2011年4月起任瑞昌市赛湖农场工会主席。瑞昌市第六届人大代表、人大常委会委员。

桂良罡

桂良罡,男,汉族,1966年8月出生,江西瑞昌市人,江西省物资学校计划统计专业毕业,大专文化,1987年8月参加工作,1991年6月加入中国共产党。1987年8月至1999年11月南阳乡政府干部、党委委员、副书记、纪委书记。1999年11月至2006年3月横立山乡党委副书记、纪委书记,瑞昌市桂林街道党委副书记,办事处副主任。2006年3月至2010年3月瑞昌市人大常委会选任联办公室副主任。2010年3月至2011年9月湓城街道党委委员,市人大常委会湓城联络处主任。瑞昌市第六届人大代表,人大常委会委员。

曹晓枫

曹晓枫,男,汉族,1967年10月出生,江西瑞昌市人,江西师大地理系毕业,研究生,1991年7月参加工作,1996年12月加入中国共产党。1991年7月至1995年8月瑞昌市第一中学教师。1995年8月至2001年2月瑞昌市政协机关干部、办公室副主任。2001年3月至2003年2月峨嵋乡党委副书记、乡长,管理区副书记、管委会主任(其间2000年9月至2002年12月中共江西省委党校中共党史研究生班毕业)。2003年2月至2007年5月横立山乡党委副书记、乡长,乐园乡党委书记。2007年5月至2008年3月待安排。2008年3月至2010年6月瑞昌市民营局副局长(正科)。2010年7月至2011年9月瑞昌市人大常委会教科文卫办公室主任,后转任教科文卫工委主任。瑞昌市第六届人大代表、人大常委会委员。

董向阳

董向阳,男,汉族,1971年11月出生,江西瑞昌市人,九江医专临床医学专业毕业,大学文化,1993年8月参加工作。1993年8月至2004年4月瑞昌市中医院医生、外科主任。2004年4月至2008年3月瑞昌市中医院副院长。2008年3月至2011年9月瑞昌市人大常委会教科文卫办公室副主任(不驻会)、中医院副院长(其间2011年晋升为副主任医师)。瑞昌市第六届人大代表、人大常委会委员。

傅义彬

傅义彬,男,汉族,1968年10月出生,江西瑞昌市人,九江师范毕业,大学文化,1988年9月参加工作,1993年6月加入中国共产党。1988年9月至2003年8月桂林学区教师,瑞昌市社保局、市委村建办、市委组织部干部(其间1997年中央党校政法专业本科毕业),瑞昌市委组织部组织科科长、副科级组织员,市委组织部直工委委员、组织科科长。2003年8月至2011年4月南义镇党委副书记、纪委书记,瑞昌市洪一乡党委副书记、乡长,码头镇党委副书记、镇长。2011年4月瑞昌市花园乡党委书记。瑞昌市第五、六届人大代表,第六届人大常委会委员。

雷　莉

雷莉,女,汉族,1968年9月出生,江西瑞昌市人,九江师范普师专业毕业,后函授中央党校政法本科,大学文化,1986年8月参加工作,1989年5月加入中国共产党。1986年7月至1999年11月洪岭中心完小教师,瑞昌县、市团委干部,瑞昌市委办公室秘书科科长。1999年11月至2011年9月瑞昌市委对台办副主任、主任,瑞昌市妇联主席。瑞昌市第六届人大代表,人大常委会委员。

詹国庆

詹国庆,男,汉族,1963年8月出生,江西瑞昌市人,大学文化,1978年8月参加工作。1978年8月至2003年1月瑞昌市个体经营(木工师傅),瑞昌市公路客运运输驾驶员。2003年1月至2011年9月瑞昌市工商联总商会常委,瑞昌市工商联总商会副会长,瑞昌市安顺客运有限公司董事长、总经理(其间2007年3月至2010年3月中国人民解放军军事经济学院经济管理专业毕业)。瑞昌市第五、六届人大代表,第六届人大常委会委员。

吴国锋

吴国锋,男,汉族,1968年12月出生,江西瑞昌市人,大学文化,1987年10月参加工作,1995年4月加入中国共产党。1987年10月至1991年12月南京军区空军某部战士。1991年12月至1996年6月瑞昌市委办公室、老干部局工作(其间1996年中央党校函授经济管理专业专科)。1996年6月至2006年3月九源乡武装部副部长、党委委员、部长,桂林街道党委委员、武装部长,峨嵋管理区党委副书记、纪委书记(其间2004年中央党校函授法律本科)。2006年3月至2013年4月黄金乡党委副书记、乡长,武蛟乡党委副书记、乡长,武蛟乡党委书记。2013年4月至2014年瑞昌市人大常委会党组成员、办公室负责人、办公室主任。2014年1月市六届人民代表大会第四次会议上补选为市六届人大常委会委员。瑞昌市第五届、第六届人大代表。

范　华

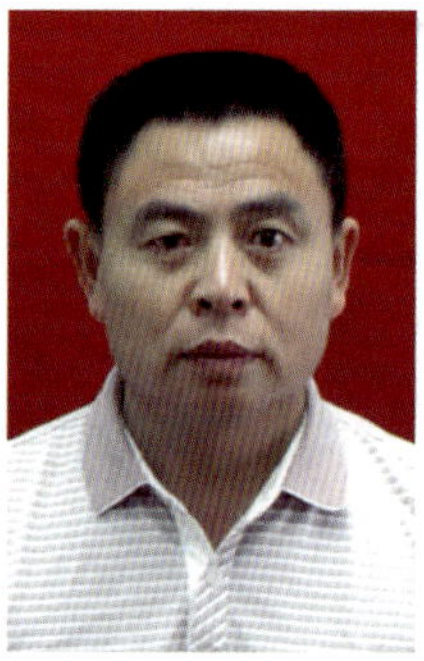

范华,男,汉族,1971年11月出生,江西瑞昌市人,江西樟树农业学校农学专业毕业,大学文化,1993年7月参加工作,1995年7月加入中国共产党。1993年7月至2010年3月瑞昌市青山林场干部,乐山乡副乡长、党委委员、后转任乐山管理区党委委员、副主任,横立山乡党委委员、副乡长(其间,2005年12月中央党校函授经济管理专业大专,2008年12月中央党校函授法律专业本科)。2010年3月至2013年4月横立山乡人大主席,大德山林场党委副书记、场长。2013年4月起瑞昌市人大常委会财经工委负责人、财经工委主任。2014年1月市六届人民代表大会第四次会议上补选为市六届人大常委会委员。市六届人大代表。

第三节　名　录

出席全国人大代表名录

表7－1－1

届次	姓名	性别	民族	出生年月	籍贯	学历	党派	工作单位及职务	异动情况
第三届	胡华先	男	汉	1908.	江西瑞昌		中共	瑞昌县大桥公社党委副书记、大桥大队党支部书记	1984年11月逝世
第十二届	周俊军	男	汉	1972.5	江西瑞昌	大学	中共	瑞昌市肇陈派出所教导员	

出席江西省人大代表名录

出席江西省第七届人大代表

表7－2－1

姓名	性别	民族	出生年月	籍贯	学历	党派	工作单位及职务	异动情况
何仁先	男	汉	1941.02	江西瑞昌	高中	中共	瑞昌县委副书记、县第九届人大常委会主任候选人	
冷绪河	男	汉	1938.10	江西武宁	中师	中共	瑞昌县人民政府县长	

出席江西省第八届人大代表

表7－2－2

姓名	性别	民族	出生年月	籍贯	学历	党派	工作单位及职务	异动情况
何仁先	男	汉	1941.02	江西瑞昌	高中	中共	瑞昌县第九届人大常委会主任	
陈定荣	男	汉	1941.05	江苏镇江	大学	中共	瑞昌市人民政府市长	
姚秦珍	女	汉	1942.05	江西玉山	大学	无	瑞昌县第九届人大常委会副主任	
胡秀英		汉						1994年1月补选

出席江西省第九届人大代表

表7-2-3

姓名	性别	民族	出生年月	籍贯	学历	党派	工作单位及职务	异动情况
张肇山	男	汉	1945.01	江西瑞昌	中专	中共	瑞昌市第三届人大常委会主任候选人	
刘　鹰	男	汉	1955.12	辽宁沈阳	大学	中共	瑞昌市委副书记、市人民政府市长	
姚秦珍	女	汉	1942.05	江西玉山	大学	无	瑞昌市政协副主席候选人	
梁慧锦	女	汉	1943.04	广西平南	大学	无	江州造船厂高级工程师	

出席江西省第十届人大代表

表7-2-4

姓名	性别	民族	出生年月	籍贯	学历	党派	工作单位及职务	异动情况
陈世翔	男	汉	1953.10	湖北武穴	大专	中共	瑞昌市第四届人大常委会主任候选人	
郑羡银	男	汉	1952.01	江西广丰	大学	中共	瑞昌市人民政府市长	
陈新娅	女	汉	1968.05	江西瑞昌	研究生	农工	瑞昌市教育局干部	

出席江西省第十一届人大代表

表7-2-5

姓名	性别	民族	出生年月	籍贯	学历	党派	工作单位及职务	异动情况
陈世翔	男	汉	1953.10	湖北武穴	大专	中共	瑞昌市第五届人大常委会主任	
熊起栋	男	汉	1958.08	江西修水	研究生	中共	瑞昌市人民政府市长	
陈新娅	女	汉	1968.05	江西瑞昌	研究生	农工	瑞昌市教育局干部	

出席九江市人大代表名录

出席九江市第十届人大代表

表7－3－1

姓名	性别	民族	籍贯	出生年月	党派	学历	工作单位及职务	异动情况
艾宏盛	男	汉	江西武宁	1947.05	中共	大专	瑞昌市人民政府市长	
冯子刚	男	汉	河南鲁山	1942.03	中共	中专	江洲造船厂副厂长	
冯家相	男	汉	江西瑞昌	1942.10	中共	中专	瑞昌市文联主席	
朱才菊	男	汉	江西瑞昌	1944.10	中共	高中	瑞昌市纪委副书记、监察局局长	
朱汉宋	男	汉	江西瑞昌	1957.04	无	大专	瑞昌市中医院院长	
刘　强	男	汉	山东	1944.09	中共	中专	九江市邮电局局长	1996年调离终止
刘献国	男	汉	江西都昌	1938.11	中共	中专	瑞昌市农业局副局长	
许杰夫	男	汉	江西九江	1922.05	民盟	大专	九江市政协副主席	
杜万安	男	汉	江西新建	1944.04	无	大学	九江市人民政府副市长、政协副主席	1997年1月补选
李广西	男	汉	江西瑞昌	1956.03	中共	高中	瑞昌市武蛟乡乡长	
李世秀	女	汉	四川安县	1960.06	无	高中	瑞昌市计生委副主任	
李瑛明	女	汉	江西瑞昌	1949.09	中共	高中	瑞昌市工商银行行长	
吴自强	男	汉	江西南昌	1950.06	中共	初中	瑞昌市铸造厂厂长	
何仁先	男	汉	江西瑞昌	1941.02	中共	高中	瑞昌市人大常委会主任	
余秉绶	男	汉	湖北新洲	1942.07	中共	大学	九江市人民政府副市长	
邹圣锡	男	汉	江西瑞昌	1934.12	中共	高中	江西油嘴油泵厂党委书记	
陈洪权	男	汉	江西瑞昌	1947.09	中共	大专	瑞昌市一中校长	
张远炎	男	汉	江西瑞昌	1952.01	中共	大专	瑞昌市桂林街道党委书记	
张理宏	男	汉	江西萍乡	1945.12	无	中专	瑞昌市水电局副局长	
张肇山	男	汉	江西瑞昌	1945.01	中共	中专	瑞昌市委副书记、组织部部长	
范方能	男	汉	江西瑞昌	1945.08	中共	大学	瑞昌市计委主任	
欧阳春	男	汉	江西湖口	1953.02	中共	大专	瑞昌市委书记	
余淑雯	女	汉	上海	1951.01	无	高中	瑞昌市乡企局人秘科副科长	
周木林	男	汉	江西瑞昌	1952.02	中共	大专	瑞昌市洪一乡党委书记	
周庆增	男	汉	江西瑞昌	1958.02	中共	大专	瑞昌市横港镇党委书记	
封寒英	女	汉	江西瑞昌	1956.11	无	中师	瑞昌市实验小学教师	

续表7-3-1

姓名	性别	民族	籍贯	出生年月	党派	学历	工作单位及职务	异动情况
姚洪瑞	男	汉	江西南昌	1935.06	中共	高中	九江市委常委、庐山管理局党委书记	
姚秦珍	女	汉	江西玉山	1942.05	无	大学	瑞昌市人民政府副市长	
袁芬娣	女	汉	江苏盐城	1957.05	无	初中	瑞昌市副食品商场经理	
高　潮	女	回	北京	1956.11	无	初中	瑞昌市供电局会计	
郭武光	男	汉	江西吉水	1941.08	无	大专	瑞昌市人民医院副院长	
章荣生	男	汉	江西南昌	1944.09	中共	大学	宝钢集团人民机械厂厂长	
彭义汉	男	汉	江西瑞昌	1946.04	中共	初中	瑞昌市棉塑制品厂厂长	
董柏良	男	汉	江西瑞昌	1942.12	中共	中专	瑞昌市码头镇码头村党支部书记	
谢　昶	男	汉	吉林蛟河	1943.07	中共	大学	九江市委宣传部副部长	
谢朝晖	男	汉	浙江	1945.01	中共	大专	瑞昌市科委副主任	
雷在新	男	汉	江西瑞昌	1942.07	中共	高中	瑞昌市公安局三眼桥派出所所长	
熊超荣	男	汉	江西九江	1936.11	中共	大学	九江市环保局局长	
瞿兰香	女	汉	江西九江	1936.05	中共	初中	九江市人大常委会副主任	

出席九江市第十一届人大代表

表7-3-2

姓名	性别	民族	籍贯	出生年月	党派	学历	工作单位及职务	异动情况
方　力	男	汉	江西上饶	1960.08	无	大学	瑞昌市科委副主任	
艾宏盛	男	汉	江西武宁	1947.05	中共	大专	瑞昌市委书记	
史文斌	男	汉	江西彭泽	1966.06	中共	研究生	共青团九江市委书记	
朱汉仁	男	汉	江西瑞昌	1953.08	中共	大专	瑞昌市委常委、市人民政府副市长	
朱汉宋	男	汉	江西瑞昌	1957.04	无	大专	瑞昌市中医院院长	
朱爱莲	女	汉	江西瑞昌	1958.06	无	高中	瑞昌二中教师	
朱晚垂	男	汉	江西瑞昌	1965.10	无	大专	瑞昌市建筑设计院副院长	
李广西	男	汉	江西瑞昌	1956.03	中共	大专	瑞昌市高丰镇党委书记	
吴自强	男	汉	江西南昌	1950.06	中共	高中	瑞昌市铸造厂厂长	
吴拥军	男	汉	江西瑞昌	1963.01	无	大学	瑞昌市通用机械厂厂长	
余秉绶	男	汉	湖北新洲	1942.07	中共	大学	九江市人民政府副市长	
邹圣玉	男	汉	江西瑞昌	1954.10	中共	中专	瑞昌市南义镇人大主席	
邹金宝	男	汉	江西瑞昌	1954.11	中共	大专	瑞昌市交通局局长	
邹菊花	女	汉	江西瑞昌	1955.09	中共	高中	瑞昌市计生委主任	

续表7－3－2

姓名	性别	民族	籍贯	出生年月	党派	学历	工作单位及职务	异动情况
陈　红	女	汉	江西九江	1953.03	民建	高中	九江市工商联经济科副科长	
陈公权	男	汉	江西瑞昌	1950.01	中共	大专	瑞昌市公安局局长	
陈洪权	男	汉	江西瑞昌	1947.09	中共	大专	瑞昌市一中校长	
陈新娅	女	汉	江西瑞昌	1968.05	农工	大专	瑞昌市实验小学教师	
张勔任	男	汉	江西九江	1941.03	中共	大学	九江市委常委、庐山管理局党委书记	
张恭良	男	汉	江西瑞昌	1959.10	中共	大专	瑞昌市码头镇镇长	
张理宏	男	汉	江西萍乡	1945.12	无	中专	瑞昌市水电局副局长	
张肇山	男	汉	江西瑞昌	1945.01	中共	中专	瑞昌市第三届人大常委会主任	
周又新	女	汉	江西瑞昌	1957.05	中共	大专	瑞昌市妇联主席	
赵达贵	男	汉	江西瑞昌	1946.03	中共	高中	瑞昌市人大常委会选任联办主任	
柯遐伟	男	汉	江西瑞昌	1949.11	中共	中专	瑞昌市文化局副局长、剧团团长	
徐新民	男	汉	江西瑞昌	1956.10	中共	高中	瑞昌市桂林街道党委书记	
高先香	女	汉	江西瑞昌	1963.10	无	大专	瑞昌市环保局人秘科科长	
郭武光	男	汉	江西吉水	1941.09	无	大专	瑞昌市人民医院副院长	
曹祥水	男	汉	江西瑞昌	1952.03	中共	大专	瑞昌市财政局局长	
梅昌华	男	汉	江西九江	1955.07	中共	大专	瑞昌市委副书记	
梁秀梅	女	汉	广西梅县	1945.11	无	大学	武山铜矿选矿厂高级工程师	
程金发	男	汉	湖北新洲	1938.04	中共	大学	九江市人大常委会主任、党组书记	
傅永华	男	汉	江西永修	1963.04	中共	大学	江西油咀油泵厂厂长	
谢　昶	男	汉	吉林蛟河	1943.07	中共	大学	九江市委宣传部副部长	
戴丽梅	女	汉	湖南长沙	1966.01	无	大专	瑞昌市副市长	
瞿兰香	女	汉	江西九江	1936.05	中共	初中	九江市人大常委会副主任、党组副书记	

出席九江市第十二届人大代表

表7－3－3

姓名	性别	民族	籍贯	出生年月	党派	学历	工作单位及职务	异动情况
王蓉蓉	女	汉	上海	1970.08	无	大专	瑞昌市农业局种子公司副经理	
方　力	男	汉	江西上饶	1960.08	无	大学	瑞昌市科协主席	
石荣国	男	汉	江西鄱阳	1960.04	中共	研究生	瑞昌市委书记	
刘　成	男	汉	江西修水	1964.01	中共	大学	瑞昌市人民医院副院长	
李世秀	女	汉	四川安县	1960.06	无	大学	瑞昌市人民政府副市长	
李建林	男	汉	江西武宁	1960.11	中共	大学	瑞昌市国税局局长	

续表 7－3－3

姓名	性别	民族	籍贯	出生年月	党派	学历	工作单位及职务	异动情况
吴自强	男	汉	江西南昌	1950.06	中共	高中	瑞昌市自强铸造有限公司董事长	
吴瑞平	男	汉	江西瑞昌	1963.04	中共	大学	瑞昌市赛湖农场场长	
余　弘	男	汉	江西奉新	1963.12	中共	大专	瑞昌市食品公司经理	
邹菊花	女	汉	江西瑞昌	1955.09	中共	高中	瑞昌市计生委主任	
汪传功	男	汉	江西瑞昌	1957.06	中共	大专	瑞昌市人大常委会选任联办公室主任	
陈　红	女	汉	江西九江	1953.03	民建	高中	九江市工商联组宣科科长	
陈　明	男	汉	江西瑞昌	1963.10	中共	大专	瑞昌市码头镇党委书记	
陈　鹰	男	汉	江西乐平	1963.05	无	大学	香港地洲集团(九江)实业发展有限公司总裁	
陈世翔	男	汉	湖北武穴	1953.10	中共	大专	瑞昌市人大常委会主任	
张　华	男	汉	江西上饶	1960.06	中共	研究生	九江市人民政府副市长	
张友清	男	汉	江西瑞昌	1955.11	中共	大学	瑞昌市发改委主任	
张延芳	男	汉	浙江建德	1955.04	中共	大专	九江市委宣传部副部长	
张牧香	女	汉	江西瑞昌	1960.04	民革	初中	瑞昌市政协常委、民革副主委	
林兴富	男	汉	贵州大方	1952.06	中共	大专	九江市委副书记	
周保华	男	汉	江西丰城	1952.09	中共	大学	九江市人大常委会农工委主任	
郑羡银	男	汉	江西广丰	1952.01	中共	大学	瑞昌市人民政府市长	
胡冬生	男	汉	江西高安	1958.01	中共	大学	瑞昌市民营经济服务局局长	
胡桂珠	女	汉	湖北武穴	1965.10	中共	大学	瑞昌市妇联主席	
柯愫珺	女	汉	江西瑞昌	1971.08	无	大专	瑞昌市大德山林场副场长	
徐新民	男	汉	江西瑞昌	1956.10	中共	高中	瑞昌市建设局局长	
曹　华	男	汉	江西瑞昌	1962.09	中共	大专	瑞昌市肇陈镇党委书记	
萧德先	男	汉	江西瑞昌	1969.09	无	高中	瑞昌市范镇源源村一组农民	
梁小乔	女	汉	江西瑞昌	1963.05	无	大专	瑞昌市司法局副局长	
董肇丽	女	汉	江西瑞昌	1968.09	中共	高中	瑞昌市湓城街道新街社区居委会主任	
蒋贤智	女	汉	四川蓬溪	1966.01	民革	大专	瑞昌市审计局副局长	
程金发	男	汉	湖北新洲	1938.04	中共	大学	退休干部,原九江市人大常委会主任	
程厚恩	男	汉	江西瑞昌	1961.09	中共	研究生	瑞昌市职业中学校长	
詹立辉	男	汉	江西瑞昌	1970.11	无	大学	瑞昌市林业局林科所所长	
蔡茂彬	男	汉	江西瑞昌	1962.04	中共	大专	瑞昌市南义粮食购销公司经理	

出席九江市第十三届人大代表

表7-3-4

姓名	性别	民族	籍贯	出生年月	党派	学历	工作单位及职务	异动情况
王永宏	男	汉	江西九江	1967.12	中共	大学	九江市人大内司委主任委员	
王际民	男	汉	河北迁西	1954.07	民革	大专	九江市人大常委会副主任、市民革主委	
王建新	男	汉	江西武宁	1970.09	中共	大学	瑞昌市码头镇党委书记	
王蓉蓉	女	汉	上海	1970.08	无	大专	瑞昌市农业局农科所所长	
方　力	男	汉	江西上饶	1960.08	无	大学	瑞昌市科协主席	
古小平	男	汉	江西修水	1960.10	中共	研究生	瑞昌市人民政府市长	2009年12月补选
卢　瑜	女	汉	江西修水	1971.08	无	研究生	瑞昌市人民政府副市长	
刘　成	男	汉	江西修水	1964.01	中共	大学	瑞昌市人民医院院长	
刘韵和	男	汉	江西修水	1956.09	中共	大学	瑞昌市委书记	
刘遵柱	男	汉	江西瑞昌	1966.10	中共	大学	瑞昌市桂林街道办事处主任	
李洪新	男	汉	江西瑞昌	1966.10	中共	大学	瑞昌市公安局副局长	
余松生	男	汉	江西星子	1942.01	中共	大学	退休干部	
陈　明	男	汉	江西瑞昌	1963.10	中共	大专	瑞昌市码头镇党委书记	
陈　研	女	汉	江苏常熟	1966.11	中共	大学	九江市人大内司委副主任委员	2007年7月补选
陈世翔	男	汉	湖北武穴	1953.10	中共	大专	瑞昌市人大常委会主任	
陈新娅	女	汉	江西瑞昌	1968.05	农工	研究生	瑞昌市教育局教育科副科长	
张友清	男	汉	江西瑞昌	1955.11	中共	大学	瑞昌市发改委主任	
张延芳	男	汉	浙江建德	1955.04	中共	大专	九江市委宣传部副部长	
张牧香	女	汉	江西瑞昌	1960.04	民革	初中	瑞昌市政协常委、民革副主委	
周　诚	男	汉	江西瑞昌	1965.12	中共	大专	瑞昌市林业局局长	
周　赍	男	汉	江西瑞昌	1971.12	中共	大专	瑞昌市南义镇人大主席	
周　勇	男	汉	江西瑞昌	1965.06	中共	大专	瑞昌市水利局副局长	
周佐福	男	汉	江西瑞昌	1967.08	中共	大学	瑞昌市工业园管委会主任	
周青标	男	汉	浙江平阳	1969.07	中共	中专	九江华亨皮塑有限公司总经理	
周保华	男	汉	江西丰城	1952.09	中共	大学	九江市人大常委会农工委主任	
周奕年	男	汉	江西南康	1963.01	无	研究生	瑞昌惠冠置业有限公司董事长	
周洪涛	男	汉	江西湖口	1948.03	中共	大学	九江三钻机械有限公司董事长	
胡　军	男	汉	湖北黄梅	1968.10	中共	大专	瑞昌市城建局城管大队大队长	
胡桂珠	女	汉	湖北武穴	1965.10	中共	大学	瑞昌市妇联主席	

续表7-3-4

姓名	性别	民族	籍贯	出生年月	党派	学历	工作单位及职务	异动情况
胡爱武	女	汉	江西瑞昌	1961.01	中共	大学	九江市妇联党组书记	2008年12月补选
柯丽华	女	汉	江西瑞昌	1981.07	无	大专	瑞昌市洪一乡副乡长	
柯善富	男	汉	江西瑞昌	1961.01	中共	大学	瑞昌市财政局局长	
倪　志	男	汉	江西德安	1957.03	中共	大学	九江市海天设备制造有限公司董事长	
徐鹤喜	男	汉	江西彭泽	1958.06	中共	大专	瑞昌市地税局局长	
高　健	女	汉	江西瑞昌	1972.01	中共	大专	瑞昌市粮食局副局长	
郭庆安	男	汉	江西瑞昌	1956.09	中共	高中	瑞昌市范镇八都村党支部书记	
陶春元	男	汉	江西彭泽	1957.02	民盟	大学	九江学院化学化工学院院长	2006年11月辞职
熊起栋	男	汉	江西修水	1958.08	中共	大学	瑞昌市人民政府市长	

瑞昌市第一届至第六届人大代表名录

瑞昌市第一届人大代表

表7-4-1

单位	姓名	性别	民族	出生年月	籍贯	学历	党派	工作单位及职务	异动情况
溢城镇	丁立明	男	汉	1962.07	江西瑞昌	高中	中共	溢城镇瑞丰村党支部书记	
	丁显松	男	汉	1934.11	江西瑞昌	高中	中共	瑞昌县副县长兼公安局长	
	王永和	男	汉	1940.09	江苏	高中	中共	瑞昌县麻纺厂厂长	
	王忠荣	男	汉	1943.03	江西瑞昌	中师	中共	瑞昌县粮食局局长	
	田宗莲	女	汉	1946	江西瑞昌	初中	无	瑞昌县第一幼儿园教师	
	田绍林	男	汉	1938.02	江西瑞昌	高中	中共	瑞昌县商业局局长	
	朱　杰	男	汉	1945.11	江西九江	大学	中共	瑞昌县麻纺总厂厂长	
	朱垂刚	男	汉	1938.10	江西瑞昌	初中	中共	瑞昌县税务局局长	
	刘惠珍	女	汉	1930.01	江西武宁	初中	中共	溢城镇西街居委会党支部书记	
	何仁造	男	汉	1954.03	江西瑞昌	中专	中共	瑞昌县供销社副主任	
	邵志华	男	汉	1949.05	浙江慈溪	大专	中共	瑞昌县经济委员会主任	
	李世秀	女	汉	1960.06	四川安县	高中	无	瑞昌县人大常委会办公室秘书	
	李瑛明	女	汉	1949.09	江西瑞昌	高中	中共	瑞昌县工商银行行长	

续表7-4-1

单位	姓名	性别	民族	出生年月	籍贯	学历	党派	工作单位及职务	异动情况
溢城镇	余占祥	男	汉	1940	江西樟树	大专	中共	瑞昌县县委书记	
	余志军	男	汉	1953.03	江西星子	大学	中共	瑞昌县县委办公室主任	1991年3月调离资格终止
	陈洪兴	男	汉	1949.05	江西瑞昌	中专	中共	瑞昌县人民医院放射科科长	
	陈洪权	男	汉	1947.07	江西瑞昌	大专	中共	瑞昌县第二中学校长	
	陈洪敏	男	汉	1942	江西瑞昌	大专	中共	瑞昌县农业局局长	
	陈南桥	男	汉	1961.03	江西瑞昌	中专	中共	瑞昌县二轻局局长	
	宋银春	男	汉	1939.03	湖北广济	高中	中共	瑞昌县工商局局长	
	邱菊生	男	汉	1958.09	江西瑞昌	初中	中共	溢城镇罗湖村委会主任	
	张友清	男	汉	1955.11	江西瑞昌	高中	中共	溢城镇党委副书记	
	张吉龙	男	汉	1942.07	江西瑞昌	高中	中共	瑞昌县交通局局长	
	张赛华	女	汉	1937.08	江西南阳	初中	中共	溢城镇东街居委会主任	
	周升阳	男	汉	1944	江西瑞昌	中专	中共	瑞昌县商业局副局长	
	周庆鼎	男	汉	1948.12	江西瑞昌	初中	中共	溢城镇人大主席团常务主席	
	罗雪琴	女	汉	1929.12	江西瑞昌	中专	中共	溢城镇新街居委会主任	
	柯愈谱	男	汉	1944.07	江西瑞昌	高中	中共	溢城镇党委书记	
	钟孝松	男	汉	1948.05	江西瑞昌	高中	中共	瑞昌县文化广播电视局局长	
	胡勇强	男	汉	1941.02	江西进贤	中专	中共	瑞昌县邮电局局长	
	殷兴建	男	汉	1957.11	江西九江	大学	中共	江西省瑞昌县洋鸡山金矿党委书记、副矿长	
	唐蒙恩	男	汉	1946.07	江西修水	大学	中共	瑞昌县林业局局长	
	黄　新	男	汉	1938.12	江西瑞昌	初中	中共	瑞昌县水泥压力管厂厂长	
	曹　征	男	汉	1940.9	安徽绩溪	大学	中共	瑞昌县城乡建设局局长	
	曹祥水	男	汉	1952.03	江西瑞昌	高中	中共	瑞昌县供销社主任	
	彭经球	男	汉	1935.11	江西瑞昌	高中	中共	瑞是县计划委员会主任	
	谢　昶	男	汉	1943.07	吉林蛟河	大学	中共	瑞昌县委副书记	
	董圣金	男	汉	1954	江西瑞昌	初中	中共	瑞昌县造纸厂厂长	
	蒋家文	男	汉	1930.03	江西瑞昌	初中	中共	溢城镇北街居委会支部书记	
	戴莲菁	女	汉	1938.08	湖北广济	大专	中共	瑞昌县溢城医院院长	
	刘朝键	男	汉	1939.03	江西瑞昌	初中	中共	瑞昌市人大常委会办公室主任	1991年3月补选
	张绪发	男	汉	1953.07	江西瑞昌	初中	无	瑞昌市洋鸡山金矿工段长、劳动模范	1991年3月补选
	胡茂禄	男	汉	1938.01	江西瑞昌	初中	中共	瑞昌市人大常委会财经办主任	1992年3月补选

续表7－4－1

单位	姓名	性别	民族	出生年月	籍贯	学历	党派	工作单位及职务	异动情况
范镇乡	王忠生	男	汉	1959.01	江西瑞昌	大专	中共	瑞昌县委宣传部部长	
	冯祥大	男	汉	1946.01	江西瑞昌	高中	中共	范镇乡党委副书记、人大主席团常务主席候选人	
	冯祥锋	男	汉	1961.11	江西瑞昌	高中	中共预备党员	范镇乡高泉村委会主任	
	何仁胜	男	汉	1963.05	江西瑞昌	中专	无	瑞昌市范镇中学校长	
	何菊萍	女	汉	1968.12	江西瑞昌	初中	无	范镇乡东山村妇联主任	
	李晓红	女	汉	1966.01	江西瑞昌	初中	无	范镇乡源源村妇联主任	
	吴作林	男	汉	1948.03	江西瑞昌	初中	中共	范镇乡八都村委会主任	
	陈济承	男	汉	1954.05	江西瑞昌	高中	无	范镇乡陡岗村委会主任	
	张木孝	男	汉	1957.09	江西瑞昌	高中	中共	范镇乡党委副书记、乡长候选人	
	张友梅	男	汉	1933.06	江西瑞昌	初中	中共	范镇乡北溪村	
	欧阳春	男	汉	1953.02	江西湖口	大学	中共	瑞昌县县委副书记、代理县长	
	范芳明	男	汉	1953.10	江西瑞昌	初中	无	范镇乡范镇村委会主任	
	范奎芳	男	汉	1955.01	江西瑞昌	高中	无	范镇乡东山村委会主任	
九源乡	王全郊	男	汉	1934.12	江西瑞昌	高中	中共	瑞昌县人大常委会调研员	
	文怡生	男	汉	1953.04	江西瑞昌	小学	中共	九源乡上源村党支部书记	
	陈洪塔	男	汉	1948.11	江西瑞昌	高中	中共	九源乡党委委员、政府副乡长	
	肖德圣	男	汉	1944.02	江西瑞昌	初中	无	九源乡李坂村委会主任	
	胡家芳	男	汉	1948.11	江西瑞昌	大专	中共	九源乡党委书记	
横港乡	王义国	男	汉	1959.08	江西瑞昌	高中	无	横港供销社主任	
	田忠诚	男	汉	1955.08	江西瑞昌	高中	中共	横港乡政府副乡长	
	余来清	男	汉	1954.10	江西瑞昌	高中	中共	横港乡红星村委会主任	
	周平起	男	汉	1954.03	江西瑞昌	初中	中共	横港乡赤岗村党支部书记	
	柯亭依	男	汉	1931.06	江西瑞昌	高中	中共	瑞昌县人大常委会副主任	
	曹善信	男	汉	1953.07	江西瑞昌	初中	中共	横港乡远景村党支部书记	
	温瑞基	男	汉	1956.01	江西瑞昌	高中	无	横港乡繁荣村委会会计	
	雷在柏	男	汉	1955.03	江西瑞昌	初中	中共	横港乡初升村党支部书记	
	樊宣育	男	汉	1948.01	江西瑞昌	高中	中共	横港乡人大主席团常务主席	

续表7-4-1

单位	姓名	性别	民族	出生年月	籍贯	学历	党派	工作单位及职务	异动情况
南义镇	邓孟溪	男	汉	1934.10	江西瑞昌	中师	中共	瑞昌县人大常委会财政经济办公室主任	1991年5月逝世
	田宗昌	男	汉	1957.08	江西瑞昌	高中	中共	南义镇星明村委会主任	
	但金水	男	汉	1951.06	江西瑞昌	小学	中共	南义镇乐园村委会主任	
	陈希林	男	汉	1957.08	江西瑞昌	初中	无	南义镇王家铺村委会主任	
	陈菊梅	女	汉	1947.11	江西瑞昌	中专	中共	瑞昌县妇联主任	
	李洪星	男	汉	1950.07	江西瑞昌	中专	中共	南义镇党委副书记、政府乡长	
	余来禄	男	汉	1956.01	江西瑞昌	初中	中共	南义镇朝阳村委会主任	
	杨世俊	男	汉	1952.03	江西瑞昌	初中	中共	南义镇新福村委会主任	
	易发诗	男	汉	1930.01	江西瑞昌	小学	中共	南义镇粮站退休干部	
	熊木英	女	汉	1948.04	江西瑞昌	小学	无	南义供销合作社职工	
	蔡金科	男	汉	1955.02	江西瑞昌	大专	中共	南义镇党委书记	
	黎端信	男	汉	1945.12	江西瑞昌	初中	中共	瑞昌县水电局南义水管站党支部书记	
	柯昌贵	男	汉	1947.01	江西瑞昌	中专	中共	南义镇党委副书记	1991年3月补选
和平乡	邬乾悌	男	汉	1939.02	江西南康	初中	中共	瑞昌县洋鸡山金矿矿长	
	李广欣	男	汉	1965.11	江西瑞昌	大专	中共	和平乡党委副书记	
	周谷平	男	汉	1947.02	江西瑞昌	中专	中共	和平乡人大主席团常务主席	
	周桂元	男	汉	1962.09	江西瑞昌	高中	中共	和平乡杨塅村委会干部	
乐山乡	江昌乾	男	汉	1951.12	江西瑞昌	小学	中共	乐山乡先锋村党支部书记	
	张肇山	男	汉	1945.01	江西瑞昌	中专	中共	瑞昌县委组织部部长、县直机关党委书记	
	柯昌胜	男	汉	1952.11	江西瑞昌	大专	中共	乐山乡党委副书记	
	彭学源	男	汉	1933.06	江西瑞昌	初中	中共	乐山乡人大主席团常务主席候选人	
青山林场	肖仁水	男	汉	1949.02	江西瑞昌	中专	中共	青山林场党委副书记、场长	
	李元武	男	汉	1943.07	江西瑞昌	小学	无	青山林场下庙分场多种经营队队长	
	张炳银	男	汉	1953.05	江西瑞昌	初中	中共	青山林场风光村委会主任	
峨嵋乡	余金牛	男	汉	1959.06	江西瑞昌	高中	中共	峨嵋乡嵋光村党支部书记	
	张恭也	男	汉	1949.11	江西瑞昌	高中	中共	峨嵋乡党委副书记	
	周振亚	男	汉	1938.04	江西瑞昌	高中	中共	瑞昌县委常委、瑞昌县第七届纪律检查委员会书记候选人	
	樊宣教	男	汉	1943.10	江西瑞昌	初中	中共	峨嵋乡人大主席团常务主席候选人	
	聂成珍	男	汉	1945.10	江西瑞昌	中专	中共	峨嵋乡党委书记	1991年3月补选

续表7-4-1

单位	姓名	性别	民族	出生年月	籍贯	学历	党派	工作单位及职务	异动情况
洪岭乡	吴圻木	男	汉	1941.04	江西瑞昌	小学	中共	洪岭乡人大主席团常务主席	
	严茂宜	男	汉	1955.12	江西瑞昌	中专	中共	洪岭乡党委副书记	
	罗喻圣	男	汉	1931.11	江西瑞昌	高中	中共	瑞昌县人大常委会副主任	
	蔡金华	男	汉	1964.04	江西瑞昌	初中	无	洪岭乡常丰村委会主任	
	詹远俊	男	汉	1945.04	江西瑞昌	小学	无	洪岭乡光明村委会主任	
桂林乡	邓见长	男	汉	1948.08	江西瑞昌	小学	中共	桂林乡洪源村委会主任	
	王松枝	女	汉	1956.04	江西瑞昌	高中	中共	桂林乡六合村妇联主任	
	田绍裕	男	汉	1951.03	江西瑞昌	初中	无	桂林乡裕丰村委会主任	
	何仁先	男	汉	1941.02	江西瑞昌	高中	中共	瑞昌县人大常委会主任	
	余来稳	男	汉	1953.05	江西瑞昌	小学	中共	桂林乡庆丰村委会主任	
	张友全	男	汉	1956.08	江西瑞昌	高中	中共	桂林乡桂林村党支部书记	
	胡齐荣	男	汉	1941.12	江西瑞昌	小学	中共	桂林乡大塘村委会党支部书记	
	赵达贵	男	汉	1946.03	江西瑞昌	高中	中共	桂林乡党委副书记	
	雷在义	男	汉	1945.01	江西瑞昌	高中	中共	桂林乡人大主席团常务主席	
	付圣全	男	汉	1957.01	江西瑞昌	高中	中共	桂林乡石山村党支部书记	
白杨镇	王义发	男	汉	1948	江西瑞昌	高中	中共	白杨镇连山村党支部书记	
	王细生	男	汉	1953.06	江西瑞昌	初中	中共	白杨镇白杨村党支部书记	
	王贤新	男	汉	1962.10	江西瑞昌	高中	中共	白杨镇檀山村委会会计	
	邹余秀	女	汉	1953.09	江西瑞昌	小学	无	白杨镇郭桥村妇联主任	
	周江涛	男	汉	1961.11	江西瑞昌	高中	中共	白杨镇黄桥村党支部书记、村委会主任	
	胡应权	男	汉	1953.10	江西瑞昌	大专	中共	白杨镇党委副书记、政府镇长	
	徐昌仁	男	汉	1940.08	江西赣县	大学	中共	瑞昌县人大常委会党组副书记	
	黄孟群	男	汉	1945.10	江西瑞昌	中专	中共	白杨镇党委副书记	
高丰乡	王能桂	女	汉	1943.06	江西瑞昌	中专	中共	高丰乡双丰小学校长	
	孙其银	男	汉	1958.02	江西瑞昌	高中	无	高丰乡乐丰村委会副主任	
	陈洪源	男	汉	1952.08	江西瑞昌	大专	中共	瑞昌县委常委	
	何祥池	男	汉	1943.12	江西瑞昌	初中	中共	高丰乡人大主席团常务主席	
	周小平	男	汉	1954.07	江西瑞昌	初中	中共	高丰乡小源村委会主任	
	周世亮	男	汉	1957.10	江西瑞昌	高中	中共	高丰乡大冲村党支部书记	
	范泽清	男	汉	1954.11	江西瑞昌	初中	中共	高丰乡高丰村党支部书记	
	黄龙启	男	汉	1963.05	江西瑞昌	高中	无	高丰乡永丰村民兵连长	
	彭义汉	男	汉	1946.04	江西瑞昌	初中	中共	高丰乡铺头村党支部委员	
	蔡金槐	男	汉	1951.09	江西瑞昌	高中	中共	高丰乡党委副书记、政府乡长	

续表7－4－1

单位	姓名	性别	民族	出生年月	籍贯	学历	党派	工作单位及职务	异动情况
洪下乡	王美玉	女	汉	1942.08	江西龙南	大学	无	瑞昌县人民医院妇产科主任	
	方乾深	男	汉	1947.11	江西瑞昌	高中	中共	洪下乡人大主席团常务主席	
	沈贤海	男	汉	1944.08	江西瑞昌	初中	中共	洪下乡迪畲村党支部书记	
	何秀凤	女	汉	1963.09	江西瑞昌	初中	无	洪下乡高露村妇联主任	
	何景玉	男	汉	1938.03	江西瑞昌	小学	中共	洪下乡张家铺村党支部副书记、村委会主任	
	姜必大	男	汉	1951.12	江西瑞昌	初中	中共	洪下乡洪下村党支部书记	
	徐世沂	男	汉	1933.02	江西瑞昌	小学	中共	洪下乡年丰村党支部书记	
	漆后欢	男	汉	1956.07	江西瑞昌	中专	中共	洪下乡党委副书记	
花园乡	余锦荣	男	汉	1952.12	江西瑞昌	中专	中共	洪下乡党委书记	
	周经平	男	汉	1959.11	江西瑞昌	高中	中共	花园乡党委副书记、政府乡长	
	张根树	男	汉	1952.08	湖北黄梅	高中	中共	瑞昌县人民武装部部长	
	徐济友	男	汉	1955.07	江西瑞昌	小学	中共	花园乡油市村党支部书记	
	徐政新	男	汉	1956.01	江西瑞昌	高中	中共	花园乡南下村委会主任	
	徐维庶	男	汉	1938.10	江西瑞昌	大专	中共	瑞昌县工商局徐源工商所所长	
	徐新火	男	汉	1960.07	江西瑞昌	高中	中共	花园乡田坂村党支部书记	
	徐新国	男	汉	1950.03	江西瑞昌	初中	中共	花园乡茅竹村党支部书记	
	徐新柳	男	汉	1948.08	江西瑞昌	初中	中共	花园乡南山村党支部书记	
	柯愈明	男	汉	1950.12	江西瑞昌	初中	中共	肇陈乡党委委员、副乡长	1991年补选
大德山林场	丁瑞林	男	汉	1957.08	江西瑞昌	大专	中共	大德山林场党委副书记、场长	
	何祥兴	男	汉	1949.08	江西瑞昌	初中	中共	大德山林场港北村党支部书记	
	何福清	女	汉	1957.05	江西瑞昌	大专	无	大德山中学教师	
乐园乡	邹庆国	男	汉	1955	江西瑞昌	高中	中共	乐园乡庄岸村党支部书记	
	张竹青	女	汉	1952.08	江西瑞昌	小学	中共	乐园乡张坊村妇联主任	
	柯大建	男	汉	1952	江西瑞昌	初中	无	乐园乡高塘村委会主任	
	柯向昌	男	汉	1949.11	江西瑞昌	高中	中共	乐园乡人大主席团常务主席	
	柯昌珠	男	汉	1943.12	江西瑞昌	小学	中共	乐园乡南庄村党支部书记	
	柯武山	男	汉	1953.11	江西瑞昌	初中	中共	瑞昌县人大常委会选举任免联络办公室主任	
	黄群虎	男	汉	1956.07	江西瑞昌	中专	中共	乐园乡党委副书记、政府乡长	

续表7－4－1

单位	姓名	性别	民族	出生年月	籍贯	学历	党派	工作单位及职务	异动情况
洪一乡	王朗香	女	汉	1955.06	江西瑞昌	小学	中共	洪一乡边山村妇联主任	
	何映玉	女	汉	1960.01	江西瑞昌	高中	无	洪一乡吴家村妇联主任	
	周木林	男	汉	1952.05	江西瑞昌	大专	中共	洪一乡党委副书记	
	柯愈林	男	汉	1948.07	江西瑞昌	中专	中共	洪一乡人大主席团常务主席	
	谈太明	男	汉	1949.05	江西瑞昌	初中	中共	洪一乡麦良村党支部书记	
	徐勋炳	男	汉	1956.03	江西瑞昌	中专	中共	洪一乡党委副书记	
	曹中雪	男	汉	1933.11	江西瑞昌	高中	中共	瑞昌县委组织部副部长、老干部局局长	
	曹树祯	男	汉	1958.10	江西瑞昌	高中	中共	洪一乡双港村党支部副书记	
	曹祥佳	男	汉	1959.06	江西瑞昌	高中	中共	洪一乡北港村党支部书记、村委会副主任	
肇陈乡	何中隆	男	汉	1943.07	江西瑞昌	高中	中共	肇陈乡党委副书记	
	周福莲	女	汉	1956.11	江西瑞昌	小学	无	肇陈乡建坪村妇联主任	
	柯亨社	男	汉	1955.10	江西瑞昌	高中	中共	肇陈乡横路铺村党支部副书记、村委会主任	
	柯美义	男	汉	1946.12	江西瑞昌	初中	无	肇陈乡大禾塘村委会主任	
	柯愈礼	男	汉	1960.06	江西瑞昌	高中	无	肇陈乡大林村委会主任	
	徐明德	男	汉	1939.03	江西玉山	大学	无	瑞昌县农业局工程师	
	徐新安	男	汉	1956.04	江西瑞昌	初中	中共	肇陈乡党委副书记、政府乡长	
	黄治泽	男	汉	1954.09	江西瑞昌	小学	中共	肇陈乡华坊村党支部副书记、村委会主任	
码头镇	王瑞珍	女	汉	1942.10	江西瑞昌	初中	中共	码头镇人大主席团常务主席	
	朱汉武	男	汉	1946.10	江西瑞昌	初中	中共	码头镇苏山村党支部书记	
	朱汉浩	男	汉	1958.07	江西瑞昌	大专	中共	瑞昌县委组织部副部长	
	朱巨禄	男	汉	1952.04	江西瑞昌	初中	中共	码头镇朱湖村党支部书记	
	李美凤	男	汉	1949.08	江西瑞昌	初中	中共	瑞昌县第二砖瓦厂厂长	
	陈孝林	男	汉	1940.09	江西瑞昌	初中	中共	瑞昌县政协党组副书记	
	杜炳杞	男	汉	1940.10	江西瑞昌	中专	中共	码头中学党支部书记	
	邵志强	男	汉	1952.03	浙江宁波	大专	中共	码头镇党委副书记、政府镇长	
	陈德胜	男	汉	1933.09	江西瑞昌	小学	中共	瑞昌县码头良种场分场长	
	张连训	男	汉	1932.02	江西瑞昌	小学	中共	码头镇西街居委会党支部书记	
	张桂松	男	汉	1957.03	江西瑞昌	高中	中共	码头镇龙泉村党支部书记	
	柯大成	男	汉	1949.03	江西武宁	大专	中共	码头镇党委书记	

续表7-4-1

单位	姓名	性别	民族	出生年月	籍贯	学历	党派	工作单位及职务	异动情况
码头镇	胡华南	男	汉	1946.05	江西瑞昌	小学	中共	码头镇胜利村党支部书记	
	封泽明	男	汉	1947.06	江西瑞昌	初中	中共	码头镇码头村委会主任	
	梁光全	男	汉	1953.08	江西瑞昌	高中	中共	码头镇人民政府企业办公室副主任	
	涂香仁	男	汉	1965.04	江西瑞昌	中专	无	码头镇人大主席团秘书	
	戴和旺	男	汉	1949.02	江西九江	中专	中共	码头派出所指导员	
流庄乡	王能球	男	汉	1957.08	江西瑞昌	高中	中共	流庄乡新风村委会主任	
	陈先国	男	汉	1954.02	江西瑞昌	中专	中共	流庄乡党委副书记、政府乡长	
	严茂林	男	汉	1952.10	江西瑞昌	大专	中共	瑞昌县人大常委会政法办公室主任	
	严忠竹	男	汉	1947.05	江西瑞昌	初中	中共	流庄乡长丰村委会主任	
	张友艳	男	汉	1962.03	江西瑞昌	高中	中共	流庄乡赤庄村委会主任	
	张绪长	男	汉	1956.04	江西瑞昌	高中	中共	流庄乡翠林村委会主任	
	柯昌国	男	汉	1962.08	江西瑞昌	初中	无	流庄乡三源村委会会计	
	潘熙志	男	汉	1945.01	江西瑞昌	初中	中共	流庄乡人大主席团常务主席候选人	
武蛟乡	朱汉贤	男	汉	1947.08	江西瑞昌	初中	中共	武蛟乡党委副书记、政府乡长	
	刘诗歌	男	汉	1951.10	江西瑞昌	初中	中共	武蛟乡集兴村党支部副书记、村委会主任	
	陈前信	男	汉	1949.01	江西瑞昌	初中	中共	武蛟乡小月村党支部副书记、村委会主任	
	陈前胜	男	汉	1953.10	江西瑞昌	初中	中共	武蛟乡金鸡村党支部副书记、村委会主任	
	陈新发	男	汉	1949.09	江西瑞昌	大专	中共	武蛟乡党委副书记、政府乡长	
	胡映民	男	汉	1933.07	江西瑞昌	初中	中共	瑞昌县人大常委会教科文卫办公室主任	
	赵兴旺	男	汉	1952.06	江西瑞昌	初中	中共	武蛟乡大桥村党支部副书记、村委会主任	
	蒋广生	男	汉	1947.01	江西瑞昌	初中	中共	武蛟乡金凤村党支部副书记、村委会主任	
南阳乡	卢仕忠	男	汉	1944.10	江西瑞昌	高中	中共	瑞昌县委常委、人民武装部政委	
	吴远林	男	汉	1953.08	江西瑞昌	初中	中共	南阳乡红日村党支部书记	
	宋茂奖	男	汉	1961.06	江西瑞昌	高中	无	南阳乡严坂村委会主任	
	陈茂球	男	汉	1957.09	江西瑞昌	初中	中共	南阳乡双桥村委会主任	
	邹展明	男	汉	1952.11	江西瑞昌	小学	中共	南阳乡罗城村党支部书记	
	张舫洲	男	汉	1944.02	江西瑞昌	高中	中共	南阳乡党委委员	

续表7－4－1

单位	姓名	性别	民族	出生年月	籍贯	学历	党派	工作单位及职务	异动情况
南阳乡	胡金霞	女	汉	1964.05	江西瑞昌	初中	无	南阳乡燕山村妇联主任	
	胡贵平	女	汉	1956.11	湖北黄梅	大专	无	瑞昌县文化馆干事、助理馆员	
	谈宝枝	女	汉	1947.08	江西瑞昌	初中	无	南阳乡排砂村妇联主任	
	徐新枢	男	汉	1954.01	江西瑞昌	中专	中共	南阳乡党委副书记	
横立山乡	王定进	男	汉	1958.07	江西瑞昌	高中	无	横立山乡红旗村民兵连长	
	田宗洪	男	汉	1961.12	江西瑞昌	初中	无	横立山乡全胜村民兵连长	
	吴高海	男	汉	1949.04	江西瑞昌	初中	中共	横立山乡党委副书记、乡长候选人	
	胡敦斌	男	汉	1941.09	江西赣州	中专	中共	瑞昌县总工会主席	
	袁宇飞	男	汉	1952.12	江西瑞昌	初中	中共	横立山乡芦塘村委会会计	
	聂训姣	女	汉	1956.11	江西瑞昌	初中	无	横立山乡光辉村妇联主任	
	聂治平	男	汉	1938.07	江西瑞昌	高中	中共	横立山乡人大主席	1991年3月补选
夏畈乡	王义全	男	汉	1954.02	江西瑞昌	小学	无	夏畈乡夏畈村委会主任	
	朱亚愚	男	汉	1938.06	江西瑞昌	大学	无	瑞昌县第一中学副校长、县九届人大常委会委员	
	陈亚玲	女	汉	1970.05	江西瑞昌	初中	无	夏畈乡三眼村	
	陈洪敏	男	汉	1953.08	江西瑞昌	中专	中共	夏畈乡党委副书记	
	陈绪枝	男	汉	1953.07	江西瑞昌	小学	无	夏畈乡南林村妇联主任	
	张泽远	男	汉	1951.06	江西瑞昌	初中	中共	夏畈乡党委副书记、政府乡长候选人	
	柯亨发	男	汉	1948.10	江西瑞昌	大专	中共	夏畈乡人大主席团干部	
	梁光球	男	汉	1952.04	江西瑞昌	初中	中共	夏畈乡新桥村党支部书记	
黄金乡	王世良	男	汉	1938.10	江西瑞昌	中专	无	瑞昌县公路段副段长、工程师	
	王佐贤	男	汉	1945.08	江西瑞昌	初中	中共	黄金乡林泉村党支部书记	
	王忠文	男	汉	1951.05	江西瑞昌	大专	中共	黄金乡党委副书记、政府乡长	
	王桂凤	女	汉	1955.10	江西瑞昌	初中	无	黄金乡春风村妇联主任	
	陈仲吹	男	汉	1933.05	江西瑞昌	初中	无	黄金乡金岭村、瑞昌县第八、九届人大代表	
	柯昌春	男	汉	1944.10	江西瑞昌	高中	中共	黄金乡人大主席团常务主席候选人	
人民厂	王文明	男	汉	1948.07	江苏扬州	中专	无	国营人民机械厂供应科采购员	

续表 7－4－1

单位	姓 名	性别	民族	出生年月	籍贯	学历	党派	工作单位及职务	异动情况
江州造船厂	冯子刚	男	汉	1942. 08	河南鲁山	中专	中共	江州造船厂党委副书记	
	江才伸	男	汉	1946. 05	江西遂川	大专	中共	江州造船厂党委委员、工会主席	
	邵明章	男	汉	1943. 12	江西南昌	大学	中共	江州造船厂党委委员、副厂长	
九江船用机械厂	付正瑶	男	汉	1941. 06	湖北汉川	大学	中共	国营九江船用机械厂党委委员、工会主席	1991年3月调离资格终止
武山铜矿	刘国良	男	汉	1940. 12	广东梅县	大学	中共	江西铜业公司武山铜矿党委副书记、矿长	
	赵　升	男	汉	1934. 09	江苏响水	初中	中共	江西铜业公司武山铜矿建设指挥部副指挥	
地质队505、507	陶义武	男	汉	1942. 08	江苏邗江	高中	中共	江西省地矿局赣西北地质大队507分队队长	
油泵厂	朱美勇	男	汉	1939. 11	江西瑞昌	初中	无	江西油咀油泵厂工作	
	邹圣锡	男	汉	1934. 09	江西瑞昌	高中	中共	江西油咀油泵厂党委书记	
铜岭钢铁厂	周明节	男	汉	1949. 02	江西瑞昌	大专	中共	九江铜岭钢铁厂副厂长	
新民厂	张龙德	男	汉	1945. 07	浙江东阳	高中	中共	新民机械厂	1991年3月调离资格终止
瑞昌石油站	严传河	男	汉	1937. 10	江西瑞昌	中专	中共	瑞昌石油站党总支书记	
驻军武警中队	尹德超	男	汉	1952. 09	四川垫江	大专	中共	海军38564部队政治处主任	1991. 3调离资格终止
	徐家干	男	汉	1946. 10	江苏淮阴	大学	中共	38233部队党委副书记、部队长	
航海仪表厂	陈汉泉	男	汉	1948. 04	江西南丰	大专	中共	江西航海仪表厂厂长	
赛湖农场	金　暾	女	汉	1948. 10	浙江上于	初中	无	赛湖农场棉织厂整理车间主任	
	胡民新	男	汉	1948. 02	江西丰城	中专	中共	赛湖农场二分场党总支书记、场长	
	柯于友	男	汉	1943. 12	江西瑞昌	初中	中共	赛湖农场党委副书记	

瑞昌市第二届人大代表

表7-4-2

单位	姓名	性别	民族	出生年月	籍贯	学历	党派	工作单位及职务	异动情况
洪岭乡	王卫军	男	汉	1965.04	江西瑞昌	大专	中共	洪岭乡党委副书记、乡长候选人	
	万长生	男	汉	1954.03	江西瑞昌	高中	中共	洪岭乡党委书记	
	丰文裕	男	汉	1951.07	江西瑞昌	小学	无	洪岭乡常丰村委会主任	
	柯于友	男	汉	1943.12	江西瑞昌	初中	中共	瑞昌市供销社合作总社主任	
	詹建杨	男	汉	1953.12	江西瑞昌	小学	中共	洪岭乡光明村委会主任	
范镇	冯国成	男	汉	1957.08	江西瑞昌	大专	中共	范镇党委书记	
	冯祥大	男	汉	1946.04	江西瑞昌	初中	中共	范镇党委副书记	
	吴作林	男	汉	1947.09	江西瑞昌	初中	中共	范镇八都村委会主任	
	李广新	男	汉	1959.08	江西瑞昌	高中	无	范镇范镇村委会副主任	
	何仁胜	男	汉	1962.12	江西瑞昌	中专	中共	范镇中学校长兼党支部书记	
	何剑桥	男	汉	1967.02	江西瑞昌	高中	中共	范镇东山村委会主任	
	余荷花	女	汉	1951.05	江西瑞昌	小学	中共	范镇良田村党支部委员	
	郑慧怡	女	汉	1948.02	浙江慈溪	大学	中共	瑞昌市政协委员会副书记、市委统战部部长	1993年调离资格终止
	徐明德	男	汉	1939.04	江西玉山	大学	无	瑞昌市农机管理局农机技校校长	
	徐荣枝	女	汉	1952.08	江西瑞昌	高中	中共	范镇长春村妇联主任	
	詹春林	男	汉	1957.01	江西瑞昌	大学	中共	范镇政府镇长	
	蔡泽虞	男	汉	1949.04	江西瑞昌	初中	无	范镇陡岗村委会主任	
	熊仁刚	男	汉	1959.07	江西瑞昌	高中	中共	范镇高泉村委会会计	
	吴茂丰	男	汉	1957.08	江西瑞昌	中专	中共	范镇人大主席	1996年1月补选
横港镇	万秀江	男	汉	1955.04	江西瑞昌	初中	中共	横港镇青华村党支部书记	
	王忠生	男	汉	1959.01	江西瑞昌	大专	中共	瑞昌市委常委、政法委书记	
	苏贤训	男	汉	1950.07	江西瑞昌	初中	中共	横港镇富强村党支部书记	
	金传为	男	汉	1959.03	江西瑞昌	初中	无	横港镇红星村委会主任	
	张　欣	男	汉	1963.10	江西九江	大学	无	瑞昌市水泥厂副厂长	
	张利平	男	汉	1966.09	江西瑞昌	高中	无	横港镇清溢村委会主任	
	范木松	男	汉	1957.06	江西瑞昌	高中	无	横港镇红光村委会主任	
	周庆增	男	汉	1958.02	江西瑞昌	大学	中共	横港镇党委书记	
	聂武鉴	男	汉	1959.10	江西瑞昌	高中	中共	横港镇远景村党支部书记	
	鄢爱民	男	汉	1954.07	江西瑞昌	中专	中共	横港镇党委副书记	
	雷存爱	男	汉	1949.04	江西瑞昌	大专	中共	横港高级中学校长	
	郭少雄	男	汉	1964.04	江西瑞昌	大学	中共	横港镇党委书记	1996年1月补选

续表7-4-2

单位	姓名	性别	民族	出生年月	籍贯	学历	党派	工作单位及职务	异动情况
九源乡	文怡生	男	汉	1953.04	江西瑞昌	小学	中共	九源乡上源村党支部书记	
	朱汉浩	男	汉	1958.07	江西瑞昌	大专	中共	瑞昌市委组织部副部长、市委正科级组织员	1996年调离资格终止
	肖德圣	男	汉	1944.12	江西瑞昌	初中	中共	九源乡李坂村委会主任	
	陈洪塔	男	汉	1948.11	江西瑞昌	大专	中共	瑞昌市九源乡党委书记	
	罗新发	男	汉	1956.05	江西瑞昌	大专	中共	九源乡政府乡长	
峨嵋乡	张继南	男	汉	1959.10	江西瑞昌	高中	中共	峨嵋乡峨光村委会主任	
	骆国兴	男	汉	1954.05	江西瑞昌	大专	中共	峨嵋乡政府乡长	
	樊宣育	男	汉	1948.08	江西瑞昌	高中	中共	峨嵋乡党委书记	
	田忠诚	男	汉	1955.08	江西瑞昌	大专	中共	峨嵋乡党委书记	1996年1月补选
乐山乡	杨能聪	男	汉	1962.11	江西瑞昌	大专	中共	乐山乡乡长候选人	
	周庆昌	男	汉	1956	江西瑞昌	高中	中共	乐山乡先锋村委会主任	
	周经平	男	汉	1959.11	江西瑞昌	高中	中共	乐山乡党委书记	
和平乡	王水木	男	汉	1957.07	江西瑞昌	大专	中共	和平乡党委副书记	
	汪松河	男	汉	1944.04	江西瑞昌	初中	无	和平乡大坑村委会主任	
	范任生	男	汉	1963.02	江西瑞昌	高中	中共	和平乡程家村党支部书记	
南义镇	王兴朴	男	汉	1955.07	江西瑞昌	高中	中共	南义镇前进村委会主任	
	田绍英	男	汉	1951.09	江西瑞昌	初中	中共	南义镇政府副镇长	
	田忠桂	女	汉	1950.08	江西瑞昌	中专	中共	南义医院护士长	
	朱志强	男	汉	1954.12	江西南昌	大学	中共	南义镇党委书记	
	刘显荣	男	汉	1959.09	江西瑞昌	小学	中共	南义镇星明村委会主任	
	阮明美	男	汉	1954.12	江西瑞昌	初中	中共	南义镇东升村委会主任	
	但应生	男	汉	1957.08	江西瑞昌	高中	中共	南义镇乐园村委会主任	
	余泽群	男	汉	1948.10	江西瑞昌	中专	中共	瑞昌市人民法院南义法庭	
	陈希琳	男	汉	1957.08	江西瑞昌	初中	中共	南义镇王家铺村委会主任	
	易本友	男	汉	1957.05	江西瑞昌	高中	中共	南义镇美景村委会主任	
	徐昌仁	男	汉	1940.08	江西瑞昌	大学	中共	瑞昌市人大常委会副主任	
	蔡金科	男	汉	1955.01	江西瑞昌	大专	中共	瑞昌市委办公室主任	
高丰镇	杜炳贵	男	汉	1962.10	江西瑞昌	高中	中共	高丰乡长垅村党支部书记	
	李汉富	男	汉	1951.03	江西瑞昌	高中	中共	高丰乡供销社主任	
	吴高友	男	汉	1954.07	江西南昌	大专	中共	高丰乡党委副书记、乡长候选人	
	何仁先	男	汉	1941.02	江西瑞昌	高中	中共	瑞昌市人大常委会主任	
	幸元香	女	汉	1954.01	江西瑞昌	初中	中共	高丰乡大冲村委会副主任兼妇联主任	

续表7-4-2

单位	姓名	性别	民族	出生年月	籍贯	学历	党派	工作单位及职务	异动情况
高丰镇	周小平	男	汉	1957.08	江西瑞昌	高中	中共	高丰乡小源村党支部书记	1997年2月暂停职务交付审判
	周庆忠	男	汉	1963.04	江西瑞昌	初中	中共	高丰乡乐丰村党支部书记	
	柯昌荣	男	汉	1950.07	江西瑞昌	大专	中共	高丰乡党委书记	
	黄龙启	男	汉	1963.05	江西瑞昌	高中	中共	高丰乡永丰村委会主任	
	曹远凤	男	汉	1958.08	江西瑞昌	初中	中共	高丰乡高丰村委会主任	
	谢绍俊	男	汉	1947.05	江西宜春	大学	中共	瑞昌市第二中学工会主席	1994年调离资格终止
	胡爱武	女	汉	1961.11	江西瑞昌	大专	中共	高丰乡党委书记	1996年1月补选
洪下乡	何忠雄	男	汉	1957.07	江西瑞昌	高中	中共	洪下乡迪畲村委会主任	
	何秀波	男	汉	1961.09	江西瑞昌	高中		洪下乡张家铺村委会主任	
	张肇山	男	汉	1945.01	江西瑞昌	中专	中共	瑞昌市委常委副书记兼组织部长	
	周宇枝	男	汉	1949.12	江西瑞昌	初中	中共	洪下乡高露村党支部书记	
	柯向昌	男	汉	1949.11	江西瑞昌	高中	中共	洪下乡党委书记	
	姜必大	男	汉	1951.12	江西瑞昌	初中	中共	洪下乡洪下村党支部书记	
	徐世沂	男	汉	1934.08	江西瑞昌	小学	中共	洪下乡年丰村党支部书记	
	漆后欢	男	汉	1956.07	江西瑞昌	中专	中共	洪下乡政府乡长	
花园乡	卢仕忠	男	汉	1944.10	江西武宁	高中	中共	瑞昌市委常委、人武部政委	
	田绍兴	男	汉	1956.10	江西瑞昌	大专	中共	花园乡党委副书记	
	徐政新	男	汉	1956.01	江西瑞昌	高中	中共	花园乡南下村党支部书记	
	徐济友	男	汉	1955.10	江西瑞昌	小学	中共	花园乡油市村党支部书记	
	徐勋学	男	汉	1958.08	江西瑞昌	高中	中共	花园乡南山村党支部书记	
	徐勋炳	男	汉	1956.06	江西瑞昌	高中	中共	花园乡花园村党支部书记	
	徐新火	男	汉	1960.07	江西瑞昌	高中	中共	花园乡田坂村党支部书记	
	徐新国	男	汉	1950.02	江西瑞昌	初中	中共	花园乡茅竹村党支部书记	
	蔡金槐	男	汉	1951.09	江西瑞昌	高中	中共	花园乡党委书记兼人大主席团常务主席	
肇陈镇	宋银春	男	汉	1939.03	湖北武穴	高中	中共	瑞昌市人大常委会党组成员	
	陈荷香	女	汉	1963.06	江西瑞昌	初中	无	肇陈镇大林村妇联主任	
	柯美义	男	汉	1946.12	江西瑞昌	初中	无	肇陈镇大禾塘村委会主任	
	柯美睦	男	汉	1953.12	江西瑞昌	高中	中共	肇陈镇党委书记	
	柯愈扬	男	汉	1945.07	江西瑞昌	初中	中共	肇陈镇大林村委会主任	

续表7－4－2

单位	姓名	性别	民族	出生年月	籍贯	学历	党派	工作单位及职务	异动情况
肇陈镇	徐勋世	男	汉	1958.01	江西瑞昌	大专	中共	肇陈镇党委副书记、政府乡长候选人	
	徐维柏	男	汉	1950.05	江西瑞昌	初中	中共	肇陈镇华坊村委会主任	
	黄龙茂	男	汉	1958.08	江西瑞昌	高中	中共	肇陈镇建坪村委会主任	
	黄朝选	男	汉	1950.05	江西瑞昌	高中	中共	肇陈镇八门村党支部书记	
乐园乡	邹玉梅	女	汉	1962.12	江西瑞昌	初中	无	乐园乡桥棚村妇联主任	
	陈孝洪	男	汉	1957.01	江西瑞昌	高中	中共	乐园乡南庄村委会主任	
	胡敦斌	男	汉	1941.09	江西赣州	中专	中共	瑞昌市总工会主席	
	柯于模	男	汉	1957.08	江西瑞昌	高中	无	乐园乡张坊村委会主任	
	柯长青	男	汉	1947.10	江西瑞昌	高中	中共	乐园乡党委副书记、政府乡长	
	柯传发	男	汉	1959.02	江西瑞昌	高中	无	乐园乡北坂村委会主任	
	柯美玲	男	汉	1961.08	江西瑞昌	初中	中共	乐园乡庄岸村党支部书记	
	徐新安	男	汉	1956.10	江西瑞昌	高中	中共	乐园乡党委书记	
	柯善富	男	汉	1961.01	江西瑞昌	大专	中共	乐园乡党委书记	1996年1月补选
洪一乡	王贤河	男	汉	1956.12	江西瑞昌	高中	中共	洪一乡麦良村委会主任	
	何秀龙	男	汉	1954.07	江西瑞昌	初中	中共	洪一乡长坑村党支部书记	
	何深铝	男	汉	1958.11	江西瑞昌	高中	中共	洪一乡北港村委会主任	
	周木林	男	汉	1952.05	江西瑞昌	大专	中共	洪一乡党委书记	
	周振亚	男	汉	1938.04	江西瑞昌	中专	中共	瑞昌市委常委、纪律检查委员会书记	
	徐勋炳	男	汉	1956.03	江西瑞昌	中专	中共	洪一乡政府乡长	
	谈际茂	男	汉	1950.10	江西瑞昌	初中	无	洪一乡大畈村委会主任	
	谈荣友	男	汉	1944.06	江西瑞昌	小学	中共	洪一乡吴家村党支部书记	
	曹木清	女	汉	1958.07	江西瑞昌	小学	中共	洪一乡北港村妇联主任	
	柯愈明	男	汉	1950.09	江西瑞昌	初中	中共	洪一乡人大主席	1996年1月补选
白杨镇	李小捷	男	汉	1943.06	江西南昌	大专	中共	瑞昌市吴家金矿矿长	1996年判刑，资格终止
	李炳刚	男	汉	1953.04	江西瑞昌	高中	中共	白杨镇党委副书记	
	李炳誉	男	汉	1958.12	江西瑞昌	初中	无	白杨镇白杨村委会主任	
	何庆亮	男	汉	1938.10	江西瑞昌	初中	中共	瑞昌市人大常委会党组成员	
	周江涛	男	汉	1961.11	江西瑞昌	高中	中共	白杨镇黄桥村委会主任	
	胡应权	男	汉	1953.10	江西瑞昌	大专	中共	白杨镇党委副书记、镇长	
	黄群启	男	汉	1951.08	江西瑞昌	初中	中共	白杨镇党委书记	
	熊贻炎	男	汉	1951.10	江西瑞昌	小学	中共	白杨镇檀山村委会主任	

续表7-4-2

单位	姓名	性别	民族	出生年月	籍贯	学历	党派	工作单位及职务	异动情况
武蛟乡	朱汉贤	男	汉	1947.08	江西瑞昌	初中	中共	武蛟乡党委书记	
	刘礼荣	男	汉	1946.04	江西瑞昌	小学	中共	武蛟乡上湖村党支部副书记、村委会主任	
	李广西	男	汉	1956.03	江西瑞昌	高中	中共	武蛟乡党委副书记、乡长候选人	
	张绪根	男	汉	1948.10	江西瑞昌	初中	中共	武蛟乡金星村党支部副书记、村委会主任	
	赵兴旺	男	汉	1952.10	江西瑞昌	初中	中共	武蛟乡大桥村党支部副书记、村委会主任	
	胡茂禄	男	汉	1938.01	江西瑞昌	初中	中共	瑞昌市人大常委会财政经济办公室主任	
	桂贤发	男	汉	1960.05	江西瑞昌	初中	中共	武蛟乡集兴村委会副主任	
流庄乡	严茂林	男	汉	1952.08	江西瑞昌	大专	中共	瑞昌市人大常委会政法办公室主任	
	李屏艳	男	汉	1947.07	江西瑞昌	小学	无	流庄乡棉种场场长	
	何育仁	男	汉	1952.12	江西瑞昌	高中	中共	流庄乡党委书记	
	张友恩	男	汉	1942.05	江西瑞昌	小学	无	流庄乡赤庄村委会主任	
	张松季	男	汉	1955.03	江西瑞昌	初中	中共	流庄乡长丰村委会主任	
	陈先国	男	汉	1951.02	江西瑞昌	中专	中共	流庄乡党委副书记、政府乡长	
	陈迪柱	男	汉	1950.10	江西瑞昌	高中	中共	流庄乡企业办公室副主任	
	陈新正	男	汉	1964.07	江西瑞昌	高中	无	流庄乡翠林村委会主任	
	潘熙志	男	汉	1945.01	江西瑞昌	高中	中共	流庄乡人大主席	1996年1月补选
码头镇	王瑞珍	女	汉	1942.10	江西瑞昌	高中	中共	码头镇党委副书记	
	朱汉武	男	汉	1945.08	江西瑞昌	初中	中共	码头镇苏山村党支部书记	
	朱汉盛	男	汉	1947.01	江西瑞昌	大专	中共	瑞昌市委办公室主任	
	朱巨渤	男	汉	1954.06	江西瑞昌	初中	中共	码头镇金城饮料厂厂长	
	朱江汉	男	汉	1954.09	江西瑞昌	高中	中共	码头镇朱湖村党支部书记	
	朱求兴	男	汉	1942.08	江西瑞昌	高中	中共	瑞昌市航监站站长	
	朱亚愚	男	汉	1938.06	江西瑞昌	大学	无	瑞昌市人大常委会副主任	
	朱清波	男	汉	1946.10	江西瑞昌	初中	中共	码头镇人民政府镇长	
	刘诗征	男	汉	1965.09	江西瑞昌	中专	无	码头镇人大主席团秘书	
	杜炳杞	男	汉	1940.10	江西瑞昌	中专	中共	码头中学党支部书记	
	张连训	男	汉	1933.11	江西瑞昌	小学	中共	码头镇西街党支部书记	

续表 7－4－2

单位	姓 名	性别	民族	出生年月	籍贯	学历	党派	工作单位及职务	异动情况
码头镇	张贵松	男	汉	1957.01	江西瑞昌	高中	中共	码头镇龙泉村党支部书记	
	封泽明	男	汉	1947.06	江西瑞昌	初中	中共	码头镇码头村委会主任	
	章新炽	男	汉	1952.10	江西瑞昌	初中	中共	码头镇胜利村党支部书记	
	曹继恩	男	汉	1958.11	江西瑞昌	中专	中共	瑞昌市防水隔热材料厂厂长	
	舒明南	男	汉	1964.08	江西武宁	大专	中共	码头镇党委书记	
	黎洪旺	男	汉	1950.12	江西瑞昌	初中	中共	码头镇团结村党支部书记	
夏畈乡	王义钱	男	汉	1954.02	江西瑞昌	小学	无	夏畈乡夏畈村委会主任	
	朱模水	男	汉	1955.07	江西瑞昌	高中	中共	夏畈乡乡长	
	杜炳汪	男	汉	1936.05	江西瑞昌	大学	无	南林中学校长	
	邹金宝	男	汉	1954.11	江西瑞昌	高中	中共	夏畈乡党委书记	
	陈新明	男	汉	1958.12	江西瑞昌	高中	中共	夏畈乡南坂村委会主任	
	陈新禄	男	汉	1948.11	江西瑞昌	初中	中共	瑞昌市港南金矿矿长	
	周锦荣	男	汉	1947.08	江西瑞昌	小学	中共	夏畈乡禁地村党支部书记	
	柯武山	男	汉	1953.11	江西瑞昌	初中	中共	瑞昌市人大常委会选任联办公室主任	
	王义树	男	汉	1964.11	江西瑞昌	大学	中共	夏畈镇党委书记兼人大主席	1996年1月补选
南阳乡	王忠辉	男	汉	1955.04	江西瑞昌	初中	中共	南阳乡罗城村党支部书记	
	王美玉	女	汉	1942.08	江西瑞昌	大学	无	瑞昌市人民医院妇产科主任	
	刘维龙	男	汉	1956.11	江西瑞昌	大专	中共	南阳乡党委副书记、政府乡长	
	刘朝键	男	汉	1939.03	江西瑞昌	初中	中共	瑞昌市人大常委会办公室主任	
	张木孝	男	汉	1957.09	江西瑞昌	高中	中共	南阳乡党委书记	
	张舫洲	男	汉	1944.02	江西瑞昌	初中	中共	南阳乡党委副书记	
	周庆新	男	汉	1946.08	江西瑞昌	初中	中共	南阳乡排沙村党支部书记	
	周荷春	女	汉	1963.04	江西瑞昌	初中	中共	南阳乡红日村妇联主任	
	胡金霞	女	汉	1964.05	江西瑞昌	高中	无	南阳乡燕山村妇联主任	
	徐新根	男	汉	1946	江西瑞昌	中专	中共	南阳中学校长	
	冯家相	男	汉	1942.10	江西瑞昌	中专	中共	瑞昌市报社社长、总编	1996年1月补选
黄金乡	王佐贤	男	汉	1945	江西瑞昌	初中	中共	黄金乡林泉村党支部书记	
	吴高海	男	汉	1949.08	江西瑞昌	初中	中共	黄金乡党委书记	
	邹菊花	女	汉	1955.09	江西瑞昌	高中	中共	瑞昌市妇联主任	
	陈洪敏	男	汉	1953.08	江西瑞昌	中专	中共	黄金乡党委副书记	
	陈绪文	男	汉	1950.05	江西瑞昌	初中	无	黄金乡界首村委会主任	
	黄从龙	男	汉	1942.09	江西瑞昌	初中	无	黄金乡林兴村委会主任	

续表7-4-2

单位	姓名	性别	民族	出生年月	籍贯	学历	党派	工作单位及职务	异动情况
横立山乡	王忠文	男	汉	1951.05	江西瑞昌	大专	中共	横立山乡党委书记	
	李金国	男	汉	1959.03	江西瑞昌	大专	中共	横立山乡党委副书记、乡长候选人	
	柯美明	男	汉	1956.05	江西瑞昌	初中	无	横立山乡文书	
	袁观光	男	汉	1949.09	江西瑞昌	初中	中共	横立山乡全胜村委会主任	
	聂训姣	女	汉	1956.07	江西瑞昌	初中	无	横立山乡光辉村妇联主任	
	曹中雪	男	汉	1933.11	江西瑞昌	高中	中共	瑞昌市人大常委会副主任	
桂林街道	王松枝	女	汉	1956.04	江西瑞昌	高中	中共	桂林街道六合村妇联主任	
	邓见长	男	汉	1948.09	江西瑞昌	初中	中共	桂林街道洪源村委会主任	
	邓仁宽	男	汉	1946.01	江西瑞昌	高中	中共	桂林街道大塘村委会主任	
	付义星	男	汉	1952.06	江西瑞昌	初中	中共	桂林街道桂林村委会主任	
	余来稳	男	汉	1953.05	江西瑞昌	初中	中共	桂林街道庆丰村委会主任	
	陈孝林	男	汉	1940.09	江西瑞昌	高中	中共	瑞昌市政协主席	
	陈定荣	男	汉	1941.05	江苏镇江	大学	中共	瑞昌市人民政府代市长	
	金仕光	男	汉	1952.08	江苏南京	高中	中共	瑞昌市桂林工业气体总厂厂长	
	周庆鼎	男	汉	1948.12	江西瑞昌	初中	中共	瑞昌市人大常委会桂林联络处主任	
	赵达贵	男	汉	1946.03	江西瑞昌	高中	中共	桂林街道办事处主任	
	程木水	女	汉	1955.08	江西瑞昌	高中	无	桂林街道裕丰村妇联主任	
湓城街道	丁立明	男	汉	1962.06	江西瑞昌	高中	中共	湓城街道瑞丰村党支部书记	
	丁早生	男	汉	1957.02	江西瑞昌	大专	中共	瑞昌市造纸厂厂长	
	丁显松	男	汉	1934.11	江西瑞昌	高中	中共	瑞昌市公安局局长	
	万文松	男	汉	1947.02	江西瑞昌	大学	中共	瑞昌市委常委、市政府党组副书记	
	王永和	男	汉	1940.09	江苏南京	高中	中共	瑞昌市麻纺总厂党委书记	
	王忠灯	男	汉	1942.02	江西瑞昌	高中	中共	瑞昌市农业局局长	
	王忠荣	男	汉	1944.02	江西瑞昌	中专	中共	瑞昌市粮食局局长	
	田绍林	男	汉	1938.12	江西瑞昌	高中	中共	瑞昌市商业局局长	
	田绍虞	男	汉	1943.10	江西瑞昌	大专	中共	瑞昌市城乡建设局局长	
	刘惠珍	女	汉	1930.01	江西瑞昌	初中	中共	湓城街道西街居委会主任	
	李西奇	男	汉	1945.05	河南禹州	初中	中共	瑞昌铁五处二段办事处主任	1993年调离资格终止
	李洪星	男	汉	1950.07	江西瑞昌	中专	中共	瑞昌市二轻局局长	
	邱菊生	男	汉	1958.09	江西瑞昌	初中	中共	湓城街道罗湖村党支部书记	
	陈　刚	男	汉	1952.04	江西瑞昌	大专	中共	湓城街道党委书记	

续表 7－4－2

单位	姓名	性别	民族	出生年月	籍贯	学历	党派	工作单位及职务	异动情况
溢城街道	陈南桥	男	汉	1961.03	江西瑞昌	大专	中共	瑞昌市经委主任	
	吴广峰	男	汉	1947.08	江西瑞昌	大专	中共	瑞昌市教育局局长	
	吴若琪	男	汉	1947.12	江西	大学	中共	瑞昌市委副书记	1996 年调离资格终止
	欧阳春	男	汉	1953.02	江西湖口	大学	中共	瑞昌市委书记	
	罗雪琴	女	汉	1929.12	江西九江	中专	中共	溢城街道新街居委会主任	
	钟孝松	男	汉	1948	江西瑞昌	高中	中共	瑞昌市文化局局长	
	张友清	男	汉	1955.11	江西瑞昌	高中	中共	溢城街道党委副书记、办事处主任	
	张远景	男	汉	1945.02	江西瑞昌	高中	中共	瑞昌市交通局局长	
	张赛华	女	汉	1937.08	江西瑞昌	初中	中共	溢城街道东街居委会主任	
	张肇柏	男	汉	1950.10	江西瑞昌	大专	中共	瑞昌市供销社副主任	
	封泽涛	男	汉	1941.01	江西瑞昌	中专	中共	瑞昌市工商局局长	
	胡勇强	男	汉	1941	江西进县	中专	中共	瑞昌市邮电局局长	1994 年调离资格终止
	胡家连	男	汉	1955.07	江西瑞昌	大专	中共	瑞昌市麻纺总厂厂长	
	贺中式	男	汉	1940.11	江西莲花	大学	中共	瑞昌市人民医院副院长	
	柯愈灿	男	汉	1948.10	江西瑞昌	高中	中共	瑞昌市人民银行行长	
	董垂亮	男	汉	1940.10	江西瑞昌	大学	中共	瑞昌市人民政府办公室主任	
	殷兴建	男	汉	1957.08	江西九江	大专	中共	瑞昌市洋鸡山金矿矿厂兼党委书记	
	曹　征	男	汉	1940.9	安徽绩溪	大学	中共	提名为瑞昌市人大常委会教科文卫办公室主任	
	曹树高	男	汉	1950.09	江西瑞昌	初中	中共	瑞昌市苗圃主任兼党支部书记	
	曹祥水	男	汉	1952.03	江西瑞昌	高中	中共	瑞昌市水利电力局局长	
	蒋家文	男	汉	1930.03	江西瑞昌	初中	中共	溢城街道李家湾居委会主任	
	黄　丽	女	汉	1963.07	江西瑞昌	大专		瑞昌市纪委干部	
	董建平	男	汉	1956.08	江西武宁	大专	中共	瑞昌市医药局局长	1995 年调离资格终止
	彭经球	男	汉	1935.11	江西瑞昌	初中	中共	瑞昌市人大常委会副主任	
	雷在义	男	汉	1945.01	江西瑞昌	高中	中共	瑞昌市人大常委会溢城联络处主任	
	戴莲青	女	汉	1938.12	湖北武穴	大专	中共	溢城街道卫生院院长	
	王定忠	男	汉	1949.08	江西瑞昌	大专	中共	瑞昌市人大常委会溢城联络处主任	1997 年 1 月补选

续表7-4-2

单位	姓名	性别	民族	出生年月	籍贯	学历	党派	工作单位及职务	异动情况
青山林场	王忠信	男	汉	1957.01	江西瑞昌	高中	中共	青山林场场长	
	冯德明	男	汉	1952.10	江西瑞昌	小学	中共	青山林场茶厂厂长	
	李鹏飞	男	汉	1962.10	江西瑞昌	高中	无	青山林场青景村委会主任	
大德山林场	柯长华	男	汉	1952.03	江西瑞昌	小学	中共	大德山林场港北村委会主任	
	徐建华	男	汉	1957.08	江西瑞昌	大专	中共	大德山林场场长	
	徐秋萍	女	汉	1975.10	江西瑞昌	初中	无	大德山林场高源村妇联主任(民办教师)	
赛湖农场	朱洪炎	男	汉	1944.10	江西瑞昌	中专	中共	赛湖农场党委副书记	
	张秀珍	女	汉	1942.03	河北滦南	大学	中共	赛湖中学党支部书记	
	章海根	男	汉	1957.04	江西南昌	中专	中共	赛湖二分场党支部书记兼场长	
江西油泵厂	朱美勇	男	汉	1939.12	江西瑞昌	中专	无	江西油咀油泵厂检验科检验员	
	邹圣锡	男	汉	1934.03	江西瑞昌	高中	中共	江西油咀油泵厂党委书记	
瑞昌石油站	严传河	男	汉	1937.10	江西瑞昌	中专	中共	江西省石油总公司瑞昌石油站党委书记兼经理	
九江船用机械厂	刘章华	男	汉	1945.02	江西进贤	大学	中共	九江船用机械厂厂长兼党委书记	1995年调离资格终止
	樊友桥	男	汉	1945.08	江西修水	大学	中共	九江船用机械厂第一副厂长	
人民机械厂	孙中逵	男	汉	1949.03	上海市	大专	中共	宝钢集团人民机械厂工会主席、党委委员	1993年调离资格终止
	吴善定	男	汉	1933.07	浙江镇海	高中	中共	宝钢集团人民机械厂党委书记、高级政工师	1995年1月调离资格终止
航海仪表厂	杨国盛	男	汉	1945.05	江苏	大学	中共	江西航海仪表厂厂长兼党委书记	
武山铜矿	刘国良	男	汉	1940.11	广东梅县	大学	中共	江西铜业公司武山铜矿	1993年调离资格终止
	张胜义	男	汉	1956.01	河南清丰	大学	中共	江西铜业公司武山铜矿北坑口坑长	1996年调离资格终止
505、507地质队	陶义武	男	汉	1942.08	江苏扬州	高中	中共	赣西北地质大队探矿工程部党总支书记	
铜岭钢铁厂	蔡茂东	男	汉	1953.01	江西瑞昌	大专	中共	九江铜岭钢铁厂厂长(经济师)	1995年调离资格终止

续表7－4－2

单位	姓名	性别	民族	出生年月	籍贯	学历	党派	工作单位及职务	异动情况
江洲造船厂	江才伸	男	汉	1946.05	江西遂川	大专	中共	江西江洲造船厂工会主席	
	李新民	男	汉	1940.09	山东崂山	高中	中共	江西江洲造船厂党委书记	1996年调离资格终止
	邵明章	男	汉	1943.12	江西南昌	大学	中共	江西江洲造船厂厂长	1996年调离资格终止
驻军	支好年	男	汉	1956.09	陕西富平	大专	中共	海军38564部队政治处主任	1996年调离资格终止
	徐家干	男	汉	1946.10	江苏淮阴	大学	中共	38223部队部队长兼驻江洲造船厂总军代表	

瑞昌市第三届人大代表

表7－4－3

单位	姓名	性别	民族	出生年月	籍贯	学历	党派	工作单位及职务	异动情况
湓城街道	万文松	男	汉	1947.02	江西星子	大学	中共	瑞昌市委副书记	
	王玉玲	女	汉	1957.07	江西瑞昌	大学	中共	瑞昌市环保局副局长	
	王定忠	男	汉	1949.08	江西瑞昌	大专	中共	瑞昌市人大常委会湓城联络处主任	
	邓必荣	女	汉	1942.12	江西瑞昌	初中	无	湓城街道城隍庙居委会主任	
	傅义传	男	汉	1934.10	江西瑞昌	大专	中共	湓城街道杨林湖居委会主任	
	傅行早	男	汉	1947.03	江西瑞昌	大专	中共	瑞昌市粮食局局长	
	朱汉仁	男	汉	1953.08	江西瑞昌	大专	中共	瑞昌市委常委、市政府副市长	
	朱汉盛	男	汉	1946.01	江西瑞昌	大专	中共	瑞昌市政协党组副书记、政协主席候选人	
	许礼和	男	汉	1934.11	江西瑞昌	高中	中共	湓城街道李家湾居委会主任	2000年逝世
	刘礼强	男	汉	1962.10	江西瑞昌	大专	中共	瑞昌市水泥厂厂长、党总支书记	
	刘振华	男	汉	1958.01	江西瑞昌	大专	中共	湓城街道党委书记	
	李飞钧	男	汉	1948.04	江西瑞昌	大专	中共	瑞昌市麻纺总厂党委书记、厂长	
	陈　钢	男	汉	1952.04	湖南长沙	大专	中共	瑞昌市文化广播电视局局长、党总支书记	
	陈世翔	男	汉	1953.10	湖北武穴	大专	中共	瑞昌市委常委、纪委书记	
	张友清	男	汉	1955.11	江西瑞昌	大专	中共	瑞昌市供销社理事会主任	
	张远益	男	汉	1958.12	江西瑞昌	大专	中共	湓城街道办事处主任	
	张理宏	男	汉	1945.12	江西萍乡	中专	无	瑞昌市水电局副局长	
	吴自强	男	汉	1950.06	江西南昌	初中	中共	瑞昌市二轻工业总公司副总经理、铸造厂厂长	
	吴学银	男	汉	1963.01	江西九江	大学	中共	瑞昌市政府党组成员、办公室负责人	

续表7-4-3

单位	姓名	性别	民族	出生年月	籍贯	学历	党派	工作单位及职务	异动情况
湓城街道	余锦荣	男	汉	1953.01	江西瑞昌	大专	中共	瑞昌市公安局政委	
	邹慧英	女	汉	1966.06	江西瑞昌	高中	中共	瑞昌市汽车修配厂办公室主任	
	周冰	男	汉	1957.08	江西彭泽	大学	中共	瑞昌市委宣传部部长	2000年调离资格终止
	周升姣	女	汉	1951.11	江西瑞昌	高中	无	瑞昌市农业局助理农艺师	
	周庆增	男	汉	1958.02	江西瑞昌	大专	中共	瑞昌市经济贸易委员会党委书记、主任	
	罗雪琴	女	汉	1930.01	江西九江	中专	中共	湓城街道新街居委会党支部书记兼主任	
	贺巧云	女	汉	1955.01	江西瑞昌	高中	中共	湓城街道办事处计生专干	
	郤海波	男	汉	1963.08	江西瑞昌	初中	中共	湓城街道瑞丰村委会主任	
	高青	女	汉	1967.12	江西瑞昌	高中	无	中国银行瑞昌支行干部	
	高丰圣	男	汉	1962.11	江西瑞昌	初中	中共	湓城街道罗湖村委会主任	
	郭玉珍	女	汉	1955.01	江西九江	初中	中共	瑞昌市邮电局邮票公司经理	
	徐勋金	男	汉	1954.01	江西瑞昌	大学	中共	瑞昌市教委主任	
	梅昌华	男	汉	1955.07	江西九江	大专	中共	瑞昌市委副书记	1999年调离资格终止
	董才银	男	汉	1950.09	江西瑞昌	大专	中共	瑞昌市人民法院院长	2001年调离资格终止
	董水安	女	汉	1959	江西瑞昌	高中	中共	瑞昌市工艺美术厂厂长	
	温景芬	男	汉	1951.08	江西瑞昌	中专	中共	瑞昌市商业局局长	
	雷莉	女	汉	1968.07	江西瑞昌	大专	中共	瑞昌市委办公室秘书科科长	
	雷新保	男	汉	1955.10	江西九江	大专	中共	金锋集团有限公司总经理	
	鄢爱民	男	汉	1954.07	江西瑞昌	大专	中共	瑞昌市建设局局长	
	潘贵珍	女	汉	1945	上海市	中专	无	瑞昌市中医院总护士长	
	李庆生	男	汉	1960.10	浙江建德	大专	中共	湓城街道党委书记	2000年12月补选
	饶思汉	男	汉	1966.02	江西九江	大学	中共	瑞昌市委宣传部部长	2000年12月补选
	蔡卫宁	男	汉	1962.09	江西湖口	大学	中共	瑞昌市委副书记	2000年12月补选
桂林街道	丁达喜	男	汉	1954.02	江西瑞昌	高中	无	桂林街道站前居委会商业个体户	
	叶祥耀	男	汉	1959.02	江西瑞昌	高中	无	桂林街道北亭村委会主任	
	朱志强	男	汉	1954.12	江西南昌	大学	中共	瑞昌市检察院党组书记、副检察长	
	余来稳	男	汉	1953.10	江西瑞昌	初中	中共	桂林街道庆丰村党支部书记	

续表7-4-3

单位	姓名	性别	民族	出生年月	籍贯	学历	党派	工作单位及职务	异动情况
桂林街道	张玲玲	女	汉	1969.10	江西瑞昌	大专	无	桂林学区教师	
	周庆鼎	男	汉	1948.12	江西瑞昌	高中	中共	瑞昌市人大常委会桂林联络处主任	
	赵达贵	男	汉	1946.03	江西瑞昌	高中	中共	瑞昌市人大常委会选任联办公室主任	
	胡冬生	男	汉	1958.05	江西高安	大学	中共	桂林街道办事处主任	
	胡家真	男	汉	1957.04	江西瑞昌	高中	中共	桂林街道大塘村委会主任	
	徐新民	男	汉	1956.10	江西瑞昌	高中	中共	桂林街道党委副书记、办事处主任	
	董圣旭	男	汉	1963.04	江西瑞昌	高中	中共	桂林街道石山村委会主任	
赛湖农场	刘萍桃	女	汉	1956.02	江西南昌	高中	无	赛湖学校工会主席	
	张钦先	男	汉	1946.09	江西瑞昌	大专	中共	赛湖农场党委书记兼场长	
	章海根	男	汉	1947.04	江西南昌	中专	中共	赛湖农场二分场党总支书记兼场长	
横立山乡	刘维龙	男	汉	1956.11	江西瑞昌	大专	中共	横立山乡党委书记兼人大主席	
	李金国	男	汉	1958.07	江西瑞昌	大专	中共	横立山乡人民政府乡长	
	柯雪花	女	汉	1971.08	江西瑞昌	初中	无	横立山乡红旗村妇联主任	
	谈华众	男	汉	1963.04	江西瑞昌	大学	中共	瑞昌市人大常委会政法办公室主任	
夏畈镇	王卫军	男	汉	1965.04	江西都昌	大专	中共	瑞昌市人大常委会党组成员、办公室主任	
	王义树	男	汉	1964.11	江西瑞昌	大学	中共	夏畈镇党委书记兼人大主席	
	王能秋	男	汉	1963.08	江西瑞昌	初中	中共	夏畈镇夏畈村委会主任	
	何金送	男	汉	1963.09	江西瑞昌	大专	中共	夏畈镇党委副书记、镇长候选人	
	陈洪波	男	汉	1955.06	江西瑞昌	初中	中共	夏畈镇城门村委会主任	
	李绪红	男	汉	1951.12	江西瑞昌	高中	中共	夏畈镇禁地村党支部书记	
黄金乡	陈洪敏	男	汉	1953.04	江西瑞昌	中专	中共	黄金乡党委书记兼人大主席	
	陈前权	男	汉	1966.06	江西瑞昌	大专	中共	黄金乡党委副书记、政府乡长	2001年从赛湖调离资格终止
	段元柱	男	汉	1948.10	江西瑞昌	小学	无	黄金乡金山村委会主任	
	柯学青	男	汉	1962.08	江西瑞昌	高中	无	黄金乡界首村妇联主任	
	郭武光	男	汉	1941.08	江西瑞昌	大专	无	瑞昌市人民医院名誉院长	

续表7－4－3

单位	姓名	性别	民族	出生年月	籍贯	学历	党派	工作单位及职务	异动情况
南阳乡	王武伟	男	汉	1954.11	江西瑞昌	中专	中共	南阳乡政府副乡长	
	邹圣洋	男	汉	1954.11	江西瑞昌	中专	无	南阳乡罗城村委会主任	
	何衍南	男	汉	1957.09	江西瑞昌	大专	中共	南阳乡人民政府乡长	
	周又新	男	汉	1957.05	江西瑞昌	大专	中共	瑞昌市妇联主席	
	桂玲花	男	汉	1958.10	江西瑞昌	高中	中共	南阳乡严坂村妇联主任	
	徐森林	男	汉	1958.10	江西瑞昌	中专	中共	南阳乡护岭村委会主任	
	彭正交	男	汉	1945.01	江西瑞昌	大专	中共	瑞昌市纪委副书记	
码头镇	朱江波	男	汉	1965.08	江西瑞昌	高中	中共	码头镇朱湖村党支部书记	
	朱亚愚	男	汉	1938.06	江西瑞昌	大学	无	瑞昌市人大常委会副主任	
	朱汉福	男	汉	1966.03	江西瑞昌	初中	无	码头镇企业办主任	
	朱巨锋	男	汉	1962.10	江西瑞昌	高中	中共	码头镇苏山村党支部书记	
	何庆亮	男	汉	1938.10	江西瑞昌	初中	中共	瑞昌市人大常委会副主任	
	张远忠	男	汉	1952.03	江西瑞昌	中专	中共	码头镇人大主席	
	张赛英	女	汉	1961	江西瑞昌	高中	无	瑞昌金城工业公司出纳员	
	张恭良	男	汉	1959.10	江西瑞昌	大专	中共	码头镇政府镇长	
	张肇山	男	汉	1945.01	江西瑞昌	中专	中共	瑞昌市委副书记、人大常委会主任候选人	
	章水宝	男	汉	1956.05	江西瑞昌	高中	中共	码头镇胜利村党支部书记	
	曹国锋	男	汉	1963.10	江西瑞昌	中专	中共	码头镇龙泉村党支部书记	
	董柏良	男	汉	1942.12	江西瑞昌	初中	中共	浔西水泥厂厂长	
	曾宪奎	男	汉	1967.08	江西瑞昌	大学	中共	码头镇党委书记	
流庄乡	王义祥	男	汉	1947.10	江西瑞昌	高中	中共	流庄乡党委委员、政府副乡长	
	朱才菊	男	汉	1944.10	江西瑞昌	高中	中共	瑞昌市人大常委会党组成员	
	李炳艳	男	汉	1947	江西瑞昌	初中	中共	流庄乡棉种场场长	
	柯碧桃	女	汉	1961.04	江西瑞昌	高中	中共	流庄乡长丰村计生专干	
	高奉青	男	汉	1962.06	江西瑞昌	大专	中共	流庄乡政府乡长	
武蛟乡	刘　鹰	男	汉	1955.12	辽宁沈阳	大学	中共	瑞昌市委副书记、政府副市长、代理市长	1998年调离资格终止
	周世进	男	汉	1951.10	江西瑞昌	高中	中共	武蛟乡党委副书记	
	周宇钼	男	汉	1953.11	江西瑞昌	大专	中共	武蛟乡政府乡长	
	梁海松	男	汉	1954.08	江西瑞昌	高中	中共	武蛟乡大兴村党支部书记	
	蔡灿勇	男	汉	1952.02	江西瑞昌	高中	中共	武蛟乡灌湖村党支部书记	
	石荣国	男	汉	1960.04	江西波阳	大学	中共	瑞昌市委书记	1999年底补选

续表7－4－3

单位	姓名	性别	民族	出生年月	籍贯	学历	党派	工作单位及职务	异动情况
白杨镇	王水木	男	汉	1957.07	江西瑞昌	大专	中共	白杨镇人大主席	
	刘继清	男	汉	1965.01	江西瑞昌	大专	中共	白杨镇政府镇长	
	严茴花	女	汉	1963.04	江西瑞昌	高中	无	白杨镇郭桥村妇联主任	
	项相柱	男	汉	1962.02	江西瑞昌	高中	中共	白杨镇赤丰村委会主任	
	宋银春	男	汉	1939.03	湖北武穴	高中	中共	瑞昌市人大常委会副主任	
乐园乡	卢仕忠	男	汉	1944.10	江西瑞昌	高中	中共	瑞昌市人大常委会副主任、党组副书记	
	柯贤才	男	汉	1961.08	江西瑞昌	高中	中共	乐园乡南庄村党支部书记	
	柯美宏	男	汉	1952.06	江西瑞昌	中专	中共	乐园乡党委书记、人大主席	
	柯柏忠	男	汉	1958.05	江西瑞昌	高中	无	乐园乡高塘村委会主任	
	柯善富	男	汉	1961.01	江西瑞昌	大专	中共	乐园乡政府乡长	
肇陈镇	陈明菊	女	汉	1964.03	江西瑞昌	小学	无	肇陈镇大林村农民	
	柯共和	男	汉	1949.11	江西瑞昌	大专	中共	肇陈镇人大主席	
	柯尊忠	男	汉	1961.03	江西瑞昌	高中	中共	肇陈镇八门村党支部书记	
	柯愈灿	男	汉	1947.10	江西瑞昌	高中	中共	瑞昌市人民银行行长	
	徐新华	男	汉	1966.08	江西瑞昌	初中	中共	肇陈镇华坊村党支部书记	
	漆后欢	男	汉	1956.07	江西瑞昌	中专	中共	肇陈镇政府镇长	
洪一乡	王贤河	男	汉	1959.02	江西瑞昌	高中	中共	洪一乡麦良村党支部书记	
	刘献国	男	汉	1938.09	江西瑞昌	中专	中共	瑞昌市农业局高级农艺师	
	周　诚	男	汉	1965.02	江西瑞昌	大专	中共	洪一乡政府乡长	
	柯愈明	男	汉	1950.09	江西瑞昌	初中	中共	洪一乡人大主席	
	谈荣友	男	汉	1945.09	江西瑞昌	初中	中共	洪一乡吴家村党支部书记	2001年逝世
	曹玉华	女	汉	1969.09	江西瑞昌	小学	无	洪一乡朱湾村妇联主任	
花园乡	刘征骅	男	汉	1954.03	江西彭泽	大专	中共	瑞昌市委常委、人武部部长	1999年调离资格终止
	陈　明	男	汉	1963.09	江西瑞昌	大专	中共	花园乡政府乡长	
	何育海	男	汉	1961.09	江西瑞昌	高中	中共	花园乡茅竹村委会主任	
	徐尤闲	男	汉	1959.10	江西瑞昌	大专	中共	瑞昌市人大常委会财经办主任	
	徐勋杰	男	汉	1952.06	江西瑞昌	大专	中共	花园乡人大主席	
	徐新水	男	汉	1954.06	江西瑞昌	高中	中共	花园乡花园村党支部书记	
	徐新利	男	汉	1955.06	江西瑞昌	高中	中共	花园乡油市村委会主任	
	李世秀	女	汉	1960.06	四川安县	大专	无	政协瑞昌市委员会副主席、残联理事长	1999年底补选

续表 7 -4 -3

单位	姓名	性别	民族	出生年月	籍贯	学历	党派	工作单位及职务	异动情况
大德山林场	王　欣	男	汉	1964.09	江西瑞昌	大专	中共	大德山林场场长	
	刘礼柱	男	汉	1962.08	江西瑞昌	高中	中共	大德山林场港北村委会副主任	
	徐秋萍	男	汉	1971.03	江西瑞昌	初中	中共	大德山林场高源村妇联主任	
洪下乡	冯小敏	女	汉	1966.06	江西瑞昌	初中	中共	洪下乡迪畬村妇联主任	
	何深利	男	汉	1958.12	江西瑞昌	高中	无	洪下乡张家铺村委会副主任	
	周才宽	男	汉	1948.12	江西瑞昌	初中	中共	洪下乡高露村党支部书记	
	周起校	男	汉	1953.12	江西瑞昌	高中	中共	洪下乡人大主席候选人	
	柯向昌	男	汉	1949.11	江西瑞昌	高中	中共	洪下乡党委书记	
	徐德淮	男	汉	1961.10	江西瑞昌	高中	中共	洪下乡年丰村党支部书记	
高丰镇	朱纯健	男	汉	1967.12	江西瑞昌	高中	中共	高丰镇乐丰村委会主任	
	刘桂花	女	汉	1968.08	江西瑞昌	初中	无	高丰镇大冲村妇联主任	
	刘朝东	男	汉	1958.11	江西瑞昌	大专	中共	高丰镇党委副书记、镇长候选人	
	何仁先	男	汉	1941.02	江西瑞昌	高中	中共	瑞昌市人大常委会主任、党组书记	
	张远水	男	汉	1962.09	江西瑞昌	高中	中共	高丰镇李铺村党支部书记	
	胡爱武	女	汉	1961.11	江西瑞昌	大专	中共	瑞昌市委办公室主任	
	谢继锋	男	汉	1954.09	江西瑞昌	大专	中共	高丰镇人大主席候选人	
南义镇	邓　辉	男	汉	1946.01	江西瑞昌	大学	中共	瑞昌市人大常委会教科文卫办公室主任	
	艾宏盛	男	汉	1947.05	江西武宁	大专	中共	瑞昌市委书记	1999年调离资格终止
	杜冬桂	女	汉	1965.09	江西瑞昌	初中	中共	南义镇乐园村妇联主任	
	邹圣玉	男	汉	1954.03	江西瑞昌	中专	中共	南义镇党委副书记、人大主席	
	邹圣定	男	汉	1957.07	江西瑞昌	高中	中共	南义镇美源村委会主任	
	余传滨	男	汉	1966.09	江西瑞昌	高中	中共	南义镇朝阳村党支部书记	
	杨开前	男	汉	1963.08	江西瑞昌	高中	中共	南义镇新福村委会主任	
	范初芳	男	汉	1963.05	江西瑞昌	大专	中共	南义镇政府镇长	
	郑羡银	男	汉	1952.01	江西广丰	大专	中共	瑞昌市委副书记、政府市长	2000年12月补选
峨嵋乡	田忠诚	男	汉	1955.08	江西瑞昌	大专	中共	峨嵋乡党委书记兼人大主席	
	邹木兰	女	汉	1949.04	江西瑞昌	初中	中共	峨嵋乡长岗村妇联主任	
	袁革新	男	汉	1966.10	江西瑞昌	初中	中共	峨嵋乡嵋光村委会主任	

续表7－4－3

单位	姓名	性别	民族	出生年月	籍贯	学历	党派	工作单位及职务	异动情况
和平乡	田绍兴	男	汉	1956.07	江西瑞昌	大专	中共	和平乡党委书记兼人大主席	
	周会成	男	汉	1952.07	江西瑞昌	高中	中共	和平乡杨段村委会主任	
	柯腊梅	女	汉	1968.10	江西瑞昌	高中	无	和平乡和平村妇联主任	
青山林场	吴著胜	男	汉	1964.09	江西瑞昌	高中	中共	青山林场青峰村委会主任	
	范友芳	男	汉	1958.07	江西瑞昌	高中	中共	青山林场党委副书记、场长	
	张新阳	男	汉	1969.09	江西瑞昌	高中	中共	青山林场风光村委会主任	
乐山乡	余欣红	女	汉	1970.06	江西瑞昌	高中	中共	乐山乡卫生院妇产科主任	
	姜佳桂	男	汉	1963.04	江西瑞昌	大学	中共	乐山乡党委书记	
	彭利平	男	汉	1962.11	江西瑞昌	高中	中共	乐山乡先锋村党支部书记	
横港镇	万启汉	男	汉	1961.12	江西瑞昌	中专	无	横港学区教导主任	
	江长兴	男	汉	1955.05	江西瑞昌	高中	中共	横港镇远景村党支部书记	
	陈新娅	女	汉	1968.05	江西瑞昌	大专	农工民主党	瑞昌市实验小学教师	
	范传星	男	汉	1960.05	江西瑞昌	高中	中共	横港镇赤岗村党支部书记	
	杨能聪	男	汉	1961.11	江西瑞昌	大专	中共	横港镇党委书记	
	徐昌仁	男	汉	1940.08	江西赣县	大学	中共	瑞昌市人大常委会副主任	
	夏万坤	男	汉	1960.09	江西瑞昌	高中	无	横港镇繁荣村委会主任	
	蔡泽明	男	汉	1961.06	江西瑞昌	大专	中共	横港镇党委副书记	
九源乡	肖　敏	男	汉	1967.09	江西瑞昌	高中	中共	九源乡李坂村党支部书记	
	李广欣	男	汉	1965.11	江西瑞昌	大专	中共	瑞昌市委组织部部长	1999年调离资格终止
	李木林	男	汉	1953.02	江西瑞昌	高中	中共	九源乡党委副书记兼人大主席	
	陶勇明	男	汉	1952.09	江西瑞昌	初中	中共	九源乡上源村党支部书记	
	朗小军	男	汉	1956.01	江西瑞昌	大专	中共	瑞昌市委组织部部长	2000年12月补选
范镇	王定琦	男	汉	1953.08	江西瑞昌	高中	中共	范镇人大副主席	
	李广新	男	汉	1960.08	江西瑞昌	高中	中共	范镇范镇村党支部书记	
	邹庆柏	男	汉	1964.04	江西瑞昌	大专	中共	范镇党委副书记、纪检书记	
	陈　茂	男	汉	1953.10	江西瑞昌	大专	中共	瑞昌市土管局局长	
	张炳福	男	汉	1951.07	江西瑞昌	高中	中共	范镇北溪电站职工	
	范靖民	女	汉	1974.02	江西瑞昌	大专	中共	范镇中心小学教师	
	郭庆安	男	汉	1956.09	江西瑞昌	高中	中共	范镇八都村党支部书记	
	徐水清	男	汉	1957.06	江西瑞昌	高中	中共	范镇源源村党支部书记	

续表7-4-3

单位	姓名	性别	民族	出生年月	籍贯	学历	党派	工作单位及职务	异动情况
洪岭乡	王启春	男	汉	1966.10	江西瑞昌	高中	中共	洪岭乡光明村委会主任	
	朱杰	男	汉	1945.11	江西九江	大学	中共	瑞昌市政府副市长、人大常委会副主任候选人	
	孙金星	男	汉	1964.03	江西九江	大专	中共	洪岭乡党委书记	2001年从南义镇调离资格终止
	蔡泽锋	男	汉	1968.08	江西瑞昌	高中	中共	洪岭乡常丰村委会主任	
宝钢机械厂	周洪涛	男	汉	1948.03	江西湖口	大学	中共	宝钢集团人民机械厂副厂长	
九江冶炼厂	魏洪曙	男	汉	1961	江西瑞昌	大专	中共	九江冶金总厂	
瑞昌石化公司	邵长清	男	汉	1950.07	江西都昌	中专	中共	江西瑞昌石油化工公司副经理(主持工作)	
武山铜矿	易延贤	男	汉	1946.09	湖北武穴	大学	中共	江西铜业公司武山铜矿矿长	1998年调离资格终止
	蒋柏良	男	汉	1947.01	江苏常州	大学	中共	江西铜业公司武山铜矿矿长	1999年补选2001年调离资格终止
江洲造船厂	张朝聘	男	汉	1949.10	江西余干	大专	中共	江西江州造船厂党委副书记	
	季勇	男	汉	1954.01	上海	大专	中共	江西江州造船厂常务副厂长	
九江船用机械厂	倪志	男	汉	1957.03	江西德安	大专	中共	九江船用机械厂厂长	
航海仪表厂	孙志斌	男	汉	1954.11	江苏淮安	大学	中共	江西航海仪表厂厂长	2000年调离资格终止
	李军锋	男	汉	1948.06	江西九江		中共	江西航海仪表厂厂长	2000年12月补选2001年调离资格终止
江西油咀油泵厂	张国香	男	汉	1942.11	江西修水	高中	中共	江西油咀油泵厂工会主席	
赣西北地质队	章忠玲	女	汉	1968.05	江西瑞昌	高中	无	赣西北地质队505.507分队负责人	
瑞昌人武部	颉安国	男	汉	1958.01	江西瑞昌	大学	中共	瑞昌市人武部政治委员	
38564部队	苏发星	男	汉	1953.03	河南鄢陵	大学	中共	海军38564部队政治委员	1998年调离资格终止
	庄凤鹏	男	汉	1960.05	福建泉州	大学	中共	83665部队政治委员	1999年底补选

瑞昌市第四届人大代表

表 7－4－4

单位	姓名	性别	民族	出生年月	籍贯	学历	党派	工作单位及职务	异动情况
湓城街道	万文莉	女	汉	1968.07	江西瑞昌	大学	无	瑞昌市人民银行副股长	
	万文松	男	汉	1947.02	江西星子	大学	中共	瑞昌市委副书记	
	万本庚	男	汉	1962.10	江西南昌	研究生	中共	瑞昌市委副书记	2005 年调离资格终止
	王玉玲	女	汉	1957.06	江西瑞昌	大学	中共	瑞昌市环保局副局长	
	田玉华	女	汉	1968.10	江西瑞昌	大专	无	湓城街道东街居委会主任	
	卢仕忠	男	汉	1944.10	江西武宁	高中	中共	瑞昌市人大常委会副主任	
	朱林霞	女	汉	1956.08	江西瑞昌	高中	无	瑞昌市农资公司副经理	
	刘礼兴	男	汉	1954.11	江西瑞昌	高中	无	瑞昌市货运联营公司经理	
	李庆生	男	汉	1960.10	浙江建德	大学	中共	瑞昌市政府办公室主任	
	李金林	男	汉	1964.08	江西瑞昌	高中	中共	湓城街道瑞丰村委会主任	
	李建林	男	汉	1960.11	江西武宁	大学	中共	瑞昌市国税局局长	
	李晓明	男	汉	1957.09	江西瑞昌	大专	中共	瑞昌市商业局局长	
	吴自强	男	汉	1950.06	江西南昌	初中	中共	瑞昌自强铸造有限公司董事长	
	吴高友	男	汉	1954.06	江西瑞昌	大专	中共	瑞昌市粮食局局长	
	吴高英	女	汉	1958.11	江西瑞昌	大学	中共	瑞昌市统计局局长	
	余爱菊	女	汉	1960.06	江西瑞昌	高中	无	湓城街道西门处居委会干部	
	余锦荣	男	汉	1952.12	江西瑞昌	大专	中共	瑞昌市公安局政委	
	邹元桂	女	汉	1958.10	江西瑞昌	高中	中共	湓城街道瑞丰村妇联主任	
	邹金宝	男	汉	1954.11	江西瑞昌	大学	中共	瑞昌市交通局局长	
	况　杰	男	汉	1962.06	江西高安	研究生	中共	瑞昌市法院党组书记	
	张友清	男	汉	1955.11	江西瑞昌	大学	中共	瑞昌市计划委员会主任	
	陈　茂	男	汉	1953.10	江西瑞昌	大专	中共	瑞昌市卫生局局长	
	陈伦国	男	汉	1953.09	江西瑞昌	大专	中共	瑞昌市水电局局长	
	范友芳	男	汉	1958.07	江西瑞昌	大专	中共	瑞昌市人大常委会湓城联络处主任	
	柯善富	男	汉	1961.01	江西瑞昌	大学	中共	湓城街道党委书记	
	胡亦茂	男	汉	1955.04	江西瑞昌	大专	中共	瑞昌市文化广播电视局局长	
	胡忠祥	男	汉	1960.08	江西瑞昌	高中	无	瑞昌市经管站站长	
	桂贤红	男	汉	1962.04	江西瑞昌	大学	中共	湓城街道办事处主任	
	徐玉玲	女	汉	1965.03	江西瑞昌	高中	无	湓城街道计生办干部	

续表7-4-4

单位	姓名	性别	民族	出生年月	籍贯	学历	党派	工作单位及职务	异动情况
溢城街道	徐勋金	男	汉	1954.09	江西瑞昌	大学	中共	瑞昌市教委主任	
	徐新民	男	汉	1956.10	江西瑞昌	高中	中共	瑞昌市建设局局长	
	黄新花	女	汉	1966.01	江西瑞昌	高中	无	湓城街道武庙下居委会主任	
	龚恩均	男	汉	1962.05	江西瑞昌	大专	中共	瑞昌市造纸总公司经理	
	雷俊	男	汉	1963.11	江西瑞昌	大学	无	瑞昌市工业总公司经理	
桂林街道	王全良	男	汉	1955.07	江西瑞昌	高中	中共	桂林街道北亭村党支部书记	
	王启春	男	汉	1966.11	江西瑞昌	高中	中共	洪岭管理区光明村委会主任	
	邓先枝	女	汉	1962.02	江西瑞昌	初中	中共	桂林街道洪源村党支部书记	
	朱志强	男	汉	1954.12	安徽泾县	大学	中共	瑞昌市检察院检察长	
	李金国	男	汉	1959.03	江西瑞昌	大学	中共	桂林街道党委书记	
	李金桃	女	汉	1957.03	江西瑞昌	高中	无	洪岭管理区常丰村妇联专干	
	李美送	男	汉	1962.08	江西瑞昌	高中	中共	桂林街道东关村党支部书记兼村委会主任	
	范琳	女	汉	1968.08	江西瑞昌	大专	无	桂林中心小学教导主任	
	柯于利	男	汉	1967.01	江西瑞昌	大专	中共	瑞昌市麻纺总厂厂长	
	胡家真	男	汉	1957.07	江西瑞昌	初中	中共	桂林街道大塘村党总支书记	
	饶思汉	男	汉	1961.07	江西九江	大专	中共	瑞昌市委常委、副市长候选人	
	徐尤闲	男	汉	1959.10	江西瑞昌	大专	中共	瑞昌市人大常委会财经办公室主任	
	黄良元	男	汉	1965.11	浙江浦江	大专	无	八仙蚊业有限公司总经理	
	董圣旭	男	汉	1963.04	江西瑞昌	高中	中共	桂林街道石山村党支部书记	
	董洪荣	男	汉	1954.03	江西瑞昌	大专	中共	瑞昌市人大常委会桂林联络处主任	
	曾新发	男	汉	1965.09	江西瑞昌	大专	中共	洪岭管理区党委书记	
	雷新保	男	汉	1955.10	江西九江	大专	中共	九江金锋集团有限公司党委书记兼董事长	
	蔡泽成	男	汉	1961.07	江西瑞昌	大专	中共	桂林街道办事处主任	
	蔡金槐	男	汉	1951.09	江西瑞昌	大专	中共	瑞昌市林业局局长	
赛湖农场	邓见胜	男	汉	1959.08	湖北武穴	高中	中共	赛湖总场党委副书记	
	刘萍桃	女	汉	1956.02	江西南昌	高中	无	赛湖总场学校教师	
	徐卫	男	汉	1964.05	江西瑞昌	大学	中共	赛湖总场场长	

续表7-4-4

单位	姓名	性别	民族	出生年月	籍贯	学历	党派	工作单位及职务	异动情况
南义镇	李广松	男	汉	1966.03	江西瑞昌	大学	中共	南义镇党委书记	2005年调离资格终止
	余传生	男	汉	1968.08	江西瑞昌	高中	中共	南义镇前进村委会主任	
	邹庆大	男	汉	1957.08	江西瑞昌	高中	中共	和平管理区和平村党支部书记、村委会主任	
	周又新	女	汉	1957.05	江西瑞昌	大专	中共	瑞昌市科委主任、科协主席	
	周甸水	男	汉	1951.11	江西瑞昌	初中	中共	南义镇美景村委会主任	
	郑羡银	男	汉	1952.01	江西广丰	大学	中共	瑞昌市人民政府市长	
	柯卫彬	男	汉	1966.08	江西瑞昌	大专	中共	和平管理区党委书记、南义镇人大主席	
	曾细球	男	汉	1965.09	江西瑞昌	大学	中共	南义镇政府镇长	
	雷国荣	男	汉	1973.09	江西瑞昌	高中	中共	南义镇东升村委会主任	
	蔡茂彬	男	汉	1962.04	江西瑞昌	大专	中共	南义粮管所所长	
横港镇	王晓宁	男	汉	1965.10	江西瑞昌	大专	中共	横港镇镇长	
	丰　耿	男	汉	1966.11	江西瑞昌	大学	中共	横港镇党委书记	
	汪　敏	男	汉	1958.09	安徽黄山	大学	中共	瑞昌市委副书记	2004年调离资格终止
	陈新娅	女	汉	1968.05	江西瑞昌	大专	农工党	瑞昌市实验小学教师	
	肖春鸣	男	汉	1966.01	江西瑞昌	高中	中共	乐山管理区三爱村党支部书记	
	范木松	男	汉	1957.11	江西瑞昌	高中	中共	横港镇红光村党支部书记	
	罗教育	男	汉	1964.02	江西瑞昌	高中	中共	横港镇初升村党支部书记	
	邹国松	男	汉	1960.06	江西瑞昌	高中	中共	峨嵋管理区嵋荣村	
	周平海	男	汉	1955.08	江西瑞昌	大专	中共	瑞昌市总工会主席	
	柯昌财	男	汉	1957.03	江西瑞昌	大专	中共	横港中学校长	
	夏万华	男	汉	1965.03	江西瑞昌	大学	中共	峨嵋管理区党委书记	
	曹　华	男	汉	1962.09	江西瑞昌	大专	中共	乐山管理区党委书记、横港镇人大主席	
	蔡茂英	女	汉	1956.07	江西瑞昌	初中	中共	横港镇清溢村党支部书记	
青山林场	张水姣	女	汉	1968.09	江西瑞昌	初中	中共	青山林场青峰村委会委员、妇联主任	
	周　明	男	汉	1970.06	江西瑞昌	大学	中共	青山林场场长	
	喻小明	男	汉	1963.08	江西湖口	大专	中共	瑞昌市人民武装部政治委员	2004年调离资格终止

续表 7－4－4

单位	姓名	性别	民族	出生年月	籍贯	学历	党派	工作单位及职务	异动情况
范镇	丁达宏	男	汉	1966.06	江西瑞昌	高中	中共	范镇长春村委会主任	
	丁瑞林	男	汉	1957.08	江西瑞昌	大专	中共	瑞昌市纪委副书记、监察局局长	
	文庚新	男	汉	1962.03	江西瑞昌	高中	中共	九源管理区上源村党支部书记	
	冯俊广	男	汉	1965.10	江西瑞昌	高中	中共	范镇高泉村委会主任	
	吴茂生	男	汉	1968.11	江西瑞昌	中师	中共	九源管理区李坂村党支部书记、村委会主任	
	李广新	男	汉	1960.08	江西瑞昌	高中	中共	范镇范镇村党支部书记	
	何金送	男	汉	1963.09	江西瑞昌	研究生	中共	九源管理区党委书记、范镇人大主席	
	陈　明	男	汉	1963.09	江西瑞昌	大专	中共	范镇党委书记	
	郎小军	男	汉	1956.01	江西瑞昌	大专	中共	瑞昌市委副书记	
	郭庆安	男	汉	1956.09	江西瑞昌	高中	中共	范镇八都村党支部书记	
	曹集林	男	汉	1970.01	江西瑞昌	大学	中共	范镇党委副书记、镇长	
	彭正交	男	汉	1945.01	江西瑞昌	大专	中共	瑞昌市人大常委会副主任	
高丰镇	朱淳健	男	汉	1967.12	江西瑞昌	初中	中共	高丰镇乐丰村党支部书记	
	刘桂花	女	汉	1968.08	江西瑞昌	初中	中共	高丰镇青丰村妇联主任	
	吴拥军	男	汉	1963.01	江西瑞昌	大学	无	瑞昌市通用机械厂董事长	
	周佐福	男	汉	1967.08	江西瑞昌	大学	中共	高丰镇镇长	
	周起俊	男	汉	1953.12	江西瑞昌	大专	中共	瑞昌市人大常委会政法办公室副主任	
	桂火周	男	汉	1953.12	江西瑞昌	高中	中共	高丰镇人大主席	
	黄爱进	男	汉	1961.10	江西瑞昌	高中	中共	高丰镇永丰村党支部书记	
洪下乡	何火仙	女	汉	1961.03	江西瑞昌	高中	无	洪下乡洪下村委会委员	
	何中雄	男	汉	1956.09	江西瑞昌	高中	中共	洪下乡迪畲村党支部书记	
	邹庆柏	男	汉	1964.04	江西瑞昌	大专	中共	洪下乡党委书记	
	易炳根	男	汉	1963.01	江西萍乡	大专	中共	瑞昌市公安局局长	
	彭义球	男	汉	1955.11	江西瑞昌	高中	中共	洪下乡张家铺村党支部书记	
大德山林场	叶心林	男	汉	1962.07	江西武宁	大专	中共	瑞昌市人民政府常务副市长	2005年调离资格终止
	周爱民	男	汉	1970.08	江西瑞昌	大专	中共	大德山林场党委副书记、场长	
	徐玉霞	女	汉	1967.09	江西瑞昌	初中	中共	大德山林场港北村委会委员	

续表 7-4-4

单位	姓名	性别	民族	出生年月	籍贯	学历	党派	工作单位及职务	异动情况
花园乡	石荣国	男	汉	1960.04	江西波阳	研究生	中共	瑞昌市委书记	2004年调离资格终止
	何　涛	男	汉	1966.05	江西瑞昌	大学	中共	花园乡党委书记	
	张绪玛	男	汉	1964.01	江西瑞昌	大专	中共	花园乡乡长	
	陈新完	男	汉	1956.02	江西瑞昌	高中	中共	花园乡南下村党支部书记	
	徐勋炎	男	汉	1952.09	江西瑞昌	初中	中共	花园乡杨湾村党支部书记	
	徐勋海	男	汉	1954.10	江西瑞昌	大专	中共	瑞昌市廉政办公室主任	
	徐维元	男	汉	1961.10	江西瑞昌	初中	中共	花园乡田坂村委会主任	
	刘韵和	男	汉	1956.09	江西修水	大学	中共	瑞昌市委书记	2004年2月补选
肇陈镇	陈　东	男	汉	1967.09	江西瑞昌	大专	中共	肇陈镇镇长	
	柯大财	男	汉	1955.06	江西瑞昌	高中	中共	肇陈镇人大主席	
	柯昌炫	男	汉	1956	江西瑞昌	高中	中共	肇陈镇大林村党支部书记	
	柯愈灿	男	汉	1947.10	江西瑞昌	大学	中共	瑞昌市人民银行行长	
	黄　平	男	汉	1962.10	江西瑞昌	高中	中共	肇陈镇华坊村委会主任	
	黄元胜	男	汉	1972.11	江西瑞昌	高中	中共	肇陈镇八门村党支部书记	
乐园乡	邹圣文	男	汉	1963.04	江西瑞昌	中专	中共	瑞昌市罗坑煤矿矿长	
	张肇国	男	汉	1954.05	江西瑞昌	高中	中共	乐园乡人大主席	
	柯贤财	男	汉	1961.08	江西瑞昌	高中	中共	乐园乡南庄村党支部书记	
	徐　胜	男	汉	1965.01	江西龙南	研究生	中共	瑞昌市委组织部部长	
	涂香仁	男	汉	1964.04	江西瑞昌	大学	中共	乐园乡乡长	
洪一乡	王清贤	男	汉	1956.02	江西瑞昌	高中	中共	洪一乡麦良村党支部书记	
	刘遵柱	男	汉	1966.10	江西瑞昌	大学	中共	洪一乡乡长	
	何秀朗	男	汉	1960.01	江西瑞昌	高中	中共	洪一乡长坑村党支部书记、村委会主任	
	柯贤盛	男	汉	1956.03	江西瑞昌	中专	中共	洪一乡人大主席	
	谈运玉	男	汉	1957.08	江西瑞昌	高中	中共	洪一乡吴家村党支部书记	
	曹祥水	男	汉	1952.03	江西瑞昌	大专	中共	瑞昌市财政局局长	
黄金乡	王效贤	男	汉	1958.04	江西瑞昌	大专	中共	黄金乡党委书记、人大主席	
	陈世金	男	汉	1963.01	江西瑞昌	高中	中共	黄金乡金岭村党支部书记、村委会主任	
	陈世翔	男	汉	1953.10	湖北武穴	大专	中共	瑞昌市委副书记、纪委书记	
	陈德春	男	汉	1967.02	江西瑞昌	大学	中共	黄金乡党委副书记、乡长	
	周平义	男	汉	1948.04	江西瑞昌	初中	中共	黄金乡北山村党支部书记	

续表7-4-4

单位	姓名	性别	民族	出生年月	籍贯	学历	党派	工作单位及职务	异动情况
南阳乡	王武伟	男	汉	1954.11	江西瑞昌	中专	中共	南阳乡人大主席	
	李俊福	男	汉	1955.03	江西瑞昌	大专	中共	瑞昌市一中正科级干部	
	吴永国	男	汉	1962.05	江西瑞昌	高中	中共	南阳乡宝山村委会主任	
	吴高洪	男	汉	1966.05	江西瑞昌	大专	中共	南阳乡乡长	
	邹焕章	男	汉	1963.09	江西瑞昌	高中	无	南阳乡罗城村委会副主任	
	陈小英	女	汉	1962.04	江西瑞昌	大专	中共	南阳乡党委书记	
	胡金霞	女	汉	1964.05	江西瑞昌	初中	中共	南阳乡燕山村	
横立山乡	吴普强	男	汉	1974.12	江西瑞昌	高中	无	横立山乡芦塘村民兵连长	
	胡桂珠	女	汉	1965.10	湖北武穴	大学	中共	横立山乡乡长	
	祝国金	男	汉	1964.11	江西瑞昌	大专	中共	横立山乡党委书记、人大主席	
	谈华众	男	汉	1963.04	江西瑞昌	大学	中共	瑞昌市人大常委会政法办公室主任	
夏畈镇	王　欣	男	汉	1962.04	江西瑞昌	大学	中共	夏畈镇党委书记	
	王时峰	男	汉	1970.11	江西瑞昌	高中	无	恒大石材有限公司董事长	
	叶晓艳	女	汉	1970.10	江西瑞昌	中专	无	夏畈卫生院办公室主任	
	汪传功	男	汉	1957.06	江西瑞昌	大专	中共	瑞昌市人大常委会选任联办公室副主任	
	范远清	男	汉	1961.08	江西瑞昌	大专	中共	夏畈镇党委副书记、镇长	
	范荣春	男	汉	1968.11	江西瑞昌	大学	中共	夏畈镇南林村党支部书记、村委会主任	
码头镇	朱　杰	男	汉	1945.11	江西九江	大学	中共	亚利运输公司经理	
	朱巨锋	男	汉	1967.10	江西瑞昌	高中	中共	码头镇苏山村党支部书记	
	朱汉福	男	汉	1966.03	江西瑞昌	大专	中共	砂石总公司经理	
	朱兴模	男	汉	1964.03	江西瑞昌	初中	中共	码头镇码头村党支部书记	
	朱志干	男	汉	1966.10	江西瑞昌	初中	中共	码头镇朱湖村党支部书记	
	朱晚垂	男	汉	1965.10	江西瑞昌	大专	无	瑞昌市城建局副科干部	
	刘继清	男	汉	1965.01	江西瑞昌	大学	中共	码头镇党委副书记、镇长	
	吴雪花	女	汉	1959.10	江西瑞昌	初中	无	码头财政所会计	
	张肇山	男	汉	1945.01	江西瑞昌	中专	中共	瑞昌市人大常委会主任	
	曹国锋	男	汉	1963.10	江西瑞昌	高中	中共	码头镇龙泉村党支部书记、村委会主任	
	章水宝	男	汉	1956.05	江西瑞昌	高中	中共	码头镇胜利村党支部书记	
	董坚兴	男	汉	1962.11	江西瑞昌	大专	中共	码头镇人大主席	
	程南忠	男	汉	1962.01	江西瑞昌	大学	中共	码头镇党委副书记	
	曾宪奎	男	汉	1967.08	江西瑞昌	大学	中共	瑞昌市政法委书记	

续表7－4－4

单位	姓名	性别	民族	出生年月	籍贯	学历	党派	工作单位及职务	异动情况
流庄乡	朱汉国	男	汉	1958.10	江西瑞昌	高中	中共	流庄乡新风村党支部书记	
	邹保华	男	汉	1955.04	江西瑞昌	高中	中共	流庄乡人大主席	2005年逝世
	张金花	女	汉	1967.10	江西瑞昌	初中	无	流庄乡赤庄村妇联主任	
	程世贵	男	汉	1970.02	江西九江	大学	中共	瑞昌市委组织部副部长	
	程厚红	男	汉	1969.10	江西瑞昌	大学	中共	流庄乡党委副书记、政府乡长	
武蛟乡	王德湖	男	汉	1965.09	江西瑞昌	大专	中共	武蛟乡党委副书记、政府乡长	2005年调离资格终止
	朱才菊	男	汉	1944.10	江西瑞昌	大专	中共	市人大常委会副主任	
	刘礼刚	男	汉	1957.10	江西瑞昌	初中	中共	武蛟乡上湖村党支部书记	
	刘礼萍	女	汉	1963.10	江西瑞昌	中师	无	武蛟学区八一小学工会组长、教师	
	周　诚	男	汉	1965.10	江西瑞昌	大专	中共	武蛟乡党委书记	
白杨镇	刘明珍	女	汉	1969.02	江西瑞昌	大专	中共	瑞昌市妇联主席	
	汪汉东	男	汉	1971.03	江西瑞昌	高中	无	白杨镇郭桥村委会主任	
	张肇林	男	汉	1957.10	江西瑞昌	高中	中共	白杨镇人大主席	
	桂白丽	女	汉	1971.02	江西瑞昌	大学	中共	白杨镇党委副书记、镇长	
	程厚志	男	汉	1967.07	江西瑞昌	高中	中共	白杨镇檀山村党支部书记	
航海仪表厂	潘建平	女	汉	1953.12	江苏泰兴	大学	中共	江西航海仪表厂厂长	
船用机械厂	倪　志	男	汉	1957.03	江西德安	大专	中共	九江船用机械厂厂长	
江州造船厂	吕火坤	男	汉	1944.11	湖北鄂州	大学	中共	江州造船厂党委书记	
	季　勇	男	汉	1954.01	上海市	大专	中共	江州造船厂厂长	2003年调离资格终止
九江冶金厂	魏洪曙	男	汉	1962.03	江西瑞昌	大专	中共	九江冶金总厂厂长	
瑞昌石化公司	邵长青	男	汉	1950.07	江西都昌	中专	中共	中石化股份江西瑞昌分公司经理	
油咀油泵厂	傅永华	男	汉	1963.04	江西永修	大学	中共	江西汇尔油泵油咀有限公司董事长、总经理	
人民机械厂	周洪涛	男	汉	1948.03	江西湖口	大学	中共	九江三钻机械有限公司董事长	
武山铜矿	吴　飞	男	汉	1961.09	江西龙南	大学	中共	江铜集团武山分公司经理	2005年调离资格终止

续表7-4-4

单位	姓名	性别	民族	出生年月	籍贯	学历	党派	工作单位及职务	异动情况
瑞昌驻军	庄凤鹏	男	汉	1960.05	福建泉州	大学	中共	中国人民解放军73868部队政治委员	2004年调离资格终止
	张建新	男	汉	1961.06	江西修水	大学	中共	瑞昌市人武部部长	
九江劳教所	宋琪	男	汉	1962.04	江西永新	大学	中共	九江市劳教所所长	

瑞昌市第五届人大代表

表7-4-5

单位	姓名	性别	民族	出生年月	籍贯	学历	党派	工作单位及职务	异动情况
湓城街道	陈迪尧	男	汉	1962.08	江西瑞昌	研究生	中共	瑞昌市发展改革委员会主任	
	陈小英	女	汉	1962.04	江西瑞昌	大专	中共	瑞昌市长助理、计划生育委员会主任	
	吴学银	男	汉	1963.01	江西九江	大学	中共	瑞昌市审计局局长	
	王石	男	汉	1962.08	江西瑞昌	大专	中共	瑞昌市供电公司经理	2009年调离资格终止
	周佐林	男	汉	1965.02	江西瑞昌	大专	中共	瑞昌市610办公室主任、公安局副局长	
	陈思明	男	汉	1963.11	江西瑞昌	大学	中共	瑞昌市人事劳动局党委书记、局长	
	高朝晖	女	汉	1971.12	江西瑞昌	大专	无	瑞昌市房地产管理局干部	
	幸珍祥	男	汉	1963.03	江西瑞昌	大学	中共	瑞昌市农业局局长	
	陈亚珍	女	汉	1961.08	江西瑞昌	高中	无	瑞昌市印刷厂下岗职工	
	陈新娅	女	汉	1968.05	江西瑞昌	大学	农工党	瑞昌市教育局教育科副科长	
	刘成	男	汉	1964.01	江西修水	大学	中共	瑞昌市人民医院院长	
	何金送	男	汉	1963.09	江西瑞昌	研究生	中共	瑞昌市卫生局局长	
	黄晓林	男	汉	1970.10	江西瑞昌	初中	无	长运公司办公室副主任	
	万凤玲	女	汉	1963.01	江西瑞昌	大学	中共	瑞昌市供销社纪委书记	
	詹建杨	男	汉	1962.05	江西瑞昌	大专	中共	瑞昌市商业行业管理办公室主任	
	周诚	男	汉	1965.12	江西瑞昌	大学	中共	瑞昌市林业局局长	
	徐瑞华	女	汉	1978.11	江西瑞昌	大学	无	瑞昌市人民银行办公室副主任	
	张恭良	男	汉	1959.10	江西瑞昌	大专	中共	瑞昌市建设局党委书记、局长	
	范新军	男	汉	1963.04.	江西瑞昌	大学	中共	瑞昌市招商局局长	
	胡贵平	男	汉	1956.11	湖北黄梅	大专	中共	瑞昌市文化馆干部、民革主委	

续表7－4－5

单位	姓名	性别	民族	出生年月	籍贯	学历	党派	工作单位及职务	异动情况
溢城街道	田先锋	男	汉	1962.08	江西瑞昌	研究生	中共	瑞昌市文化广播电视局局长	2009年辞职
	李金林	男	汉	1964.08	江西瑞昌	高中	中共	溢城街道瑞丰村委会主任	
	柯美茂	男	汉	1964.01	江西瑞昌	高中	无	瑞昌市美茂出租车公司经理	
	蔡小兵	男	汉	1969.10	江西瑞昌	大专	无	瑞昌市中心幼儿园园长	
	陈治华	男	汉	1960.04	江西瑞昌	大专	无	美能达广告影视公司经理	
	范友芳	男	汉	1958.07	江西瑞昌	大专	中共	溢城街道党委委员、市人大常委会联络处主任	
	董肇丽	女	汉	1968.09	江西瑞昌	大专	中共	溢城街道办事处副主任、新街居委会主任	
	吴自强	男	汉	1950.06	江西南昌	大专	中共	自强铸造厂董事长	
	余丽萍	女	汉	1971.12	江西瑞昌	高中	中共	溢城街道李家湾居委会主任	
	刘礼兴	男	汉	1954.10	江西瑞昌	初中	无	货运联营公司经理	
	黄新花	女	汉	1966.12	江西瑞昌	高中	中共	溢城街道兵马垄居委会主任	
	谈太君	男	汉	1970.04	江西瑞昌	大学	中共	溢城街道党委副书记、办事处主任	
	丁小红	女	汉	1964.08	江西瑞昌	中专	无	溢城卫生院护士长	
	吴风安	男	汉	1958.10	江西瑞昌	中专	无	溢城卫生管理中心经理	
	王金仙	女	汉	1955.03	江西瑞昌	初中	无	溢城街道雷家林居委会居民组长	
	冯兰芳	女	汉	1977.02	江西瑞昌	大学	无	九江三钻机械有限责任公司经理	
桂林街道	吴风雷	男	汉	1957.12	江西瑞昌	大专	中共	瑞昌市人事劳动局副局长、就业局局长	
	贺绪峰	男	汉	1956.10	江西瑞昌	高中	中共	桂林街道光明村委会主任	
	詹国庆	男	汉	1963.08	江西瑞昌	高中	无	安顺客运公司董事长	
	万初霞	女	汉	1961.12	江西瑞昌	中专	无	桂林街道常丰中心小学教师	
	李美送	男	汉	1962.08	江西瑞昌	高中	中共	桂林街道东关村党支部书记、村委会主任	
	刘建民	男	汉	1964.07	福建南安	中专	中共	金鹿日化集团总公司瑞昌分公司总经理	2009年调离资格终止
	蔡金槐	男	汉	1951.09	江西瑞昌	大专	中共	瑞昌市人大常委会党组成员、副主任	
	江　华	男	汉	1972.12	江西瑞昌	大专	无	益民中学校长	
	董裕金	男	汉	1962.09	江西瑞昌	高中	中共	桂林街道庆丰村党总支书记、村委会主任	
	王全良	男	汉	1955.07	江西瑞昌	高中	中共	桂林街道北亭村党支部书记、主任	
	王晓声	男	汉	1967.09	江西瑞昌	大专	无	纪风实业公司经理、市工商联(总商会)副会长	

续表7-4-5

单位	姓名	性别	民族	出生年月	籍贯	学历	党派	工作单位及职务	异动情况
桂林街道	张亚静	女	汉	1977.05	江西瑞昌	初中	无	桂林街道六合村计生专干	
	胡家真	男	汉	1957.07	江西瑞昌	初中	中共	桂林街道大塘村党总支书记	
	邓先枝	女	汉	1962.02	江西瑞昌	初中	中共	桂林街道洪源村主任	
	董圣旭	男	汉	1963.04.	江西瑞昌	高中	中共	桂林街道石山村党支部书记、村委会主任	
	李　叶	男	汉	1966.04	江西瑞昌	大专	中共	桂林街道党委副书记、市人大常委会联络处主任	
	刘遵柱	男	汉	1966.10	江西瑞昌	大专	中共	桂林街道党委副书记、办事处主任	
	范小红	女	汉	1974.12	江西瑞昌	大学	无	桂林学区教师	
	陈世翔	男	汉	1953.10	湖北武穴	大专	中共	瑞昌市人大常委会党组书记、主任	
	丁小平	男	汉	1959.04	江西瑞昌	大专	中共	瑞昌市麻纺总厂负责人	
南义镇	朱志强	男	汉	1954.12	安徽泾县	大学	中共	瑞昌市人大常委会党组成员、副主任候选人	
	范任生	男	汉	1957.07	江西瑞昌	高中	中共	南义镇程家村党支部书记	
	易德英	女	汉	1957.03	江西瑞昌	中专	无	南义学区教师	
	邹素金	女	汉	1974.11	江西瑞昌	大专	无	南义卫生院护士	
	涂香仁	男	汉	1965.04	江西瑞昌	研究生	中共	南义镇党委副书记、镇长	
	顾开生	男	汉	1969.08	江西瑞昌	高中	中共	南义镇王家铺村委会主任	
	周　贲	男	汉	1972.02	江西瑞昌	大学	中共	南义镇党委委员、人大主席	
	田宗文	男	汉	1962.09	江西瑞昌	高中	无	南义镇朝阳村委会主任	
	熊起栋	男	汉	1958.08	江西修水	研究生	中共	瑞昌市委副书记、政府党组书记、市长	
	周会芹	男	汉	1962.06	江西瑞昌	初中	中共	南义镇星明村委会主任	
青山林场	何毓轩	男	汉	1972.09	江西瑞昌	大学	中共	青山林场党委副书记、场长	
	李凤玲	女	汉	1958.12	江西瑞昌	中专	中共	青山林场青山村计生专干	
范镇	熊金玖	男	汉	1966.02	江西瑞昌	大专	中共	范镇党委委员、人大主席	
	李丽萍	女	汉	1985.03	江西瑞昌	中专	无	范镇陡岗村农民	
	陈明霞	女	汉	1965.08	江西瑞昌	高中	无	范镇八都村私立幼儿园教师	
	汪泽权	男	汉	1969.12	江西瑞昌	大学	中共	范镇党委副书记、镇长	2009年逝世
	何忠利	男	汉	1965.05	江西瑞昌	高中	中共	范镇东山村党支部书记、村委会主任	
	刘振华	男	汉	1958.01	江西瑞昌	大学	中共	瑞昌市人大常委会党组成员、副主任候选人	

续表7-4-5

单位	姓名	性别	民族	出生年月	籍贯	学历	党派	工作单位及职务	异动情况
范镇	曹 华	男	汉	1962.09	江西瑞昌	大专	中共	范镇党委书记	
	张颖峰	男	汉	1966.11	江西瑞昌	初中	中共	范镇良田村委会主任	
	陶四梅	女	汉	1974.12	江西瑞昌	初中	无	范镇上源村农民	
	张 虹	女	汉	1972.03	江西瑞昌	大专	无	瑞昌市房地产管理局副局长	
	李霞珍	女	汉	1984.04	江西瑞昌	高中	无	范镇源源村个体工商户	
	雷高兴	男	汉	1963.07	江西抚州	大学	中共	瑞昌市委常委、纪委书记	
	易呈禄	男	汉	1971.08	江西瑞昌	大学	中共	范镇党委副书记、政府镇长	2009年12月补选
横港镇	温柱先	男	汉	1962.05	江西瑞昌	大学	中共	瑞昌市人民银行党组书记、行长	
	邹凤英	女	汉	1968.08	江西瑞昌	高中	中共	横港镇远景村计生专干	
	张友利	男	汉	1974.05	江西瑞昌	大学	中共	横港镇党委委员、人大主席	
	雷 火	男	汉	1967.10	江西瑞昌	高中	中共	横港镇富强村党支部书记	
	余来英	女	汉	1960.04	江西瑞昌	高中	中共	横港镇红光村党支部书记	
	范光日	男	汉	1962.02	江西瑞昌	高中	中共	横港镇红星村党支部书记	
	杨能聪	男	汉	1962.11	江西瑞昌	大专	中共	瑞昌市林业局副局长	
	彭易尧	男	汉	1966.09	江西瑞昌	高中	中共	横港镇风景村党支部书记	
	黄水荣	女	汉	1973.05	江西瑞昌	初中	无	横港镇先锋小学教师	
	郎小军	男	汉	1956.01	江西瑞昌	大专	中共	瑞昌市政协党组副书记、政协主席候选人	
	袁革新	男	汉	1966.10	江西瑞昌	高中	中共	横港镇嵋光村党支部书记	
	刘堂泽	男	汉	1964.09	江西瑞昌	大学	中共	横港镇党委副书记、镇长	
	余新荣	女	汉	1974.12	江西瑞昌	大学	无	横港中学教师	
高丰镇	朱秀琴	女	汉	1964.08	江西瑞昌	初中	中共	高丰镇乐丰村委会主任	
	周庆楷	男	汉	1960.06	江西瑞昌	高中	无	天牛房地产开发公司经理	
	朱黎明	男	汉	1973.01	江西瑞昌	大学	中共	高丰镇党委委员、人大主席	
	杜龙军	男	汉	1957.08	江西瑞昌	高中	中共	高丰镇长垅村党支部书记	
	曹光明	男	汉	1962.09	江西彭泽	大学	中共	瑞昌市委副书记	2009年调离资格终止
	周庆溪	男	汉	1957.07	江西瑞昌	高中	中共	高丰镇铺头村党支部书记	
	柯景坤	男	汉	1973.03	江西瑞昌	大学	中共	高丰镇党委副书记、镇长	

续表 7－4－5

单位	姓名	性别	民族	出生年月	籍贯	学历	党派	工作单位及职务	异动情况
洪下乡	许守刚	男	汉	1968.03	江西瑞昌	高中	中共	洪下乡高露村委会主任	
	何爱桥	女	汉	1957.09	江西瑞昌	初中	无	洪下乡大屋冯村农民	
	张绪圣	男	汉	1966.03	江西瑞昌	大专	中共	洪下乡党委副书记、乡长	
	何小红	女	汉	1977.02	江西瑞昌	高中	无	洪下乡张家铺村计生专干	
	何尤君	男	汉	1962.11	江西九江	大学	中共	瑞昌市人大常委会农业和农村工作办公室主任	
	艾向荣	男	汉	1974.10	江西武宁	大专	中共	洪下乡党委委员、人大主席	
大德山林场	何银清	女	汉	1972.06	江西瑞昌	初中	无	大德山林场港北村农民	
	文松林	男	汉	1970.09	江西瑞昌	大专	中共	大德山林场党委副书记、场长	
花园乡	罗小红	女	汉	1968.10	江西瑞昌	大学	中共	花园乡党委副书记、乡长	
	徐尤闲	男	汉	1959.10	江西瑞昌	大专	中共	瑞昌市人大常委会财政经济办公室主任	
	何育海	男	汉	1961.09	江西瑞昌	高中	中共	花园乡茅竹村党支部书记	
	刘诗征	男	汉	1965.09	江西瑞昌	大专	中共	花园乡党委委员、人大主席	
	徐尤弼	男	汉	1952.10	江西瑞昌	初中	中共	花园乡花园村党支部书记	
	徐勋炳	男	汉	1956.03	江西瑞昌	大专	中共	瑞昌市统计局局长	
	徐建斌	男	汉	1961.01	江西瑞昌	高中	中共	花园乡油市村委会主任	
乐园乡	肖　薇	女	汉	1981.12	江西瑞昌	大专	无	乐园乡政府办公室主任、人大秘书	
	柯善富	男	汉	1961.01	江西瑞昌	大专	中共	瑞昌市财政局局长	
	张友艳	男	汉	1962.10	江西瑞昌	大专	中共	乐园乡党委委员、人大主席	
	何忠贝	男	汉	1967.10	江西瑞昌	大学	中共	乐园乡党委副书记、乡长	
	柯贤财	男	汉	1961.08	江西瑞昌	高中	中共	乐园乡南庄村党支部书记	
肇陈镇	周宇洋	男	汉	1970.05	江西瑞昌	大学	中共	肇陈镇党委副书记、镇长	
	胡　丽	女	汉	1986.09	江西瑞昌	高中	无	肇陈镇万泉村妇联主任	
	程世贵	男	汉	1970.02	江西九江	大学	中共	瑞昌市委组织部副部长、村建办主任	
	柯亨富	男	汉	1957.04	江西瑞昌	初中	中共	肇陈镇建坪村党支部书记	
	柯愈兴	男	汉	1966.06	江西瑞昌	大专	中共	肇陈镇党委委员、人大主席	
	柯美亮	男	汉	1975.09	江西瑞昌	初中	中共	肇陈镇华坊村党支部书记	

续表7-4-5

单位	姓名	性别	民族	出生年月	籍贯	学历	党派	工作单位及职务	异动情况
洪一乡	曹爱军	男	汉	1968.11	江西瑞昌	大专	中共	洪一乡党委委员、人大主席	
	朱红华	女	汉	1978.10	江西瑞昌	高中	无	洪一乡朱湾村农民	
	曹祥水	男	汉	1952.03	江西瑞昌	大专	中共	瑞昌市人大常委会副主任、党组副书记	
	王海华	男	汉	1970.04	江西瑞昌	高中	中共	洪一乡双港村党支部书记	
	傅义彬	男	汉	1968.10	江西瑞昌	大学	中共	洪一乡党委副书记、乡长	
	柯必桃	女	汉	1971.10	江西瑞昌	初中	无	洪一乡吴家村农民	
白杨镇	王翠霞	女	汉	1970.02	江西瑞昌	大学	中共	白杨镇党委副书记、镇长	
	徐尤寿	男	汉	1963.03	江西瑞昌	大学	无	瑞昌市地震局、科技局副局长	
	周江涛	男	汉	1961.11	江西瑞昌	大专	中共	白杨镇党委委员、人大主席	
	周明山	男	汉	1964.10	江西瑞昌	高中	中共	白杨镇连山村党支部书记	
	周明喜	男	汉	1969.02	江西瑞昌	高中	中共	白杨镇黄桥村党支部书记	
武蛟乡	陈国胜	男	汉	1970.12	江西瑞昌	大专	中共	武蛟乡党委副书记、乡长	
	曾宪奎	男	汉	1967.08	江西瑞昌	大学	中共	瑞昌市委常委、政府副市长	
	李俊旺	男	汉	1961.09	江西瑞昌	高中	中共	武蛟乡三金村党支部书记	
	何清秀	女	汉	1973.01	江西瑞昌	高中	中共	武蛟乡上湖村党支部书记	
	谈太山	男	汉	1965.06	江西瑞昌	大学	中共	武蛟乡党委委员、人大主席	
流庄乡	罗革星	男	汉	1966.08	江西瑞昌	大专	中共	流庄乡党委副书记、乡长	
	卢爱梅	女	汉	1972.04	江西瑞昌	初中	无	流庄乡田塘村农民	
	徐胜	男	汉	1965.01	江西龙南	研究生	中共	瑞昌市委常委、组织部长	2009年调离资格终止
	刘全利	男	汉	1972.11	江西瑞昌	大学	中共	流庄乡党委委员、人大主席	
	朱汉国	男	汉	1958.10	江西瑞昌	高中	中共	流庄乡新风村党支部书记	
码头镇	刘韵和	男	汉	1956.09	江西修水	大学	中共	瑞昌市委书记	2008年调离资格终止
	朱志模	男	汉	1964.07	江西瑞昌	高中	中共	码头镇朱湖村党支部书记	
	宋巍	男	汉	1969.11	江西瑞昌	大学	中共	码头镇党委委员、人大主席	
	朱巨锋	男	汉	1962.10	江西瑞昌	高中	中共	码头镇苏山村党支部书记	
	吴碧红	女	汉	1962.09	江西瑞昌	大专	无	瑞昌市早校中心幼儿园园长	
	董向阳	男	汉	1971.11	江西瑞昌	大学	农工党	瑞昌市中医院副院长	
	朱晓明	女	汉	1963.04.	江西瑞昌	高中	中共	码头镇码头村妇联主任	
	章水宝	男	汉	1956.06	江西瑞昌	高中	中共	码头镇胜利村党支部书记	

续表7－4－5

单位	姓名	性别	民族	出生年月	籍贯	学历	党派	工作单位及职务	异动情况
码头镇	曹国锋	男	汉	1963.10	江西瑞昌	高中	中共	码头镇龙泉村党支部书记	
	张友清	男	汉	1955.11	江西瑞昌	大学	中共	瑞昌市人大常委会党组成员、副主任候选人、市总工会主席	
	黄新华	男	汉	1969.12	江西瑞昌	大学	中共	码头镇党委副书记、镇长	
	祝国金	男	汉	1964.11	江西瑞昌	大专	中共	瑞昌市码头工业城管理委员会主任	
	王忠兰	女	汉	1964.06	江西瑞昌	高中	无	码头镇金珠服装公司总经理	
	曹雪芳	女	汉	1965.11	江西瑞昌	初中	中共	码头镇团结村村委会委员	
	汪三龙	男	汉	1950.08	安徽祁门	大学	中共	江西江州联合造船有限责任公司董事长、总经理	
	古小平	男	汉	1960.10	江西修水	研究生	无	瑞昌市委副书记、政府市长	2008年12月补选
	徐修武	男	汉	1961.03	江西武宁	大学	无	瑞昌市委常委、组织部长	2009年12月补选
夏畈镇	王时峰	男	汉	1970.10	江西瑞昌	大专	无	恒大石材公司董事长	
	周友兴	男	汉	1967.09	江西瑞昌	初中	中共	夏畈镇新桥村党支部书记	
	陈洪义	男	汉	1961.06	江西瑞昌	高中	中共	夏畈镇三眼村党支部书记	
	汪传功	男	汉	1957.06	江西瑞昌	大专	中共	瑞昌市人大常委会选任联办主任	
	王　斌	男	汉	1969.11	江西瑞昌	大专	中共	夏畈镇党委委员、人大主席	
	徐　成	男	汉	1970.12	江西瑞昌	研究生	中共	夏畈镇党委副书记、镇长	
	林海霞	女	汉	1978.11	江西瑞昌	高中	无	夏畈镇南林村计生专干	
黄金乡	吴拥军	男	汉	1963.01	江西瑞昌	大学	无	瑞昌市人大常委会副主任	
	吴国锋	男	汉	1968.12	江西瑞昌	大专	中共	黄金乡党委副书记、乡长	
	柯传钟	男	汉	1963.11	江西瑞昌	高中	中共	黄金乡林泉村党支部副书记、村委会副主任	
	王　震	男	汉	1967.08	江西瑞昌	大专	中共	黄金乡党委委员、人大主席	
	曹水珍	女	汉	1965.02	江西瑞昌	初中	无	黄金乡下巢湖村农民	
南阳乡	张绪鹏	男	汉	1965.08	江西瑞昌	研究生	中共	南阳乡党委委员、人大主席	
	宋燕林	男	汉	1978.08	江西瑞昌	初中	无	南阳乡严坂村委会主任	
	徐勋林	男	汉	1967.07	江西瑞昌	初中	中共	南阳乡上坂村党支部书记	
	饶思汉	男	汉	1966.02	江西九江	大学	中共	瑞昌市委常委、市政府常务副市长	
	熊建军	男	汉	1970.02	江西星子	大学	中共	南阳乡党委副书记、乡长	
	周又新	女	汉	1957.05	江西瑞昌	大学	中共	瑞昌市人大常委会党组成员、副主任	
	周升让	男	汉	1963.10	江西瑞昌	高中	中共	南阳乡排砂村党支部书记	

续表 7-4-5

单位	姓名	性别	民族	出生年月	籍贯	学历	党派	工作单位及职务	异动情况
横立山乡	罗永林	男	汉	1969.03	江西瑞昌	大学	中共	横立山乡党委副书记、乡长	
	梁小乔	女	汉	1963.05	江西瑞昌	大学	无	瑞昌市司法局副局长	
	朱槐荣	男	汉	1969.10	江西瑞昌	大专	中共	横立山乡党委委员、人大主席	
	杜龙炳	男	汉	1962.09	江西瑞昌	高中	中共	横立山乡芦塘村党支部书记	
赛湖农场	邓见红	男	汉	1966.07	江西瑞昌	高中	中共	赛湖农场三分场场长	
	柯于利	男	汉	1967.01	江西瑞昌	大学	中共	赛湖农场党委副书记、场长	
	柯茂大	男	汉	1966.08	江西瑞昌	大专	中共	赛湖农场一分场党总支书记	
	吴瑞平	男	汉	1963.04	江西瑞昌	大学	中共	赛湖农场党委书记	
	王蓉蓉	女	汉	1970.08	上海	大专	中共	瑞昌市农科所所长	
武山铜矿	廖　华	男	汉	1960.12	江西宁都	大学	中共	江西铜业公司武山铜矿副矿长	
九江海天公司	倪　志	男	汉	1957.03	江西德安	大学	中共	九江海天设备制造有限公司董事长	
汇尔公司	傅永华	男	汉	1963.04	江西永修	大学	中共	江西汇尔油泵油咀有限公司董事长	
瑞昌石化	段晓虹	男	汉	1960.10	江西瑞昌	大专	中共	中国石化江西瑞昌石油分公司	2007年3月调离资格终止
	万江文	男	汉	1960.01	江西进贤	大学	中共	中国石化江西瑞昌石油分公司副经理兼党委副书记	2009年3月调离资格终止
人武部	萧智君	男	汉	1963.10	江西宜兴	大学	中共	瑞昌市人民武装部政委	2007年3月调离资格终止
	李有望	男	汉	1954.04	湖南汉寿	大学	中共	瑞昌市人民武装部政委	2007年12月补选 2008年12月调离资格终止
	杜才军	男	汉	1966.10	江西永修	大学	中共	瑞昌市人民武装部政委	2009年12月补选
航海仪表厂	董　兵	男	汉	1954.01	浙江宁波	大学	中共	江西航海仪表厂厂长	
劳教所	宋　琪	男	汉	1962.04	江西永新	大学	中共	九江市劳教所所长	
一中	柯瑞坤	男	汉	1963.10	江西瑞昌	大学	中共	瑞昌一中党委副书记、纪委书记、副校长	

瑞昌市第六届人大代表

表7-4-6

单位	姓名	性别	民族	出生年月	籍贯	学历	党派	工作单位及职务	异动情况
湓城街道	冯兰芳	女	汉	1977.02	江西瑞昌	大学	无	三钻公司办公室主任	
	朱巨才	男	汉	1966.09	江西瑞昌	大专	无	瑞昌市结核所副所长	
	朱海英	女	汉	1968.03	江西瑞昌	高中	中共	湓城街道武庙下社区支部书记、主任	
	刘继清	男	汉	1965.01	江西瑞昌	研究生	中共	瑞昌市环境保护局局长	
	李　珺	男	汉	1970.08	江西瑞昌	大学	中共	湓城街道党委书记	
	肖翠萍	女	汉	1970.09	江西南昌	大学	中共	瑞昌市财政局国库集中支付中心副主任	
	余丽萍	女	汉	1971.12	江西修水	大专	中共	湓城街道广场社区党支部书记	
	邹时军	男	汉	1971.07	江西瑞昌	高中	中共	湓城街道瑞丰村党支部书记	
	张绪玛	男	汉	1964.01	江西瑞昌	大学	中共	瑞昌市交通局党委书记	
	陈迪尧	男	汉	1962.08	江西瑞昌	研究生	中共	瑞昌市财政局局长	
	幸珍祥	男	汉	1963.03	江西瑞昌	大学	中共	瑞昌市农业局局长	
	罗　建	男	汉	1976.09	江西瑞昌	大专	中共	瑞昌市委政法委副书记	
	周　诚	男	汉	1965.11	江西瑞昌	大学	中共	瑞昌市林业局局长	
	柯卫彬	男	汉	1966.08	江西瑞昌	大学	中共	瑞昌市房地产管理局局长	
	胡珍烝	女	汉	1979.04	江西瑞昌	大学	无	瑞昌市第四中学教师	
	胡桂珠	女	汉	1965.10	湖北黄梅	大学	中共	瑞昌市委组织部副部长	
	桂寿生	男	汉	1966.01	江西德安	大专	无	华丽瑶服饰有限公司总经理	
	徐文生	男	汉	1967.03	江西瑞昌	大专	无	联兴海绵复合厂经理	
	高　健	女	汉	1972.01	江西瑞昌	大学	中共	瑞昌市粮食局副局长	
	舒明南	男	汉	1964.07	江西武宁	大学	中共	瑞昌市国土局局长	
	温柱先	男	汉	1962.05	江西瑞昌	研究生	中共	人民银行瑞昌支行行长	
	曾宪奎	男	汉	1967.08	江西瑞昌	大学	中共	瑞昌市委副书记	
	谢荣荣	女	汉	1967.02	安徽安庆	大专	无	汽运驾校校长	
	李庆生	男	汉	1960.10	浙江建德	大学	中共	瑞昌市第六届人大常委会副主任候选人、党组成员	
	张恭良	男	汉	1959.10	江西瑞昌	大专	中共	瑞昌市第六届人大常委会副主任候选人、党组成员	
	雷新国	男	汉	1971.11	江西瑞昌	大专	中共	湓城街道办事处主任	
	郭少雄	男	汉	1964.04	江西瑞昌	大学	中共	瑞昌市人民政府常务副市长	
	毕诗龙	男	汉	1963.09	江西瑞昌	大学	无	瑞昌市第六届人大常委会副主任候选人	

续表7－4－6

单位	姓名	性别	民族	出生年月	籍贯	学历	党派	工作单位及职务	异动情况
溢城街道	刘明珍	女	汉	1969.02	江西瑞昌	研究生	中共	瑞昌市第六届政协主席候选人	
	蔺　红	女	汉	1972.12	湖南浏阳	大专	无	瑞昌市公安局治安大队行政许可科副科长	
	魏恒山	男	汉	1962.01	江苏泰州	研究生	中共	瑞昌市实验小学校长	
	邵九思	男	汉	1975.08	江西修水	大学	中共	瑞昌市委常委、政府副市长	补选
	郑庆华	男	汉	1970.10	江西星子	研究生	中共	瑞昌市委常委、纪委书记	补选
桂林街道	文经先	男	汉	1970.09	江西瑞昌	大学	无	桂林街道财政所所长	
	方水林	男	汉	1954.08	江西瑞昌	高中	中共	桂林街道瑞民社区主任	
	叶亚玲	女	汉	1975.02	江西瑞昌	高中	无	桂林街道北亭村计生专干	
	李文瑞	男	汉	1968.12	江西瑞昌	大专	中共	瑞昌市人大常委会桂林联络处主任	
	陈小英	女	汉	1962.04	江西瑞昌	大专	中共	瑞昌市市长助理、计生委主任	
	汪桂花	女	汉	1974.08	江西瑞昌	初中	无	闽华服饰有限公司经理	
	汪晓英	女	汉	1975.09	江西瑞昌	大专	无	桂林学区教师	
	幸建臻	男	汉	1967.10	江西瑞昌	大学	无	瑞昌市食品药品监督局副局长	
	柯美辉	男	汉	1980.10	福建泉州	大学	中共	金鹿日化瑞昌分公司总经理	
	胡家真	男	汉	1957.07	江西瑞昌	高中	中共	桂林大塘村党总支书记	
	胡娟娟	女	汉	1975.12	江西瑞昌	大专	无	桂林街道计生办主任	
	郭小云	男	汉	1969.01	江西德安	大学	中共	瑞昌市委常委、纪委书记	
	徐　成	男	汉	1970.12	江西瑞昌	研究生	中共	桂林街道党委书记	
	徐伟红	男	汉	1971.11	江西瑞昌	大学	中共	瑞昌市公安局桂林派出所所长	
	徐修武	男	汉	1961.03	江西武宁	大专	中共	瑞昌市第六届人大常委会主任候选人、党组副书记	
	龚　林	男	汉	1973.06	江西靖安	大专	无	城坤国际总经理助理、九瑞管理中心主任	
	黄梦江	男	汉	1970.11	江西瑞昌	大学	中共	桂林街道办事处主任	
	章珍学	男	汉	1966.09	江西瑞昌	高中	中共	桂林街道庆丰村委会主任	
	丰　耿	男	汉	1966.11	江西瑞昌	大学	中共	瑞昌市第六届人大常委会副主任候选人、党组成员	
	柯善富	男	汉	1961.01	江西瑞昌	大学	中共	瑞昌市第六届人大常委会副主任候选人、党组成员	
	蔡金华	男	汉	1964.05	江西瑞昌	高中	中共	桂林街道常丰村党支部书记	

续表7-4-6

单位	姓名	性别	民族	出生年月	籍贯	学历	党派	工作单位及职务	异动情况
南义镇	文松林	男	汉	1970.09	江西瑞昌	大专	中共	南义镇党委副书记、政府镇长	
	刘礼兴	男	汉	1954.10	江西瑞昌	初中	无	瑞昌货运公司董事长	
	朱志强	男	汉	1954.12	江西瑞昌	大学	中共	瑞昌市人大常委会党组成员、副主任	
	朱昱颖	女	汉	1989.10	江西瑞昌	大学	无	南义镇计生办主任	
	但丽芳	女	汉	1979.01	江西瑞昌	初中	中共	南义镇农科所计生专干	
	汪良秀	女	汉	1967.06	江西瑞昌	高中	无	南义镇美源村幼儿园园长	
	罗文江	男	汉	1969.03	江西德安	研究生	中共	瑞昌市委副书记、政府代理市长	
	周升友	男	汉	1962.08	江西瑞昌	高中	中共	南义镇新福村委会主任	
	周绍林	男	汉	1978.09	江西瑞昌	高中	中共	南义镇杨塅村支部书记、村委会主任	
	徐维德	男	汉	1972.10	江西瑞昌	大专	中共	南义镇人大主席	
青山林场	李凤玲	女	汉	1959.01	江西瑞昌	高中	中共	青山林场青山村党支部副书记	
	张鸣高	男	汉	1975.10	江西瑞昌	大学	中共	青山林场场长	
横港镇	杨玉琴	女	汉	1990.05	江西瑞昌	中专	无	宝元鞋业工人	
	何尤君	男	汉	1962.11	江西九江	大学	中共	瑞昌市人大常委会选任联工委主任	
	汪新锋	男	汉	1971.03	江西瑞昌	大学	中共	横港镇党委书记	
	张友利	男	汉	1974.05	江西瑞昌	大学	中共	横港镇党委副书记、政府镇长	
	张绪勇	男	汉	1974.08	江西瑞昌	大专	中共	横港镇人大主席	
	陈小林	男	汉	1969.06	江西瑞昌	初中	中共	横港镇清溢村党支部书记	
	易国强	男	汉	1965.06	江西瑞昌	高中	中共	横港镇赤岗村党支部书记	
	温爱红	女	汉	1976.11	江西瑞昌	高中	无	横港镇嵋荣村幼儿园教师	
	刘成	男	汉	1964.01	江西瑞昌	大学	中共	瑞昌市人民医院院长	
	温瑞基	男	汉	1959.01	江西瑞昌	高中	中共	横港镇繁荣村党支部书记	
	蔡菊英	女	汉	1982.09	江西瑞昌	大学	无	桂林学区教师	
范镇	王贤明	男	汉	1968.02	江西瑞昌	大专	中共	范镇范镇村党支部书记	
	文庚新	男	汉	1962.03	江西瑞昌	高中	中共	范镇上源村党支部书记	
	尹诗学	男	汉	1972.01	江西瑞昌	大学	中共	范镇党委副书记、政府镇长候选人	
	刘振华	男	汉	1958.01	江西瑞昌	大学	中共	瑞昌市人大常委会副主任、党组成员	

续表 7-4-6

单位	姓名	性别	民族	出生年月	籍贯	学历	党派	工作单位及职务	异动情况
范镇	李良生	男	汉	1972.11	江西瑞昌	高中	无	瑞昌市腾博制衣有限公司董事长	
	张吉雄	男	汉	1955.08	江西瑞昌	初中	中共	范镇北溪村党支部书记	
	张功伙	男	汉	1952.12	江西瑞昌	高中	中共	范镇中源村党支部书记	
	陈世翔	男	汉	1953.10	湖北武穴	大专	中共	瑞昌市人大常委会党组书记、主任	
	桂良罡	男	汉	1966.08	江西瑞昌	大专	中共	瑞昌市人大常委会湓城联络处主任	
	周　明	男	汉	1970.03	江西瑞昌	大学	中共	范镇党委书记	
	周庆兴	男	汉	1974.01	江西瑞昌	初中	无	范镇陡岗村村民	
	柯昌琦	男	汉	1971.09	江西瑞昌	大专	中共	范镇人大主席	
	徐增军	男	汉	1966.12	江西瑞昌	高中	中共	范镇源源村党支部书记	
	蔡莉莉	女	汉	1985.07	江西瑞昌	初中	无	范镇八都村村民	
高丰镇	肖广俊	男	汉	1979.12	江西瑞昌	大学	中共	高丰镇镇长	
	王友臣	男	汉	1975.10	江西瑞昌	高中	中共	瑞昌民丰农业综合开发有限公司总经理	
	古小平	男	汉	1960.10	江西修水	研究生	中共	瑞昌市委书记	
	吴远璋	男	汉	1969.03	江西瑞昌	高中	无	九江油茶协会副会长、瑞昌为民蔬菜合作社理事长	
	周庆宏	男	汉	1957.08	江西瑞昌	高中	中共	高丰镇高丰村党支部书记	
	陈洪明	男	汉	1953.02	江西瑞昌	初中	中共	高丰镇永兴村党支部书记	
	周宇文	男	汉	1955.02	江西瑞昌	高中	中共	高丰镇小源村党支部书记	
	徐尤闲	男	汉	1959.10	江西瑞昌	大专	中共	瑞昌市人大常委会财经工委主任	
	徐达春	男	汉	1969.01	江西瑞昌	大学	中共	高丰镇人大主席	
洪下乡	丰贵新	男	汉	1971.10	江西瑞昌	大专	中共	洪下乡党委副书记、乡长候选人	
	沈志启	男	汉	1961.01	江西瑞昌	高中	中共	洪下乡迪畲村党支部书记	
	柯　丹	女	汉	1977.09	江西瑞昌	大学	无	赛湖农场工会主席	
	姜金安	男	汉	1963.12	江西瑞昌	大专	中共	洪下乡洪下村党支部书记	
	彭义球	男	汉	1955.11	江西瑞昌	高中	中共	洪下乡张家铺村党支部书记	
	熊孝金	男	汉	1971.12	江西瑞昌	大学	中共	洪下乡人大主席	
大德山	范　华	男	汉	1971.11	江西瑞昌	大学	中共	大德山林场场长	
	徐玉霞	女	汉	1967.06	江西瑞昌	初中	中共	大德山林场港北村委会副主任	

续表7-4-6

单位	姓名	性别	民族	出生年月	籍贯	学历	党派	工作单位及职务	异动情况
花园乡	向　娟	女	汉	1983.08	江西瑞昌	大学	无	花园中心小学教师	
	何火炬	男	汉	1969.08	江西瑞昌	大学	中共	瑞昌市人大常委会内司工委副主任	
	张吉奎	男	汉	1968.09	江西瑞昌	大学	中共	花园乡乡长	
	徐中林	男	汉	1974.11	江西瑞昌	大专	中共	花园乡田畈村党支部书记	
	徐火明	男	汉	1968.10	江西瑞昌	高中	中共	花园乡南下村党支部书记	
	徐勋栋	男	汉	1972.08	江西瑞昌	大学	中共	花园乡人大主席	
	徐新庆	男	汉	1963.10	江西瑞昌	初中	中共	花园乡南山村党支部书记	
	傅义彬	男	汉	1968.10	江西瑞昌	大学	中共	花园乡党委书记	
乐园乡	肖　薇	女	汉	1981.12	江西瑞昌	大专	无	乐园乡政府副乡长	
	何辉中	男	汉	1971.09	江西瑞昌	研究生	中共	乐园乡党委副书记、政府乡长	
	陈世旺	男	汉	1966.01	江西瑞昌	高中	中共	乐园乡南庄村党支部书记	
	陈新进	男	汉	1969.08	江西瑞昌	大学	中共	乐园乡人大主席	
	周庆楷	男	汉	1960.06	江西瑞昌	高中	无	九江天牛文化传媒有限公司董事长	
	柯松林	男	汉	1972.07	江西瑞昌	高中	中共	乐园乡高塘村党支部书记	
肇陈镇	艾玉清	男	汉	1972.02	江西瑞昌	大专	无	瑞客隆超市经理	
	刘全利	男	汉	1972.11	江西瑞昌	大学	中共	肇陈镇党委副书记、政府镇长	
	陈燕平	女	汉	1979.01	江西瑞昌	高中	无	肇陈镇华坊村计生专干	
	柯希华	男	汉	1973.06	江西瑞昌	大专	中共	肇陈镇大林村党支部书记	
	黄元胜	男	汉	1972.11	江西瑞昌	大专	中共	肇陈镇八门村党支部书记	
	黄龙脉	男	汉	1975.04	江西瑞昌	大学	中共	肇陈镇人大主席	
	董向阳	男	汉	1971.11	江西瑞昌	大学	农工党	瑞昌市中医院副院长	
洪一乡	王林飞	男	汉	1965.12	江西瑞昌	高中	中共	洪一乡麦良村党支部书记	
	邓泽举	男	汉	1977.07	江西瑞昌	大学	中共	洪一乡党委副书记、政府乡长候选人	
	江金星	男	汉	1974.07	江西瑞昌	大专	中共	洪一乡人大主席	
	何祥兵	男	汉	1961.11	江西瑞昌	高中	中共	洪一乡北港村党支部书记	
	柯　芬	女	汉	1975.11	江西瑞昌	初中	无	洪一乡吴家村村民	
	曹祥水	男	汉	1952.02	江西瑞昌	大专	中共	瑞昌市市人大常委会党组副书记、副主任	
	熊晓月	女	汉	1978.01	江西瑞昌	大学	中共	洪一乡计生办技术员	

续表7-4-6

单位	姓 名	性别	民族	出生年月	籍贯	学历	党派	工作单位及职务	异动情况
白杨镇	王义宋	男	汉	1975.12	江西瑞昌	大学	中共	白杨镇镇长	
	王蓉蓉	女	汉	1970.08	江西瑞昌	大学	无	瑞昌市农科所所长	
	朱槐荣	男	汉	1969.10	江西瑞昌	大专	中共	白杨镇人大主席	
	李洪柱	男	汉	1966.10	江西瑞昌	高中	中共	白杨镇赤丰村党支部书记	
	张友贵	男	汉	1974.04	江西瑞昌	高中	中共	白杨镇白杨村党支部书记	
武蛟乡	刘　薇	女	汉	1985.05	江西瑞昌	大学	中共	武蛟乡党委副书记、政府乡长候选人	
	刘遵志	男	汉	1975.04	江西瑞昌	高中	中共	瑞昌市车辆检测站站长	
	何雪平	女	汉	1968.12	江西瑞昌	初中	无	溢香禽蛋厂厂长	
	谈荣雄	男	汉	1971.12	江西瑞昌	大专	中共	武蛟乡人大主席	
	梁先勇	男	汉	1966.10	江西瑞昌	大专	中共	武蛟乡小月村党支部书记、村委会主任	
	雷　莉	女	汉	1968.09	江西瑞昌	大学	中共	瑞昌市妇联主席	
码头镇	朱巨宝	男	汉	1963.12	江西瑞昌	高中	中共	码头镇西街社区党支部书记	
	朱汉国	男	汉	1954.10	江西瑞昌	高中	中共	码头镇新风村党支部书记	
	朱尽梅	女	汉	1973.04	江西瑞昌	高中	中共	码头镇苏山村村民	
	朱志模	男	汉	1964.07	江西瑞昌	高中	中共	码头镇朱湖村党支部书记、村委会主任	
	李常春	男	汉	1952.11	江西瑞昌	研究生	中共	江西凤竹棉纺有限公司董事长	
	何小燕	女	汉	1977.11	江西瑞昌	初中	无	码头镇赤庄村村民	
	陈　杰	男	汉	1967.04	江西瑞昌	大学	中共	瑞昌市森林公安分局副局长兼通江岭所所长	
	陈洪地	男	汉	1967.08	江西瑞昌	大学	中共	瑞昌市人大常委会农业和农村工委主任	
	张友能	男	汉	1970.08	江西瑞昌	大学	中共	码头镇第二党总支部书记	
	张友清	男	汉	1955.11	江西瑞昌	大学	中共	瑞昌市人大常委会副主任、党组成员、市总工会主席	
	幸义甫	男	汉	1974.05	江西瑞昌	大学	中共	码头镇人大主席	
	周升斌	男	汉	1966.12	江西瑞昌	高中	中共	码头镇长流村党支部书记	
	姚喜贵	男	汉	1965.02	江西瑞昌	大学	中共	江州社区管理委员会主任	
	谈太君	男	汉	1970.04	江西瑞昌	大学	中共	码头镇党委书记	
	曹国峰	男	汉	1963.10	江西瑞昌	中专	中共	码头镇龙泉村党支部书记	

续表7-4-6

单位	姓名	性别	民族	出生年月	籍贯	学历	党派	工作单位及职务	异动情况
湓城街道	曹晓枫	男	汉	1967.01	江西瑞昌	研究生	中共	瑞昌市人大常委会教科文卫工委主任	
	章水宝	男	汉	1956.06	江西瑞昌	高中	中共	码头镇胜利村党支部书记	
	蒋义明	男	汉	1973.01	江西瑞昌	大学	中共	码头镇党委副书记、镇长	
	董耀志	男	汉	1966.09	江西瑞昌	高中	中共	码头镇梁公村党支部书记	
夏畈镇	陈长生	男	汉	1962.11	江西瑞昌	高中	中共	夏畈镇小桥村村委会主任	
	周佐强	男	汉	1976.11	江西瑞昌	大学	中共	夏畈镇党委副书记、镇长候选人	
	徐新丰	男	汉	1968.08	江西瑞昌	大学	中共	夏畈镇人大主席	
	夏金民	男	汉	1961.12	江西瑞昌	初中	中共	夏畈镇城门村党支部书记	
	王时峰	男	汉	1970.11	江西瑞昌	大专	无	恒大市场公司董事长	
	温军荣	女	汉	1969.10	江西瑞昌	初中	无	夏畈镇禁地村计生专干	
	蔡小兵	男	汉	1969.01	江西瑞昌	大专	无	江西奥林集团有限公司董事长	
黄金乡	王皎洁	女	汉	1983.10	江西瑞昌	大专	无	黄金乡北山村村民	
	李伯阳	男	汉	1978.02	江西瑞昌	大学	中共	黄金乡党委副书记、政府乡长	
	杜炳文	男	汉	1956.11	江西瑞昌	初中	中共	黄金乡前程村党支部书记	
	胡贵平	男	汉	1956.11	江西瑞昌	大学	民革	瑞昌市文化馆干部、民革主委	
	曹祥辉	男	汉	1966.04	江西瑞昌	大专	中共	黄金乡人大主席	
	吴国锋	男	汉	1968.12	江西瑞昌	大学	中共	瑞昌市人大常委会党组成员、办公室负责人	补选
横立山乡	王能进	男	汉	1961.12	江西瑞昌	高中	中共	横立山乡红旗村党支部书记、村委会主任	
	聂训湛	男	汉	1958.06	江西瑞昌	高中	中共	横立山乡光辉村党支部书记	
	黄龙泉	男	汉	1974.06	江西瑞昌	大学	中共	横立山乡人大主席	
	曹毓祥	男	汉	1976.11	江西瑞昌	大学	中共	横立山乡党委副书记、政府乡长	
	詹国庆	男	汉	1963.08	江西瑞昌	大学	无	安顺客运公司董事长	
南阳乡	王晓声	男	汉	1967.09	江西瑞昌	大专	无	纪风实业公司经理	
	叶祥水	男	汉	1970.09	江西瑞昌	大专	中共	南阳乡人大主席	
	刘火金	女	汉	1962.03	江西瑞昌	高中	无	鸿兴电脑绣花主检	
	李建豪	男	汉	1973.06	江西瑞昌	研究生	中共	南阳乡政府乡长	
	吴永新	男	汉	1952.07	江西瑞昌	初中	中共	南阳乡双桥村党支部书记	
	宋燕林	男	汉	1978.08	江西瑞昌	高中	中共	南阳乡严坂村党支部书记	
	谭湘萍	女	汉	1971.11	江西瑞昌	大专	无	瑞昌市物价局价格监测一室主任	

续表 7-4-6

单位	姓名	性别	民族	出生年月	籍贯	学历	党派	工作单位及职务	异动情况
赛湖农场	吴高洪	男	汉	1966.11	江西瑞昌	研究生	中共	赛湖农场党委书记	
	余欣荣	女	汉	1974.12	江西瑞昌	大学	中共	赛湖学校教师	
	王秋华	女	汉	1970.10	江西瑞昌	大学	中共	赛湖二分场党总支副书记	
	周　赉	男	汉	1972.01	江西瑞昌	大学	中共	赛湖农场党委副书记、场长	
	林　敏	男	汉	1973.11	浙江台州	高中	无	江西弘茂服装工贸有限公司董事长	
	周洪文	男	汉	1967.02	江西修水	大学	中共	瑞昌市委常委、组织部部长	
九江海天公司	余　平	男	汉	1968.08	江西瑞昌	大学	中共	九江海天设备制造有限公司总经理	
武山铜矿	江文波	男	汉	1969.09	江西瑞昌	大学	中共	武山铜矿党委书记	
瑞昌石化公司	万江文	男	汉	1960.01	江西九江	大学	中共	瑞昌石化公司经理	调离资格终止
	张心礼	男	汉	1968.03	湖北黄梅	研究生	中共	瑞昌石化公司经理	补选后调离
汇尔公司	傅永华	男	汉	1963.04	江西九江	大学	中共	汇尔油嘴油泵有限公司董事长	
驻军	龙　立	男	汉	1968.03	江西吉水	大学	中共	瑞昌市人武部部长	

附　　录

一、文件选编

中共瑞昌市委关于进一步加强人大工作的意见

瑞发〔2008〕15号

为全面贯彻落实党的十七大和《中共中央转发〈中共全国人大常委会党组关于进一步发挥全国人大代表作用,加强全国人大常委会制度建设的若干意见〉的通知》(中发〔2005〕9号)以及十一届全国人大一次、九江市人大工作会议精神,更好地发挥市人大及其常委会的职能作用,推进我市社会主义民主政治建设,促进我市依法治市进程,特提出如下意见。

一、加强和完善党对人大工作的领导

1. 健全和完善党对人大工作的领导制度。把人大工作纳入全市总体工作布局,由市委副书记联系人大工作。每届任期内至少召开一次人大工作会议,研究解决人大工作的重要问题,每年至少听取一次人大常委会党组工作汇报,专题研究人大工作。根据全市中心工作的安排,按照人大及其常委会的职权和工作方式,向人大常委会党组提出任务和要求,同时,加强督促检查。对人大常委会党组请示的问题,及时研究答复。人大常委会主任列席市委常委会。市委在作出事关经济社会发展全局和人民群众切身利益的重大决策和组织重大活动之前,充分听取人大常委会党组和人大代表的意见,并及时向人大常委会党组通报。市委、市政府召开全局性会议以及市委组织部门开展领导干部民主推荐和测评时，安排人大常委会领导、工作机构负责人参加。

2. 切实协调好人大及其常委会与“一府两院”的工作。按照总揽全局、协调各方的原则，协调人大及其常委会与“一府两院”的工作。人大常委会要严格按照监督法行使职权。“一府两院”要按照监督法的规定，认真贯彻执行人大及其常委会通过的决议和决定，认真研究办理人大及其常委会提出的意见、建议和审议意见，在规定的时间内报告结果，接受人大监督。

3. 充分发挥人大常委会党组的领导核心作用。人大常委会党组受市委领导，对市委负责，要全面准确贯彻市委决策、决定，依法履行职权。人民代表大会的召开，年度工作要点、决定重大事项和人事任免等工作中的重大问题，人大常委会党组要及时向市委请示或报告。

4. 加强人民代表大会制度的学习和宣传。市委理论学习中心组要把人民代表大会制度理论作为学习的重要内容。市委党校要把人民代表大会制度理论和人大工作基本知识作为党政领导干部和公务员培训的课程。市委宣传部门要将人民代表大会制度和人大工作的宣传纳入宣传计划，加大宣传力度，全面准确地报道人大及其常委会的重要工作和重大活动。对人民代表大会会议、常委会会议决定向社会公布的内容，新闻机构必须按时按要求及时刊播。

5. 各乡镇场街道党委要进一步加强乡镇人大工作。加强乡镇人大队伍建设、制度建设、作风建设。要把人大工作纳入当地党委总体工作布局，摆上重要议事日程。每年要专题研究乡镇人大工作，定期听取工作汇报，做到有部署、有检查、有落实，切实解决乡镇人大工作中遇到的一些困难和问题。要加强对乡镇人大会议的领导，确保按照组织意图，依法选举产生乡镇人大、政府领导班子。

二、积极支持和保证人大及其常委会依法履行职权

6. 积极支持和保证人大及其常委会按照法定程序开好会议。加强对人民代表大会会议和人大常委会会议的领导，保证人大代表和常委会组成人员依法行使民主权利，不断提高会议质量。在人民代表大会召开期间，市委、市政府没有特殊情况，不召开全市性会议，不开展全市性重大活动，保证参会的市领导和单位主要负责人能集中精力参加大会，担任市人大代表的市委领导、市政府领导以及不是代表的依法按规列席的各级党政领导，要自觉按照大会安排，积极参加会议的各项活动，认真听取代表的意见和建议。同时，“一府两院”要派相关人员到各代表团听取审议意见。闭会期间，是市领导的人大代表，要带头参加代表小组活动。人大常委会会议,市政府主要负责人或分管副职,法院、检察院主要负责人要按规定列席,听取审议意见,并根据审议意见认真改进工作。坚持和完善人大常委会会议列席、旁听制度,凡审议涉及人民群众切身利益的事项,均应要求基层代表、人民群众参加旁听。

7. 积极支持和保证人大及其常委会依法行使监督权。人大及其常委会要全面贯彻落实监督法,认真履行监督职责,制定人大常委会审议意见的提出和办理的相关制度,提高监督质量。对一些社会普遍关注的重大问题和热点问题,在听取审议专项报告、开展计划预算审查监督和执法检查等经常性监督手段仍然收效不大的情况下,市委支持市人大常委会依法启动询问、质询、撤职、特定问题调查等多种监督方式,提高监督实效。"一府两院"要自觉接受人大及其常委会的监督,认真研究处理人大及其常委会提出的意见和建议。"一府两院"党组向市委报告工作时,也要向市人大常委会报告。

8. 积极支持和保证人大及其常委会依法行使重大事项决定权。支持人大及其常委会根据宪法和法律的规定,界定讨论决定重大事项的范围和程序,制定出台行使重大事项决定权的实施办法,依法审议决定重大事项。市委关于重大事务的决策和主张,凡属于人大及其常委会职权范围内的,需要全体人民共同遵守的,都作为建议向人大及其常委会提出,使之通过法定程序成为国家意志。人大及其常委会要按照法定程序,适时就事关本行政区域全局性、根本性和长远性的重大问题,以及人民群众普遍关心和迫切要求解决的问题,作出决定或决议。"一府两院"对必须由人大及其常委会依法审议决定的重大事项,要及时向人大及其常委会提请。

9. 保证人大及其常委会依法行使任免权。市委在酝酿由人大及其常委会选举、任命的干部人选时,认真听取人大常委会党组书记的意见。市委在向人大及其常委会推荐需要由人大及其常委会选举、任免干部之前,将人事安排的意图和被推荐人选的基本情况,及时向人大及其常委会通报,支持人大及其常委会依法行使选举权、任免权,尊重和维护人大及其常委会依法选举、表决的结果。由人大及其常委会选举或任免的干部,在法定任期内要保持相对稳定,确需调整的,必须按法定程序进行。人大及其常委会要完善任前法律知识考试,任职承诺,颁发任命书,任职宣誓,听取任命对象的年度工作情况报告,任前、任后学习和培训等制度。人大常委会在每一届任期内,对市人大代表进行一次系统培训,不断提高代表的综合素质和履职能力。

10. 保障人大代表依法执行代表职务。人大常委会和"一府两院"要及时为代表提供有关资料和信息,为代表知情知政、行使职权提供方便。坚持和完善邀请代表参与调查研究、执法检查、集中视察等制度。进一步建立和完善代表工作制度,不断创新代表小组活动方法。市政府要按规定将市人大代表的活动经费,人大常委会组成人员的专项经费,列入同级财政预算,并随着我市经济发展和财力增强有所提高。没有固定收入的代表参加人民代表大会会议和代表活动,应给予每人每天不少于50元的误工补贴。代表依法参加活动,其所在单位、部门必须给予大力支持。要认真落实法律规定的人大代表人身特别保护权,对于妨碍代表执行职务或侵犯代表合法权益的事件,司法部门要依法查处。

11. 加强对乡镇人大工作的指导。市人大常委会要制定出台指导乡镇人大工作的具体办法,指导乡镇人大,在当地党委的领导下,依法开展工作评议、视察、调研、决定本行政区重大事项,依法罢免代表,代表向选民述职等工作。进一步健全乡镇人大的工作制度,加强作风建设,强化目标管理。

三、进一步发挥各级人大代表的作用

12. 提高人大代表建议、批评、意见办理的质量。市人大常委要高度重视代表建议、批评和意见的办理工作,全面落实承办单位主要领导、分管领导和具体承办人员的分工责任制。制定出台人大代表建议、批评和意见办理办法,建立健全人大代表建议、批评、意见办理工作机制。要加强与代表的联系沟通,提高办理质量,切实解决办理代表建议和议案中存在的答复态度好,办理效果差问题,避免代表所提意见建议转到代表所在地或代表本人办理等现象发生。要将人大代表议案、建议、批评、意见的办理情况列入党政目标管理考核内容,对办理效果好的单位和部门,予以表彰。要加大对代表议案及建议、批评、意见办理的督查力度,强化跟踪问效。

13. 人大代表要依法履职行权。各级人大代表要进一步增强责任意识,不断提高自身素质和履职能力,模范遵守宪法和法律,依法履行代表职责,认真履行代表义务。担任领导职务的代表要带头履行代表职责,积极参加代表活动。市人大常委会要出台代表向选民述职的具体实施办法,逐步推行代表述职工作,建立和完善人大代表"创先争优"机制,开展评选优秀人大代表和先进代表小组活动,同时,积极探索建立代表辞职制度。

四、进一步加强人大及其常委会和人大机关建设

14. 加强人大及其常委会组织建设和人大机关干部队伍建设。进一步优化人大常委会组成人员的知识结构和年龄结构。把人大机关干部的培养、使用,纳入干部队伍建设的总体规划,通过选拔任用、轮岗培训、挂职锻炼、脱产学习等渠道,提高人大机关干部队伍的整体素质。建立人大机关干部能进能出的流动机制,采取多种形式,有计划地安排一定比例的人大机关中青年干部与党政部门干部进行双向交流,改善人大机关干部队伍结构,增强人大机关的活力。并根据我市的具体情况,适当的时候,在农场、林场设立人大常委会派出机构。

15. 人大及其常委会要加强思想作风建设。人大及其常委会要增强党的观念,自觉坚持和依靠党的领导,服从和服务工作大局,维护和实现人民群众的根本利益。大力弘扬求真务实精神,努力改进工作作风,提高工作效率,不断加强人大机关效能建设和党风廉政建设。

16. 加强乡镇人大建设。根据规定,各乡镇专设人大主席和配备1—2名专兼职工作人员,乡镇人大主席不分管政府的相关工作,根据乡镇工作实际,可负责某一方面的单项工作。乡镇人大的代表经费和活动经费,要列入同级财政预算。

17. 逐步改善人大及其常委会的工作条件。把人民代表大会、常委会的会议经费,常委会工作机构的工作经费以及开展工作评议、视察、执法检查和组织调研,对外宣传和交往等经费列入本级财政年度预算,并随着财政收入的逐年增长有所增加。针对人大机关老干部多的特点,切实保证人大机关看望、走访老干部以及机关老年体协开展活动和老干部外出查病、就医的差旅费等经费的支出。并加强人大机关基层设施和信息化建设,逐步改善人大机关的工作条件。

瑞昌市第六届人民代表大会第一次会议
关于进一步加强依法治市工作的决议

(2011年9月1日瑞昌市第六届人民代表大会第一次会议通过)

依法治市工作开展以来,各级领导干部依法决策、依法行政观念进一步增强,人民群众的法律意识和法律素质逐步提高,但与新形势、新要求还有一定差距。进一步加强依法治市工作,对于我市实现十二五发展目标,建设鄱阳湖生态经济区中等城市,构建和谐瑞昌具有十分重要的意义。根据宪法和法律规定及《江西省“十二五”期间依法治省规划》,按照中共瑞昌市委统一部署,结合我市依法治市工作实践,作出如下决议:

1. **坚持党的领导、人民当家作主和依法治市的有机统一。**坚持在市委的坚强领导下,人民代表大会及其常委会依法行使监督、人事任免和决定重大事项等职权,把市委的主张通过法定程序转化为全市人民的共同意志。促进和保障政府及其工作部门依法行政,司法机关公正司法。广大人民群众作为依法治市的主体,要依法管理经济、文化事业和社会事务,在依法维护自身合法权益过程中自觉维护好他人利益和公共利益。

2. **坚持以科学发展观统领依法治市工作。**紧紧围绕推动瑞昌科学发展、促进社会和谐，把依法治市工作贯穿于全市经济建设、政治建设、文化建设、社会建设全过程，促进物质文明、政治文明、精神文明、生态文明同步推进。加强法治宣传教育，深入开展普法教育进机关、进乡村、进企业、进社区、进学校、进家庭活动，在全市营造学法、懂法、用法的浓厚氛围，形成尊重法律、敬畏法律、遵守法律的良好风气，促进政府依法决策、部门依法行政、企业依法经营、群众依法行事。坚持有法必依、执法必严、违法必究，坚决维护法律的权威性和严肃性。

3. **坚持依法治市与以德治市相结合。**在加强法制建设的同时，高度重视道德建设，促进依法治市与依德治市相得益彰。弘扬和培育以爱国主义为核心的民族精神和以改革创新为核心的时代精神，激发全市人民为建设鄱阳湖生态经济区中等城市而共同奋斗。坚持正确的道德导向，引导全体市民培养良好的社会公德、职业道德和家庭美德，努力形成社会文明新风尚。认真践行开明开放、求实求新的城市精神，深入开展“我爱家乡”主题教育活动，共同维护瑞昌形象。

4. **充分发挥法治建设在沿江大开发中的保障作用。**沿江大开发是决战工业600亿、实现瑞昌赶超发展的重要路径，必须强化法治保障。严格执行码头工业城控制性规划和各项专项规划，促进有序开发、科学开发。依法加大长江岸线整治和管理力度，确保大堤安全，促进岸线利用效益最大化。坚持依法征地、依法拆迁，在法律和政策范围内给予合理补偿，最大限度地维护群众合法权益。认真执行国家环保和安全生产管理法律法规，所有项目必须按照环评、安评要求落实到位，坚决拒绝高耗能、高污染项目落户。加大对强揽工程、阻止施工、抢占江滩等非法行为的整治力度，保障沿江大开发顺利推进。

5. **充分发挥法治建设在城市大建设中的规范功能。**抓好城市规划宣传工作，以规划引领城市大建设，确保所有城建项目符合规划要求。强化土地管理和城市建筑执法巡查，依法打击违法违章建设行为，维护城市规划的严肃性。建立长效机制，规范城市规划区和重点控制区内农民建房行为，巩固“两违”整治成果。依法打击工程建设领域围标、串标行为，鼓励区域内外企业参与竞标，促进公平竞争。建立工程质量责任追究机制，确保工程质量达标。充分发挥法治在城市管理中的规范功能，创新城市管理模式，促进城市管理步入科学化、法制化和规范化轨道。

6. **政府及其工作部门、工作人员应带头依法行政。**对涉及全市经济社会发展的重大问题或与人民群众利益密切相关的重大事项，坚持把公众参与、专家论证、风险评估、合法性审查和集体讨论决定作为决策的必经程序，促进决策科学化、民主化、规范化。坚持重大项目建设、重大民生工程、重大资金安排等重大事项向人大常委会报告,并由人大常委会作出决定后实施。规范行政执法行为和行政审批工作,严格按照法定权限、法定程序办事,依法处理社会矛盾和问题,善于用法治手段调整市场经济各种利益关系。各级干部尤其是领导干部要带头学法用法守法,自觉在法律和政策的范围内履行职责,做到越是事情紧急,越是矛盾突出,越要坚持依法办事,按政策办事,执行政策公平公正,做到"一碗水端平"。在解决群众诉求时既要充满感情,又要坚守法律和政策的底线。

7. **审判机关应依法履行审判职能。**坚持司法公正,力争每一起案件办理都经得起法律和历史的检验,使审判工作真正起到打击犯罪、维护公平、服务群众的效果。建立简便高效的诉讼机制,进一步创新落实司法便民惠民措施,加大对弱势群体的帮扶力度,让困难群众打得起官司。坚持"调解优先、调判结合"工作原则,深入推进矛盾纠纷化解。加大执行工作力度,落实重大疑难执行案件挂牌督办制度,着力解决执行难问题。

8. **检察机关应依法履行法律监督职能。**依法查办和预防职务犯罪,重点查办发生在领导机关和领导干部中的滥用职权、贪污贿赂、失职渎职等犯罪案件,积极预防和坚决查办在工程建设、征地拆迁、政府采购等领域中发生的官商勾结、权钱交易犯罪案件。以个案为切入点,认真研究发案原因和规律,积极提供建制堵漏的对策和建议。加强对侦查活动和审判活动的监督,既坚决监督纠正有案不立、有罪不究、以罚代刑等问题,又注重纠正违法立案、滥用侦查措施等违法问题。

9. **公安机关应切实维护社会安定。**始终保持对各类犯罪的高压态势,深入开展"严打整治"斗争,严厉打击杀人、放火、绑架、涉爆涉枪等严重暴力犯罪和"两抢一盗"等多发性犯罪,不断提升群众安全感。坚持文明执法,真心为群众服务,对蓄意破坏项目建设、恶意非法上访等影响瑞昌发展的人和事,坚决依法处置到位。完善矛盾纠纷多元化调处机制,全市所有派出所和交警中队都要建立调解室,及时、妥善处理各类涉法涉诉问题。

10. **司法行政机关应充分发挥法制宣传、法律服务职能作用。**深入推进"六五"普法工作,不断增强广大干部和人民群众的法律观念。支持律师依法维护当事人的合法权益,注重发挥律师在化解社会矛盾、引导群众依法反映诉求中的独特作用。公证、法律援助等服务机构要在经济社会发展中履行好法律服务职责。建立健全市、乡、村三级人民调解网络,对历史遗留、现实利益引发的矛盾纠纷进行排查调解,切实发挥人民调解的第一道防线作用。

11. **各类企业应坚持依法经营。**牢固树立市场经济就是法治经济的理念,坚持依法治企,完善职工代表大会及其他形式的民主管理制度,保障劳动者合法权益。强化企业安全生产和环保意识,引导企业自觉履行社会责任,实现经济效益和社会效益相统一。坚持依法经营,依法纳税,诚实守信,企业生产经营活动必须置于法律和政策的范围之内。健全完善市场监管体系,加强市场监管,深入推进放心消费城市建设,维护消费者合法权益。

12. **强化依法治市工作监督。**市政府要制定依法行政的实施规划,法院、检察院要制定公正司法的实施方案,并向人大常委会报告实施情况。人民代表大会及其常委会要加大对法制宣传教育工作和依法治市工作的监督力度,通过听取工作报告、开展视察活动、调查研究和执法检查等,监督法制宣传教育和依法治市工作各项任务的落实,保证本决议的执行。

二、论文选编

浅谈在国家机关实行执法责任制的重要性

何仁先

在国家行政、司法机关实行执法责任制,是有关地方人大在加强民主法制建设,实施法律监督,开展依法治理活动中探索出来的一项有效措施。根据外地经验,我市人大常委会于1996年在市人民法院、土管局、工商局三个单位开展了实行执法责任制和建立错案及执法过错责任追究制的试点工作,取得了比较明显成效,今年已在全市各行政、司法机关全面铺开。通过实践,我们感到,要搞好执法责任制工作,除需要各级党组织的重视和支持,以及坚持强有力的工作措施外,正确理解实行执法责任制的重要意义,则是重要的前提和基础。就这个问题,谈四点认识。

1. 实行执法责任制,是贯彻“依法治国,建设社会主义法制国家”根本方针和推进依法治市进程的重大举措

“依法治国,建设社会主义法制国家”是邓小平同志建设有中国特色社会主义理论的重要组成部分,是党中央确定的我国的一项根本方针和奋斗目标。江泽民同志指出:“实行和坚持依法治国,就是使国家各项工作逐步走上法制化的轨道,实现国家政治生活、经济生活、社会生活的法制化、规范化;就是广大人民群众在党的领导下,依照宪法和法律的规定,通过各种途径和形式参与管理、管理经济文化事业、管理社会事务;就是逐步实现社会主义民主的制度化、法律化。”为贯彻依法治国根本方针,全国各地纷纷作出了“依法治省”、“依法治市”、“依法治县”的重大决策和规划安排。

然而,依法治国方针的贯彻落实和依法治理工作是一项复杂的系统工程,也是一项长期而又艰巨的战略任务。从我国民主法治建设的现状来看,法律体系不完备,许多已制定出来的法律、法规没有得到较好实施,尤其是对作为法律、法规执行主体的国家行政、司法机关的执法工作,由于缺乏必要的和有效的制约监督机制,从而导致有法不依、执法不严、违法不究,甚至以言代法、以权压法、执法犯法、徇私枉法等现象的存在。因此要通过实行执法责任制,进一步明确执法部门及其执法人员的职权和责任,制定检查、监督、考核和奖惩措施,建立"两错"责任追究制,从而有效地规范执法部门和执法人员的执法行为,防止和纠正执法过程中的各种违法行为,促使国家行政、司法机关执法工作逐步走上制度化、程序化、规范化的轨道,真正做到各负其责,各司其职,依法行政,公正执法,达到促进依法治市的进程、保证各项事业在社会主义法治轨道上顺利的目的。

2. 实行执法责任制,是增强执法机关责任意识,促进执法人员法治观念增强和执法水平提高的重要途径

近几年来,为切实加强社会主义民主法制建设,完善法律体系,全国人大和有立法权的地方人大,进一步加快了立法步伐,到目前为止,全国人大及其常委会已经颁布的法律近300部,国务院制定行政法规700多部,各种地方性法规达4000多部。可以说,一个以宪法为核心的社会主义法制体系框架已基本形成。要顺利进行依法治国,建设社会主义法制国家,当务之急是党和国家机关工作人员的思想要转变,观念要更新,要进一步增强法律意识和法制观念,提高严格依法办事的自觉性。从现实情况看,作为这些法律法规执行的主体国家行政、司法机关及其执法人员,由于历史原因,无论是思想观念,还是业务素质、工作方法,一时难以适应形势发展的需要。在实行执法责任制中,可以促进各执法机关将对本部门执行的现行法律、法规和重要规范性文件进行认真梳理,并将梳理出来的法律法规分解落实到有关科室和具体人员,进一步明确执法职权和执法责任;还将组织执法人员学习本部门执行的法律法规,进行业务培训,建立和健全各项执法制约监督机制。通过采取以上措施,可以强化行政、司法机关的内部管理,形成良好的内部监督机制,更好地规范执法人员的行为,从内部堵塞执法漏洞,抵制行业不正之风,避免和减少以权谋私或以岗谋私等腐败现象的发生。对执法人员来说既有压力,也有动力,可以充分调动他们的积极性,使之更好地依法行政,依法管理经济,依法管理各项事业,公正执法,秉公办事。只有这样,各执法机关的责任意识,执法人员的法制观念和依法办事的自觉性必然会得到进一步增强,执法水平将进一步提高。

3. 实行执法责任制,是地方人大及其常委会实施法律监督与国家行政、司法机关自觉

严格执法相结合的有效方法

加强社会主义民主法制建设，实施法律监督，保证国家各项法律法规在本行政区域内的贯彻实施，是宪法和法律赋予地方各级人大及其常委会的一项重要职权和根本任务。实行执法责任制是一种全方位的监督形式，它把地方人大及其常委会的法律监督与执法机关内部的制约监督机制和全社会的监督有机地结合起来，变过去只注重事后监督为事前、事中、事后全程监督，变执法机关被动接受监督为主动配合监督，同时，也使执法人员懂得，自己既是执法者，也是被监督者，不依法办事或执法犯法必将受到法律的追究。因此，在国家机关实行执法责任制，从某种意义上讲，拓宽了人大法律监督渠道，加大了监督力度，提高了监督实效。

4. **实行执法责任制，有利于促进社会稳定和经济发展。**

我国改革开放和现代化建设的实践证明，改革开放的深入和经济建设的发展，既需要稳定的社会环境，更需要有效的法律保障。十一届三中全会以来，我国改革开放不断深入，经济建设迅速发展，社会事业全面进步，与我们党和国家坚持不懈地加强社会主义民主法制建设密切相关。邓小平同志反复倡导的“要一手抓法制，一手抓建设”，就是对经济建设与民主法制建设关系的最精辟的论述。但由于我国的民主法制建设正处在逐步完善的过程，新旧体制的转换给民主法制建设提出了一些新的课题，经济领域中还存在一些矛盾和问题，经济违法犯罪行为突出，消极腐败现象严重，从而扰乱了正常的经济秩序，阻碍了经济的发展；其他领域的违法犯罪行为，在一定程度上影响了社会稳定，给经济建设带来了不良后果。因此，从社会稳定和经济发展的角度来讲，加强依法治理，加大执法和执法监督力度尤为重要。

（作者系瑞昌市第一、二届人大常委会主任，本文选自《时代主人》1997年第5期）

浅谈领导干部的“官德”问题

张肇山

江泽民同志“三个代表”的重要思想，勾画出了新世纪中国共产党人的形象，向世人展示了中国共产党的前进方向。在进入新世纪的重要时刻，江泽民同志又提出了“以德治国”的历史性课题。作为党员干部尤其是党员领导干部，如何身体力行“三个代表”，推进依法治国和以德治国，首要任务是要解决好“官德”问题，做一个爱人民、人民爱的好官。

解决“官德”问题，最重要的是为人民掌好权、用好权，实实在在做“官”。作为领导干部，要树立正确的权利观，要牢记手中的权力是人民给的，要掌好权、用好权，就要全心全意为人民服务,实实在在为人民谋利益。江泽民同志要求党员领导干部要“坚持人民利益第一,把个人名利看淡薄一点,兢兢业业地工作,为党和人民作贡献,人生才有意义”。作为党员领导干部,应该把自己作为人民的公仆,而不应该把自己看作人民的“父母官”;应该像焦裕禄、孔繁森那样,“为官一任,造福一方”,为人民鞠躬尽瘁,死而后已,而不应该欺压百姓,贪图享受,挥霍浪费,以权谋私;应该说老实话,办老实事,做老实人,而不应该急功近利,弄虚作假,搞花架子;应该深入实际,深入群众,切实为民排忧解难,而不应该浮光掠影,走马观花,对群众疾苦漠不关心。

解决“官德”问题,要做到坚持标准,选贤任能,正正规规做“官”。近年来,随着干部人事制度改革的进一步深化,干部选拔任用的民主程度和公开程度越来越高,公开选拔领导干部、干部任前公示、干部交流轮岗等改革措施收到了明显效果。但是在少数地方少数部门也还存在一些不正之风,主要表现在五多五少:一是不做实事、政绩平平、喜欢跑官要官的用得多,埋头苦干、扎实做事、群众喜欢的干部用得少。二是老乡、同学、同事、战友用得多,无此关系,不会奉承拍马、拉亲攀戚的用得少。三是身边的人或亲近者用得多,隔得远、接触少的人用得少。四是上级主要领导积极推荐的干部用得多,没有机会汇报工作、接近领导的人用得少。五是上级打招呼的干部提得多,而无人关心的干部则用得少。这些不正之风,扭曲了干部路线,损害了干部队伍的形象,挫伤了干部的积极性。所以,作为领导干部,尤其是主要领导干部,要认真学习《党政领导干部选拔任用工作暂行条例》,坚持“四化”方针和德才兼备的原则,把握干部选拔任用条件,严格选拔任用程序,真正把干部选准、用好,防止感情用人、模糊用人,正正规规做一个管“官”的“官”。要加强干部工作监督的法规、制度建设,实行干部选拔任用工作监督责任制和用人失察失误追究制,加大对用人上的不正之风和腐败现象的查处力度。对不按条例办事的,要严肃批评,限期改正;造成用人失误的,要坚决纠正,并追究责任。切实改变干部工作监督失之于软、失之于宽的状况。

解决“官德问题”,要做到公道正派,一身正气,堂堂正正做“官”。作为一个领导干部,要做到这一点,就要坚持讲政治、树正气。江泽民同志说“我这里所说的政治,包括政治方向、政治立场、政治观点、政治纪律、政治鉴别力、政治敏锐性。在政治问题上,一定要头脑清醒。”这就告诉我们,任何事情,讲政治是核心。讲政治,就是坚定社会主义、共产主义信念,坚持党的基本路线一百年不动摇;讲政治,就是要与党中央保持高度一致,认真贯彻党的路线、方针、政策;讲政治,就是要实事求是,对党忠诚,对人民忠诚;讲政治,就是要加强党性锻炼,坚持党性原则,决不拿党性原则做交易;讲政治,就是要以经济建设为中心,坚持两手抓,把反腐败斗争同做好改革、法制、稳定工作结合起来;讲政治,就是要坚持党的民主集中制原则,增强领导班子的凝聚力和战斗力。要健全集体领导和个人分工负责相结合的制度,主要领导要有魄力,尤其是要有全局思想和民主作风,坚持重大问题集体讨论决定,把民主集中与讲学习、讲政治、讲正气结合起来,树立领导班子的良好形象。堂堂正正做"官",还要讲正气、树正气,永葆共产党人的完美人格和高尚情操。浩然正气是中华民族的传统美德,自古以来,孟子"威武不能屈、富贵不能淫,贫贱不能移"的气节、文天祥"人生自古谁无死,留取丹青照汗青"的豪情、夏明翰高吟"砍头不要紧,只要主义真"的壮举流芳千古,都是后人学习的典范。作为共产党的领导干部,更应该提高党性修养,塑造完美人格,发扬正大光明、公正无私的作风,保持正直坦荡、刚正不阿的气节,弘扬坚持真理、伸张正义的品质。

解决"官德"问题,要做到廉洁自律,两袖清风,清清白白做"官"。执政党的党风关系党的生死存亡。党员领导干部廉洁从政是新时期从严治党、端正党风的重要前提,是贯彻落实党的路线、方针、政策,促进改革开放和经济建设,维护政治和社会稳定的重要保证。古人说:"官者,民之表也""君好则臣为,上行则下效"。党员干部,尤其是领导干部要以身作则,身先士卒,在人民群众中发挥"民之表"的作用,要自重、自省、自警、自励,不仅要管住自己的嘴,管住自己的手,管住自己的腿,更要看好自己的门,管好自己的人,办好自己的事。要时刻提醒自己:该做的还有什么没有做?不该吃的吃了没有?不该拿的拿了没有?不该去的地方去了没有?不该做的做了没有?只有做到清正廉洁,求真务实,艰苦奋斗,才能得到人民群众的信任、拥护和支持。自古以来,老百姓对为官者的两点希望:一是两袖清风,二是公正廉明。要满足老百姓这两条愿望和要求,必须做到以下几点:一是坚持德才兼备的原则提拔和使用干部,唯才是举,唯贤是用。真正做到德才兼备者上,德才平庸者让,德寡才疏者下。二是狠刹用人不正之风。要杜绝以权谋私、搞权钱交易的行为,同买官卖官的人和事作坚决的斗争。对于政治信仰动摇,工作不负责任,热衷于投机钻营、跑官要官、争权夺利、拉帮结派以及弄虚作假、虚报浮夸的人,不仅不能提拔,还要严厉批评,问题严重的要坚决查处。三是要管好自己的配偶、子女和身边工作人员。要记住"修身齐家治国平天下""妻子干政、丈夫落马"的古训,抵制妻子"枕边风"、身边工作人员"耳边风"的侵袭,不行封建社会"封妻荫子""一人得道,鸡犬升天"的腐败之道。四是要提高防腐拒变能力,过好"五关",即权力关、地位关、金钱关、人情关、美色关。

"好人不见得是好官,但好官首先必须是好人"。只有集官德公德于一身,才是共产党需要的好干部,才是人们需要的好"官"。

(作者系瑞昌市第三届人大常委会主任,本文选自《中国世纪论坛》2002年第2期)

以服务大局为着眼点　推动人大工作

陈世翔

瑞昌市人大常委会坚持党的领导,按照发展是党执政兴国第一要务的要求,围绕瑞昌市委提出的“成优进强”的奋斗目标,以促进经济社会发展为着眼点,自觉服从和服务于经济大局,推进人大工作。

一、践行“三个代表”重要思想,夯实人大工作基础

人大是代表人民行使权力的国家机关,其基础是人民。因此,市人大常委会在工作中不断增强群众基础。一是多渠道听取群众意见。常委会组成人员坚持深入基层、深入群众了解民情、反映民意、集中民智、帮助群众解决一些实际问题,使人大工作充分代表广大人民群众的根本利益。二是加强与人大代表的联系。建立了人大常委会组成人员分片联系人大代表和选民制度,坚持和完善了人大代表列席常委会制度。注重抓住全市人民关心、关注的重大问题组织代表开展视察和执法检查,如城市建设、工业园区发展、下岗职工再就业、党政机关改革、农村税费改革实施和巩固等。三是认真处理人民群众来信来访。坚持常委会领导信访“接待日”制度,及时提出办理意见,改进办理方法,加大督办力度,依法保护人民群众的合法权益。

二、紧扣发展第一要求,服务县域经济建设

市人大常委会根据市委的中心工作,结合省、市人大工作部署,制订人大工作计划和要点,做到内容与市委合拍,时间与市委同步。一是组织代表视察招商引资工作,在肯定成绩的同时,要求市政府采取超常规措施,进一步优化招商环境,提高招商引资资金到位率、入园企业开工率、投产率以及工业土地单位资金占有率。二是不定期听取有关部门的工作汇报和负责人述职,及时了解掌握政府及有关部门的工作情况,督促他们严格依法行政。三是对涉及全市社会经济发展的重大决策,准确宣传市委意图,积极引导代表搞好审议,作出决议、决定,使党委意图变为群众意愿,成为人民自觉行动。四是自觉带头完成党委交给的中心任务,支持政府一心一意谋发展,聚精会神搞建设。

三、围绕经济社会发展重大事项,认真履行审议决议权

一是抓住经济社会发展中带有全局性、长远性的重大问题,进行审议,并作出决议。对国民经济、社会发展计划和财政预算安排和执行的监督,做到横向到边、纵向到底、不留盲区。如审查2003年预算安排,要求市政府在推进市区东进,重点建设新城区的同时,要兼顾老城区的道路等基础设施维护。二是针对经济社会发展中出现的问题进行审议，交办督促整改问效。如城区建设与管理存在的一些问题是广大群众关注的热点、焦点，常委会组织代表视察，召开座谈会听取群众意见，督促市政府加强城市建设，市政府及相关部门对此十分重视，采取了有力措施，对市区主要干道、交通路口、窗口地段进行集中整治，大力开展绿化、亮化工程，市容市貌明显得到改观。三是审议决定任免国家机关工作人员。一年多来，依法任免国家机关工作人员116人次，决定不予任命6人。对拟任人员进行严格的任前法律知识考试，对政策水平不高、业力能力不强的坚持不予任命，为加快经济社会发展提供了有力的组织保证。

四、以推进政治文明为目标，强化执法监督工作

市人大常委会按照少而精、抓重点、求实效的原则开展执法监督工作，先后对传染病防治法、律师法、行政复议法、税收征管法、工会法、退耕还林工作条例等法律法规的执行情况进行了执法监督。2003年6月，常委会组织专门调查组，深入到相关乡镇对执行退耕还林工作条例进行专题调研，听取和审议市政府关于退耕还林工作情况汇报，针对退耕还林工作存在的重造轻管、责任不落实、有关政策兑现不到位等问题提出专门审议意见。市政府及时召开常务会专题研究，下发了文件，并在花园乡试点，落实退耕还林责任制，确保了全市11万亩退耕还林"退得下、还得上、稳得住、能致富、不反弹"。今年5月，常委会组织部分委员视察全市粮食生产情况。针对农资市场价格上涨、假冒伪劣农资泛滥、植保经费严重不足、农业基础设施老化等问题，提出审议意见，市政府及相关部门立即采取相关措施，确保了全市粮食生产增产增收。这些执法监督工作，促进了依法行政措施的落实，推动了经济社会发展。

（作者系瑞昌市第四、五届人大常委会主任，本文选自《时代主人》2004年第12期）

推进民主谋发展　保障民生建和谐

——关于新时期县级人大监督工作创新的几点思考

徐修武

依法行使监督权是宪法和法律赋予各级人大常委会的一项重要职权。新形势下在推进民主法制建设，保障民生、构建和谐社会，促进县域经济又好又快发展中发挥好职能作用是县级人大常委会义不容辞的责任。为此，县级人大常委会应正视现状，努力构建各项机制，创新监督方式，搭建监督平台，增强监督实效。

一、坚持党的领导原则,发挥党组核心作用。

坚持党的领导,是做好人大一切工作的首要前提和根本保证。各级人大常委会要始终自觉地接受同级党委领导,贯彻党委的决策部署,紧紧围绕中心、服务大局,依法行使监督权,把坚持党的领导、人民当家作主和依法治国有机统一起来。人大常委会党组要发挥政治领导核心作用,常委会开展的监督工作计划安排,要及时向党委请示;专项工作报告的审议意见、法律法规执法检查的情况及重要意见和建议,要及时向党委报告;监督工作中遇到的重大问题要及时报告党委并请党委协调解决;需经主任会议审议的包括监督方面的重要问题,党组要先行研究,把握好原则和方向;要充分发挥常委会组成人员和机关干部中的党员带头作用,切实贯彻党委意图,依照法定程序实现党的主张和人民意志的统一。

二、坚持发挥代表主体作用原则,强化代表履职的保障和激励机制。

充分发挥人大代表在监督中的主体作用,是做好人大工作的基础。人大代表是国家权力机关的主体,是人大行使监督权的力量源泉所在。代表作用发挥得好坏,决定着监督工作的质量和效果。一是要加强和改进代表培训工作,增强人大代表的角色意识,提高代表的监督能力。要善于借用外部力量为代表履职提供优质服务,针对人大工作政策性、法律性、专业性强的特点,适时有针对性地对代表进行业务知识的培训,开展法制讲座,为代表提出议案建议、履行监督职能提供法律咨询和服务。二是要为代表履行职务提供保障。进一步完善常委会组成人员联系代表机制,及时向代表通报常委会监督工作计划、重大事项和有关工作情况,征求代表对人大常委会监督工作的意见和建议;加强代表小组规范化建设,搭建代表履职平台,保障代表活动经费,确保代表闭会期间活动的"常态化"。三是要拓宽代表履职渠道。根据年度监督工作计划,有选择性地邀请相关代表列席人大常委会会议,参与人大常委会开展的执法检查、视察、调研等活动,发挥代表参与监督的主动性。四是实行代表履职评价制度。通过定期召开代表履职经验交流座谈会、全面推行代表向选民述职活动、评选表彰代表优秀建议等形式,增强代表履职的压力和动力。五是进一步提高代表建议办理质量。采取常委会领导与政府领导重点督办、常委会有关工作机构与政府督查机构联合跟踪督办、对办理结果进行验收与公示、办理满意度不高实行问责等方式,督促建议承办单位进一步增强办理工作的针对性和实效,切实解决人民群众迫切需要解决的实际问题,增强代表"人民选我当代表,我当代表为人民"的成就感。

三、坚持市乡(镇)两级联动工作机制原则,着力形成人大监督的良好工作格局。

密切市乡(镇)两级人大工作联系,是深化人大监督的必然选择。要按照"市乡(镇)联动、以市带乡(镇)、上下交流、共同推进"的工作思路,进一步完善联动监督机制,增强市乡

(镇)两级人大工作合力。一是加强信息沟通和工作衔接。人大常委会制定年度工作要点和监督工作计划时,要注重听取乡镇人大的意见和建议,并将工作思路及时通报各乡镇,为乡镇人大安排工作提供参考。二是要转变确定监督内容的方式。要围绕人民群众普遍关注的热点、难点和焦点问题,采取上下联运的方式,开展调研、视察等活动,摸清,找准问题,掌握翔实的第一手资料,增强监督工作的针对性和实效性。三是要加强对乡镇人大工作的支持和指导。定期或不定期召开乡镇人大负责人会议,集中交流工作经验,提出阶段性工作指导意见;建立健全常委会领导率对口委员分片区联系指导乡镇人大工作制度,定期对乡镇人大工作情况进行指导性调研,坚持邀请乡镇人大主席列席人大常委会会议制度,促进乡镇人大工作扎实有效开展,着力形成上下联动、整体推进的良好工作格局。

四、坚持与"一府两院"的互动机制原则,进一步增强监督工作的实效。

增强"一府两院"自觉接受人大常委会监督的意识,是强化人大监督的关键。要建立健全完善人大常委会与"一府两院"工作联系办法,建立人大常委会与"一府两院"的良性互动机制。坚持人大常委会与"一府两院"、人大常委会各工作机构与政府对口部门的联席会议制度,加强沟通交流,互通工作情况,推进工作落实。人大常委会要及时将工作中的新部署、新做法向"一府两院"通报,取得"一府两院"的支持,并通过各种方式广泛征求群众对"一府两院"工作的意见,及时反馈给"一府两院",督促其改进工作,提高服务水平。"一府两院"要建立健全完善自觉接受人大常委会监督的工作制度,加强与人大代表的联系,推行"一府两院"及其部门负责人接待人大代表制度,主动邀请人大代表参加座谈、听证、评议等活动,依靠人大监督不断加强和改进各项工作。"一府两院"工作中的重大部署、重要措施,要及时向人大常委会报告;对人大常委会作出的各项决定、决议、人大常委会组成人员提出的审议意见以及人大代表提出的意见和建议,"一府两院"要认真研究处理,并主动向人大常委会报告;对人大常委会在监督工作中提出的问题,要认真对待,及时予以纠正。执行人大常委会决议、决定,办理人大常委会审议意见以及人大代表建议不力的,要依法启动询问或质询程序。

五、坚持开门监督的原则,着力营造良好的监督氛围。

保障和实现人民的监督权,扩大公民有序的政治参与权,是强化人大监督的重要途径。坚持监督公开制度,把人大常委会监督工作与"一府两院"接受监督的情况置于人民监督之下,有利于增加人大常委会监督的透明度和知晓率,有利于人民群众更好地参与国家和社会事务管理,最终达到强化人大常委会监督的目的。一要加大人大宣传工作力度。建立人大网站,借助各类新闻媒体,加强对人民代表大会制度的宣传,不断增强全社会的法律意识和人大意识,努力营造有利于人大监督工作的社会氛围。二要加强人大常委会与人民群众的联系。建立健全邀请公民旁听人大常委会会议制度,代表接待选民制度和常委会领导接待群众来访制度,拓宽民意表达渠道,增强人民群众有序政治参与的积极性。三要进一步完善监督公开的具体制度。按照监督法的有关规定,及时公开常委会年度监督计划、常委会听取的专项工作报告及审议意见、“一府两院”对审议意见研究处理情况或执行决议情况的报告,适时公开计划执行情况、预算执行情况的报告和审计工作报告及审议意见。四要不断探索人大开门监督的新路径。建立健全人大新闻发布会、听证会等制度,抓住监督过程中关键环节,采取电视、网络现场直播的方式向社会公开监督工作的全过程,增强人在监督工作的真实性、透明度。对监督工作中发现的问题,要通过新闻媒体向社会公开曝光,督促整改,促进“一府两院”依法行政、公正司法。

(作者系瑞昌市第六届人大常委会主任,本文选自光明日报出版社《人大工作创新模式与监督管理实务指导》一书)

自觉接受人大监督 认真做好政府工作

朱汉仁

世纪之交召开的九届全国人大一次会议,提出了依法治国的基本方略。在新的形势下,如何做好政府工作,我认为关键是要做到一个到位,提倡二个自觉,增强三个意识,处理好四个关系。

做到一个到位。即市政府领导及市政府组成人员对人大的地位和作用的认识要到位。在我们国家生活的各种监督中,人大作为国家权力机关的监督,是最高层次的监督,这种监督,不是一般的要求,而是作为政治要求,通过监督,才能真正体现人民当家作主。因此对人大监督作用的认识,不应该只是口头上的重视,更重要的是体现在实际行动中,政府及部门的领导,都要虚心地接受人大代表的建议和批评,依法行政。

提倡两个自觉。一是要自觉接受人大的监督。我认为这种监督不是消极被动的,而是主动自觉的行为,就是要经常协商,互相支持,同唱一台戏,在实际行动中,处理好独立行使职权和尊重人大监督的关系,把两者统一起来,把自己接受人大监督作为政府工作应该遵循的一项原则,贯彻到政府日常工作中去,也只有自觉地把手中的权力置于党和人民的监督之下,才能为人民掌好权、用好权。二是要自觉地遵纪守法。党的十五大提出了“依法治国,建设社会主义法制国家”的治国基本方略,本次人大常委会通过了依法治市的决议,市政府及组成人员要做学法守法的带头人,决不能做“尾巴”,要不断增强法制观念。做到法律至上,坚持法律面前人人平等,严格依法办事,只有这样,才能达到依法治市的要求。

增强三个意识。一是要增强人大意识。人民代表大会制度是我国的基本政治制度,对待人大工作,绝不是政府包括部门的局长、副局长态度好不好的问题,其内涵的重要意义,在于依法治市,依法办事,真正体现为人民当家作主,只有这样,才能摆正位置,把工作做好。二是增强公仆意识。全心全意为人民服务,是我们中国共产党的宗旨,也是我们政府的宗旨。工作中这种意识到底怎么样?我认为还有一定的差距。政府工作的重点是经济工作,政府及部门是在矛盾和焦点中生存的,没有较强的公仆意识,是很难胜任的。在跨世纪的征途上,一定要进一步加强同人民群众的联系,牢记自己的职责,增强公仆意识,做人民的公务员、服务员、人民信赖的国家工作人员。三是增强勤政廉政意识。勤政与廉政是相辅相成的关系,两者之中,我认为更重要的是勤政。面对新的竞争激烈的形势,面对新的发展机遇,需要我们有更加艰苦努力的工作态度,更加奋发向上的工作作风,更加开拓进取、敢为人先的务实精神,决不能得过且过,在其位而不谋其政,一味地贪图享受。平常我们说的"好吃懒做",说的就是好吃与懒做,紧密相连,本是一家,勤政与廉政的关系也是这样,你不勤政,要说廉政就是一句空话,我说勤政更为重要,绝不是说廉政不重要,其意义就在这里。

处理好四个关系。一是处理好领导与监督支持的关系。政府是行政执法的主体,怎样开展工作?我认为在市委的正确领导下,支持人大的监督是非常重要的,只有积极支持监督才能更好地领导,多听取人大的建议和意见,不仅有助于维护人大的权威,而且将对依法行政起到促进作用。二是处理好法制与职权的关系。法制是依法进行国家管理的一种形式,是治本的,职权是手段,履行职权要通过法制来保障,也只有这样,职权才能得到应尽的履行。只讲职权,不讲法制是矛盾的,职权必须在法制范围内行使,否则就会导致滥用权力。三是处理好全局与局部的关系。对政府来说,正确处理好全局与局部关系很重要,但实际工作中非常难处理。全局决定局部,局部服从全局,坚持这条原则才能正确处理好这个关系。政府部门尤其是在经济利益上一定要处理好这个关系。四是处理好权与责的关系。权与责是紧密相连的,有权没有责,有责没有权,都是不能做好工作的。没有权的责,是负不好责的,只有权没有责,就会导致权力泛滥,最终导致腐败。人民交给了我们权力,我们就要真正担负起责任,只有这样,才能履行人大交办的各项工作。在这里我表个态,人大监督政府的工作,只要是人大提出的,政府能办到的,就积极组织有关部门落实解决;一时解决不了的,列入政府工作计划,努力创造条件逐步进行解决。

(作者系原瑞昌市委常委、市政府常务副市长,本文选自《时代主人》1998年第9期)

关于地方人大强化法律监督职能的思考

严茂林

法律监督是地方各级人大及其常委会的一项重要职权。近些年来,随着国家的社会主义民主与法制建设不断加强,地方人大及其常委会的法律监督工作越来越被重视,监督形式不断创新,监督效果不断增强。但是,总的来看,地方人大及其常委会的法律监督职能还未得到充分发挥。加强和改进地方人大及其常委会的法律监督工作,是坚持和完善人民代表大会制度的一项重要内容,需要从理论上实践上不断探索。

一、地方人大行使法律监督权方面存在的问题

首先应当肯定,近些年来,地方人大及其常委会的法律监督工作是有进步有成绩的,不少地方大胆探索,勇于实践,取得了许多成功的经验和良好的效果,保证了宪法和法律的实施,受到人民群众的赞扬。但是,必须看到,法律监督以至整个监督工作仍然是人大工作的一个薄弱环节,还存在许多亟待解决的问题。

1. 思想认识上的不端正。包括两方面:一方面是社会上有人认为"一府两院"有党委的领导和监督就行了,人大再来监督是"多此一举"。对于司法方面案件上的问题,都有各自上级的业务部门监督,人大即使监督也不能解决实质性问题。以至有人说人大监督是"过过套"或"争礼"、"找岔子"。另一方面从人大自身来说,有人担心监督说多了做多了,会被认为是与党委"争权"、"唱对台戏",会影响与"一府两院"的关系,顾虑重重,抱着"多一事不如少一事"的态度,尤其不愿触及棘手的问题。由于以上两方面认识上的偏颇,致使人大的监督工作难有较大的突破,监督权的法律规定与实际执行形成不少的反差。

2. 监督机制上的不健全。一是在法律规定上,监督法还没有出台,人大监督的原则、范围、程序及法律后果等缺乏系统、明晰的规定,现有的分散在其他法律中这方面的规定则比较原则,缺乏可操作性,难以掌握。二是机构设置上,人大系统还没有设置专门的监督机构,设立专门委员会存在不配套的问题,在县级人大常委会仅只有几个办事机构,人员少,力量严重不足,很难将"一府两院"的全部执法活动置于权力机关的监督之下。三是在上下关系上,基本上是处于一种有事就联系,无事则少往来的状况,上级对下级的法律监督工作也是无指标、无压力、无考核,下级搞得怎么样就算怎么样。

3. 监督形式上的不全面。目前,地方人大及其常委会法律监督形式,一般只有听取汇报、组织视察、执法检查、受理申诉和控告、办理代表议案和建议,以及评议这样几种。但就法律上有规定的刚性的监督形式却很少甚至从未使用过。如撤销不适当的决定和命令、质询、撤职和罢免、组织特定问题调查委员会等。形式反映内容，以此也说明了监督的乏力。

4. 人员素质上的不适应。一是人大系统没有自己的院校，也就产生不出懂人大业务的科班出身干部，在职干部中系统掌握法律知识的也不多。由于法律监督的业务性很强，甚至需要"高人一筹"，因此，许多人存有畏难情绪，怕搞错了"出洋相"。二是地方人大中层以上的领导干部，大多数过去是从事党政工作的，由于人大工作方式不同，涉及面广泛，必会有一段时间的不适应，边干边学，一旦基本适应，又面临着退休下岗的问题。三是地方人大的中青年干部提拔和交流的较少，进取心受到影响，存有自卑感，难以适应开展监督工作的需要。

二、地方人大如何行使好法律监督权

我国的法制建设同经济建设一样，现已进入了一个繁荣时期，依法治国、依法行政、依法管理一切事业，已成为各级领导的号召和广大人民群众的普遍呼声，负有监督法律实施职责的地方各级人大及其常委会应当为国家的法制建设作出不懈的努力。从地方人大监督工作的实践来看，法律监督尽管工作量相当大，但比工作监督、人事监督要易于操作，因为是非标准、法律责任有国家法律这个准绳，易于评判，易于处理，这是开展好法律监督的先决有利条件，应当树立起信心。地方人大及其常委会如何强化法律监督职能，笔者认为，应着力做好以下几项工作：

1. 提高全社会对人大行使监督权的认识。一是加大对人民代表大会制度的宣传力度，充分利用报纸杂志和广播电视等传播媒体，大力宣传人大的性质、地位和作用，宣传强化人大法律监督职能，是推进国家法制建设、发展社会主义市场经济、保障国家长治久安的需要，要宣传报道监督工作中的重大活动及典型事例，省级人大要自办报纸和办好刊物，以扩大人大的影响，增强监督工作的透明度。二是从事人大工作的同志要强化自身的监督意识，充分认识监督工作的重要性和必要性，认识到人大监督是宪法规定的一种国家权力行为，是代表人民行使当家作主、管理国家事务的政治权力，而不是什么个人行为，如果放弃或不认真行使这项权力，则是有负于党和人民的信任和重托的失职行为。三是对于被监督的"一府两院"及其工作人员，应当认识到地方国家权力机关对本级的行政、审判、检察机关行使监督权是宪法和法律所规定的，在国家监督体系中是最高层次、最具权威性和具有法律效力的监督，从而自觉接受监督，并为监督工作搞好协助，提供便利。

2. 全面运用和拓宽监督形式。法律上已有的监督形式是不少的，从目前来看也是与人大的监督工作基本适应的，现在主要是如何把法定的监督形式全面运用起来，除了继续用好以前常用的监督形式，还要大胆运用刚性的监督形式。如对严重的执法违法行为和明显违法但拒不纠正的，就应采用质询、撤职、罢免、组织特定问题调查委员会等刚性监督形式进行监督，纠正错误，追究有关人员的法律责任。至于法律规定得过于原则难以操作的问题，可以在实践中不断探索和总结，逐步完善。近些年来，各地开展的评议活动是一种效果很好的监督形式。人民代表评议“一府两院”的工作及执法情况，促使了“一府两院”进一步做好工作，改善执法活动。在有些地区实行的执法责任制也不失为一种有效的法律监督形式，人大常委会将各项法律、法规分门别类，落实到有关执法单位，与其签订执法责任状，平时检查，年终考核，予以奖励。这样做，不但促使了各执法单位增强了责任感，提高了执法水平，也使人大的法律监督覆盖面扩大，实现了全方位的监督。

3. 坚持依法办事的原则。人大监督法律实施，自身必须严格守法，法律监督的全部活动和对各个问题的处理，都必须符合法律规定。一是监督的内容、范围和由哪一级管辖都必须符合宪法、地方组织法等有关人大职权的规定。人大法律监督的内容，主要是对本级行政、审判、检察机关及下一级国家权力机关遵守和执行宪法、法律进行监督，包括法律文件的监督和执法活动的监督两个方面。二是监督程序必须合法，即人大及其常委会审议决定问题必须符合法定的议事规则及有关制度。如发现司法机关办错的案件只能建议或督促司法机关自行纠正，而不能直接予以变更或撤销，尊重法定的诉讼程序。三是作出的决议、决定或审议和整改意见，必须不得与宪法和法律及党的政策相抵触。四是必须集体行使职权，不得以个人名义行使监督权，处理好权在集体和发挥个人工作积极性的关系。办事机构没有得到权力机关授权时，也不得行使监督权。

4. 加强与各方面的联系沟通。要强化人大的法律监督工作，必须与各方面保持密切的联系，做到信息畅通。除了做好日常的信访工作，经常深入执法单位和群众中调查了解执法情况外，还要做好三个方面的工作：一是加强上下级人大的纵向联系。建议在立法上明确上下级人大常委会之间为领导与被领导关系，并建立人大系统上下一体的监督体系和网络，组建专门的监督机构。在此问题未解决前，上下级人大之间应保持经常化联系，上级人大应具体指导和检查下级人大的工作，对下级人大在法律监督中遇到的困难和问题，要帮助解决，给予必要的支持。二是加强与人大代表的联系。要充分利用代表这个渠道了解情况，获得监督材料，还可选聘部分人大代表为“法律监督巡视员”。三是加强执法信息的沟通。地方各级人大要建立执法情况报告制度，规定执法单位定期将各自的执法情况向本级人大常委会报告，重要情况随时报告，不得隐匿。

5. 培养造就一支素质较高的人大工作队伍。邓小平同志说：“在政治体制改革方面，有一点可以肯定，就是我们要坚持人民代表大会制度，而不是美国式的三权鼎立制度。”坚持和完善人民代表大会制度，更好地发挥国家权力机关的作用，必然需要一支人大工作基本队伍。要改变目前人大干部队伍难以适应开展监督工作的状况,可以从以下几方面着手:一是创办人大和大学设立人大专业。培养出一批懂人大业务、懂法律知识的人大科班出身干部,增强后备力量。在此之前,调配一定数量的谙熟法律、有一定理论水平的干部到人大工作。二是抓好在职干部的业务培训。各级人大要创造条件,争取每个在职干部每年都有十天至半月脱产培训的机会,可以委托有关学校代培,也可以由人大自己组织。三是加强人大的机关建设。采用各种形式调动干部的工作积极性,使干部都有一个良好的精神状态,同时要明确岗位职责,各尽所能,各司其职。四是实行干部队伍双向交流。人大班干部要与党政机关干部一样,人员常有进出,以增强活力,对符合条件的,要同样提拔重用。

三、开展监督工作要处理好几个关系

1. 党的领导与人大依法监督的关系。党是国家的领导核心,坚持四项基本原则是宪法所规定的,地方国家权力机关坚持和服从党的领导是无疑的。但如何处理好党的领导与人大依法监督的关系还需要认真研究和探讨。在目前地方上仍然存在着以党代政、党委直接研究决定"一府两院"工作中重大问题的情况下,权力机关的监督常常处于两难境地,不监督是失职,监督起来又顾虑与党的领导有矛盾。对此方面的问题就法律监督来看,应当明白,宪法和法律是在党中央的领导下由最高国家权力机关经过法定程序制定的,是党的主张和人民意志的统一,执行宪法和法律,就是遵从人民的意志,维护党的领导。因此,各级地方党委应当支持地方国家权力机关依法监督好宪法和法律的实施。在实施监督过程中,如果对某些问题的看法不一致,应当在遵守宪法和法律的前提下,统一认识,作出正确处理。保证宪法和法律的实施,也是各级党组织的责任,地方各级党委及领导干部,应当带头遵守宪法和法律,一切活动都不得同宪法和法律相抵触。为了更直接地加强党对人大工作的领导,党委的组成人员可以更多一些推荐到同级人大常委会来选任组成人员。对于地方人大及其常委会来说,应当自觉接受同级党委的领导,经常主动地向党委请示汇报工作,争取党委对人大工作更多的了解、重视和支持,为人大工作创造有利的外部条件。总之,坚持党的领导与权力机关的依法监督出发点和最终目标都是一致的,即使出现某些问题也是可以解决的。

2. 监督与支持的关系。地方人大及其常委会与"一府两院"的根本利益和维护法律实施的立场是完全一致的,应当互相支持配合,但各自的分工不同,履行的职责不同。宪法规定,"一府两院"向人大及其常委会负责并报告工作,人大及其常委会监督"一府两院"的工作。监督就是制约,不受制约的权力必然导致腐败。人大对"一府两院"的法律监督就是监督这些机关严格地按宪法和法律办事,如发现执法违法,就要依法监督纠正。这样做,从根本上说,就是维护了国家和人民的利益,维护了法律的尊严,维护了执法机关的形象,因而也就是支持和帮助了“一府两院”的工作,但却不能简单地说“监督就是支持”,不能把两者完全画等号。有人忌讳说“监督”二字,主要还是说少了,如果说多了,也就习以为常。当然,对于“一府两院”的正确执法,人大及其常委会给予支持,并保护因秉公执法而受到打击报复的执法人员,这是不言而喻的。

3. 抓大事与管小事的关系。地方人大及其常委会的法律监督,原则上应是以抓大事为主,实行宏观监督。何为大事?一般来说就是本行政区域内事关全局的重大问题、热点问题及带普遍性的问题。如“一府两院”发布的规范性文件、打击刑事犯罪和经济犯罪、社会治安综合治理中的问题,以及有法不依、执法不严的倾向性问题,后果严重、影响很大的执法违法问题等。地方人大及其常委会在大事方面抓好了法律监督,体现了权力机关最高层次的监督,社会影响大。但在抓好大事的时候,也不能忽视小事。例如司法机关办理的错案,有的尽管影响不大,对整个县、市可说是小事一桩,但对被错误处理的当事人及其家人以至亲友来说却是一件大事。如果申诉到人大的,不能认为是小事而一推了之。经认真审查或必要的调查,如确系错案,就要督促司法机关依法纠正,并要一抓到底。有的地方人大常委会由于重视了这项工作,在执法检查中督促纠正了一些错案,社会效果很好,提高了人大的声誉,以致有群众称赞:“人大真是青天,真是包公”。再说办案是司法机关最基本最实质的工作,对司法机关的监督,如果不接触具体案件,其监督的内容就是抽象的。因此,必须妥善处理好抓大事与管小事的关系。

4. 事前监督与事后监督的关系。地方人大及其常委会对“一府两院”的法律监督主要是事后监督。但人们对事前事后的界限认识并不一致,如对司法机关办理的案件,有的认为只有待案件发生了法律效力才算事后,才能进行监督。笔者认为,这样划分过于笼统,事后应具有阶段性,如刑事案件,分有侦查、起诉、审判几个大的阶段,都具有相对的独立性,完全可以以其各个执法阶段来划分事前事后。无论哪个阶段发生了违法行为,人大都可以而且应当依法进行监督。如果等案件诉讼终结发生了法律效力再进行监督,那就失去了时效性,对各方面的损害就会更大。对事前监督也不能一概否定,在某些问题上,事前监督的效果更好于事后监督。如“一府两院”制定的规范性文件,如果在发布前送人大常委会进行审查,发现有违法的问题,及时予以指出和纠正,这样明显要好于发布后再监督撤销或纠正的效果。对于政府制定重大改革方案,在出台前向人大及其常委会报告,经审议后再发布施行,这也是一种事前监督形式。

(作者系原瑞昌市人大常委会政法办公室主任,本文选自九江市人大常委会《纪念人民代表大会制度四周年论文汇编》)

三、制度汇编

瑞昌市人民代表大会常务委员会议事规则

（1988年8月2日瑞昌县第九届人大常委会第十次会议通过，1994年4月29日瑞昌市第二届人大常委会第八次会议第一次修订，2000年7月4日瑞昌市第三届人大常委会第十七次会议第二次修订）

第一章　总　则

第一条　根据《中华人民共和国宪法》、《中华人民共和国地方各级人民代表大会和地方各级人民政府组织法》的有关规定，结合市人大常委会的工作实际，制定本规则。

第二条　人大常委会审议议案，决定问题，应当充分发扬民主，实行民主集中制。

第二章　会议的召开

第三条　人大常委会会议一般每两个月举行一次，如遇特殊情况可以临时召开会议。

常委会会议由主任召集并主持，主任可以委托副主任主持会议。

第四条　人大常委会会议必须有常委会全体组成人员的过半数出席，方能举行。

第五条　人大常委会主任会议拟订常委会会议议程草案，提请常委会会议决定。

第六条　人大常委会举行常委会会议，应当在会议举行七日以前，将开会日期和建议会议讨论的主要事项，通知常委会组成人员。临时召集的会议，可以临时通知。

第七条　人大常委会举行会议时，通知下列人员列席：

（1）市人民政府，市人民法院、市人民检察院负责人；（2）常委会工作机构和联络机构负责人；（3）部分乡镇人大主席；（4）邀请本市和上级人民代表大会部分代表列席。

第八条　人大常委会举行会议设立旁听席。

第九条　人大常委会会议对议案或者有关的工作报告进行审议时，通知政府有关部门负责人到会听取审议意见并回答询问。

第十条　人大常委会举行会议时，常委会组成人员除因病或者其他特殊原因请假的以外,都应出席会议,如连续两次无故缺席,视为自动离职。

第十一条 人大常委会会议结束后,发布会议有关决定、决议,印发会议有关文件。

第三章 议案的提出和审议

第十二条 主任会议可以向常委会提出属于常委会职权范围内的议案,由常委会会议审议。

市人民政府、市人民法院、市人民检察院可以向常委会提出属于常委会职权范围内的议案,由主任会议决定是否提请常委会会议审议,或者先交常委会有关工作机构调查论证,提出报告,再由主任会议决定是否提请常委会会议审议。

常委会组成人员三人以上联名,可以向常委会提出属于常委会职权范围内的议案,由主任会议决定提请常委会会议审议。不提请常委会会议审议的,应当向常委会会议报告并向提案人作出说明。

第十三条 主任会议根据工作需要,可以委托常委会有关工作机构代常委会拟订议案草案,并向常委会会议作说明。

第十四条 对列入常委会会议议程的议案,提议案的机关、常委会有关工作机构应当提供有关资料。

对任免案,人事任免办法另行规定。

第十五条 人大常委会会议听取关于议案的说明,并对议案进行审议。

第十六条 提议案机关的负责人可以在常委会会议上对议案作补充说明。

第十七条 列入常委会会议议程的议案,在交付表决前,提案人要求撤回的,经主任会议同意,对该议案的审议即行终止。

第十八条 列入常委会议程的议案,在审议中遇有重大问题需要进一步研究的,经主任或主任会议提出,常委会会议同意,可以暂时不付表决。

第十九条 人大常委会认为必要的时候,可以组织关于特定问题的调查委员会,并且根据调查委员会的报告,作出相应的决议。

第四章 听取和审议工作报告

第二十条 人大常委会会议听取市人民政府及其工作部门和市人民法院、市人民检察院向常委会提出的工作报告。

第二十一条 人大常委会会议听取上述机关的工作报告后,应安排足够的时间对工作报告进行审议。

第二十二条　人大常委会对工作报告作出的决议或提出的审议意见，要求办理的事项，办理机关必须向常委会报告办理结果。对办理不力的，常委会将依法督办。

第二十三条　人大常委会组成人员在审议工作报告过程中对市人民政府、市人民法院、市人民检察院的工作提出的重要批评、建议，由常委会办公室整理抄告，并要求作出书面答复。

第五章　质　询

第二十四条　在常委会会议期间，常委会组成人员三人以上联名，可以向常委会书面提出对市人民政府及其工作部门和市人民法院、市人民检察院的质询案。

第二十五条　质询案必须写明质询对象、质询的问题和内容。

第二十六条　质询案由主任会议决定是否提请常委会会议审议。

第二十七条　质询案由受质询机关的负责人在常委会会议上口头答复，或者由受质询机关书面答复。

质询案以书面答复的，应当由被质询机关负责人签署，并抄送常委会组成人员和有关办公室。

第六章　发言和表决

第二十八条　人大常委会组成人员在常委会会议上的发言、表决不受法律追究。

第二十九条　表决议案由常委会全体组成人员过半数通过，表决结果由主持人当场宣布。

第三十条　交付表决的议案，有修正案的，先表决修正案。

第三十一条　任免案逐人表决，根据情况也可以合并表决。

第三十二条　人大常委会表决议案、任免案采用无记名投票方式或举手方式。

第七章　附　则

第三十三条　本规则自通过之日起施行。

瑞昌市人民代表大会常务委员会讨论决定重大事项的规定

（2000年7月4日市第三届人大常委会第17次会议通过,2009年12月28日市五届人大常委会第20次会议修订)

第一条　为了保障和规范市人民代表大会常务委员会(以下简称市人大常委会)依法行使讨论、决定重大事项的职权,根据《中华人民共和国宪法》《中华人民共和国地方各级人民代表大会和地方各级人民政府组织法》《中华人民共和国各级人民代表大会常务委员会监督法》和有关法律规定,结合我市实际,制定本规定。

第二条　市人大常委会讨论、决定本市政治、经济、教育、科学、文化、卫生、环境和资源保护、民政、民族等方面的重大事项,适合本规定。

第三条　市人大常委会讨论、决定重大事项,必须坚持党的领导,充分发扬民主,严格依法办事,集体行使职权。

第四条　下列重大事项,应当提请市人大常委会审议,并由市人大常委会作出相应的决议或决定:

一、贯彻实施宪法、法律、行政法规、地方性法规和上级人民代表大会及其常务委员会的决议、决定所采取的重大措施。

二、加强社会主义民主与法制建设、推进依法治市进程的重要措施。

三、市、乡镇人民代表大会代表选举、地方政权建设、基层群众自治等社会主义民主政治建设的重大事项。

四、涉及全市民生问题的重大措施。

五、本市国民经济和社会发展规划、中长期规划的部分变更。

六、市财政年度预算的调整和市本级财政年度决算。

七、超预算100万元以上的支出;本级财政性资金安排的重大建设项目(500万元以上);以政府或财政名义向社会或金融部门融资(500万元以上)。

八、本市城市总体规划和涉及城市性质、规模发展方向与总体布局的重大变更。

九、撤销市人民政府不适当的决议、决定。

十、撤销乡镇人民代表大会不适当的决议、决定。

十一、授予地方荣誉称号。

十二、确定和变更城市街道名称和市标、市树、市花。

十三、依法任命和决定任命地方国家机关工作人员。

十四、市人民检察院检察长在重大问题上因不同意检察委员会多数人的意见而报请市人大常委会决定的事项。

十五、在市人民代表大会闭会期间,对市人民代表大会代表采取逮捕或采取其他限制人身自由的措施。

十六、市人民代表大会授权市人大常委会决定的事项。

十七、市人大常委会认为需要讨论决定的其他重大事项。

第五条　下列重大事项应当向市人大常委会报告,必要时市人大常委会可以作出决议或者决定:

(一)贯彻法律、法规及上级和本级人民代表大会及其常务委员会决议、决定的情况。

(二)本市国民经济和社会发展计划的执行情况。

(三)本市行政区划的调整、变更情况。

(四)市本级财政预算执行情况(市财政收支平衡情况、重大支出的安排和资金到位情况,预算超收收入的安排和使用情况。向下级财政转移支付情况,上级财政补助资金的安排使用情况。

(五)超预算 100 万元以下的临时支出情况。

(六)预算外资金的收支管理情况。

(七)基本养老保险基金、失业保险基金、医疗保险基金和住房公积金的收支管理情况。

(八)教育经费、教育基金、农业发展基金和优抚、救济、救灾资金的管理和使用情况,计划生育社会抚养费征收使用管理情况。

(九)土地使用权出让金收支、管理使用情况。

(十)市本级预算执行和其他财政收支的审计情况。

(十一)土地利用总体规划和城市总体规划执行情况。

(十二)环境、资源保护和合理利用状况。

(十三)招商引资重点项目实施进展情况。

(十四)危及社会稳定和给国家、集体、人民生命财产造成严重损失的重大事件处理情况以及重大灾害处理情况。

(十五)有关加强社会治安、维护社会秩序、国家利益、集体和公民合法权益、打击严重刑事犯罪和经济犯罪活动的重要情况。

(十六)审判工作、检察工作、司法改革、行政监察的重要情况。

(十七)重要的执法检查情况。

(十八)市人大代表和市人大常委会组成人员的议案、建议、批评和意见的办理情况。

(十九)市人大常委会审议意见研究处理情况。

(二十)市人民代表大会选举和市人大常委会任命的国家机关工作人员违法违纪的处理情况。

(二十一)法律、法规规定或市人大常委会认为需要报告的其他事项。

第六条 本规定第四条、第五条所列重大事项的议案和报告由市人大常委会主任会议、市人民政府、市人民法院、市人民检察院提出,市人大常委会组成人员三人以上联名也可以提出。

一、重大事项的议案和报告按下列程序提出:

(一)市人大常委会主任会议直接向常委会提出议案和报告,由常委会会议审议。

(二)市人民政府、市人民法院、市人民检察院,向市人大常委会提出议案和报告,由主任会议决定是否提请常委会会议审议。

(三)市人大常委会组成人员三人以上联名,向市人大常委会提出议案,由主任会议决定是否提请常委会审议。

第七条 市人大常委会主任会议、市人民政府、市人民法院、市人民检察院向市人大常委会提出的重大事项议案和报告,分别由主任、市长、院长、检察长签署;市人大常委会组成人员三人以上联名提出的重大事项议案,由联名人共同签署。

第八条 提请市人大常委会审议的重大事项的议案和报告应当包括以下主要内容:

(一)关于该重大事项的基本情况。

(二)与该重大事项有关的法律、法规、规章、政策依据。

(三)该重大事项的有关统计数据、调查分析等资料。

(四)该重大事项的决策及其可行性说明。

第九条 市人民政府、市人民法院、市人民检察院或市人大常委会组成人员三人以上联名的,应当在市人大常委会举行会议的二十日前将议案或报告送交市人大常委会有关工作机构征求意见;修改后,在市人大常委会举行会议的十日前送交市人大常委会。

第十条 市人大常委会审议重大事项时,议案或报告的提出人必须到会,常委会组成人员可以就有关问题向其提出询问,提出人对询问必须作出答复。

第十一条 市人大常委会必要时,可以就某些重大事项组织特定问题调查委员会进行调查,并可以根据调查报告作出相应的决议、决定。

第十二条 市人大常委会对重大事项作出决议、决定前,必须向市委汇报,征得市委同意后,在常委会会议上由常委会全体组成人员的过半数通过。

第十三条　市人大常委会的决议、决定,交由市人民政府、市人民法院、市人民检察院办理的,承办机关在两个月内向市人大常委会报告办理情况,对办理确实存在困难的,需向市人大常委会报告,经市人大常委会或主任会议研究认可,可适当延长办理期限。

第十四条　依据本规定第五条向市人大常委会报告的重大事项,经市人大常委会会议审议后,不作出决议、决定的,应当在市人大常委会会议闭会后三日内将审议意见反馈给报告机关。

第十五条　市人民政府、市人民法院、市人民检察院对于重大事项未按本规定第五条要求报告的,市人大常委会责成其限期报告。

第十六条　按照本规定第四条应当由市人大常委会作出决议、决定的重大事项,行政、审判、检察机关不得自行作出决定。对擅自作出的决定,市人大常委会将依法撤销。

第十七条　本规定自通过之日起实行。

瑞昌市人民代表大会常务委员会人事任免办法

(1989年9月8日瑞昌县第九届人大常委会第十九次会议通过,1994年4月29日瑞昌市第二届人大常委会第八次会议第一次修订,2000年7月4日瑞昌市第三届人大常委会第十七次会议第二次修订)

第一章　总　则

第一条　为切实履行法律赋予人大常委会任免地方国家机关工作人员的职权,根据《中华人民共和国宪法》、《中华人民共和国地方各级人民代表大会和地方各级人民政府组织法》、《中华人民共和国人民法院组织法》、《中华人民共和国人民检察院组织法》及《江西省人民代表大会常务委员会人事任免办法》的有关规定,结合本市实际,制定本办法。

第二条　人大常委会行使任免权,应坚持干部四化方针、德才兼备标准、任人唯贤和民主集中制原则,严格依法办事。

第三条　本办法适用于法律规定须由市人大常委会任免和决定任免的地方国家机关工作人员。

第二章　任免范围

第四条　在市人民代表大会闭会期间,人大常委会主任因故不能工作或者缺位时,根据主任会议的提名,在副主任中决定一名代理主任职务。

第五条 根据人大常委会主任会议的提名,通过人大常委会代表资格审查委员会主任委员、副主任委员和委员。

第六条 根据人大常委会主任会议的提名,决定人大常委会特定问题调查委员会的组成人员。

第七条 根据人大常委会主任会议的提名,决定任免人大常委会各工作机构和派出机构的主任、副主任。

第八条 在市人大常委会闭会期间,市长因故不能工作或者缺位时,根据人大常委会主任会议的提名,从副市长中决定代理市长人选。

第九条 在市人民代表大会闭会期间,根据市长的提名,决定个别副市长的任免。

根据市长的提名,决定任免市人民政府组成部门的局长、主任。

第十条 在市人民代表大会闭会期间,市人民法院院长因故不能工作或者缺位时,根据人大常委会主任会议的提名,从副院长中决定代理院长人选。

根据市人民法院院长的提名,任免市人民法院副院长、审判委员会委员、庭长、副庭长、审判员。

第十一条 在市人民代表大会闭会期间,市人民检察院检察长因故不能工作或者缺位时,根据人大常委会主任会议的提名,从副检察长中决定代理检察长人选,人大常委会决定后,由人大常委会、市人民检察院分别报九江市人大常委会和九江市人民检察院备案。

根据市人民检察院检察长的提名,任免市人民检察院副检察长、检察委员会委员、检察员。

第三章 任免程序

第十二条 提请人大常委会任免的地方国家机关工作人员,提请机关应在人大常委会会议召开十日前将人事任免案报送人大常委会,由主任会议审查后决定是否提请常委会审议,提请人大常委会审议的人事任免案,必须附有拟任免人员的基本情况、工作简历、主要表现和任免理由等书面材料。

第十三条 被提请人大常委会任命的国家机关工作人员,任职前应接受人大常委会的工作考核和有关法律考试,在常委会会议上作表态发言。

第十四条 在人大常委会审议人事任免案时,提请机关负责人应到会介绍拟任免人员情况并听取和回答组成人员提出的询问。根据需要也可以通知被提名任命对象到会听取和回答组成人员提出的询问。常委会在必要时,可以要求提请机关补充被提请任免人员的有关材料。

第十五条　人大常委会在对人事任免案进行表决前，如收到人民群众检举、反映被提请任命人员问题的材料，由提请机关或提请人向常委会或主任会议作出书面报告或者口头说明。

第十六条　对提请人大常委会任命的地方国家机关工作人员，经常委会审议，认为不符合任职条件或者有问题需要查清的，可以暂不交付表决。

提请机关提请的人事任免案，在交付表决前要求撤回的，人大常委会对该任免案的审议即行终止。

第十七条　人大常委会决定人事任免，采用无记名投票方式表决。任免表决时，先进行免职项的表决，后进行任职项的表决。所有任免表决，须经人大常委会全体组成人员过半数赞成通过。

第十八条　凡是应由人大常委会任免和决定任命的地方国家机关工作人员，都要经人大常委会通过后才能对外公布和依法行使职权。需要报上级机关批准的，等批准后再对外公布和依法行使职权。

提请任免的国家机关工作人员，未获人大常委会会议通过的，提请机关可在下次人大常委会会议上继续提请。连续两次未获通过的，一年内不得提请同一职位的任免。

第十九条　经人大常委会任免和决定任免的地方国家机关工作人员，由人大常委会行文通知提请机关及有关单位。需上报批准或备案的，由提请机关按有关规定办理。

第二十条　经人大常委会任命和决定任命的地方国家机关工作人员，由人大常委会发给任命书。

第四章　任职期限

第二十一条　经人大常委会通过的常委会代表资格审查委员会主任委员、副主任委员、委员，决定任命的市人民政府组成部门局长、主任，任期同市人民代表大会任期相同，换届后一般应在两个月内由提请机关提请人大常委会重新任命。

经人大常委会决定任命的人大常委会各工作机构及派出机构的主任、副主任，任命的市人民法院副院长、审判委员会委员、庭长、副庭长、审判员，市人民检察院副检察长、检察委员会委员、检察员，在市人民代表大会换届后继续任原职的，不再提请重新任命。

第二十二条　经人大常委决定任命的市人民政府组成人员，如其任职机构名称改变而职能未变动的，由市人民政府市长提请人大常委会重新任命，原任职务自行免除，不再办理免职手续。

第二十三条　由人大常委会任命和决定任命的地方国家机关工作人员，在其任职机构撤销或者合并时,原任职务自行免除,不再办理免职手续,须由原提请机关报人大常委会备案。合并、增设和名称改变的机构,其工作人员需由市人大常委会重新任命的,提请机关在提请任命时须附上级机关批准合并、增设和机构名称改变的文件。

第二十四条 经人大常委会任命和决定任命的地方国家机关工作人员,在任职期间死亡的,由原提请任命的机关报人大常委会备案。

第二十五条 凡经人大常委会任命和决定任命的地方国家机关工作人员,在任期内应保持相对稳定,如果确需变动工作的,应在两个月内提请机关提请人大常委会任免。

第五章 辞职、撤职

第二十六条 在市人民代表大会闭会期间,人大常委会主任、副主任、委员,市人民政府市长、副市长,市人民法院院长,市人民检察院检察长可以向人大常委会提出辞职,常委会决定接受其辞职后,向人民代表大会报告。市人民检察院检察长的辞职,由市人民检察院报经九江市人民检察院提请九江市人大常委会批准。

人大常委会可以接受由常委会决定任命的地方国家机关工作人员的辞职。

第二十七条 人大常委会根据主任会议的提请,可以决定撤销常委会各工作机构和派出机构的主任、副主任的职务。

第二十八条 人大常委会根据市长的提请,可以决定撤销个别副市长和由常委会决定任命的市人民政府其他组成人员的职务。

第二十九条 人大常委会根据市人民法院的提请,可以决定撤销市人民法院副院长、审判委员会委员、庭长、副庭长、审判员的职务。

第三十条 人大常委会根据市人民检察院检察长的提请,可以决定撤销市人民检察院副检察长、检察委员会委员、检察员的职务。

第三十一条 人大常委会组成人员三人以上联名,可以提出撤销由人大常委会任命和决定任命的地方国家机关工作人员职务的议案,由主任会议决定是否提请人大常委会会议审议。

第三十二条 提请人大常委会会议审议的撤销职务案,提请机关和提案人须书面说明撤销其职务的理由和依据,被拟撤销职务的人员可以到会陈述意见。

第三十三条 由人大常委会任命和决定任命的地方国家机关工作人员,凡受行政处分的,由处理机关报人大常委会备案。

第六章 附 则

第三十四条 本办法自通过之日起施行。

瑞昌市人民代表大会常务委员会监督司法工作暂行办法

（1994年6月29日瑞昌市第二届人大常委会第九次会议通过，2000年7月4日瑞昌市第三届人大常委会第十七次会议修订）

第一条　为了保障市人大常委会对司法机关的工作实施有效监督，保证宪法、法律和法规在本行政区域内的遵守和执行，根据宪法、地方组织法和其他有关法律规定，结合本市实际，制定本办法。

第二条　适用本办法的司法机关是指市人民法院、市人民检察院、市公安局、市司法局及其所属单位。

第三条　司法机关及其工作人员，必须坚持依法办事，秉公执法，充分发挥职能作用。

人大常委会支持司法机关及其工作人员依法行使职权，维护其正确的判决、裁定、决定，保护因依法行使职权而受到打击报复的执法人员。

第四条　人大常委会对司法工作的监督，重大问题由常委会审议决定，重要日常工作由常委会主任会议研究处理，具体工作由常委会有关工作机构办理。

第五条　人大常委会对司法工作监督的主要内容：

（一）宪法、法律、行政法规及本省地方性法规的贯彻执行情况；

（二）上级和本级人民代表大会及其常委会有关司法工作的决议、决定的贯彻执行情况；

（三）司法机关制定、发布的规范性文件和做出的判决、裁定、决定的合法情况；

（四）司法机关执法工作（包括执法责任制和错案责任追究工作）情况；

（五）司法机关工作人员遵守法律、履行职务和廉洁勤政情况；

（六）其他应由人大常委会监督的事项。

第六条　人大常委会监督司法工作采用下列方式：

（一）听取和审议司法机关的工作汇报；

（二）组织市人大代表视察或评议司法工作；

（三）对司法机关执法情况开展检查；

（四）建立部分案件备案制度；

（五）实行个案监督；

（六）组织对特定问题的调查；

(七)督促办理市人大代表对司法机关工作提出的建议、批评和意见;

(八)督促办理公民、法人和其他组织的申诉、检举和控告;

(九)质询;

(十)撤销或罢免职务;

(十一)法律规定的其他方式。

第七条 市人民检察院实施法律监督时,发现应由本市权力机关监督的重大违反宪法、法律问题,应当及时报告人大常委会。

市人民检察院检察委员会在讨论决定重大案件和重大问题时,如果检察长不同意多数人的决定,可以报请人大常委会决定。

第八条 人大常委会需要听取司法机关工作报告的,报告机关应当认真准备,并在会议召开的七日前将书面材料报送人大常委会,必要时,常委会主任会议可以听取司法机关的专项汇报。

司法机关认为需要向人大常委会及其主任会议报告的事项,可以提出请求,由主任会议确定听取报告的方式和日期。

人大常委会在听取和审议司法机关的工作报告后,视情况可以作出相应的决议、决定或审议意见。

第九条 司法机关对人大常委会组织的视察、评议和检查,应当搞好协助,如实反映情况,提供资料,并及时研究办理视察、评议和检查中提出的建议和意见。

对视察、评议和检查发现的重大问题,由常委会主任会议研究处理,必要时,可以提请常委会作出相应的决议、决定。

第十条 市人民法院、人民检察院、公安局办理的以下案件必须在结案后五日内,将案由、受(结)案时间、主要事实、结案理由等内容报送人大常委会政法办公室备案。

(一)免予刑事处罚的案件;(二)宣告缓刑的案件;(三)不批准逮捕的案件;(四)立案而不提请起诉和撤销的案件(含检察院自侦案件);(五)提请起诉案件中另案处理的案件。

第十一条 人大常委会发现司法机关制定、发布的文件(案件司法文书除外)与宪法、法律、法规或与上级和本级人民代表大会及其常委会的决议、决定相抵触时,由常委会责成有关司法部门自行撤销、纠正或直接作出撤销的决定。

第十二条 人大常委会对司法机关的重大违反宪法、法律问题,或者公民、法人和其他组织申诉、检举和控告反映的特别重大问题,可以组织特定问题调查委员会进行调查。

特定问题调查委员会可以调阅同调查内容相关的案件及其他证据材料,可以向有关人员调查了解情况,有关国家机关、社会团体、企事业单位和公民,都有义务如实反映情况,提供材料。

第十三条　人大常委会受理当事人不服司法机关已发生法律效力的判决、裁定、决定而提出的申诉，受理公民对司法工作人员贪赃枉法、执法违法而提出的检举和控告。对受理的申诉、检举和控告，视其情况，分为一般案件、重大案件和特别重大案件，并作以下处理：

（一）一般案件由常委会有关工作机构转交有关司法机关酌情办理；（二）重大案件由主任会议确定，责成有关司法机关自行办理或转交检察机关查处，或由常委会有关工作机构先行调查，主任会议根据调查的情况再决定处理方式；（三）特别重大案件由主任会议提请常委会决定组织特定问题调查委员会进行调查。

第十四条　人大常委会有关工作机构对主任会议确定或交付调查的案件或问题，可以听取原办案单位及有关人员对案件（问题）情况的汇报，查阅或调研有关案件材料。经主任会议决定或同意，可以向有关司法机关发出《个案监督通知书》。

第十五条　对人大常委会及有关工作机构转到司法机关办理的一般申诉、检举和控告的信访件，司法机关应认真办理并在30日内向信访人反馈办理结果。

对主任会议或常委会领导交办的申诉、检举和控告等重要信访件，司法机关应当依据交办要求，抓紧办理，自收到交办件之日起，60日内书面报告办理结果。情况特别复杂，需要延长期限，必须在到期前向人大常委会写出延期报告，说明情况并提出最后办结时间，但延长的期限不得超过30日。

由人大常委会或者主任会议决定，有关工作机构发出的《个案监督通知书》，司法机关应在收到《个案监督通知书》之日起90日内办结并书面报告办理结果。因特殊原因需要延长期限的，必须向发出《个案监督通知书》的部门说明情况，但延长的期限不得超过90日。法律另有规定的除外。

第十六条　人大常委会及主任会议对转交到司法机关办理的案件处理结果有异议的，可以建议或责成办案机关按照法定程序复议、复查或重新办理，直至依法作出公正处理。

第十七条　在市人民代表大会闭会期间，司法机关对市人大代表进行逮捕、刑事审判，或者采取法律规定的其他限制人身自由的措施，应当报经人大常委会许可。如果因为是现行犯被拘留，执行拘留的机关应当立即向人大常委会报告。

第十八条　司法机关对市人大代表和经市人民代表大会及其常委会选举、任命的国家工作人员追究刑事责任，结案后应将处理的司法文书报送人大常委会及有关工作机构。

第十九条　司法机关发布的规范性文件应报人大常委会备案，司法机关召开重要的司法工作会议，应报知人大常委会，人大常委会视情况可以派员参加。

司法机关对上级业务机关的有关司法工作新的重要政策规定、司法解释,应送达人大常委会或常委会有关工作机构阅知。

第二十条 司法机关在追究错案责任时应当制作《错案处理决定书》,在送达错案责任人的同时,报送人大常委会备案。

第二十一条 人大常委会如发现司法机关违法办案,或对申诉有理、检举或控告有据,依法应当办理的案件拖着不办或对执法中的错误拒不纠正,或对执法违法人员拒不查处的,或对错案责任拒不追究的,按下列办法处理:

(一)责成有关司法机关主要责任人向人大常委会说明原因或作出检查;(二)建议有关机关对直接责任人员给予纪律处分;(三)撤销司法人员由人大常委会任命的职务;(四)给当事人造成损失的,责成有关司法机关依法赔偿或追偿;(五)对情节恶劣,后果严重,构成犯罪的人员,责成有关司法机关依法追究刑事责任。

第二十二条 司法机关认为人大常委会监督失当的,可以提出报告,陈述理由,请求改变或者撤销。人大常委会收到此类报告,由主任会议决定提请常委会审议。经审议认为确实失当的,予以改变或者撤销。

第二十三条 人大常委会组成人员及工作机构工作人员,对在监督司法工作中接触到的机密事项,应当予以保密。

第二十四条 本暂行办法自通过之日起施行。

瑞昌市人民代表大会代表工作暂行办法

(1988年2月3日瑞昌县第九届人大常委会第五次会议通过,1994年4月29日瑞昌市第二届人大常委会第八次会议第一次修订,2000年7月4日瑞昌市第三届人大常委会第十七次会议第二次修订)

第一条 为了保障市人大代表依法行使职权,履行代表义务,发挥代表作用,依照《中华人民共和国全国人民代表大会和地方各级人民代表大会代表法》及《江西省〈实施中华人民共和国全国人民代表大会和地方各级人民代表大会代表法〉办法》的有关规定,结合本市实际,制定本暂行办法。

第二条 市人大代表是我市地方国家权力机关的组成人员,代表人民的意志和利益,依照宪法和法律赋予市人民代表大会的各项职权,参与管理本行政区域政治、经济、文化、教育等社会事务。

第三条　市人大代表必须模范地遵守宪法和法律,保守国家秘密,在自己参加的生产、工作和社会活动中积极保障宪法和法律的实施。

第四条　市人大代表应同原选区选民保持密切联系,不定期地走访选民,向选民报告工作,接受选民的监督。同时认真收集和反映群众的意见和要求。

第五条　市人大代表在市人民代表大会会议期间,享有下列权利:

(一)出席市人民代表大会会议,依法对大会各项工作报告、决议、决定进行审议和表决;(二)依法参与选举和罢免本市国家机关领导人员和上一级人民代表大会代表。代表十人以上联名,可以推荐候选人;十分之一以上代表联名,可提出罢免案;(三)代表十人以上联名,可以向市人民代表大会提出属于本级人民代表大会职权范围内的议案;(四)代表十人以上联名,可以书面提出对市人民政府和所属工作部门、人民法院、人民检察院的质询案;(五)在审议议案和报告时,代表可向有关国家机关提出询问;(六)依法提议组织关于特定问题的调查委员会;(七)对各方面工作提出建议、批评、意见。

第六条　市人大代表在市人民代表大会闭会期间,享有下列权利:

(一)市人大代表持本届代表证可以对本行政区域内的各方面工作和人民群众普遍关心的重大问题进行视察;(二)经过五分之一以上的市人大代表提议,可以临时召集本级人民代表大会会议;(三)市人大代表可以对市人大常委会、市人民政府、市人民法院、市人民检察院及市政府所属部门的工作进行评议;(四)市人大代表可以应邀列席市人大常委会会议和选区所在地的乡镇人民代表大会会议;(五)市人大代表有权向人大常委会提出对各方面工作的建议、批评和意见。

第七条　市人大代表在市人民代表大会各种会议上的发言和表决,不受法律追究。

第八条　市人大代表的人身自由受法律保护。确因涉嫌犯罪需要对代表实施刑事审判以及限制人身自由的强制措施或者处罚的,有关机关必须按照《江西省保护人民代表大会代表人身自由的规定》办理报批手续,未经许可,不得实施。

第九条　为了便于代表开展经常性活动,凡有代表三人以上的乡、镇、场和街道,以乡镇场和街道为单位组建代表小组,代表人数较多的,可按行业、系统或本着就近便于活动的原则组织若干个代表小组。驻市单位选出的代表就近编入乡镇场或街道代表小组。

各代表小组民主推选组长,并视情况可推选副组长。代表小组正副组长负责召集本组代表活动。代表应当遵守代表小组活动制度,按时参加代表小组的各项活动,因故不能参加的,应当请假。

市人大代表除单独编组活动外,还可以和所在地乡镇人大代表一起编组活动。

在本市领导机关工作,推荐到基层当选的市人大代表,参加原选区所在乡镇或街道的代表小组活动。

因工作变动,离开原选区所在乡镇场或街道的市人大代表,可编入新的工作单位所在乡镇场或街道的代表小组,但仍须与原选区保持经常联系。

第十条 代表小组活动内容:

(一)学习和宣传宪法、法律、法规和党的方针、政策;(二)传达、学习上级和本级人大及其常委会的决议、决定;(三)监督宪法、法律、法规的贯彻实施,对违法现象及时向有关部门反映,重大问题及时报告人大常委会;(四)开展视察和专题调查活动,及时向人大常委会和"一府两院"反映情况,提出改进工作的意见和建议;(五)开展"人民选我当代表,我当代表为人民"的创先争优活动;(六)应邀参加人大常委会或乡镇人大主席团安排的活动;(七)组织代表联系选民。

第十一条 代表小组对每个代表的工作与活动情况实行登记制度。

第十二条 代表小组每季度至少组织代表集中活动一次,每年就地视察调查一至两次。

第十三条 人大常委会及所属工作机构和乡镇人大主席团,都应认真做好代表联系工作。

人大常委会确定一名副主任分管代表联系工作,常委会有关工作机构负责联系代表的具体工作。

乡镇人大主席团受人大常委会委托,协助联系在本乡工作的市人大代表。

第十四条 人大常委会建立主任接待代表日制度,规定每月 15 日(法定假日顺延)为正、副主任轮流接待代表的来信来访,常委会有关工作机构负责接待和处理代表的平时来信来访及负责办理主任接待日的具体事宜。

第十五条 全市各级国家机关和组织、社会团体、企事业单位,都应尊重代表的民主权利,为代表履行职责提供条件。

第十六条 市人大常委会、市人民政府、市人民法院、市人民检察院,都必须密切联系代表,倾听代表的意见和建议,自觉接受代表的监督。

第十七条 市人大代表在闭会期间开展活动执行代表职务,其所在单位必须给予时间保证,并按正常出勤对待,享受所在单位的工资和其他待遇。

无固定工资收入的代表履行代表职务,根据实际情况从代表活动经费中给予适当补贴。

第十八条 市人大代表的活动经费列入本级年度财政预算。

第十九条 切实保护市人大代表的合法权益,对干涉、拒绝、阻碍、刁难、威胁市人大代表执行职务和对市人大代表执行职务进行打击报复的,必须依法追究,严肃处理。

第二十条　市人大代表有下列情形之一的暂时停止执行代表职务:

(一)因刑事案件被羁押正在受侦查、起诉、审判的;(二)被依法判处管制、拘役或者有期徒刑而没有附加剥夺政治权利,正在服刑的。

前款所列情形在代表任期内消失后,恢复其执行代表职务,但代表资格终止者除外。

第二十一条　市人大代表有下列情形之一的,其代表资格终止:

(一)迁出或者调离本行政区域的;(二)未经批准两次不出席市人民代表大会会议的;(三)被罢免的;(四)丧失中华人民共和国国籍的;(五)辞职被接受的;(六)依照法律被剥夺政治权利的。

第二十二条　市人大代表资格的终止,由代表资格审查委员会报告人大常委会,人大常委会予以公告。

第二十三条　本暂行办法自通过之日起执行。

瑞昌市人民代表大会代表视察工作暂行办法

(1988年3月9日瑞昌县第九届人大常委会第六次会议通过,1994年4月29日瑞昌市第二届人大常委会第八次会议第一次修订,2000年7月4日瑞昌市第三届人大常委会第十七次会议第二次修订)

第一条　为了便于市人大代表更好地开展视察活动,充分发挥代表在管理地方国家事务和社会事务中的作用,并使代表视察工作逐步规范化、制度化,依照《中华人民共和国全国人民代表大会和地方各级人民代表大会代表法》、《中华人民共和国地方各级人民代表大会和地方各级人民政府组织法》的有关规定,结合本市实际,特制定本暂行办法。

第二条　市人大代表可以对本行政区域内的国家机关、企事业单位、社团和村民、居民委员会等单位进行视察。

第三条　市人大代表视察受法律保护。被视察的单位都必须自觉接受和热情接待,为代表视察提供方便,并向代表如实介绍工作情况,答复代表的询问,认真听取和办理代表视察时提出的建议、批评和意见。

第四条　代表视察分集体视察和个人视察两种形式。集体视察由人大常委会或代表小组分别组织,常委会组织的视察,参加对象主要是人大常委会组成人员,根据需要,也可以邀请上级和本级部分人大代表参加。代表视察,可以单独视察,也可以联合视察。

第五条 视察内容:

(1)宪法、法律、行政法规和地方性法规的执行情况;(2)上级和本级人民代表大会及其常委会决议、决定的贯彻执行情况;(3)本行政区域内的国民经济和社会发展计划、财政预算执行情况及政治、经济、教育、科学、文化、卫生等各方面的工作情况;(4)代表在人民代表大会会议上提出的建议、批评和意见办理情况;(5)广大人民群众普遍关心、反映强烈的重大问题和社会热点问题;(6)人民代表大会或者常委会会议需要审议的议题和代表本人认为需要视察的其它问题。

每次视察的内容,可以选择一项,也可以选择多项。

第六条 人大常委会组织集体视察,一般一年两次,最少不少于一次。

代表小组和代表个人视察,次数由代表小组和代表个人安排,但一年不得少于一次。为了审议人民代表大会会议的各项报告和提出议案的需要,每次代表大会之前,应安排时间开展视察活动。

第七条 人大常委会组织集体视察的时间、内容、单位,由常委会有关工作机构于视察前十日通知视察人员和被视察单位。

第八条 代表小组和代表个人视察持代表证进行,代表证的有效期同代表任期相同。

第九条 代表小组和代表个人视察,原则上在代表所在地区进行,如代表在市内其他地区发现违法情况,也可持证调查了解情况,及时通报有关机关处理。

第十条 人大常委会集体视察的情况,应在常委会会议上汇报;代表小组和代表个人视察的情况,由代表小组或代表个人函告常委会有关工作机构。对视察中提出的重要问题和建议,必要时人大常委会将作出决议,责成有关机关执行,或转有关机关研究处理。代表小组和代表个人视察发现和提出的一般问题,可直接通报有关机关处理。代表视察时不直接处理问题。

第十一条 市人大代表所在单位应积极支持代表开展工作,为代表视察提供方便,代表视察前应向所在单位领导报告,以便做好工作安排。

第十二条 本暂行办法自通过之日起执行。

瑞昌市人民代表大会常务委员会监督市本级预算暂行办法

（1997年10月31日瑞昌市第二届人大常委会第31次会议通过）

第一条　根据《中华人民共和国预算法》和《中华人民共和国预算法实施条例》及有关法律法规之规定，安照省、九江市有关会议精神，参照兄弟县市的经验，结合本市历年的做法，制定本办法。

第二条　人大常委会依法对本级预算和决算及调整方案进行审查和批准，监督本级总预算的执行。

第三条　市政府财政部门在市人民代表大会会议举行的一个月前，将本级预算草案的主要内容（包括预算的收支总表、收支明细表和收支分级表及预算草案说明书）提交人大常委会进行初审。如收支明细（表）方案确难以按时提交初审，市人民政府必须在市人民代表大会闭幕后的两个月内报送人大常委会，人大常委会则根据市人民代表大会的授权予以审查批准。

第四条　人大常委会财政经济办公室受主任会议委托，对本级预算草案进行分析，形成书面初步审查意见草案，提交主任会议或常委会会议讨论、决定。

第五条　市政府对人大常委会的预算草案初步审查的意见应当认真研究办理，并在市人民代表大会举行的七日前将研究结果书面报告人大常委会。

第六条　市政府应当在每年的4月底之前将乡（镇）政府报送备案的预算汇总，报人大常委会备案。

第七条　市财政局、市国税局和市地税局应每月向人大常委会财政经济办公室报送财政收支和各项税收完成进度的表格，每季度末报送有关的情况分析材料。

第八条　任何单位和个人不得违反法律、法规，擅自减征、免征或缓征应征的预算收入。人大常委会将根据需要督促检查预算收入征收部门依法、及时、足额征收应征的预算收入情况。

第九条　预算调整方案由市财政局具体编制，经市政府审定，报人大常委会审查，批准后予以执行。预算调整方案要说明调整的原因、项目、数额和保障预算收支平衡的措施。

第十条　人大常委会主任会议委托财政经济办公室，对市政府提交人大常委会审查和批准的预算调整方案进行调查了解，提出关于预算调整方案的审查意见，经主任会议讨论、决定后，提交常委会会议审议。

第十一条　接受上级政府返还或者给予补助的款项，不属于预算调整，但市财政部门每半年应向人大常委会书面报告一次有关情况。

第十二条 市政府应及时向人大常委会提交关于提请审查和批准本级上年度财政决策草案的报告。

决算草案的主要内容包括财政决算收支总表、最后调整的收支预算情况表、财政支出决算明细表、上级政府拨专款明细表格和决算草案说明书。

第十三条 提请人大常委会审查和批准的有关预算事项,应由市人民政府书面提出,市财政局可受市人民政府委托作说明报告。

第十四条 市政府每年4月下旬向人大常委会提交关于本市上年度财政预算执行情况的审计报告。

第十五条 人大常委会审查和批准市本级预算收支明细安排方案和预算调整方案时,主任会议或常委会组成人员三人以上联名可以提出修正案,提交常委会会议作出决定。

第十六条 人大常委会举行会议时,常委会组成人员可以依照法律规定的程序就预算、决算中的有关问题提出质询。受质询对象在会议期间作出口头或书面答复;如有半数以上常委会组成人员对答复不满意的,必须再作答复。

第十七条 人大常委会可就预算、决算中的重大事项或者特定问题组织调查,根据调查报告提出的意见,作出相应的决议。

对违反预算法规定的行为人,要依法予以严肃处理。

第十八条 本办法自通过之日起执行。

瑞昌市人民代表大会常务委员会信访工作办法

(1990年10月10日瑞昌市第一届人大常委会第十一次会议通过,1994年4月29日瑞昌市第二届人大常委会第八次会议第一次修订,2000年7月4日瑞昌市第三届人大常委会第十七次会议第二次修订)

第一条 为做好人民群众来信来访工作,确保受理的信访件及时有效地办理,特制定本办法。

第二条 依据《地方组织法》第39条关于受理人民群众对人民政府、人民法院、人民检察院和国家工作人员的申诉和意见的规定,市人大常委会受理信访范围如下:

(1)市人民代表大会代表的来信来访;(2)对市人民代表大会及其常委会通过的决定、决议及地方性规定的反映;(3)对人大常委会机关的工作、本级和上一级人民代表大会代表和常委会组成人员的批评、意见、建议以及失职行为的检举和控告;(4)对市人民代表大会选举、人大常委会任命的人员和其他国家工作人员的违法失职行为的检举和控告;(5)对执法人员在执法中的违法乱纪行为的检举控告,对司法机关判决裁判不服的申诉;(6)属于市人民代表大会及其常委会职权范围内的其他问题。

第三条 人民群众来信来访按下列程序办理:

(1)登记。所有来信来访(来访内容须记录整理)由信访科统一登记。直寄领导个人的信件在领导阅批后补登。(2)呈阅。一般信访件,送有关工作机构负责人批办;重要信访件,呈常委会分管领导阅批;特别重要的信访件,呈常委会主任阅批。(3)自办或转办。常委会领导阅批的信访件,信访科要登记好批办意见,然后按要求分送有关工作机构自办或转办。转办的信访件要求办理机关签收。(4)回复。转办的信访件,承办单位应在规定时间内办理完结,并及时向转办单位和信访科报告办理结果,同时回复信访人。上级转来的信访件,如要求报告办理结果的,由常委会有关工作机构负责保管。

第四条 转办的信访件,一般应在两个月内办理完结。个别案件负责、难度较大的,可限在三个月内办理完结。承办单位需要延长办理期限的,应向转办单位说明原因,并提出最后办结时间。

第五条 凡转办的信访件到期未办理的,转办单位采取下列方式催办、督办:

(1)电话询问;(2)发催办函;(3)派员检查督促或发出督办通知书;(4)通知承办单位来人或来文汇报情况,必要时召开督办会议。

第六条 在自办、催办、督办过程中,遇到阻力使信访件无法办理的,有关工作机构应向主任会议作出口头汇报或写出书面报告,由主任会议决定处理措施。

第七条 人大常委会实行领导信访接待日制度。

(1)接待领导:主任、副主任。(2)接待时间:每月 15 日、30 日。(3)接待形式:定期接待和约访相结合。每次安排 1 名常委会领导接待,有关工作机构负责人协助,有关责任单位领导参加。(4)工作内容:①接待来访群众;②解决信访科梳理出来的疑难问题;③阅批重要信访件。(5)工作要求:信访科提请五天梳理出几宗重要信访件,经主管领导确定后,预约信访人和有关单位负责人参加。实行接待领导包案责任制,谁接待,谁负责,谁主管,谁负责,重要信访件要一包到底。

第八条 人大常委会办公室为信访工作的主管机构,设兼职或专职信访员,负责综合、协调、检查、服务工作,每半年向主任会议报告一次信访工作情况。其他工作机构设兼职信访人员,处理信访日常工作。

第九条 本办法自通过之日起执行,各工作机构要根据办法做好完善配套工作。

瑞昌市人民代表大会常务委员会组成人员守则

（1991 年 5 月 17 日瑞昌市第一届人大常委会第九次会议通过，1994 年 4 月 29 日瑞昌市第二届人大常委会第八次会议第一次修订，2000 年 7 月 4 日瑞昌市第三届人大常委会第十七次会议第二次修订）

第一条　为了使全体组成人员积极参加常委会的工作，确保常委会集体行使好法律赋予的职权，联系历届人大工作实际，制订常委会组成人员工作守则。

第二条　常委会组成人员在人民代表大会闭会期间肩负着人民代表的重托，必须增强任期内的权责意识和使命感，正确处理本职工作与兼职工作的关系，切实负起在常委会内的工作职责。

第三条　常委会组成人员实行分工负责制，日常工作在主任会议安排和主任主持下，按各自的分工进行。

第四条　常委会举行会议，组成人员应安排好工作，按时出席会议，如因特殊情况不能出席或不能按期出席，应提前请假，连续两次无故缺席，视为自动离职。

第五条　常委会组成人员对会议审议的事项应认真听取汇报，审阅材料，积极负责地发表自己的意见，表明自己的观点。凡属国家规定的保密内容，应严格遵守保密纪律，不得外传。

第六条　常委会组成人员必须积极参加常委会组织安排的视察、检查、走访等活动，直至完成该项活动的全部任务。

第七条　常委会组成人员应廉洁勤政，密切联系人民代表和人民群众，积极参加本代表小组活动，向群众宣传党的路线方针政策、人民代表大会及其常委会的决议、社会主义民主与法制，听取和反映群众的意见和呼声，做党和政府联系群众的桥梁和纽带。

第八条　常委会组成人员应坚持调查研究，熟悉全市经济建设、社会发展、改革开放、廉政建设、执行法律方面的基本情况，对常委会各次会议确定的议题，应做到事先调查研究，掌握第一手材料，使审议意见具有针对性、准确性。要求驻会的组成人员一年内能够就常委会职权范围内的事项写出 1—2 篇专题报道或调研文章。

第九条　常委会组成人员应结合人大工作实际，加强对建设有中国特色的社会主义理论、党的路线方针政策、社会主义市场经济基本知识和国家宪法、法律的学习；还要根据各自的工作职责，学习该方面的专业知识，除坚持参加集体学习外，应切实搞好自学。通过学习和实践,不断提高自己参政议政水平和社会活动能力,努力使自己成为人大工作的内行。

瑞昌市人大常委会办理代表议案和建议、批评、意见暂行规定

(1991年5月17日瑞昌市第一届人大常委会第九次会议通过)

一、为了做好代表议案和建议、批评、意见的办理工作,根据《中华人民共和国地方各级人民代表大会和地方各级人民政府组织法》和《江西省各级人民代表大会执行〈中华人民共和国地方各级人民代表大会和地方各级人民政府组织法〉有关问题的暂行规定》的有关规定,结合本市的实际情况,制定本规定。

二、市人大代表依法向市人民代表大会提出议案,向市国家机关各方面工作提出建议、批评、意见,是法律赋予的一项重要职权,是人民行使当家作主权利的一种重要形式。人大代表的建议、批评、意见对国家机关及其工作人员改进工作、转变作风、掌握民情、社情,解决与人民群众切实利益有关问题具有监督、信息和参谋作用。市人民政府、市人民法院、市人民检察院等国家机关必须认真负责地做好办理工作。

三、经人民代表大会会议主席团决定交付常务委员会审议的代表议案,由常务委员会组织力量进行整理,根据情况作出相应决议,或提出草案,提请列入下次人民代表大会会议议程。

四、属于建议、批评、意见,由常务委员会办事机构分类编号,于闭会15日内,按属性范围,分别交常务委员会有关办事机构或市人民政府、市人民法院、市人民检察院进行办理,市人民政府收到代表建议、批评、意见后,应于15日内落实到承办单位,并分别函告提出该项建议、批评、意见的代表,数人联名提出的函告领衔提出的代表。

不属于本市国家机关职权范围内的建议、批评、意见,作为人民来信转有关组织和部门,同时书面告知所提建议、批评、意见的代表。

五、承办单位收到代表建议、批评、意见后,应组织专门力量,根据国家的法律、法规和有关政策进行研究办理。凡是条件具备而又应该解决的,要抓紧及时办理解决,应解决而一时有困难暂不能解决的要积极创造条件,力争早日解决;对政策不允许而无法解决的,要有理有据,耐心细致地做好说明解释工作,取得代表的理解。

六、承办单位在办理代表建议、批评、意见过程中,应加强与代表的联系,征询代表对建议、批评、意见的办理意见。

七、对代表建议、批评、意见,承办单位一般应在人民代表大会闭会之日起三个月内办

理完毕,最迟不超过六个月。

八、承办单位在代表建议、批评、意见办理完毕后,应将办理结果写出书面材料,由承办单位领导签发直接答复所提建议、批评、意见的代表,并按隶属关系报告主管机关,同时抄告人大常委会选举任免联络办公室。

在答复代表建议、批评、意见的同时,应附上《代表建议、批评、意见办理情况征询意见表》,对代表在征询意见表中提出的不同意见,承办单位应进一步认真研究,做好重新办理工作,并在收到意见表的一个月内将重新办理结果答复代表,同时抄报主管机关和抄告市人大常委会选举任免联络办公室。

九、市人民政府、市人民法院、市人民检察院应按分管范围对承办单位办理代表建议、批评、意见的情况进行督促检查,并做好协调工作。

常务委员会各办公室应按联系范围做好督办催办工作,必要时,可组织代表对有关单位的办理工作进行检查。

十、市人民政府、市人民法院、市人民检察院每年应向市人大常委会逐条汇报一次代表建议、批评、意见的办理情况,主任会议视情况需要,也可听取市人民政府、市人民法院、市人民检察院办理代表建议、批评、意见的情况汇报。

常务委员会办事机构在代表议案和建议、批评、意见办理完毕后,应整理出办理结果汇编,印发市人民代表大会全体代表。

十一、代表在闭会期间提出的建议、批评、意见,参照本规定办理。

十二、本规定自市人大常委会会议通过之日起施行。

瑞昌市人民代表大会常务委员会工作机构对口工作联系办法

(2000 年 6 月 15 日瑞昌市第三届人大常委会第三十九次主任会议通过)

第一条 为加强人大常委会工作机构与对口单位的联系,特制定本办法。

第二条 对口联系单位:

(一)市人民政府工作部门;(二)市人民法院;(三)市人民检察院;(四)有关群众团体;(五)驻市有关单位。

对口联系单位的划分由人大常委会主任会议确定。

第三条 对口联系内容:

(一)听取对口联系单位年度工作安排意见;(二)调查了解对口联系单位有关工作和

执法情况;(三)交办、督办重要信访件;(四)督办人大常委会或主任会议的审议意见和交办的其他重要事项;(五)受理和研究对口联系单位提出的意见和问题。

第四条　对口联系方式:

(一)互相座谈了解情况、研讨问题、听取意见;(二)互相邀请参加有关会议及活动;(三)互相交流有关文件、刊物、资料;(四)互相通报相关的工作情况;(五)每年至少召开一次联席会议,总结经验,进行交流。

第五条　对口联系要求:

(一)对口联系单位要积极支持协助各工作机构进行调查研究,开展执法检查、办理重大信访件等活动;(二)对口联系单位涉及工作和执法中的重大事项要及时向对口工作机构通报情况;(三)各工作机构要及时受理和认真研究对口联系单位提出的意见和问题,根据实际情况及时向常委会领导汇报或建议常委会及主任会议听取汇报,提出审议意见草案;(四)各工作机构要及时向对口联系单位告知常委会或主任会议需要听取和审议的内容,并对审议意见落实情况进行跟踪问效。

第六条　本办法自通过之日起施行。

瑞昌市人民代表大会常务委员会主任会议议事规则

(1990年6月19日瑞昌市第一届人大常委会第四次主任会议通过,1994年4月24日第二十八次会议第一次修订,2000年6月15日瑞昌市第三届人大常委会第三十九次主任会议第二次修订)

第一条　为了健全常委会主任会议议事制度,保证日常工作正常运转,特依照《中华人民共和国地方各级人民代表大会和地方各级人民政府组织法》和《江西省各级人民代表大会执行〈中华人民共和国地方各级人民代表大会和地方各级人民政府组织法〉有关问题的暂行规定》精神,结合本市人大工作实际,制定主任会议议事规则。

第二条　主任会议由常委会主任、副主任组成。

第三条　主任会议由主任召集并主持,或由主任委托副主任主持。

常委会督导员、调研员、驻会委员、各工作机构负责人列席主任会议。

第四条　主任会议处理下列重要日常工作:

(一)一般应提前10日决定常委会会议日期,拟订会议议程、日程草案,并在常委会召开前,对有关议程形成初步审议意见,报请常委会会议通过;(二)决定将地方性规定草案、质询案和其他议案草案，提请常委会会议审议;(三)决定常委会组成人员三人以上联名向常委会书面提出的对本级人民政府、人民法院、人民检察院的质询案交受质询机关答复;(四)决定提请常委会会议审议的人事任免案;(五)组织视察、检查;(六)审查市人民代表大会代表重要的建议、批评和意见办理情况，研究人民群众对国家机关及其工作人员重大申诉和意见的处理情况;(七)拟订常委会年度工作要点草案，制定分月工作安排;(八)根据需要，听取市人民政府、市人民法院、市人民检察院专项工作汇报;(九)听取常委会各工作机构的工作汇报，协调各工作机构的工作;(十)处理常委会其他日常工作和机关重要工作。

第五条　主任会议实行民主集中制原则，决定问题以主任会议全体成员过半数赞成通过。在对某一问题一时难以统一意见时暂不进行表决，如遇紧急情况，非提请常委会审议决定不可的事项，在提请时应将不同意见在会议上陈述清楚，由常委会作出决定。

第六条　常委会各工作机构需要提请主任会议讨论决定的事项，原则上应先取得常委会分管领导的同意，然后交常委会办公室综合，列入主任会议议程。

第七条　市人民政府、市人民法院、市人民检察院报请常委会审议的事项，由常委会办公室向主任会议提出;提请的人事任免事项由选举任免联络办公室提出，经主任会议讨论决定后再提请常委会会议审议决定。

第八条　主任会议讨论决定的事项，分别由各工作机构负责办理，涉及市人民政府、市人民法院、市人民检察院的事项，由常委会办公室抄告，有关工作机构对口督办。

第九条　主任会议决定交办的需要报告结果的事项，市人民政府工作部门、市人民法院、市人民检察院和常委会各工作机构应及时向主任会议或分管领导报告办理情况。

第十条　本规则自通过之日起施行。

瑞昌市人民代表大会常务委员会规范性文件备案审查暂行办法

(2009 年 11 月 20 日市五届人大常委会第 19 次会议通过)

第一条　为加强规范性文件的备案审查工作，根据《中华人民共和国各级人民代表大会常务委员会监督法》和《江西省实施〈中华人民共和国各级人民代表大会常务委员会监督法〉办法》，结合本市实际，制定本办法。

第二条　应当向市人大常委会报送的规范性文件的备案审查工作，适用本办法。

第三条　本办法所称规范性文件，是指根据法律、法规、规章的规定，依法定授权和法定程序发布的规范公民、法人和其他组织行为的具有普遍约束力的下列文件:

（一）市人民政府以决定、命令、规定、办法、规则、实施细则、通告等形式公布的规范性文件；（二）市人民法院、市人民检察院制定的与审判、检察工作相关的规定、办法；（三）各乡镇人民代表大会作出的决议、决定；（四）其他应当报送备案的规范性文件。

行政机关、检察机关、审判机关制定的内部工作、管理制度、人事任免决定、对具体事项的行政处理决定等文件不适用本办法。

第四条　规范性文件应当自公布之日起三十日内报送市人大常委会备案。

第五条　规范性文件备案材料应报送一式五份，包括备案报告、规范性文件正式文本、制定说明等有关材料。规范性文件备案应当同时报送纸质文本和电子文本。

规范性文件制定说明应当包括下列内容：

（一）制定的必要性及法律依据；（二）规范的主要内容；（三）规范性文件执行的可行性；（四）其他需要说明的问题。

第六条　规范性文件的制定机关负责向市人大常委会报送备案。

市人民政府所属多个部门联合制定的规范性文件，归口市人民政府办公室负责向市人大常委会报送备案。

第七条　报送市人大常委会备案的规范性文件实行文件签收制度，由市人大常委会内务司法工作委员会负责接收、登记、初审、分送、存档工作。

对未按规定报送规范性文件备案材料的，由市人大常委会给予有关责任人批评教育，并通知其限期补报。

第八条　规范性文件的制定机关，应当在每年一月底前，将上一年度制定的规范性文件目录报送市人大常委会备查。

第九条　市人大常委会审查规范性文件，重点审查下列内容：

（一）是否超越法定权限，限制或者剥夺公民、法人和其他组织的合法权利，或者增加公民、法人和其他组织的义务；（二）是否同宪法、法律、行政法规、地方性法规相抵触；（三）是否有下列不适当情形：1、同上级或者本级人民代表大会及其常务委员会的有关决议、决定相抵触；2、同上级规范性文件相抵触；3、违法或者不适当设定行政审批、行政许可、行政处罚、行政强制措施、行政事业收费、集资等；4、规范性文件之间对同一规范相互矛盾；5、不按规定程序制定、发布规范性文件；6、其他不适当的情形。

第十条　市人民政府、市人民法院和市人民检察院，乡镇人民代表大会认为规范性文件存在本办法第九条所列情形之一的，可以向市人大常委会书面提出审查要求。

上列以外的其他国家机关、社会团体、企业事业单位以及公民，认为规范性文件存在本办法第九条所列情形之一的，可以向市人大常委会书面提出审查建议。

市人大常委会内务司法工作委员会收到审查建议后十五日内,应当将收到情况书面告知提出审查建议的单位或个人。认为确有审查必要的,按本办法进行审查。

内务司法工作委员会应当在规范性文件审查工作结束后十五日内,将审查结果告知提出审查要求或者建议的单位和个人。

第十一条 规范性文件的审查工作,由市人大常委会内务司法工作委员会牵头,会同有关专门委员会一起审查。

第十二条 市人大常委会或者相关专门工作委员会审查或者研究规范性文件时,要求规范性文件制定机关说明情况或者补充材料的,规范性文件制定机关应当按要求予以说明或补充。

需要向其他机关或组织询问情况的,有关机关和组织应当及时回复。

第十三条 规范性文件审查,可以邀请专家参与审查工作。

第十四条 市人大常委会相关工作委员会对市人民政府、市人民法院和市人民检察院报送备案的规范性文件,经审查,认为存在本办法第九条所列情况之一的,应当提出书面审查意见,报主任会议同意后,由内务司法工委将书面审查意见送交规范性文件制订机关,要求自行修改或者废止该规范性文件。

第十五条 规范性文件制定机关应当在收到书面审查意见后两个月内提出是否修改或者废止的意见,并向市人大常委会内务司法工作委员会反馈。

第十六条 规范性文件应当修改或者废止而制定机关不予修改或者废止的,市人大常委会内务司法工作委员会可以提出撤销该规范性文件的建议,由主任会议决定是否向市人大常委会提出撤销该规范性文件的议案,市人大常委会按照议事规则规定的程序,对撤销规范性文件的议案进行审议,并作出撤销或者不予撤销的决定。

第十七条 市人大常委会应当每年向市人民代表大会书面报告上一年度规范性文件备案审查情况,并向社会公开。

第十八条 本办法自通过之日起施行

瑞昌市人民代表大会常务委员会审议意见督办办法

(2009 年 11 月 20 日市五届人大常委会 19 次会议通过)

一、为了依法履行市人民代表大会常务委员会(以下简称常务委员会)的监督职能,保证常务委员会的审议意见得到落实,根据《中华人民共和国各级人民代表大会常务委员会监督法》的有关规定，制定本办法。

二、本办法所称的审议意见，是指常务委员会审议“一府两院”专项工作报告及议案或市人大常委会组织活动时提出的执法检查报告、视察报告、调研报告等议题时提出的审议意见。

三、审议意见形成后，要根据相关法律法规要求，提出办结时间与要求，经常务委员会组成人员表决通过。

四、常务委员会的审议意见由办公室以书面形式转交“一府两院”办理。

五、市人民政府、市人民法院、市人民检察院及其相关部门应当建立审议意见登记、办理、反馈、归档等责任制度。

六、常务委员会的审议意见，“一府两院”应认真研究处理，提出贯彻意见，确保落到实处。

七、审议意见办理情况应在规定时限内向常务委员会报告办理结果。办理时限一般应在两个月内，在规定时间内无法办结的，报主任会议同意可适当延长。

八、常务委员会各工作机构具体承担常务委员会审议意见的督办工作。属专题性的事项，按职责分工由相关工作机构负责督办。经主任会议认定为综合性的事项，由常务委员会办公室负责督办。督办的日常工作由常务委员会办公室负责。

九、督办机构要深入实际，了解掌握办理情况，对承办不力的，及时向承办机关或部门提出督办意见。督办中遇到重要问题，应及时向主任会议报告，必要时组织专题视察或调查。

十、督办机构对承办机关或部门提交常务委员会审议意见办理结果的报告要认真审查，向主任会议提出初审意见。主任会议认为审议意见办理结果不满意的，由常务委员会办公室通知承办单位重新办理。

十一、常务委员会对审议意见落实情况进行满意度测评。测评为满意、不满意二个层次。对测评不满意超过50%的，承办单位必须按照会议要求进一步办理，并在规定期限内再次向人大常委会报告。

十二、对再次报告重新进行满意度测评，对测评不满意仍超过50%的，市人大常委会将采取质询或特定问题调查等方式处理。

十三、“一府两院”对审议意见有异议的，可以在收到审议意见15日内，向常务委员会提出书面报告，常务委员会应当在收到报告的15日内予以答复。

十四、常务委员会对专项工作报告的审议意见、“一府两院”对审议意见研究处理情况的报告，要向本级人民代表大会代表通报并向社会公布。

十五、本办法自通过之日起施行。

瑞昌市人民代表大会常务委员会
关于行使监督职权向社会公开暂行办法

(2009年11月20日市五届人大常委会第19次会议通过)

根据《中华人民共和国各级人民代表大会常务委员会监督法》,为进一步规范市人大常委会行使监督职权情况向社会公开工作,结合我市实际,制定本办法。

一、公开的内容

以下内容向市人大代表通报并向社会公开:

(一)市人大常委会听取和审议专项工作报告的年度计划。(二)市人大常委会听取的专项工作报告及审议意见或者决议,市人民政府、市人民法院和市人民检察院对审议意见研究处理情况或者执行决议情况的报告。(三)市人大常委会听取的国民经济和社会发展计划执行情况报告、预算执行情况报告和审计工作报告及审议意见或者决议,市人民政府对审议意见研究处理情况或者执行决议情况的报告。(四)市人大常委会年度执法检查计划。(五)市人大常委会的执法检查报告及审议意见,市人民政府、市人民法院和市人民检察院对审议意见研究处理情况的报告。(六)市人大常委会或主任会议认为其他需要公开的事项。

上述向社会公开的内容涉及国家秘密的,按《中华人民共和国保守国家秘密法》和有关法律规定处理。

二、公开的时间

(一)市人大常委会听取和审议专项工作报告的年度计划和年度执法检查计划,在常委会会议通过后五个工作日内公开。

(二)市人大常委会听取的专项工作报告、国民经济和社会发展计划执行情况报告、预算执行情况报告、审计工作报告,在常委会听取和审议的同时予以公开。

市人大常委会对以上各项报告的审议意见,在送交市人民政府、市人民法院和市人民检察院的同时予以公开。

市人大常委会的执法检查报告的审议意见,在送交市人民政府、市人民法院和市人民检察院的同时予以公开。

(三)市人民政府、市人民法院和市人民检察院对审议意见研究处理情况或者执行决议情况的报告,在印发市人大常委会组成人员的同时予以公开。

三、公开的方式

（一）通过市人大网站，市内新闻媒体或者召开新闻发布会等形式向社会公开。（二）向市人大代表通报采用书面或电子邮件形式。

（三）需要向社会公开的事项，由市人大常委会办公室提出建议意见，经市人大常委会主任审定签发后负责组织实施。

瑞昌市人民代表大会常务委员会
关于进一步加强和改进人大代表工作的意见

（2009 年 11 月 20 日市五届人大常委会第 19 次会议通过）

为充分发挥市人大代表作用，保障代表依法行使职权，根据《中华人民共和国全国人民代表大会和地方各级人民代表大会代表法》、《江西省实施〈中华人民共和国全国人民代表大会和地方各级人民代表大会代表法〉办法》等有关规定，结合我市实际，提出如下意见。

一、进一步增强对代表工作的认识

加强和改进代表工作，充分发挥代表作用，是坚持和完善人民代表大会制度的重要内容，是发展社会主义民主政治，保障人大代表参与国家事务管理，实现人民当家作主的必然要求。进一步加强和改进市人大代表工作，对于市人大及其常委会依法行使各项职权，推进社会主义民主法制建设具有十分重要的意义。

二、进一步拓宽代表知情知政渠道

（一）为代表知情知政提供信息。每年人民代表大会举行会议前，"一府两院"应向人大代表通报我市经济社会发展和审判、检察工作的基本情况，听取他们对起草大会报告的意见与建议。大会闭会期间，市人大常委会办公室通过编发《会议纪要》的形式及时向代表通报常委会会议、年度工作计划和重大活动开展情况；为代表订购《时代主人》、《九江人大工作》等学习刊物。

（二）为代表认真审议各项工作报告创造条件。每年举行人民代表大会前，应将各项工作报告发给代表。在代表审议各项工作报告时，"一府两院"、人大工作机构要派员到各代表团认真听取代表意见、回答代表询问，并积极研究和采纳代表对报告提出的修改意见和建议。

（三）坚持代表列席常委会会议和参加视察、调研、执法检查、工作评议制度。每次常委会会议，必须邀请 3—5 名代表列席；常委会组织视察、调研、工作评议和开展执法检查，必须邀请相关代表参加。

(四)完善常委会组成人员联系代表制度。市人大常委会组成人员应加强与代表的联系。一是通过个别走访、召开座谈会、电话联系等方式与代表建立经常性联系;二是每位常委会组成人员每年应选择3—5名代表保持重点联系;三是建立常委会组成人员分片区联系代表小组制度,并参加所联系的代表小组活动,每年不少于1次。

三、进一步提高代表提出议案、建议、批评和意见的质量,注重监督办理效果

(一)明确代表提出议案、建议、批评和意见的程序。代表应围绕全市政治、经济、文化、社会生活中的重大问题和人民群众普遍关心的热点问题,在深入调查研究和注重针对性与可行性的基础上,提出议案、建议、批评和意见。代表议案一般在大会会议期间提出。符合议案基本条件、准备成熟的,也可以在大会闭会期间提出。代表在闭会期间提出的议案由常委会选任联工委负责统一收集,在市人民代表大会举行会议时,转交大会秘书处,与会议期间提出的代表议案一并处理。代表建议、批评和意见可以在大会会议期间提出,也可以在大会闭会期间提出;可以由代表一人提出,也可以由代表联名提出。代表在闭会期间提出的建议、批评和意见与大会期间提出的同样依法交办,并督促承办单位在规定时间办结。

(二)提高代表提出议案、建议、批评和意见的质量。各代表小组要做好代表提出议案、建议、批评和意见的组织、指导与服务工作,采取集中培训、组织视察和专题调研等方式,为代表提出高质量的议案、建议、批评和意见创造条件。

(三)认真处理代表提出的议案、建议、批评和意见。(1)议案审查委员会在审查议案时,应与提议案人联系沟通,听取意见。对条件成熟的议案,应建议列入会议议程。对不符合基本条件的议案,转为代表建议、批评和意见。(2)常委会选任联工委负责对大会期间代表建议、批评和意见的转办。对代表在大会闭会期间提出的建议、批评和意见,选任联工委应及时提请主任会议研究,需交办的在7日内交办完毕。

(四)加大对代表建议、批评和意见的督办力度。(1)常委会每年应选择若干件事关全市人民群众切身利益并为社会广泛关注的建议、批评和意见,作为常委会主任、副主任,政府市长、副市长,"法检"两长督办件,进行重点督办;常委会各工作机构每年也应选取部分代表建议、批评和意见进行跟踪督办。督办时应邀请提出该建议、批评和意见的代表参加。(2)各承办单位对代表建议、批评和意见办结后,常委会应组织代表对办理情况进行视察或调研,并形成书面报告,经主任会议同意后,反馈"一府两院"。若代表对办理结果不满意的,常委会应责成承办单位重新办理,直至代表满意为止。(3)常委会每年应听取和审议"一府两院"关于代表建议、批评和意见办理情况的报告,"一府两院"要将代表建议、批评和意见办理情况书面向下次市人民代表大会报告。

四、进一步加强代表小组工作,不断丰富闭会期间代表活动的内容和形式

(一)深化对代表小组活动的认识。代表小组活动是人民代表大会闭会期间人大代表日常活动的基本组织形式。组织开展好代表小组活动对于进一步促进代表依法行使职权、发挥人大代表作用、坚持和完善人民代表大会制度起着重要的作用。

(二)健全代表小组活动制度。根据便于组织和开展活动原则组成代表小组。代表小组要有活动场所,有活动计划,有活动制度,有学习资料,有活动记录。

(三)丰富代表小组活动内容。代表小组要认真组织代表参加市人大常委会和各乡镇人大开展的执法检查、代表视察、专题调研等活动。应组织代表深入基层联系选民,倡导代表与选民建立联系点,收集社情民意,反映群众需求;应积极引导代表开展持证视察,并为代表视察提供服务,代表持证视察情况及时报市人大常委会选任联工委;应积极组织代表深入开展调查研究,撰写调研报告,代表小组每年至少向市人大常委会递交一篇有一定深度的调研报告;应积极组织代表在瑞昌经济发展中发挥模范作用,注重培养和推荐先进典型,每年至少向市人大常委会推荐一名履职突出的优秀代表;应广泛宣传代表小组开展活动的情况,每半年至少撰写一篇代表工作的新闻稿件,全年在市级新闻媒体刊发稿件不少于一篇。市人大代表小组活动可与乡镇人大代表小组进行工作联动。代表小组全年组织代表开展集中学习、集中视察、集中调研活动不少于四次。各代表小组要认真搞好年终工作总结,并书面报送市人大常委会选任联工委。

五、进一步完善代表工作的服务保障和监督激励机制

(一)完善代表学习培训制度。市人大代表培训采取集中与分散相结合的方式进行,集中培训由常委会统一组织,分散培训由常委会委托各代表小组组织。培训的主要内容是《宪法》《地方组织法》《代表法》《选举法》《监督法》等法律法规以及代表履职的必备知识等。培训中既坚持理论,聘请专家授课,又注重实际,组织外出考察学习交流。

(二)继续开展"创先争优"活动。在代表中继续开展"人民选我当代表,我当代表为人民"的创先争优活动,开展人大代表优秀议案、建议、批评和意见,优秀代表评选活动,并予以表彰。

(三)加强对代表活动的宣传。通过市级新闻媒体开办《人大监督》、《代表风采》等工作专栏,大力宣传代表履行职责、执行职务、开展活动的情况,宣传代表履职尽责的先进典型,宣传代表在各条战线上作出的业绩和贡献,宣传代表的良好精神风貌。

(四)为代表履行职权提供保障。(1)依法维护人大代表的合法权益,支持人大代表依法执行职务。对阻碍、打击、报复人大代表依法执行职务的,常委会将责成有关部门在规定期限内查明情况,依法追究,严肃处理。代表在大会审议发言时受法律保护,不追究责任。对人大代表触犯法律需采取强制措施的须提请市人大常委会许可后方可执行。(2)人大代表活动经费列入市本级财政预算,并随财政增长而逐渐增加,确保开展活动需要。代表依法参加活动,其所在单位、部门必须给予时间、工资、奖金和其他福利待遇等各项保障。对无固定工资收入的代表参加人民代表大会和列席市人大常委会会议以及常委会组织的其他活动给予一定的补贴。

(五)逐步探索开展代表述职工作。不定期安排部分代表就执行职务的情况在代表小组进行述职。述职时应邀请一定数量的乡镇人大代表和选民参加,听取他们的意见。

(六)严格执行有关法律对代表进行监督的规定。代表未经批准两次不出席人民代表大会会议的,其代表资格终止。代表因故不能参加代表小组活动的,应当请假;经常不参加代表小组活动的,应给予批评教育。

编后记

2011年12月12日，瑞昌市六届人大常委会第二次会议，作出了《关于编纂〈瑞昌市人大志(1990—2011)〉的决定》。为使志书编成观点正确、体例严谨、内容全面、特色鲜明、记述准确、资料翔实、行文规范、可读性强的史书，2012年2月底成立了编纂机构，由市人大常委会副主任李庆生任主编，办公室副主任曹继全为副主编，聘请机关退休干部柯昌荣、柯于荣为编辑。编纂工作于当年3月初正式启动，制订计划、草拟纲目、搜集资料并赴九江市人大常委会及丰城、德安、武宁、修水等市县考察，按照编纂专业志和遵照国家对志书编纂规范化的要求，学习、借鉴其他市县编纂人大志的成功经验，经过精心筛选，严谨考证，科学提炼，数易其稿，先后召开三次审稿会议，终于在2014年10月底完成定稿并交付出版。全书共58万字，171幅照片，真实完整地记述自1990年3月瑞昌撤县设市以来，瑞昌市第一届人民代表大会及其常委会至第六届人民代表大会及其常委会产生期间22年的工作历程和发展过程。本志力图按照全面、系统、客观、真实的原则，全方位地反映瑞昌市人民代表大会及其常委会的方方面面工作，以期在存史、教化、资政方面为推进瑞昌市地方民主与法制建设提供服务。

《瑞昌市人大志》(1990—2011)共分7章、28节、96目，其中：凡例、大事记、第三章、第四章的第三四节，第五章、第六章和附录由柯昌荣编纂，第一章、第二章、第四章中的第一二节、第七章和后记由柯于荣编纂。主编李庆生、副主编曹继全自始至终参与编纂工作，对志书反复进行审阅修改；曹继全编纂“概述”并负责统稿。

编纂《瑞昌市人大志》(1990—2011)共查阅和复印了近千卷文书档案。文书档案来源于市档案馆及市人大常委会档案室。有关宣传人民代表大会制度发稿篇目及好新闻评选资料,得益于省人大常委会办公厅政策研究室、《时代主人》编辑室,九江市人大常委会调研室的热心提供。编纂全过程中,市志办同志从编写提纲,到组稿、编纂,几经修改,从技术层面提出了建设性、指导性的意见,为志书倾注不少心血;各乡镇人大主席、秘书和市人大常委会街道联络处主任,为志书组稿提供了珍贵的资料;人大常委会离退休老领导和老同志,机关工作人员给予了热情指导和帮助,冯军辉、饶瑾、刘文娟在资料搜集、打印过程中做了大量工作;社会各界人士给予广泛关心和支持。《瑞昌市人大志》(1990—2011)编写,得到九江市第十四届人大常委会主任、中国书法家协会会员华金国的关注与支持,并亲笔为本志书题写书名;市委书记古小平,市委副书记、市长罗文江高度关注编纂工作,亲自为志书题字;市人大常委会领导高度重视编纂工作,徐修武主任亲自过问,多次听取编纂工作汇报,及时解决需要解决的问题,并亲自为志书作序。志书顺利出版,得到方志出版社热心指导,得到九江华宸印务有限公司大力协助,在此,谨向所有支持、关心《瑞昌市人大志》编纂、出版工作的有关单位、有关领导、有关人士表示衷心感谢!

《瑞昌市人大志》(1990—2011),由于时间跨度长,结构庞大,内容繁杂,在短短的两年多时间定稿出书,由于1998年水灾,2005年地震,办公室几经搬迁,文书档案资料缺失严重,又限于编纂人员水平能力及缺乏修志实践经验,《瑞昌市大志》疏漏、谬误之处在所难免,恳请读者批评指正。

编　者

2014年12月